Lieber Erhard,

zum 75. Geburtstag
herzlich gewidmet.

Dein Jürgen

Berlin, 6. Aug. 2003

Die Berliner Akademien der Wissenschaften
im geteilten Deutschland 1945–1990

Interdisziplinäre Arbeitsgruppen
Forschungsberichte

Herausgegeben von der
Berlin-Brandenburgischen Akademie der Wissenschaften

Band 9

Interdisziplinäre Arbeitsgruppe
Berliner Akademiegeschichte im 19. und 20. Jahrhundert

Die Berliner Akademien der Wissenschaften im geteilten Deutschland 1945–1990

Herausgegeben von Jürgen Kocka
unter Mitarbeit von Peter Nötzoldt
und Peter Th. Walther

Akademie Verlag

ISBN 3-05-003544-7

ISSN 0949-7285

Das eingesetzte Papier ist alterungsbeständig nach DIN/ISO 9706.

Schutzumschlag: atelier doppelpunkt, Berlin
Typographie und Satz: Petra Florath, Berlin
Druck und Bindung: Druckhaus „Thomas Müntzer“ GmbH, Bad Langensalza

Printed in the Federal Republic of Germany

Inhaltsverzeichnis

II. Die Akademie der Wissenschaften zu Berlin (Ost) – Forscher und Forschungsvorhaben

III. Akademien im nationalen und internationalen wissenschaftlichen Rahmen

IV. Die Akademie der Wissenschaften zu Berlin (West)

Podiumsdiskussion

Resümee

Anhang

Hauptsitz der DAW seit 1949, der AdW seit 1972, am Gendarmenmarkt (1950–1991: Platz der Akademie)

Jürgen Kocka

Einleitung

Dies ist der letzte von drei Bänden zur jüngeren Geschichte der Berliner Akademien der Wissenschaften. Der erste behandelte die Königlich Preußische Akademie der Wissenschaften zu Berlin im 19. Jahrhundert, besonders im Kaiserreich. Er erschien 1999. Der zweite war der Preußischen Akademie der Wissenschaften zu Berlin 1915 bis 1945 gewidmet und erschien 2000. Der vorliegende Band enthält Abhandlungen zur Geschichte der Berliner Akademien nach 1945: zur Akademie der Wissenschaften in Ost-Berlin vom Ende des Zweiten Weltkriegs bis zum Ende der DDR und zur kurzlebigen West-Berliner Akademie der Wissenschaften der späten 1980er Jahre.

Der Band enthält die für den Druck überarbeiteten Referate[1], die auf einem Symposium über „Die Akademien der Wissenschaften zu Berlin im geteilten Deutschland 1945–1990" vom 4. bis zum 6. November 1999 gehalten wurden, dazu die Wiedergabe der abschließenden Podiumsdiskussion über gegenwärtige und zukünftige Probleme der Wissenschaftsakademien sowie eine ausführliche Zusammenfassung, die die Grundlinien der Entwicklung von 1945 bis 1990 darlegt.

Die Gesichtspunkte und Fragestellungen, unter denen hier Akademiegeschichte betrachtet wird, wurden im ersten der drei genannten Bände ausführlich dargelegt (S. X–XIII). Sie gelten auch für diesen Band, der die Geschichte der Berliner Akademien wiederum in ihren Bezügen zu den gesellschaftlichen und politischen Rahmenbedingungen wie zur allgemeinen Wissenschaftsentwicklung der Zeit behandelt. Die Berliner Akademiegeschichte 1945 bis 1990 ist Teil der Geschichte einer geteilten Stadt und eines geteilten Landes.

Die in Berlin-Mitte, also im sowjetischen Sektor der Stadt gelegene Akademie hieß seit 1946 *Deutsche Akademie der Wissenschaften zu Berlin* und seit 1972 *Akademie der Wissenschaften der Deutschen Demokratischen Republik*. Sie setzte die sich auf das Gründungsjahr 1700 zurückführende *Preußische Akademie der Wissenschaften zu Berlin* in vielen Hinsichten fort, doch im Lauf der Jahre und Jahrzehnte entstand etwas Neues, eine Akademie des realsozialistischen Typs, wie sie auch in Moskau, Warschau und Budapest existierte: ein Riesengebilde, ein *Forschungskombinat*, das eine Vielzahl von außeruniversitären Forschungsinstituten vor allem in den Natur- und Technikwissenschaften neben der herkömmlichen, in Klassen organisierten *Gelehrtengesellschaft* beherbergte und auch Funktionen wahr-

[1] Bei Conrad Grau, der im Mai 2000 verstarb, wurde der Vortragstext verwendet.

nahm, die in der Bundesrepublik von der Max-Planck-Gesellschaft, der Deutschen Forschungsgemeinschaft und anderen Wissenschaftsorganisationen erfüllt wurden und werden.

Die Beiträge dieses Bandes zeichnen diese Entwicklung nach und analysieren sie aus der Rückschau. Dabei steht einerseits die Frage nach dem Verhältnis von Wissenschaft und Politik unter den Bedingungen einer Diktatur im Vordergrund. Die zunehmende Einbindung der Akademie in die Politik des SED-Staats wird in ihren verschiedenen Facetten rekonstruiert. Andererseits ist die Frage nach dem Verhältnis von Gelehrtengesellschaft (d. h. dem Kern der herkömmlichen Akademie) und den Forschungsinstituten leitend – diese drängten jene Schritt für Schritt an den Rand. Damit stellt sich die grundsätzliche Frage danach, wie denn in modernen Gesellschaften Wissenschaft außerhalb der Universitäten und Hochschulen organisiert sein kann. Wolfgang Frühwalds einleitender Beitrag zeigt, wie unterschiedlich dieses Problem in den verschiedenen Ländern gelöst worden ist und wird. Rüdiger vom Bruch führt unterschiedliche wissenschaftspolitische Denkmodelle vor, wie sie in der unmittelbaren Nachkriegszeit diskutiert wurden. Die DDR entwickelte dann mit der Akademie ein Modell, das auch in der Rückschau gut zehn Jahre nach ihrem Ende als nicht nachahmenswert erscheint, jedoch neben vielen Schwächen und Schwierigkeiten auch interessante und produktive Züge besaß.

Die Beiträge des Bandes behandeln die organisatorische und personelle Entwicklung der Akademie im Spannungsfeld von Wissenschaft und Politik, unter dem Einfluß der Besatzungsmacht und als Ergebnis der Aushandlung zwischen den wissenschaftspolitisch entscheidenden Institutionen der DDR und der politiknahen Wissenschaft in der Akademie (Natalja P. Timofeeva, Peter Nötzoldt, Conrad Grau und Peter Th. Walther). Die Geschichte der einzelnen Disziplinen und Institute wird nur ausnahmsweise behandelt, an den Beispielen von Biowissenschaft und Medizin (Günter Pasternak), der Sprachwissenschaft (Manfred Bierwisch) und der Literaturwissenschaft (Eberhard Lämmert). Renate Mayntz behandelt das Spannungsfeld von geplanter Wissenschaft in der Akademie und den Anwendungsfeldern außerhalb der Akademie, besonders in der Planwirtschaft der DDR.

Mit vergleichender Absicht legt der Band dann Aufsätze zu anderen Akademien vor. Benno Parthier und Sybille Gerstengarbe behandeln die *Leopoldina*. Ferenc Glatz, Guy Ourisson und Karel Müller/Jan Janko berichten über die Akademien in Budapest, Paris und Prag. Im Spiegel der anderen klären sich die Eigenarten der Berliner Akademie.

Doch für die Jahre 1987 bis 1989 muß man von Berliner Akademien im Plural sprechen. Mit der *Akademie der Wissenschaften zu Berlin* (West) entstand eine interessante Alternative, die sich ebenso sehr von der Ost-Berliner Akademie wie vom herkömmlichen deutschen Akademiemodell unterschied, wie es andernorts in Deutschland weiter existierte. Diese Akademie verdankte ihre Existenz den besonderen Herausforderungen und Chancen im belagerten West-Berlin, blieb kontrovers und überdauerte ihre Entstehungsbedingungen nicht. Doch sie entwickelte weiterführende Strukturen, Verfahren und Anstöße, die von der Nachfolge-Institution, der 1993 etablierten *Berlin-Brandenburgischen Akademie der Wissenschaften* ebenso aufgenommen wurden wie ausgewählte Forschungsprojekte und Bestände der DDR-Akademie. Die Beiträge von Klaus Pinkau und Wolfram Fischer beleuchten Absichten, Arbeitsformen und Erfolge der West-Berliner Akademie, während Hubert Laitko den Aushandlungsprozeß zwischen Ost- und West-Berliner Wissenschaftspolitikern rekonstruiert, in den die Gründung der West-Berliner Akademie in den 1980er Jahren erfolgreich eingebettet wurde – ein bemerkenswerter Fall von Ost-West-Verständigung in der Spätphase der DDR.

Die Beschäftigung mit der Geschichte der beiden Berliner Wissenschaftsakademien in der zweiten Hälfte des 20. Jahrhunderts bleibt strittig. Weder kann oder will sie von den kontroversen Entscheidungen absehen, die um 1990 zur Auflösung beider Akademien führten. Noch kann oder will sie sich lösen von der offenen Frage nach der Zukunft der Wissenschaftsakademien in Deutschland, einer Frage, die auf der wissenschaftspolitischen Agenda steht. Das Kolloquium, dessen Ergebnisse dieser Band vorlegt, behandelte diese Fragen in einer kontroversen Podiumsdiskussion zum Schluß, die hier dokumentiert wird.

Der umfangreiche Abschlußbeitrag von Jürgen Kocka, Peter Nötzoldt und Peter Th. Walther faßt wichtige Ergebnisse des Bandes zusammen und ergänzt sie aufgrund zusätzlicher Forschung. Das Ziel ist zwar nicht, eine umfassende Akademiegeschichte des Zeitraums vorzulegen, aber doch, ihr den Boden zu bereiten und ihre Grundlinien deutlich zu machen. Dabei wird der organisatorischen, programmatischen und sozialen Entwicklung der Institutionen im Rahmen von Gesellschaft und Politik, nicht aber der kognitiven Entwicklung der in den Akademien betriebenen Wissenschaften nachgegangen. Das gilt für den ganzen Band.

Der mit „Quintessenz“ überschriebene Abschnitt am Ende des Resümees versucht, aus der langen Geschichte der Berliner Akademie Folgen für ihre Zukunft zu ziehen. Klar ist, daß sie nur durch die begonnene Erschließung neuer Aufgabenfelder ihren Daseinszweck erfüllen kann, doch umgekehrt wird sie ihre neuen Aufgaben nur dann erfüllen können, wenn sie ihre herkömmlichen nicht marginalisiert. Erst aus der Verflechtung der Funktionen bezieht die moderne Akademie Legitimität und Kraft zur Erfüllung jeder einzelnen.

Die Berlin-Brandenburgische Akademie der Wissenschaften hat zur Vorbereitung der drei Symposien 1997, 1998 und 1999 – die durch die drei nun vorliegenden Bände dokumentiert werden – eine Arbeitsgruppe „Berliner Akademiegeschichte im 19. und 20. Jahrhundert“ gebildet. Ihr gehörten aus der Akademie neben Jürgen Kocka als Sprecher, Wolfram Fischer als Stellvertretender Sprecher, Jürgen Ehlers, Peter Moraw, Klaus Pinkau und Klaus Zernack, später auch Lorraine Daston, Heinz Bielka, Helmut Koch und Manfred Bierwisch an, daneben als auswärtige Kooperationspartner Mitchell G. Ash, Laetitia Boehm, Rüdiger vom Bruch, Conrad Grau (†), Wolfgang Hardtwig und Rudolf Vierhaus. Peter Nötzoldt, Peter Th. Walther und Rainer Hohlfeld gehörten der Arbeitsgruppe als Wissenschaftliche Mitarbeiter an. In besonderem Maße hat das kompetente Engagement von Peter Nötzoldt – auch nach dem Ende der Arbeitsgruppe – zur Vorbereitung des vorliegenden Bandes beigetragen. Ihm gilt mein besonderer Dank. Bei der Manuskriptbearbeitung der drei Bände zur Akademiegeschichte unterstützten uns Astrid M. Eckert, Michael Klose, Ursula Dziadek und Jens Thiel. Viel Geduld und Hilfsbereitschaft erwiesen uns auch die Mitarbeiter des Archivs und der Bibliothek der Berlin-Brandenburgischen Akademie der Wissenschaften. Ihnen allen sei für ihre Mühen gedankt.

Wolfgang Frühwald

Staatliche Forschung außerhalb der Universität – ein Problem und Varianten seiner Lösung

1. Vorbemerkung

Im Forschungsbetrieb der hochindustrialisierten Staaten der Welt sind Universitäten und die Institutionen der außeruniversitären Forschung als ein System kommunizierender Röhren gedacht, in dem ein Systemteil nicht ohne den anderen bestehen kann. Der nachfolgende Text versucht daher, eine Skizze des gesamten Forschungssystems (mit Akzent auf der außeruniversitären, staatlich geförderten Forschung) zu geben. Die Skizze muß schon deshalb ein Versuch bleiben, weil das Material zu einer umfassenden Darstellung des internationalen Forschungssystems nirgendwo aufbereitet ist. Die Arbeitsgruppe der *Deutschen Forschungsgemeinschaft*, die mehrere Jahre lang versucht hat, die Forschungs- und Bildungssysteme der Staaten der Europäischen Union vergleichend zu beschreiben, um daraus Material für den Wettbewerb um das beste System in Europa zu gewinnen, ist schon an dem Materialwust, an unzählbaren regionalen Unterschieden und nur historisch zu erklärenden Verwerfungen gescheitert, die das Bild des seit Jahrhunderten zerstrittenen und miteinander wetteifernden alten Europa spiegeln. Die Skizze also bleibt eine Skizze, die meist auf Erfahrungen beruht, die ich auf vielen Reisen 1992–1997 gemacht habe.[1] Für Fehler und Irrtümer bin ich demnach alleine verantwortlich, da von einem Forschungsstand in diesem relativ schlecht beschriebenen Bereich der Institutionengeschichte noch kaum zu sprechen ist. Charakteristisch dafür ist, daß der informative, historische Überblick, den Gerhard A. Ritter 1992 über die Großforschung in Deutschland gegeben hat, aus einem Vortrag entstanden ist, der aus Anlaß des 20. Jahrestages der Gründung der Arbeitsgemeinschaft der Großforschungseinrichtungen (AGF) 1990 gehalten wurde, und die jüngere Studie von Günter Reuhl eher als ein Diskussionsbeitrag zum Wettbewerb innerhalb der Triade USA, Japan, Europa zu lesen ist, denn als eine historische Faktenanalyse.[2]

[1] Dem Text wurde die Form des Vortrages belassen, nur in den Fußnoten wurden Ergebnisse der Diskussion einbezogen und die nötigen Nachweise gegeben. Der Gesamtbereich der *militärischen Forschung* bleibt hier ausgespart, da ich dazu keinerlei Erfahrungen und Erkenntnisse beisteuern kann.

[2] Vgl. Ritter, *Großforschung und Staat*; Reuhl, *Forschung und Entwicklung* (beide Studien enthalten größere Verzeichnisse weiterführender Literatur). Zu verweisen ist auch auf Massow, *Wissenschaft und Wissenschaftsförderung*; Mayntz, *Forschungsmanagement*; Hermann, *Jahrhundertwissenschaft*; Zacher, *Sinn außeruniversitärer Forschung*. Zur Industrieforschung vgl. Brockhoff, *Industrial Research*.

2. Eine Anekdote zum Prinzip

Am Anfang der Großforschung in Deutschland stand die *Organisation*. Organisation nicht verstanden als Strukturierung des Überflusses oder als Optimierung eines historisch gewachsenen Systems, sondern *Organisation*, abgeleitet von *organisieren*, was bedeutete: *beschaffen*. In Deutschland kannte man für dieses verbreitete Wort nach dem Zweiten Weltkrieg auch Begriffe wie *hamstern* oder gar *fringsen*, weil der Kölner Kardinal Frings in der Not der Hungerjahre den sogenannten Mundraub in einer öffentlichen Predigt für zulässig erklärt hatte. Damals also, als der Krieg zu Ende war und das zivile Leben wieder begonnen hatte, gab es einen genialen Organisator. Ich nenne ihn Herrn X., da er noch lebt und eine florierende Firma betreibt. Herr X. könnte sich fast in jener „lieblosen Legende" von Wolfgang Hildesheimer wiedererkennen, die überschrieben ist „Eine größere Anschaffung". In dieser grotesken Geschichte treffen ein besessener Verkäufer und ein ebenso besessener Sammler aufeinander, wobei der eine dem anderen eine Schnellzuglokomotive zu günstigen Bedingungen anbietet und beide nach einigem Feilschen auch handelseinig werden: „Ins Haus konnte ich die Lokomotive nicht nehmen, die Türen gestatteten es nicht, zudem wäre es wahrscheinlich unter der Last zusammengebrochen, und so mußte sie in die Garage gebracht werden, ohnehin der angemessene Platz für Fahrzeuge. Natürlich ging sie der Länge nach nur etwa halb hinein, dafür war die Höhe ausreichend; denn ich hatte in dieser Garage früher einmal meinen Fesselballon untergebracht, aber der war geplatzt." So endet die Geschichte, wie sie enden muß, mit einem Handel, der dann nicht zustande kommt. Wieder treffen sich Verkäufer und Sammler im Dorfgasthaus: „Bei dieser Gelegenheit wollte er mir einen Kran verkaufen, aber ich wollte mich in ein Geschäft mit ihm nicht mehr einlassen, und außerdem, was soll ich mit einem Kran?"[3] An diese Satire des Sammelns und des Handelns und des Organisierens wurde ich mit Vergnügen erinnert, als mir die Geschichte des genialen Herrn X. erzählt wurde.[4] Er hat mitgewirkt, als Reimar Lüst in berühmt gewordenen Experimenten mit Barium-Wolken das Magnetfeld der Erde sichtbar machte. Herr X. *organisierte* zuerst aus amerikanischen Armeebeständen die zu den Experimenten nötigen Raketen, dann – da die Experimente auch hoch im Norden der Erde unternommen werden sollten – fahrbare Abschußrampen, d. h., wiederum aus amerikanischen Armeebeständen, eine ganze Flotte von Lastkraftwagen. Diesmal gab es allerdings einige Verwicklungen – mit Sippenältesten im Lande der Lappen, weil versagende Raketen inmitten von Rentierherden niedergingen. Die trotz allem fruchtbare Zusammenarbeit endete, da die beteiligten Wissenschaftler vorzeitig der Mut verließ. Als ihnen nämlich Herr X., nochmals aus amerikanischen Beständen, den Gelegenheitskauf eines ausgemusterten Flugzeugträgers angeboten hat, haben sie abgelehnt. Diese, übrigens wahre, Anekdote gehört zur Vorgeschichte der DLR, dem heutigen *Deutschen Forschungszentrum für Luft- und Raumfahrt*, doch wurde Herr X. natürlich nicht administratives Vorstandsmitglied eines

[3] Hildesheimer, *Lieblose Legenden,* Zitate ebd. S. 89f.

[4] Die Kenntnis der Anekdote verdanke ich Horst Niemeyer, dem ehemaligen Generalsekretär des Stifterverbandes für die Deutsche Wissenschaft, und Reimar Lüst, der sie bestätigt hat.

der Forschungszentren der *Helmholtz-Gemeinschaft*. Seine Freunde rieten ihm wegen seiner besonderen Fähigkeiten, sich selbständig zu machen, was er auch tat.

Das bei diesen wissenschaftlichen Experimenten erkennbare Kooperationsmodell aber hat sich bewährt und ist bis heute weltweit in Gebrauch. Das Prinzip des Modells lautet: Für gute Ideen die beste Organisation! Anders ausgedrückt: Die administrativen Vorstandsmitglieder der Forschungsinstitutionen versuchen, durch perfekte Organisation die wissenschaftlichen Ideen ohne Reibungsverluste umzusetzen. Bei den *Research Councils* in Großbritannien ist dieses aus Generalsekretär/Administrativer Vorstand und Präsident/Wissenschaftlicher Vorstand bestehende Modell insofern modifiziert, als der *Chief Executive* ein Wissenschaftler ist, dem als *Chairman* (als *Chairperson*) aber ein Mann oder eine Frau aus der Industrie beigeordnet ist, um bereits an der Wurzel die politisch gewollte Verbindung von Wirtschaft und Wissenschaft deutlich zu machen. Solche Verbindungen kennzeichnen heute weltweit die außeruniversitäre Forschung und selbst die auf Grundlagenforschung festgelegte *Max-Planck-Gesellschaft* freut sich, wenn ihre Mitglieder für anwendungsnahe Projekte ausgezeichnet werden oder bei Firmengründungen und in der Patentbilanz der Bundesrepublik einen sichtbaren Platz einnehmen.

3. Skizze des Systems[5]

3.1. Geschichte

Der Begriff der wissenschaftlichen Forschung ist eine europäische Entwicklung der frühen Neuzeit, vermutlich Teil jenes von Max Weber beschriebenen Prozesses der Modernisierung, der in unterschiedlichen Schüben, jeweils beschleunigt, die Jahrhunderte der Neuzeit akzentuiert hat. In diesem Prozeß, der gekennzeichnet ist durch die rationale Entzauberung der Natur, durch die Säkularisierung aller Lebensvollzüge, in deren Verlauf die Aufgabe der Wahrheitssuche von der Religion auf die Wissenschaft übergegangen ist, der weiterhin gekennzeichnet ist durch den allmählichen Zerfall des universalen christlichen Glaubensgebäudes, durch die Ausdifferenzierung der Wertsysteme, durch die rasche Mehrung des Erfahrungswissens und die daraus entstehende, von Reinhart Koselleck so genannte Beschleunigung des Erfahrungswandels, wurde der Fortschrittsbegriff eng mit dem Forschungsbegriff verbunden. Einen ersten Höhepunkt erreichte diese Entwicklung im letzten Drittel des 18. Jahrhunderts, als in der *Sattelzeit der Moderne*, etwa zwischen 1770 und 1830, „Forschung", „Fortschritt" und „Freiheit" dergestalt einander zugeordnet wurden, daß die Freiheit des Menschen als Befreiung von den Zwängen der Natur definiert, der Erkenntnisfortschritt des Menschen aber auf Erleichterungen von den „Mühseligkeiten

[5] Bei der Skizze des Systems folge ich in den Grundzügen meinem Artikel „Forschung/Forschungsfreiheit" im *Lexikon der Bioethik*.

Akademiesitzung am 19. Dezember 1946 im Lesesaal des alten Akademiegebäudes Unter den Linden
v. l. n. r.: Richard Hartmann, Robert Rössle, Hans Stille, Johannes Stroux, Fritz Hartung

der menschlichen Existenz" bezogen wurde.[6] In der von Wilhelm von Humboldt, von Friedrich Schleiermacher und Johann Gottlieb Fichte geschaffenen modernen Universität, seit der Berliner Gründung 1810, wurde dieser Forschungsbegriff im Rahmen einer neuen Kreativitätstheorie dann so mit der akademischen Lehre verbunden, daß die Universitäten seither zu den Basisinstitutionen der Grundlagenforschung geworden sind, an denen der für den Verfassungsstaat und die entstehende technische Industrie unentbehrliche, methodisch-wissenschaftlich geschulte Nachwuchs herangebildet wurde. Die Gründung der Friedrich-Wilhelms-Universität in Berlin (1810) entzog dabei, ganz gegen Humboldts Willen, der außeruniversitären, damals meist geisteswissenschaftlichen und naturphilosophischen Forschung den Boden. Die Akademien, denen Humboldt in seinem System das Privileg der reinen Forschung zugeordnet hatte,[7] entwickelten sich jetzt zu Gelehrten-Sozie-

[6] Vgl. zum Zitat das 14. Bild von Bertolt Brechts Schauspiel *Leben des Galilei.* „Ich halte dafür", sagt dort Galilei in einem berühmten Monolog, „daß das einzige Ziel der Wissenschaft darin besteht, die Mühseligkeiten der menschlichen Existenz zu erleichtern." Vgl. Brecht, *Leben des Galilei,* S. 1340.

[7] Nach Wilhelm von Humboldts Entwurf *Über die innere und äußere Organisation der höheren wissenschaftlichen Anstalten in Berlin* (1809 oder 1810) sollen beide Institutionen, die Universitäten wie die Akademien, in „lebendiger Tätigkeit" erhalten bleiben, obwohl er bereits erkannte, daß „Akademien vorzüglich

Akademiesitzung am 19. Dezember 1946 im Lesesaal des alten Akademiegebäudes Unter den Linden Richard Hartmann spricht über „Islam und Nationalismus in der islamischen Frühzeit"

täten, deren mehr oder weniger sachkundige Kommissionen nur noch von ferne an den früheren Zustand erinnern. Die drei Einheiten von Humboldts Universitätsgründung, die Einheit des Wissens, die Einheit von Lehre und Forschung und die der Lehrenden und der Lernenden, gelten bis zum heutigen Tag als die Basis jener *research universities*, welche die Forschungskultur der USA bestimmen und die Vereinigten Staaten seit 1945 zur unbestrittenen führenden Forschungsnation der Welt gemacht haben.

im Auslande geblüht, wo man die Wohltat deutscher Universitäten noch jetzt entbehrt, und kaum noch anerkennt, in Deutschland aber vorzugsweise an Orten, denen Universitäten mangelten, und in Zeiten, wo es diesen noch an einem liberaleren und vielseitigeren Geiste fehlte". Aus der Zuschreibung „akademischer Freiheit" an die Akademien aber ist erkennbar, daß mit fortschreitender Emanzipation der Universitäten von staatlicher Aufsicht, den Akademien auch in der Neudefinition Humboldts der Boden entzogen wurde, obwohl diese Zuschreibung im Laufe der Geschichte stets aufs Neue erprobt wurde. Im Entwurf von Humboldts Neuordnung sollte die „Idee einer Akademie als die höchste und letzte Freistätte der Wissenschaft und die vom Staat am meisten unabhängige Korporation festgehalten werden, und man muß es einmal auf die Gefahr ankommen lassen, ob eine solche Korporation durch zu geringe oder einseitige Tätigkeit beweisen wird, daß das Rechte nicht immer am leichtesten unter den günstigsten äußeren Bedingungen zu Stande kommt oder nicht." Vgl. Weischedel, *Idee und Wirklichkeit einer Universität*, S. 199f.

Erst als im Laufe des 19. Jahrhunderts die naturwissenschaftlich fundierte Technik alle Lebensbereiche der Menschen revolutionär veränderte und damit das von Werner von Siemens und Rudolf Virchow schon früh beschriebene „naturwissenschaftliche Zeitalter“[8] begonnen hatte, wurde Forschung so organisiert und strukturiert, daß sie in Teilen wieder aus den Universitäten heraus, nun aber in Großforschungsinstitute verlagert und damit den bis dahin gut funktionierenden Kontrollmechanismen, den studentischen und den kollegialen, entzogen wurde. Die erste Großforschungseinrichtung weltweit war die *Physikalisch-Technische Reichsanstalt* in Berlin, gegründet unter tatkräftiger Hilfe von Werner von Siemens, der z. B. das Grundstück, auf dem das Institut errichtet wurde, stiftete. Ihr erster Präsident wurde im Dreikaiserjahr 1888 der letzte universale Naturforscher Deutschlands: Hermann von Helmholtz. Deutschlands Stellung im (oft genug auch mißtönenden) Konzert der imperialen Großmächte beruhte damals nicht zuletzt auf der an solchen Gründungen sichtbaren Vorrangstellung in Forschung und Wissenschaft.

3.2. Typologie

In der Freundschaft von Siemens und Helmholtz und ihrem gemeinsamen Engagement für eine international anerkannte und als Modell gepriesene Großforschungsinstitution, am Beginn des Zeitalters der Elektrizität,[9] spiegelt sich nicht nur die Notwendigkeit von internationalen Wissenschaftsbeziehungen und -vereinbarungen, sondern auch der von Anfang an enge Zusammenhang von moderner Naturwissenschaft, Technik und Wirtschaft. Wissenschaft und Wirtschaft bedingen sich seither in einem konfliktreichen Spannungsfeld gegenseitig und haben sich auch immer gegenseitig gefördert. Internationalität ist dabei für außeruniversitäre Forschung leichter herzustellen als für eine Universität, da Universitäten, nach einer Beobachtung von Rudolf Stichweh, trotz internationaler Orientierung eher in lokale Nischen eingepaßt sind; sie sind *cosmopolitan local institutions*, deren lokale Anbindung im Zweifel die internationale Verbindung dominiert.

Bei der Gründung der *Physikalisch-Technischen Reichsanstalt* galt die Verbindung von Wirtschaft und Wissenschaft als förderlich, weil sie dem Institut das Privileg der freien Forschung garantierte und es von administrativem und politischem Druck freigehalten hat. Der sichtbare Schritt aber, den die Physik damit auch zur industriellen Verwertbarkeit ihrer Forschungsergebnisse getan hat, bestimmte von nun an, in der Abfolge Physik – Chemie – Biologie (Biotechnologie) – Mathematik (Informationstechnologie), die sich beschleunigende Stufenfolge der Wissenschaftsgeschichte als Gesellschaftsgeschichte. In dieser Stufenfolge führte die Unabhängigkeit der Forschung von wirtschaftlichen Zwängen zu ähn-

[8] Vgl. Virchow, „Gründung der Berliner Universität“, hier besonders S. 427: „So sind wir, um das stolze Wort zu gebrauchen, das einer der berühmtesten Vertreter der physikalischen Wissenschaft, unser kürzlich verstorbener Freund Siemens, auf der zweiten Berliner Naturforscherversammlung ausgesprochen hat, in das naturwissenschaftliche Zeitalter eingetreten. Jetzt verlangt man von dem Gelehrten, daß er auch ein Forscher sei.“

[9] Zum Zeitalter der Elektrizität vgl. die Modellstudie von Guggerli, *Redeströme*.

lich starken Konflikten wie vorher der Streit um die Freiheit der Forschung von politischem Einfluß.

Die zweite industrielle Revolution im letzten Drittel des 20. Jahrhunderts, der ähnlich wie im 18. Jahrhundert eine neue Explosion des Erfahrungswissens vorhergegangen ist, hat zu einer weltweiten Restrukturierung der Industrie (mit Digitalisierung, Biologisierung und Globalisierung) geführt, die bislang völlig unbekannte Fragen zur Verantwortung kollektiver Akteure,[10] zu Risikobewußtsein, sozialer Kontrolle und Wirkung von Forschung und Wissenschaft aufgeworfen hat. Seit die studentischen und die kollegialen Kontrollmechanismen der Forschung minimiert sind, seit sich die natur- und die lebenswissenschaftliche Forschung langsam, aber unerbittlich und stetig aus den Universitäten in Institute und Institutionen ohne Lehr- und Ausbildungsaufgaben verlagert, strömen in dieses Vakuum politische, ökonomische und bürokratische Kontrollansprüche, die nur schwer zu regulieren sind. Die Bildung von Strategiefonds, von verantwortlichen, aber nicht weisungsbefugten Senaten, wie bei der *Helmholtz-Gemeinschaft Deutscher Forschungszentren* (HGF) oder der *Wissenschaftsgemeinschaft Gottfried Wilhelm Leibniz* (WGL), belegt nichts anderes als den Versuch, kollegiale Kontrolle über den Forschungswettbewerb wieder herzustellen. Die Entstehung des neuen Wissens „in the context of application", der ein sozialer wie ein wissenschaftlicher, politischer und kultureller Kontext ist, scheint zur Signatur der Forschung im 21. Jahrhundert zu werden.[11] Damit aber ist der englische Begriff *research* vermutlich umfassender als der deutsche Begriff *Forschung*, da er die fast ideologisch gebrauchte deutsche Unterscheidung von Grundlagenforschung und Anwendung weitgehend einebnet und die Vielzahl allzu feinsinniger Unterscheidungen von *curiosity driven research* bis *mission oriented research* oder *strategic orientied research* als Folgen der wirtschaftlichen Orientierung der Forschungsförderung durch die Europäische Union kennzeichnet. Da auch die älteren, auf Wilhelm Dilthey und Wilhelm Windelband zurückgehenden Unterscheidungen von angeblich nomothetisch verfahrenden Natur- und idiographisch forschenden Geisteswissenschaften der Realität des modernen Forschungsalltags nicht mehr gerecht werden, sollte die Differenz von resultathaft und prozeßhaft verfahrenden Wissenschaften als die Basisunterscheidung von Wissenschafts-Kulturen überlegt werden. Dabei sind resultathaft verfahrende Fächer solche, die in dichte Netze internationaler Wettbewerbs-Gemeinschaften verflochten sind, wobei das erforschte Resultat seiner Beschreibung vorausliegt, während prozeßhaft verfahrende Wissenschaften ihre Ergebnisse erst im Prozeß der Beschreibung herstellen.[12] Vielleicht sind derartige Differenzierungen besser als ältere Modelle geeignet, die Unterschiede heutiger Forschungstypen zu benennen.

[10] Vgl. u. a. Kaufmann, *Ruf nach Verantwortung*.

[11] Vgl. Gibbons u. a., *New Production of Knowledge*. Trotz der scharfsinnigen, vielfach (u. a. auch von Peter Weingart) an diesem Buch geübten Kritik scheint mir die Grundthese von der Entstehung neuen Wissens im Kontext von Anwendung nicht widerlegt zu sein.

[12] Vgl. dazu Frühwald, *„Im Kern gesund?"*, besonders S. 10ff.

3.3. Organisation und Finanzierung

Seit vor allem die natur-, die lebens- und die technikwissenschaftliche Forschung industrieförmig verfaßt sind – d. h. im Grunde seit dem Ende des 19. Jahrhunderts –, ist die Organisation, ist auch die Teilung der erheblichen für diese Forschungszweige aufzuwendenden Mittel zwischen dem Staat und der privaten Wirtschaft zu einer politischen Frage ersten Ranges geworden, wobei sich die Konfliktfelder und die umstrittenen Kostenbeteiligungen in den hoch industrialisierten Ländern der Erde gleichen wie ein Tüpfelchen auf dem „i" dem anderen. In unterschiedlichen Ländern nämlich wurden steuernde Wissenschafts- und Forschungsräte dort angesiedelt, wo die Richtlinienkompetenz für die Politik liegt. In den USA ist der Vizepräsident Vorsitzender eines einflußreichen *Science Council*, in Japan hat der Vorsitzende des Wissenschaftsrates Sitz und Stimme in *Prime Minister's Council*, in Deutschland war zwischen 1994 und 1998 der Bundeskanzler Vorsitzender des *Rates für Forschung, Technologie und Innovation*, dessen Geschäftsführung beim Bundesminister für Bildung, Wissenschaft, Forschung und Technologie gelegen hat.[13] Daß die neu gewählte Bundesregierung 1998 diesen Rat nicht weitergeführt hat, deutet auf ein Schwächezeichen der Wissenschaft in Deutschland und könnte ihr Wettbewerbsnachteile im härter werdenden internationalen Konkurrenzkampf bringen.[14] Der unselige Kosovo-Krieg 1999 hat auch das bewirkt, daß die Forschung, die langfristiges politisches Engagement fordert, aus dem Focus der Politik an die Peripherie gedrängt wurde, da Bündnis- und Finanzpolitik alle Kräfte absorbieren.

In keinem Land der Erde gibt es definierte Vorstellungen über den notwendigen oder auch nur den hinreichenden Umfang staatlicher und privatwirtschaftlicher Forschungsausgaben. Deutlich ist aber, daß kein Land mehr als etwa drei Prozent seines jährlichen Bruttosozialproduktes für Forschung und Entwicklung ausgibt, daß dieser Anteil aber zu einem der entscheidenden Wettbewerbsfaktoren innerhalb der Länder der OECD geworden ist. Die anteilige Finanzierung der Forschungsausgaben zwischen Staat und Industrie schwankt. Noch immer trägt die Privatwirtschaft in Japan mehr als 80 Prozent der For-

[13] Der überparteilich, nach Kompetenz und Funktion der Mitglieder besetzte Rat hat drei Empfehlungen verabschiedet, wobei von den beiden ersten starke Impulse für Wirtschaft und Wissenschaft ausgegangen sind: (1) *Informationsgesellschaft*; (2) *Biotechnologie, Gentechnik und wirtschaftliche Innovation*, (3) *Kompetenz im globalen Wettbewerb*. Die (zuletzt genannte) Publikation der Empfehlung zur Bildung von *Centers of Excellence* und von Kompetenznetzwerken fiel zunächst in den Wahlkampf und dann in die Windstille des Regierungswechsels von 1998, so daß sie nicht wirksam werden konnte. Die darin beschriebenen Probleme und die gegebenen Empfehlungen sind gleichwohl auch weiterhin aktuell.

[14] In den meisten forschungsstarken Ländern der Bundesrepublik Deutschland existieren, angebunden an die Staatskanzleien oder/und an die Wissenschaftsministerien, Beiräte, Kommissionen und Gremien, die, ähnlich wie der ehemalige *Innovationsrat* des Bundeskanzlers, koordinierend, ratend und empfehlend wirken und dabei den Universitäten und Forschungsinstitutionen die Sicherheit geben, daß ihre mit der Politik abgeschlossenen Verträge eingehalten werden. Für vorbildlich halte ich dabei die Wissenschaftliche Kommission des Landes Niedersachsen, wo durch die Gründung dieser Kommission und ihre durch den Ministerpräsidenten berufenen Mitglieder eine *Konkurrenz der Räte* innerhalb des Landes, wie sie anderswo durchaus besteht, vermieden wird.

schungs- und Entwicklungsausgaben, in den USA liegt der Staatsanteil höher als man zunächst in diesem Land der Privatinitiative meinen könnte, er liegt bei 40 bis 50 Prozent. In Deutschland sind die Forschungskosten zwischen Industrie und Staat etwa im Verhältnis zwei Drittel zu ein Drittel geteilt. Nimmt man als Berechnungsbasis aber die gesamten Ausgaben für Wissenschaft, so sind in Deutschland wie in anderen starken Forschungsländern Europas die Kosten etwa hälftig zwischen Staat und privater Wirtschaft geteilt. Da Information, Wissen, Erfindungen, Entdeckungen und Patente zunehmend wichtigere Produktivfaktoren der hoch industrialisierten Länder geworden sind, gelten Staaten, die weniger als ein Prozent ihres Bruttosozialproduktes in Forschung und Entwicklung investieren, als Entwicklungsländer. Gemessen an diesem Investitionsfaktor sind ehemalige Schwellenländer rasch in die Reihe der Forschungsnationen aufgerückt (z. B. Singapur, Malaysia, Südkorea, Taiwan etc.).

Dem Grundsatz nach müßten die Forschungskosten zwischen dem Staat und der Industrie in der Weise geteilt sein, daß der Staat die Kosten für die auf lange Fristen angelegte Grundlagenforschung übernimmt, während die Industrie die Entwicklungs- und Innovationskosten für die eigenen Produkte und darüber hinaus einen gewissen Anteil an den Kosten der Grundlagenforschung trägt. Unter dem Eindruck verkürzter Entwicklungsfristen (im Bereich der Biotechnik und der Informationstechnologie, also auf sehr großen Wachstumsfeldern) und der Restrukturierungskrise der Industrie haben sich die Gewichte verschoben. Während z. B. in den USA auf bestimmten Feldern der *Life Sciences* die Forschungsabteilungen großer Industrieunternehmen mehr Grundlagen-Ergebnisse publizieren als die Forschungsuniversitäten, hat sich in Deutschland die Industrie fast vollständig aus der Finanzierung der Grundlagenforschung zurückgezogen. Der sich periodisch erneuernde Streit um die Anwendungsanteile der Forschung in den Zentren der *Helmholtz-Gemeinschaft*, die Auseinandersetzung um Zuordnung oder Ausgliederung einzelner Zentren,[15] die Konflikte um die Zentren als *verlängerte Werkbank der Industrie*, um die Umorientierung der ehemaligen Kernforschungsanlagen etc. belegen, wie ungesichert Aufgabenbeschreibung und Zielsetzung der Großforschung noch immer sind. Die von der HGF selbst vorgenommene, aber von vielen Zentren nur halbherzig mitgetragene Aufgabenbeschreibung ist politisch völlig ungesichert. Noch immer sind die größten Institutionen der Grundlagenforschung die Universitäten. Durch ihre Entwicklung zu Stätten der Massenausbildung sind sie aber im Wettbewerb mit außeruniversitären Forschungsinstitutionen so zurückgefallen, daß der Eindruck entsteht, die Forschung wandere mit zunehmender Geschwindigkeit aus den Universitäten aus. Und vermutlich ist dies für bestimmte Felder der Natur- und Lebenswissenschaften nicht nur ein Eindruck. Die Wettbewerbsbedin-

[15] So wurde z. B. 1999, ohne Befragung der Gemeinschaft, das *Forschungszentrum Informationstechnik* (die ehemalige *Gesellschaft für Mathematische Datenverarbeitung*, GMD) der *Fraunhofer-Gesellschaft* zugeschlagen; auch andere Zentren innerhalb der HGF haben deutlich und öffentlich Abwanderungswünsche artikuliert. Die *Stiftung Max-Delbrück-Centrum für Molekulare Medizin* ist in seiner charakteristischen Verbindung von Grundlagenforschung und Klinischer Forschung durch Sparmaßnahmen des Berliner Senats akut bedroht.

gungen z. B. zwischen der *Max-Planck-Gesellschaft* und den Universitäten sind ungleich; von der Ausstattung eines Max-Planck-Instituts kann ein vergleichbares Universitätsinstitut nicht einmal träumen. Instrumente für die (dringend notwendige) Koordination außeruniversitärer und universitärer Forschung sind nicht entwickelt.

In Deutschland hat schon 1911 die Gründung der *Kaiser-Wilhelm-Gesellschaft zur Förderung der Wissenschaften*, die als *Max-Planck-Gesellschaft* (MPG) 1948 wiedergegründet wurde, auf die Notwendigkeit zur Konzentration naturwissenschaftlicher Forschung in einer institutionell verfaßten, durch Präsidium und Senat einheitlich vertretenen, aber nach innen weitgehend autonomen, wissenschaftlichen Gemeinschaft verwiesen. Da die Gesellschaft bereits früh zur *Nobelpreisschmiede* wurde und damit zur stärksten Institution naturwissenschaftlicher Grundlagenforschung in Europa, hat sie in Deutschland Aufgaben an sich gezogen, die in anderen Ländern die Nationalakademien pflegen. Wenn die deutschen Akademien aufgepaßt (und das heißt doch wohl: sich rechtzeitig umstrukturiert) hätten, soll Werner Heisenberg gesagt haben, wäre die Kaiser-Wilhelm-Gesellschaft nicht gegründet worden.[16] Die deutschen Landes-Akademien sind durch ihre Geschichte als Gründungen deutscher Fürsten anders strukturiert als die Nationalakademien z. B. in Italien, Frankreich, Spanien, Rußland, den USA etc. Ihre Zwischenstellung zwischen Gelehrtensozietät und Forschungsinstitution und die (mit Ausnahme der *Leopoldina* und der *Berlin-Brandenburgischen Akademie der Wissenschaften*) auf das Landeskinder-Prinzip festgelegte Mitgliederwahl behindern entschieden ihre Position im Forschungswettbewerb. Neben der *Max-Planck-Gesellschaft* ist in Deutschland die 1949 gegründete *Fraunhofer-Gesellschaft zur Förderung der angewandten Forschung* (FhG), die rund 50 Prozent ihres Etats durch Industrieaufträge einwerben muß, ein in vielen Ländern nachgeahmtes Erfolgsmodell,[17] während es der *Arbeitsgemeinschaft industrieller Forschungsvereinigungen „Otto von Guericke“ e. V.* (AiF), die nach wissenschaftlichen Kriterien qualitätsorientierte Forschungsförderung betreibt und vor allem für die mittelständische Industrie unentbehrlich wurde, nicht im gleichen Maße gelungen ist, aus dem Schatten des öffentlichen Interesses zu entkommen, so daß sie chronisch unterfinanziert ist.[18]

3.4. Großforschung und Forschungsagenturen

Während des Zweiten Weltkrieges wurde eine Entwicklung eingeleitet, bei der Großforschung (nach Alvin M. Weinberg: *Big Science*) um im nationalen Maßstab einmalige, stationäre Großforschungsgeräte konzentriert wurde. Diese dann auf andere Gebiete ausgeweitete, in National-Laboratorien, d. h. in Deutschland in seit 1999 noch 15 Großforschungszentren, betriebene Forschung wird vom Staat finanziert und ist ohne exakt

[16] Freundliche Mitteilung von Reimar Lüst.

[17] Vgl. dazu Trischler/vom Bruch, *Forschung für den Markt.*

[18] Auch die strikte Anbindung der AiF an das Bundeswirtschaftsministerium, die sie als einen Verband der Ressortforschung kennzeichnet, hat sich für die Entwicklung dieser „Forschungsvereinigungen für den Mittelstand“ als hinderlich erwiesen. Vgl. Böttger, *Forschung für den Mittelstand.*

abgrenzbare Zweckbestimmung auf Großgeräteforschung, auf sehr langfristige Forschungsprogramme (wie etwa die Kernfusionsforschung), auf die Erforschung von Schlüsseltechnologien und auf Forschung zur Daseinsvorsorge ausgerichtet. Wenn ich recht sehe, so ist der kurze Frühling einer relativen Autonomisierung der Großforschung in Deutschland, der sich bei der Gründung der HGF 1995 ankündigte, schon wieder vorüber. Die staatliche Administration holt sich Stück für Stück jenes Einflusses zurück, den sie durch die Gründung der HGF und vor allem durch die Bildung eines ratgebenden Senats (bereits damals zum Mißfallen eines Teiles der Ministerialbürokratie) aus der Hand gegeben hatte.[19] Die heute international sichtbare Entwicklung von *Big Science* zu *Mega Science* beginnt die Finanzkraft auch forschungsstarker und reicher Industrienationen zu überfordern, so daß multinationale, kontinentale oder sogar kontinentübergreifende Projektzusammenschlüsse (wie z. B. Global Change-Programm, Human Genom-Programm, Tiefseebohr-Programme, Klimaforschungsprogramme etc.) und international finanzierte Großforschungseinrichtungen zunehmen. Die Mitgliedsstaaten der Europäischen Union bezahlen derzeit 13 Prozent ihrer Forschungsausgaben in die Gemeinschaftskasse der Union, davon lediglich vier Prozent für die entsprechenden Rahmenprogramme und neun Prozent für die europäischen Großforschungsinstitutionen, die zu *Mega Science-Facilities* tendieren. Beispiele sind die CERN genannte Kernforschungsfabrik am Stadtrand von Genf oder auch die ESA genannte europäische Weltraumagentur, die seit dem im zweiten Anlauf geglückten Start von *Ariane 5* (1999) wieder im politischen Aufwind ist. Die Auseinandersetzung um Ziele und Notwendigkeit der Entwicklung von *Big Science* und *Mega Science* steht erst in ihren Anfängen. Sie wird in dem Ausmaß zunehmen, in dem diese Art von Forschung immer größere Mittel an sich bindet und, der Selbstverwaltung der Wissenschaft weitgehend entzogen, die eigentliche Herrschaftsdomäne staatlicher Wissenschaftsverwaltungen bleibt.

In allen großen Forschungsnationen der Welt bestehen, um den Forschungswettbewerb zwischen den Hochschulen und den zwischen Hochschulen und außeruniversitären Forschungsinstitutionen zu stimulieren, staatlich alimentierte Forschungsagenturen (*Research Councils*, *Funding Agencies* etc.), die auf Antrag kurz- oder längerfristige Forschungsprojekte mit einem tief gestaffelten Förderinstrumentarium finanzieren. Diese Agenturen kommen in den Ländern in Schwierigkeiten, in denen Projektfinanzierung und institutionelle Förderung nicht trennscharf voneinander geschieden sind und die entsprechende Agentur mit Projektmitteln auch der Agentur zugehörige Forschungsinstitute fördert. Die Vermischung von Projekt- und Institutionenförderung nämlich verschärft den ohnehin periodisch aufflammenden Streit um die Politikferne oder die Notwendigkeit politischer Steuerung solcher Agenturen der wissenschaftlichen Selbstverwaltung. Das deutsche Mo-

[19] Zu den Zielen der HGF vgl. die von der HGF herausgegebene Tagungsdokumentation zum *Festakt aus Anlaß des 25jährigen Bestehens der Arbeitsgemeinschaft der Großforschungseinrichtungen und ihrer Umbenennung in Hermann von Helmholtz-Gemeinschaft Deutscher Forschungszentren am 13. November 1995 in Berlin,* vgl. darin besonders die Ansprache von Joachim Treusch, des damaligen Vorsitzenden der HGF, S. 20–25.

dell der durch *Max-Planck-Gesellschaft* und *Deutsche Forschungsgemeinschaft* (DFG) institutionalisierten Trennung von Projekt- und Institutionenförderung der Grundlagenforschung hat sich international nicht durchgesetzt. In diesem Modell aber entwickelte sich die von staatlichem und industriellem Einfluß weitestgehend unabhängige Deutsche Forschungsgemeinschaft, von Bund und Ländern anteilig finanziert,[20] zu einer international angesehenen und einflußreichen Institution der Selbstverwaltung der Wissenschaft. Mit ihrem freien und geheimen Wahlen unterworfenen (2002 allerdings veränderten) Gutachtersystem wurde sie zu einer unabhängigen, d. h. ausschließlich von Qualitätskriterien geleiteten Agentur zur Sicherung der Spitzenforschung in Deutschland.

3.5. Modelle der Forschungsorganisation

Demnach ruht das Forschungssystem der hochindustrialisierten Länder der Welt auf fünf Säulen: auf den Universitäten, den (in unterschiedlichen Ländern unterschiedlich starken) Akademien, den Großforschungsinstitutionen, den außeruniversitären Forschungseinrichtungen und den Projektforschungsagenturen. Als Koordinierungsinstrumente existieren zudem in den meisten forschungsstarken Ländern Wissenschaftsräte, die zwischen Politik, Wirtschaft und Wissenschaft vermitteln. In allen Ländern (zumindest der Triade, also der nordamerikanischen Freihandelszone, der Europäischen Union und Japans) ist dieses differenzierte Forschungssystem die Regel. Die Nationalakademien spielen dabei (nicht als Gelehrtensozietäten, sondern als moderne Forschungsinstitutionen) eine nicht zu unterschätzende Rolle. Sie haben sich unter anderem über ihre Zeitschriften auch in den Natur- und Lebenswissenschaften internationalen Rang gesichert. Die „Proceedings" der amerikanischen *National Academy of Sciences* (PNAS) z. B. gehören zusammen mit den Zeitschriften „Nature" und „Science" zu den von den Autoren über *page charges* zu bezahlenden teuersten und angesehensten Publikationsorganen der naturwissenschaftlichen Welt. Da eine europäische Konkurrenz-Zeitschrift noch keinen Träger hätte, habe ich vor einigen Jahren vorgeschlagen, „Proceedings" der MPG und der DFG zu gründen, um auch die Startbedingungen für den hochqualifizierten deutschen wissenschaftlichen Nachwuchs zu verbessern, bin aber mit diesem Vorschlag auf taube Ohren gestoßen. Noch immer halte ich es für notwendig, ein (selbstverständlich englischsprachiges) europäisches oder wenigstens ein deutsches Gegengewicht gegen die wettbewerbsverzerrende Dominierung des wissenschaftlichen Zeitschriftenmarktes durch die USA zu schaffen.

[20] Zu den staatlichen Mitteln von Bund und Ländern hinzu treten heute (1999) geringe Mittel des *Stifterverbandes für die Deutsche Wissenschaft* (gering im Verhältnis zum Gesamtetat von mehr als 2 Milliarden DM), die für die DFG aber einen erheblichen symbolträchtigen Wert deshalb haben, weil sie auf ihre Unabhängigkeit von politischem Einfluß verweisen. Diese Unabhängigkeit gehört gleichsam zum Gründungsauftrag der *Deutschen Forschungsgemeinschaft* und drückte sich – vor der Gründung der *Sonderforschungsbereiche* in den 60er Jahren des 20. Jahrhunderts und damit vor dem dominierenden Zustrom staatlichen Geldes – in einer zwischen *Stifterverband* und Staat anders als heute geteilten Finanzierung der DFG aus. Vgl. dazu Schulze, *Stifterverband für die Deutsche Wissenschaft* und Straub, *Almanach des Stifterverbandes für die Deutsche Wissenschaft.*

Besuch des Präsidenten der Max-Planck-Gesellschaft Heinz A. Staab in der AdW am 21. April 1988
v. l. n. r.: Akademiepräsident Werner Scheler, Generalsekretär Claus Grote, Udo Kirmse und Werner Knoll von der Auslandsabteilung der AdW und Heinz A. Staab

Grundsätzlich also sind, nach meiner Einschätzung, zwei Modelle der Organisation *außeruniversitärer* Forschung zu unterscheiden:

(1) Das *Akademie-Modell*, bei dem die eine und mächtige Zentralakademie das Dach bildet, unter dem sich die unterschiedlichen Institute und Zentralinstitute sammeln. Dies war das planwirtschaftlich angeleitete und in die Länder der Volksdemokratien exportierte Modell der Akademie der Wissenschaften der UdSSR, das Modell auch der *Akademie der Wissenschaften der DDR* (AdW), mit zuletzt rund 24.000 Mitarbeiterinnen und Mitarbeitern.[21] Mit diesem zentralistischen Modell hat die Sowjetunion große Erfolge in der Weltraumforschung und der Weltraumfahrt erzielt, ist aber auf anderen großen und kostenin-

[21] Mit dieser Behauptung bin ich noch 1988 innerhalb der AdW der DDR auf keinerlei Widerspruch gestoßen, im Gegenteil, die Akademie schien auf diese Verbindung stolz zu sein. Der in der Diskussion des vorliegenden Vortrages am 4. November 1999 in Berlin erhobene und im Tagungsbericht im *Neuen Deutschland* dann wiederholte Vorwurf lautete: Die Gründung der AdW der DDR nach sowjetischem Vorbild sei eine bloße Vermutung, welche nach der Vereinigung Deutschlands den Vorwand zu einer *Entsowjetisierung* der Akademie geliefert habe. Schon in der Diskussion am 4. November wurde dazu bemerkt, daß sich in den Dokumenten zur Gründungsgeschichte der AdW durchaus Hinweise auf eine solche

tensiven Forschungsgebieten international weitgehend bedeutungslos geblieben. Das Modell ging von einer Trennung von Forschung und Lehre aus. Es ist daher nicht nur an seinem Planzentralismus, an Intransparenz und inneren Konkurrenzkämpfen gescheitert, sondern vor allem an der Illusion der Möglichkeit kommandierter Forschung außerhalb der Universität. Daß man sich, unter starken und mutigen Institutsdirektoren,[22] auch in einem solchen Modell Freiräume erkämpfen konnte, dafür ist die Geschichte der AdW der DDR ein herausragendes Beispiel. Was man in einem solchen Modell aber auch unter relativ freiheitlichen Zuständen an Unheil anrichten kann, dafür ist die nach 1989 erfolgte strikte *Russifizierung* der nunmehr Russischen Akademie der Wissenschaften ein Exempel. Im übrigen gilt für den Bereich Ostmittel- und Osteuropas noch immer die Feststellung von Günter Reuhl, daß derzeit noch nicht zu überschauen ist, „was aus dem Forschungspotential der großen Akademieinstitute" geworden ist, der Transformationsprozeß ist noch im Fluß.[23]

(2) Das *Council-Modell*, bei dem unterschiedlich tief gestaffelte Forschungs- und Forschungsförderungseinheiten dezentral und im Wettbewerb miteinander den Forschungsprozeß anleiten. In diesem Modell sind die Zentralakademien dann die prestigegebenden Institutionen, wenn sie über ihre Funktion als Gelehrtensozietäten hinaus als Kooperationsplanungseinheiten und als selbst forschende Institutionen sich am Wettbewerb beteiligen. In Deutschland ist der Platz für eine Nationalakademie neben der MPG sehr eng geworden. De facto teilen sich MPG und DFG die Auslandsrepräsentation der deutschen Forschung, der Zeitpunkt zur Gründung einer Nationalakademie ist spätestens seit der Gründung der *Kaiser-Wilhelm-Gesellschaft*, vielleicht schon bei der Gründung der Berliner Universität 1810, verpaßt worden. Idealiter sind in den Prozeß von Kooperation und Kompetition im *Council-Modell* auch die Universitäten einbezogen, doch ist die Kooperation zwischen außeruniversitärer und universitärer Forschung in den meisten Ländern – auch und gerade in Deutschland, von rühmlichen Ausnahmen abgesehen – kaum entwickelt. Sie müßte (wie derzeit z. B. in Niedersachsen) über konsequente Evaluation regional entwickelt werden. Die Amerikaner jedenfalls haben mit einem Modell dezentraler Forschungseinheiten und prestigegebender Zentralakademien enorme Erfolge erzielt. Ihnen ist es in diesem Modell gelungen, den Vorsprung in der lebenswissenschaftlichen Forschung so massiv auszubauen, weil sie mit den *National Institutes of Health* (NIH) ein Instrument geschaffen

Vorbildfunktion der sowjetischen Akademie der Wissenschaften finden lassen. Dieses schwer zu bestreitende Faktum wird aber erst dadurch zum Vorwurf, daß es mit der unbewiesenen Behauptung einer *Entsowjetisierung* des Wissenschaftssystems der DDR verbunden wird. Die Evaluations-Kommissionen der AdW hatten keinen politischen Auftrag zu einer irgendwie gearteten *Entsowjetisierung*, sondern lediglich zwei Vorgaben: die Prüfung von wissenschaftlicher Qualität und Effizienz der Institute auf der einen, und der Finanzierbarkeit auf der anderen Seite. Die Personalüberprüfung, aus welcher dann Unbegriffe wie etwa die „doppelt positiv evaluierten" Professoren entstanden sind, folgte einem anderen Schema und wurde von Kommissionen vorgenommen, denen hauptsächlich Mitglieder aus den neuen Bundesländern angehörten. Die Bildung eines dem Begriff der *Entnazifizierung* folgenden Begriffes der *Entsowjetisierung* belegt m. E. den Versuch, ein Geschichtsbild zu etablieren, das eher von *Betroffenheit* als von Fakten gespeist wird.

[22] Ich nenne als ein von mir relativ früh beobachtetes Beispiel Manfred Naumann.

[23] Reuhl, *Forschung und Entwicklung*, S. 9.

haben, das mehr als 20 Jahre lang mit Milliarden von Dollar diesen Forschungsbereich gefördert hat, so daß nun die reifen Früchte (auch und gerade in einer gen- und biotechnischen Industrie) geerntet werden können. Daß die *National Science Foundation* (NSF) dabei noch immer als die *vornehmere* der großen Förderorganisationen gilt (und die USA z. B. in der G8-Gruppe der Wissenschaftsorganisationen repräsentiert), ist eine bloße Erinnerung an Zeiten, in denen die Physik noch als die Leitwissenschaft des Jahrhunderts gegolten hat. Die wirklichen Einflußverhältnisse sind an der Relation der Jahresbudgets abzulesen. Nach einer für das Jahr 2000 bewilligten Budgetsteigerung von 14 Prozent – Zuwachsraten, welche den Stellenwert betonen, den die USA inzwischen auch wirtschaftlich der Grundlagenforschung zuschreiben – verfügen die NIH jetzt über mehr als 17 Milliarden Dollar jährlich, die NSF über 4,3 Milliarden Dollar. Die vergleichbaren europäischen Forschungsinstitutionen sind damit auf viele Jahre im Wettbewerb abgehängt.

Die Idee dezentraler und weitgehend selbständig agierender Forschungseinheiten, die von einem an oberster politischer Stelle angebundenen Rat beobachtet werden, entspricht modernen Managementgrundsätzen, wird aber heute durch einige Probleme belastet:

(1) Durch das *Privatisierungsdenken*, das z. B. konsequent in Neuseeland durchgesetzt wurde und die Wissenschaftslandschaft des Landes von Grund auf verändert hat. Von den zehn *Crown Research Institutes*, die von heute auf morgen mit einer staatlichen Grundfinanzierung und der Maßgabe freigesetzt wurden, sich alle anderen Mittel auf dem Markt zu beschaffen, sind neun übriggeblieben. Das sozialwissenschaftliche Institut ist unter diesen Umständen rasch zugrunde gegangen. Wie sich das in Bildung und Forschung nun herrschende Kauf- und Verkaufsmodell, also ein Verkäufer-Kunden-, statt ein Lehrer-Schüler-Verhältnis, langfristig auswirken wird, bleibt abzuwarten. Von den germanistischen Lehrstühlen Neuseelands ist einer übriggeblieben, der in der Hauptstadt Wellington. Daß sich dies bereits mittelfristig auch auf die Wirtschaftsbeziehungen Neuseelands mit den Ländern deutscher Sprache auswirken wird, ist unbestritten.

(2) Dezentralisierung und die Bildung von selbständigen Management-Einheiten sind dann sinnvoll, wenn das Netz, in das diese Einheiten eingeflochten sind, darüber als Netz nicht reißt. Das jüngste Negativbeispiel für ein so zerreißendes Netz scheint mir die Deutsche Bahn AG zu sein, deren Zerlegung in selbständige, auch selbständig konkursfähige Verwaltungseinheiten die Bahnkunden in der Vernachlässigung der Nebenstrecken, der Anschlüsse, in Mängeln bei der Sicherheit und beim Service erfahren. Wer im Service-Bereich, zu dem nun einmal auch Bildung und Forschung gehören, das Prinzip der Wirtschaftlichkeit allen anderen Aufgaben voranstellt, muß wissen, daß er von *Kundenorientierung* nicht mehr sprechen kann. In einem ausschließlich auf Gewinn orientierten Laden kann auch der freundlichste Verkäufer den Kunden nicht mehr fröhlich stimmen.

(3) Die Dezentralisierung, zu der es m. E. keine sinnvolle Alternative gibt, bietet natürlich Einbruchstellen für Ideologisierung und auch für bloße Propaganda, da die relativ selbständigen Management-Einheiten unterschiedlich orientiert sein können. Die Volksrepublik China unterhält eine große und angesehene naturwissenschaftliche Akademie, die *Academia Sinica*, die weitgehend ideologiefrei geleitet wird und in zahlreiche internationale Kooperationen verflochten ist. Neben dieser Akademie leitet die *National Natural Science*

Foundation of China (NSFC) den Wettbewerb der SEK-Universitäten[24] nach DFG-Modell[25] an, doch ist in die benachbarte Akademie für Sozialwissenschaften das Denken der *sozialistischen Marktwirtschaft* noch nicht eingezogen.

4. Europäische Lernprozesse

Als wir 1992/93 daran gegangen sind, durch die Gründung der sogenannten *EuroHorcs* (*European Union Research Organizations Heads of Research Councils*) den Einfluß von Forschung und Forschern gegenüber der Brüsseler Administration der EU zu stärken, standen wir vor Problemen, die bis heute ungelöst sind und schlaglichtartig den Unterschied zwischen dem deutschen Forschungssystem und dem der europäischen Nachbarländer verdeutlicht.

(1) Wenigstens 28 italienische Forschungsinstitutionen kämen für eine Mitgliedschaft bei den *HORCs* in Frage, meinte der Präsident der größten italienischen Forschungsorganisation (des CNR), und für Frankreich, das zunächst durch den CNRS repräsentiert war, galt in Annäherung ähnliches. Wir haben – u. a. wegen der Zahl der britischen *Research Councils* – die Zahl der Mitglieder auf sechs beschränkt, von denen jeweils drei stimmführend an der Mitgliederversammlung teilnehmen sollten; welche drei, das sollten die jeweiligen nationalen Mitglieder selbst bestimmen.

(2) Die (meist auf europäischen Flughäfen) vollzogene Gründung der *EuroHorcs* stellte den deutschen Teilnehmern, das waren zunächst nur die Präsidenten von MPG und DFG, vor Augen, wie politikabhängig und zugleich machtfern auch die scheinbar unabhängigsten Institutionen Europas, gemessen an der der deutschen Selbstverwaltung geschenkten Freiheit, waren und sind. Sie nahmen erstaunt zur Kenntnis, welch strenges Regiment etwa der britische Generaldirektor über *seine* Councils führt, daß die Präsidenten der Forschungsorganisationen in den meisten europäischen Ländern ganz selbstverständlich mit den jeweiligen Regierungen wechseln oder zumindest zur Disposition stehen und es schon einmal vorkommen kann, daß der Präsident einer angesehenen Institution auf einer Auslandsreise aus der Zeitung erfährt, daß er soeben abgelöst worden ist. Das viel gerühmte Prinzip *bottom up*, also die Entstehung von Forschungsideen und Forschungszielen aus der Gemeinschaft der Forschenden selbst, ist im Grunde ein recht einsames deutsches Freiheitsprinzip, dem in allen anderen Ländern Programmforschung und ein mehr oder weniger strenges *top down*-Prinzip (bis zur politischen Anleitung von Forschung) gegenüberstehen. Die deutschen Wissenschaftsorganisationen haben versucht, für ihr Unabhängigkeitsprinzip in Europa zu werben, nachdem es die DFG, mehr oder weniger stark modifiziert, nach Japan, in die Volksrepublik China, nach Taiwan, nach Südkorea, Rußland und Weißrußland exportiert hat. Sie sind damit offenkundig gescheitert, denn der „Bericht der

[24] Die unter Aufsicht der *Staatlichen Erziehungs-Kommission* (SEK) stehenden Universitäten gelten als die Elite-Universitäten Chinas.

[25] Ein gravierender Unterschied zwischen NSFC und DFG besteht allerdings bei der Auswahl der Gutachter, die hier frei gewählt, dort aber bestellt werden.

internationalen Kommission zur Systemevaluation der DFG und der MPG" (1999) stellt eben dieses Prinzip in Frage; er verdeutlicht, daß es im Europa der Zentralstaaten unverstanden geblieben ist. In dieser über das Prinzip des deutschen Forschungssystems entscheidenden Frage vermisse ich den dezidierten Widerspruch der Deutschen Forschungsgemeinschaft gegen die Empfehlungen der Evaluation.[26] Daß nämlich dieses Prinzip *bottom up* in Deutschland, nach Völkermord, Weltkrieg und politischem Mißbrauch der Forschung, das demokratische und föderale Bewußtsein gestärkt und erhalten hat, daß es eine Bevölkerungsgruppe – die Gelehrten – der Demokratie gewonnen hat, die sich in der ersten deutschen Republik noch als kaiserliche *Mandarine* und zum großen Teil antidemokratisch gebärdet und geäußert haben, dies alles blieb in dem um Geschichte und Entwicklung unbekümmerten Evaluationsbericht ausgespart. Deutschland hat nun einmal eine andere Forschungs- und eine andere Freiheits- und Verbrechensgeschichte als seine europäischen Nachbarn. Diese Unterschiede rationalistisch zu Gunsten von Programm-Forschung einzuebnen, belegt einen unhistorischen Blick auf die Entwicklung der europäischen Völker. Forschungsfreiheit, auch im Sinne der Freiheit von wirtschaftlichem und politischem Druck, ist in Europa nach wie vor nahezu nur den Universitäten geschenkt.

(3) Die Deutschen mußten im Umgang mit ihren europäischen Partnern, mit denen sie ja in den Ländern am *Pacific Rim* und in Osteuropa in einem heftigen Konkurrenzkampf liegen, auch lernen, daß es große Nationen gibt, in denen die Forschung eine quantitativ eher untergeordnete Rolle spielt; um nur ein Beispiel zu nennen: mehr als 400.000 Beschäftigte hat die gesamte Wissensindustrie in Deutschland, 30.000 sind es nur in Spanien. Die Deutschen konnten gleichzeitig lernen, daß es kleine Länder in der Nachbarschaft Deutschlands gibt, welche *Forschungsriesen* sind. Dies sind charakteristischerweise Länder, die ihre Universitäten nicht in gleicher Weise haben verrotten oder im Zustrom von Studentenmassen haben ersticken lassen wie etwa Deutschland, Frankreich und Italien, wobei Frankreich mit dem System der Hohen Schulen wenigstens ein funktionierendes Teilsystem hat, Deutschland nicht. Solche Forschungsriesen sind z. B. die Niederlande und die Schweiz. *Leibniz-Preise*, also Geldmittel, welche eine Forscherin, einen Forscher für mehrere Jahre vom Druck der ständigen Antragstellung freistellen, damit er oder sie, von Geld- und Antragssorgen nicht geplagt, einmal nach Herzenslust forschen kann, gibt es in Deutschland (eben als *Leibniz-Preis*), in den Niederlanden (als *Spinoza-Preis*) und in Österreich (als *Wittgenstein-Preis*). In den Niederlanden ist im Dreieck zwischen den Universitäten, der Königlichen Akademie der Wissenschaften und der der DFG ähnlichen NWO (*Nederlandse Organisatie voor Wetenschappelijk Onderzoek*) ein starker Wettbewerb darum entstanden, wohin die Mittel des sogenannten *first flow*, also die jetzt nach Studentenzahlen

[26] Vgl. den gedruckten Bericht „Forschungsförderung in Deutschland. Bericht der internationalen Kommission zur Systemevaluation der Deutschen Forschungsgemeinschaft und der Max-Planck-Gesellschaft, Hannover", Juni 1999, darin besonders die Empfehlungen 1.2 sowie 1.4 und 1.5. Daß die DFG diesen Empfehlungen nicht entschieden entgegengetreten ist, sie vielmehr vollzieht, deutet m. E. auf eine Systemveränderung, die langfristig das deutsche System den in Europa vorherrschenden Systemen annähern wird, vermutlich auf Kosten der Freiheitsrechte der deutschen Wissenschaft.

verteilten Mittel der Grundausstattung fließen sollen. Das internationale Evaluationsgutachten zur Struktur der NWO jedenfalls hat geraten, die NWO und damit auch den Wettbewerb um diese Mittel zu stärken. Länder wie Australien oder Neuseeland halten sich bei ihren internationalen Forschungskooperationen, die ein großes Gebiet zwischen Indonesien und Singapur erschließen, eher an die kleineren Länder der Europäischen Union als an Deutschland, das im Wettbewerb mit den USA, Frankreich, Japan steht. Die *Deutsche Forschungsgemeinschaft* hat ihr internationales Netz an den Eckpunkten der G8-Länder sowie an Israel und China festgemacht; mit den deutschsprachigen Ländern (Österreich und der Schweiz) und den Niederlanden pflegt sie durch ein regelmäßiges Besuchs- und Besprechungsprogramm einen kontinuierlichen Erfahrungsaustausch, der auch in gemeinsame Programme mündete.

(4) Die Deutschen mußten (wie bereits erwähnt) schließlich lernen, daß die Mischformen zwischen Projektförderung und institutionalisierter Forschung zwar in Europa und der Welt weit verbreitet sind, daß aber die Vorteile solcher Mischformen nicht zu erkennen sind. Die Förderorganisationen in diesem gemischten Modell stehen, wie die NWO oder die NIH, ständig im Verdacht, die eigenen Institute bevorzugt zu behandeln. Die in Deutschland praktizierte Trennung von Projektförderung (über die DFG) und institutioneller Förderung scheint mir dem Mischsystem in jeder Hinsicht überlegen zu sein, vor allem wenn MPG und DFG als *Zwillinge* auftreten und nicht versuchen, sich bei der Forschungsrepräsentation gegenseitig Konkurrenz zu machen.

5. Das deutsche System

Die Organisation der deutschen Forschung also unterscheidet sich von den konkurrierenden, auch den europäischen Modellen

- durch die entschieden größere Freiheit, die der deutschen Selbstverwaltung der Wissenschaft geschenkt ist;
- durch den geringeren Grad zentraler Steuerung, die Raum läßt für eine Fülle von Ideen und Experimenten, wie sie im Normalverfahren der DFG vorgesehen sind. Dieses ist zu beschreiben mit dem Slogan: *Gutes Geld für gute Ideen!*
- durch das Zusammenwirken des Bundesstaates und der Regionen bei der Finanzierung eines gemeinsamen Förderungstopfes (der DFG) und dezentraler Forschungsinstitute (MPG, HGF, WGL etc.), so daß über Forschungsförderung auch föderales Bewußtsein geschaffen wird;
- durch das Fehlen einer (von der MPG zum Teil substituierten) prestigegebenden und die Kooperation koordinierenden Nationalakademie;
- durch den Versuch, die Vielzahl dezentraler Einrichtungen in Dachorganisationen wie der HGF oder der WGL zu bündeln. Diese letztere, wie mir scheint, sinnvolle Koordination innerhalb des dezentralen Systems ist politisch umstritten, weil sie zur Autonomisierung der so zusammengeschlossenen Institutionen tendiert. Sie gilt bei der WGL noch immer als eine Funktion finanzpolitischer, nicht wissenschaftsadäquater Entschei-

dungen, sie ist in der HGF angefochten von der Ministerialbürokratie, von Industrieinteressen und innerer Heterogenität; sie ist im Grundsatz unangefochten bei der MPG und der FhG, obwohl auch hier ein sich aufladendes Spannungsfeld zwischen Zentralverwaltung und Institutsautonomie nicht zu übersehen ist.

Dabei sind die Stärken des deutschen Systems kenntlich und sollten nicht vorzeitig der langsam voranschreitenden europäischen Forschungsintegration geopfert werden. Wenn es nämlich gelingt, ein Koordinationsinstrument zu finden, mit dessen Hilfe die Forschungsregionen in Deutschland (in der Kooperation von Wirtschaft, Universitäten und außeruniversitärer Forschung) zu Kompetenzregionen entwickelt werden, wenn es also gelingt, das jetzt löcherige, oft zerrissene oder nur notdürftig geflickte Forschungsnetz Deutschlands zu einem Netzverbund (mit charakteristischen Verdichtungszonen) zu machen, dann wird das deutsche Modell den Wettbewerb in Europa und der Welt bestehen und vielleicht sogar maßstabsetzend sein für Forschungssysteme in vielen High Tech-Regionen der Welt.

Die zu konstatierende Koordinationsschwäche des deutschen Systems ist aber deshalb prekär, weil es inzwischen im Spannungsfeld von Forschungsfreiheit und gesellschaftlichem Anspruch eine Fülle von Problemen gibt, die von der Forschung nur im Dialog mit Gesellschaft, Politik und Wirtschaft gelöst werden können, wobei jeder Partner die ihm gemäße Rolle zu spielen und die durchaus teilbaren Konflikte aus seiner Perspektive zu bedenken hat. Diese Freiheitsprobleme sind international verbreitet und durch die jeweilige Geschichte und die entsprechende soziale Umgebung strukturiert. Sie fordern beim Eintritt in ein Zeitalter sich rasch wandelnder Welt- und Menschenbilder die starke, *geeinigte und doch vielgestaltige*, traditions- und wertbewußte *europäische* Stimme von Forschung und Wissenschaft. Denn vermutlich ist der heute herrschende Begriff von Forschung – als die systematisch betriebene, methodengeleitete, überprüfbare, neues Wissen schaffende Arbeit, mit welcher der Mensch die Gesetze und die komplexen Strukturen der Natur zu erklären sowie Entstehung, Entwicklung und Struktur der von ihm selbst geschaffenen Kulturen zu verstehen sucht – das letzte Geschenk, welches das alte Europa der von ihm oft bereicherten, aber ebenso oft auch unterdrückten und verletzten Welt gemacht hat.

Literatur

Böttger, Joachim: *Forschung für den Mittelstand.* Die Geschichte der Arbeitsgemeinschaft industrieller Forschungsvereinigungen ‚Otto von Guericke' e. V. (AiF) im wirtschaftspolitischen Kontext, Köln 1993.

Brecht, Bertolt: *Leben des Galilei* (= Gesammelte Werke in zwanzig Bänden, Bd. 3), Frankurt/M. 1967.

Brockhoff, Klaus: *Industrial Research for Future Competitiveness*, Berlin – Heidelberg – New York 1997.

Internationale Kommission zur Systemevaluation der Deutschen Forschungsgemeinschaft und der Max-Planck-Gesellschaft: *Forschungsförderung in Deutschland*, Hannover Juni 1999.

Frühwald, Wolfgang: „Forschung/Forschungsfreiheit", in: *Lexikon der Bioethik*, Bd. 1, Gütersloh 1998, S. 757–761.

Frühwald, Wolfgang: *„Im Kern gesund?"* Zur Situation der Universität am Ende des 20. Jahrhunderts (= Jacob Burckhardt-Gespräche auf Castelen, 6), Basel 1998.

Gibbons, Michael u. a.: *The New Production of Knowledge.* The Dynamics of Research in Contemporary Societies, London – Thousand Oakes – New Delhi 1994.

Guggerli, David: *Redeströme.* Zur Elektrifizierung der Schweiz 1880–1914, Zürich 1996.

Helmholtz-Gemeinschaft Deutscher Forschungszentren (Hrsg.): *Tagungsdokumentation zum Festakt aus Anlaß des 25jährigen Bestehens der Arbeitsgemeinschaft der Großforschungseinrichtungen und ihrer Umbenennung in Hermann von Helmholtz-Gemeinschaft Deutscher Forschungszentren am 13. November 1995 in Berlin,* Bonn 1995.

Hermann, Armin: *Die Jahrhundertwissenschaft.* Werner Heisenberg und die Geschichte der Atomphysik, Reinbek bei Hamburg 1993.

Hildesheimer, Wolfgang: *Lieblose Legenden,* Frankfurt/M. 1962.

Kaufmann, Franz Xaver: *Der Ruf nach Verantwortung.* Risiko und Ethik in einer unüberschaubaren Welt, Freiburg/Br. – Basel – Wien 1992.

Massow, Valentin von: *Wissenschaft und Wissenschaftsförderung in der Bundesrepublik Deutschland,* Bonn 1986.

Mayntz, Renate: *Forschungsmanagement – Steuerungsversuche zwischen Scylla und Charybdis.* Probleme der Organisation und Leitung von hochschulfreien, öffentlich finanzierten Forschungsinstitutionen, Opladen 1985.

Reuhl, Günter: *Forschung und Entwicklung zwischen Politik und Markt.* Die Steuerung von Forschung und Entwicklung in den USA, Japan und Europa, Ludwigsburg – Berlin 1994.

Ritter, Gerhard A.: *Großforschung und Staat in Deutschland.* Ein historischer Überblick, München 1992.

Schulze, Winfried (unter Mitarbeit von Sven Bergmann und Gerd Helm): *Der Stifterverband für die Deutsche Wissenschaft 1920–1995,* Berlin 1995.

Straub, Eberhard (Hrsg.): *Almanach des Stifterverbandes für die Deutsche Wissenschaft 1920–1995,* Essen 1995.

Treusch, Joachim: „Ansprache" zum Festakt aus Anlaß des 25jährigen Bestehens der Arbeitsgemeinschaft der Großforschungseinrichtungen und ihrer Umbenennung in Hermann von Helmholtz-Gemeinschaft Deutscher Forschungszentren am 13. November 1995 in Berlin, in: Helmholtz-Gemeinschaft Deutscher Forschungszentren, *Tagungsdokumentation,* S. 20–25.

Trischler, Helmuth/Rüdiger vom Bruch: *Forschung für den Markt.* Geschichte der Fraunhofer-Gesellschaft, München 1999.

Virchow, Rudolf: „Die Gründung der Berliner Universität und der Übergang aus dem philosophischen in das naturwissenschaftliche Zeitalter". Rektoratsrede gehalten am 3. August 1893, in: Weischedel, *Idee und Wirklichkeit,* S. 416–427.

Weischedel, Wilhelm (in Zusammenarbeit mit Wolfgang Müller-Lauter und Michael Theunissen) (Hrsg.): *Idee und Wirklichkeit einer Universität.* Dokumente zur Geschichte der Friedrich-Wilhelms-Universität zu Berlin, Berlin 1960.

Zacher, Hans F.: *Vom Sinn außeruniversitärer Forschung.* Vortrag des Präsidenten der Max Planck-Gesellschaft zur Förderung der Wissenschaften (München) bei der Feierlichen Sitzung der Österreichischen Akademie der Wissenschaften am 17. Mai 1995, Wien 1995.

I.
Akademien im Spannungsfeld von Wissenschaft und Politik

Rüdiger vom Bruch

Zwischen Traditionsbezug und Erneuerung

Wissenschaftspolitische Denkmodelle und Weichenstellungen unter alliierter Besatzung 1945–1949

I.

Zunächst ist von einer sehr schlichten Feststellung auszugehen: Wissenschaftspolitische Denkmodelle und Weichenstellungen verweisen auf interessengeleitete und durch eine je spezifische Sozialisation geprägte Akteure. In den Besatzungsjahren kam den Alliierten vorrangige Entscheidungsbefugnis zu – inwieweit sie diese nutzen wollten oder auch konnten, ist eine andere Frage. Hinzu traten divergierende Positionen nicht nur zwischen den Besatzungsmächten, sondern auch innerhalb einzelner Einflußsphären, in denen unterschiedliche Konzepte einander ablösten oder gar zeitgleich aufeinander prallten, etwa bei den jeweils vor Ort agierenden Hochschuloffizieren, den zonalen Militärverwaltungen, den Stabsstellen in Washington, Moskau, London und Paris, aber auch Wirtschaftsvertretern in den USA oder wissenschaftlichen Teileliten in England.[1]

Auch auf deutscher Seite rieben sich sehr unterschiedlich interessierte und geprägte Akteurgruppen aneinander, die bemerkenswert geschickt die Besatzungsbedingungen für eigene Vorstellungen zu nutzen vermochten, indem sie etwa von einem relativen Desinteresse an einer neu zu ordnenden deutschen Wissenschaftslandschaft – wie bei den Amerikanern – oder von einem ungeachtet scharfer Kritik an Willfährigkeit und Teilhabe im NS-System doch hohen Respekt etwa der Sowjets oder der Engländer vor den Traditionen und der Leistungsfähigkeit von Wissenschaft und Bildung in Deutschland profitierten. Neben den Administrationen der zunächst maßgeblichen deutschen Länder innerhalb der vier Zonen bzw. in zonalen oder zonenübergreifenden Koalitionen spielten sich deutsche Wissenschaftler in den Vordergrund, verbunden oder getrennt nach Nähe bzw. Distanz zum „Dritten Reich" oder quergelagert nach Motiven und Chancen einer Kooperation mit den

[1] Als knappe Skizzen der Besatzungspolitik der Alliierten vgl. Benz, *Deutschland unter alliierter Besatzung*, S. 21–89; grundlegend für die Hochschuloffiziere Heinemann, *Hochschuloffiziere und Wiederaufbau*; Heinemann, *Hochschuloffiziere und Wiederaufbau (SBZ)*; vgl. ferner Chroust, „Demokratie auf Befehl".

neuen Machtzentren, nach fachdisziplinären Interessen, nach vorrangiger Orientierung am Hochschulsystem oder an außeruniversitären Wissenschaftsorganisationen.[2]

Wir haben es also mit komplexen Gemengelagen zu tun, die sich einer klaren Zuweisung hinsichtlich Traditionsbezug und Erneuerung entziehen, bei den Alliierten, deren Erneuerungsoptionen durch eigene nationalstaatliche Traditionsbezüge und durch eine divergente Bewertung deutscher Traditionen geformt wurden, erst recht bei den deutschen Akteuren, welche virtuos in sorgsam zu unterscheidenden Bezügen mit konstruierten Kontinuitäten hantierten.[3] Damit ergaben sich, so die These dieses Beitrags, beträchtliche wissenschaftspolitische Handlungsspielräume auf deutscher Seite, welche zwar mit unterschiedlicher Durchschlagskraft durch alliierte Vorgaben oder Blockaden begrenzt wurden, aber doch eine genauere Musterung deutscher Vorstellungen lohnen, die ihrerseits durch eine beträchtliche Bandbreite von Erfahrungshorizonten und Erwartungen geformt wurden. Alliierte Politik bildet daher eher eine Hintergrundfolie für deutsche Optionen, Strategien und Debatten um Traditionsbezug und Neubeginn. Mag in gesamtgesellschaftlicher Perspektive für die ersten Nachkriegsjahrzehnte eine Überprüfung unter den Stichworten Amerikanisierung und Sowjetisierung heuristischen Wert haben,[4] so fragwürdig wäre dies für wissenschaftspolitische Weichenstellungen in den Besatzungsjahren. Eine wissenschaftspolitische wie wissenschaftsorganisatorische Sogwirkung der USA auf die Bundesrepublik läßt sich wohl erst seit der späten Adenauerzeit nachweisen,[5] und auch massive Einflußnahmen der Sowjets in ihrem deutschen Einflußbereich werden für die ersten Nachkriegsjahre heute differenziert beurteilt und mit nationalstaatlichen Handlungslinien der deutschen Kommunisten bzw. der SED und ihrer Untergliederungen abgeglichen.[6]

Planungen, wie mit deutscher Wissenschaft und ihrem Personal nach dem Krieg umzugehen oder welche Chancen unter Besatzungsbedingungen zu nutzen seien, unabhängig von weiter unten noch zu erörternden *intellektuellen Reparationen*, setzten bei den künftigen Besatzungsmächten, aber auch in Teilen der deutschen Wissenschaft und der wissenschaftsbasierten Kriegswirtschaft lange vor der deutschen Kapitulation ein.[7] Insbesondere

[2] Zum Wiederaufbau der westdeutschen Forschung vgl. immer noch Stamm, *Staat und Selbstverwaltung* und Osietzki, *Wissenschaftsorganisation und Restauration*; zu SBZ und DDR Hoffmann/Macrakis, *Naturwissenschaft und Technik*. Zur Situation der westdeutschen Hochschulen vgl. Oehler, Hochschulentwicklung; zur Situation in SBZ und DDR Baske, „Hochschulwesen".

[3] Vgl. zu diesem Begriff Ash, „Wissenschaftswandel", bes. S. 15f.; vgl. ferner in Konzentration auf die deutsch-amerikanischen Beziehungen Ash, „Wissenschaft und Wissenschaftsaustausch".

[4] Vgl. Jarausch/Siegrist, *Amerikanisierung und Sowjetisierung*.

[5] Vgl. Ritter/Szöllösi-Janze/Trischler, *Antworten*.

[6] Vgl. Hoffmann/Macrakis, *Naturwissenschaft und Technik* und Naimark, *Russen in Deutschland*.

[7] Neben neuerer Spezialliteratur vgl. immer noch Graml, *Die Alliierten und die Teilung*. Für deutsche Nachkriegsplanungen zwischen Industrie und Wirtschaft über das „Dritte Reich" hinaus siehe etwa die als Ergänzung zum Stifterverband 1942 gegründete Förderergemeinschaft der deutschen Industrie, vgl. dazu Stamm, *Zwischen Staat und Selbstverwaltung*, S. 34, und Schulze, *Stifterverband*, S. 92f. Auf Nachkriegsperspektiven deutscher Forscher vor der Kapitulation 1945 machen zwei derzeitige Verbundforschungsprojekte zur Geschichte der Kaiser-Wilhelm-Gesellschaft im Nationalsozialismus und zur Deutschen Forschungsgemeinschaft aufmerksam; vgl. ferner etliche einschlägige Hinweise zuletzt in Szöllösi-Janze, *Science in the Third Reich*.

generalstabsmäßig organisierte Maßnahmen der Amerikaner sind gut bekannt.[8] Eine *Stunde Null* hat es mit dem deutschen Zusammenbruch 1945 auch wissenschaftspolitisch nicht gegeben. Alle künftigen Akteure stellten sich teils sehr früh, teils erst spät auf Neuordnungserfordernisse mit sehr weit gespannten Bandbreiten ein. Aber gemeinsam war für deutsche Wissenschaftler die Erfahrung der totalen Niederlage nach einem totalen Krieg, gemeinsam waren Not und (Über-)Leben in einer politischen, wirtschaftlichen, geistigen und materiellen Trümmerlandschaft, auch wenn diese sehr unterschiedliche Ängste wie auch zaghafte Hoffnungen hervorrief und das Ausmaß der äußeren Zerstörung regional und lokal differierte. 1952 legte der *Stifterverband* einen Überblick über die Situation der 28 auf dem Gebiet der späteren Bundesrepublik gelegenen Hochschulen im Jahre 1945 vor, wonach nur elf halbwegs arbeitsfähig waren. Noch katastrophaler verliefen Ermittlungen des Bibliotheksreferats der *Notgemeinschaft*.[9] Ein ähnliches Bild zeichnete Robert Rompe für die sieben Hochschulen in der sowjetischen Zone.[10]

Das insgesamt deprimierende, aber eben auch unterschiedliche Maß an Zerstörung von Gebäuden und Arbeitsmitteln, aber auch von Auslagerung, belegt zugleich unterschiedliche Erfahrungshorizonte von Hochschullehrern wie auch von Wissenschaftlern an außeruniversitären Institutionen.[11] Während etwa beide Gruppen im wenig zerstörten Göttingen, das zudem als maßgebliches Auffangbecken der KWG-, dann der zunächst regional begründeten MPG-Zentrale fungierte, unter strenger, aber nicht drückender britischer Kontrolle ein Refugium für die Transformation von Traditionsbezügen besaßen und dieses als weithin ausstrahlenden Schwerpunkt nutzten,[12] während in Trümmerwüsten wie Münster oder München eine zügige Aufbauarbeit nur sehr begrenzt durch politische Barrieren eingeschränkt war,[13] während im unzerstörten Heidelberg eine traditionsstolze Korporation den offenen Konflikt mit der amerikanischen Besatzungsmacht nicht scheute,[14] und während im gleichfalls weitgehend kriegsverschonten Tübingen politische Reformkonzepte eines Carlo Schmidt in schwierigen Aushandelungsprozessen mit der französischen Administration sich an einem mehrheitlich durchsetzungsfähigen Beharrungswillen der Hochschullehrerschaft rieben,[15] bestand eine wiederum andere und zudem unvergleichliche Situation in der machtpolitisch, ideologisch und wissenschaftspolitisch umkämpften Viersektorenstadt Berlin mit nur schwer zu entwirrenden Akteur-, Ressourcen- und Interessenkonstellationen.[16]

[8] Vgl. Henke, *Amerikanische Besetzung*; Kowalski, „European Advisory Commission" und Gerhardt, „Amerikanische Militäroffiziere".

[9] Vgl. Stamm, *Zwischen Staat und Selbstverwaltung*, S. 42f.

[10] Rompe, „Bedingungen", bes. S. 5.

[11] Für die Institute (und Forscher) der Kaiser-Wilhelm-Gesellschaft vgl. Heinemann, „Wiederaufbau".

[12] Zahlreiche Memoiren charakterisieren die Universität Göttingen als bevorzugte erste Anlaufstelle für studentische Kriegsheimkehrer: zu KWG und MPG vgl. Oexle, „Wie in Göttingen".

[13] Vgl. Dollinger, *Universität Münster*, S. 129ff., und vom Bruch/Müller, *Erlebte und gelebte Universität*.

[14] Vgl. Heß/Lehmann/Sellin, *Heidelberg 1945*.

[15] Vgl. Paletschek, „Entnazifizierung und Universitätsentwicklung".

[16] Vgl. Nötzoldt, „Wissenschaft in Berlin" und Laitko, „Wissenschaftler im Berlin der Nachkriegszeit".

Schon diese pointierten und typologisch ergänzungsbedürftigen Lokalskizzen verweisen auf einen in den jeweiligen Erfahrungshorizonten und Aktionsradien buntscheckigen Fleckenteppich in der deutschen Wissenschaftslandschaft nach dem Zusammenbruch. Hinzu kamen sehr unterschiedliche persönliche, fachbezogene, politische und sozialisationsgeprägte Dispositonen. Entsprechend unterschiedlich reagierten die deutschen Wissenschaftler auf die neue Situation. Gleichwohl schälen sich in der deutschen *scientific community* der frühen Nachkriegszeit einige markante Denk- und Verhaltensmuster als Grundlage wissenschaftspolitischer Optionen heraus. Die fünf nachfolgenden Skizzen verstehen sich als eine vorläufige, zweifellos verfeinerungs- und ergänzungsbedürftige Typologie.

1. Auf vermeintlich systemneutrale technologische Kontinuitätschancen setzten Wissenschaftler, deren Forschungseffizienz zwar, mit welcher subjektiven Einstellung zum NS-System auch immer, dem „Dritten Reich" genützt hatte, die eine von ihnen beanspruchte und von künftigen Auftraggebern auch so wahrgenommene technologische Moderne von den bisherigen ideologisch-gesellschaftlichen Rahmenbedingungen abkoppelten. Das gut bekannte Beispiel der Gruppe um den Raketenexperten Wernher von Braun demonstriert einen relativ nahtlosen, zudem gegen politische Kritik in den USA abgeschirmten Transfer einer in Deutschland avancierten Zukunftstechnologie auch auf der Grundlage der Gegenseitigkeit.[17] Für deutsche Kernphysiker im Umfeld der Uranmaschine stellte sich die Frage einer derartigen Transfer-Privilegierung weniger, nicht so sehr aus persönlicher Disposition heraus – eine für einzelne Angehörige dieser *community* immer wieder aufflackernde Streitfrage –, sondern weil die Entwicklung in den USA über sie hinweggegangen war bzw. in der Sowjetunion ihrem durchaus nachgefragten *know how* keine Schlüsselfunktion zukam.[18] Auch in Deutschland verbliebene Militärforscher aus dem Umfeld des Heereswaffenamtes konnten praktisch nahtlos ihre bisherige Arbeit fortsetzen, institutionellen Anschluß an eine Technische Hochschule finden und einige Jahre später mit dem Aufbau der Bundeswehr eine politisch gewollte dezentrale Militärforschung in der Tradition der frühen vierziger Jahre betreiben. Hubert Schardin etwa, der bis Kriegsende in Berlin-Gatow ein Institut für technische Physik und Ballistik der Luftwaffe geleitet hatte, führte schon wenige Monate später diese Forschungen fort; seit 1955 betrieb er unter dem Dach der *Fraunhofer-Gesellschaft* ein vom Bundesministerium der Verteidigung großzügig finanziertes Institut.[19]

2. Konservativ-korporativer Verharrungstrotz spiegelte sich auffällig im Verhalten von solchen Hochschullehrergruppen, die funktionale Konstanz unter gleichzeitiger Betonung wissenschaftssystematischer Regelkreise beanspruchten. Neben den bereits genauer untersuchten und hier nicht weiter zu erörternden Juristen ist insbesondere auf Universitäts-Mediziner hinzuweisen, die um ihre Unentbehrlichkeit wußten, auch wenn nach einer in

[17] Vgl. Neufeld, *Rocket and Reich* und Trischler, *Luft- und Raumfahrtforschung.*

[18] Vgl. Walker, *Uranmaschine*; Hoffmann, *Operation Epsilon* und Albrecht/Heinemann-Grüder/Wellmann, *Spezialisten.*

[19] Vgl. Trischler/vom Bruch, *Forschung für den Markt*, S. 239ff.

dieser Fakultät überdurchschnittlich hohen „Arisierung" seit 1933 die medizinischen Fakultäten über einen weit überdurchschnittlich hohen Anteil an Parteigenossen verfügten. In den Nachkriegsjahren bewirkte dies sehr selten einen Karriereknick, nicht im Westen, aber auch nicht in der SBZ und in der DDR. Ein Einzelfall in der politischen Zuspitzung mochte der Heidelberger Chirurg und Universitätsrektor Karl Heinrich Bauer sein, dessen Vorkriegspublikationen amerikanische Universitätsoffiziere 1945/46 zu scharfen Attacken veranlaßten, der aber geschickt eine Reden-Kampagne „Vom neuen Geist der Universität" inszenierte und sich damit an die Spitze restaurativer Erneuerung stellte.[20] Gleichzeitig argumentierte Bauer eher repräsentativ, wenn er in anhaltender Legendenbildung im Juni 1945 feststellte, nach dem Ende des „Dritten Reiches" ständen Kirchen und Universitäten als einzige „noch intakte geschlossene Organisationen zum Wiederaufbau einer neuen Führungsschicht zur Verfügung".[21] Ein vergleichbarer Tenor der Flucht nach vorn aus einer Position der Selbstverteidigung heraus durchzog die meisten Rektoratsreden zur Wiedereröffnung von Universitäten, wobei nur zwei der insgesamt 18 Rektoren unter dem Nationalsozialismus gelitten hatten und pikanterweise die Hälfte erst in der NS-Zeit an jene Universität berufen wurde, teilweise gar als Erstberufung, die sie 1945/46 als Rektor vertraten.[22] Durchaus symptomatisch im Vergleich mit anderen Universitäten erscheint auch das Verhalten der Berliner medizinischen Fakultät, deren Protokolle vom Sommer 1945 nichts von Weltkrieg, Niederlage und Besatzung erkennen lassen; man ging zur Tagesordnung über.[23]

3. Zuvor systemkritische, wenn auch nicht oppositionelle Hochschullehrer wie der Philosoph und Bildungsforscher Eduard Spranger stellten sich bereits im Juni 1945 für eine Wiedereröffnung der Berliner Universität zur Verfügung, in ständiger Spannung zwischen einem um 1800 ideal verbürgten Modell von Wahrheitsanspruch und Charakterbildung einerseits, politisierenden Zumutungen der Besatzungsmacht hinsichtlich Personalauslese und Wissenschaftsfreiheit andererseits.[24] Inwiefern Spranger als erster Berliner Nachkriegsrektor im Sommer 1945 reale Handlungschancen angesichts einer frühzeitigen kommunistischen Kaderpolitik besaß, auch wenn er Spielräume auslotete und zudem mit elastischer Taktik Raumressourcen für die Universität in den Westsektoren erkundete, bleibt

[20] Vgl. Wolgast, „Bauer", S. 107–129.

[21] Zit. nach Wolgast, *Wahrnehmung*, S. 287.

[22] Vgl. Wolgast, *Wahrnehmung*, S. 288.

[23] Für den Hinweis auf diese Quelle danke ich Herrn Dr. Manfred Stürzbecher.

[24] Seit dem späten Kaiserreich war Eduard Spranger wiederholt mit Beiträgen zur Idee der deutschen Universität aus dem Geist Wilhelm von Humboldts in zeittypisch lebensphilosophisch ummantelten Varianten hervorgetreten. 1912 hatte er in einem Vortrag in der Gesellschaft für Hochschuldidaktik eine von der Universität zu leistende „Totalweltanschauung" eingefordert. Vgl. Spranger, *Wandlungen*, S. 35. Die schwierig zu entschlüsselnde Position Sprangers zwischen Anpassung und kunstvoll verschlüsselter Abgrenzung analysiert sehr differenziert Tenorth, „Pädagogik". Zur Eigenwahrnehmung vgl. Spranger, „Selbstdarstellungen" und Spranger, „Universität Berlin". Etwas kryptisch schreibt Spranger: „Ich habe in jenen Tagen die Berechtigung der nationalsozialistischen These erfahren, die uns 1933 bis zum Überdruß verkündet worden war, daß eine Hochschule auf die schützende Macht ihres Staates angewiesen ist." (S. 305.)

Senatoren der Berliner Universität tagen in der Akademie, 1946
v. r. n. l.: Karl Lohmann (OM 1949), Kurt Noack (OM 1946), Ludwig Deubner (OM 1938), Erhard Schmidt (OM 1918), Rektor Johannes Stroux (OM 1937), Johannes Dobberstein (OM 1949), Walther Eltester, Walter Erbe, Rudolf Meerwarth, Hans Kappert (OM 1949–1951)

noch abschließend zu klären.[25] Als reizvoll bietet sich ein Vergleich Sprangers mit seinem Nachfolger, dem zuvor schon als Akademiepräsidenten bestätigten, in der Mandarinenwelt und im Wertehaushalt eines Spranger aufgewachsenen Latinisten Johannes Stroux an, der den Anschluß von Akademie und Universität an sozialistische Zielvorstellungen vorantrieb, sich selbst treu zu bleiben vermeinte und mit seinem Gelehrtenprestige als werbendes Aushängeschild für die noch mehrheitlich *bürgerlichen* Professoren an der Berliner Universität diente.[26] Wie in etlichen ähnlich gelagerten Fällen während dieser Umbruchzeit schwankt die Einschätzung zwischen *nützlicher Idiot* und *geschickter Ressourcen-Instrumentalisierung.*

[25] Vgl. Nötzoldt, „Wissenschaft in Berlin“, der S. 173 eine relativ große Autonomie der maßgeblichen Wissenschaftler in den großen Wissenschaftsorganisationen während dieses Zeitraums betont, während Thöndl, „Ausschuß für Wissenschaft“, bes. S. 111, eben dies energisch bestreitet.

[26] Zu Stroux vgl. *Altertumsforscher*. Im Rahmen der Arbeitsgruppe Berliner Akademiegeschichte wurde aufgrund umfangreicher Literatur- und Archivrecherchen im Dezember 1999 eine monographische Untersuchung als Manuskript vorgelegt: Flachowsky, *Stroux als Wissenschaftsorganisator.* Eine Publikation der Ergebnisse ist vorgesehen.

4. Welche vermeintlich unbeschädigte Kontinuität galt es in den Neuanfang hinüber zu retten? Symptomatisch erscheint das Verhalten des greisen Max Planck, der 1945 in einem Husarenstreich den Sowjets entrissen wurde und sich als Übergangspräsident für die von der Auflösung bedrohte *Kaiser-Wilhelm-Gesellschaft* zur Verfügung stellte.[27] Wenn Planck 1945 die Notwendigkeit betonte, der Kaiser-Wilhelm-Gesellschaft die „Unabhängigkeit von allen politischen Einflüssen sowie ihre wissenschaftliche und wirtschaftliche Freiheit" zu bewahren, welche historisch problematische Traditionsfixierung mündete hier in Zukunftsforderung ein? Planck und sein Nachfolger Otto Hahn beschworen – historisch unhaltbar – eine vermeintlich Unabhängigkeit gewährende Grundlagenforschung in den Kaiser-Wilhelm-Instituten vor 1945,[28] wirkten damit auf das Selbstverständnis und das Traditionsbewußtsein der entstehenden *Max-Planck-Gesellschaft* ein, befreiten diese vom Odium nationalsozialistischer Verstrickung, befestigten gleichzeitig deren Rechtsansprüche auf überkommene KWG-Ressourcen und leisteten eine Art argumentativer *Anschubfinanzierung* für das künftige Prestige der MPG als Zentrum der deutschen Grundlagenforschung. In vergleichbarer Weise betonten die Rektoren in ihren Reden zur jeweiligen Wiedereröffnung der Universität fast durchweg eine nicht korrumpierte und auch nicht korrumpierbare Tradition der deutschen Universität, welche allein auf Wissenschaft gegründet sei. Wiederum in markanter Zuspitzung, im Tenor indes repräsentativ, erklärte der Heidelberger Rektor Bauer: „Die Politisierung ist gleichbedeutend mit Niedergang", um dem entgegenzusetzen: „Die politische Sendung der Universität ist nur die Wissenschaft."[29] Wie den Forschungsinstituten, so diente weitreichender noch den Universitäten das Postulat der Apolitie in doppelter Zielrichtung sowohl zur Ehrenrettung einer unmittelbaren Vergangenheit als auch einer Abschirmung gegenüber aktuellen *Zumutungen*, oblag den Hochschulen doch neben der Forschung ein Bildungsauftrag. Um Werte ging es und um soziale Verantwortung, wobei den West-Alliierten gegenüber eher ein selbstbewußter Ton angeschlagen wurde, während in der Ostzone Rektoren wie Stroux in Berlin und Gadamer in Leipzig sich zu kunstvoller Übersetzung deutscher Traditionen in die neue sozialistische Gemeinschaft genötigt sahen.[30] Sinnstiftende Traditionswahrnehmung verstellte einen kritischen Rückblick, das belegen fast durchweg die Eröffnungsreden der Nachkriegsrektoren in allen Sektoren, auch wenn im Osten ein vorsichtiger Ton geraten schien. Lediglich der Mediziner Georg Hohmann in Frankfurt am Main stellte sich nüchtern der unmittelbaren Vergangenheit, wies auf erschreckende Defizite einer ansonsten angemahnten deutschen Universitätsidee hin und verglich etwa die moderate Politik der Alliierten in Deutschland mit dem, „was wir polnischen und tschechischen und holländischen

[27] Vgl. Oexle, „Wie in Göttingen", S. 45, und Stamm, *Staat und Selbstverwaltung*, S. 87.

[28] Vgl. aus der neueren Literatur zur Forschungspraxis bis 1945 besonders Kaufmann, *Kaiser-Wilhelm-Gesellschaft im Nationalsozialismus.*

[29] Zit. nach Wolgast, *Wahrnehmung*, S. 325. Der Beitrag von Wolgast leistet erstmals eine systematische Auswertung aller Eröffnungsreden.

[30] Vgl. Wolgast, *Wahrnehmung*, S. 320–327.

und norwegischen und französischen Studenten getan haben, denen wir die geistige Nahrung abschnitten, indem wir ihre Hochschulen schlossen".[31]

5. Mit dem Rückzug in eine vermeintlich unpolitische Universitätsidee, welche nationalsozialistischer Barbarei entgegengestellt wurde, ließen sich zukunftsgestaltende Visionen schwerlich verbinden; in den Eröffnungsreden der Universitätsrektoren jedenfalls war davon über eine Berufung auf das klassische und kulturnationale Erbe hinaus, an welches nun wieder anzuknüpfen sei, wenig zu erkennen.[32] Nur in Ausnahmefällen leiteten prominente Gelehrte Zukunftsentwürfe aus einer schonungslosen Hinterfragung der jüngsten deutschen Geschichte und damit zugleich von Positionen ab, die sie selbst vertreten hatten. Welche Chance bot die totale Katastrophe für eine befreiende Katharsis, fragte der greise Historiker Friedrich Meinecke in seinem 1945 niedergeschriebenen Werk *Die deutsche Katastrophe*. Seine Analyse setzte früh ein, musterte nachdenklich Wurzeln und Maximen deutscher Machtstaatlichkeit seit dem 19. Jahrhundert als zunehmende Spannung von Kultur und Staat und hielt damit seiner Zunft wie sich selbst einen Spiegel vor, ohne freilich die „Idee der Staatsräson" auch in ihrer deutschen Ausformung prinzipiell in Frage zu stellen.[33] „Der deutsche Staat ist uns zerschlagen [...] Wird es gelingen, den deutschen Geist zu retten?"[34] Meinecke wollte „dazu beitragen, ein neues, zwar gebeugtes, aber seelisch reineres Dasein zu beginnen und den Entschluß zu stärken, für die Rettung des uns verbliebenen Restes deutscher Volk- und Kultursubstanz den uns verbliebenen Rest der eigenen Kraft einzusetzen".[35] So eindringlich Meinecke um Traditionskritik rang, seine wissenschaftsgeschichtlich wichtige, zudem persönlich anrührende Broschüre bot der akademischen Jugend kaum Wegweisung für Zukunftsgestaltung. Sie atmete aufrichtig aus dem kulturellen Geist der Goethezeit und mündete in den fast verzweifelt-hilflos wirkenden Aufruf, in jedem größeren Ort „Goethegemeinden" zu gründen.[36] Damit ist Meineckes Schrift jenem breiten Spektrum liberaler, konservativ und konfessionell gefärbten Varianten abendländisch-kulturnationaler Erneuerung zuzurechnen, wie sie etwa solche für die Nachkriegsjahre typischen Zeitschriften wie *Die Sammlung* oder *Die Wandlung* dokumentieren, von denen nur wenige die nicht nur monetarische Währungsreform von 1948 überlebten. Neue Denkmodelle oder gar Weichenstellungen ließen sich daraus indes kaum ableiten.

[31] Eröffnungsrede vom 1. Februar 1946, zit. nach Wolgast, *Wahrnehmung*, S. 301. Zur Situation an ausländischen Universitäten unter deutscher Besatzung vgl. das entsprechende Themenheft von *Geschichte und Gesellschaft*.

[32] Wolgast, *Wahrnehmung*, S. 322 und 328.

[33] Meinecke, *Deutsche Katastrophe*. Sein Werk *Die Idee der Staatsräson in der neueren Geschichte* war 1924 erschienen.

[34] Meinecke, *Deutsche Katastrophe*, S. 176.

[35] Ebd., S. 7f.

[36] Ebd., S. 174f.

II.

Wir haben in einer wie gesagt grobgerasterten und ergänzungsbedürftigen Typologie Positionsfelder und Verhaltensmuster deutscher Wissenschaftler in der unmittelbaren Nachkriegszeit vermessen. Immer wieder ging es um die Frage: Welcher deutsche Geist, welche Wissenschaftsidee konnte Orientierung bieten in qualvollem Suchen und Munition zugleich gegen alliierte Vorhaltungen fataler Kontinuitäten? Das stand im Zentrum einer Selbstverständigung deutscher Gelehrtenpolitik dieser Jahre, läßt sich aber nicht nur als ideologische Begleitmusik einer Restaurationsära abtun. Vor dem Hintergrund des zuvor gemusterten Spektrums ist nun nach Schlüsseldokumenten gelehrter Nachkriegsverständigung zu fragen. Nicht Meineckes 1946 publizierte *Deutsche Katastrophe* dürfte hier hervorzuheben sein, sondern zwei öffentliche Ereignisse aus dem Jahre 1946, zum einen eine erstmalige Nachkriegs-Gesprächsrunde deutscher Gelehrter und ausländischer Beobachter in Marburg, zum anderen die wie im Fall Meineckes bereits 1945 niedergeschriebene und 1946 erschienene Grundsatzbetrachtung eines Philosophen.

Größte Aufmerksamkeit erfuhren die von dem US-Soziologen und Universitätsoffizier Edward Hartshorne angestoßenen *Marburger Hochschulgespräche* vom Juni 1946, an denen auch der soeben promovierte Walter Rüegg aus Zürich teilnahm.[37] Ins Zentrum rückte der Vortrag des Marburger Philosophen und Rektors Ebbinghaus über „Reform der Wissenschaft oder Reform der Wissenschaftler?“. Er geißelte die „Zerstörung des Sachbewußtseins zugunsten einer für souverän gehaltenen historischen Interpretation“,[38] also einen historistisch verluderten Wertrelativismus, den Verlust analytisch präziser Begriffsbildung in den Geisteswissenschaften, um sodann „eine gründliche Kenntnis der philosophischen Probleme und ihrer Lösungsversuche“ zu fordern.[39] In der Diskussion vermerkte der Erlanger Physiker Hilsch: „Wir haben noch nie eine Krise gehabt, in deren nachfolgender Zeit die Geisteswissenschaften von so entscheidender Wichtigkeit gewesen wären als heute. Wir, die Naturwissenschaftler, haben unseren Beitrag geliefert, der in den nächsten Jahrzehnten in einer Weise eingreifen wird in das Geschehen, die wir uns noch nicht vorstellen können.“[40] Durchgängig ging es um Wertkonsens und dessen Begründung; bezeichnend erscheint zudem eine auf die Geisteswissenschaften abgewälzte Bringschuld gegenüber einem Selbstbewußtsein von Physikern, deren Grundlagenforschung nicht nur Weichen für die Zukunft stellte, sondern zugleich Identität von politisch-moralischer Kontinuitätsverhaftung verhieß.

1946 erschien zum anderen *Die Idee der Universität* von Karl Jaspers als vollständig überarbeitete Fassung seiner gleichnamigen Schrift von 1923.[41] Ein seltsames Buch, dessen Auseinandersetzung mit der NS-Zeit in einem schwierigen philosophischen Duktus erfolgt,

[37] *Marburger Hochschulgespräche.*

[38] Ebd., Vortrag, S. 20–29, hier S. 22.

[39] Ebd., S. 28f.

[40] Ebd., S. 35f.

[41] Jaspers, *Idee.*

das aber sogleich als eminent politisch, weil wegweisend rezipiert wurde. Die Universität bedürfe der „Rückkehr zu unseren besten Überlieferungen durch gegenwärtige Neuschöpfung“;[42] denn sie habe die Aufgabe, durch Wissenschaft „die Wahrheit in der (korporativ selbstverwalteten) Gemeinschaft von Forschern und Schülern zu suchen“, als „Stätte, an der Gesellschaft und Staat das hellste Bewußtsein des Zeitalters sich entfalten lassen“.[43] Wissenschaftliche Arbeit forme den Charakter, begründe aber, da prinzipiell voraussetzungslos, keine handlungsleitenden Werte. Die Schrift liest sich als eine Synthese von deutschem Idealismus und Max Weber, dem Jaspers nach prägenden Begegnungen lebenslang verbunden blieb.[44] Die bedeutsam-vieldeutige Schrift wurde denn auch unterschiedlich gedeutet, der berühmte, aufgrund seiner persönlichen Integrität unangreifbare Philosoph galt vielen als Kronzeuge. Mit unmißverständlich kritischer Distanz hatte Jaspers zur gleichen Zeit in einem Heidelberger Vortrag betont: „Unausgesprochen leben wir innerlich oft noch auf dem Boden, der zerbrochen ist, dem Boden vor 1933 und vor 1914, so als ob noch eine selbstverständliche Basis für uns da sei. Wir können uns, soweit das geschieht, vorkommen wie Gespenster einer vergangenen Welt, die zusammenkommen und miteinander reden, als ob eigentlich noch alles beim Alten sei: es ist zwar ein großes Unglück passiert, aber nun ist es vorbei, und wir fangen wieder da an, wo aufgehört worden war.“[45] Wenn er freilich wenig später den Jungen zurief: „Mögen sie uns verwerfen, die wir noch versuchen, den Faden der Überlieferung nicht abreißen zu lassen, wenn sie nur dadurch den Weg finden, tiefer diese Überlieferung zu ergreifen“,[46] dann konnte der Heidelberger Rektor Bauer, der Lordsiegelbewahrer unaufgebbarer deutscher Universitätstradition, mit eben diesem Zitat sein Vorwort zu einer als Heidelberger Kampfinstrument gegen die Besatzer geschmiedeten Dokumentation *Vom neuen Geist der Universität* abschließen.[47] In ähnlicher Weise ließ sich die von Jaspers skizzierte „Aufgabe der Universitätserneuerung“[48] instrumentalisieren, wenn er die aktuell erforderliche „Verwandlung“ als „Umschmelzung im Medium des Forschens“ charakterisierte und zum anderen erklärte: „Die Universität gehört dem ganzen Volk“, nicht als Volkshochschule, aber so, daß im Unterschied zu früher die Universität „die für die geistige Arbeit Begabtesten aus der gesamten Bevölkerung, nicht aus bevorzugten Schichten gewinnen“ solle.[49]

Die Überlegungen von Jaspers, in dem Heidelberger Vortrag pointiert gebündelt, im Universitätsbuch weitausholend auf hohem Abstraktionsniveau entfaltet, wurden im Nachkriegsdeutschland sogleich als wegweisend rezipiert, wobei eine bemerkenswerte

[42] Ebd., Vorwort.

[43] Ebd., S. 9.

[44] Vgl. mit weiterführenden Literaturhinweisen vom Bruch, „Jaspers“, ferner zu seiner Nachkriegspublizistik Beyme, „Jaspers“.

[45] Jaspers, „Vom lebendigen Geist“, S. 125.

[46] Bauer, *Vom lebendigen Geist*, S. 130.

[47] Ebd., Vorwort, S. VI.

[48] Ebd., Abschnittüberschrift auf S. 124.

[49] Ebd., S. 126–128.

Auseinandersetzung in der Ostzone mit dieser Schrift besonderes Interesse verdient, ließ sich Jaspers doch durchaus im Kontext sozialistischer Erneuerung diskutieren, ohne die ideale Basis der deutschen Forschungsuniversität preisgeben zu müssen. So durchzog das Buch in Ablehnung wie als hermeneutisch kunstvoll genutzte Waffe die ostzonale Rektorenkonferenz, die am 18./19. Juli 1946 unter Beteiligung führender Verwaltungsleute im Senatssaal der Berliner Universität stattfand.[50] Bereits in seiner Eröffnung wies Brugsch „auf die aus dem Westen kommende Schrift von Jaspers hin, die die Universität aus der Idee heraus begründet", während sie allerdings „nicht im luftleeren Raum" dastehe.[51] Der Referent für Kulturfragen Naas machte denn sogleich klar, daß die Universität sich auf die Ausbildung der Jugend zu konzentrieren habe, während „das Schwergewicht der Forschung" hingegen seine Heimat „naturgemäß nicht in der Universität" haben, sondern daß vielmehr „die Akademie der Wissenschaften der richtige Rahmen und Basis" sein werde. Vor diesem Hintergrund griff der Berliner Rektor Stroux erneut die Jaspers-Schrift auf. Zwar müßten die Rektoren, so Stroux, „vom praktischen Leben der Universität" ausgehen, damit zugleich aber eine Idee vom „Wesen der deutschen Universität" entwickeln: „Die Idee muß neu aufgebaut, neu erkannt und neu überprüft werden." In das Zentrum stellte er, sekundiert von Rompe, die Forschung. In ähnlicher Weise warnten die Rektoren Seeliger, Rienäcker und Gadamer vor einer Aufspaltung zwischen Akademie und Universität, welche nach Rienäcker als „reine Unterrichtsorganisation" ihrer „geistigen Substanz" beraubt würde. Lediglich der Jenenser Rektor Zucker schloß sich Naas im Sinne einer Neugewichtung zwischen Lehr-Universität und Forschungs-Akademie an. Gereizt reagierten die Vertreter der Administration, welche eine *Modell*-Diskussion in Auseinandersetzung mit Jaspers ablehnten und Strukturprobleme als Verwaltungsfragen identifizierten. Demgegenüber bestritt Stroux, daß die Rektoren das Thema verfehlt hätten, denn die Idee der Universität müsse im Zentrum einer Strukturdiskussion stehen, insbesondere bezogen auf Probleme der Studierenden. Die Zentralverwaltung wolle jedoch mit den Verfassungsfragen von den tatsächlichen Problemen ablenken. Der Provinzialverwaltungsmann Hensche konterte: „Die Herren Professoren berufen sich immer auf die ‚Tradition der Hochschule'. War aber nicht diese Tradition eine politische Form bürgerlicher Art?"[52] Ähnlich massiv wie in dieser Phase der Weichenstellungen unmittelbar nach Wiedereröffnung der Berliner Wissenschaftsakademie scheinen die divergierenden hochschulpolitischen Positionen innerhalb der Ostzone nicht mehr aufeinandergeprallt zu sein.[53] Beharrlich blieb indessen Johannes Stroux, der noch Anfang August 1948 im Rahmen des Kulturbundes der Berliner Universitätskommission Lektüre und Diskussion der Jaspers-Schrift verordnete. Denn deren

[50] HUB, Universitätsarchiv, Rektorat Nr. 358, Bl. 181–236: Protokoll der Konferenz vom 18./19. Juli 1946. Es nahmen teil die Professoren Brugsch und Rompe und die Herren den Zentralverwaltung für Volksbildung der SBZ, die Rektoren der Ostzone, z. T. mit ihren Kuratoren und Vertretern der Landesregierung, Frau Dr. Znamenskaja und „ca. 15 Herren aus Karlshorst".

[51] Ebd., Bl. 206.

[52] Ebd., passim.

[53] Zu Hintergrund und Einordnung vgl. grundlegend Jessen, *Akademische Elite.*

Hauptteil frage: „Was ist die Universität? Wie sind ihre Aufgaben? Wovon sind die Wurzeln im geistigen Leben abzuleiten? Ferner sei der Begriff der Freiheit der Lehre entwickelt."[54] Allerdings erklärten die anderen Sitzungsteilnehmer nach dem ersten Teil des Jaspers-Referates von Stroux, mit dieser Schrift nichts anfangen zu können. Deren Ergebnisse seien „mager" bzw. „nicht ausreichend begründet", immerhin könne sie aber, so Gysi, eine „Katalysatorrolle" spielen. Die Diskussion zog sich quälend hin, bei ihrer Fortsetzung, auf der Stroux beharrte, fanden sich nur noch wenige Teilnehmer ein.[55] Stroux blieb offenbar mit seiner Feststellung allein, die *Idee der Universität* von Jaspers „habe wenigstens zur Folge gehabt, dass sie die Fragen über einen Neuaufbau der Universitäten aufgelockert habe. Sie habe ausserdem Wege aufgezeigt, auf denen man vielleicht einmal einen Umbau vornehmen könne. [...] Wenn man überhaupt diese Dinge einem breiten deutschen Forum unterbreiten wolle, könne man an dieser Schrift gar nicht vorübergehen; auch in den Kreisen der Gebildeten gehe man im wesentlichen von der Schrift von Jaspers aus."[56] Doch es war ein Nachhutgefecht, nicht nur in der Ostzone; auch in den Westzonen läßt sich zu diesem Zeitpunkt keine handlungsleitende Reflexion des Buches mehr feststellen. Die Weichen waren ohnehin in Richtung Restauration bzw. sozialistische Umgestaltung gestellt, an den Universitäten ging man zur Tagesordnung über.

Gleichwohl verdienen die ambivalenten Debatten der frühen Nachkriegsjahre Beachtung: subjektiv glaubhaft wurde kontrovers um geistige Anschlußstellen nach der Katastrophe gerungen; technologisch geprägte Zukunftsängste forderten zu begründbaren Wertentscheidungen heraus; und zugleich mutierte die Suche in Ost und West nach dem Humanum unter den Bedingungen des einsetzenden Kalten Krieges zu einem geistigen Stellungskrieg. Ein Vergleich von Studium generale, Philosophikum und humanistischen Grundstudien im Westen mit den gesellschaftswissenschaftlichen Kursen im Osten könnte gerade in der Konfrontation strukturell Ähnliches freilegen. Die von Mitchell G. Ash analysierte „technokratische Moderne"[57] in der Entwicklung der DDR setzte sich über das diskursive Potential der frühen Formierungsphase hinweg, welches in einer ex-post-Perspektive indes nicht beiseite zu schieben ist. An der Berliner Technischen Universität prallten alle drei Stoßrichtungen aufeinander, als mit humanistischen Pflichtkursen ein neuer Ingenieurtyp geformt werden sollte, ein breiter Konsens darüber aber zugleich dem Motor dieser Kurse, dem für die SED optierenden Chemiker Heinrich Franck sein Amt kostete.[58]

Erneuerung bzw. Umgestaltung der Hochschulen, das stand in unterschiedlicher Wertigkeit und Konzeptionalisierung in allen Besatzungszonen auf der Agenda, jedoch nicht

[54] BA/B, Bestand DT 27/269 (Sitzungen des Präsidialrates des Kulturbundes 1948–1949): Protokoll der Sitzung der Universitätskommission vom 3. August 1948, Bl. 89–93, hier Bl. 89. Es nahmen teil: Stroux, Deiters, Franck, Gysi, Henselmann, Klein, Möglich, Peters.

[55] Ebd.: Protokoll der Sitzung der Universitätskommission vom 9. August 1948, ebd., Bl. 94–97, Teilnehmer: Stroux, Peters, Grossek, Gysi.

[56] Ebd., Bl. 94.

[57] Ash, „Wissenschaft, Politik und Modernität".

[58] Vgl. Brandt, „Wiederaufbau"; zur humanistischen Ingenieursausbildung vgl. S. 512–516.

im Zentrum. Bis 1949 konzentrierte sich alliierte Besatzungspolitik weniger auf Wissenschaft und Forschung als auf das Schulsystem und dessen Lehrinhalte, um die mit je spezifischen Vorstellungen in allen vier Zonen heftig und kraftraubend gestritten wurde. Bei den Schulen bestand ein Handlungsbedarf unter extremen Zeitdruck und in einer quantitativ unvergleichlichen Größenordnung, um Kinder und Jugendliche von der Straße zu holen, um eine den jeweiligen Zielvorstellungen entsprechende Lehrerschaft und Lehrmittel bereitzustellen, und weil Schule als entscheidendes Instrument zur Umerziehung gewertet wurde.[59] Sorgsam und ebenfalls konfliktreich kontrollierten die Alliierten Hochschulen und Forschungseinrichtungen,[60] doch im Verhältnis zu Schulfragen läßt sich hier kaum ein konzeptionell originäres Politikfeld ausmachen, im wesentlichen wohl aus vier Gründen. Hochspezialisierte und überschaubare Expertenberufe begrenzten einen vor allem auf negative Personalpolitik konzentrierten Elitenaustausch, erst recht dann in der Atmosphäre des Kalten Krieges. Daneben bestimmte ein noch genauer zu klärendes Gemisch von Mißtrauen bis Ablehnung und Respekt vor der Leistungsfähigkeit und der geistigen Tradition deutscher Wissenschaft die alliierten Maßnahmen. Kompetenzschranken und das Bekenntnis zur Wissenschaftsfreiheit begünstigten deutsche Initiativen zur Selbstorganisation, deutlich begrenzt freilich in der sowjetischen Zone. Einschneidende Veränderungen des fachdisziplinären Spektrums lassen sich bis 1949 kaum erkennen.

Wichtige Maßnahmen im Wissenschaftsbereich waren bereits kurz nach Kriegsende getroffen worden. Dies betraf insbesondere das Verbot jeglicher tendenziell kriegstauglichen Forschung, und das ließ sich sehr weit auslegen. Wieweit die Verbote trotz scharfer Kontrollmechanismen tatsächlich griffen, das ist eine erst in Ansätzen beantwortete Frage, offenbar bestanden im Westen viele Nischen. Im Ergebnis indes bewirkten die Restriktionen eine terminologisch folgenreiche und hierarchisierende Unterscheidung zwischen angewandter und Grundlagenforschung, wie sie zuvor in den Kaiser-Wilhelm-Instituten etwa kaum bestanden hatte und nun zum vermeintlichen deutschen Erbe einer nur um ihrer selbst willen zu betreibenden Wissenschaft in Beziehung gesetzt wurde. Daß Atomphysiker wie Werner Heisenberg und sein politisch nicht unbelasteter Freund Walther Gerlach auch wissenschaftspolitische Schlüsselpositionen besetzten, entsprach dem internationalen Trend zu einer neuen Leitdisziplin, war wohl aber auch in einem Primat *reiner* Forschung begründet, den die deutschen Atomphysiker nun erfolgreich kultivierten und zum Antriebsmotor der frühen Max-Planck-Gesellschaft stilisierten. Das anfangs schwierig auszutarierende Beziehungssystem[61] um 1950 zwischen MPG, dem Stifterverband, der gleich-

[59] Vgl. Füssl, „Bildung und Erziehung"; Tent, „Einfluß"; eingehend ferner die schulpolitischen Kapitel zur Entwicklung in den Westzonen bzw. in der Ostzone in Führ/Furck, *Handbuch der deutschen Bildungsgeschichte*.

[60] Vgl. dazu Stamm, *Staat und Selbstverwaltung*; Osietzki, *Wissenschaftsorganisation und Restauration*; Osietzki, „Reform oder Modernisierung" und Heinemann, „Wiederaufbau".

[61] Vgl. Stamm, *Staat und Selbstverwaltung*; Schulze, *Stifterverband*; Heinemann, „Wiederaufbau" und Trischler/vom Bruch, *Forschung für den Markt*; eine umfangreiche Studie zur Entstehungs- und Frühgeschichte der sog. *Heiligen Allianz* durch Karin Orth befindet sich in Vorbereitung.

falls vorrangig auf Grundlagenforschung der Hochschulen setzenden Notgemeinschaft/DFG und der anwendungsorientierten Fraunhofer-Gesellschaft, nicht zufällig die einzige wirkliche Neugründung, beruhte wesentlich auf dem neuartigen Vorrang von *reiner* Forschung, welche sich von den ganz überwiegend experimentellen Praxisbezügen während der NS-Zeit abgrenzte und sich durchaus problematisch auf das Erbe der Humboldtschen Forschungsuniversität des 19. Jahrhunderts berief.[62]

Eine zweite Vorentscheidung war mit den sogenannten *intellektuellen Reparationen* gefallen, also mit der Jagd auf deutsche Wissenschaftler, die mit unterschiedlichem Druck von allen vier Mächten, spektakulär aber von Amerikanern und Sowjets binnen zwei Jahren für das eigene Forschungssystem requiriert wurden.[63] Noch läßt sich nicht abschließend beurteilen, wie der Schaden für die Deutschen und der Nutzen für die Alliierten, wie die Kosten in Westzonen und SBZ zu gewichten sind, differenziert nach Forschungsgebieten und Industriebranchen,[64] wie realistisch oder verzerrt und mit welchen *Konsequenzen* diese Wanderströme von den Zeitgenossen wahrgenommen wurden.[65] Vier Probleme sind in diesem Zusammenhang zu beachten. Wenn neuerdings über den in der NS-Zeit erzwungenen Exodus hinaus auf deutsche Wissenschaftsemigration in den zwei Jahrzehnten von 1933 bis 1953 geachtet wird,[66] dann fordern die *intellektuellen Reparationen* nach 1945 zum Vergleich mit massiven Abwanderungen in der frühen Bundesrepublik heraus, nicht erzwungen, sondern den Marktmechanismen unterworfen, und von der deutschen Industrie fast als noch bedrohlicher registriert. Sodann ist zu fragen, inwieweit diese Wissenschaftswanderung auch eine Verbunkerung überkommener deutscher Arbeits- und Leitungsformen im Wissenschaftsprozeß beeinflußt hat, deren geringe Teamfähigkeit bereits zeitgenössisch erstaunt vermerkt wurde.[67] Umgekehrt scheiterte eine nennenswerte Remigration von zuvor vertriebenen deutschen Wissenschaftlern zwar vorwiegend an einer auf Eigenversorgung bedachten und zudem gegenüber Emigranten mißtrauisch-halbherzigen Berufungspolitik,[68] doch scheint neben ungeklärten Versorgungsansprüchen ein im Verhältnis zum Auf-

[62] Zur abweichenden Entwicklung in SBZ und DDR vgl. Hoffmann/Macrakis, *Naturwissenschaft und Technik* sowie Nötzoldt, *Steinitz und die Akademie.*

[63] Vgl. Albrecht/Heinemann-Grüder/Wellmann, *Spezialisten* und Gimbel, *Science.*

[64] In kritischer Auseinandersetzung mit Gimbel, *Science*, vgl. mit teilweise konträr entwickelten Argumentationssträngen die Beiträge in Judt/Ciesla, *Technology Transfer*; zur SBZ vgl. Hoffmann/Macrakis, *Naturwissenschaft und Technik.*

[65] Zu nachgerade panikartigen Reaktionen in der deutschen Industrie angesichts gezielter Abwerbung von deutschen Akademikern und Ingenieuren in die USA Anfang der 1950er Jahre vgl. Trischler/vom Bruch, *Forschung für den Markt*, S. 50ff.

[66] Vgl. Ash, „Wissenschaft und Wissenschaftsaustausch"; ferner Herrmann, „Einwanderung und Auswanderung".

[67] Vgl. Trischler/vom Bruch, *Forschung für den Markt*, S. 53f., im Umfeld der Errichtung einer deutschen Zweigstelle des US-Forschungsinstituts Battelle.

[68] Vgl. Krauss, *Heimkehr*, zu Hochschullehrern S. 80–90; Krohn, „Remigranten" und Krohn „Deutsche Wissenschaftsemigration".

Astrophysikalisches Observatorium Potsdam, 1945

nahmeland schwieriges Arbeitsklima in Deutschland in Verbindung mit offenkundigen Belastungen der deutschen politischen Kultur die Entscheidung für eine dauerhafte Rückkehr im Nachkriegsjahrzehnt belastet zu haben. Und schließlich: wenn die Forscher von Geist und Kultur blieben, aber viele Forscher von Natur und Technik gingen, blieb das im deutschen Wissenschaftssystem marginal, belastete das primär einzelne forschungs- und technologierelevante Industriebranchen, oder sind auch Rückwirkungen auf konkurrierende Fachdisziplinen und Fächergruppen in der deutschen Wissenschaftslandschaft insgesamt erkennbar?

In einer Gesamtbilanz läßt sich das institutionell verfaßte westdeutsche Wissenschaftssystem durch modernisierend-elastische Anschlußfähigkeit charakterisieren. Wie die Max-Planck-Gesellschaft nach Göttingen kam, im Erbestreit mit Robert Havemanns Forscherhochschule auf kühle Distanz ging, geschickt eine stilisierte Tradition zugunsten einer immer noch reichen materiellen Erbschaft allen Verboten zum Trotz mit britischer Unterstützung als Waffe und westzonale Sonderlagen als Chance nutzte, wie Notgemeinschaft und Stifterverband in charakteristisch verschobener, aber gegenüber 1920 doch prinzipiell ähnlicher Form wiederauflebten, das erhellt beträchtliche Gestaltungschancen von in Republik und Diktatur sozialisierten Wissenschaftsmanagern, belegt zugleich zeitraubende Reibungsverluste angesichts divergierender Interessen und Zielvorstellungen in und zwischen den Zonen und den zahlreicheren Ländern, zwischen Industrieerwartungen, außeruniversitärer und Hochschulforschung und schließlich zwischen bereits stabilisierter Kulturhoheit der Länder und bundespolitischem Kompetenzanspruch. Es gab neue Problemlagen und Interessen, doch das westdeutsch formierte System knüpfte eng an Vorgaben aus dem späten Kaiserreich und der frühen Weimarer Republik an, aus verschiedenen politischen Systemen also, aber offenbar bewährt und auf ähnliche Problemhaushalte einer wissenschaftsbasierten Industriegesellschaft in einer nationaltraditionellen politischen Kultur verweisend. Auch die Rektorenkonferenz, die Kultusministerkonferenz und der Hochschulverband sind hier neben den Wissenschaftsakademien zu nennen.

Für konzeptionelle Neuentwürfe bot diese reorganisierte Landschaft von Wissenschaftsinstitutionen indes keinen Raum, weder im Hochschulbereich noch in der außeruniversitären Forschung. Die abstrakt anmutenden, aber durchaus konkretisierungsfähigen Überlegungen eines Karl Jaspers scheiterten nicht nur im ostdeutschen Machtpoker, sie versandeten vollständig in westdeutscher Reetablierung. Scheinbar neuartig entstand 1949 die Fraunhofer-Gesellschaft, welche tatsächlich an eine seit Jahrzehnten im deutschen Forschungsbetrieb maßgebliche, nun aber mit dem Schwenk zur Grundlagenforschung obsolete Anwendungsorientierung anknüpfte, während ihres ersten krisengeschüttelten Jahrzehnts immer wieder um das Überleben rang und zudem mit den auf Wahrheit durch Wissenschaft gegründeten Visionen eines Jaspers nichts zu tun hatten.

Zwei Ansätze einer institutionell verfaßten Neuorientierung sind denn auch gescheitert. Dies gilt zum einen für Fritz Karsens seit 1946 projektiertes und 1947 vorübergehend durch einen Staatsvertrag realisiertes Berliner Reformprojekt einer Forschungshochschule, das auf eine demokratische Organisationsform zur Heranbildung des akademischen Nachwuchses abzielte, aber im Sperrfeuer von Länderobstruktion, Hochschulbedenken und massivem Widerstand des KWG/MPG-Präsidenten Otto Hahn vollständig scheiterte. Als zentrale Waffe wurde dagegen eine vermeintlich traditionsverbürgte Autonomie von Lehre und Forschung im Sinne politikresistenter Eigendynamik in Stellung gebracht. Mit ähnlichen, wenn auch umgeschmiedeten und angesichts des prominenten Protagonisten arbeitsteilig differenzierten Argumenten verwahrte sich die im föderalen System bis 1949 etablierte *scientific community* gegen den von Werner Heisenberg in Abgrenzung von der länderpolitisch dominierten Notgemeinschaft präsidierten *Deutschen Forschungsrat*. Aus ihrer Sicht verständlich befürchtete die in der Notgemeinschaft verbündete Hochschulforschung eine wissenschaftspolitische Dominanz der von dem MPG-Direktor Heisenberg repräsentierten außeruniversitären Forschung und zudem eine Auslieferung der zuvor mühsam austarierten Länderkompetenzen an den seit Herbst 1949 handlungsfähigen, aber verfassungsrechtlich für Wissenschaftsbelange nicht zuständigen Bund. Heisenbergs Kontakte zu Bundeskanzler Adenauer, der als erfahrener politischer Fuchs bundespolitischen Einflußzuwachs witterte, schienen die Bedenken seiner in der Notgemeinschaft versammelten Kollegen zu bestätigen. Mochte Heisenberg auch an einer politischen Unterstützung der in der MPG organisierten Grundlagenforschung auf Bundesebene gelegen sein, zentrales Motiv war für ihn eine staatspolitisch verankerte öffentliche Verantwortung der Wissenschaft. Als einflußreiches Instrument wissenschaftlicher Politikberatung sollte der *Deutsche Forschungsrat* in Erscheinung treten, vergleichbar mit den angelsächsischen *National Research Councils*, aber wohl auch in der Tradition des vormaligen deutschen *Reichsforschungsrats*; sicher eine nicht unproblematische, aber unter den Bedingungen des neuen demokratischen Gemeinwesens und der weltpolitischen atomaren Gefährdung bedenkenswerte Konstruktion. Doch der (nunmehr) apolitische Habitus der führenden westdeutschen Wissenschaftsrepräsentanten torpedierte das Projekt, wenig später wurde der Deutsche Forschungsrat in Verschmelzung mit der Notgemeinschaft zur wiederaufgelebten Deutschen Forschungsgemeinschaft beerdigt.[69]

Was zeigt diese Musterung der frühen Nachkriegsentwicklung? Als wissenschaftspolitischer Bezugspunkt diente das frühe 20., als wissenschaftstheoretischer das frühe 19. Jahrhundert. Maßgeblich für zukunftsfähige Traditionssicherung galten vielen nach 1945 Eduard Spranger und Karl Jaspers, Antipoden im Beharren auf der Chance zu Weltanschauung durch wertebegründende Wissenschaft der eine, auf Wahrheit durch wertneutrale Wissenschaft der andere. Doch beide rekurrierten auf philosophische Leitplanken der deutschen Forschungsuniversität nach 1800, beide geißelten einen Niedergang ideal verfaßter Forschung nicht erst in der NS-Zeit, sondern schon seit einer nach 1890 übermächtigen positivistischen Spezialisierung. Mit welcher Reichweite wurden im jeweiligen aktuellen Kontext argumentative Strategien nach 1945 unter Berufung auf nationalkulturelle Traditionen, auf wissenschaftsinstitutionelle und auf disziplinäre Konfliktlagen sowie auf politische Systemkonkurrenz eingesetzt? Mit welchen Zukunftserwartungen und in welchen allgemeinpolitisch verfaßten wissenschaftspolitischen Kontexten? Diese notgedrungen vorläufige Problemskizze kann nur zu vertiefender Spezialforschung aufrufen.

[69] Zur Berliner Forschungshochschule und zum Deutschen Forschungsrat vgl. Osietzki, „Reform“.

Literatur

Albrecht, Ulrich/Andreas Heinemann-Grüder/Arend Wellmann: *Die Spezialisten.* Deutsche Naturwissenschaftler und Techniker in der Sowjetunion nach 1945, Berlin 1992.

Altertumsforscher – Wissenschaftsorganisator – Humanist. Zum 100. Geburtstag von Johannes Stroux. Sitzungsberichte der Akademie der Wissenschaften der DDR. [Reihe:] Gesellschaftswissenschaften, 1987, Nr. 5/G.

Ash, Mitchell G.: „Wissenschaftswandel in Zeiten politischer Umwälzungen: Entwicklungen, Verwicklungen, Abwicklungen", in: *Internationale Zeitschrift für Geschichte der Naturwissenschaften, Technik und Medizin* 3 (1995), S. 1–21.

Ash, Mitchell G.: „Wissenschaft, Politik und Modernität in der DDR. Ansätze zu einer Neubetrachtung", in: Weisemann/Kröner/Töllner, *Wissenschaft und Politik,* S. 1–25.

Ash, Mitchell G.: „Wissenschaft und Wissenschaftsaustausch", in: Junker, *USA und Deutschland,* Bd. 1, S. 634–645.

Baske, Siegfried: „Das Hochschulwesen", in: Führ/Furck, *Handbuch der deutschen Bildungsgeschichte,* Zweiter Teilband: Deutsche Demokratische Republik und neue Bundesländer, S. 202–223.

Bauer, Karl Heinrich (Hrsg.): *Vom neuen Geist der Universität.* Dokumente, Reden und Vorträge 1945/46, Berlin – Heidelberg 1947.

Benz, Wolfgang (Hrsg.): *Deutschland unter alliierter Besatzung 1945–1949/55,* Berlin 1999.

Beyme, Klaus von: „Karl Jaspers – Vom philosophischen Außenseiter zum *Praeceptor Germaniae*", in: Heß/Lehmann/Sellin, *Heidelberg 1945,* S. 130–148.

Brandt, Peter: „Wiederaufbau und Reform. Die Technische Universität Berlin 1945-1950", in: Rürup, *Wissenschaft und Gesellschaft,* Bd. 1, S. 495–522.

Bruch, Rüdiger vom: „Karl Jaspers", in: Eckart/Gradmann, *Ärztelexikon,* S. 206f.

Bruch, Rüdiger vom/Rainer A. Müller (Hrsg.): *Erlebte und gelebte Universität.* Die Universität München im 19. und 20. Jahrhundert, Pfaffenhofen 1986.

Bruch, Rüdiger vom/Brigitte Kaderas (Hrsg.): *Wissenschaften und Wissenschaftspolitik.* Bestandsaufnahme und Formationen, Brüche und Kontinuitäten im Deutschland des 20. Jahrhunderts, Stuttgart 2002.

Chroust, Peter: „Demokratie auf Befehl? Grundzüge der Entnazifizierungspolitik an den deutschen Hochschulen", in: Knigge-Tesche, *Berater der braunen Macht,* S. 133–149.

Dollinger, Heinz (Hrsg.): *Die Universität Münster 1780–1980,* Münster 1980.

Eckart, Wolfgang U./Christoph Gradmann (Hrsg.): *Ärztelexikon.* Von der Antike bis zum 20. Jahrhundert, München 1995.

Fischer, Wolfram et al. (Hrsg.): *Exodus von Wissenschaften aus Berlin.* Fragestellungen – Ergebnisse – Desiderate. Entwicklungen vor und nach 1933 (= Akademie der Wissenschaften zu Berlin, Forschungsbericht 7), Berlin – New York 1994.

Flachowsky, Sören: *Johannes Stroux als Wissenschaftsorganisator 1937–1954* (unveröff. Manuskript, 1999).

Führ, Christoph/Carl-Ludwig Furck (Hrsg.): *Handbuch der deutschen Bildungsgeschichte,* Bd. VI: 1945 bis zur Gegenwart, Erster Teilband: Bundesrepublik Deutschland, München 1998.

Füssl, Karl-Heinz: „Bildung und Erziehung", in: Benz, *Deutschland unter alliierter Besatzung,* S. 99–105.

Gerhardt, Ute: „Die amerikanischen Militäroffiziere und der Konflikt um die Wiedereröffnung der Universität Heidelberg 1945–1946", in: Heß/Lehmann/Sellin, *Heidelberg 1945.*

Gimbel, John: *Science, Technology, and Reparations.* Exploitation and Plunder in Post-war Germany, Stanford 1990.

Graml, Hermann: *Die Alliierten und die Teilung Deutschlands.* Konflikte und Entscheidungen 1941–1948, Frankfurt/M. 1985.

Heinemann, Manfred: „Der Wiederaufbau der Kaiser-Wilhelm-Gesellschaft und die Neugründungen der Max-Planck-Gesellschaft (1945–1949)", in: Vierhaus/vom Brocke, *Forschung im Spannungsfeld von Politik und Gesellschaft*, S. 407–470.
Heinemann, Manfred (Hrsg.): *Hochschuloffiziere und Wiederaufbau des Hochschulwesens in Westdeutschland 1945–1952*, 3 Bde., Hildesheim 1990/91.
Heinemann, Manfred (Hrsg.): *Hochschuloffiziere und der Wiederaufbau des Hochschulwesens in Deutschland: Die sowjetische Besatzungszone*, Berlin 1996.
Henke, Klaus: *Die amerikanische Besetzung Deutschlands*, München 1995.
Herrmann, Dietrich: „Einwanderung und Auswanderung", in: Junker, *USA und Deutschland*, S. 814–822.
Heß, Jürgen C./Hartmut Lehmann/Volker Sellin (Hrsg.): *Heidelberg 1945*, Stuttgart 1996.
Hoffmann, Dieter: *Operation Epsilon*. Die Farm-Hall-Protokolle oder Die Angst der Alliierten vor der detuschen Atombombe, Berlin 1993.
Hoffmann, Dieter/Kristie Macrakis (Hrsg.): *Naturwissenschaft und Technik in der DDR*, Berlin 1997.
Horn, Klaus-Peter/Heidemarie Kemnitz (Hrsg.): *Pädagogik Unter den Linden* (= Pallas Athene 6), Stuttgart 2002 (im Druck).
Jarausch, Konrad/Hannes Siegrist (Hrsg.): *Amerikanisierung und Sowjetisierung in Deutschland 1945–1970*, Frankfurt/M. – New York 1997.
Jaspers, Karl: „Vom lebendigen Geist der Universität", in: Bauer, *Vom neuen Geist*, S. 113–132.
Jaspers, Karl: *Die Idee der Universität* (= Schriften der Universität Heidelberg 1), Berlin 1946.
Jessen, Ralph: *Akademische Elite und kommunistische Diktatur*. Die ostdeutsche Hochschullehrerschaft in der Ulbricht-Ära, Göttingen 1999.
Judt, Matthias/Burghard Ciesla (Hrsg.): *Technology Transfer out of Germany After 1945*, Amsterdam 1996.
Junker, Detlef (Hrsg.) in Verbindung mit Philipp Gassert, Wilfried Mausbach und David B. Morris: *Die USA und Deutschland im Zeitalter des Kalten Krieges 1945–1990*. Ein Handbuch. Bd. 1: 1945–1968, Stuttgart – München 2001.
Junker, Detlef: „Einleitung", in: Junker, *USA und Deutschland*, S. 17–56.
Kaufmann, Doris (Hrsg.): *Geschichte der Kaiser-Wilhelm-Gesellschaft im Nationalsozialismus*. Bestandsaufnahme und Perspektiven der Forschung, 2 Bde., Göttingen 2000.
Knigge-Tesche, Renate (Hrsg.): *Berater der braunen Macht*. Wissenschaft und Wissenschaftler im NS-Staat, Frankfurt/M. 1999.
Kowalski, Hans-Günter: „Die European Advisory Commission als Instrument alliierter Deutschlandplanung 1943–1945", in: *Vierteljahrshefte für Zeitgeschichte* 19 (1971), S. 261–293.
Krauss, Marita: *Heimkehr in ein fremdes Land*. Geschichte der Remigration nach 1945, München 2002.
Krohn, Claus-Dieter: „Remigranten und Rekonstruktion", in: Junker, *USA und Deutschland*, S. 803–813.
Krohn, Claus-Dieter: „Deutsche Wissenschaftsemigration seit 1933 und ihre Remigrationsbarrieren nach 1945", in: vom Bruch/Kaderas, *Wissenschaften und Wissenschaftspolitik*, S. 437–452.
Laitko, Hubert: „Wissenschaftler im Berlin der frühen Nachkriegszeit. Bausteien und Fragestellungen zu einem Soziogramm", in: vom Bruch/Kaderas, *Wissenschaften und Wissenschaftspolitik*, S. 373–392.
Marburger Hochschulgespräche, 12. bis 15. Juni 1946, Frankfurt/M. 1947.
Meinecke, Friedrich: *Die Idee der Staatsräson in der neueren Geschichte*, München – Berlin 1924.
Meinecke, Friedrich: *Die deutsche Katastrophe*. Betrachtungen und Erinnerungen, Wiesbaden 1946.
Naimark, Norman M.: *Die Russen in Deutschland*. Die sowjetische Besatzungszone 1945 bis 1949, Berlin 1997.
Neufeld, Michael J.: *The Rocket and the Reich*. Peenemünde and the Coming of the Ballistic Missile Era, New York etc. 1995.
Nötzoldt, Peter: „Wissenschaft in Berlin. Anmerkungen zum ersten Nachkriegsjahr 1945/45", in: *Sitzungsberichte der Leibniz-Sozietät* 11 (1996) 3, S. 165–187.

Nötzoldt, Peter: *Wolfgang Steinitz und die Deutsche Akademie der Wissenschaften zu Berlin.* Zur politischen Geschichte der Institution (1945–1968), Diss., Berlin 1998.

Oehler, Christoph in Zusammenarbeit mit Christiane Bradatsch: „Die Hochschulentwicklung nach 1945“, in: Führ/Furck, *Handbuch der deutschen Bildungsgeschichte*, Bd. VI: 1945 bis zur Gegenwart, Erster Teilband: Bundesrepublik Deutschland, S. 412–446.

Oexle, Otto Gerhard: „Wie in Göttingen die Max-Planck-Gesellschaft entstand“, in: *Jahrbuch der Max-Planck-Gesellschaft*, 1994, S. 43–60.

Osietzki, Maria: *Wissenschaftsorganisation und Restauration.* Der Aufbau außeruniversitärer Forschungseinrichtungen und die Gründung des westdeutschen Staates 1945–1952, Köln – Wien 1984.

Osietzki, Maria: „Reform oder Modernisierung: Impulse zu neuartigen Organisationsstrukturen der Wissenschaft nach 1945“, in: Fischer, *Exodus von Wissenschaften*, S. 284–295.

Paletschek, Sylvia: „Entnazifizierung und Universitätsentwicklung in der Nachkriegszeit am Beispiel der Universität Tübingen“, in: vom Bruch/Kaderas, *Wissenschaften und Wissenschaftspolitik*, S. 393–408.

Ritter, Gerhard A./Margit Szöllösi-Janze/Helmuth Trischler (Hrsg.): *Antworten auf die amerikanische Herausforderung.* Forschung in der Bundesrepublik und der DDR in den ‚langen‘ siebziger Jahren, Frankfurt/M. – New York 1999.

Rompe, Robert: „Objektive und subjektive Bedingungen für die Forschung und Ausbildung nach der Zerschlagung des Faschismus“(1979), in: Peter Nötzoldt/Kurt Werner (Hrsg.), *Ausgewählte Vorträge und Aufsätze von Robert Rompe*, Berlin 1980, S. 1–10.

Rürup, Reinhard (Hrsg.): *Wissenschaft und Gesellschaft.* Beiträge zur Geschichte der Technischen Universität Berlin 1879–1979, Bd. 1, Berlin – Heidelberg – New York 1979.

Schulze, Winfried: *Der Stifterverband für die Deutsche Wissenschaft 1920–1995*, Berlin 1995.

Spranger, Eduard: *Wandlungen im Wesen der Universität seit 100 Jahren*, Leipzig 1913.

Spranger, Eduard: „Kurze Selbstdarstellungen“ (I, 1961), in: H. Walter Bähr/Hans Wenke (Hrsg.), *Eduard Spranger.* Sein Werk und sein Leben, Heidelberg 1964, S. 13–21.

Spranger, Eduard: „Die Universität Berlin nach Kriegsende 1945“, in: ders., *Gesammelte Schriften*, Bd. 10: Hochschule und Gesellschaft, hrsg. von Walter Sachs, Heidelberg 1973, S. 273–321.

Stamm, Thomas: *Zwischen Staat und Selbstverwaltung.* Die deutsche Forschung im Wiederaufbau 1945–1965, Köln 1981.

Szöllösi-Janze, Margit (Hrsg.): *Science in the Third Reich*, Oxford 2001.

Tenorth, Heinz-Elmar: „Pädagogik für Krieg und Frieden. Eduard Spranger und die Erziehungswissenschaft an der Berliner Universität 1913–1933“, in: Horn/Kemnitz, *Pädagogik Unter den Linden*, (im Druck).

Tent, James F.: „Der amerikanische Einfluß auf das deutsche Bildungswesen“, in: Junker, *USA und Deutschland*, S. 601–611.

Thöndl, Michael: „Der leitende Ausschuß für Wissenschaft. Die Universitäts- und Hochschulpolitik des Berliner Magistrats im Jahre 1945“, in: *Berlin in Geschichte und Gegenwart.* Jahrbuch des Landesarchivs Berlin 1999, S. 109–143.

Trischler, Helmuth: *Luft- und Raumfahrtforschung in Deutschland 1900–1970.* Politische Geschichte einer Wissenschaft, Frankfurt/M. – New York 1992.

Trischler, Helmuth/Rüdiger vom Bruch: *Forschung für den Markt.* Geschichte der Fraunhofer-Gesellschaft, München 1999.

Vierhaus, Rudolf/Bernhard vom Brocke (Hrsg.): *Forschung im Spannungsfeld von Politik und Gesellschaft.* Geschichte und Struktur der Kaiser-Wilhelm-/Max-Planck-Gesellschaft, Stuttgart 1990.

Walker, Mark: *Die Uranmaschine.* Mythos und Wirklichkeit der deutschen Atombombe, Berlin 1990.

Weisemann, Karin/Hans-Peter Kröner/Richard Töllner (Hrsg.): *Wissenschaft und Politik – Humangenetik in der DDR (1949–1989)*, Münster 1997.

Wolgast, Eike: „Karl Heinrich Bauer – der erste Heidelberger Nachkriegsrektor. Weltbild und Handeln 1945–1946“, in: Heß/Lehmann/Sellin, *Heidelberg 1945*, S. 107–129.

Wolgast, Eike: *Die Wahrnehmung des Dritten Reiches in der unmittelbaren Nachkriegszeit (1945/46)*, Heidelberg 2001.

Natalja P. Timofeeva

Die Vertretung der Akademie der Wissenschaften der UdSSR in Deutschland 1945–1949

Das sowjetische Interesse an der außeruniversitären Forschung war unmittelbar nach dem Ende des Zweiten Weltkrieges primär von der Möglichkeit einer ungehemmten Ausbeutung deutscher Wissenschaftsleistungen bestimmt. Die Sowjetunion war nicht nur vor die Aufgabe des Wiederaufbaus im eigenen Land gestellt. Als ebenso dringlich stellte sich für die Führungskräfte in Partei, Staat und Militär die Notwendigkeit dar, sich auf die Entwicklung effektiver Produktionstechnologien und moderner Waffensysteme zu konzentrieren, wobei die beginnende Systemkonfrontation zu besonderer Eile antrieb. Als Sieger- und Besatzungsmacht gedachte die UdSSR daher, sämtliches Wissenschafts- und Technikpotential unbedingt zu nutzen, das im besiegten Deutschland, insbesondere im sowjetisch kontrollierten östlichen Teil, noch vorhanden war. In diesem Punkt unterschied sich die Stalinsche Führung nicht von den politischen Führungskreisen der westlichen Alliierten.[1]

Von der Forschung bislang unbeantwortet ist aber die Frage, inwieweit dieses anfängliche Interesse das Vorgehen sowjetischer Vertreter bei der Umgestaltung der ostdeutschen Forschungslandschaft lenkte und gezielte destruktive und konstruktive Schritte bestimmte, oder welche anderen Motive und Ziele, etwa gesellschaftspolitische, hierbei eine Rolle spielten. Obgleich die Frage auch heute noch nicht erschöpfend zu beantworten ist, so kann mit den im folgenden zusammengetragenen Ergebnissen einiger Archiverkundungen doch ein erstes grobes Bild vom Vorgehen Moskaus in den ersten Nachkriegsjahren gezeichnet werden.

Analog zu den Abgesandten verschiedener Moskauer Ministerien, die sich – noch vor der Schaffung einer Besatzungsbehörde und auch danach lange noch unabhängig von ihr – im besetzten deutschen Gebiet nach den Möglichkeiten gezielter Demontage zu Wiederaufbauzwecken im eigenen Land umschauten,[2] schickte auch die Akademie der Wissen-

[1] Dazu in knapper Gegenüberstellung: Karlsch, *Allein bezahlt*, S. 151–166.

[2] Im besetzten Deutschland waren auch andere Vertretungen aktiv, z. B. eine Vertretung des Ministeriums für Hochschulwesen der UdSSR. Diese suchte den Schaden, den die deutschen Okkupanten den sowjetischen Hochschulen zugefügt hatten, durch Requisition deutscher Lehrmittel und Bücher zu ersetzen. Streit um Reparationsgut blieb nicht aus. Davon zeugt u. a. ein Briefwechsel der Vertretung der AdW der UdSSR mit dem sowjetischen Ausschuß für Hochschulwesen. Dabei ging es beispielsweise um Bücher, die

schaften der UdSSR im Sommer 1945 einen Bevollmächtigten nach Berlin. Er traf am 6. August 1945 mit dem Auftrag ein, in Deutschland eine Vertretung der Akademie zu leiten, welche die Aufgabe hatte, durch Entnahmen die Bücher- und Archivbestände wissenschaftlicher Institute in der Sowjetunion aufbessern zu helfen und wissenschaftliche Arbeiten der Akademie der Wissenschaften der UdSSR in Deutschland drucken zu lassen.[3] Mit der Erfassung brauchbarer Bibliotheks- und Archivbestände, Büros, Labors und Testanlagen sollte sich eine Gruppe von Mitarbeitern der Vertretung der sowjetischen AdW befassen, die eigens zu Entnahme- und Demontagezwecken nach Deutschland abkommandiert worden waren. Auch ging es nicht nur darum, das Innovationspotential der deutschen Wissenschaft möglichst breit abzuschöpfen, sondern es wurden Mitarbeiter der AdW mit konkreten Aufträgen nach Sachsen, Thüringen, Potsdam und Berlin delegiert. Ein leitender Mitarbeiter der Vertretung wurde mit der Dokumentation technischer Innovationen betraut, ein weiterer sollte sich speziell mit der Erfassung und Bewertung technischer Neuerungen im Bereich der Astronomie befassen. Insgesamt arbeiteten im Frühjahr 1946 in der Vertretung etwa 30 Mitarbeiter der AdW der UdSSR.[4]

Erster Leiter der Vertretung wurde das Akademiemitglied Viktor S. Kulebakin,[5] Generalmajor des Ingenieurtechnischen Dienstes, einer der Väter des staatlichen Elektrifizierungsplanes und Autor zahlreicher Arbeiten über Flugzeugelektronik und automatische Regelungstechnik. Die Vertretung der Akademie der Wissenschaften der UdSSR stand von Anfang an vor einer Schwierigkeit, die sich aus der zweifachen Aufgabe ergab, einerseits möglichst viel nützliches Material und Gerätschaft in die Sowjetunion zu bringen, andererseits möglichst viele immaterielle Werte der deutschen Forschung auszubeuten. Vor allem im Bereich der angewandten, industrie- und technikorientierten Forschung war letzteres nur dann optimal zu gewährleisten, wenn deutsches Know-how ohne größere Unterbrechungen an den bewährten Forschungsstätten unter sowjetische Kontrolle gebracht werden konnte. Kulebakin glaubte daher seine Aufgabe am besten in Zusammenarbeit mit deutschen Spezialisten, unter Ausnutzung vorhandener Labors und Bibliotheken, erfüllen zu können.

das Voronesher landwirtschaftliche Institut aus Deutschland ausgeführt hatte und auf deren Auslieferung die Akademie bestand (AAW Moskau, 2/1/1245/255). Bekannt ist ein Briefwechsel der Vertretung der AdW der UdSSR in Deutschland mit dem sowjetischen Ministerium für chemische Industrie über die Rechte an einer Sammlung von Mineralien, die vom Ministerium bereits in die Sowjetunion gebracht worden war. Der eigenständige Kauf und die eigenständige Entnahme von Gütern aus der SBZ wurde diversen sowjetischen Einrichtungen mit Ministerratsbeschluß vom 20. August 1946 verboten. Dieses Recht wurde allein dem Ministerium für Außenhandel zugesprochen.

[3] Die Vertretung unterstützte auch die Akademien der Sowjetrepubliken mit einem Teil von Buchbeständen Deutschlands als Ersatz für Bücher, die im Krieg verbrannt worden waren. Es waren auch Bücher für Akademien einiger Länder Südosteuropas, z. B. für die Serbische Akademie der Wissenschaften, bestimmt, in: AAW Moskau, 2/1/1093/461, 467.

[4] AAW Moskau, 557/2/4, Bl. 15–16.

[5] Viktor Sergeevič Kulebakin (1891–1970), sowjetischer Physiker und Elektrotechniker, Mitglied der Akademie der Wissenschaften der UdSSR (1939), Generalmajor (1942), Staatspreisträger der UdSSR (1950).

Jahrestagung der DAW 1955 (28. März–1. April 1955), v. l. n. r.: Gustav Hertz (als Spezialist in der Sowjetunion 1945–1954; OM 1954) und Otto Warburg (OM 1946)

Und so nahm die Vertretung der sowjetischen AdW im Herbst 1945 erste Kontakte zu deutschen Wissenschaftlern auf. Zunächst wurde prominenten deutschen Wissenschaftlern (z. B. Professor Otto Warburg) vorgeschlagen, ihre Forschungen in der Sowjetunion fortzusetzen. Doch als einerseits keiner der Wissenschaftler, an die die Mitarbeiter der sowjetischen Akademie der Wissenschaften herangetreten waren, sich zu diesem Schritt bereit erklärte, andererseits aber alle bereit waren, in der sowjetischen Besatzungszone weiterzuarbeiten, unterstützte Kulebakin dieses Vorgehen. Sowjetischen Akten zufolge bat z. B. der Spezialist für Photosynthese Otto Warburg die Mitarbeiter der Vertretung erfolgreich um Hilfe bei der Wiederaufnahme der Forschungen an seinem Institut und erklärte sich bereit, junge sowjetische Wissenschaftler zwecks Weiterbildung in seine Forschergruppe aufzunehmen. Er bat um Rückgabe der Institutsbibliothek sowie entnommener Geräte und Unterlagen einschließlich privater Notizen, ohne die er nicht weiterarbeiten könne. Der Professor erklärte, er werde, wenn das Institut reorganisiert würde, „mit seiner ersten Entdeckung nach Moskau fahren und dort mit Vergnügen den russischen Gelehrten darüber berichten".[6] So begann die Zusammenarbeit der Vertretung mit deutschen Wissenschaftlern so-

[6] AAW Moskau, 557/1/14, Bl. 18.

wohl in Einzelfällen als auch mit Angehörigen von in Deutschland sehr bekannnten Industriekonzernen wie Siemens & Halske und Zeiss.[7]

In der sowjetischen Politik herrschte den deutschen Wissenschaftlern gegenüber Pragmatismus vor. Wenn die sowjetische Seite an der Erfüllung eines Auftrags interessiert war, wurde die Parteizugehörigkeit der Wissenschaftler während der Nazi-Diktatur außer acht gelassen, d. h. Entnazifizierung war kein Thema für die Vertretung der AdW der UdSSR. Auch den Wissenschaftlern war es egal, für wen sie arbeiten sollten – für die UdSSR oder, wie früher, für den Nazi-Staat. Dazu ein Beispiel: Tonnen von Gestein aus dem Uralgebirge wurden zwecks wissenschaftlicher Analyse nach Freiberg gebracht, weil sich die Professoren der Bergakademie Freiberg geweigert hatten, in die Sowjetunion zu gehen. Die Wissenschaftler freuten sich über das Untersuchungsmaterial, über das sie früher nie hätten verfügen können,[8] und sie waren obendrein stolz auf die Fülle von Arbeitsaufträgen, die sie erhielten. Wer die Auftraggeber waren, interessierte sie kaum.

Wie und von wem insgesamt und in Einzelfällen entschieden wurde, das Forschungspotential in Deutschland zu belassen, dort eventuell neu auszurichten, umzustrukturieren, an neue Standorte zu verlegen oder aber ganz und gar in die Sowjetunion zu verlagern, läßt sich heute nur schwer rekonstruieren. In den bislang zugänglichen Akten wird lediglich deutlich, daß die Vertreter der sowjetischen Akademie der Wissenschaften in Deutschland in der Zeit von Kulebakins Leitung darum bemüht waren, zumindest einen Großteil der militärisch weniger relevanten Forschungsvorhaben in Deutschland zu belassen. „Wir tun unser Bestes", erklärte Kulebakin auf einem von seiner Vertretung organisierten Treffen mit Mitgliedern der Berliner Akademie im Dezember 1945, „um deutsche Wissenschaftler für gemeinsame Projekte zu gewinnen und um hier vor Ort einige Fragen, die von allgemeinwissenschaftlicher Bedeutung sind, sowie konkrete Aufgaben, an deren Lösung unser Land interessiert ist, zu besprechen." Er äußerte die Gewißheit, daß „unsere gemeinsamen Projekte auf vollem gegenseitigen Einvernehmen basieren".[9]

Diese Stellungnahme Kulebakins scheint nicht allein Mittel zum Zweck, sondern vielmehr Ausdruck seiner tiefen Überzeugung gewesen zu sein. Der sowjetische Professor ließ sich von der Ansicht leiten, wonach sowohl die materiellen Schwierigkeiten der Nachkriegszeit als auch das der deutschen Forschung hinderliche Erbe, das er vor allem in der fachlichen Isolierung und in politischem Mißbrauch während der NS-Herrschaft sah, durch internationale Kooperation zu überwinden seien. Es entsprach durchaus dem Geist der Zeit, daß der Wissenschaftler Kulebakin 1945/46 noch davon überzeugt war, hierfür seien „die Ideale der fortschrittlichen Menschheit" mit der technischen und moralischen Überlegenheit der Länder der Anti-Hitler-Koalition, vor allem aber mit der Stärke des von Stalin geführten Sowjetstaates in einem gemeinsamen Kampf zu vereinen.

Für viele der deutschen Wissenschaftler war dies ein unerwartetes Angebot zur Wiederaufnahme in die internationale wissenschaftliche Gemeinschaft. Anhand von privaten

[7] AAW Moskau, 1603/ 2/ 67, Bl. 1–10.

[8] Vgl. Timofeeva, *Nemeckaja intelligencija*, S. 85f.

[9] Vgl. „Iz protokola plenarnogo zasedanija Akademii Nauk", S. 147.

Aufzeichnungen und Notizen konnte vielfach belegt werden, daß deutsche Forscher und Forschergruppen bereits recht bald nach Abschluß der Kampfhandlungen von „den Russen" in einer als großzügig empfundenen Weise zur Fortsetzung ihrer Arbeiten aufgefordert wurden. Von diesem Interesse an ihrer Arbeit ermutigt, wagten sich immer mehr Wissenschaftler zu sowjetischen Behörden vor. So folgte der Leiter der Sonneberger Sternwarte, Professor Cuno Hofmeister, dem Rat des Leiters des *Büros für die Meisterung der neuen Technik auf dem Gebiet der Astronomie*, Pjotr P. Dobronravin, und bat dessen Vorgesetzten Kulebakin um Zugang zu ausländischer Literatur. Hofmeister unterstrich, daß die Sternwarte ihrerseits bereit sei, alle Ergebnisse der während des Krieges fortgesetzten Forschungen den Sowjets zugänglich zu machen.[10]

Natürlich gab es unter den Reaktionen auf deutscher Seite neben aufrichtiger Interessenbekundung auch Katzbuckelei und Anbiederei. Es darf wohl angenommen werden, daß aus dem Kreis der geistigen Eliten Deutschlands die Zahl derjenigen, die 1945 ehrlichen Herzens „Dankbarkeit für die ungezählten Opfer, [...] die für die Rettung der Weltkultur" von der Sowjetunion erbracht worden waren,[11] empfanden, nicht sonderlich groß war. Dieser Sachverhalt interessierte die Vertretung der AdW jedoch wenig, statt dessen war dem höchst praktischen Interesse Kulebakins entsprechend das deutsche Wissenschaftspotential „noch immer bedeutend" und in der Lage, sowohl zur Modernisierung alter als auch zur Schaffung neuer Kriegstechnik beizutragen.[12]

Dieser Überzeugung folgend, schlug Kulebakin Ende 1945 in einem Bericht an den Obersten Chef der SMAD, Marschall Shukov, Maßnahmen zur konzentrierten Nutzung dieses Potentials vor. Aus seiner Sicht waren „zur Zeit Vertreter vieler unserer Einrichtungen damit befaßt, deutsche Wissenschaftler, Ingenieure und andere Spezialisten zu nutzen. Doch diese Arbeit könnte bei weitergehender allgemeiner Koordinierung einen sehr viel größeren Effekt haben und es uns erlauben, den aktuellen Stand der deutschen Wissenschaften abschließend zu bestimmen und Maßnahmen zur planmäßigen und umfassenden Ausnutzung des Wissenschaftspotentials Deutschlands im Interesse unseres Landes einzuleiten. Die Dringlichkeit dieses Vorhabens nimmt dadurch zu, daß wir nunmehr in den wissenschaftlich-technischen Wettbewerb mit anderen führenden Ländern treten müssen."[13]

[10] AAW Moskau, 557/1/14, Bl. 23–26.

[11] AAW Moskau, 557/1/14, Bl. 23.

[12] AAW Moskau, 557/1/11, Bl. 1.

[13] AAW Moskau, 557/1/11, Bl. 1–2: „В настоящее время представителями многих наших учреждений проводится работа по использованию немецких ученых, инженеров и других специалистов. Однако, эта работа при дальнейшей общей координации могла бы дать гораздо больший зффект, позволила бы окончательно выявить современное научное состояние Гермаии и провести все мероприятия для более планомерного и полного использования научных сил Германии в интересах нашей страны. Необходимость этого положения усугубляется еще тем обстоятельством, что мы должны уже теперь вступить в научно-техническое соревнование с другими передовыми странами."

Kulebakin empfahl die Gründung eines Komitees für Kultur und Wissenschaft im Rahmen der SMAD, deren Organisationsstruktur sich mittlerweile herausgebildet hatte.[14] Im Bereich der Wissenschaft sollte das Komitee nach Kulebakins Ansicht folgende Aufgaben übernehmen:

1. Erfassung aller wissenschaftlichen Kräfte, Institutionen und Gesellschaften Deutschlands.
2. Kontrolle des Fortgangs der wissenschaftlichen Tätigkeit; Kontrolle und Planung der Arbeit in deutschen wissenschaftlichen Einrichtungen und Gesellschaften sowie einzelner Wissenschaftler.
3. Organisation der Arbeit sowjetischer wissenschaftlicher Institutionen und einzelner Wissenschaftler in Deutschland.
4. Eröffnung von Stützpunkten und Zweigstellen wissenschaftlicher Institute der UdSSR in Deutschland.
5. Anleitung sowjetischer Vertreter in den SMAD-, Landes- und Provinzialverwaltungen.
6. Lösung des Problems der rationellen und effektiven Nutzung materieller Werte (Einrichtungen, Archivalien, Dokumentationen, Bücher, Kunstwerke usw.) in wissenschaftlichen Institutionen Deutschlands.[15]

Es ging Kulebakin also um eine gründliche Bestandsaufnahme zum Zweck rationeller Wissenschaftsplanung und um die Schaffung eines ausgedehnten Netzes kooperierender Einrichtungen. An der Verbringung der zahlreichen Spezialisten in die UdSSR,[16] darunter auch 17 ehemalige bzw. spätere Mitglieder der Berliner Akademie (u. a. Gustav Hertz, Hermann Klare, Max Steenbeck, Peter Adolf Thiessen und Max Volmer)[17] war er allerdings nicht unmittelbar beteiligt.

Zunächst unterstützte Shukov diesen Vorschlag Kulebakins. Doch fast gleichzeitig war in Moskau ein gänzlich anderes Papier entworfen worden, das die Obliegenheiten des Bevollmächtigten der Akademie der Wissenschaften der UdSSR in Deutschland neu definierte. Demzufolge zählten zu dessen Aufgaben nun nicht mehr so sehr die Koordinierung von Kontrolle und Kooperation als vielmehr die Fortsetzung der unmittelbaren Ausbeutung der deutschen Wissenschaft, die Bestellung und der Aufkauf von Materialien und Laboreinrichtungen.[18] Parallel dazu sollte die Aufgabe des Koordinators ostdeutscher Forschung mit dem Schwerpunkt Naturwissenschaft und Technik in die Hände einer deutschen Institution gelegt werden, welche von der sowjetischen Besatzungsbehörde kontrolliert und gelenkt würde. Anfang 1946 erarbeitete der politische Berater des SMAD-Chefs, Vladimir Semenov, entsprechende Vorschläge. Sein Projektvorschlag zur künftigen Tätigkeit einer Berliner Akademie der Wissenschaften ging zusammen mit einer Liste der zu beteiligenden

[14] Vgl. Foitzik, *Sowjetische Militäradministration in Deutschland.*

[15] AAW Moskau, 557/1/11, Bl. 3.

[16] Vgl. Albrecht/Heinemann-Grüder/Wellmann, *Die Spezialisten.*

[17] Eine Übersicht gibt Hartkopf, *Die Berliner Akademie der Wissenschaften*, S. 410.

[18] AAW Moskau, 557/1/17, Bl. 1.

deutschen Akademiker an das Moskauer Außenministerium.[19] Die deutsche Akademie der Wissenschaften sollte ihre Arbeit im Rahmen eines Plans aufnehmen, der einer Bestätigung durch die deutschen Zentralverwaltungen für Volksbildung und für Finanzen unterlag;[20] letztere erhielt die wichtigste Position im Semenov-Projekt.

Damit war die Wiedereröffnung der Akademie der Wissenschaften in Berlin in gewissem Sinne Ausdruck eines neuen Moskauer Verständnisses von Besatzungsaufgaben, das einerseits von einer etwas längeren Präsenz sowjetischer Truppen und Besatzungsbehörden, mithin von längerfristigen Möglichkeiten für unmittelbare Zugriffe auf deutsche Einrichtungen ausging, andererseits zunehmend auf die Kontrolle der deutschen Verwaltung anstelle sowjetischer Direkteingriffe umschwenkte und schließlich in seinen gesellschaftspolitischen Bezügen noch sehr offen war. Und obwohl Kulebakins Vorschlag zur Ausweitung seiner Kompetenzen im Interesse einer zentralen sowjetischen Koordinierungsstelle für Wissenschaftskooperation unter diesen geänderten Bedingungen nicht mehr aktuell schien, bot sich seinen Bedürfnissen nach einem lebhaften, kaum formalisierten Kontakt mit deutschen Wissenschaftlern und Forschungsinstitutionen auch nach dem Funktionswandel seiner Vertretung noch ausreichend Raum.

Im Januar 1946 wurde nach entsprechenden Vorstößen Kulebakins eine größere Menge wissenschaftlicher Unterlagen und anderes Vermögen der Preußischen Akademie der Wissenschaften nach Berlin zurückgebracht.[21] Um das Material vor erneuter Beschlagnahmung zu bewahren, hatte Kulebakin für zwei Lastkraftwagen mit sowjetischen Soldaten als Begleitschutz gesorgt. Durch diese Rückgabeaktion und auch durch anderweitig erwiesenes „Wohlwollen", wie sich Akademiepräsident Johannes Stroux auf der Gründungsveranstaltung der Deutschen Akademie der Wissenschaften am 1. August 1946 ausdrückte, ermöglichte die Besatzungsmacht die „Eröffnung zum jetzigen Zeitpunkt".[22] Zugleich äußerten Mitglieder der Berliner Akademie der Wissenschaften jedoch auch die Sorge, daß Maßnahmen, „die von den Alliierten getroffen werden zur Vernichtung des Kriegspotentials und zur Verhinderung einer Wiederaufrüstung", wegen der zwangsläufigen Verflechtung der Wissenschaft mit der Industrie die Forschungsmöglichkeiten zu sehr einschränken würden. Und sie gaben ihrer Hoffnung Ausdruck, daß erhalten bleibe, „was besseren Zwecken zugeführt werden könnte, wenn wir uns auch klar sind darüber, daß das, was wir alle an totalem Kriegseinsatz der Wissenschaft auf der ganzen Welt erlebt haben, zu besonderem Mißtrauen Anlaß gibt".[23]

Diese Befürchtungen waren angesichts des großen Interesses für das deutsche Wissenschaftspotential auch von seiten der Alliierten nicht unberechtigt. Und so sammelten die

[19] AWP RF, Referentura po Germanii, 30/68/134, Bl. 7.

[20] Vgl. Prikaz N 187, in: *Za antifašistskuju demokratičeskuju Germaniju*, S. 262.

[21] AAW Moskau, 557/1/29, Bl. 1–3.

[22] Vgl. Ansprache des Präsidenten Johannes Stroux bei der Eröffnung der Akademie am 1. August 1946, in: *Deutsche Akademie der Wissenschaften zu Berlin 1946–1956*, S. 20f.

[23] Vgl. Hans Kienle, Schluß der „Festrede anläßlich der Eröffnungsfeier der Akademie am 1. August 1946", in: *Deutsche Akademie der Wissenschaften 1946–1956*, S. 25.

Vertreter der Moskauer Akademie der Wissenschaften in Deutschland umfangreiche Informationen über wissenschaftliche Institutionen und ostdeutsche Betriebe mit wissenschaftlichen Abteilungen. Die Angaben zu den Inhabern und Leitern der Betriebe wurden auf Karteikarten erfaßt. Besonders gründlich wurden Daten zum Nachkriegszustand des Betriebes oder der Forschungseinrichtung festgehalten.[24] Es ist inzwischen bekannt, daß der Fünfjahresplan zur Entwicklung der sowjetischen Volkswirtschaft 1946–1950 explizit auch Kalkulationen enthielt, die auf die Ausbeutung der ostdeutschen Volkswirtschaft in der Sowjetischen Besatzungszone bezogen waren.[25] Das traf nicht nur auf Zahlungen und Lieferungen aus der Produktion zu, sondern auch auf Wissenschaftsleistungen. Als im Oktober 1946 Bilanz gezogen wurde über die Tätigkeit der Vertretung der Akademie der Wissenschaften der UdSSR in Deutschland, waren unter ihrer Leitung 18 Betriebe und Einrichtungen demontiert und als Reparationsgut abtransportiert worden: fünf Maschinenbaubetriebe, eine Orangerie, zwei Bibliotheken, ein Bücherdepot, ein Archiv, ein Observatorium und sieben Druckereien. Die Transporte hatten über 2,4 Millionen RM gekostet. Insgesamt hatte man 460 Waggons und zwölf Transportflugzeuge beladen. Etwa 700.000 RM waren für den Erwerb wissenschaftlicher Literatur der letzten Jahre ausgegeben worden. Eine Million wertvoller Bücher kamen in die Sowjetunion.[26] Die Kommission, die die Arbeit der Vertretung einschätzte, hob lobend hervor, daß letztere auch aus eigener Initiative wissenschaftlich relevante Informationen zusammengetragen und wissenschaftlich-technische Aufträge erteilt hatte, darunter Projektierungsarbeiten für zwei Orangerien sowie für Klimastationen, die Gründung einer Baumschule für wertvolle Pflanzen, für Materialsammlungen auf den Gebieten der Energetik, Botanik, angewandten Akustik und anderes. Die Vertretung hatte in Deutschland Werke der Akademie der Wissenschaften der UdSSR ediert (200 Druckseiten), 60 Arbeiten deutscher Wissenschaftler (etwa aus der Mathematik, der Chemie, der Kristallographie) abgeliefert und schließlich mit deutschen Wissenschaftlern gemeinsam gasbetriebene Fahrzeuge getestet. An deutsche Firmen waren Aufträge zur Fertigung wissenschaftlicher Geräte im Wert von 1,45 Millionen RM ergangen; insgesamt hatte die Vertretung für über 12,8 Millionen RM Aufträge umgesetzt. Obwohl man auf dieser Basis in Moskau zu einer positiven Einschätzung der Arbeit der Vertretung der AdW der UdSSR in der Sowjetischen Besatzungszone gekommen war,[27] faßte am 20. August 1946 der Ministerrat der UdSSR einen Beschluß zur Schaffung einer *Verwaltung zum Studium des wissenschaftlich-technischen Fortschritts*, gelegentlich auch als *Verwaltung zum Studium der Errungenschaften in Wissenschaft und Technik* bezeichnet, im Sinne der von Semjonov begründeten Umstrukturierung. Das Amt wurde bei der SMAD eingerichtet. In der Besatzungsbehörde sollten aus allen sowjetischen Ministerien Meldungen über Forschungsvorhaben eingehen, auf deren Grundlage die SMAD-Forschungsabteilung ihre Arbeit zu planen und deutsche Forschungsprojekte aufzubauen und anzuleiten

[24] AAW Moskau, 557/1/9, Bl. 36.

[25] Vgl. Foitzik, *Sowjetische Militäradministration in Deutschland*, S. 180.

[26] AAW Moskau, 557/1/17, Bl. 2.

[27] Ebd., Bl. 3–4.

hatte. Die Funktion der Vermittlung sowjetischer Interessen kam damit der Besatzungsbehörde zu, welche natürlich wegen ihres Charakters als Militärbehörde einfacher zu lenken war als eine Vertretung der Akademie der Wissenschaften. Es war die Zeit, als auch im sowjetischen Wissenschaftsbetrieb Disziplinierungs- und Zentralisierungstendenzen erneut durchschlugen. Im Sommer 1946 schwand in Moskau die Hoffnung auf eine gewisse Liberalisierung der gesellschaftlichen Verhältnisse, eine Hoffnung, die sich in den letzten Kriegs- und ersten Nachkriegsmonaten ausgebreitet hatte. Unter den Gelehrten und vor allem in den akademischen Leitungsgremien setzte sich der Ruf nach zentraler Planung der Forschungsarbeit und nach einem „einheitlichen System von philosophischen Vorstellungen und Überzeugungen" wieder durch, und Akademiepräsident Sergej I. Vavilov attakkierte im Juli 1946 in der Vollversammlung der Akademie der Wissenschaften der UdSSR die Skeptiker und die Kritiker des dialektischen Materialismus.[28]

Dennoch oder gerade vor diesem Hintergrund muß sich für Wissenschaftler wie Kulebakin die Zusammenarbeit mit deutschen Kollegen weiterhin als eine fruchtbare Kooperation dargestellt haben. Deutsche Wissenschaftler, die mit der sowjetischen Vertretung zu tun hatten, ließen diese wissen, daß sie die Möglichkeit der Rückkehr in den Kreis der internationalen Wissenschaftlergemeinschaft zu würdigen und zu nutzen wußten. Gleichzeitig klagten sie selbstbewußt bessere Arbeitsbedingungen bei den Besatzern ein. So stellte Professor H. Hermann vom Institut für Kristallographie als Reaktion auf das Angebot zur Zusammenarbeit mit einem Moskauer Akademieinstitut folgende Bedingungen: seine Wohnung einschließlich Bibliothek solle beheizt und zusätzlich mit Strom versorgt werden, sein Assistent müsse eine nicht zu geringe Entlohnung bekommen und sämtliche Ausgaben sollten erstattet werden. Weiter erbat er für sich und seinen Assistenten eine Lebensmittelkarte höchster Kategorie und ungehinderte Reisemöglichkeiten durch die Besatzungszonen zwecks freien Informationsaustausches.[29] Derartige Vorzugsbedingungen wurden Forschern mit interessanten Projekten in der Regel gewährt. Dies hatte nicht nur mit dem traditionellen Umgang der Sowjetmacht mit einzelnen herausragenden Vertretern der *Intelligencija* zu tun, es war auch dem Respekt geschuldet, den die sowjetischen Akademievertreter den wissenschaftlichen und wissenschaftsorganisatorischen Erfahrungen der Deutschen zollten, und der rationellen Einsicht, daß der deutsche Forschungsvorsprung am besten durch enge Kooperation zu nutzen sei. Soweit das unter den erschwerten Bedingungen der unmittelbaren Nachkriegszeit möglich war, sollten dafür möglichst günstige Arbeitsbedingungen geschaffen werden.

Noch einmal überreichten Kulebakin und seine Mannschaft Ende 1946 dem Präsidenten der Akademie der Wissenschaften der UdSSR einen Plan zur besseren Nutzung des deutschen Wissenschaftspotentials und argumentierten: „Ungeachtet dessen, daß Deutschland eine in der Weltgeschichte nie dagewesene Niederlage erlitten hat und seine wissenschaftlichen Institutionen, Labors oder Betriebe teilweise oder völlig zerstört sind, unge-

[28] Vgl. „Akte über S. I. Vavilov", S. 15.

[29] AAW Moskau, 557/1/29, Bl. 39–40.

achtet dessen, daß ein bedeutender Teil der Wissenschaftler und hochqualifizierten Fachkräfte gefallen ist, sind das verdeckte und das offene Potential vieler wissenschaftlicher und technischer Bereiche des besiegten Deutschland noch vergleichsweise bedeutend. Viele wissenschaftliche Errungenschaften, insbesondere die fortschrittlichen Charakters, stellen einen erheblichen Wert dar. Im Interesse der Entwicklung der sowjetischen Wissenschaft und Technik ist es unumgänglich, alle Maßnahmen zu ergreifen, um diese Errungenschaften möglichst vollständig und rasch in unser Land zu holen."[30] Und Kulebakin bekräftigte seine Meinung, daß es zu einem intensiveren Kontakt zwischen deutschen und sowjetischen Experten kommen solle. Sowjetische Ingenieure und Wissenschaftler müßten die Möglichkeit haben, die Forschung bis in alle Einzelheiten kennenzulernen und theoretische Arbeiten und experimentelle Untersuchungen in engem wechselseitigen Austausch mit den deutschen Wissenschaftlern gemeinsam voranbringen. Er plädierte dafür, Akademiemitglieder direkt in die Forschungsarbeiten in Deutschland einzubeziehen.[31] So sah der Plan der AdW der UdSSR für 1947 deutsch-sowjetische Wissenschaftskooperation beispielsweise auf den Gebieten der elektronischen Optik, der Leuchtstofftechnik, Kristallographie, der Physik der Sonne und der oberen Atmosphäre, der Sternenfotometrie, der angewandten Akustik, der Atomphysik, der Chemie und der Elektrochemie, der Energetik, Botanik, Geologie, der Slawistik wie auch der russischen Geschichte und der Nahrungsmittelchemie vor.[32]

Nach Kulebakins Meinung erfordere eine so umfangreiche Zusammenarbeit jedoch eine entsprechende Reorganisation der Vertretung der Akademie der Wissenschaften bzw. des Apparates ihres Bevollmächtigten. Es wurde vorgeschlagen, eine aus 60 Mitgliedern bestehende wissenschaftliche Abteilung zu gründen, welche sich mit dem Problem auseinandersetzen sollte, wie unter der Leitung von sechs bis zehn renommierten Wissenschaftlern, Akademikern, Korrespondierenden Akademiemitgliedern oder wissenschaftlichen Mitarbeitern deutsche Fachleute zu beschäftigen seien.[33] In Anlehnung an seine früheren Beanstandungen und Vorschläge empfahl Kulebakin erneut, die Vertretung der AdW der UdSSR in die Besatzungsbehörde einzugliedern, jedoch nicht als eine herkömmliche

[30] AAW Moskau, 1603/2/62, Bl. 1: „Несмотря на то, что Германия потерпела небывалое в мировой истории поражение, что многие ее научные учреждения лаборатории, заводы, частично или полностью разрушены, что значительная часть немецких ученых и высококвалифицированных специалистов погибла, скрытый и явно выраженный потенциал по многим областям науки и техники в побежденной Германии еще находится на сравнительно высоком уровне. Многие достижения в них, в особенности носящие прогрессивный характер, представляют определенную ценность, и в интересах развития советской науки и техники необходимо принять все меры возможно полному и быстрому переносу зтих достижений в нашу страну."

[31] Ebd., Bl. 10.

[32] Ebd., Bl. 6–9.

[33] AAW Moskau, 557/1/21, Bl. 8.

Rückkehr der im Krieg ausgelagerten Bibliothek aus den Salzbergwerken von Schönebeck und Bernburg

Struktureinheit.[34] „Die sich anbahnende breitere Tätigkeit der Vertretung der AdW der UdSSR bei der SMAD reicht über die Kompetenzen einer Verwaltung der SMAD, auch der ‚Verwaltung zum Studium der Errungenschaften der deutschen Wissenschaft und Technik' weit hinaus. In Anbetracht der Tatsache, daß die Zusammenarbeit der Vertretung der AdW der UdSSR ihrem Charakter und Umfang nach mit nahezu allen Verwaltungen der SMAD sehr eng sein muß, meine ich, die Vertretung der AdW der UdSSR sollte als eine einheitliche Organisation bei der SMAD in unmittelbarem Unterstellungsverhältnis zu deren Oberstem Chef stehen."[35]

[34] Die Vertretung der AdW der UdSSR organisierte die Arbeit in Deutschland grundsätzlich nach den Anweisungen aus Moskau. Der Mitarbeiter der Volksbildungsabteilung der SMAD, Pjotr P. Nikitin, weist in seinen Erinnerungen auf wissenschaftliche Kontakte „im eigentlichen Sinne des Wortes" hin und auf Kontakte, die sog. „spezifischen Charakter" hatten. Die letzteren lagen außerhalb des Kompetenzbereiches der SMAD-Volksbildungsabteilung. In seinen Erinnerungen widmet Nikitin ein ganzes Kapitel dem Entstehungsprozeß der Berliner Akademie, und es ist bemerkenswert, daß dabei Kulebakin, der sich vorwiegend mit den „spezifischen" Kontakten befaßte, gar nicht erwähnt wird. Diese Kontakte wurden in der SMAD streng geheimgehalten. Vgl. Nikitin, *Zwischen Dogma und gesundem Menschenverstand*, S. 143f.

[35] AAW Moskau, 557/1/11, Bl. 13. – „Намечающаяся более широкая деятельность Представительства АН СССР при СВАГ выходит далеко за пределы компетенции какого-либо одного из Управлений СВАГ, в частности вновь организуемого Управления по изучению

Der Vorschlag Kulebakins widersprach dem Zeitgeist und den Vorstellungen der Moskauer Führung sowohl hinsichtlich seiner Rolle als Bevollmächtigter der AdW als auch im Hinblick auf seine wissenschaftliche Tätigkeit. Er traf also auf wenig Sympathie, und bald wurde Kulebakin aus Berlin abberufen. Sein Nachfolger wurde das Korrespondierende Mitglied der Akademie Andrej G. Kostikov.[36] In einer Anordnung des Akademie-Präsidiums, die auf einen sowjetischen Ministerratsbeschluß vom 24. März 1947 zurückging, wurden nun die Aufgaben des Bevollmächtigten klar umrissen. In seine Zuständigkeit fielen das Erteilen von Material- und Literaturbestellungen an wissenschaftliche Einrichtungen, die Kontrolle über die Ausführung der Aufträge und die Entgegennahme der Ergebnisse sowie die weitere Erfassung von in Deutschland vorhandener Fachliteratur und von Archivbeständen.[37] Der Bevollmächtigte war sowohl dem Präsidium der Akademie der Wissenschaften der UdSSR als auch dem Obersten Chef der SMAD rechenschaftspflichtig. Ausführliche Berichte waren im Monatsrhythmus fällig, was den Apparat stark beschäftigte und Kräfte band.[38]

Der neue Bevollmächtigte erfüllte seine Aufgaben. Kostikov genoß, ebenso wie Kulebakin, als Wissenschaftler Anerkennung und war wie dieser auf dem Gebiet der angewandten Industrieforschung zu Hause. Bezeichnenderweise war der neue Bevollmächtigte ein ausgesprochener Militärtechniker. Der Erfinder des Geschoßwerfers *Katjuscha* hatte im Jahr 1940 das Patent für mobile Multisprengladung-Salvenraketen mit reaktiven Geschossen erhalten. Bereits 1939 für Verdienste um die Heimat mit dem Rotbanner-Orden ausgezeichnet, erhielt Kostikov 1941 den Leninorden und den Titel „Held der Arbeit" und 1942 den Orden „Banner der Arbeit". 1944 wurde das Korrespondierende Mitglied der AdW der UdSSR verhaftet, weil er eine Aufgabe des Staatlichen Verteidigungskomitees nicht rechtzeitig erfüllt hatte. Kostikov verließ das Gefängnis als gebrochener Mensch, und vermutlich erwarteten seine Vorgesetzten 1947 deshalb von ihm weniger Widerspenstigkeit, als Kulebakin sie an den Tag gelegt hatte. Ein Beispiel für die mit Kostikovs Hilfe durchgesetzte Infiltration sowjetischen Ideenguts in die deutsche Wissenschaft findet sich in einem Projekt, das die Dokumentierung der Geschichte wissenschaftlicher Beziehungen zwischen der deutschen und der russischen bzw. sowjetischen Akademie der Wissenschaften seit Peter dem Großen zum Inhalt hatte. Kostikov wurde beauftragt, das von Kulebakin auf den Weg

достижений германской науки и техники. Учитывая, что по своему характеру и объему работа Представительства АН СССР должна быть тесно связана со всеми Управлениями СВАГ, считаю, что Представительство АН СССР должно быть единой организацей при СВАГ, находящейся в непосредственном подчинении ее Главноначальствующего."

[36] Andrej G. Kostikov (1899–1950), Mathematiker, spezialisierte sich in Mechanik, Korrespondierendes Mitglied der AdW der UdSSR (1943), 1945–1949 Leiter des Büros der theoretischen und experimentellen Forschung auf dem Gebiet der neuen Technik am „Forschungsinstitut 24", 1947–1950 wissenschaftlicher Mitarbeiter des Instituts für Energetik der AdW der UdSSR, 1947–1948 Bevollmächtigter Vertreter der AdW der UdSSR in Deutschland.

[37] AAW Moskau, 2/1/1947/5, Bl. 3.

[38] Ebd.

gebrachte Projekt neuen politischen Zwecken entsprechend zurechtzurücken, wobei insbesondere die historischen Wurzeln der gemeinschaftlichen wissenschaftlichen Arbeit noch stärker herausgestellt werden sollten.[39]

Ende 1947 machte sich in der ostdeutsch-sowjetischen Wissenschaftskooperation immer mehr Bürokratie breit. Dem Bevollmächtigten der Akademie wurde untersagt, allein auf eine Bedarfsmeldung der Akademie in Moskau hin eigenständig Aufträge an deutsche Einrichtungen zu erteilen. Auch die Akademie der Wissenschaften sollte ihren Bedarf nun über das sowjetische Außenhandelsministerium anmelden. Die Aufgaben des Bevollmächtigten reduzierten sich nun auf das Erfassen der deutschen Angebote. Der ohnehin nie komplette Mitarbeiterstab (1947 waren nur 50 Prozent der Stellen besetzt) wurde nicht ergänzt. Gleichwohl war der Umfang der erfaßten und zum Abtransport in die UdSSR vorbereiteten Geräte und Materialien auch 1947 noch erheblich: Von April bis November 1947 vermittelte der Bevollmächtigte Transaktionen im Wert von über 14 Millionen RM.

Im Frühjahr 1948 wurde auch Kostikov aus Berlin abberufen und vom Leiter der Botanischen Gruppe der Vertretung der AdW der UdSSR in Deutschland Nikolaj N. Sheleznjov ersetzt. Der Apparat des Bevollmächtigten wurde auf zehn Personen reduziert, nur sieben von ihnen arbeiteten ständig in Deutschland.[40] Im August 1949 stellte die Vertretung der AdW ihre Arbeit in Deutschland ein.

Zahlreiche Fragen zur Umfunktionierung der Vertretung der Akademie der Wissenschaften der UdSSR in Deutschland bleiben noch offen. Ungeklärt ist die Interessenabstimmung zwischen den verschiedenen sowjetischen Institutionen in Moskau, in das die Moskauer AdW als zentrale Forschungsleitstelle einbezogen war und dessen Ergebnisse die Vertretung in Berlin in ihrer Arbeit berücksichtigen mußte. Die bislang zugänglichen Unterlagen enthalten hierzu keine Aussagen. Andererseits machen die breit angelegten Demontage-Aktionen deutlich, daß in den Augen der Besatzungsmacht der Zweck der Wiedergutmachung und des Aufbaus einer modernen Rüstungsindustrie in der Sowjetunion nahezu alle Mittel zu heiligen schien und daß wenig Mühe auf die Erarbeitung wirklich (auch im Interesse des Neuaufbaus in der Sowjetunion) effektiver Methoden in der Zusammenarbeit mit ostdeutschen Wissenschaftlern verwendet wurde.

[39] AAW Moskau, 2/252, Bl. 2–3.

[40] AAW Moskau, 1708/1/5, Bl. 30.

Literatur

Albrecht, Ulrich/Andreas Heinemann-Grüder/Arend Wellmann: *Die Spezialisten*. Deutsche Naturwissenschaftler und Techniker in der Sowjetunion nach 1945, Berlin 1992.

Deutsche Akademie der Wissenschaften zu Berlin 1946–1956, Berlin 1956.

Foitzik, Jan: *Sowjetische Militäradministration in Deutschland (SMAD) 1945–1949*. Struktur und Funktion, Berlin 1999.

Hartkopf, Werner: *Die Berliner Akademie der Wissenschaften*. Ihre Mitglieder und Preisträger 1700–1990, Berlin 1992.

„Iz protokola plenarnogo zasedanija Akademii Nauk v Berline o nalashivanii sovmestnoj raboty s Akademiej Nauk SSSR", in: *Russko-germanskie naučnye svjazy meždu Akademiej Nauk SSSR i Akademiej Nauk GDR 1700–1974*. Sbornik dokumentov pod redakcii akademika P. N. Pospelova (SSSR) i akademika G. Scheelja (GDR), Moskva 1975.

Karlsch, Reiner: *Allein bezahlt?* Die Reparationsleistungen der SBZ/DDR 1945–1953, Berlin 1993.

Nikitin, Pjotr I.: *Zwischen Dogma und gesundem Menschenverstand*. Wie ich die Universitäten der deutschen Besatzungszone „sowjetisierte". Erinnerungen des Sektorleiters Hochschulen und Wissenschaft der Sowjetischen Militäradministration in Deutschland, Berlin 1997.

Obščee sobranie AN SSSR 1–4 ijulja 1946. Doklady na obščem sobranii AN SSSR, Moskva – Leningrad 1947.

Timofeeva, Natalja: *Nemeckaja intelligencija i politika reform*. Sistema obrasovanija v Vostočnoj Germanii 1945–1949, Voronesh 1996.

Za antifašistskuju demokratičeskuju Germaniju. Sbornik dokumentov, Moskva 1968.

Peter Nötzoldt

Die Deutsche Akademie der Wissenschaften zu Berlin in Gesellschaft und Politik

Gelehrtengesellschaft und Großorganisation außeruniversitärer Forschung 1946–1972[1]

Die Akademie – die nach Kriegsende noch *Preußische Akademie der Wissenschaften* hieß, sich dann im Dezember 1945 den Namen *Akademie der Wissenschaften zu Berlin* gab und schließlich im Juli 1946 in *Deutsche Akademie der Wissenschaften zu Berlin* umbenannt wurde – veränderte sich in dem hier betrachteten Zeitraum von weniger als einem Vierteljahrhundert grundlegend. Fünf neue Satzungen wurden verabschiedet, immerhin genauso viele wie in den 200 Jahren zuvor.

Die Periode ist gekennzeichnet durch eine generelle Verwissenschaftlichung – die schon früher eingesetzt hatte – mit gravierendem Einfluß auf alle gesellschaftlichen Lebens- und Handlungsbereiche. Als Konsequenz aus dieser Entwicklung läßt sich umgekehrt eine gleichzeitige Vergesellschaftung der Wissenschaft konstatieren. Wissenschaft ist also kein Wirken im Elfenbeinturm (was sie wohl auch nie war). Vom Staat finanzierte Wissenschaft ist eine gesellschaftliche Veranstaltung wie beispielsweise Politik oder Kultur. Ständig müssen die Rahmenbedingungen neu ausgehandelt werden – und das möglichst langfristig. Dafür sind für die Wissenschaft die wissenschaftsfördernden Institutionen und für die Gesellschaft insgesamt die Politiker zuständig. Daß dies kein einseitiger Prozeß ist, verdeutlichen die zur Disposition stehenden Ressourcen – sie sind nach Mitchell Ash „nicht nur finanzieller Art; sie können kognitiv-konzeptioneller, apparativ-institutioneller oder auch

[1] Ursprünglich sollte sich dieser Beitrag mit der Geschichte der Akademie bis zum Beginn der Akademiereform 1968 beschäftigen. Die Reform selbst und die Zeit bis 1990 wollte Conrad Grau behandeln. In seinem Redebeitrag auf dem Kolloquium hatte er angekündigt: „Die Behandlung der inneren Entwicklung beider Struktureinheiten, also der Gemeinschaft der Akademiemitglieder und des Forschungsverbundes, nach 1968 muß ich mir für die Langfassung meines Betrages vorbehalten." Sein Tod im Mai 2000 ließ es dazu nicht kommen. Für meinen Beitrag hatte dies mindestens zwei Konsequenzen: *Erstens* wird der Aufsatz nun ein längeren Zeitraum behandeln, da zumindest die Akademiereform nicht ausgespart bleiben konnte. *Zweitens* mußten jene Punkte gründlicher ausgeführt und belegt werden, in denen der Dissens zu Graus Redebeitrag unübersehbar ist. Das betrifft vor allem seine These, daß erst nach den Entscheidungen seit 1968 – und nicht bereits systematisch seit 1946 – eine Akademie entstanden war, die als Gesamtinstitution nicht mehr mit anderen deutschen Akademien kompatibel war. Vgl. den Beitrag von Conrad Grau in diesem Band.

rhetorischer Art sein". Deshalb können Wissenschaftler genausogut Ressourcen aus der politischen Sphäre für ihre Zwecke mobilisieren, wie Politiker die Wissenschaftler und deren Ressourcen für ihre Zwecke zu benutzen versuchen.[2] Politische Einflüsse und die gesellschaftlichen Grundstimmungen sind für die Wissenschaftsentwicklung nicht unerheblich. Für den Untersuchungszeitraum seien hier nur die Stichworte *Politisierung* und *Ökonomisierung* der Wissenschaft sowie eine fast grenzenlose Technikeuphorie genannt.

Von diesen Voraussetzungen ausgehend soll der Frage nachgegangen werden, welche Rolle die Akademie und vor allem ihr Kernstück, die Gelehrtengesellschaft, in diesem Prozeß spielte. Es ist zu fragen, welche Funktionen erfüllte sie ursprünglich, welche gewann sie hinzu, welche gab sie ab und welche wurden ihr genommen. Zu erläutern sind dabei sowohl die Ursachen und Hintergründe für die Veränderungen als auch der Anteil der jeweiligen Akteure.

Die Gelehrtengesellschaft blieb zwar klein und elitär,[3] aber sie wandelte sich in ihrer Zusammensetzung: Die Parität zwischen Geisteswissenschaften und Naturwissenschaften bei den Mitgliedern wurde aufgegeben. Angewandte Wissenschaften wie Technik, Medizin, Landwirtschaft etc., die bisher wenig erfolgreich an die Pforte der Akademie geklopft hatten, erhielten seit 1949 verstärkt Einlaß. Zunächst langsam, Ende der 1960er Jahre aber signifikant, gewannen Wissenschaftler Einfluß, deren Biographien vorrangig vom Leben in der DDR geprägt waren.

Gleichzeitig stieg die Akademie vom *Kleinbetrieb* wissenschaftlicher Produktion zu einer *Großorganisation* der Forschung auf. Wirkten 1946 lediglich 91 Wissenschaftler an der Akademie, so waren es1972 bereits 3.787. Berücksichtigt man alle Mitarbeiter, so stieg die Zahl von 131 auf 13.568, also um mehr als das Hundertfache.[4]

Ebenso radikal waren die Veränderungen in Gesellschaft und Politik, mit denen die Akademie konfrontiert war. Nach 1945 hing das Überleben der Akademie zunächst vom Wohlwollen aller vier Besatzungsmächte ab. Als diese ihren Etat auf Null setzten, bemühte sie sich um einen Platz unter den Fittichen der sowjetischen Besatzungsmacht. Sie erhielt dort eine privilegierte, aber auch exponierte Stellung. Immerhin sollte sie „in das höchste wissenschaftliche Zentrum Deutschlands" umgestaltet werden.[5] Der 1949 gegründeten DDR paßte eine Deutsche Akademie der Wissenschaften als gesamtdeutsche Klammer hervorragend in das von ihr propagierte deutschlandpolitische Konzept, das den Einheitsgedanken zumindest rhetorisch bemühte. Zwei Jahrzehnte später hatte sich die Situation grundle-

[2] Vgl. Ash, „Kurt Gottschaldt", S. 337f.

[3] Stellenzahl für Ordentliche Mitglieder ohne Emeriti: 76 Stellen für OM 1945, 120 ab 1949 und 90 ab 1963.

[4] Angaben für 1946 aus: *Deutsche Akademie der Wissenschaften 1946–1956*, S. 58; für 1972 aus: *Jahresbericht 1989 der AdW der DDR*, Teil 2: Statistischer Jahresbericht, S. 3.

[5] Verordnung über die Erhaltung und Entwicklung der deutschen Wissenschaft und Kultur, weitere Verbesserung der Lage der Intelligenz und Steigerung ihrer Rolle in der Produktion und im öffentlichen Leben. Vorlage zur Vollsitzung der Deutschen Wirtschaftskommission für die sowjetische Besatzungszone am 30./31. März 1949.

gend geändert. Die Akademie galt Ende der sechziger Jahre als fester Bestandteil eines *eigenständigen sozialistischen Staates deutscher Nation*, als der sich die DDR nun sah.

Die Akademie war aber nicht nur in der ostdeutschen Gesellschaft verankert und für die dortigen Politiker interessant. Als *gesamtdeutsche Institution* mit einer langen Tradition geriet die Akademie in den fünfziger und sechziger Jahren in die Auseinandersetzungen des Kalten Krieges. Nicht selten war sie Spielball der Politiker diesseits und jenseits des Eisernen Vorhangs. 1951 lebte etwa die Hälfte aller Ordentlichen Mitglieder in Westdeutschland und in West-Berlin, 1968 noch immerhin etwa 15 Prozent. Danach wurden sie durch eine Satzungsänderung völlig ausgegrenzt. Zeitweise gehörten nahezu alle Präsidenten der bundesdeutschen Wissenschaftsakademien und der *Max-Planck-Gesellschaft* (MPG) zugleich auch als stimmberechtigte Ordentliche Mitglieder der Berliner Akademie an. In den Führungsgremien von Forschungsinstituten der Akademie konnte man Wissenschaftler aus Heidelberg oder München finden. Die deutschen Wissenschaftsakademien aus Ost und West unterhielten zudem nach wie vor gemeinsame Forschungsunternehmungen.

1. Die gesamtdeutsche Nationalakademie 1946–1950

Das Bestreben zur Neuorientierung der Akademie nach Kriegsende kam aus der Gelehrtengesellschaft, die ohne Unterbrechung weiterarbeitete, aber zugleich um ihre Wiederzulassung kämpfen mußte. Dabei griffen ihre Vertreter auf bereits vorhandene Vorstellungen zurück. Sowohl der nationale Führungsanspruch der Berliner Akademie als auch die Notwendigkeit der Erweiterung ihres Forschungspotentials waren vor 1945 mehrfach thematisiert worden: Adolf von Harnack hatte bereits 1912 ein Verschmelzen von *Kaiser-Wilhelm-Gesellschaft* (KWG) und *Preußischer Akademie der Wissenschaften* (PAW) unter Führung der Akademie als Ziel postuliert. In einer Denkschrift von 1929 erhob die Akademie Anspruch auf die Kompetenzen der *Notgemeinschaft der Deutschen Wissenschaft*; ein Jahr später forderte sie die Gründung eigener Akademieinstitute. 1940 unterstützte die Akademie ebenso wie die anderen deutschen Wissenschaftsakademien das Projekt einer *Reichsakademie der deutschen Wissenschaft* – zumindest solange, wie damit die Bildung einer *KWG der Geisteswissenschaften* möglich erschien.[6]

Im Chaos der Nachkriegszeit bot sich die Chance, eine Neuorientierung durchzusetzen. Neben der Notwendigkeit zur Übernahme von Verantwortung ergab sich plötzlich für einige in Berlin gebliebene aktive Mitglieder der Gelehrtengesellschaft die Möglichkeit, von ihnen nicht gewollte Entwicklungen in der deutschen Wissenschaftsorganisation der letzten Jahrzehnte zu revidieren und die Stellung der Akademie aufzuwerten, insbesondere bisher andernorts verwaltete Kompetenzen an sich zu ziehen.[7]

[6] Vgl. Nötzoldt, „Strategien".

[7] Hans Kienle, „Festrede anläßlich der Eröffnungsfeier der Akademie am 1. August 1946", in: *Deutsche Akademie der Wissenschaften 1946–1956*, S. 25–29.

Möglich war dies, weil die gewaltige personelle und institutionelle wissenschaftliche Verlagerung aus Berlin vor Kriegsende zu einem Bruch im gewachsenen Disziplinen- und Institutionengefüge geführt hatte. Am Ende des Zweiten Weltkrieges war Berlins wissenschaftliche Infrastruktur weitgehend zerstört. Etwa 75 Prozent der Akademiemitglieder, darunter nahezu alle Naturwissenschaftler, zu denen immerhin sechs Nobelpreisträger gehörten, hatten die Stadt verlassen.[8]

Die in Berlin anwesenden Mitglieder der Gelehrtengesellschaft erkannten sehr schnell, daß das Überleben und eine Funktionserweiterung ihrer Institution am ehesten mit Hilfe der *Sowjetischen Militäradministration in Deutschland* (SMAD) gesichert werden konnte. Bei ihr suchten und fanden sie Unterstützung – nicht selten gegen Interessen der deutschen Administration. Dies war zunächst der Berliner Magistrat und ab 1946 die für die Sowjetische Besatzungszone und Ost-Berlin zuständige *Deutsche Zentralverwaltung für Volksbildung* (DZVV) unter ihrem Präsidenten Paul Wandel, einem aus dem sowjetischen Exil zurückgekehrten KPD-Funktionär.

Die Neukonstituierung der alten Akademie als *Deutsche Akademie der Wissenschaften zu Berlin* im Sommer 1946 ist hierfür ein Beispiel. Die Wissenschaftsabteilung der DZVV, in der Naturwissenschaftler dominierten, favorisierte eine Wiederbelebung des bekannten Wissenschaftssystems. Vor allem die Restbestände der *Kaiser-Wilhelm-Institute* (KWI) sollten aktiviert und unter Kontrolle gebracht werden. Die Aufgaben der 1920 gegründeten *Notgemeinschaft*, seit 1929 *Deutschen Forschungsgemeinschaft* (DFG), konnte die Administration – unterstützt von einer Art *Forschungsrat* – selbst übernehmen.[9]

Das hätte eine erneute Marginalisierung der Akademie bedeutet, was aber keineswegs im Interesse der in Berlin anwesenden Akademiemitglieder lag. Nachdem sie sich von einigen durch ihre nationalsozialistische Vergangenheit belasteten Mitgliedern getrennt und das Wort *Preußische* aus ihrem Namen gestrichen hatte, beantragte sie im Dezember 1945 auf Rat eines Abgesandten der sowjetischen Akademie der Wissenschaften[10] die direkte Unterstellung unter die SMAD. Damit machte sich die Gelehrtengesellschaft selbst zum Verhandlungspartner der sowjetischen Besatzungsmacht. Zwar kam es aus rechtlichen Gründen nicht zu dieser Unterstellung, aber die Akademie, insbesondere deren Präsident – von 1945 bis 1951 war dies der Altphilologe Johannes Stroux – hatte seither direkten Zu-

[8] Der PAW gehörten im Sommer 1945 noch 69 Ordentliche Mitglieder an. Sie wirkten in zwei entsprechend den Statuten etwa gleich starken Klassen. Die Mathematisch-naturwissenschaftliche Klasse zählte 36 und die Philosophisch-historische Klasse 33 Mitglieder. Hauptwirkungsstätten waren für fast alle die Friedrich-Wilhelms-Universität zu Berlin und die Berliner Kaiser-Wilhelm-Institute gewesen. In den Monaten nach der Kapitulation bis Ende 1945 beteiligten sich durchschnittlich elf Mitglieder an den immerhin 19 Sitzungen des Akademieplenums, wobei 73 Prozent aller Stimmen auf die Philosophisch-historische Klasse entfielen.

[9] Dieses Modell war 1936/37 eingeführt worden, als das REM de facto die Geschäfte der DFG übernahm und dann für den naturwissenschaftlich-technischen Bereich den *Reichsforschungsrat* kreierte. Vgl. Fischer/Hohlfeld/Nötzoldt, „Berliner Akademie", S. 553ff., sowie ausführlich Hammerstein, *Deutsche Forschungsgemeinschaft*, S. 193ff.

[10] Vgl. den Beitrag von Natalja P. Timofeeva in diesem Band.

gang zu den wichtigsten Repräsentanten der SMAD.[11] Bei einer solchen Konstellation nutzte es den Naturwissenschaftlern in der DZVV auch wenig, daß sie Anfang 1946 den Plan einer Übernahme der KWG aufgaben und sich mit der nach Göttingen verlagerten KWG-Führung zu arrangieren suchten.[12] Die sowjetische Seite setzte konsequent auf die Berliner Akademie als alleiniges Wissenschaftlerforum mit wissenschaftlicher Kompetenz. Sie sah ohnehin aus ihrer wissenschaftsorganisatorischen Perspektive in einer Akademie das *natürliche* Zentrum des wissenschaftlichen Lebens und überdies eine Institution, die Gelehrtengesellschaft und Forschungsinstitute verband. Wenige Tage nach der Amtseinführung Otto Hahns am 1. April 1946 als Präsident der KWG in Göttingen wurde der Ausbau der Berliner Akademie beschlossen.

Die als *Deutsche Akademie der Wissenschaften zu Berlin* wiedereröffnete Akademie entsprach also den Wünschen der in Berlin verbliebenen Mitglieder der Gelehrtengesellschaft und den sowjetischen Vorstellungen von einer Akademie der Wissenschaften zugleich.

Sie war als deutsche Nationalakademie mit eigenen Forschungsinstituten konzipiert. Die herausgehobene Stellung ihrer Akademie unter den deutschen Wissenschaftsakademien gehörte ohnehin seit Jahrzehnten zum Selbstverständnis der Gelehrtengesellschaft. Sie konnte nun geradezu als „Verpflichtung" gesehen werden, „die der Akademie daraus erwächst, daß sie das verwaiste Erbe aus dem Zusammenbruch all der Einrichtungen antritt, die einst in Berlin ihren Sitz hatten, und daß sie darüber hinaus klar die große Chance erkannt hat, die ihr gerade in diesem Zeitpunkt durch die Besinnung auf ihre historische Aufgabe gegeben wird".[13]

Die Frage nach eigenen Institutionen war komplizierter und verweist auf das Grunddilemma der gewählten Akademiekonstruktion. Alle Konzepte seit Ende des 19. Jahrhunderts hatten vorgesehen, einer durch Wahlverfahren konstituierten und ergänzten Gelehrtengesellschaft Forschungsinstitute zu ihrer Disposition beizugeben. So wollte es die Akademie, und so verfuhr sie auch in den ersten Nachkriegsjahren. Disziplinen, deren Vertreter nicht in Berlin anwesend waren, etwa die *exakten* Naturwissenschaften bzw. solche, die bisher ausgegrenzt worden waren, wie die angewandte Forschung, fanden so zunächst keine wirkliche Heimstätte in der Akademie. Bestenfalls wurden solche Institute angegliedert.

Dieses Problem erkannten die Akademiker und die Politiker sehr bald: Wollte die Akademie wirklich den nationalen Vertretungsanspruch als „höchste wissenschaftliche Einrichtung"[14] für sich behaupten, so würde sich die Gelehrtengesellschaft weitaus mehr verändern müssen, als ursprünglich angenommen. Vor allen Dingen mußte sie sich erweitern und öffnen – eine Anregung, die 1912 von Adolf von Harnack formuliert, aber nie umge-

[11] Vgl. Nötzoldt, *Steinitz und die Akademie*, S. 27ff., sowie Pjotr I. Nikitin, *Zwischen Dogma und gesundem Menschenverstand*, S. 33 und 125ff.

[12] Vgl. Nötzoldt, „Wissenschaft in Berlin", S. 27ff.

[13] Hans Kienle, Festrede anläßlich der Eröffnungsfeier der Akademie am 1. August 1946, in: *Deutsche Akademie der Wissenschaften 1946–1956*, S. 27.

[14] Ebd.

setzt worden war: „Die Akademie, will sie in lebendiger Fühlung mit der neuen Stellung der Wissenschaft bleiben und die Führerrolle behaupten, muss sich erweitern. [...] Sie muß auch die angewandten Wissenschaften kommandieren" und schließlich einen Weg finden, „Nicht-Gelehrten [...] Einfluß zu gestatten".[15] Als die Akademieführung 1948 in diesem Zusammenhang von den Politikern zu einer Entscheidung gedrängt wurde, überwogen die Stimmen für eine Öffnung der Gelehrtengesellschaft.[16] Erneut wurden die Bedingungen mit der SMAD ausgehandelt. Das Ergebnis ist in der *Kulturverordnung* von 1949 festgehalten. Die Politiker versprachen alle materiellen Voraussetzungen, um die Akademie „in das höchste wissenschaftliche Zentrum Deutschlands um[zu]gestalten". Dazu gehörten privilegierte Arbeits- und Lebensbedingungen, um wichtige Wissenschaftler entweder im Osten zu halten oder aus dem Westen zur Mitarbeit zu gewinnen.[17] Die Akademie akzeptierte eine Erhöhung der Mitgliederstellen von 76 auf 120 und den Verzicht auf die bisher übliche Parität zwischen den Natur- und den Geisteswissenschaften. Die zwei alten Klassen – Mathematisch-naturwissenschaftliche und Philosopisch-historische Klasse – wurden durch sechs neue Klassen ersetzt:

Klasse für Mathematik und allgemeine Naturwissenschaften
Klasse für medizinische Wissenschaften
Klasse für landwirtschaftliche Wissenschaften
Klasse für technische Wissenschaften
Klasse für Sprachen, Literatur und Kunst
Klasse für Gesellschaftswissenschaften.

Zum Prüfstein für die Akzeptanz der Umgestaltung der Institution mit nationalem Anspruch sollte das 250jährige Akademiejubiläum 1950 gemacht werden. Zu einer Akademie mit Mitgliedern in nahezu allen Regionen Deutschlands war sie allerdings nur durch die kriegsbedingte Verlagerung der Wohn- und Arbeitsstätten vieler Gelehrter seit 1943 geworden. Die Besatzungsverhältnisse in Deutschland und insbesondere in der Hauptstadt hatten daran auch nach 1945 wenig geändert.[18] Doch bot die Akademie nun bereits beachtliche Forschungsmöglichkeiten in 20 Instituten, sieben Forschungs- bzw. Arbeitsstellen sowie in 16 Unternehmungen und Kommissionen. Die Akademiebibliothek wurde groß-

[15] Adolf von Harnack an Hermann Diels vom 28. Oktober 1912 („vertraulich und sekret"), abgedruckt in: Kocka, *Königlich Preußische Akademie*, S. 460–463.

[16] AAW, Protokolle der Sitzungen des Präsidiums 1946–1950, P 2/1, Bl. 35–38: Aktennotiz über die Aussprache des Präsidiums der Akademie mit dem Präsidenten der Deutschen Verwaltung für Volksbildung am 12. März 1948.

[17] Vgl. dazu: Verordnung über die Erhaltung und Entwicklung der deutschen Wissenschaft und Kultur, weitere Verbesserung der Lage der Intelligenz und Steigerung ihrer Rolle in der Produktion und im öffentlichen Leben. Vorlage zur Vollsitzung der Deutschen Wirtschaftskommission für die sowjetische Besatzungszone am 30./31. März 1949.

[18] Zwischen 1945 und 1950 kehrten acht OM nach Berlin zurück und elf verließen die Stadt in Richtung Westdeutschland. Von den zwischen 1946 und 1949 zugewählten 53 OM wohnten und arbeiteten nur drei in den Westzonen – das entspricht 7,5 Prozent. Vgl. Nötzoldt, *Steinitz und die Akademie*, S. 41, 47 und 57.

250-Jahrfeier der Akademie, Juli 1950
Redner: Eilhard Alfred Mitscherlich; sitzend v. l. n. r.: NN, Josef Naas, Johannes Stroux

zügig gefördert; ein neugegründeter Akademieverlag und die Redaktionen zweier angesehener Zeitschriften, die *Deutsche Literaturzeitung* und *Forschungen und Fortschritte*, boten gute Publikationsmöglichkeiten. Ende 1949 beschäftigte die Akademie 621 Mitarbeiter, darunter 311 Wissenschaftler. Für das Jahr 1950 standen 12.357.000 Mark an Haushaltsmitteln zur Verfügung, was gegenüber 1946 einer Steigerung auf das knapp 14fache entsprach. In den ersten fünf Jahren nach ihrer Wiedereröffnung konnte die Akademie zusätzlich 14.299.000 Mark für Investitionen ausgeben.[19]

Dieses neue Leistungsprofil der Akademie sollte anläßlich des Akademiejubiläums demonstriert werden. Für nicht wenige Mitglieder war es allerdings durch eine zu große Politisierung der Akademie erkauft worden. Wohin dies führen konnte, hatten unter anderem die von der SED durchgesetzten Repressionen an der Berliner Universität gezeigt, die ganz wesentlich zur Spaltung der Universität und zur Gründung der Freien Universität beitrugen.[20] Wie weit das Anbiedern an die neuen Herrscher auch an der Akademie bereits ging, schien ein lobpreisendes Telegramm an Stalin zu dessen 70. Geburtstag zu beweisen, das Akademiepräsident Stroux ohne Absprache mit dem Präsidium und dem Plenum der Aka-

[19] Vgl. hierzu Hans Wittbrodt, „Wichtige Daten zur Entwicklung der Deutschen Akademie der Wissenschaften zu Berlin in den Jahren 1946–1956", in: *Deutsche Akademie der Wissenschaften 1946–1956*, S. 55–65.

[20] Vgl. hierzu Tent, *Freie Universität*.

Vortrag von Hermann Grapow im Berliner Glühlampen-Werk anläßlich des 250jährigen Akademiejubiläums, Juli 1950

demie abgeschickt hatte.[21] Die Gelehrtengesellschaft war gespalten und ihr Präsident in der Kritik. Stroux bot im März 1950 seinen Rücktritt an, verblieb aber auf Wunsch der Sekretare „wegen des Akademiejubiläums" und der dann ohnehin ablaufenden Wahlperiode im Amt.[22] Vier Akademiemitglieder traten unmittelbar vor dem Jubiläum demonstrativ aus der Akademie aus, „damit niemand glaube [sie] billigten Vorkommnisse und Entwicklungen, die einem freien Geist nicht anstehen"[23] würden. Nur drei der 31 im Westen lebenden Ordentlichen Mitglieder kamen zu den Feierlichkeiten nach Berlin.

Die eingeladenen westdeutschen Institutionen – die Schwesterakademien, die Universitäten und die Max-Planck-Gesellschaft boykottierten das Akademiejubiläum sogar vollständig, weil sie nicht „zu Statisten für eine östliche Propaganda werden" wollten[24] und

[21] AAW, Bestand Akademieleitung, Nr. 449, Bl. 7, Bl. 21.

[22] SBB, NL Hartung, 61, 1: Erklärung des Vizepräsidenten Hans Stille vom 5. April 1950 für die westdeutschen Akademien des ehemaligen Kartells und die in Westdeutschland wohnenden Ordentlichen Mitglieder und Korrespondierenden Mitglieder bestimmt.

[23] Am 30. Juni 1950 gaben Friedrich Meinecke, Wolfgang Heubner, Walther Löhlein und Richard Thurnwald, die mehr oder minder mit der neugegründeten Freien Universität verbunden waren, ihren Austritt bekannt. MPGA, I A 9/1 3-49: Abschrift des Briefes vom 30. Juni 1950 mit Datum vom 3. Dezember 1950.

[24] Vgl. AAW Heidelberg, Nr. 611/6: Kurt Latte, Präsident der Göttinger AdW, an Wolfgang Kunkel, Präsident der Heidelberger AdW, vom 12. Februar 1950.

wohl auch, weil die Bundesregierung sie dazu aufforderte.[25] Insbesondere die westdeutschen Akademien beobachteten zwar den „prestigeträchtigen Ausbau" der Berliner Akademie sehr sorgfältig – wenn kein Geld fließe, würde man auf den „Rang von Provinzialinstituten herabsinken", schrieben sie 1950 an das Bundeskanzleramt[26] –, aber sie diagnostizierten zugleich auch eine große Politiknähe bei einigen ihrer Repräsentanten. Letzteres galt insbesondere für den Berliner Präsidenten, wobei Kurt Latte, selbst Präsident der Göttinger Akademie und Korrespondierendes Mitglied der DAW seit 1947, einschränkte: „Es muß zugegeben werden, daß es nicht ganz leicht ist, die Grenze zwischen dem nur Notwendigen und Unumgänglichen und darüber hinausgehender freiwilliger Leistung zu ziehen."[27]

Der Anspruch auf eine gesamtdeutsche Repräsentanz der Berliner Akademie wurde somit durch das Verhalten von einer beträchtlichen Anzahl der Akademiemitglieder und auch der westdeutschen Wissenschaftsorganisationen während des Akademiejubiläums zurückgewiesen. Zumindest herrschte nun endgültig Klarheit darüber, daß unter den gegebenen politischen Verhältnissen das Vorhaben einer gesamtdeutschen Nationalakademie ohne Zukunft war. Sie war wohl nur ein Wunschtraum der in Ostdeutschland gebliebenen Wissenschaftler und der sowjetischen Besatzungsmacht gewesen; wenn auch aus sehr unterschiedlichen Gründen. Das Vorhaben mußte scheitern: *Erstens* hatten die Politiker in Ost und West im aufkommenden Kalten Krieg schon längst die Weichen auf Abgrenzung gestellt. Auf beiden Seiten wurden gesamtdeutsche Ambitionen nur dann toleriert, wenn sie ins jeweils eigene Konzept paßten. *Zweitens* war dieses Akademiekonzept mit den Vorstellungen der sich in Westdeutschland um den Wiederaufbau der außeruniversitären Forschungsorganisation mühenden Wissenschaftler nicht kompatibel. Die damit betrauten

[25] Vgl. AAW Mainz, 1/06/200: Fritz Neubert an Helmuth Scheel vom 4. April 1950. Obwohl sich die westdeutschen Akademien noch drei Wochen vor dem Jubiläum schließlich einig waren, doch nach Berlin zu reisen, da es „mit Berufung auf die Gefahr einer Absage unsererseits den Herren in Berlin gelungen ist, das Programm durchaus so zu gestalten, daß, von dem Tage, an dem der Präsident der Deutschen Demokratischen Republik an den Feierlichkeiten teilnimmt, abgesehen, irgendwelche Demonstrationen nicht möglich sind", erschien keiner der Präsidenten. Noch kurz vor dem Jubiläum hatten die Akademien vom Bundesminister für gesamtdeutsche Angelegenheiten Jacob Kaiser ein Schreiben erhalten, in dem sich dieser „gegen jede offizielle Beteiligung der Akademien an dem Berliner Jubiläum" aussprach. Vgl. AAW Heidelberg, Nr. 611/6: Briefwechsel zwischen Kurt Latte und Wolfgang Kunkel zwischen dem 28. Januar und dem 25. Juni 1950. Auch die MPG sagte noch kurzfristig ab. Ihr Präsident Otto Hahn schrieb am 29. Juni 1950 an die DAW: „Aus dem Programm ist zu entnehmen, daß die Feier nicht ganz ohne politische Einflußnahme erfolgen wird. Da nun die Max-Planck-Gesellschaft sich prinzipiell von jeder politischen Betätigung oder Beeinflussung fernhalten muss, sieht sie sich nicht in der Lage, den ursprünglich als ihren Vertreter in Aussicht genommenen Professor Dr. Max von Laue zu den Feierlichkeiten nach Berlin zu entsenden." (MPGA, III./50/2344, Bl. 7–8.) Hierzu ausführlicher Nötzoldt, *Steinitz und die Akademie*, S. 53.

[26] Die Denkschrift an die kulturpolitische Abteilung des Bundeskanzleramtes war Ergebnis der zweiten Beratung der Arbeitsgemeinschaft der Akademien in Göttingen, Heidelberg und München (gegründet am 19. Dezember 1949) am 11. September 1950. Vgl. den Entwurf in: AAW Heidelberg, Nr. 611/6; vgl. auch Wennemuth, *Wissenschaftsorganisation*, S. 516f.

[27] Vgl. AAW Heidelberg, Nr. 611/6: Kurt Latte an Wolfgang Kunkel vom 12. Februar 1950.

Wissenschaftler setzten auf die Restauration des sich bis 1933 herangebildeten Systems, an dessen Entstehen sie zum Teil selbst beteiligt gewesen waren.[28] Sie lehnten daher die zentrale Stellung einer Akademie ab und betrachteten das Konzept der Deutschen Akademie der Wissenschaften in Berlin lediglich als eine durch die Kriegsfolgen bedingte Notlösung für Ostdeutschland.

2. Die zentrale und „höchste wissenschaftliche" Körperschaft der DDR 1950–1957

Die „zentrale und höchste wissenschaftliche Körperschaft unserer Republik"[29] – wie die Akademie nun in der DDR unter weitgehendem Verzicht auf eine gesamtdeutsche Ausrichtung genannt wurde – sollte unter dem neuen Akademiepräsidenten Walter Friedrich (1951–1955) stärker gesellschaftlichen, politischen und wirtschaftlichen Vorgaben unterworfen werden. Den Akademiegründer Gottfried Wilhelm Leibniz bemühend, sah DDR-Präsident Wilhelm Pieck in der Akademie „eine Quelle des Wohlstandes" für die DDR[30] und Paul Wandel assistierte, daß dazu ein enges Bündnis von Staat und moderner Wissenschaft notwendig sei[31]. Die Quelle Akademie sprudelte allerdings weder schnell genug, noch ließ sie sich planmäßig lenken. Das veranlaßte einen inzwischen neu hinzugekommenen Konkurrenten, das *Zentralamt für Forschung und Technik* (ZFT) bei der *Staatlichen Plankommission*,[32] zu heftigen Attacken gegen die Akademie. Hauptziel des ZFT war die Abspaltung von Instituten aus der Akademie, Hauptmittel die Blockade von Investitionsmitteln. Als Haupthemmnis für eine schnellere Entwicklung hatte das ZFT die Gelehrtengesellschaft ausgemacht, die sowohl personell als auch in den Methoden ihrer Arbeit nicht auf der Höhe der Zeit stehe.[33] Daß die Kritik des ZFT nicht völlig unberechtigt war, zeigte die Situation der meisten naturwissenschaftlichen Disziplinen. Zur Akademie gehörten z. B. sechs physikalische Institute und Laboratorien. Aber in den Gremien, die für diese Einrichtungen entschieden, den Klassen der Gelehrtengesellschaft, fühlte sich die Physik wenig vertreten. Nur einer der Direktoren, Rudolf Seeliger, war Akademiemitglied,

[28] Vgl. hierzu Osietzki, *Wissenschaftsorganisation*.

[29] Heinrich Roloff, „Aufgaben und Ziele", in: *Nacht-Express* vom 10. Juli 1950.

[30] Wilhelm Pieck, „Ansprache des Präsidenten der DDR zum Akademiejubiläum 1950", in: *Jb. der DAW 1950–1951*, S. 58.

[31] Siehe Paul Wandel in seiner Ansprache als Minister für Volksbildung und damaligen Dienstherren der DAW zum Akademiejubiläum 1950, in: *Jb. der DAW 1950–1951*, S. 58.

[32] Das ZFT war 1951 aus der *Hauptverwaltung für Technik und Wissenschaft* der 1947 gegründeten *Deutschen Wirtschaftskommission* (DWK) gebildet worden. Aus der DWK war bereits 1949 das *Ministerium für Planung* und daraus schließlich 1951 die *Staatliche Plankommission der DDR* hervorgegangen.

[33] SAPMO, ZPA, IV 2/9.04/372, Bl. 5–8: Werner Lange, Stellungnahme des Zentralamtes für Forschung und Technik zur Akademiefrage vom 19. März 1951.

nahm aber aufgrund seines hohen Alters kaum an den Sitzungen der Klasse teil.[34] Folgerichtig versuchten die physikalischen Einrichtungen, ihre zusätzlich benötigten Ressourcen direkt beim ZFT einzuwerben.[35]

Daß die Situation für die Akademie ernst war, zeigte die Gründung der Bauakademie im Dezember 1950 sowie die der Landwirtschaftsakademie im Januar 1951 – vor allem letztere entstand trotz heftigstem Protest der Gelehrtengesellschaft.[36] Selbst Akademiedirektor Josef Naas, der in der Akademie die Richtlinien der SED durchzusetzen versuchte, war über die Zuspitzung der Situation beunruhigt[37]: Um zu verhindern, daß künftig wissenschaftspolitische Entscheidungen an der Akademie vorbei und sogar über sie getroffen werden, beantragte die Akademieführung, daß die Akademie nach sowjetischem Vorbild direkt dem Ministerrat unterstellt werde.[38] Ab Juli 1951 war mit der direkten Unterstellung unter die *Krone* das scheinbar größte Maß an Sicherheit erreicht – der Akademiepräsident stand protokollarisch im Rang eines Ministers. Die Akademie schied aus der Finanzhoheit des

[34] Zwar schmückten die Namen berühmter Physiker – Max von Laue, Erwin Schrödinger, Peter Debye, Ludwig Prandtl, Werner Heisenberg – die Mitgliederliste der DAW, jedoch waren sie nicht in Berlin anwesend. Sie wurden in der Akademie nicht aktiv, blockierten aber die entsprechenden Fachstellen. Die Physik wurde in den ersten Nachkriegsjahren vom Astrophysiker Hans Kienle (OM 1946) und vom Physikochemiker Karl-Friedrich Bonhoeffer (OM 1947) mit vertreten. Bonhoeffer wechselte bereits 1948 nach Göttingen, Kienle 1950 nach Heidelberg. Erst 1949 kamen mit Friedrich Hund und Rudolf Seeliger zwei Physiker in die Akademie. Sie nahmen jedoch am Akademieleben kaum teil. Hund ging 1951 nach Frankfurt/Main. Walter Friedrich (medizinische Physik) und Hans Ertel (Geophysik) – beide ebenfalls 1949 zu Mitgliedern gewählt – beschäftigten sich vor allen Dingen mit ihren Fachgebieten. Die große Gruppe der Direktoren physikalischer Institute der Akademie (Gustav Leithäuser, Friedrich Möglich, Robert Rompe, Ernst Lau, Otto Hachenberg, Ostap Stasiw) galt damals offensichtlich als noch nicht akademiewürdig und wurde nahezu vollständig ausgegrenzt.

[35] Der Anteil der nicht durch den Akademiehaushalt finanzierten Forschung betrug ca. 20 %. Die *staatlichen Forschungsaufträge* des ZFT konnten bei naturwissenschaftlichen Instituten bis zu 50 % der Mittel ausmachen.

[36] Vgl. Josef Naas, „Bericht über die Arbeit der Akademie in den Jahren 1950–1951“, in: *Jb. der DAW 1950–1951*, S. 73.

[37] Naas stellte 1951 fest: „Die Politik unserer Partei wurde stets von der Linie bestimmt, die Akademie der Wissenschaften zum Zentrum der staatlichen Forschungsarbeit zu machen und dementsprechend die Akademie zu fördern und zu unterstützen und ihren Mitgliedern und Mitarbeitern gegenüber besonders sorgsam zu verfahren (Abwanderung zu verhindern). Das ist die Linie unserer Politik, die es möglich machte, in den wenigen Jahren seit 1945 eine bedeutsame und leistungsfähige Forschungsstelle zu entwickeln. Diese Politik wird noch keineswegs genügend verstanden; das Unverständnis beginnt im Apparat unseres ZK, setzt sich in den staatlichen Verwaltungen, Ministerien usw. fort. Die Akademie muß einen täglichen Kampf gegen eine sektiererische Auffassung hinsichtlich der vorher erwähnten Linie der Politik unserer Partei führen.“ Josef Naas, Bericht über die Deutsche Akademie der Wissenschaften zu Berlin für das ZK der SED im Mai 1951. Vgl. SAPMO, ZPA, IV 2/9.04/372.

[38] SAPMO, ZPA, NL 182/932, NL Ulbricht: Naas, Briefe an Pieck, Ulbricht und Grotewohl vom 1. November 1950.

Volksbildungsministeriums aus und erhielt einen eigenen Haushalt.[39] Im Machtkampf mit dem Zentralamt entschied Ministerpräsident Otto Grotewohl Ende 1951: Die Akademie bleibt die „höchste wissenschaftliche Institution“, die sich aber in die „Planungsgrundlagen des Staates eingliedern muß“. Die Zahl ihrer Institute sollte „unangetastet“ bleiben und bei Meinungsverschiedenheiten zwischen Akademie und ZFT künftig „der Ministerrat entscheiden“.[40]

Für diese Zusicherungen hatte die Gelehrtengesellschaft nicht nur verstärkte Abhängigkeiten, wie z. B. die ungeliebte Planungshoheit des ZFT, akzeptieren müssen, sondern bereits im Vorfeld verschiedene Maßnahmen zur Effektivierung ihrer Tätigkeit beschlossen:

Erstens wurde das Präsidiums gestärkt und zu einem Arbeitsgremium ausgebaut, indem ihm die bisher im Plenum behandelten Geschäfte übertragen wurden. Allerdings besaßen sowohl der Präsident wie auch jede Klasse das Recht, im Einzelfall auf dem bisherigen Verfahren zu bestehen.

Zweitens erhielt der Direktor größere Befugnisse. Er konnte die Unternehmungen der Akademie (Institute, Laboratorien, Kommissionen, Verwaltung u. a.) unter seiner Leitung zusammenfassen. Das hatte freilich in praxi nur für solche Unternehmungen Konsequenzen, an deren Spitze kein Akademiemitglied stand.

Drittens kam es durch die Einführung von Sektionen de facto zu einer Erweiterung der Klassen. Als Arbeitsorgane der Klassen sollten diese die wissenschaftlichen Arbeiten für die einzelnen Fachgebiete sowohl an der Akademie als auch an den Hochschulen und Universitäten koordinieren. Die Klassen konnten in die Sektionen neben Akademiemitgliedern auch namhafte Fachvertreter aus den Universitäten und aus der Industrie sowie Vertreter der staatlichen Institutionen berufen.[41]

Die Gelehrtengesellschaft mußte aber bald weitere Konzessionen machen. Nachdem Stalin 1952 der Festigung der DDR den Vorrang vor anderen deutschlandpolitischen Konzeptionen eingeräumt hatte,[42] wurde auch die Akademie sehr schnell endgültig zum inte-

[39] Der Ministerrat bestätigte am 12. Juli 1951 diesen Antrag. Vgl. Josef Naas, „Bericht über die Arbeit der Akademie in den Jahren 1950–1951“, in: *Jb. der DAW 1951–1952*, S. 72. Ulbricht persönlich hatte festgelegt, die Akademie direkt der Regierung zu unterstellen. Ulbricht informierte die für die Akademie eigentlich zuständigen Staats- und Parteifunktionäre Wandel, Oelßner und Hager am 22. Februar 1951 lediglich über seine Entscheidung und beauftragte sie, die notwendigen Partei- und Regierungsbeschlüsse vorzubereiten. Vgl. SAPMO, ZPA, IV 2/9.04/372.

[40] Otto Grotewohl, Protokoll einer Besprechung mit der Akademiespitze und Vertretern des ZFT am 28. November 1952, in: Manfred Heinemann, Quellenzusammenstellung für die Konferenz Hochschul- und Wissenschaftspolitik der SMAD in Gosen 1992, Bl. 206, und AAW Berlin, Bestand Akademieleitung, Nr. 665, Bl. 26–27: Grotewohl an den Präsidenten der Akademie vom 30. November 1951.

[41] Sektionen gab es an der Akademie ab 1951. Ihre Arbeit wurde offiziell im Statut von 1954 geregelt. Vgl. Hans Wittbrodt, „Bericht“, in: *Jb. der DAW 1954*, S. 51. Bis 1965 wurden insgesamt 39 Sektionen gegründet, die teilweise wieder Unterkommissionen bildeten. Die 1953 gegründete Sektion Physik verfügte z. B. über zwölf Unterkommissionen.

[42] Sichtbarer Ausdruck hierfür waren die Beschlüsse der II. Parteikonferenz der SED vom 9. bis 12. Juli1952, die offiziell den *planmäßigen Aufbau des Sozialismus* in der DDR proklamierte.

gralen Bestandteil der SED-Politik. Die bisher mehrfach von der Akademie genutzte *Schutzfunktion* der sowjetischen Besatzungsmacht, also zuletzt der *Sowjetischen Kontrollkommission*, entfiel. Die SED verfügte ab 1952 zudem mit der Abteilung Wissenschaft des ZK unter Kurt Hager[43] über einen Apparat, der der Führung „des ideologischen Kampfes an der Akademie“ sofort große Aufmerksamkeit widmete.[44]

Ab Herbst 1952 wurde über die Beteiligung „der Akademie am Aufbau des Sozialismus“ und eine dazu erforderliche Reorganisation der Akademie verhandelt – in der Gelehrtengesellschaft,[45] innerhalb der SED-Führung[46] und schließlich zwischen der Akademieführung und der Staatsführung; letztere war allerdings entsprechend den Herrschaftsverhältnissen in der DDR nahezu identisch mit der SED-Führung.[47]

Die Gelehrtengesellschaft erzielte laut Protokoll „grundsätzliche Übereinstimmung darüber, dass die Akademie die Beteiligung am Aufbau des Sozialismus fest in die eigenen

[43] Nach 1945 gehörten verschiedene Gebiete der Wissenschaft zunächst zu den ZK-Abteilungen *Werbung und Schulung* sowie *Kultur und Erziehung*. Verantwortlich waren Anton Ackermann und Otto Meier. Von 1949 bis 1955 lag die Zuständigkeit für Wissenschaft und Propaganda bei Fred Oelßner. 1950 kam es unter seiner Regie zur Bildung der Abteilung *Kultur* mit dem Sektor *Wissenschaft und Hochschulen*, und Ende 1952 entstand die eigenständige Abteilung *Wissenschaften und Hochschulen* (ab 1957 Abteilung *Wissenschaften*) unter Leitung von Kurt Hager. Hager war vorher bei Oelßner Leiter der Abteilung *Parteischulung/Parteipropaganda* gewesen. Nach der Ablösung von Oelßner übernahm er 1955 dessen Zuständigkeit für Wissenschaft als Sekretär des ZK und nach der Ablösung von Wandel als ZK-Sekretär für Kultur und Erziehung (1953–1957) – bis zu seiner eigenen Ablösung 1989 – auch dessen Zuständigkeitsbereiche.

[44] Über Ziele und Vorgehen vgl. SAPMO, ZPA, IV 2/9.04/377, Bl. 2: Aktenvermerk von Siegfried Langhans über die Besprechung am 28. Mai 1952.

[45] Vgl. AAW Berlin, P 1/2, S. 78: Sitzung des Plenums am 13. November 1952 und Sondersitzung der Akademie zu *Fragen der Beteiligung der Wissenschaft am Aufbau des Sozialismus in der DDR* am 22. und 23. Januar 1953 und Protokoll der Sondersitzung, in: ebd., Handbibliothek.

[46] Am 9. Oktober 1952 berief das Sekretariat des Politbüros der SED eine Kommission, die die Reorganisation der Akademie und die Zuwahl neuer Mitglieder vorbereiten sollte. Den Vorsitz hatte Paul Wandel. Weitere Mitglieder waren Kurt Hager, Werner Lange (ZFT), Ernst Lange (Zentrale Kommission für staatliche Kontrolle) und das Akademiemitglied Wolfgang Steinitz. Nach einer ZK-Sitzung am 13. November 1952 beschloß das Politbüro des ZK der SED schließlich im Januar 1953 *Maßnahmen zur Verbesserung der Arbeit der Deutschen Akademie der Wissenschaften*. Vgl. SAPMO, ZPA J IV 2/3/330: Protokoll der Sitzung des Politbüros der SED vom 9. Oktober 1952; SAPMO, ZPA, J IV 2/3 A/323: Arbeitsprotokoll des Sekretariats des ZK der SED, Nr. 211; SAPMO, ZPA, J IV 2/2/258, Bl. 7, 75–78 (auch in IV 2/9.04/372, Bl. 37–48): Protokoll der Sitzung des Politbüros der SED vom 20. Januar 1953; SAPMO, ZPA, IV 2/9.04/372: Beschluß des Politbüros über Maßnahmen zur Verbesserung der Arbeit der Deutschen Akademie der Wissenschaften vom Januar 1953.

[47] Am 26. November 1951 kam es auf Wunsch der Akademieleitung zu einer Aussprache mit Wilhelm Pieck. Pieck hatte Ulbricht, Wandel, Oelßner und Hager sowie den Vorsitzenden der Staatlichen Plankommission, Bruno Leuschner, und den Leiter des ZFT, Werner Lange, hinzugezogen. Die Akademie war durch ihren Präsidenten Walter Friedrich (OM 1947), den Vizepräsidenten Hans Ertel (OM 1949), den Sekretar Karl Lohmann (OM 1949) und die Ordentlichen Mitglieder Erich Thilo (OM 1949), Hans Stubbe (OM 1949) und Wolfgang Steinitz (OM 1951) sowie den Akademiedirektor Josef Naas vertreten. SAPMO, ZPA, IV 2/9.04/369: Stenografisches Protokoll, 68 S.

Hände nehmen und die Aufgaben so wählen soll, daß einige vor der DDR stehende Hauptaufgaben durch die Wissenschaft und insbesondere durch die Akademie erledigt werden. [...] Es bestand bei den Mitgliedern Klarheit darüber, daß die in dieser Weise eingeleiteten Maßnahmen einen tiefen Wandel im Leben der Akademie bedeuten werden."[48]

Die Politik machte die herausgehobene Position der Akademie und die weitere Steigerung der Zuflusses an Ressourcen von einer deutlichen Verbreiterung des Forschungsprofils und von der Aufnahme entsprechender Wissenschaftler in die Gelehrtengesellschaft abhängig. Neben bisher wenig vertretenen Disziplinen, wie die Chemie oder die Physik, betraf dies vor allem die angewandte Forschung. Erstmals wieder nach der NS-Zeit spielte nicht nur die fachliche, sondern auch die politische Zusammensetzung der 30 Kandidaten eine wichtige Rolle. Nach der Wahl vom Februar 1953, in der 28 Kandidaten die erforderliche Stimmenzahl erreichten, stieg der Anteil der SED-Mitglieder unter den am Akademieleben teilnehmenden Ordentlichen Mitgliedern von 10 auf 23 Prozent.[49] Während die Geistes- und Sozialwissenschaften – die *Gesellschaftswissenschaften* (wie man in der DDR kategorisierte) – mit 20 Mitgliedern in der Gelehrtengesellschaft vertreten waren, hatten die Natur- und Technikwissenschaftler mit 46 Mitgliedern ein deutliches Übergewicht erreicht. Immerhin 26 von ihnen zählten zu den in den deutschen Akademien bisher kaum vertretenen technischen Wissenschaften und technisch orientierten Naturwissenschaften.[50] Es war also ein deutlicher erster Bruch in der Akademieentwicklung erreicht.

Nachdem die Position der Akademie bestimmt schien und erste Veränderungen eingeleitet waren, konnte die Akademie ihre Beratungen über eine neue Satzung wieder aufnehmen.[51] In ihr sollten die seit dem Statut vom Herbst 1946 eingeleiteten Veränderungen berücksichtigt werden. Zum Studium der Arbeit der sowjetischen Akademie hatte allerdings vorher eine Akademiedelegation nach Moskau zu reisen. Dies geschah im September 1953 mit einem auch für spätere Besuche und Gegenbesuche sehr charakteristischen Ergebnis: Die deutschen Wissenschaftler waren begeistert von der Machtfülle der sowjetischen Akademie und erhielten ansonsten wenig konkrete Einblicke. Die sowjetischen Wissenschaftler, z. B. der sowjetische Akademiepräsident A. N. Nesmejanov warnten eher vor kritiklo-

[48] AAW Berlin, P 1/2, S. 78: Protokoll der Sitzung des Plenums vom 13. November 1952.

[49] Vgl. AAW Berlin, P 1/2 und zum SED-Anteil an den Ordentlichen Mitgliedern: Nötzoldt, *Steinitz und die Akademie*, S. 98.

[50] Berücksichtigt wurden hier von den insgesamt 107 OM nur jene 66, die *im allgemeinen regelmäßig* an den Akademieveranstaltungen teilnahmen. SAPMO, ZPA, IV 2/9.04/372, Bl. 2: Bericht über die Tätigkeit der Akademie im letzten Jahre von Anfang 1954.

[51] Am 3. September 1953 setzte das Plenum eine *Statutenkommission* ein, der neben sechs neuen Mitgliedern (Binder, Frings, Wittbrodt, Bertsch, Dobberstein und Steinitz) noch neun Mitglieder der alten Kommission vom Sommer 1950 angehörten (Friedrich, Stroux, Ertel, Noack, Lohmann, Baumgarten, Hartung, Schmidt und Stubbe). Nicht wieder berufen wurden Brugsch, Franck, Grapow, Kegel, Mitscherlich, Rörig, Thilo, der als Direktor abgelöste Naas und der 1952 auf Druck seiner Westberliner Dienststelle ausgetretene Nordmann. Vgl. Hans Wittbrodt, „Bericht", in: *Jb. der DAW 1952–1953*, S. 84.

sem Kopieren und stärkten das Nationalbewußtsein der „deutschen Wissenschaftler, die eine große Tradition und einen hohen Wissensstand vertreten".[52]

Neben den Reiseerfahrungen dürften jedoch vor allem die politischen Ereignisse im Zusammenhang mit dem 17. Juni 1953 dazu beigetragen haben, daß die im Statut fixierten Veränderungen deutlich hinter der im Politbürobeschluß der SED geforderten Reorganisation zurückblieben. Auf die sogenannten *bürgerlichen* Wissenschaftler – die noch als unverzichtbar galten[53] – habe die SED „seit einem Jahr einen zu starken Druck ausgeübt", mahnte Akademiemitglied Wolfgang Steinitz im Sommer 1953: „Das Resultat ist, dass die schöpferische Initiative breiter wissenschaftlicher und künstlerischer Kreise erlahmt."[54]

Angesichts dieser Tatsachen und wegen der zeitweiligen Ratlosigkeit in der Machtzentrale der SED,[55] verlagerte sich das Geschehen wieder mehr in die Akademie. Allerdings hatte auch dort die Staatspartei bereits zwei ganz wesentliche Bastionen verstärkt, weil ihr Einfluß bisher schwach war: „Durch eine jahrelange negative Entwicklung bzw. Stagnation des Parteilebens trat der Fall ein, daß die Genossen nicht als Mitglieder der Partei auftraten bzw. aufzutreten wagten und den in großer Zahl vorhandenen bürgerlichen Mitarbeitern das Feld überließen."[56] Bereits im Frühjahr 1953 waren deshalb sowohl der Akademiedirektor als auch der Parteisekretär der Akademiezentrale abgelöst worden. Neuer wissenschaftlicher Direktor der Akademie wurde mit dem Physiker und Techniker Hans Wittbrodt jener Mann aus dem *Zentralamt für Forschung und Technik*, der am vehementesten für die Einbindung der Akademie in das zentrale Planungssystem und für den bevorzugten Ausbau des naturwissenschaftlich-technischen Forschungspotentials gestritten hatte. Gleichzeitig wurde der Akademie „ein ständiger, freigestellter Parteiorganisator des ZK mit dem Recht eines Instrukteurs" zugeteilt.[57] Dieser berief eine aus SED-Mitgliedern bestehende Fachkommission ein, die neben politischen Fragen „auch konkrete fachliche, wissenschaftsorganisatorische und kaderpolitische Probleme, die mit der Entwicklung von

[52] Vgl. hierzu Reiseberichte von Friedrich und Wittbrodt sowie die Ausführungen von Steinitz im Juni 1955 vor dem ZK der SED über sein Gespräch mit A. N. Nesmejanov bei dessen Besuch der DAW 1954, abgedruckt in Nötzoldt, *Steinitz und die Akademie*, S. 302–308.

[53] Kurt Hager, der im ZK der SED für die Akademie zuständig war, setzte darauf, daß „die Hauptform der Veränderung der Akademie-Zusammensetzung [...] die Gewinnung von Akademie-Mitgliedern und -Mitarbeitern für die Partei sein [müsse – P. N.], da z. Zt. nur wenige Gen. Wissenschaftler für eine Wahl in die Akademie in Frage kommen." SAPMO, ZPA, IV 2/9.04/377, Bl. 19: Kurt Hager, Festlegungsprotokoll der Kontaktsitzung mit den Genossen der DAW am 13. November 1953.

[54] AAW Berlin, NL Steinitz, Nr. 71: Wolfgang Steinitz, Brief an die SED-Führung vom 20. Juli 1953.

[55] Bezeichnend für die zeitweilige Ratlosigkeit der SED-Führung nach den Ereignissen vom 17. Juni ist eine Äußerung des ZK-Mitgliedes Otto Buchwitz: „Was ist denn mit der höchsten Instanz unserer Partei hier los? Wir sitzen da, als hätten wir uns in die Hosen gemacht." SAPMO, ZPA, IV 2/1/117, Bl. 39: Stenographische Niederschrift der 14. Tagung des ZK der SED am 21. Juni 1953.

[56] SAPMO, ZPA, IV 2/9.04/372, Bl. 85: Bericht über die Tätigkeit der Akademie im letzten Jahre, Anfang 1954.

[57] Vgl. den Beitrag von Manfred Naumann in diesem Band. Vgl. SAPMO, ZPA, J IV 2/2/258, Bl. 74: Beschluß des Politbüros der SED vom 20. Januar 1953 (Zitat).

Instituten und Wissenschaftszweigen zusammenhingen, beriet".[58] Es sollte allerdings bis 1969 dauern, ehe diese zentrale Parteieinrichtung an der Akademie als SED-Kreisleitung endgültig zum wirklichen Machtzentrum in der Akademie wurde. Aber bereits 1954 war der Einfluß der SED auf die Akademie so groß, daß die neue Satzung dem Plenum erst zur Beschlußfassung vorgelegt wurde, nachdem Kurt Hager den siebenten (!) Entwurf gebilligt hatte.[59] Das wiederum entsprach genau jenem Politbürobeschluß vom Januar 1953, wonach die Abteilung Wissenschaften des ZK die „systematische Anleitung und Kontrolle der Akademie sicherzustellen"[60] hatte.

Die neue Satzung von 1954 schrieb die bisher vollzogene Entwicklung der Akademie fest. So wurde die Zweigleisigkeit der Einrichtung – „eine Gemeinschaft hervorragender Gelehrter und Träger bedeutender Forschungsunternehmen" zu sein – erstmals im Statut verankert. Das Statut garantierte die besondere Stellung der Akademie als „höchste wissenschaftliche Institution", die eine „besondere Fürsorge des Volkes und des Staates" genießt. Bestand hatte die 1951 vollzogene Abtrennung der laufenden Geschäfte vom Plenum. Dem Plenum der Ordentlichen Mitglieder – einschließlich der westdeutschen – blieben zumindest laut Satzung weiterhin die Entscheidungen in allen grundsätzlichen Angelegenheiten vorbehalten.[61] Wessen *höchste wissenschaftliche Institution* die Akademie sein soll, sagte das Statut nicht. Von der DDR sprach es nicht. Die Tätigkeit der Akademie müsse der geistigen und materiellen Entwicklung *Deutschlands* dienen.[62] Um der bereits erwähnten Funktion der Klassen als Steuerungsinstrumente der Forschung inner- und außerhalb der Akademie gerecht werden zu können, ging die Verantwortung für die Forschungseinrichtungen vom Direktor wieder auf die Klassen über. Die Klassen mit ihren Sektionen avancierten damit zum Hoffnungsträger und zum Kernstück der zentralen wissenschaftlichen Körperschaft der DDR.

Allerdings standen diese Erwartungen in krassem Widerspruch zur aktuellen Beurteilung der Situation in den Klassen. In einer internen Einschätzung hieß es, daß die wissenschaftlichen Vorträge zu speziell, teils auch zu uninteressant seien, so daß ein großer Teil der Mitglieder sich deutlich sichtbar langweile bzw. hinauslaufe. Oft würden nur organisatorische Fragen besprochen. Die Zusammenarbeit zwischen Klassen und Instituten sei, außer bei den Sprachwissenschaften, völlig ungenügend. Von einer Anleitung der Sektionen

[58] Vgl. Naumann, „Parteiauftrag", S. 25f.

[59] Am 28. April 1954 fand eine Vorbesprechung zwischen Hager, Wittbrodt, Steinitz und anderen SED-Mitgliedern statt. Vgl. AAW Berlin, NL Steinitz, Nr. 72. Der Entwurf wurde am 29. April 1954 dem Plenum der DAW vorgelegt und nach der zweiten Lesung am 15. Mai 1954 von den Mitgliedern angenommen. Das neue Statut trat nach der Bestätigung durch die Regierung am 17. Juni 1954 in Kraft. Vgl. *GBl. der DDR*, Nr. 62, 1954, S. 609ff.; abgedruckt auch in: *Jb. der DAW 1955*, S. 409–419.

[60] SAPMO, ZPA, J IV 2/2/258, Bl. 75: Protokoll der Sitzung des Politbüros der SED vom 20. Januar 1953.

[61] Vgl. Statut von 1954, § 7, abgedruckt in: Hartkopf/Wangermann, *Dokumente*, S. 159.

[62] Vgl. Statut von 1954, § 3, ebd.

durch die Klassen könne keine Rede sein.[63] Eine Verbesserung der Situation schien auf zwei Wegen möglich: *Erstens* durch eine deutliche Verbreiterung der schmalen wissenschaftlichen Basis in den Klassen und ihren Sektionen: 67 *mitarbeitenden* Mitgliedern in Berlin ständen „über 400 Mitglieder in der Sowjetunion gegenüber“, wurde von der Akademie argumentiert.[64] *Zweitens* durch eine Neustrukturierung der Klassen und deren verstärkte Feinstrukturierung nach Fachgebieten auf der Basis der Sektionen. 1954 erfolgte die Umbildung der Klassen; dabei wurde die Technik wieder mit den Naturwissenschaften verknüpft:

Klasse für Mathematik, Physik und Technik
Klasse für Chemie, Geologie und Biologie
Klasse für Medizin
Klasse für Sprachen, Literatur und Kunst
Klasse für Philosophie, Geschichte, Staats-, Rechts- und Wirtschaftswissenschaften.[65]

Ein sichtbarer Erfolg stellte sich trotz der vollzogenen Veränderungen weder im gewünschten Umfang noch schnell genug ein – und das, obwohl ständig neue Maßnahmen von der Akademie und den staatlichen Instanzen beschlossen wurden.[66] Die zentrale Ressourcensteuerung über die Gelehrtengesellschaft der Akademie und ihre Klassen erwies sich als zu schwierig. Das System wurde immer komplexer und die Wünsche der Politik stiegen beständig. Gleichzeitig blieb die Gelehrtengesellschaft ein auf Lebzeiten gewählter, und damit wenig flexibler Zusammenschluß von oftmals sehr eigenwilligen Wissenschaftlerpersönlichkeiten. Das Zuwahlpotential blieb sehr schmal, denn nach einem Schub von 30 neuen Mitgliedern 1955 kamen in den nächsten fünf Jahren nur 15 weitere hinzu. In der Gelehrtengesellschaft und in den Steuerungsgremien der Forschung – den Klassen und den Sektionen – wirkten die Mitglieder ehrenamtlich. Ein professionelles Forschungsmanage-

[63] Vgl. SAPMO, ZPA, IV 2/9.04/365, Bl. 21–22: Hans Wittbrodt, Entwurf über die Weiterentwicklung der Deutschen Akademie der Wissenschaften zu Berlin, am 16. November 1953 an Kurt Hager geschickt.

[64] Ende 1953 gab die Akademie den Mitgliederbestand mit 107 OM an: davon 67 „mitarbeitende“ (57 aus der DDR und Ost-Berlin, 10 aus West-Berlin) und 40 die „so gut wie gar keine Verbindung“ zur Akademie haben (aus der BRD und dem Ausland). Die Zahl der mitarbeitenden OM war allerdings wesentlich geringer, da einige West-Berliner gar nicht und nicht wenige aus der DDR selten am Akademieleben teilnahmen. In den elf Sektionen und Arbeitskreisen mit insgesamt 230 Mitgliedern wirkten 42 OM mit. Ebd., Bl. 13ff.

[65] Die Klasse für landwirtschaftliche Wissenschaften war mit der Gründung der *Deutschen Akademie für Landwirtschaftswissenschaften* am 11. Januar 1951 aufgelöst worden. Die 1953 vorgesehene Klasse für Geologie, Bergbau und Metallurgie wurde nicht gebildet. Erst 1957 gründete die Akademie eine neue Klasse für Bergbau, Hüttenwesen und Montangeologie angesichts der drohenden Bildung einer Akademie für Montanwissenschaften in Freiberg.

[66] So beschloß die Akademie 1954 im Rahmen der neuen Satzung weitere Strukturänderungen. 1955 folgten Beschlüsse des Politbüros der SED (12. März) und des Ministerrates der DDR (18. Mai) zur weiteren Entwicklung und Verbesserung der Arbeit der Deutschen Akademie der Wissenschaften zu Berlin. Abgedruckt in: Hartkopf/Wangermann, *Dokumente*, S. 497–510. Vgl. auch Landrock, *Deutsche Akademie der Wissenschaften*, S. 68.

Der bisherige Präsident Walter Friedrich (links) überreicht dem neuen Präsidenten Max Volmer am 16. Februar 1956 die Amtskette

ment an der Akademie fehlte entweder ganz oder es wurde – soweit sich Ansätze dazu herauszubilden begannen – beargwöhnt. Für eine kleine Gruppe von *führenden Wissenschaftlern* unter den Mitgliedern und Institutsdirektoren war es ohnehin entbehrlich, denn nicht wenige von ihnen beherrschten – unabhängig von einer etwaigen Parteizugehörigkeit – das Spiel mit der Macht ausgezeichnet. Hans Stubbe, Theodor Frings, Walter Friedrich und Robert Rompe beispielsweise trugen ihre Wünsche nicht nur der Akademieleitung vor, sondern sie wandten sich direkt an Pieck, Grotewohl oder Ulbricht. Dieses Vorgehen hatte Methode. Blieben in der Akademie Sparmaßnahmen unumgänglich, setzte die Akademieleitung bei jenen Wissenschaftlern den Rotstift an, die sich die notwendigen Mittel gegebenenfalls über ihre guten Beziehungen zu Partei und Staat selbst besorgen konnten.

Zu der sich aus dieser Gemengelage ergebenden faktischen Unregierbarkeit der Akademie kam der Konflikt zwischen den Disziplinen. Die Chemiker blickten mit Argwohn auf die Entwicklung der physikalischen Einrichtungen und umgekehrt. Die Montanwissenschaftler drohten mit der Gründung einer eigenen Fachakademie, um sich Gehör zu verschaffen.[67] Die Geistes- und Sozialwissenschaftler konnten nur schwer einsehen, daß ein

[67] Vgl. Walther, „Two to Tango".

Ungleichgewicht bei der Ressourcenzuteilung zwischen ihnen und den Naturwissenschaften der internationalen Entwicklung entsprach. Dabei war gerade ihre Situation an der Akademie im internationalen Vergleich besonders günstig. Im Jahre 1955 forschten an der Akademie immerhin 263 Wissenschaftler im geistes- und sozialwissenschaftlichen und 587 im naturwissenschaftlichen Bereich.[68]

3. Die gespaltene Akademie 1957–1963

Mitte der 1950er Jahre eskalierten die Spannungen innerhalb der Gelehrtengesellschaft. Einige Chemiker prangerten eine „Cliquenbildung" von Physikern an, die dazu führe, daß „hauptsächliches Augenmerk auf die Entwicklung der Physik gelegt wird, was eine Vernachlässigung der anderen Gebiete der Wissenschaft zur Folge hat".[69] Deren Vertreter wiederum sah Bestrebungen des Vizepräsidenten für die Geistes- und Sozialwissenschaften, die „Akademie als Plattform, gewissermaßen als ‚Hausmacht', an sich zu reißen".[70] Um ihre Interessen durchzusetzen, verbündeten sich Akademiemitglieder mit der SED-Führung und gegen sie. Zweckbündnisse orientieren sich dabei nicht notwendig an politischen Präferenzen, wie der Parteiapparat des ZK immer wieder beklagte.

Hinzu kam, daß die Spannungen mit den alten Konkurrenten wieder aufbrachen: „Es kann nur ein Kreis verantwortungsbewusster Fachleute über wissenschaftliche Probleme entscheiden. Diese Aufgabe liegt nur bei uns, weder beim Staatssekretariat für Hochschulwesen noch beim ZFT. Ebenso die Beiräte der Ministerien." Diese Institutionen aber „hemmen die Akademie und kritisieren sie", so die Klage aus dem Akademiepräsidium im Februar 1956.[71] „Seit drei Jahren sprechen wir darüber, werden immer heftiger und leidenschaftlicher; es geschieht nichts."[72] Und zu den Partnern in der Administration: „Es geht nicht an, daß ein junger Akademiker 2 Jahre nach dem Staatsexamen [...] in eine leitende Stellung kommt, dazu gehören 20-jährige Erfahrungen."[73]

Zehn Jahre nach der Wiedereröffnung der Akademie war wohl nicht nur den SED-Genossen innerhalb und außerhalb der Akademie klar, daß ihre Aufgabe, „die Wissenschaft in der DDR so zu entwickeln, daß sie das internationale Niveau der Wissenschaft erreicht, dabei gleichzeitig den Stand der westdeutschen Wissenschaft überflügelt und damit in höchstmöglichem Maße zur raschen ökonomischen Entwicklung unserer Republik bei-

[68] Vgl. Nötzoldt, *Steinitz und die Akademie*, S. 262.

[69] SAPMO, ZPA, IV A2/9.04/380, Bl. 33–34: Heinrich Bertsch und Hermann Neels in: Diskussion aus dem Seminar der leitenden Genossen der Akademie der Wissenschaften zu Berlin am 13. Januar 1956.

[70] So Robert Rompe am 5. September 1956 gegenüber der Abteilung Wissenschaften, in: SAPMO, ZPA, IV A2/9.04/297: Rudi Model (ZK-Abteilung), Information über die politisch-ideologische Arbeit des Genossen Prof. Dr. Wolfgang Steinitz, Zusammenfassung vom 5. Dezember 1957, S. 4f.

[71] Günther Rienäcker, Februar 1956, in: AAW Berlin, NL Steinitz, Nr. 77: Protokoll einer Beratung des erweiterten Präsidiums der Akademie, S. 2.

[72] Theodor Frings, ebd., S. 3.

[73] Johannes Dobberstein, ebd., S. 2.

trägt",[74] mit den vorhandenen Strukturen nicht erreicht werden konnte. Auch wenn erneut verschiedene Vorschläge zur Abhilfe unterbreitet wurden,[75] erwies sich die Gelehrtengesellschaft unter den gegebenen Umständen als überfordert. Eine Gelehrtengesellschaft mit einer Begrenzung von etwa 100 auf Lebenszeit gewählten Mitgliedern war kaum dazu geeignet, ein komplexes nationales Wissenschaftssystem zu steuern. Eine ähnliche Situation hatte es bereits zu Anfang des 20. Jahrhunderts gegeben, als die Akademie der stürmischen Entwicklung in den Natur- und Technikwissenschaften nicht folgen konnte und wollte.[76]

Die Mitglieder der Klasse für Mathematik, Physik und Technik forderten daher 1956 ein nahezu vollständiges Herauslösen ihres Forschungspotentials aus der Akademie und die Neugründung einer *Leibniz-Gesellschaft zur Förderung von Naturwissenschaft und Technik*. Sie schlugen vor, in dieser Gesellschaft, die ähnlich wie die frühere *Kaiser-Wilhelm-Gesellschaft* oder die *Max-Planck-Gesellschaft* in der Bundesrepublik aufgebaut sein sollte, die naturwissenschaftlich-technischen Institute der Akademie mit denen einiger Ministerien zu vereinigen.[77] Schließlich sei die Koordinierung der Forschungsarbeit durch die sowjetische Akademie auch dort ein „immer noch nicht befriedigend gelöstes Problem". In den anderen Ländern Europas seien die Formen der Organisation der wissenschaftlichen Arbeit zwar stark unterschiedlich, aber: „Bemerkenswert ist, daß nirgends die überall bestehenden Akademien oder ähnliche Einrichtungen Träger von Forschungseinrichtungen – insbesondere naturwissenschaftlicher – wurden. Für die Anleitung und Verwaltung selbständiger Forschungsunternehmen wurden überall besondere Organisationen geschaffen."[78]

Im Grunde genommen wurde so die Rückführung der Akademie auf eine traditionelle deutsche Gelehrtengesellschaft vorgeschlagen, die ein relativ großes geistes- und sozialwissenschaftliches Forschungspotential und einige volkswirtschaftlich weniger wichtige

[74] SAPMO, ZPA, IV 2/9.04/16, Bl. 2: Bericht der Parteiorganisation der DAW vom 23. April 1956 über den Stand der Erfüllung des Beschlusses des Politbüros über die weitere Entwicklung der DAW (März 1955).

[75] So z. B. der Vorschlag, die Leitung der Forschungsinstitute den Klassen zu entziehen und sie drei Vizepräsidenten (Physik/Technik, Chemie/Medizin, Geisteswissenschaften) zu übertragen. Vgl. AAW Berlin, Bestand Akademieleitung, 665: Akademiedirektor Hans Wittbrodt an Kurt Hager vom 17. November 1955.

[76] Vgl. Nötzoldt, „Strategien" und Fischer/Hohlfeld/Nötzoldt, „Berliner Akademie".

[77] SAPMO, ZPA, IV 2/9.04/372, Bl. 118–120: Hans Wittbrodt, vertraulich an die Abteilung Wissenschaften des ZK der SED Anfang Dezember 1956: Gedanken zur weiteren Entwicklung der naturwissenschaftlich-technischen Institute der Deutschen Akademie der Wissenschaften. Beraten wurden die Vorschläge auf der Klassensitzung vom 15. November 1956. Zu den verschiedenen Varianten der Neustrukturierung der naturwissenschaftlichen Forschungen siehe auch die abgedruckten Dokumente in: WITEGA, *Geschichte der Forschungsgemeinschaft*, S. 10–39.

[78] Zitate aus AAW Berlin, Bestand Akademieleitung, Nr. 365: Zur Geschichte der Organisation wissenschaftlicher Arbeit vom 2. Januar 1957 (Autor unbekannt, Zusammenhang zum Vorgang aber durch Ablage eindeutig).

Institute wie Observatorien oder das Institut für physikalische Hydrographie betreuen sollte.[79]

Das Vorhaben fand insbesondere bei den aus der Sowjetunion zurückgekehrten Spezialisten volle Unterstützung. Das galt vor allem für die beiden Physikochemiker Max Volmer und Peter Adolf Thiessen.[80] Der neue Akademiepräsident Max Volmer (1955–1958) hielt bereits nach einjähriger Erfahrung im Amt Veränderungen für dringend geboten. Peter Adolf Thiessen, der über einschlägige Erfahrungen aus seiner Tätigkeit im Dritten Reich und dann in der Sowjetunion verfügte,[81] wurde zur *Lokomotive* des Vorhabens. Die Politiker konnten nur noch auf den fahrenden Zug aufspringen und sich beim Stellen der Weichen beteiligen.[82]

Im Sommer 1957 wurde die *Forschungsgemeinschaft der naturwissenschaftlichen, technischen und medizinischen Institute der Deutschen Akademie der Wissenschaften* (fortan als *Forschungsgemeinschaft* bezeichnet) mit 39 bis dahin den Klassen unterstehenden Instituten – das größte hatte 530 und das kleinste drei Mitarbeiter – gegründet. Die Gelehrtengesellschaft hatte dieser Gründung unter der Voraussetzung zugestimmt, daß die neue Forschungsorganisation ein Organ der Akademie unter der Obhut und sachlichen Dienstaufsicht der Akademie sei.[83] Die völlige Abspaltung von der Akademie verhinderten vor allem die Geistes- und Sozialwissenschaftler, die eine Marginalisierung der *Restakademie* fürchteten. Sie wurden von einigen älteren Akademiemitgliedern unterstützt, für die die „Bildung der Forschungsgemeinschaft ein erster Schritt zur Auflösung der DAW hinsichtlich ihres traditionellen Charakters"[84] war, wobei als *traditionell* nun schon die nach 1946 entstandene Form galt!

[79] Vgl. SAPMO, ZPA, IV 2/9.04/372, Bl. 118–120: Hans Wittbrodt, vertraulich an die Abteilung Wissenschaften des ZK des SED Anfang Dezember 1956: Gedanken zur weiteren Entwicklung der naturwissenschaftlich-technischen Institute der Deutschen Akademie der Wissenschaften.

[80] In den Dokumenten erscheinen auch die Physiker Gustav Hertz, Max Steenbeck und Paul Görlich als Befürworter. Vgl. SAPMO, ZPA, IV 2/9.04/412: Walter Freund, Bericht an das ZK der SED vom 7. Januar 1957 und Bericht über ein Gespräch mit Peter Adolf Thiessen am 17. Januar 1957, adressiert an Wissenschaftsabteilung ZK, Parteiorganisator DAW und Hans Wittbrodt. Vgl. auch SAPMO, ZPA, IV 2/9.04/412, Bl. 38–42: Maßnahmen zur strafferen Leitung und Kontrolle der naturwissenschaftlich-technischen Forschungseinrichtungen an der Deutschen Akademie der Wissenschaften. Das Material wurde von der Abteilung Wissenschaften des ZK (Hörnig) auf Grund der Vorschläge von Wittbrodt und Rompe erstellt. Siehe auch AAW Berlin, VA 13003: Protokoll der 1. Sitzung der Kommission Forschungsgemeinschaft am 20. Februar 1957.

[81] Eibl, *Thiessen als Wissenschaftsorganisator*, Kapitel V und VII.

[82] Vgl. hierzu Nötzoldt, *Steinitz und die Akademie*, S. 140–147.

[83] Vgl. SAPMO, ZPA, IV 2/9.04/412: Beschluß-Protokoll 22/57, Sitzung des erweiterten Präsidiums der DAW am 9. Mai 1957 (Zitat: ebd., Bl. 4); sowie Beschluß des Plenums der Deutschen Akademie der Wissenschaften zu Berlin über die Bildung und Tätigkeit der Forschungsgemeinschaft der naturwissenschaftlichen, technischen und medizinischen Institute der Deutschen Akademie der Wissenschaften zu Berlin vom 16. Mai 1957, in: Hartkopf/Wangermann, *Dokumente*, S. 515–517.

[84] Vgl. hierzu SAPMO, ZPA, IV 2/9.04/380, Bl. 113: Erklärungen von Walter Friedrich, Theodor Frings und Karl Lohmann zur Präsidiumssitzung am 2. Mai 1957.

Die Verbindung zwischen der Akademie und der Forschungsgemeinschaft erwies sich jedoch sehr schnell als lediglich formal. Nur einen Teil ihres Namens lieh sich die Neugründung mangels eigener Tradition von der Akademie. Die Forschungsgemeinschaft hatte völlig eigenständige Leitungsstrukturen und traf Entscheidungen, zu denen selbst im Präsidium der Gelehrtengesellschaft „nicht einmal eine Meinung zu äußern sei, sondern lediglich eine Kenntnisnahme stattzufinden habe".[85]

Die Forschungsgemeinschaft war allerdings nur ein Schritt auf der Suche nach neuen Wegen. Fast zeitgleich beschloß der Ministerrat der DDR, einen eigenen *Beirat für naturwissenschaftlich-technische Forschung und Entwicklung (Forschungsrat der DDR)* zu bilden (fortan als *Forschungsrat* bezeichnet).[86] Der Passus, daß die Akademie, also die ursprüngliche Gelehrtengesellschaft, das leitende Gremium des wissenschaftlichen Lebens in der DDR sei, sollte in dieser pointierten Form fallengelassen und der neugebildete Forschungsrat hierarchisch über die Akademie gestellt werden.[87] Der Forschungsrat durfte sich bei bestimmten Aufgaben sogar der Akademie bedienen, wie im Gründungsbeschluß des Ministerrates festgeschrieben war.[88] Es ist naheliegend, daß in dieser Konstruktion eine gewisse Spannung lag, zumal Akademiemitglieder nicht selten in Personalunion in beiden Gremien ihre Interessen durchzusetzen versuchten. Vorsitzender des Forschungsrates wurde Peter Adolf Thiessen.[89] Ihm stand als Apparat das nun nachgeordnete *Zentralamt für Forschung und Technik* zur Verfügung.[90]

Übrig blieb 1957 die sogenannte *Restakademie* – die Gelehrtengesellschaft und ein nicht unbeträchtliches geistes- und sozialwissenschaftliches Forschungspotential in der Zuständigkeit der entsprechenden zwei Klassen. Die anderen Klassen, bisher unersättliche Konkurrenten, verloren an Einfluß. Der alte Traum von einer *KWG der Geisteswissenschaften*, eine seit 1930 mehrfach erwogene Aufgabenstellung für die deutschen Akademien,[91]

[85] Das war zumindest das Fazit des Klassensekretars Karl Lohmann (Klasse Medizin 1954 bis 1961) nach dreijähriger Erfahrung. Vgl. AAW Berlin, NL Rompe, Nr. 27: Gerhard Dunken, Vermerk über die Präsidiumssitzung am 7. April 1960 vom 13. April 1960.

[86] Gründungsbeschluß des Ministerrates vom 6. Juni 1957 und Liste der Mitglieder des Forschungsrates veröffentlicht in: *Neue Wege*, S. 7 und 60f. Vgl. auch AAW Berlin, NL Rompe, Nr. 1: Protokoll der Arbeitstagung am 19. September 1957.

[87] SAPMO, ZPA, IV 2/9.04/372, Bl. 158: Rudi Model, Über die Lage und über offene Fragen im Bereich der DAW einschließlich der Forschungsgemeinschaft vom 27. Dezember 1957.

[88] Vgl. Gründungsbeschluß des Ministerrates vom 6. Juni 1957, in: *Neue Wege*, S. 7 und 60f.

[89] Peter Adolf Thiessen begleitete das Amt von 1956 bis 1965. Sein Nachfolger bis 1978 wurde der Physiker Max Steenbeck.

[90] Das *Zentralamt für Forschung und Technik* der Staatlichen Plankommission wurde im August zunächst formell aufgelöst und dann als *Zentrales Amt für Forschung und Technik* beim Forschungsrat etabliert. Die dem Amt obliegende Wissenschaftsplanung war damit auf die höhere Ebene des Ministerrates verlagert worden. Vgl. Scheler, *Akademie der Wissenschaften*, S. 46f.

[91] Vgl. hierzu Nötzoldt, „Strategien".

war ohne eigenes Zutun Realität geworden, wenn auch anders, als ehemals beabsichtigt. Auch im anderen Teil Deutschlands wurden ähnliche Vorstellungen diskutiert.[92]

Im Osten Deutschlands erwies sich der nun erreichte Zustand für die Geistes- und Sozialwissenschaftler als günstig: Die ehrwürdige Institution Akademie garantierte ihnen eine hohe Reputation. Sie unterhielt gut dotierte Institute in diesen Fächern für mehr als 500 Forscher mit einem Gesamtetat von jährlich ca. 15 Millionen Mark – immerhin rund das Dreifache des Etats aller vier Wissenschaftsakademien der Bundesrepublik.[93] Die Institute wurden überwiegend von Wissenschaftlern mit dem Status eines Akademiemitgliedes geleitet. Entscheidungen handelte man unter sich in den Klassen aus – in einem elitären Zirkel von Wissenschaftlern, zu denen nach wie vor auch westdeutsche Mitglieder zählten. Das sicherte den ostdeutschen Wissenschaftlern weiter den Zugang zu den westlich geprägten *communities*. Die traditionellen akademischen Unternehmungen garantierten zudem eine stabile Zusammenarbeit mit den anderen deutschsprachigen Akademien, die seit Mitte der 1950er Jahre wieder vertieft wurde. Sogar eine Wiederbelebung des *Akademiekartells* der Vorkriegszeit stand zur Diskussion.[94]

Von den Geistes- und Sozialwissenschaftlern wurde die *Restakademie* deshalb jahrelang zäh verteidigt – sehr zum Unmut der Politiker. Auch der neue Akademiepräsident konnte daran nichts ändern – und dies, obwohl 1958 mit dem Altertumswissenschaftler Werner Hartke erstmals ein SED-Mitglied das Amt übernahm, ausdrücklich mit dem Parteiauftrag, „eine bessere Ordnung [...] in diesen [geistes- und sozialwissenschaftlichen – P. N.] Flügel der Akademie hineinzubringen".[95] Das Ziel – diesmal allerdings von den Politikern vertreten – war, auch in diesem Bereich eine Institutsgemeinschaft zu schaffen. Lange Jahre schien das unmöglich, weil „soz[ialistische] Kader für ein leitendes Gremium fehlten" und

[92] Der *Wissenschaftsrat* der Bundesrepublik fragte 1960 bei den Wissenschaftsakademien an, ob diese nicht für die Geisteswissenschaften eine ähnliche Rolle übernehmen würden, wie sie die MPG für die Naturwissenschaften einnähme. Damit würden im Bereich der Geisteswissenschaften zu gründende Forschungsunternehmen zukünftig von den Akademien zu betreuen sein. Vgl. AAW Heidelberg, Nr. 681/1: Anfrage des Vorsitzenden des Wissenschaftsrates Helmut Coing an den Vorsitzenden der *Arbeitsgemeinschaft der westdeutschen Akademien* Heinrich Bornkamm vom 6. Juli 1960.

[93] Die Angaben für die Berliner Akademie lassen sich in etwa aus den Jahrbüchern hochrechnen; auch wenn dort die Akademiezentrale und die geisteswissenschaftlichen Einrichtungen zusammen erfaßt sind. Vgl. Jahrbücher der DAW und die entsprechende Tabelle in diesem Beitrag. Die Akademien in Göttingen, Heidelberg, Mainz und München hatten laut Wissenschaftsrat für 1961 einen Finanzbedarf von insgesamt 5.393.000 DM angemeldet, wovon allerdings nur 3.245.000 DM durch die Länder und den Bund gesichert waren. Vgl. Geschäftsstelle des Wissenschaftsrates, Übersicht über Aufgaben und Finanzbedarf der wissenschaftlichen Akademien vom 14. 12. 1960, AAW Heidelberg, 611/7.

[94] Vgl. AAW München 04/0-20, Westdeutsche Akademien, 1. Arbeitsgemeinschaft 1955–1961 sowie AAW Heidelberg, 611/6: Briefe vom 17. November 1955 von Johannes Kienle (Heidelberg) an Richard Wagner (München) sowie vom 14. November 1955 von Kurt Latte (Göttingen) an Adam Falckenstein (Heidelberg).

[95] Vgl. SAPMO, ZPA, IV 2/9.04/370, Bl. 54–55: ZK-Abteilung Wissenschaften: 24. Oktober 1959, Konzeption zur Aussprache mit leitenden Genossen der Akademie am 29. Oktober 1959.

prinzipiell bei den Wissenschaftlern keine Bereitschaft zur Bildung einer Forschungsgemeinschaft vorhanden war. Auf Kompromisse wollten sich die Politiker nicht einlassen: „aufgrund des gegenüber den Naturwissenschaften anderen Arbeitsgegenstandes der Gewi. [gemeint sind die Gesellschaftswissenschaftler – P. N.] muß diese Frage hier mehr vom Standpunkt der Parteilichkeit gesehen werden".[96]

Die *Forschungsgemeinschaft der naturwissenschaftlichen, technischen und medizinischen Institute* expandierte nach ihrer Gründung beträchtlich, wie ihr Anteil an den Budgets der Gesamtakademie verdeutlicht.[97]

	1957	1958	1959	1960	1961	1962
Mitarbeiter						
Gesamtakademie	6.483	7.608	9.031	9.745	10.204	11.006
davon Forschungsgemeinschaft	5.462 (84 %)	6.383 (84 %)	7.432 (82 %)	8.607 (88 %)	9.005 (88 %)	9.801 (89 %)
darunter Wissenschaftler						
Gesamtakademie	1.280	1.615	1.705	2.063	2.208	2.374
davon Forschungsgemeinschaft	800 (63 %)	1.058 (66 %)	1.202 (71 %)	1.495 (73 %)	1.596 (73 %)	1.776 (75 %)
Haushaltsmittel in Millionen DM-Ost						
Gesamtakademie	76,4	99,4	111,0	128,2	146,0	156,7
davon Forschungsgemeinschaft	59,8 (78 %)	78,8 (79 %)	89,2 (80 %)	109,7 (85 %)	121,2 (83 %)	131,7 (84 %)
Investitionen für Bau und Ausrüstungen in Millionen DM-Ost						
Gesamtakademie	13,0	21,8	35,3	37,9	27,8	33,7
davon Forschungsgemeinschaft	11,3 (87 %)	20,4 (94 %)	33,4 (95 %)	35,5 (94 %)	27,1 (97 %)	33,1 (98 %)

Die dem internationalen Trend folgende Forcierung der naturwissenschaftlich-technischen Forschung führte innerhalb der Forschungsgemeinschaft zu einer deutlichen Verbreiterung des Forschungspotentials. Von 1957 bis 1962 stieg hier die Zahl der Institute

[96] SAPMO, ZPA, IV 2/9.04/372, Bl. 14: Rudi Model, Über die Lage und über offene Fragen im Bereich der DAW einschließlich der Forschungsgemeinschaft vom 27. Dezember 1957.

[97] Gesamtakademie beinhaltet hier: Gelehrtengesellschaft, Akademiezentrale, geistes- und sozialwissenschaftliche Forschungseinrichtungen und Forschungsgemeinschaft. Quellen: *Jahrbücher der DAW* 1957–1962, dort Berichte des Generalsekretärs, für 1962 zusätzlich Bericht des Vorsitzenden der Forschungsgemeinschaft sowie: *Wissenschaftliche Leistungen und volkswirtschaftliche Wirksamkeit*, S. 68ff. (Die Angaben weichen teilweise von denen in den *Jahrbüchern der DAW* ab.)

von 39 auf 79 an. Aufgrund der begrenzten Ressourcen war eine solche Aufsplitterung des Forschungspotentials problematisch und führte zu ständiger Kritik. Andererseits schien sie unumgänglich, da es ja gerade eine der Gründungsabsichten gewesen war, in der Forschungsgemeinschaft auch jene Institute zu integrieren, die im anderen Teil Deutschlands eine Heimstatt in der industrienahen Fraunhofer-Gesellschaft[98] gefunden hatten. Bereits 1958 wurden einige bisher den Fachministerien unterstehende Einrichtungen an die Forschungsgemeinschaft angegliedert.[99] Für die Forschungsgemeinschaft bedeutete das eine stärkere Hinwendung zur anwendungsbezogenen Forschung und für die Industrie einen teilweisen Rückzug aus der wissenschaftlichen Forschung. Für beide hatte die Zentralisierung unter einem Dach fatale Folgen, da sie dem Innovationsdruck der folgenden Jahrzehnte ohne die Anschlußglieder in der Überführungskette zwischen Forschung und Produktion nicht standhalten konnten.

Ende der 1950er Jahre war von diesem Druck allerdings noch wenig zu spüren. Die Forschungsgemeinschaft verstand sich als die *Max-Planck-Gesellschaft Ostdeutschlands* und fühlte sich in erster Linie für die Grundlagenforschung zuständig. Für die angewandte Forschung war der Forschungsrat verantwortlich. Die neuen Großforschungseinrichtungen – zunächst für die Atomforschung – entstanden, genau wie in Westdeutschland, außerhalb der etablierten Forschungseinrichtungen. Erst 1963 wurden sie in die Forschungsgemeinschaft eingegliedert. Die Forschungsgemeinschaft und insbesondere ihre Institute konnten zu dieser Zeit noch weitgehend autonom darüber entscheiden, wie und in welchem Maße sie die von der Politik gewünschte Konzentration auf eine stärker anwendungsorientierte Grundlagenforschung umsetzen wollten.

Die Forschungsgemeinschaft und die Restakademie galten bei den Wissenschaftlern als eine erfolgreiche – in der Rückschau der Beteiligten oft als die erfolgreichste – Form der Organisation außeruniversitärer Forschung in der DDR. Der wichtigste Grund dafür war, daß die Selbständigkeit der Institute erhalten blieb. Die Klagen des Parteiapparates über deren zu große Autonomie, die es zu beseitigen gelte, bestätigen diese Sichtweise. In den Forschungseinrichtungen war der Einfluß der Staatspartei auch nach deren eigener Einschätzung gering geblieben. Ausnahmen bildeten nur einige geistes- und sozialwissenschaftliche Bereiche, wie die Wirtschaftswissenschaften, die Geschichte oder die Philosophie, wo 1960 mehr als 50 Prozent der Mitarbeiter der SED angehörten. Solche Zahlen mögen beeindrucken, ihre Aussagekraft relativiert sich jedoch durch den Umstand, daß gerade die Wirtschaftswissenschaften bei den Parteifunktionären als Hort der Aufsässigkeit und der Unzuverlässigkeit galten. Der SED-Anteil unter den Wissenschaftlern lag im geistes- und sozialwissenschaftlichen Bereich mit insgesamt 34 Prozent deutlich über dem

[98] Vgl. hierzu Trischler/vom Bruch, *Forschung für den Markt.*

[99] Vom *Ministerium für chemische Industrie* die Institute für organische Grundstoffchemie, für Chemie und Technologie der Plaste, für angewandte Radioaktivität, für physikalische Stofftrennung (alle Leipzig), vom Ministerium für Berg- und Hüttenwesen die Forschungsinstitute für metallische Spezialwerkstoffe (Dresden), für Aufbereitung (Freiberg).

Anteil von 16 Prozent bei der Forschungsgemeinschaft. Auch in der Gelehrtengesellschaft, die zumindest bei der Besetzung von Führungspositionen noch nicht vollständig ausgeschaltet war und über die Klassen die geistes- und sozialwissenschaftliche Forschung steuerte, galt der Parteieinfluß als unbefriedigend. Selbst ein Anteil von 25 Prozent SED-Genossen unter den aktiven Akademiemitgliedern garantierte nicht unbedingt den gewünschten Zugriff auf die Akademie, da sich der Großteil von ihnen, zumindest in wissenschaftspolitischen Fragen, nicht vom Parteiapparat bevormunden ließ. Das hatte die Einführung der Kategorie *abweichlerische Genossen* zur Folge. Die Gründe für diese aus der Sicht der Staatspartei unbefriedigende Situation sahen sowohl die ZK-Abteilung Wissenschaften wie auch die SED-Aktivisten an der Akademie in den fehlenden zentralen Parteistrukturen und in der unzureichenden Arbeit der Parteigrundorganisationen.[100] Nach der Gründung einer zentralen Akademieparteileitung im Mai 1960[101] und insbesondere nach dem Mauerbau im August 1961 änderten sich die Rahmenbedingungen allerdings sehr schnell.

4. Die sozialistische Forschungsakademie 1963–1972

4.1. Wissenschaftspolitische Rahmenbedingungen

In den 1960er Jahren lassen sich in allen Industrienationen einschneidende Veränderungen in der institutionellen Basis der Wissenschaft beobachten. Der Start des ersten künstlichen Satelliten *Sputnik I* 1958 hatte die westliche Welt schockiert und die östliche euphorisiert. Waren die Chancen zentralistischer Systeme mit ihren Möglichkeiten langfristiger Planung und der Bündelung der Kräfte in komplexen Großstrukturen vielleicht doch geeignet, im Wettstreit der Systeme entscheidende Vorteile zu erzielen? Die Gefahren des Kalten Krieges, die Furcht vor einer wissenschaftlichen Großmacht Sowjetunion und die westeuropäische Angst vor einer *technologischen Lücke* gegenüber den USA bewirkten sehr schnell eine aktive staatliche Forschungs- und Technologieförderung.[102] Neue Typen institutionalisierter Wissenschaft – *big science* oder *Vertragsforschung* – entstanden oder expandierten. In der Bundesrepublik kamen nun neben den bekannten Institutionen MPG und DFG die neuen Großforschungseinrichtungen und die Fraunhofer-Gesellschaft auf. Gleichzeitig ließ sich eine administrative Institutionalisierung beobachten. Großbritannien berief bereits 1959 erstmals einen *Minister for Science*. Ende 1962 entstand in der Bundesrepublik

[100] Vgl. hierzu Nötzoldt, *Steinitz und die Akademie*, S. 159–168 und 171–180.

[101] Am 7. März 1960 beschloß das Sekretariat des ZK der SED, im Zuge der Parteiwahlen eine Konferenz von Delegierten aus allen Berliner Einrichtungen der DAW einzuberufen und eine Akademieparteileitung wählen zu lassen. Die Delegiertenkonferenz fand am 13. Mai 1960 statt. Stellvertreter von Heinrich Scheel wurde hauptamtlich Gerhard Öhlmann (Chemiker, OM 1974) und weiterer hauptamtlicher Sekretär Werner Pfoh. Vgl. SAPMO, ZPA, IV /2/9.04/370, Bl. 65ff.

[102] Vgl. hierzu Ritter/Szöllösi-Janze/Trischler, *Antworten*. Hier vor allem die Beiträge von Helmuth Trischler.

aus dem 1955 gegründeten *Atomministerium* das *Bundesministerium für wissenschaftliche Forschung.*

Die Erhebung der Wissenschaft zur *unmittelbaren Produktivkraft*[103] in der DDR wertete die Wissenschaft beträchtlich auf. Im Zeichen eines intensiven Wirtschaftswachstums sollte sie vor allem verwertbare Forschungsergebnisse liefern. Die langfristige Planung einer Einheit von Wissenschaft und Produktion wurde zum Kernpunkt jener Wirtschaftsreform in der DDR, die als *Neues Ökonomisches System* bekannt geworden ist.[104] Durch größere Freiräume eröffnete es kreativen Intellektuellen die Möglichkeit, sich stärker als bisher mit ihren Aufgaben zu identifizieren.[105] Schwieriger sah es bei den Geistes- und Sozialwissenschaften aus. Hier waren Konzepte zur Transformation der Gesellschaft in eine sozialistisch-kommunistische Ordnung gefragt. Jeder Vorstoß ins Neuland unterlag der Kontrolle und der Willkür der SED-Führung.

Diese stand allerdings selbst unter Erfolgsdruck. Das wirtschaftliche Gefälle, politische Repressionen, auch Abwerbungen u. a. ließen den Migrationsstrom von Ost nach West nicht abschwellen. An der Akademie bedeutete dies zwischen 1955 und 1961 einen Verlust von etwa zehn Prozent des wissenschaftlichen Potentials – 1,6 Prozent (1955), 1,4 Prozent (1956), 1,5 Prozent (1957), 3,2 Prozent (1958), 1,4 Prozent 1959, 1,8 Prozent (1960) und 3 Prozent (1961). Vor allem die Humanmedizin und die Naturwissenschaften waren betroffen.[106] Um gegenzusteuern, hatte Walter Ulbricht auf dem V. Parteitag der SED 1958 als Ziel verkündet, den westdeutschen Pro-Kopf-Verbrauch an den wichtigsten Konsumgütern bis 1961 zu übertreffen.[107] Die Realität sah jedoch ganz anders aus. Die DDR befand sich in einer schweren wirtschaftlichen Krise.[108] Und mit dem Bau der Mauer war der Zwang zum Erfolg noch größer geworden: „Schlagartig entstand damit eine Situation, in der die Partei- und Staatsführung der DDR praktisch alle überhaupt kontrollierbaren Variablen der Gesellschaft zu ihrer Disposition hatte. Von nun an konnte sie die für Mißerfolge gängige Erklärung, diese seien äußeren Störungen von Seiten des *Gegners* geschuldet, nicht mehr überzeugend benutzen. Es war gewissermaßen gewaltsam ein experimentelles Terrain geschaffen worden, auf dem sich erweisen mußte, wie leistungsfähig der vorliegende sozialistische Ansatz tatsächlich war."[109]

[103] Offiziell verkündet wurde diese ideologische Neuinterpretation zum XXII. Parteitag der KPdSU im Oktober 1961 und in der DDR zum VI. Parteitag der SED im Januar 1963. Vgl. insbesondere „Programm der SED. Die Rolle der Wissenschaft bei der umfassenden Verwirklichung des Sozialismus", in: *Einheit*, 1963, Heft 1, S. 44.

[104] Vgl. Lauterbach, *Wissenschaftspolitik,* S. 79, und Steiner, *DDR-Wirtschaftsreform*, Kapitel 4 und 5.

[105] Laitko, „Reformpaket", S. 40.

[106] Vgl. SAPMO, ZPA, IV 2/9.04/370, Bl. 52, und Nr. 384, Bl. 111, 210, 247, 251, sowie AAW Berlin, VA 5684.

[107] *Protokoll des V. Parteitages der SED*, S. 70.

[108] Vgl. Weber, *DDR*, S. 53–56.

[109] Laitko, „Reformpaket", S. 39.

Vor diesem Hintergrund kann es nicht verwundern, daß Anfang der sechziger Jahre eine erneute Reorganisation des gesamten Wissenschaftssystems in der DDR in Angriff genommen wurde. Die Initiative ging diesmal vom Partei- und Staatsapparat aus.

In den Jahren 1961/62 erhielt zunächst der Forschungsrat erweiterte Aufgaben und höhere Vollmachten. Sein Apparat wurde zum *Staatssekretariat für Forschung und Technik* aufgewertet, der Staatssekretär erster Stellvertreter des Vorsitzenden des Forschungsrates, die Zahl der Mitarbeiter auf 259 nahezu verdoppelt. Das Staatssekretariat war für die Realisierung der Festlegungen des Forschungsrates zuständig und erhielt gegenüber den dem Forschungsrat nachgeordneten Institutionen Weisungsrecht. Die Forschungsgemeinschaft der Akademie kam offiziell unter die Oberhoheit des Forschungsrates. Sie wurde davon zunächst allerdings nur wenig berührt, was nicht zuletzt am sogleich einsetzenden Kompetenzgerangel zwischen Forschungsrat und Staatssekretariat lag.[110]

Wohin das Vorhabens zielte, was also auf die Akademie zukommen würde, verdeutlichen jedoch die neuen politischen Zuständigkeiten und die schon bald sichtbaren personellen Weichenstellungen. Die neue Aufgabenstellung des Forschungsrates handelten die beiden Ressorts *Wirtschaft* und *Wissenschaft* des ZK der SED mit dem Vorsitzenden des Forschungsrates aus.[111] Die politische Zuständigkeit über den Forschungsrat erhielt das Ressort *Wirtschaft* mit der dort ansässigen ZK-*Abteilung Forschung und technische Entwicklung*. Zuständiger ZK-Sekretär wurde im Sommer 1962 Günter Mittag als Nachfolger von Erich Apel, dem Spiritus rector des *Neuen Ökonomischen Systems*.[112] Für die Akademie hatte dies die Konsequenz, daß nun mindestens zwei (Wirtschaft und Wissenschaften), wegen der gesamtdeutschen Funktion der Akademie sogar drei, teils rivalisierende ZK-Abteilungen in sie *hineinzuregieren* versuchten.

Das erste sichtbare Zeichen der Neuorientierung war eine Vergrößerung des Forschungsrates, wobei die Anzahl der Mitglieder aus der Industrie deutlich stieg.[113] Zum Staatssekretär wurde zunächst mit dem Akademiemitglied und vorherigen Leiter der Forschungsgemeinschaft Hans Frühauf ein renomierter Wissenschaftler mit Industrieerfahrung bestellt. Ihn ersetzte nach weniger als einem Jahr Amtszeit Herbert Weiz, ein 39jähriger Ökonom, der sich bisher als Wirtschaftslenker Verdienste erworben hatte. Diesem weiteren deutlichen Zeichen war heftige Kritik an der Tätigkeit des Forschungsrates vorausgegangen.[114] Im Januar 1962 hatte der Ministerrat verordnet: „Die staatliche Plankommission

[110] Hierzu ausführlich Tandler, *Geplante Zukunft*, Kapitel 5.

[111] Beratungen zwischen Erich Apel (Leiter der Wirtschaftskommission beim Politbüro des ZK der SED), Kurt Hager (ZK-Sekretär für Wissenschaft, Volksbildung und Kultur), deren Mitarbeitern und Peter Adolf Thiessen fanden im April 1961 statt. Siehe Tandler, *Geplante Zukunft*, S. 133f. Der entsprechende Politbürobeschluß datiert vom 15. Mai1961.

[112] Vgl. „Richtlinie für das neue ökonomische System der Planung und Leitung der Volkswirtschaft", in: *GBl. der DDR*, Teil II, Nr. 64, 1963, S. 453ff.

[113] Vgl. SAPMO, ZPA, IV A 2/2021/630, Bl. 5–16: Erich Apel, Kurt Hager, Peter Adolf Thiessen u. a., Vorlage für das Politbüro des Zentralkomitees, 13. Oktober 1961.

[114] Walter Ulbricht, 14. Plenum des ZK der SED im November 1961, Referat, in: *Neues Deutschland* vom 28. November 1961, S. 4.

stellt dem Forschungsrat [...] Aufgaben."[115] Die angestrebte Degradierung des Forschungsrates zum Hilfsorgan der Administration konnte niemand mehr übersehen.[116]

Welche Rolle war unter den neuen Umständen der Akademie zugedacht? Wie verhielt sich die Gelehrtengesellschaft?

Die Meinungen von Mitgliedern der Gelehrtengesellschaft zur zukünftigen Rolle der Akademie im Wissenschaftsgefüge der DDR waren sehr konträr: Akademiepräsident Werner Hartke erstrebte „ein einziges sachkundiges zentrales Organ mit ausreichender Exekutivgewalt im gesamten Bereich der Wissenschaft" unter der Ägide der Akademie, in dem alle Wissenschaften wieder „vereint behandelt werden".[117] Er schloß eine Neukonstituierung der Akademie nicht aus. Seine Vorstellungen reichten bis hin zu einer vollständigen Auflösung der alten Akademie.[118] Peter Adolf Thiessen, Akademiemitglied und Vorsitzender des Forschungsrates, beanspruchte die Institute der Forschungsgemeinschaft für den Forschungsrat.[119] Die Gelehrtengesellschaft sollte den Status eines *wissenschaftlichen Mitgliedes* einführen, um mehr Wissenschaftler aus der Industrie an die Akademie zu binden.[120] Robert Rompe, Klassenvorsitzender und Vorstandsmitglied der Forschungsgemeinschaft, hingegen befürchtete bei Thiessens Konzept eine Vernachlässigung der Grundlagenforschung und schlug deshalb vor, daß die *langfristige Grundlagenforschung* bei der Akademie verbleibt, während die *gezielte Grundlagenforschung* über den Forschungsrat an die entsprechenden Industriezweige delegiert werden sollte. Lediglich der Vizepräsident für die Geistes- und Sozialwissenschaften, Wolfgang Steinitz, wünschte keine einschneidenden Veränderungen.[121]

Im ZK-Apparat war nun die radikalste Meinung, „daß es am zweckmäßigsten wäre, zu der Akademie in der ursprünglichen Form einer Gelehrtenvereinigung [...] zurückzukehren". Doch sei dieser Schritt, „der logisch richtig wäre, wohl im Augenblick nicht zu reali-

[115] SAPMO, ZPA, NL Thiessen, Nr. 11: Ordnung der zentralen Planung und Organisation der wissenschaftlich-technischen Arbeit der DDR vom 18. Januar 1962, S. 3. Veröffentlicht in: *GBl. der DDR*, Teil II, Nr. 8 vom 5. Februar 1962, S. 61. Vorausgegangen war der übliche Beschluß des Politbüros der SED, Sitzungsprotokoll vom 09./10. Januar 1962 (vgl. SAPMO ZPA J IV 2/2A/910).

[116] SAPMO, ZPA, IV2/1/267, Bl. 154ff.: Peter Adolf Thiessen, 15. Plenum des ZK der SED im März 1962, Protokoll. Hierzu insgesamt ausführlich Eibl, *Thiessen als Wissenschaftsorganisator*, Kapitel VIII.

[117] Vgl. SAPMO, ZPA IV 2/904/373, Bl. 249–259: Werner Hartke vom 24. April 1961. Das Verhältnis der Akademie zu den Hochschulen (hier Bl. 257).

[118] Vgl. SAPMO, ZPA, IV 2/9.04/372, Bl. 400: Werner Hartke, Beratung bei Kurt Hager am 22. Juni 1962.

[119] Wesentliches aus der Beratung mit den Genossen der DAW am 12. Februar 1962, Aufzeichnung für Hannes Hörnig, Abteilung Wissenschaften des ZK der SED, SAPMO, ZPA, IV 2/9.04/370, Bl. 95.

[120] Vgl. Betr. Prof. Thiessen, 13. Juli 1961, SAPMO, ZPA, NL 182 Ulbricht, Nr. 980, Bl. 73.

[121] Vgl. zu Rompe und Steinitz: SAPMO, ZPA, IV 2/9.04/370, Bl. 95: Wesentliches aus der Beratung mit den Genossen der DAW am 12. Februar 1962, Aufzeichnung für Hannes Hörnig, Abteilung Wissenschaften des ZK der SED.

sieren". Die Forschungseinrichtungen könne man nicht völlig der Akademie entziehen. „Um den Charakter der Akademie zu wahren, der sich in den sozialistischen Ländern herausgebildet hat", müsse an dieser Verbindung festgehalten und eine Form einer zentralen Leitung gefunden werden.[122]

Das Ziel hieß *Forschungsakademie – sozialistische Forschungsakademie.* Diese sollte sich auf Grundlagenforschung in Schwerpunktbereichen konzentrieren und Institute mit anderem Profil abgeben, z. B. an die Industrie. Vorgesehen waren die Gliederung in zwei selbständige Institutsgemeinschaften – neben der Forschungsgemeinschaft eine *Arbeitsgemeinschaft der geistes- und sozialwissenschaftlichen Einrichtungen.* Die Forschungsgemeinschaft unterstand dem Forschungsrat und geriet damit gleichzeitig in große Nähe zum Staatssekretariat für Forschung und Technik. Für die Geistes- und Sozialwissenschaften sollte künftig „die Hauptorientierung [...] von der Partei kommen" und der geforderten Forschungsplanung „die bestätigten Pläne der Parteiführung zugrunde" liegen. Nur die „Altertumswissenschaften müssen die Linie" von der Gelehrtengesellschaft erhalten. Aber auch die Gelehrtengesellschaft hatte sich zu verändern. Anvisiert wurde eine radikale Verjüngung, also der Einzug der „neuen Intelligenz".[123] Freie Stellen schienen sich leicht schaffen zu lassen, denn in einer „sozialistischen Forschungsakademie" war kein Platz mehr für die westdeutschen und West-Berliner Ordentlichen Mitglieder – das betraf immerhin noch 44 von 138 Mitgliedern. Sie waren künftig „wie ausländische Mitglieder zu behandeln und folglich in den Stand von korrespondierenden (ohne Stimmrecht) zu versetzen".[124] Suspekt erschienen nun auch die gemeinsamen Vorhaben mit den westdeutschen Akademien. Kurt Hager: „Das kann man nicht mit einem Ruck verändern. [...] Wir müssen die Dinge so hinbringen, daß die westdeutsche Seite es ablehnt, weiter mitzumachen."[125]

Kurt Hager formulierte den Platz und die Aufgaben der Akademie im Juni 1962 folgendermaßen: „Die DAW mit all ihren Einrichtungen, Mitteln, Kapazitäten und Kräften muß sich voll und ganz an der Verwirklichung des Sozialismus in der DDR beteiligen. Sie muß den Charakter einer sozialistischen Akademie erhalten; sie muß auf das engste mit der Praxis, v. a. mit der Produktion, verbunden sein. Die DAW muß einen unmittelbaren und ständig wachsenden Beitrag zum wissenschaftlich-technischen Fortschritt leisten, muß wesentlich zur Weiterentwicklung des sozialistischen Bewußtseins und zur sozialistischen Nationalkultur beitragen. Sie muß in ihrer gesamten Orientierung danach streben, uns auf

[122] SAPMO, ZPA, IV 2/9.04/372, Bl. 414–415: Bemerkungen zur Beschlußvorlage über die Rolle, Aufgaben und die weitere Entwicklung der Deutschen Akademie der Wissenschaften zu Berlin, behandelt auf der Sitzung des Politbüros des ZK der SED am 10. Juli 1962, ohne Namenangabe in den Unterlagen der ZK-Abteilung Wissenschaften vom Sommer 1962.

[123] SAPMO, ZPA, IV 2/9.04/372, Bl. 395, 398 und 403–404: Kurt Hager, Diskussion über den Entwurf des Beschlusses „Die Rolle, die Aufgaben und die weitere Entwicklung der Deutschen Akademie der Wissenschaften zu Berlin in der DDR" am 22. Juni 1962.

[124] Vgl. SAPMO, ZPA, IV 2/9.04/370, Bl. 137: Konzeption der ZK-Abteilung Wissenschaften für die Aussprache mit leitenden Genossen der DAW vom 13. Februar 1962.

[125] SAPMO, ZPA, IV 2/9.04/372, Bl. 397: siehe Anm. 123.

den verschiedensten Gebieten der Wissenschaft die Überlegenheit gegenüber Westdeutschland zu sichern, damit wir diesen Wettbewerb mit Westdeutschland auch auf wissenschaftlich-technischem Gebiet nicht nur bestehen können, sondern ihn gewinnen."[126]

Das Politbüro des ZK der SED bestätigte die von den Parteiapparaten des ZK und der Akademie ausgearbeitete Konzeption zur Reorganisation im Sommer 1962 jedoch überraschenderweise nicht sofort. Walter Ulbricht schien die Ausgrenzung der westlichen Mitglieder – und damit das Verschwinden der nationalen Mission der Akademie – angesichts erhoffter Entspannungspolitik taktisch unklug; ebenso die Bezeichnung „sozialistische" Akademie. Die Vorlage mußte überarbeitet werden und angeordnet wurde: „Der Name Deutsche Akademie der Wissenschaften zu Berlin bleibt bestehen."[127]

4.2. Schritte zur sozialistischen Forschungsakademie 1963–1967

Das neue Statut der Akademie, das nun von den Parteiapparaten ausgearbeitet und im Mai 1963 von der Gelehrtengesellschaft beschlossen wurde,[128] sah für die Akademie eine Doppelfunktion vor. Zum einen sollte die Akademie als „Hebel beim umfassenden Aufbau des Sozialismus in der DDR" und zum anderen als „Brücke zu Westdeutschland" fungieren. Festgeschrieben wurde die Trennung der Institute, Arbeitsstellen, Forschungseinrichtungen und Sektionen [!] von den Klassen und die Einführung des *demokratischen Zentralismus* in den von den Klassen abgetrennten Bereichen.[129] Damit verabschiedete sich die Akademie endgültig von der Idee von 1945/46, daß die Gelehrtengesellschaft einer hochangesehenen Wissenschaftsakademie die außeruniversitäre Forschung kompetent organisieren könne. In der *Forschungsakademie* wurde die Gelehrtengesellschaft endgültig isoliert. Bis 1968 blieb ihr noch die Funktion einer gesamtdeutschen Klammer, danach verlor sie auch die.

1964 entstand die *Arbeitsgemeinschaft der gesellschaftswissenschaftlichen Institute und Einrichtungen der DAW* (fortan als *Arbeitsgemeinschaft* bezeichnet). Diese Arbeitsgemeinschaft und ebenso die Forschungsgemeinschaft übernahmen von den Klassen die Sektionen. Beide hatten eigenständige Leitungen. Allerdings existierte bereits seit 1960 eine

[126] Ebd., Bl. 391.

[127] Vgl. SAPMO, ZPA, JIV 2/2A/910/911: Protokoll der Sitzung des Politbüros der SED vom 17. Juli 1962. Das Politbüro beauftragte Werner Hartke, Erich Apel und den parteilosen Peter Adolf Thiessen mit der Überarbeitung der Vorlage. Die Rolle von Walter Ulbricht schilderte Wolfgang Steinitz in einem Brief an den Generalsekretär der Akademie Günther Rienäcker vom 6. April 1966 (vgl. AAW Berlin, NL Steinitz, Nr. 37).

[128] Das neue Statut wurde auf der Gesamtsitzung am 2. Mai 1963 beschlossen. Die künftige Aufgabenstellung im „Beschluß des Ministerrates der DDR über Rolle, Aufgaben und die weitere Entwicklung der Deutschen Akademie der Wissenschaften zu Berlin" vom 27. Juni 1963 festgeschrieben. Beides abgedruckt in: Hartkopf/Wangermann, *Dokumente*, S. 166–177, 518–523.

[129] Vgl. SAPMO, ZPA, IV A2/9.04/298: Protokoll der Akademieparteileitung vom 20. März 1963 über die Sitzung am 19. März 1963.

Ankunft einer Delegation der DAW aus der UdSSR Anfang Dezember 1966 in Berlin-Schönefeld v. l. n. r.: NN, Fred Oelßner, NN, Werner Hartke, Hermann Klare, Kurt Ziert, Karl Bichtler, Leo Stern, Robert Rompe

wirklich *zentrale Leitung* für die gesamte Forschungsakademie: die *Zentrale Akademieparteileitung*. Alle wichtigen Entscheidungen wurden dort vorberaten und mit dem ZK-Apparat abgestimmt. Das Verknüpfen der Apparate ermöglichte eine ganz neue Qualität der Steuerung, die die bisherige, oft wenig wirksame, personenbezogene Einflußnahme über die *Genossen Akademiemitglieder* ersetzte.[130]

Zur Arbeitsgemeinschaft wurden 23 Institute zusammengefaßt. Die Institute sollten sich an Stelle von Forschungsschwerpunkten „für die nächsten hundert Jahre"[131] solchen Vorhaben widmen, die der wissenschaftlichen Leitung und Planung der sozialistischen Gesellschaft nützten.[132] Die Forschungsschwerpunkte hatte die *Ideologische Kommission beim Politbüro des ZK der SED* zu bestimmen,[133] und die Abteilung *Wissenschaften* des ZK

[130] Hierzu ausführlich Nötzoldt, *Steinitz und die Akademie*, S. 209–220.

[131] Vgl. SAPMO, ZPA, IV A2/9.01/1ff., Protokoll-Nr. 63/1, 2, 8, 31: Walter Ulbricht, Protokoll der Sitzung der Ideologischen Kommission beim Politbüro des ZK der SED vom 4. Februar 1963, S. 22f., 25 und 73 sowie Arbeitsplan der Kommission; Sitzungen am 18. Februar, 22. Februar und 18. Dezember 1963.

[132] Vgl. Leo Stern, „Probleme der Arbeitsgemeinschaft der gesellschaftswissenschaftlichen Institute und Einrichtungen", in: *Jb. der DAW 1964*, S. 131.

[133] Die Ideologische Kommission – eine Art *Forschungsrat für die geisteswissenschaftliche Forschung der DDR* unter dem Vorsitz von Kurt Hager – hatte „unter Mitarbeit der Gesellschaftswissenschaftler den Perspektivplan als Teil des Planes der ideologischen Arbeit und der Jahrespläne der gesellschaftswissenschaftlichen Forschung auszuarbeiten". Vgl. SAPMO, ZPA, IV A2/9.01/11, Protokoll-Nr. 2/65: Vorlage an das Politbüro des ZK der SED vom 22. Januar 1965, Beschluß über die Veränderung der Arbeitsweise und die Zusammensetzung der Ideologischen Kommission beim Politbüro des ZK der SED, S. 8.

sollte die Gesamtleitung der geistes- und sozialwissenschaftlichen Forschung übernehmen.[134] Das blieb jedoch eine Fiktion. Die Realität erwies sich als komplizierter. Gleichwohl wurden eine Rangfolge der Forschungsvorhaben in den Geistes- und Sozialwissenschaften durchgesetzt und die Grundlagen für spätere Strukturen geschaffen.[135] Der Grad der Pressionen und die Dialogunfähigkeit der SED-Führung zu dieser Zeit läßt sich aus den Tagebuchaufzeichnungen eines Beteiligten erahnen. Jürgen Kuczynski notierte 1966: „Die Stimmung an der Akademie ist fürchterlich und die Partei voller Illusionen. [...] Die wissenschaftlichen Leistungen werden sich unter diesen Umständen kaum verbessern. [...] Die Führung und der Apparat benehmen sich der Intelligenz gegenüber wie Bastarde von wildgewordenen Spießbürgern und Elefanten im Porzellanladen. [...] Seit Jahren war die Parteispitze nicht so isoliert von der Intelligenz wie heute."[136]

Die Hauptsäule der Forschungsakademie blieb die den Natur- und Technikwissenschaften gewidmete Forschungsgemeinschaft. Ihr galt das Hauptaugenmerk der Politiker, sollten doch ihre Forschungsinstitute entscheidend dazu beitragen, den technologischen Rückstand zum anderen deutschen Teilstaat zu verringern. Schon der Blick auf das Ziel schien den Weg zu weisen – auch die Bundesrepublik versuchte gerade, die *technologische Lücke* gegenüber den USA zu verringern. Eine in gewissem Sinne vergleichbare Hinwendung zu einer „aktiven staatlichen Forschungsplanung" ließ sich auch dort feststellen.[137] Dieser Umstand und die in der DDR propagierte Wissenschaftsgläubigkeit stärkten die bei Wissenschaftlern und Politikern im Osten Deutschlands durchaus verbreitete Hoffnung, daß ein zentralistisches System eher in der Lage sei, die entstandenen technologischen Herausforderungen zu bewältigen. Das dürfte zumindest teilweise erklären, warum nicht nur der SED verbundene Wissenschaftler, sondern auch einige sehr angesehene parteilose Akademiemitglieder, wie der Vorsitzende des Forschungsrates Peter Adolf Thiessen (1957 bis 1965), sein Nachfolger Max Steenbeck (1966–1982) und der Vorsitzende der Forschungsgemeinschaft Hermann Klare (1961–1968, danach Präsident der Akademie 1968 bis 1979) ganz vehement die künftige Entwicklung vorantrieben. Dies durchaus auch mahnend, wie z. B. Steenbeck 1964 vor der Akademie: „Wissenschaftliche Arbeit braucht Menschen und braucht Geld. Beides haben wir nur in begrenztem Umfange [...]. Die richtige Verteilung ist das Problem. [...] Nirgendwo in der Welt überläßt man diese Verteilung dem ‚freien Spiel der Kräfte'." Einem leidenschaftlichen Plädoyer für „zweckfreie Erkundungsforschung" fügte er die Mahnung an, „daß wir für unsere physische Existenz auf Warenaustausch mit der ganzen Welt notwendig angewiesen sind. Wir müssen deswegen auch etwas anzubieten haben – und wenn wir uns nicht ganz gewaltig anstrengen, laufen uns die anderen einfach weg. [...] Der Aufbau und der Ausbau einer industriell orientier-

[134] Vgl. SAPMO, ZPA, IV A2/9.01/12, Protokoll-Nr. 2/66, S. 15.

[135] Vgl. hierzu die Berichte des Vorsitzenden der Arbeitsgemeinschaft Leo Stern über deren Tätigkeit in den *Jahrbüchern* der Akademie von 1964 bis 1967.

[136] Kuczynski, *Linientreuer Dissident*, S. 152, 173.

[137] Siehe ausführlich Ritter/Szöllösi-Janze/Trischler, *Antworten.*

ten Forschung, auch bei den Grundlagen, hat Vorrang – oder wir verspielen unsere Zukunft."[138]

Eine kaum überschaubare Zahl von Versuchen, die Effizienz der Forschungsgemeinschaft zu steigern, führte dort bis 1967 zu drei wesentlichen Veränderungen:

Erstens verloren die Forschungsgemeinschaft und ihre Institute durch die konsequentere Unterstellung unter den Forschungsrat weiter an Selbständigkeit. Da dieser im Kompetenzgerangel mit dem ursprünglich nachgeordneten Staatssekretariat für Forschung und Technik unterlag – im 1967 neu gegründeten *Ministerium für Wissenschaft und Technik* (MWT) wurde er zum Beratungsorgan des Ministers degradiert[139] – kam die Forschungsgemeinschaft faktisch unter die direkte Anleitung und Kontrolle der staatlichen Administration. Weil das MWT der Wirtschaftsabteilung des ZK der SED unterstand und engstens mit der *Staatlichen Plankommission* kooperierte, traten immer stärker wirtschaftliche Interessen in den Vordergrund.

Zweitens wurde die für die Forschungsakademie angestrebte Konzentration auf die Grundlagenforschung und die damit verbundene Verkleinerung des Forschungspotentials nicht erreicht. Das Gegenteil trat ein. Die früher akquirierten anwendungsorientierten Forschungsinstitute versuchten sich in Richtung Grundlagenforschung zu profilieren, wollten aber keinesfalls den *Schoß der Akademie* verlassen. Mit dem Zentralinstitut für Kernforschung wurde zudem 1963 gegen den Willen der Akademie auch noch ein Stück *big science* in die Forschungsgemeinschaft integriert. Nun war alles unter einem Dach vereint – ganz im Gegensatz zur Bundesrepublik, wo die außeruniversitäre Forschungsorganisation auf unterschiedlichen Säulen (MPG, DFG, Fraunhofer, Großforschung) basierte.

Drittens avancierte die Anfang der 1960er Jahre nur für eine begrenzte Zeit angekündigte *Produktionsunterstützung für die Industrie* zu einem Dauerzustand, als die 1963 eingeleitete, unter außerordentlichem Erfolgs- und Zeitdruck stehende Wirtschaftsreform zu scheitern drohte. In der zweiten Hälfte der 1960er Jahre wurden zumindest Teile der Forschungsgemeinschaft immer mehr zu *Zulieferbetrieben* für die Industrie, da die industrielle Forschungs- und Entwicklungskapazität der DDR chronisch defizitär geblieben war.

Im November 1967 schien es für den Vorsitzenden der Forschungsgemeinschaft Hermann Klare sicher zu sein, daß diese „in Zukunft den Charakter eines Forschungskombinates" annehmen werde, für das das Ministerium für Wissenschaft und Technik als zentrale Planungsinstanz zuständig sein würde.[140] Die im engsten Führungskreis der Akademie, dem *Geschäftsführenden Präsidium*, diskutierten Entwürfe über die zukünftigen Aufgaben,

[138] Max Steenbeck, „Aufgaben und erste Ergebnisse der Forschungsplanung. Hauptversammlung der Akademie am 14. Mai 1964", in: *Jb. der DAW 1964*, S. 142ff.

[139] Der Prozeß der Absorption des Forschungsrates durch die Administration endete 1982 schließlich damit, daß der Minister selbst den Vorsitz übernahm. Auf zwei angesehene Wissenschaftler und Akademiemitglieder (Peter Adolf Thiessen und Max Steenbeck) folgte ein Wirtschaftsfunktionär. Vgl. hierzu auch Scheler, *Akademie der Wissenschaften*, S. 63.

[140] AAW Berlin, FG, A 3922: Hermann Klare, Entwurf eines Schreibens an den Vorsitzenden des Ministerrates Willi Stoph vom November 1967, zit. nach: Stange, *Genese*, S. 190.

das Profil und die Struktur der Akademie, ließen an einer solchen Konstellation jedenfalls keinen Zweifel.[141] Ausgearbeitet hatte die Konzeption eine im Mai 1967 gebildete Arbeitsgruppe der Akademieparteileitung.[142] Die Vorgaben waren vom Ministerium gekommen.[143]

Der Chemiker und Industriefachmann Hermann Klare plädierte nun für straffe und übersichtliche Leitungsstrukturen in seinem *Kombinat* und dafür, die Kapazität der Forschungsgemeinschaft in 17 Großinstitute an Stelle der bisherigen 65 Institute und Forschungsstellen, die immerhin etwa 11.500 Mitarbeiter beschäftigten, zu gliedern.[144] Dies sollte im Bereich der Chemieinstitute erprobt und dann auf die ganze Forschungsgemeinschaft übertragen werden. Im Februar 1968 lag eine „Konzeption zur Neugestaltung des Planungs- und Leitungssystems der chemischen Forschung der Forschungsgemeinschaft" vor;[145] Ende Februar 1968 auch die überarbeitete Grundkonzeption zur Struktur der gesamten Akademie für eine Diskussion mit den Akademiemitgliedern.[146] Nachdem letztere von einer jetzt ausschließlich aus Partei- und Wissenschaftsprominenz bestehenden Arbeitsgruppe noch einmal redigiert worden war, kam sie am 19. März 1968 zur Bestätigung ins Politbüro der SED. Der Entwurf forderte, die *Akademie der Wissenschaften zu Berlin* und die ihr *beigeordneten Institutsgemeinschaften* – bemerkenswert ist schon die sprachliche Trennung – in das entwickelte System des Sozialismus zu integrieren. Dazu sei es notwendig, die Aufgabenstellung und die Arbeitsweise der Akademie weitgehend zu verändern und die Eigenverantwortung der ihr beigeordneten Institutsgemeinschaften zu erhöhen. Die Gelehrtengesellschaft sollte weiterhin ihre wissenschaftlichen Sitzungen abhalten sowie gegebenenfalls Informationen, Empfehlungen, Gutachten und Vorschläge vorlegen. Die Zuordnung der Forschungsgemeinschaft blieb unangetastet. Die für die Geistes- und für die Sozialwissenschaften zuständige Arbeitsgemeinschaft sollte ihre

[141] AAW Berlin, Nr. 10147 (1. Entwurf vom 5. August 1967) und AAW Berlin, VA 8487(2. Entwurf, am 2. November 1967 im Geschäftsführenden Präsidium beraten). Im zweiten Entwurf über „Aufgaben, Profil und Struktur der Deutschen Akademie der Wissenschaften zu Berlin" hieß es: „Die Forschungsgemeinschaft erhält ihre Planaufgaben direkt vom Minister für Wissenschaft und Technik und ist diesem rechenschaftspflichtig. Das Ministerium [...] plant die finanziellen, materiellen und personellen Fonds der Akademie. Der Minister [...] ist Auftraggeber für solche fundamentalen wissenschaftlichen Arbeiten, die nicht vertraglich mit der Industrie gebunden sind."

[142] Vgl. AAW Berlin, NL Rompe, Nr. 66: Protokolle und Vorlagen zu den (Sonder-)Sitzungen der Akademieparteileitung vom Mai bis Juli 1967.

[143] Herbert Weiz forderte vom 1. Sekretär die Akademieparteileitung am 3. Juni 1967: „keine Leitungs- und Strukturfragen der DAW zu diskutieren, bis eine ‚Vorgabe' im Juli an uns gegeben wird". Vgl. AAW Berlin, NL Rompe, Nr. 66.

[144] AAW Berlin, NL Rompe, Nr. 72: Protokoll über die außerordentliche Dienstbesprechung des Vorsitzenden der Forschungsgemeinschaft am 8. November 1967, Punkt 1.

[145] Vgl. AAW Berlin, NL Rompe, Nr. 73: Konzeption zur Neugestaltung des Planungs- und Leitungssystems der chemischen Forschung der Forschungsgemeinschaft, Vertrauliche Dienstsache 1/68, 16. Februar 1968.

[146] AAW Berlin, VA 4847/1.

„wissenschaftliche Orientierung“ direkt von den zuständigen Organen der Partei und Regierung erhalten. Laut Protokoll wurde die Vorlage in erster Lesung mit den in der Diskussion gemachten Änderungen angenommen, wobei die noch offenen Fragen zu prüfen und dem Politbüro erneut vorzulegen waren.[147] Die endgültige Entscheidung war damit vertagt und fiel schließlich – und das überraschte – ganz anders aus.

4.3. Die Akademiereform 1968–1972

Im Juni 1968 beriet das Politbüro erneut über die Akademiefrage und stimmte nun einer von vier Politikern überarbeiteten Fassung einer Grundkonzeption für die Akademie zu.[148] Erhalten bliebt in der neuen Konzeption die inhaltliche Zielsetzung, für die Akademie, zerschlagen wurde jedoch der strukturelle Status quo.

– Die beiden Institutsgemeinschaften – Forschungsgemeinschaft und Arbeitsgemeinschaft – wurden aufgelöst und das Forschungspotential in sieben neue *Forschungsbereiche* gegliedert: Kosmische Physik, Mathematik und Physik, Chemie, Biologie und Medizin, Werkstoffwissenschaften, Kernwissenschaften sowie Gesellschaftswissenschaften.

– Die Gelehrtengesellschaft sollte durch Veränderungen des Mitgliederstatus und der Zugangsmöglichkeiten verändert, die Klassen umgebildet und die Sektionen endgültig aufgelöst werden.

– Die Leitung der Forschungsakademie war auf eine Stelle zu konzentrieren: Der Präsident hatte die Arbeit des Präsidiums und des Plenums zu leiten, das Zusammenwirken der Forschungsbereiche zu sichern und für eine einheitliche Planung sowie für die Kaderpolitik verantwortlich zu zeichnen. Das Präsidium sollte das kollektive Beratungsorgan zur Vorbereitung von Entscheidungen des Präsidenten sein. Dazu gehörten neben den Vizepräsidenten, dem Generalsekretär und den Forschungsbereichsleitern auch der Erste Sekretär der SED-Parteiorganisation und der Vorsitzende der zentralen Gewerkschaftsleitung der Akademie. Die Klassen hingegen waren erstmals nicht mehr durch ihre Vorsitzenden in diesem Gremium vertreten.

Zum Leibniztag am 4. Juli 1968 wurden die Akademiemitglieder über die Grundzüge der Akademiereform informiert.[149] Drei Wochen später, am 25. Juli, stimmten sie der

[147] SAPMO, ZPA, J IV 2/2A/1285: Vorlage vom 12. März 1968 für die Sitzung am 19. März 1968, Entscheidung im Protokoll, Punkt 7. Die Bildung der Arbeitsgruppe mit folgenden Mitgliedern hatte das Sekretariat des ZK der SED am 10. Januar 1968 beschlossen: Herbert Weiz (Vorsitz), Kurt Hager, Günter Mittag, Werner Jarowinsky, Günter Kleiber, Max Steenbeck, Hermann Klare, Leo Stern, Günther Drefahl, Klaus-Dieter Wüstneck, Jürgen Treder, Helmut Koziolek, Fritz Hilbert, Eberhard Leibnitz und Robert Rompe (alle SED außer Steenbeck und Klare).

[148] Vgl. SAPMO, ZPA, J IV 2/2A/1310: Protokoll der Politbürositzung vom 25. Juni 1968, Punkt 7. Die Kommission zum Erarbeiten dieser Vorlage, der Kurt Hager, Günter Mittag, Herbert Weiz und der neue Minister für Wissenschaft und Technik, Günter Prey, angehörten, war vom Politbüro der SED am 23. April 1968 bestellt worden.

[149] Vgl. Werner Hartke, „Bericht zum Leibniz-Tag am 4. Juli 1968“ und Hermann Klare, „Grundzüge der Akademiereform“, in: *Jb. der DAW 1968*, S. 34ff. bzw. 48ff.

Grundkonzeption auf einer Gesamtsitzung zu, allerdings unter zumindest ungewöhnlichen Rahmenbedingungen. Die Mitglieder erhielten die Unterlagen eine Stunde vor Sitzungsbeginn mit der Auflage, sie nach der Sitzung zur Vernichtung zurückzugeben. Auch das genaue Abstimmungsergebnis ist unbekannt, da keine Protokolle dieser Sitzung existieren.[150] Erstmals schrieb nun ein offizielles Akademiedokument fest, daß die Akademie auf der Grundlage der Beschlüsse der Sozialistischen Einheitspartei Deutschlands und der Regierung der DDR zu arbeiteten habe und für die Durchführung der sich daraus ergebenden Aufgaben voll verantwortlich sei. Der Perspektivplan für die Entwicklung der Volkswirtschaft sollte fortan, so hieß es in der angenommenen Grundkonzeption, Ziel und Inhalt der Forschungstätigkeit der DAW sowie die Profilierung und Konzentration ihres Forschungspotentials auf strukturbestimmende Aufgaben bestimmen.[151] Zum Präsidenten der Forschungsakademie wurde Hermann Klare gewählt.

Die als *Akademiereform* bezeichnete erneute Reorganisation der Akademie dauerte bis 1971/72. Sichtbarer Abschluß war die Umbenennung der Akademie in *Akademie der Wissenschaften der DDR* mit Wirkung vom 7. Oktober 1972.[152] Die Reform war jedoch weniger der Beginn eines neuen als vielmehr der Abschluß des sich in den Jahren zuvor vollzogenen dynamischen Entwicklungsprozesses. Die Kernpunkte dieser Akademiereform waren die folgenden:

Erstens vollendete die Reform „den schon seit den frühen 50er Jahren laufenden Prozeß der Verdrängung von Elementen korporativer Selbstverwaltung der Gelehrten" an der Akademie endgültig. An ihre Stelle trat „eine hierarchische Pyramide verantwortlicher staatlicher Einzelleiter, die zentralistisch organisiert und lückenlos in das durchgehende Gefüge der staatlichen Leitungsbeziehungen eingefügt war. Diese staatliche Leitungspyramide wurde zugleich an neuralgischen Punkten mit der parteipolitischen unmittelbar kurzgeschlossen."[153] Die führende Rolle der Staatspartei ließ sich einerseits über diese Verknüpfung und andererseits über die Besetzung der Führungspositionen in den neuen Strukturen durchsetzen. Der ohnehin anstehende Generationswechsel ermöglichte es, die alten *bürgerlichen* Wissenschaftler genauso wie einige auf Eigenständigkeit beharrende *Genossen-Wissenschaftler* durch nun bereits in der DDR sozialisierte, meist der SED treu ergebene Wissenschaftler zu ersetzen. Im höchsten Leitungsorgan der Forschungsakademie, dem Präsidium, gehörten von 14 Mitgliedern elf der SED an. Bei der von Wissenschaftlern und Politikern seit Kriegsende intensiv betriebenen Suche nach modernen Strukturen der Forschungsorganisation war ein Zustand erreicht, wo das Primat der Politik vor der Wissenschaft gesichert schien.

150 Vgl. zu den Vorgängen Scheler, *Akademie der Wissenschaften*, S. 122.

151 Vgl. „Grundkonzeption und Struktur der Deutschen Akademie der Wissenschaften zu Berlin", in: Hartkopf/Wangermann, *Dokumente*, S. 544; Hermann Klare, „Zu Fragen der Akademiereform, Direktorenkonferenz der Akademie am 31. Juli 1968", in: *Jb. der DAW 1968*, S. 72ff.

152 „Verordnung des Ministerrates der DDR über die Akademie der Wissenschaften der DDR vom 26. September 1972", abgedruckt in: Hartkopf/Wangermann, *Dokumente*, S. 570f.

153 Hierzu ausführlich Laitko, „Reformpaket", S. 54.

Zweitens entstanden aus den 90 Forschungseinrichtungen vor der Reform 27 sehr große Zentralinstitute und Zentren sowie 16 große und mittlere Institute und Arbeitsstellen. Sie wurden entsprechend ihrer disziplinären Zugehörigkeit in den sieben bereits genannten Forschungsbereichen zusammengefaßt. Insbesondere in den Zentralinstituten sollten die Vorteile problemorientierter Großforschung, die zu dieser Zeit weltweit gesehen wurden,[154] genutzt werden: Sie waren mit der Intention gebildet worden, einerseits „die Verfügbarkeit der Potentiale für die Leitung zu erhöhen und andererseits den Umfang der Potentiale so weit über eine gewisse, in den einzelnen Disziplinen unterschiedlich zu veranschlagende kritische Grenze hinaus zu steigern, daß die Praxisanforderungen effizient bedient werden konnten, ohne daß die Möglichkeiten zu selbstbestimmter, erkenntnisorientierter Grundlagenforschung übermäßig reduziert würden".[155] Inwieweit sich diese Vorstellungen realisieren ließen, könnte nur die Untersuchung einzelner Institute zeigen. Es wird Beispiele geben, wo Großforschungsstrukturen durchaus Berechtigung hatten. Der *Sündenfall* dürfte in ihrer verbindlichen Generalisierung gelegen haben. Allein der zentralistische Staat verfügte über die Macht, diese Form der Forschungsorganisation rigoros durchzusetzen und die zuvor entstandenen Strukturen aufzulösen. In der Forschungsakademie waren damit nicht nur die gesamte Formenvielfalt eines ausdifferenzierten Wissenschaftssystems unter einem Dach vereinigt, sondern zudem noch in eine institutionelle Einheitsstruktur gepreßt worden. So wurden Modernisierungsansätze durch eine unflexible Generalisierung und Zentralisierung konterkariert.

Drittens wurden die Politisierung und Ökonomisierung des akademischen Forschungspotentials auf eine neue Stufe gehoben. Praxis-, insbesondere industrierelevante Resultate – wobei Praxis auch im Sinne gesellschaftlicher Prozesse verstanden wurde – standen dabei an erster Stelle. Darin bestand der eigentliche Zweck der Reform, während die Straffung der Leitungsmechanismen und die Konzentration der Potentiale lediglich Mittel zu diesem Zweck waren.[156] Forschung wurde nur noch finanziert, wenn ein externer *gesellschaftlicher Auftraggeber* existierte. Für die Natur- und Technikwissenschaften waren das in der Regel die Ministerien und die Industrie; für die Geistes- und Sozialwissenschaften das Politbüro der SED. Die Forderung nach vollständiger Bindung an solche Einrichtungen wurde allerdings bereits 1972 wieder auf die Hälfte der Forschungsaufgaben beschränkt. Für die andere Hälfte konnte der Präsident der Akademie die Rolle des *gesellschaftlichen Auftraggebers* in Sachen Grundlagenforschung übernehmen.[157]

[154] Vgl. vom Brocke, „Kaiser-Wilhelm-/Max-Planck-Gesellschaft" und Ritter, *Großforschung und Staat.*

[155] Laitko, „Reformpaket", S. 54.

[156] Ebd., S. 55.

[157] Vgl. Anordnung über die auftragsgebundene Finanzierung wissenschaftlich-technischer Aufgaben, in: *GBl. der DDR,* Teil II, Nr. 110, 1968. Auftraggeber konnten Kombinate, das Ministerium für Wissenschaft und Technik und andere Ministerien sein. Das System der Vertragsbeziehungen und Finanzierungsregelungen beschreibt Werner Meske in: Gläser/Meske, „Anwendungsorientierung", S. 101.

In der DDR hat die Ausrichtung auf eine anwendungsorientierte Forschung nicht den erhofften Innovationsschub gebracht.[158] Allerdings erwies sich der eingeschlagene Weg, neben einer *zweckfreien Grundlagenforschung* vor allem eine *anwendungsorientierte Grundlagenforschung* zu betreiben, für nicht wenige Forschergruppen in der Zeit nach 1990 als der Schlüssel zum Zugang in das ausdifferenzierte Wissenschaftssystem der Bundesrepublik – insbesondere in jene Säulen, die heute unter den Namen *Helmholtz*, *Leibniz* und *Fraunhofer* firmieren. Die teils erzwungene und teils verinnerlichte Bereitschaft, nicht nur im *Elfenbeinturm*, sondern mit Anwendungsbezug zu forschen, wurde bei Evaluierungen nach 1990 immer wieder als Vorteil bzw. modernes Element ehemaliger Akademieinstitute gepriesen.

Viertens fand die Suche nach der Aufgabenstellung für die Gelehrtengesellschaft einen Abschluß. Nach mehr als zwei Jahrzehnten des Experimentierens beschränkte sie sich wieder auf ihre angestammte Funktion als Ort der Repräsentation und der Kommunikation. Als unmittelbar forschungssteuerndes Gremium schied sie nun zwar endgültig aus, aber der Ende der 1950er Jahre beginnende Trend indirekter Einflußnahmen aus der Gelehrtengesellschaft auf das Forschungspotential der Akademie setzte sich fort. Das *Gütesiegel* einer Mitgliedschaft in der Gelehrtengesellschaft garantierte exponierte Positionen in den staatlichen Entscheidungsgremien (Räten, Kommissionen etc.). Die Akademie konnte zudem als Rückzugsort für den wissenschaftlichen Disput genutzt werden; sie war weit weniger von der internationalen *community* abgekoppelt als es sonst für wissenschaftliche Einrichtungen in der DDR üblich war.[159] Das angestrebte *Universitas-litterarum-Prinzip* der Gelehrtengesellschaft erlaubte die Hoffnung auf eine verbesserte und unkonventionelle interdisziplinäre Zusammenarbeit.

Dem Ort der Repräsentation blieben allerdings Einschnitte nicht erspart. Zum einen wurde die gesamtdeutsche Zusammensetzung der Gelehrtengesellschaft als Anachronismus in einer sozialistischen Forschungsakademie der DDR nun endgültig aufgegeben. Das zeigte sich in der Umwandlung des Mitgliederstatus der dreißig westdeutschen und West-Berliner stimmberechtigten Ordentlichen Mitglieder zu Auswärtigen Mitgliedern.[160] Zum

[158] Werner Meske, in: Gläser/Meske, „Anwendungsorientierung“, S. 135: „Die Innovationsprobleme der Industrie wurden in erster Linie durch das Wirtschaftssystem selbst verursacht, das den Betrieben zu wenig Entscheidungsspielraum beließ und zu wenig Kapazitäten für Investitionen bereitstellte. Die Strategie, mit denen die Politik die Innovationsprobleme lösen wollte, setzten aber nie an diesem eigentlichen Schwachpunkt an, sondern beinhaltete Versuche einer besseren Anpassung der Forschung (als Innovationsquelle) an die Wirtschaft. [...] Die Grundlage dieser Fehlleistungen des politischen Systems war die unvollständige Ausdifferenzierung von Wirtschafts- und Wissenschaftspolitik, bei der letztere den politisch prioritären wirtschaftlichen Interessen nachgeordnet wurde.“

[159] Vgl. hierzu den Beitrag von Günter Pasternak in diesem Band.

[160] Der Status Auswärtiges Mitglied (AM) wurde 1969 wieder eingeführt, vgl. § 16 der Verordnung über das Statut der Deutschen Akademie der Wissenschaften zu Berlin vom 20. Mai 1969. AM wurden alle ausländischen Mitglieder, die 30 erwähnten OM und weitere 20 KM aus der BRD und West-Berlin (davon hatten 31 ständig dort gelebt, sechs die DDR *legal* und 13 die DDR *illegal* verlassen). OM und KM konnten

anderen konnte durch die Umstrukturierung auf allen Ebenen der ohnehin einsetzende altersbedingte Rückzug der ostdeutschen *großen Gelehrten* aus den Entscheidungspositionen forciert werden. Zwar blieb auch in Zukunft die Kombination von hoher wissenschaftlicher Qualität und Loyalität gegenüber dem Staat das Zugangskriterium für die Gelehrtengesellschaft – in wechselnder Gewichtung –, aber wirklich große Gelehrte mit Charisma wurden seltener; die Verbundenheit der neuen Mitglieder mit der Staatspartei stieg hingegen beträchtlich.

Die interdisziplinäre Zusammenarbeit sollte durch die Einführung von zeitweilig bestehenden *problemgebundenen Klassen* anstelle der 1968 aufgelösten disziplinorientierten Klassen gefördert werden. Von 1969 bis 1972 wurden elf Klassen gegründet, u. a. die Klassen für Grundlagen der Werkstoffe und ihrer Anwendung, für Optimale Gestaltung der Umweltbedingungen oder für Erbe und Gegenwart. Warum dieses moderne Konzept bereits im Sommer 1973 wieder völlig verworfen wurde und die Rückkehr zu zunächst neun disziplinären Klassen erfolgte, wäre einer genaueren Betrachtung wert.

Ob Jürgen Kuczynskis vernichtendes Urteil über die Akademiereform das letzte Wort sein kann, müssen weitere Untersuchungen zeigen: „Die Reform war der untaugliche Versuch, die Wissenschaft an die Kommandostrukturen der Wirtschaft zu binden, sie institutionell zu kasernieren. Das schlimmste Ergebnis der Reform war, durch die Verballhornung des Leibnizschen Prinzips der Verbindung von Theorie und Praxis, das weitere Umsichgreifen und Ausbreiten der Mittelmäßigkeit, die zunehmende Konzentration auf die Lösung von Tagesaufgaben und damit das Brachlegen und Verkümmern wissenschaftlicher Kreativität, vor allem der Grundlagenforschung."[161]

nur noch Bürger der DDR sein. Zahlenangaben siehe AAW Berlin, VA 11434: Werner Hartke, Memorandum zum Verfahren gegenüber früher in der DDR wohnhaft gewesenen Mitgliedern deutscher Nationalität vom 20. August 1970.

[161] Kuczynski, *Linientreuer Dissident*, S. 157.

Literatur

Ash, Mitchell G.: „Kurt Gottschaldt (1902–1991) und die psychologische Forschung vom Nationalsozialismus zur DDR – konstruierte Kontinuitäten", in: Hoffmann/Macrakis, *Naturwissenschaft und Technik*, S. 337–359.

Brocke, Bernhard vom/Hubert Laitko: *Kaiser-Wilhelm-/Max-Planck-Gesellschaft und ihre Institute.* Das Harnack-Prinzip, Berlin – New York 1996.

Brocke, Bernhard vom: „Die Kaiser-Wilhelm-/Max-Planck-Gesellschaft und ihre Institute zwischen Universität und Akademie", in: vom Brocke/Laitko, *Kaiser-Wilhelm-/Max-Planck-Gesellschaft*, S. 1–32.

Deutsche Akademie der Wissenschaften zu Berlin 1946–1956, Berlin 1956.

Die wichtigsten wissenschaftlichen Leistungen und die volkswirtschaftliche Wirksamkeit der Forschungsgemeinschaft der naturwissenschaftlichen, technischen und medizinischen Institute der Deutschen Akademie der Wissenschaften zu Berlin in den Jahren 1957 bis 1964, Berlin 1964.

Eibl, Christina: *Der Physikochemiker Peter Adolf Thiessen als Wissenschaftsorganisator (1899–1990).* Eine biographische Studie, Diss., Stuttgart 1998.

Fischer, Wolfram (Hrsg.) unter Mitarbeit von Rainer Hohlfeld und Peter Nötzoldt: *Die Preußische Akademie der Wissenschaften zu Berlin 1914–1945* (= Forschungsberichte der Berlin-Brandenburgischen Akademie der Wissenschaften 8), Berlin 2000.

Fischer, Wolfram/Rainer Hohlfeld/Peter Nötzoldt: „Die Berliner Akademie in Republik und Diktatur", in: Fischer, *Preußische Akademie*, S. 517–566.

Gläser, Jochen/Werner Meske: *Anwendungsorientierung von Grundlagenforschung?* Erfahrungen der Akademie der Wissenschaften der DDR, Frankfurt/M. – New York 1996.

Hammerstein, Notker: *Die Deutsche Forschungsgemeinschaft in der Weimarer Republik und im Dritten Reich.* Wissenschaftspolitik in Republik und Diktatur 1920–1945, München 1999.

Hartkopf, Werner/Gert Wangermann (Hrsg.): *Dokumente zur Geschichte der Berliner Akademie der Wissenschaften von 1700 bis 1990* (= Berliner Studien zur Wissenschaftsgeschichte 1), Heidelberg – Berlin – New York 1991.

Hoffmann, Dieter/Kristie Macrakis (Hrsg.): *Naturwissenschaft und Technik in der DDR*, Berlin 1997.

Jahresbericht 1989 der AdW der DDR, Teil 2: Statistischer Jahresbericht.

Kocka, Jürgen (Hrsg.) unter Mitarbeit von Rainer Hohlfeld und Peter Th. Walther: *Die Königlich Preußische Akademie der Wissenschaften zu Berlin im Kaiserreich* (= Forschungsberichte der Interdisziplinären Arbeitsgruppen der Berlin-Brandenburgischen Akademie der Wissenschaften 7), Berlin 1999.

Kuczynski, Jürgen: *Ein linientreuer Dissident*, Berlin 1992.

Laitko, Hubert: „Das Reformpaket der sechziger Jahre – wissenschaftspolitisches Finale der Ulbricht Ära", in: Hoffmann/Macrakis, *Naturwissenschaft und Technik*, S. 35–57.

Landrock, Rudolf: *Die Deutsche Akademie der Wissenschaften zu Berlin 1945–1971 – ihre Umwandlung zur sozialistischen Forschungsakademie.* Eine Studie zur Wissenschaftspolitik der DDR, 3 Bde. (= Analysen und Berichte aus Gesellschaft und Wissenschaft), Erlangen – Nürnberg 1977, Bd. 1.

Lauterbach, Günter: *Wissenschaftspolitik und Ökonomie.* Wandel der Konzeptionen im Wandel der Wirtschaftsreformen 1963–1971, Erlangen 1980.

Naumann, Manfred: „Mein Parteiauftrag im Karl-Marx-Jahr", in: Geschichtskommission der SED-Kreisleitung der AdW der DDR (Hrsg.), *Erinnerungen und Erlebnisse verdienstvoller Mitglieder der SED*, Berlin 1987, Teil I, S. 22–29.

Neue Wege der wissenschaftlich-technischen Forschung, Wissenschaft und Fortschritt, Berlin 1967.

Nikitin, Pjotr I.: *Zwischen Dogma und gesundem Menschenverstand.* Wie ich die Universitäten der deutschen Besatzungszone „sowjetisierte". Erinnerungen des Sektorleiters Hochschulen und Wissenschaft der Sowjetischen Militäradministration in Deutschland (= edition bildung und wissenschaft 6), Berlin 1997.

Nötzoldt, Peter: „Wissenschaft in Berlin – Anmerkungen zum ersten Nachkriegsjahr 1945/46“, in: *Potsdamer Bulletin für Zeithistorische Studien* 5 (1995), S. 15–36.

Nötzoldt, Peter: „Strategien der deutschen Wissenschaftsakademien gegen Bedeutungsverlust und Funktionsverarmung“, in: Fischer, *Preußische Akademie*, S. 237–277.

Nötzoldt, Peter: *Wolfgang Steinitz und die Deutsche Akademie der Wissenschaften zu Berlin*. Zur politischen Geschichte der Institution (1945–1968), Diss., Berlin 1998.

Osietzki, Maria: *Wissenschaftsorganisation und Restauration*. Der Aufbau außeruniversitärer Forschungseinrichtungen und die Gründung des westdeutschen Staates 1945–1952, Köln 1984.

Protokoll der Verhandlungen des V. Parteitages der SED vom 10.–16. Juli 1958, Bd. 1, Berlin 1959.

Ritter, Gerhard A.: *Großforschung und Staat in Deutschland*. Ein historischer Überblick, München 1992.

Ritter, Gerhard A./Margit Szöllösi-Janze/Helmuth Trischler (Hrsg.): *Antworten auf die amerikanische Herausforderung*. Forschung in der Bundesrepublik und der DDR in den „langen“ siebziger Jahren (= Studien zur Geschichte deutscher Großforschungseinrichtungen 12), Frankfurt/M. – New York 1999.

Scheler, Werner: *Von der Deutschen Akademie der Wissenschaften zu Berlin zur Akademie der Wissenschaften der DDR*. Abriss der Genese und Transformation der Akademie, Berlin 2000.

Stange, Thomas: *Die Genese des Instituts für Hochenergiephysik der Deutschen Akademie der Wissenschaften zu Berlin 1940–1970*, Diss., Hamburg 1998.

Steiner, André: *Die DDR-Wirtschaftsreform der sechziger Jahre*. Konflikt zwischen Effizienz- und Machtkalkül, Berlin 1999.

Tandler, Agnes Charlotte: *Geplante Zukunft*. Wissenschaftler und Wissenschaftspolitik in der DDR 1955–1971, Diss., Florenz 1997.

Tent, James F.: *Freie Universität Berlin 1948–1988*. Eine deutsche Hochschule im Zeitgeschehen, Berlin 1988.

Trischler, Helmuth/Rüdiger vom Bruch: *Forschung für den Markt*. Geschichte der Fraunhofer-Gesellschaft, München 1999.

Verordnung über die Erhaltung und Entwicklung der deutschen Wissenschaft und Kultur, weitere Verbesserung der Lage der Intelligenz und Steigerung ihrer Rolle in der Produktion und im öffentlichen Leben. Vorlage zur Vollsitzung der Deutschen Wirtschaftskommission für die sowjetische Besatzungszone am 30./31. März 1949.

Walther, Peter Th.: „It Takes Two to Tango“. Interessenvertretungen an der Deutschen Akademie der Wissenschaften zu Berlin in den fünfziger Jahren, in: *Berliner Debatte Initial*, 4/5 (1995), S. 68–78.

Weber, Hermann: *Die DDR 1945–1990* (= Grundriß der Geschichte 20), München ^{2}1993.

Wennemuth, Udo: *Wissenschaftsorganisation und Wissenschaftsförderung in Baden*. Die Heidelberger Akademie der Wissenschaften 1909–1949, Diss., 1991.

WITEGA e.V. (Hrsg.): *Zur Geschichte der Forschungsgemeinschaft der naturwissenschaftlichen, technischen und medizinischen Einrichtungen der Deutschen Akademie der Wissenschaften zu Berlin* (= Wissenschaftshistorische Adlershofer Splitter 3), Berlin 1997.

Conrad Grau (†)

Reflexionen über die Akademie der Wissenschaften der DDR 1968–1990

Wenn ich aus dem Abstand von nur zehn Jahren den Blick auf die letzten beiden und wegen der Folgewirkung gravierenden Dezennien der hier zu behandelnden Institution richte, dann bin ich als Rückschauender mit mehr Fragen konfrontiert, als ich beantworten kann. Der Forschungsstand, das eigene Beteiligtsein an den Ereignissen dieser Jahrzehnte von 1968 bis 1990 und die durch die Entscheidungen von 1990/91 präjudizierten Schlußfolgerungen über die Akademie der Wissenschaften der DDR begrenzen den Raum für die eigentlich historische Analyse der zu debattierenden Vorgänge. Sie führten bekanntlich zur Auflösung der 1989 bestehenden Akademiestrukturen und zu dem damit verknüpften Elitenwechsel. Daher bitte ich um Verständnis für den gewählten Titel meiner Ausführungen. Ich möchte reflektierend das Werden desjenigen Zustandes beschreiben, der von den Verantwortungsträgern beim Umgang mit der Akademie um 1990 genutzt wurde. Unter dem Einfluß der Wende tendierten die Entscheidungen bei weitgehender Verabsolutierung des gegebenen Zustandes dahin, die Entwicklung der Akademie *ab ovo*, also seit dem Kriegsende, als im wesentlichen verfehlt zu betrachten.

Gegenstand meines Beitrags ist das strukturelle Verhältnis von Gelehrtengesellschaft und Großorganisation außeruniversitärer Forschung in der Endphase der Akademie, in deren Selbstverständnis sich Kontinuitäten und Brüche seit Leibniz fast unentwirrbar miteinander verflochten. Eine Behandlung der inneren Entwicklung beider Struktureinheiten, also der Gemeinschaft der Akademiemitglieder und des Forschungsverbundes, nach 1968 muß ich mir für eine Langfassung meines Beitrags vorbehalten. Aus sachlichen Gründen ist es indes hier geboten, die Zeit vor 1968 nicht außer acht zu lassen.

Die Gelehrtengesellschaft war von Anfang an eine Kommunikationsgemeinschaft von Wissenschaftlern des In- und Auslandes, die sich durch Zuwahlen von Mitgliedern selbst konstituierte. Inwieweit dabei die offiziell stets als die allein entscheidenden wissenschaftlichen Kriterien im Einzelfall durch gesellschaftliche und politische Faktoren überlagert wurden, wäre für die einzelnen Zeitabschnitte der Akademiegeschichte konkret zu untersuchen. Der gegenwärtige Forschungsstand ermöglicht die Feststellung, daß das in den Statuten festgelegte Recht der Akademiemitglieder zur Ergänzung ihrer Gemeinschaft durch Zuwahlen der politischen Einflußnahme auf diese Wahlen keine unüberwindlichen Grenzen zog. Die der Akademie bis 1954 vorgeordneten Ministerien Preußens, des Reichs und der DDR haben auf die Zusammensetzung der Akademiemitgliedschaft oft indirekt oder direkt eingewirkt. Dabei konnten sie allerdings in unterschiedlichem Maße auf die Kooperationsbereitschaft der Wahlberechtigten setzen. Solange und insofern sich das Selbstverständnis der Akademiemitglieder mit ihrer von den vorgesetzten Behörden erwarteten Einordnung in die gegebenen Bedingungen vereinbaren ließ, blieben Konfrontationen die Ausnahme. Erst als das seit den beginnenden fünfziger Jahren in Folge von Divergenzen zwischen offizieller Wissenschaftspolitik und dem Selbstverständnis der Akademiemitglieder zunehmend nicht mehr der Fall war, bedurfte es des Ausbaus eines spezifischen Mechanismus zur Beeinflussung der Zuwahlen. Einen Einschnitt bedeutete 1954 die direkte Unterstellung der Akademie unter den Ministerrat der DDR. Zuwahlen konnten schließlich nur noch dann erfolgen, wenn sie zuvor mit den zuständigen Einrichtungen der SED abgestimmt waren. Das bedeutete allerdings nicht, daß jedes zu wählende Akademiemitglied auch Parteimitglied sein mußte. Die wissenschaftliche Qualifikation – ergänzt durch die Bereitschaft zur Loyalität gegenüber dem bestehenden System – wurde als Voraussetzung für Zuwahlen durchaus gewahrt. Auch die Methode, ausgewiesene Wissenschaftler als Repräsentanten der sogenannten bürgerlichen Intelligenz, die in den ersten Jahrzehnten für unentbehrlich gehalten wurden, über die Mitgliedschaft in der Akademie in die entstehenden neuen Verhältnisse einzubinden, muß beachtet werden.

Dieser hier nur angedeutete Prozeß der allmählichen Wandlung zu einer nicht nur wissenschaftlich, sondern auch politisch bestimmten Gelehrtengesellschaft bis zum Ende der sechziger Jahre vollzog sich vor dem Hintergrund der Ost-West-Konfrontation parallel zu zwei Vorgängen, die innerhalb und außerhalb der Akademie zu beobachten sind und die 1968 kulminierten.

Mit der Verfassung der DDR von 1968 wurde die *de facto* bestehende Alleinherrschaft der SED auch staatsrechtlich sanktioniert. Die DDR war demnach ein *sozialistischer Staat deutscher Nation*, und zwar – nach Artikel 1 – *unter Führung der Arbeiterklasse und ihrer marxistisch-leninistischen Partei*. Das hatte direkte Folgen für die Zuwahlen, die wie schon zuvor auch in der DDR der staatlichen Bestätigung bedurften. Die gängige Formulierung *Partei- und Staatsführung* verschleierte dabei die Tatsache, daß im offiziellen Mehrparteien-Staat DDR in allen Bereichen wesentliche Entscheidungen durch staatliche Stellen allein auf der Grundlage von Beschlüssen einer einzigen Partei gefaßt wurden.

Auf dem Gebiet der Wissenschaft manifestierte sich die neue Entwicklungsetappe fast gleichzeitig in der Hochschul- und der Akademiereform. Eine detaillierte Nachzeichnung des Verlaufes, den letztere genommen hat, muß ich mir hier versagen. Entscheidende Schritte waren 1968/69 die grundlegende Umgestaltung aller Bereiche der Akademie und der Staatsratsbeschluß vom 12. März 1970 „zur weiteren Durchführung der Akademiereform bei der Gestaltung des entwickelten gesellschaftlichen Systems des Sozialismus und der DDR". Am vorläufigen Ende der Umgestaltung zur *sozialistischen Forschungsakademie* stand 1972 die Umbenennung der Deutschen Akademie der Wissenschaften zu Berlin in Akademie der Wissenschaften der DDR, wodurch deren Stellung nach außen offiziell zum Ausdruck gebracht wurde.

Zu keinem Zeitpunkt stand die Akademie im Mittelpunkt der von der Sozialistischen Einheitspartei bestimmten Interessen des Staates wie in den Jahren seit 1968. Erst jetzt wurde damit begonnen, konsequent ein Konzept durchzusetzen, das – trotz seines formalen Rückbezugs auf die traditionelle Akademie – mit der Etablierung einer nicht von den Kommunisten erfundenen Großforschung in der Akademie letztlich vom überkommenen Akademiegedanken in Deutschland abwich. Ich erinnere daran, daß das Prinzip der Großforschung einen seiner Ursprünge in Überlegungen von Theodor Mommsen und Adolf Harnack um 1900 in der Preußischen Akademie hatte und seitdem immer wieder die Forderung erhoben wurde, der Akademie Forschungsinstitute anzugliedern. Das geschah dann seit 1946 unter spezifischen Umständen im Einvernehmen zwischen Akademiemitgliedern und vorgeordneten Behörden. Doch blieb ungeachtet aller Wandlungen innerhalb der Akademie deren Grundstruktur zunächst weitgehend unangetastet. Warum die Führungsgremien der Partei schließlich in den sechziger Jahren entschieden, das Ziel der Verknüpfung von Wissenschaft und Industrie mit Hilfe der Akademie durch deren Umgestaltung durchzusetzen und nicht neben oder unabhängig von ihr, müßte durch eingehende Untersuchungen über den politisch motivierten Meinungsbildungsprozeß in der Führung im Wechselspiel mit Vertretern der Wissenschaft ermittelt werden. Auf jeden Fall entstand nach den Entscheidungen seit 1968, und nicht bereits 1946, eine Akademie, die als Gesamtinstitution mit den anderen deutschen Akademien nicht mehr kompatibel war. Den Hintergrund dafür bildeten sicher neben innergesellschaftlichen Entwicklungen im Umfeld der weltweit wachsenden Rolle der Wissenschaft auch die weitere Annäherung an das in der Sowjetunion praktizierte Wissenschaftsmodell, subjektive Einflüsse von Politikern und Wissenschaftlern und Interessen der Abgrenzung zum Westen. Es sollte wohl auch ein sich zu diesem Zeitpunkt abzeichnender Generationenwechsel nicht übersehen werden. Erst jetzt standen Persönlichkeiten zur Verfügung, deren wissenschaftliche Entwicklung und deren gesellschaftliche Sozialisation sich zumindest partiell unter Nachkriegsbedingungen im Osten Deutschlands vollzogen hatten.

Gegenstand meiner Reflexionen ist der Versuch, die Jahre um 1968 als einen Wendepunkt in der Akademieentwicklung zu verdeutlichen, der vor allem wissenschaftspolitisch bedingt war. Wie unter den neuen strukturellen Bedingungen Ergebnisse in der Forschung erzielt wurden und wie diese unter Inanspruchnahme objektiver Kriterien wissenschaftlich zu bewerten sind, muß hier unbeachtet bleiben. Generell glaube ich nicht zuletzt unter Bezug auf die Ergebnisse der Arbeitsgruppe *Wissenschaft und Wiedervereinigung*[1] feststellen zu können, daß in der Akademie auf vielen Gebieten ernsthafte wissenschaftliche Arbeit geleistet wurde. Eine wesentliche Ursache für die Auflösung der zwischen 1968 und 1989 bestehenden Zentralinstitute und Institute der Akademie, also des Forschungsverbundes neben der Gelehrtengesellschaft, liegt, wenn ich den Evaluierungsprozeß richtig beurteile, weniger in wissenschaftlichen Defiziten als in strukturellen Problemen. Die gleichzeitige Übernahme von Forschungs- und Editionsgruppen, die schon vor 1968 in der Akademie

[1] Vgl. Kocka/Mayntz, *Wissenschaft und Wiedervereinigung.*

tätig gewesen und mit der Reform in Institute eingegliedert worden waren, durch die neu konstituierte Berlin-Brandenburgische Akademie der Wissenschaften betrachte ich als Bestätigung für diese Feststellung. In der Bundesrepublik gibt es vier historisch entstandene große Forschungsverbünde mit Instituten: die Max-Planck-Gesellschaft, die Wissenschaftsgemeinschaft Gottfried Wilhelm Leibniz, die Hermann-von-Helmholtz-Gesellschaft Deutscher Forschungszentren und die Fraunhofer-Gesellschaft. Eine wie auch immer geartete Fortführung des mit der Gelehrtengesellschaft verknüpften Forschungsverbundes Akademie der Wissenschaften der DDR, der überdies seine Einrichtungen allein in den neuen Bundesländern gehabt hätte, wäre selbst bei personeller Ausdünnung ein neues Element im nunmehr gesamtdeutschen System gewesen, für dessen Akzeptierung durch die bestehenden Forschungsverbünde wenig oder keine Bereitschaft gegeben war. Daß auf diese Weise auch auf mögliche Neuansätze für die deutsche Forschungsorganisation verzichtet wurde, dürfte heute unbestritten sein.

Nach meiner Ansicht verbirgt sich dahinter aber auch ein grundsätzlicheres Problem. Es geht um das Zusammenwirken zwischen einer nach festgelegten Kriterien konstituierten, personell begrenzten Gelehrtengesellschaft mit lebenslangen Mitgliedschaften und mit Aufgaben der interdisziplinären Kommunikation einerseits und einer Großorganisation der Forschung andererseits, die in vieler Hinsicht, nämlich inhaltlich, personell und finanziell, flexibel und in ihren Teilbereichen disziplinorientiert sein muß. Nachdem seit dem ausgehenden 19. Jahrhundert immer öfter die Forderung nach Akademieinstituten erhoben wurde, läßt sich deutlich ein Grundprinzip erkennen: Persönlichkeiten, die bereits Akademiemitglieder waren, sollten das Profil dieser Institute bestimmen, die überwiegend bereits in Arbeit befindliche Projekte übernehmen sollten. Ich finde keine Anhaltspunkte dafür, daß daraus entstehende mögliche Weiterungen für die Zusammensetzung der Gelehrtengesellschaft bedacht wurden.

Das geschah auch in den ersten Jahren nach 1946 zunächst nicht, als die Akademie bestehende Institute übernahm und neue gründete. Es wäre daher zu fragen, wie sich der Anteil der Personalunionen Akademiemitglied/Institutsdirektor veränderte. Als Tendenz, die für einzelne Zeitabschnitte und einzelne Disziplingruppen gesondert zu untersuchen wäre, scheint mir erkennbar zu sein, daß immer öfter nicht Akademiemitglieder zu Institutsdirektoren berufen, sondern Institutsdirektoren zu Akademiemitgliedern gewählt wurden. Auch auf diesem Gebiet wurde seit 1968 der entscheidende Umschwung eingeleitet. Für die Gelehrtengesellschaft bedeutete das, daß sie durch einzelne ihrer Mitglieder punktuell enger mit dem Forschungsverbund der Akademie verknüpft wurden. Auf den Inhalt der Forschung verlor sie dagegen zunehmend an Einfluß. Der Institutsdirektor, ob er nun Akademiemitglied war oder nicht, blieb als staatlicher Leiter zuerst immer in die Organisationsstrukturen des Forschungsverbundes eingebunden. Das Forschungsprofil der Akademie wurde durch die staatliche Planung festgelegt, an deren Ausgestaltung Wissenschaftler mitwirkten. Für Akademiemitglieder ergaben sich solche Möglichkeiten durch ihre Leitungsfunktionen in der Akademie und durch ihre Tätigkeit im Plenum und in den Klassen.

Festsitzung der Akademie anläßlich des 20. Jahrestages der DDR am 25. September 1969
v. l. n. r.: Kurt Braunreuther, Horst Klemm, Ernst August Lauter, Kurt Hager, Hermann Klare, Herbert Weiz, Werner Hartke, Josef Cermak

Mit der wachsenden Zahl der Institute, mit ihrer Ausdehnung auf Wissenschaftsgebiete, die in der Akademie zuvor nicht oder allenfalls am Rande gepflegt worden waren, und mit der zahlenmäßigen Vergrößerung der Institute war schon in den fünfziger Jahren deutlich geworden, daß selbst die größere Zahl der Klassen als Gremien der Akademiemitglieder keine ausreichenden Voraussetzungen bot, um den Forschungsprozeß zu koordinieren. Deshalb wurden schon 1957 und 1963 die Forschungsgemeinschaft der naturwissenschaftlichen, technischen und medizinischen Institute sowie die Arbeitsgemeinschaft der gesellschaftswissenschaftlichen Institute und Einrichtungen innerhalb der Akademie gebildet. Deren Leiter waren zwar Akademiemitglieder und sogar Vizepräsidenten, sie waren aber mit der Gelehrtengesellschaft im Plenum und in den Klassen weniger verbunden.

An die Stelle der beiden genannten Gemeinschaften innerhalb der Akademie traten 1968/69 zunächst sieben Forschungsbereiche unter folgenden Bezeichnungen: Kosmische Physik, Mathematik und Physik, Werkstoffwissenschaft, Kernwissenschaft, Chemie, Molekularbiologie und Medizin sowie Gesellschaftswissenschaften. Die Zahl der Forschungsbereiche und deren fachliche Gliederung wechselten in der Folgezeit mehrfach. Seit dem 1. Juni 1989 bestanden sieben, nunmehr als Wissenschaftsgebiete bezeichnete Bereiche für Mathematik und Informatik, Physik, Chemie, Biowissenschaften, Medizin, Geo- und Kosmoswissenschaften sowie Gesellschaftswissenschaften. Sie wurden von Sekretären, die

Akademiemitglieder waren, geleitet. Diesen Wissenschaftsgebieten waren zuletzt 54 Zentralinstitute, Institute, Forschungsstellen, Arbeitsstellen und Laboratorien in allen Teilen der DDR unterstellt. Es gab zwischen 1968 und 1989 mehrfach Veränderungen in der Gesamtstruktur der Institute und innerhalb der einzelnen Institute, beispielsweise durch Neugründungen, Umbildungen, Umbenennungen sowie Neuzuordnungen von Instituten und Institutsteilen. Außerhalb dieser Organisationsform standen drei Einrichtungen der Akademie: das Zentrum für wissenschaftlichen Gerätebau, das Rechenzentrum und das Wissenschaftliche Informationszentrum einschließlich der Akademiebibliothek und des Akademiearchivs. Die Akademie beschäftigte ca. 24.000 Mitarbeiter, von denen etwa ein Drittel Wissenschaftler waren.[2] Die wissenschaftlichen Einrichtungen der Akademie arbeiteten auf der Grundlage der staatlichen Wissenschaftsplanung, die inhaltlich von den Prinzipien der Wissenschaftspolitik der DDR bestimmt wurde. Ohne Berücksichtigung der letzteren lassen sich die Entwicklungen innerhalb der Akademie nicht nachzeichnen.

Ein Vergleich mit den zuletzt elf Klassen der Akademiemitglieder zeigt, daß es weder in der Zahl noch in den Bezeichnungen eine Kongruenz mit den Forschungsbereichen/Wissenschaftsgebieten gab. So bestanden für die sechs naturwissenschaftlichen Wissenschaftsgebiete neun Klassen, für das eine gesellschaftswissenschaftliche Wissenschaftsgebiet zwei Klassen. Wie sich diese strukturellen Unterschiede innerhalb der Gelehrtengesellschaft einerseits und des Forschungsverbundes andererseits auf die wissenschaftliche Kommunikation innerhalb der Gesamtakademie auswirkten, müßte weiterhin detailliert erforscht werden. Einen sichtbaren Ausdruck für das Verhältnis zwischen beiden Struktureinheiten der Akademie bietet beispielsweise deren letztes *Jahrbuch* für das Jahr 1989. Für den Bericht über das Plenum und die Klassen genügten 17 Seiten, während für den über den Forschungsverbund 132 Seiten erforderlich waren.

Mit der Bildung der Forschungsbereiche und der Zentralinstitute seit 1968 lockerte sich jedenfalls der Zusammenhalt zwischen Gelehrtengesellschaft und Forschungsverbund innerhalb der Akademie weiter. In diesem Zusammenhang wäre es notwendig, die Rolle der Klassen, nach der Reform zunächst als problemorientierte, dann wieder als disziplingebundene, näher zu untersuchen. Die seit den ausgehenden sechziger Jahren durchgesetzte Großorganisation der außeruniversitären Forschung, die in der DDR im Rahmen der Akademie erfolgte, sollte die DDR-spezifische Lösung der Aufgaben ermöglichen, die sich aus der Sicht der verantwortlichen Politiker in Partei und Staat aus der wissenschaftlich-technischen Revolution ergaben. Sie war also vor allem auch gesellschaftspolitisch bedingt und folglich mit dem Ende des Staates hinfällig. Der schließliche Mißerfolg sollte indes nicht verdecken, daß diese neuen Forschungsstrukturen auch Ansätze für neue Antworten enthielten und Forschungsergebnisse zeitigten, die Bestand haben. Da sich deren Detailanalyse, die sich auf die einzelnen Wissenschaftsgebiete in den unterschiedlichen Entwicklungsphasen der letzten zwanzig Jahre der Akademie der Wissenschaften der DDR konzentrieren müßte, hier verbietet, beschränke ich mich auf einen einzigen Hinweis. Trotz aller

[2] Die Zahl der Beschäftigten an der Akademie der Wissenschaften betrug 1989 23.675, von denen 8.371 Wissenschaftler waren. Vgl. Scheler, *Akademie der Wissenschaften*, S. 247.

widrigen Umstände nach der vollständigen Auflösung der wissenschaftlichen Infrastruktur der DDR ist es Wissenschaftlern und Wissenschaftlergruppen dank ihrer fachlichen Kompetenz und ihrer persönlichen Einsatzbereitschaft gelungen, ihre Stimme im nunmehr gesamtdeutschen Konzert zu erheben.

Es gibt wohl nur wenige, die die gesellschaftlich bedingten Mängel der seit 1969 in der DDR praktizierten Struktur von Gelehrtengesellschaft plus Großorganisation außeruniversitärer Forschung übersehen. Was der weiteren Analyse und der Diskussion bedarf, das sind Detailuntersuchungen über Fachdisziplinen, Institutionen und Personen, denn Wissenschaftsgeschichte der DDR läßt sich nicht auf die Beseitigung ihrer Strukturen reduzieren.

Die hier in den Vordergrund gerückte Frage nach dem Sinn und den Möglichkeiten einer Verknüpfung von Gelehrtengesellschaft und Forschungsverbund ist ein Problem der Akademiegeschichte von Anfang an. Man kann und muß darüber streiten, insbesondere nach den Erfahrungen in der DDR, ob eine solche Verknüpfung machbar und erstrebenswert ist. Von der Sache her bedarf wohl ein Forschungsverbund, der nicht in seine Einzelteile zerfallen will, eines übergeordneten wissenschaftlichen Gremiums. Ob ein solches eine auf Kontinuität angelegte, der wissenschaftlichen Kommunikation verpflichtete Gelehrtengesellschaft mit lebenslangen Mitgliedschaften sein kann oder muß, würde ich eher in Frage stellen. Jedenfalls müßte die Debatte, die darüber zu führen wäre, die Erfahrungen außerdeutscher Akademien berücksichtigen und sich nicht auf das DDR-Experiment beschränken. Wohlgemerkt: Es geht nur um die Verknüpfung von Gelehrtengesellschaft und außeruniversitärer Großforschung. Die Anbindung dauernder oder befristeter Forschungsprojekte auf ausgewählten Gebieten, die auch die Form von Forschungsinstituten annehmen kann, an Gelehrtengesellschaften läßt sich seit dem 19. Jahrhundert international beobachten. Die Preußische Akademie, deren Nachfolgeorganisationen wir hier betrachten, war seinerzeit sogar ein Schrittmacher, als es um die Einbindung des wissenschaftlichen Potentials einer Gelehrtengesellschaft in die Forschung ging.

Natürlich kann man das hier aufgeworfene Problem nicht losgelöst von den Erfahrungen der DDR-Akademie erörtern. Man sollte es aber auch nicht darauf beschränken, denn es bleibt auf der Tagesordnung, so lange man über die Stellung von Akademien im Wissenschaftsgefüge der Neuzeit debattiert. Dabei kann man sich an die Überlegungen des Akademiemitglieds und Wissenschaftsorganisators Hermann Diels erinnern, der sich 1906 über das Verhältnis von Akademie und Forschung, also Gelehrtengesellschaft und Großorganisation der Forschung, äußerte. Über die Diskrepanz zwischen der „Summierung von geistigen Kräften“ und dem „wirklichen Effekt“ einer Versammlung bedeutender Gelehrter sagte er damals, „daß eine ganze Akademie oder auch nur eine ihrer Kommissionen ein wirklich epochemachendes wissenschaftliches Werk durch gemeinsame Arbeit zu Stande gebracht hätte, davon gibt es meines Wissens keine Beispiele“.

Anhang: Gelehrtengesellschaft und Forschungsinstitute in der Akademie

An dieser Stelle mag es angebracht sein, einige Details über die Wirkungen des Forschungsverbundes auf die Zuwahl von Akademiemitgliedern zur Diskussion zu stellen. Während der Anfänge der Reform gehörten nach dem Stand vom 31. März 1969 dem Präsidium der Akademie 14 Mitglieder an, darunter die Leiter der sieben Forschungsbereiche. Nur sechs der 14 Präsidiumsmitglieder, darunter zwei Forschungsbereichsleiter, waren Ordentliche Akademiemitglieder. Schon Ende 1969 betrug die Zahl der Präsidiumsmitglieder dann 16, unter denen jetzt neun Ordentliche und zwei Korrespondierende Mitglieder waren, insgesamt also elf. Von den nach wie vor sieben Forschungsbereichsleitern waren inzwischen zwei weitere zu Ordentlichen und zwei zu Korrespondierenden Mitgliedern gewählt worden, so daß nur noch einer von ihnen diesen Rang nicht hatte. Dieser wurde 1970 Ordentliches Mitglied und gleichzeitig Vizepräsident. Im Jahre 1969 hatte sich der Anteil der Akademiemitglieder im Präsidium also von 42,9 auf 68,8 Prozent erhöht, und zwar im wesentlichen durch die Zuwahl bereits berufener Forschungsbereichsleiter als Mitglieder der Akademie.

Im Frühjahr 1969 war die Bildung der Forschungsbereiche bereits abgeschlossen, noch nicht aber die Bildung von Zentralinstituten, die vor allem in den Forschungsbereichen Chemie, Biologie und Medizin sowie Gesellschaftswissenschaften erst im Laufe des Jahres 1969 erfolgte. Wo die Ursachen für diese Verzögerung lagen, muß weiter untersucht werden. Am 31. März 1969 bestanden insgesamt, ohne Berücksichtigung der kleineren Arbeits- und Forschungsstellen, 52 Zentralinstitute und Institute. Davon wurden zu diesem Zeitpunkt 19 von Akademiemitgliedern geleitet, also 36,5 Prozent. Von den übrigen 33 Direktoren sind dann in den beiden Jahrzehnten ab 1969 insgesamt 17, also 51,5 Prozent, zu Korrespondierenden und Ordentlichen Akademiemitgliedern gewählt worden.

Bis zum 31. Dezember 1989 hat sich die Zahl der Struktureinheiten innerhalb des Forschungsverbundes der Akademie nicht verändert, wohl aber deren innere Gliederung. Es bestanden zu diesem Zeitpunkt sieben Wissenschaftsgebiete mit insgesamt 57 Forschungseinheiten, überwiegend Zentralinstitute und Institute. Bei den Wissenschaftsgebieten schwankte die Zahl der Institute zwischen 14 bei den Gesellschaftswissenschaften und zwei bei der Medizin. Alle sieben Wissenschaftsgebietssekretäre waren Ordentliche Mitglieder der Akademie. Sie wurden zwischen 1973 und 1989 gewählt und waren alle zuvor zwischen 1969 und 1985 bereits Korrespondierende Mitglieder geworden. Der zeitliche Zusammenhang der Funktion jedes einzelnen Wissenschaftlers im Forschungsverbund und seiner Wahl zum Akademiemitglied müßte unabhängig von seiner wissenschaftlichen Qualifikation, die grundsätzlich nicht in Frage gestellt werden kann, detailliert untersucht werden. Das gilt auch für die Direktoren der Forschungseinheiten.

Von den 57 Direktoren der Zentralinstitute und Institute waren 1989 insgesamt 26 Ordentliche und acht Korrespondierende Mitglieder der Akademie. Bis auf eine Ausnahme (Hans-Jürgen Treder) haben sie alle diesen Status nach 1969 erhalten, wobei bis auf zwei Fälle der Wahl zum Ordentlichen die zum Korrespondierenden Mitglied vorausging. Für unseren Zusammenhang wichtiger ist, daß von den 34 Ordentlichen und Korrespondierenden Mitgliedern der Akademie, die Institutsdirektoren waren, nur sechs die Akademiemitgliedschaft erwarben, bevor sie in Einrichtungen der Akademie tätig waren. Es läßt sich also vorbehaltlich der noch ausstehenden Einzelanalysen durchaus die Tendenz feststellen, daß ein Hauptweg zum Akademiemitglied über Leitungsfunktionen im Forschungsverbund und in dessen Forschungseinheiten führte. Diese Aussage wird allerdings dadurch relativiert, daß zu Akademiemitgliedern stets auch Wissenschaftler gewählt wurden, die nicht im Hauptamt an der Akademie tätig waren.

Das soll an einigen Beispielen belegt werden. Für die Mitgliederentwicklung berücksichtige ich hier nur das Jahr 1972, als nach der ersten Reformphase der Akademie und deren Umbenennung in Akademie der Wissenschaften der DDR zum ersten Mal seit 1968 im *Jahrbuch* wieder ein Mitgliederverzeichnis erschien, und das Jahr der Wende 1989. Eine jährliche Analyse würde hier zu weit führen. Doch lassen sich auch so Tendenzen erkennen.

1972 hatte die Akademie 131 Ordentliche Mitglieder, von denen 54, die über 65 Jahre alt oder emeritiert waren, hier nicht gezählt werden. Von den verbleibenden 77 Mitgliedern waren 32 in der Akademie und 45 außerhalb beschäftigt. Ähnlich war das Verhältnis bei den 39 Korrespondierenden Mitgliedern, von denen zwei aus Altersgründen nicht mitgezählt werden. Damals, also 1972, standen 16 Korrespondierenden Mitgliedern aus dem Forschungsverbund 21 aus anderen Institutionen gegenüber.

1989 hatte die Akademie 157 Ordentliche Mitglieder, von denen 57, die über 65 Jahre alt oder emeritiert waren, hier nicht gezählt werden. Von den verbleibenden 100 Mitgliedern waren 64 in der Akademie und 36 außerhalb beschäftigt. Im Vergleich zu 1972, als das Verhältnis 32 zu 45 war, hatte sich dieses 1989 mit 64 zu 36 also ganz entscheidend zugunsten von Akademiemitarbeitern verändert. Eine ähnliche Tendenz, wenn auch nicht so ausgeprägt, ist bei den Korrespondierenden Mitgliedern zu beobachten. Von den 99 Korrespondierenden Mitgliedern im Jahre 1989 kamen 40 aus dem Forschungsverbund und 46 aus anderen Institutionen. 13 wurden aus Altersgründen hier nicht berücksichtigt. Im Vergleich zu 1972 mit einem Verhältnis von 16 zu 21 hatte sich dieses 1989 mit 40 zu 46 weniger verändert.

Wenn man die Ordentlichen und die Korrespondierenden Mitglieder im Jahre 1972 insgesamt betrachtet, so ergibt sich, daß von den 114 noch aktiven Wissenschaftlern dieser Kategorien 48, also 42,1 Prozent, in der Akademie tätig waren. 1989 waren es dann 104 von 186 damals aktiven Wissenschaftlern beider Mitgliederkategorien, also 55,9 Prozent, die aus der Akademie selbst kamen. Um die Erhöhung des Anteils der Mitglieder der Akademie aus dem Kreis der Mitarbeiter des Forschungsverbundes eben dieser Akademie in 17 Jahren von ca. 42 auf ca. 56 Prozent zu bewerten, müssen eine Reihe von Faktoren berücksichtigt werden, von denen ich die folgenden zur Diskussion stellen möchte.

Erstens: Der Weg vom Mitarbeiter zum Mitglied, der bis 1945 in der Akademie die ganz große Ausnahme war, wurde überhaupt erst nach der Angliederung von Forschungsinstituten in größerem Maße möglich und gewann tendenziell so an Gewicht, daß schließlich mehr als die Hälfte der Mitglieder zugleich Mitarbeiter der Akademie waren. In den meisten Fällen ging die Berufung in leitende Funktionen des Forschungsverbundes der Wahl zum Mitglied voraus.

Zweitens: Im Gegensatz zu dieser zunehmenden Selbstrekrutierung der Gelehrtengemeinschaft der Akademie aus deren Forschungsverbund ging der Einfluß der Akademiemitglieder als Korporation auf den Forschungsprozeß immer mehr zurück. Weder die Festlegung der Forschungsziele noch deren Realisierung erfolgte seit den fünfziger Jahren im naturwissenschaftlich-medizinischen Bereich und seit den sechziger Jahren im geisteswissenschaftlichen Bereich im Rahmen der Klassen und des Plenums der Akademie.

Drittens: Die Mitgliedschaft der Akademie, die wie seit jeher mit einer finanziellen Vergütung verbunden war, aber heute nicht mehr ist, bedeutete für die Betreffenden unverändert weiterhin eine spezielle Würdigung wissenschaftlicher Leistungen. Eine solche Anerkennung war indes eher zu erringen, wenn man in einem Forschungsinstitut der Akademie tätig war. Das folgte nicht zuletzt aus der Tatsache, daß der Forschungsverbund der Akademie über das größte geschlossene Forschungspotential der DDR verfügte. Aber auch Wissenschaftler außerhalb dieses Forschungsverbundes, insbesondere an den Universitäten, erbrachten Leistungen, die Voraussetzungen für ihre Wahl zum Akademiemitglied schufen.

Viertens: Die Akademie ist seit der Herausbildung des Forschungsverbundes mit dem Problem konfrontiert gewesen, ihre traditionellen Aufgaben als Kommunikationsgemeinschaft ausgewiesener Wissenschaftler mit den neuen Aufgaben zu vereinbaren. Ihre seit den ausgehenden sechziger Jahren verstärkte Apostrophierung als Forschungsakademie dokumentiert die Verlagerung des Schwergewichts, die eher zu einem Nebeneinander als zu einem Miteinander beider Bereiche führte. Die Zusammensetzung der Klassen und des Plenums der Akademie aus Wissenschaftlern des Forschungsverbundes und Forschern außerhalb der Akademie dürfte dieses Auseinanderdriften gefördert haben. Das gilt um so mehr, als die Gelehrtengemeinschaft keine wissenschaftsleitenden Funktionen wahrnahm. Die Gremien der Akademiemitglieder, also die Klassen und das Plenum, wirkten in eher traditioneller Weise durch den Vortrag von Forschungsergebnissen und deren Diskussion. Diese in den Sitzungsberichten und Abhandlungen publizierten Arbeiten bedürfen der eigenständigen Würdigung unter dem Gesichtspunkt, ob sie aus dem Forschungsverbund der Akademie oder nicht aus diesem hervorgingen.

Fünftens: Da die Verbindung von Gelehrtengemeinschaft und Forschungsverbund in einer Institution sich angesichts der hier angedeuteten Entwicklung als kompliziert erwies, wird auch verständlich, daß sich bald nach der Wende, schon im Frühjahr 1990, der Gedanke Bahn brach, die administrativen Bindungen zwischen beiden unter Wahrung wissenschaftlicher Kontakte zu lösen. In einem Entwurf für eine neue Satzung der Akademie definierte sich diese am 27. Juli 1990 „als Vereinigung juristisch selbständiger Gemeinschaften", die einerseits aus den Akademiemitgliedern, andererseits aus den wissenschaftlichen Instituten und Einrichtungen der Akademie bestehen sollten.

Literatur

Kocka, Jürgen/Renate Mayntz (Hrsg.): *Wissenschaft und Wiedervereinigung.* Disziplinen im Umbruch (= Forschungsberichte der Interdisziplinären Arbeitsgruppen 6), Berlin 1998.

Scheler, Werner: *Von der Deutschen Akademie der Wissenschaften zu Berlin zur Akademie der Wissenschaften der DDR.* Abriss der Genese und Transformation der Akademie, Berlin 2000.

Eckart Förtsch

Kommentar

zu den Beiträgen von Peter Nötzoldt und Conrad Grau

Ich setze an bei einer Bemerkung, die Conrad Grau in seiner Einleitung gemacht hat. Unter dem Einfluß der Wende um 1990, so Grau, habe es bei den Verantwortlichen und in deren Entscheidungen die Tendenz gegeben, die Entwicklung der Akademie seit 1945 „als im wesentlichen verfehlt zu betrachten".[1]

Nun machen sowohl Conrad Grau als auch Peter Nötzoldt implizit kenntlich, daß die These – wessen auch immer – einer durchgängig verfehlten Entwicklung der AdW aus mindestens zwei Gründen schwerlich haltbar ist. Sie ist, dies zum ersten, unhistorisch, insofern sie unterschiedliche Entwicklungsphasen auf einen gemeinsamen Begriff („verfehlt") bringt. Sie ist, das zum zweiten, systematisch falsch, da sie an der strukturellen und funktionalen Binnendifferenzierung der Akademie vorbeigeht, das forschungspolitische Umfeld verabsolutiert und die tatsächlichen Differenzen zwischen politisch gesetzten Bedingungen einerseits und wissenschaftlicher Leistungsfähigkeit andererseits vernachlässigt. Beide Beiträge zeigen ja, daß zumindest bis in die sechziger Jahre hinein nicht von einer einheitlichen, sondern von einer „gespaltenen" Institution (Nötzoldt[2]) die Rede sein muß.

Ad 1

Für die Geschichte einer wissenschaftlichen Einrichtung wie der AdW zwischen 1945 und 1989 in der SBZ/DDR lassen sich m. E. verschiedene Phasen unterscheiden. Selbst wenn wir von der bereits verengten Perspektive der Beziehungen zwischen Politik und Wissenschaft ausgehen, also vom wissenschafts- und forschungspolitischen Kontext, haben wir Zäsuren zu beachten.

In den ersten Nachkriegsjahren bis ca. 1949 wird Wissenschaft in weitgehender kognitiver Autonomie restituiert. Es gibt in dieser Zeit weder Intentionen noch Institutionen der politischen Steuerung; Wissenschaft definiert ihre Probleme und Problemlösungsverfahren selbst. Die nächste Phase ist durch Politisierung der Wissenschaften charakterisiert. Wissenschaftliche Einrichtungen, *communities* und Selbstverständnisse werden rezeptiv

[1] Vgl. den Beitrag von Conrad Grau in diesem Band.

[2] Vgl. den Beitrag von Peter Nötzoldt in diesem Band.

gemacht für Steuerung und Planung. Im politisch-administrativen System werden zu diesem Zweck Instanzen und Verfahren ausdifferenziert, mit deren Hilfe eine systemische Integration von Wissenschaft und Forschung erreicht werden soll (und erreicht wird). Seit Beginn der sechziger Jahre, vor dem Hintergrund eines nun erfolgten *Sturms auf die Festung Wissenschaft* und angesichts knapper finanzieller, personeller und technischer Ressourcen, werden Forschung und Entwicklung ökonomisiert, d. h. fachlich und institutionell an Probleme der DDR-Wirtschaft gebunden und auf den Prozeßwert ökonomischer Nutzeffekte abgestellt. In der Ära Honecker schließlich steht Forschungspolitik im Zeichen der vor allem wirtschaftlich gemeinten Modernisierung, im Zeichen der wissenschaftlich-technischen Revolution. Unterhalb der zentralen Entscheidungsebene konstituiert sich ein forschungspolitisches Oligopol, in welchem gerade auch die AdW-Spitze an der Planung und Verwertung wissenschaftlicher Leistungen mitwirkt.

Die Dominanz des Politischen, die Jürgen Habermas als Kennzeichen des realsozialistischen Modernisierungspfades beschrieben hat,[3] ist von der zweiten Phase ab tatsächlich ein wesentliches, allerdings nicht exklusives Merkmal der Gesamtentwicklung. Steuerungsmedien wie Geld (materielle Privilegien, Förderpolitik), Macht (bindende Entscheidungen über Ausbildung und Rekrutierung; Personal-, Organisations-, Publikations- und Außenwissenschaftspolitik; politische Definition von Theorie- und Methodenstandards; Veränderung interner Kriterien der wissenschaftlichen Problemwahl; Privilegierung und Sanktionierung von Forschungsfeldern; Festlegung von Verwertungskriterien und -bedingungen) sowie autoritative Einflußnahmen kommen zwar seit ca. 1949 durchgehend zur Anwendung, werden allerdings auch unterschiedlich gewichtet und implementiert.

Selbstverständlich kann nur durch eine ins Detail gehende Analyse und Rekonstruktion einzelner Forschungsfelder, Institutionen und wissenschaftlicher Biographien ermittelt werden, ob, wann und wie sich kognitive Orientierungen verändert haben. Peter Weingarts Rangordnung „kognitiver Orientierungskomplexe“[4] mag hierfür einen systematisch-kategorialen Rahmen liefern. In meinem Zusammenhang muß es genügen, daran zu erinnern, daß den Intentionen der DDR-Forschungspolitik nach jeder dieser Komplexe neu implementiert werden sollte:

a) die allgemein geteilten Werte, die den Kern der Wissenschaftkultur konstituieren,

b) die metaphysischen Paradigmen, die die wissenschaftliche Wahrnehmung bestimmen,

c) die soziologischen Paradigmen als Modelle kohärenter Forschungstraditionen,

d) das *artefact-paradigm* mit der Funktion, einen Gegenstand in spezifischer Weise zu sehen und zu untersuchen,

e) die *conceptual schemes* auf der Ebene aktueller Such-, Problemlösungs- und Entscheidungsprozesse.

Wie auch immer die kognitive und soziale Entwicklung von Wissenschaften in der DDR untersucht und bewertet werden mag – an der Leistungsfähigkeit einer Großforschungseinrichtung wie der AdW dürfte es nicht gelegen haben, wenn das Modernisierungs-

[3] Vgl. Habermas, *Theorie des kommunikativen Handelns.*

[4] Vgl. Weingart, *Wissensproduktion.*

konzept der DDR fragmentarisch blieb. In die Realisierung dieses Konzepts selbst waren entscheidende Verkürzungen eingelassen: Vormoderne Mittel der Steuerung (Stichworte: verbindliche Ideologie, politische Kontrolle der Teilsysteme, Suprematie einer Partei); unzureichende Innovationsbedingungen (fehlender Innovationsdruck von den Märkten her, fehlende Anpassungs- und Selbststeuerungskapazitäten der Wirtschaftseinheiten); politisch gewollte Ausblendung lebensweltlicher Korrektur-Instanzen (und damit Verzicht auf eine reflexive Modernisierung). An Warnungen vor den krisenhaften Folgen einer derart halbierten Modernisierung hat es in den letzten Jahren der DDR im Lande nicht gefehlt, auch nicht innerhalb der Akademie der Wissenschaften.

Ad 2

Ich halte es für notwendig, aber nicht für hinreichend, die Entwicklung der AdW seit 1945 binär zu codieren: hier die Gelehrtengesellschaft, dort das Forschungskombinat. Gewiß sind beide Struktureinheiten, ihre Entwicklung und ihr Verhältnis zueinander prägende Merkmale der Akademiegeschichte zu SBZ- und vor allem in DDR-Zeiten. Gewiß lassen sich für die beiden Teilbereiche auch je spezifische Wissenschaftsverständnisse und -funktionen identifizieren: Die Gelehrtengesellschaft als soziale Organisation über Disziplingrenzen hinweg mit der Möglichkeit, vergleichsweise handlungsentlastet und auch mal politikfern zu diskutieren; die Großorganisation der außeruniversitären Forschung als Gegenstand staatlicher Wissenschaftspolitik und als Subsystem der Politik und der Wissenschaft gleichermaßen.

Indes – und das meinte ich mit dem eingangs gebrauchten Begriff der funktionalen Differenzierung – hat die AdW weitere und m. E. wichtige Aufgaben im Wissenschaftssystem der DDR übernommen und ausgeübt. Als Hybridgemeinschaft auch zwischen Politik und Wissenschaft stehend, hat sie zur forschungspolitischen Steuerung beigetragen, aber auch zur Abfederung von Steuerungsfolgen, sie hat Vermittlungen in beide Richtungen geleistet, sie war nicht nur bloße Verfügungsmasse des Staates oder der Partei. Einige der Funktionen will ich wenigstens benennen, ohne sie zu systematisieren oder zu gewichten:

– Die AdW war nicht nur Objekt, sondern auch Subjekt von Forschungsplanung. Sie war sowohl für strategische Konzepte (längerfristige Prognosen beispielsweise) verantwortlich als auch mit eigenem Input an den zentralen Forschungsplänen (z. B. Staatsplan Wissenschaft und Technik) beteiligt und stellte auch eigene Forschungspläne auf.

– Die AdW hatte Leitfunktionen für Projekte und Planthemen im Landesmaßstab. Da zudem die meisten wissenschaftlichen Gesellschaften und die Wissenschaftlichen Räte für einzelne Forschungsfelder in der Akademie angesiedelt waren, übte sie Einfluß auf den gesamten Wissenschaftsbetrieb des Landes aus. Dies ferner auch durch Ausbildung und akademische Qualifikation von Wissenschaftlern.

– In der Außenwissenschaftspolitik der DDR spielte die AdW eine herausragende Rolle, etwa bei der Vorbereitung und Implementierung von Abkommen über wissenschaftlich-technische Zusammenarbeit. Sie war deshalb, beispielsweise beim WTZ-Abkommen zwischen beiden deutschen Staaten, auch von unserer Seite her durchaus umworben worden.

– Nicht nur wegen der Möglichkeit, zumindest in Nischen und in theoretischen Fächern relativ frei forschen zu können, sondern auch und gerade als politische Enklave bot die Akademie Arbeit und Existenzsicherung. Für viele Wissenschaftler fungierte sie, wie auch die Zeitzeugen in ihren Beiträgen zu dieser Konferenz bestätigten, als eine Art Refugium vor den meist rigideren politischen Zumutungen und Nachstellungen etwa an Hochschulen (die ja explizit einen realsozialistischen Bildungsauftrag wahrzunehmen hatten).

– Die Akademie vertrat gegenüber dem politisch-administrativen System auch wissenschaftliche Interessen (und wohl nicht nur institutionelle Eigeninteressen). Wer in den Akten der ZK-Abteilung Wissenschaften blättert, findet zumindest für die letzten Jahre der DDR zahlreiche Warnungen und Forderungen der AdW-Spitze an Honecker oder Hager gerichtet. Da werden etwa finanzielle und forschungstechnische Defizite aufgelistet, die schwindende internationale Wettbewerbsfähigkeit der Wissenschaften moniert, innergesellschaftlicher Prestigeverlust festgestellt, neue Planungsverfahren und größere Freiräume für Forschung eingefordert, die Innovationsschwäche der Industrie beklagt.

Strukturelle Probleme dieser Art werden in ähnlicher Deutlichkeit dann erst nach der Wende öffentlich. Die von der DDR-Akademie in den Apparat gegebenen Diagnosen und Alarme blieben folgenlos; das aber sagt, denke ich, hauptsächlich etwas über den Zustand einer eingefrorenen Politik, über schlechte Bedingungen wissenschaftlicher Produktion aus.

Nicht allein und nicht erst der Wissenschaftsrat hat dann im Zuge der Evaluation festgestellt, daß trotz dieser Bedingungen der wissenschaftliche Output vieler AdW-Einrichtungen und -Wissenschaftler (und das nicht nur in naturwissenschaftlichen Forschungsfeldern) groß, ansehnlich und auch international vergleichbar war. Offenbar haben sich hier kognitive Orientierungen als eigensinniger und stärker erwiesen als die politischen Steuerungsintentionen und -effekte. Jedenfalls ist seither wohl unbestritten, daß eine Unterscheidung zwischen Strukturen einerseits und wissenschaftlichen Motivationen, Fähigkeiten und Ergebnissen andererseits geboten ist und daß Urteile, die nur von den Strukturen und Kontexten abgeleitet worden sind, zu kurz greifen müssen.

Literatur

Brocke, Rudolf-Horst/Eckart Förtsch: *Forschung und Entwicklung in den neuen Bundesländern 1989–1991*. Ausgangsbedingungen und Integrationswege in das gesamtdeutsche Wissenschafts- und Forschungssystem, Stuttgart 1991.

Habermas, Jürgen: *Theorie des kommunikativen Handelns*, Bd. 2: Zur Kritik der funktionalistischen Vernunft, Frankfurt/M. 1981.

Hoffmann, Dieter/Kristie Macrakis (Hrsg.): *Naturwissenschaft und Technik in der DDR*, Berlin 1997.

Weingart, Peter: *Wissensproduktion und soziale Struktur*, Frankfurt/M. 1976.

Ralph Jessen

Akademie, Universitäten und *Wissenschaft als Beruf*

Institutionelle Differenzierung und Konflikt im Wissenschaftssystem der DDR 1949–1968

Das Wissenschaftssystem der SBZ/DDR war nach 1945 einem tiefgreifenden, politisch initiierten Wandel ausgesetzt, der sich auf alle seine Dimensionen erstreckte: Er war ein politisch forcierter sozialer Umbruch, der sich als fachspezifisch sehr unterschiedlich tief gehender Austausch der akademischen Elite beschreiben läßt. Zugleich bezog er sich auf wissenschaftliche Inhalte, vor allem in großen Teilen der Geistes- und Gesellschaftswissenschaften, die sich dem Ideologiemonopol der SED anpassen und unterordnen mußten. Überdies machte das Wissenschaftssystem in der Ulbricht-Ära einen institutionellen Differenzierungsprozeß durch, der es von den bisherigen Organisationsformen wissenschaftlicher Lehre und Forschung in Deutschland erheblich entfernte. Dieser Wandel der institutionellen Struktur läßt sich an der Einrichtung neuer *Spezialhochschulen* mit engem Fächerprofil, an der Gründung hochschulähnlicher Einrichtungen und Institute unter Regie der Partei, der Massenorganisationen und des staatlichen Repressionsapparates, am Aufbau eines Systems staatlicher Wissenschaftsplanung und -lenkung und schließlich an den tiefgreifenden Veränderungen festmachen, denen die ehemalige Preußische Akademie der Wissenschaften ausgesetzt war, die von einer Gelehrtenvereinigung ohne nennenswerte eigene Forschungskapazitäten zur *Deutschen Akademie der Wissenschaften* mit einer vor allem in den fünfziger Jahren rasant expandierenden Forschungsbasis umgebaut wurde.

Im folgenden sollen einige Konsequenzen erörtert werden, die sich aus dem gewandelten Verhältnis zwischen Akademie und Universitäten für den Wissenschaftlerberuf in der DDR ergaben. Dabei wird die bis dahin weitgehend unangefochtene traditionelle Form von *Wissenschaft als Beruf* in Deutschland zum Ausgangspunkt der Überlegungen gemacht, an der sich die Betroffenen überwiegend orientierten und vor deren Hintergrund sie die Veränderungen wahrnahmen und bewerteten, denen sie ausgesetzt waren.[1] Das deutsche Berufsmodell des Hochschullehrers war für organisatorische Differenzierungsprozesse des Wissenschaftssystems besonders empfindlich, da es auf einem institutionengebundenen Wissenschaftskonzept und auf dem integralen Berufsbild des Forscher-Lehrers beruhte.

[1] Dieser Beitrag ist aus einem Forschungsprojekt zum Wandel der ostdeutschen Wissenschaftselite in der Ulbricht-Ära hervorgegangen. Sein Hauptteil ist publiziert in: Jessen, *Akademische Elite*.

Als Wissenschaft galten vor allem die Wissensbestände, die als Disziplin an einer Universität vertreten waren, und als legitime Wissenschaftler diejenigen, die dort ihre Ausbildung erfahren und ihre Kompetenz durch die Absolvierung universitärer Prüfungen und den Erwerb akademischer Grade dokumentiert hatten. Dieses institutionalistische Wissenschaftsmodell gab den Professoren über ihr Ausbildungs- und Prüfungsrecht das Definitionsmonopol über Zugehörigkeit oder Nichtzugehörigkeit zur wissenschaftlichen Gemeinschaft.

Der Aufstieg des außeruniversitären Forschungsimperiums der DAW hatte für dieses Berufsmodell erhebliche Konsequenzen, die von vielen Hochschullehrern als empfindlicher Verlust wahrgenommen wurden. Paradoxerweise bedrohte die Akademie das integrale Berufskonzept des Hochschullehrers gerade deshalb, weil in ihren Instituten das getrieben werden konnte, was viele Professoren ohnehin am liebsten taten, nämlich Forschung ohne Lehrverpflichtungen und lange Zeit auch ohne schmerzhaften ideologischen Anpassungszwang. Bei genauerer Betrachtung sind vier Aspekte der Akademieentwicklung in ihren Auswirkungen auf den Hochschullehrerberuf zu unterscheiden: Der Aufbau eines außeruniversitären Forschungsimperiums, die Privilegierung der Akademiewissenschaftler gegenüber den Hochschullehrern, die Übertragung von Graduierungs- und Titelrechten an die DAW und schließlich deren forschungsleitende Funktionen.[2]

Bis zu ihrer Wiedereröffnung als *Deutsche Akademie der Wissenschaften zu Berlin* am 1. August 1946 war die *Preußische Akademie der Wissenschaften* eine kleine, elitäre, staatlich privilegierte und dotierte Gelehrtengesellschaft gewesen.[3] Der Schwerpunkt ihrer Forschungen hatte bei langjährigen geisteswissenschaftlichen Editionsprojekten gelegen, die von Ordentlichen Mitgliedern der Akademie geleitet und einigen wissenschaftlichen Mitarbeitern durchgeführt wurden. Erst nach 1946 begann die neugegründete Deutsche Akademie der Wissenschaften mit dem Aufbau einer eigenständigen Forschungsbasis.[4]

Die sich schon früh abzeichnende Schwerpunktverlagerung von den geisteswissenschaftlichen Akademieprojekten zur naturwissenschaftlichen Forschung wurde während der ganzen fünfziger Jahre durchgehalten. Rund 60 Prozent des wissenschaftlichen Personals der Akademieinstitute waren im naturwissenschaftlichen Bereich beschäftigt und auch bei den Zuwahlen Ordentlicher Akademiemitglieder dominierten nach 1950 die Vertreter der Naturwissenschaften.[5] Im Jahre 1951 beschäftigten die Akademieinstitute bereits mehr als 1600 Mitarbeiter, davon 418 Wissenschaftler.[6] Bis 1954 vermehrte sich das Wissenschaftspersonal an den Hochschulen im Zuständigkeitsbereich des Staatssekretariats für das Hochschulwesen und an den Akademieinstituten fast gleichmäßig und in großen Wachstumssprüngen von über 20 Prozent pro Jahr, dann fiel der Hochschulbereich

[2] Vgl. Nötzoldt, „Weg zur sozialistischen Forschungsakademie".

[3] Einführend zur Geschichte der Preußischen Akademie der Wissenschaften siehe u. a.: Grau, *Preußische Akademie*.

[4] Vgl. dazu ausführlich den Beitrag von Peter Nötzoldt in diesem Band.

[5] Hanhardt, „Ordentliche Mitglieder", S. 242.

[6] SAPMO, DY 30/IV 2/9.04/485, Bl. 105, 120.

gegenüber der Akademie zurück. Zwischen 1955 und 1958 lagen die Zuwachsraten des Forschungspersonals der Akademie merklich über denen der Universitäten und Hochschulen. Am weitesten klafften die Wachstumsraten 1958 auseinander, als die Akademieinstitute einen Personalanstieg von über 35 Prozent verzeichnen konnten, während das Hochschulpersonal stagnierte.[7] In einem scharfen Spurt erreichten die Institute der DAW Ende der fünfziger Jahre eine Größenordnung von annähernd einem Viertel des Hochschulpersonals und damit einen Wert, den sie bis zum Ende der DDR behaupteten.[8] Besorgte Hochschulprofessoren sprachen angesichts dieses Gründungsfiebers wohl nicht ganz zu Unrecht „von einer ‚Institutiologie' als der herrschenden Ideologie an der Deutschen Akademie der Wissenschaften".[9]

Mit dem Wachstum der Akademie ging ihre qualitative Aufwertung einher. Die 1957 gegründete *Forschungsgemeinschaft der naturwissenschaftlichen, technischen und medizinischen Institute* der DAW löste die entsprechenden Forschungseinrichtungen aus ihrer bisherigen Bindung an die Akademieklassen und unterstellte sie einem politisch kontrollierten Kuratorium.[10] Diese Forschungsgemeinschaft der DAW, das rapide Personalwachstum der Institute und der ebenfalls 1957 gegründete *Forschungsrat*, in dem führende Akademieangehörige dominierten, wiesen den Hochschulen den zweiten Rang innerhalb des Wissenschaftssystems der DDR zu, selbst wenn sich der Vorsitzende des Forschungsrates, der Chemiker Peter Adolf Thiessen, unmißverständlich für die Einheit von Forschung und Lehre an der Hochschule aussprach.[11]

Je mehr sich die Forschungskapazitäten an der Akademie konzentrierten, desto mehr sahen sich die Universitäten und Hochschulen in der Gefahr, zu Lehranstalten reduziert zu werden. Stimmen prominenter Akademievertreter schienen diese Sorgen zu bestätigen. So verfocht der seit 1958 amtierende Akademiepräsident Werner Hartke in den um 1960 ausgetragenen Diskussionen um die Beschleunigung der wissenschaftlichen Entwicklung die Auffassung, daß die Forschung in die Akademie gehöre: „Manche Hochschulinstitute stehen in der Forschung zu abseits von der großen Linie. Vielleicht kann man in einigen Hochschuleinrichtungen vorübergehend auf die Einheit von Lehre und Forschung ver-

[7] SAPMO, DY 30/IV 2/9.04/485, Bl. 105, 120.

[8] 1989 standen den 8.152 Wissenschaftler der Akademieeinrichtungen 31.754 Hochschulwissenschaftlern gegenüber. Vgl. dazu Ritter, *Großforschung und Staat*, S. 343.

[9] BA/B, DR-3, 5332: Stellv. Staatssekretär für das Hoch- und Fachschulwesen Tschersich an Hager vom 8. Dezember 1960. Siehe auch Tandler, *Geplante Zukunft*, S. 119–126.

[10] Beschluß des Plenums der DAW vom 16. Mai 1957 über die Bildung und Tätigkeit der Forschungsgemeinschaft der naturwissenschaftlichen, technischen und medizinischen Institute der DAW, in: Hartkopf/Wangermann, *Dokumente*, S. 515–517.

[11] Gegenüber einer Beschränkung der Hochschulen auf Lehrfunktionen meinte Thiessen 1960: „Es wäre sehr gefährlich, die Einheit von Lehre und Forschung anzutasten [...] Mich erschreckt der Gedanke furchtbar, daß die Einheit von Lehre und Forschung angetastet werden könnte. Unsere Technik der Zukunft wird so viel wert sein, wie die Wissenschaft heute." BA/B, DR-3, 5332: Abteilung Wissenschaften beim ZK der SED vom 27. Februar 1960, Perspektiven der Volkswirtschaft und der Wissenschaft bis 1975/80. Beratung vom 26. Februar 1960 bei Gen. Grosse.

zichten und vor allem rasch Kader ausbilden."[12] In einer Festansprache zum Leibniztag der Akademie 1960 faßte Hartke diese Prioritätensetzung in ein einprägsames Bild: „Stellen Sie sich ein Dreieck vor, das Dreieck des Bereichs der Wissenschaft; die Ecken sind bezeichnet mit Forschung, mit Lehre und mit Praxis. Dieses Dreieck ist um seinen Mittelpunkt drehbar. Dasselbe Dreieck ist als Ganzes gültige Aufgabe für Akademie, Hochschule und wissenschaftliche Praxis gleichmäßig. Aber für die Akademie steht die Ecke Forschung oben, für die Hochschule die Lehre, für die wissenschaftlichen Einrichtungen der Industrie die Praxis."[13] Ende der fünfziger, Anfang der sechziger Jahre drohte institutionelle Differenzierung immer stärker in berufliche Differenzierung überzugehen: Das integrale Berufsmodell des Universitätsprofessors sollte sich in den Akademieforscher und den Universitäts- bzw. Hochschullehrer aufspalten.

Mit dem Abbruch des Siebenjahrplans, dem Mauerbau und der *Störfreimachung* gegenüber westlichen Importen erhielt allerdings auch die *Institutiologie* der DAW einen Dämpfer. Der Expansionskurs wurde vorerst gestoppt, und 1962 sah sich die DAW sogar mit der Auflage konfrontiert, innerhalb eines Jahres 900 Beschäftigte des mittleren technischen Personals, immerhin rund zehn Prozent des Gesamtpersonals, zu entlassen.[14] Mit einer gewissen Befriedigung konnte der Rektor der Berliner Humboldt-Universität, Kurt Schröder, Anfang 1964 darauf hoffen, daß sich das Verhältnis zwischen Universität und Akademie etwas entspannen werde, „da jetzt der Akademie die Mittel außerordentlich beschränkt sind. Die Zeit der Gründerjahre sozusagen ist vorbei, und auch an der Akademie muß jetzt um jede Stelle heftig gerungen werden."[15] An der grundsätzlichen Prioritätenverteilung änderte sich aber jetzt und in Zukunft nichts. Neben dem Forschungsimperium der DAW war der Forschungsanspruch der Hochschulen zur Zweitrangigkeit verurteilt.

Schon bevor die ausgreifenden Institutsgründungen den Universitäten und Hochschulen ihren Rang als Orte wissenschaftlicher Forschung streitig zu machen begannen, war der Akademie durch symbolische und materielle Privilegien ein herausgehobener Status zugewiesen worden. Ihre Wiedereröffnung als *Deutsche Akademie der Wissenschaften* setzte sie von der Tradition der Regional-Akademien ab und sollte sie zur nationalen Institution aufwerten. Als die deutsche Teilung diesen nationalen Repräsentationsanspruch zunichte gemacht hatte, verschob die SED den Akzent in Richtung eines ostdeutschen Alleinvertretungs- und Führungsanspruchs für die deutsche Wissenschaft.[16] Das 1950 als „Fest der deutschen Wissenschaft" inszenierte 250jährige Gründungsjubiläum der Preußischen Akademie symbolisierte diese Bedeutungsverschiebung.[17] Der auf Außenwirkung zielende na-

[12] BA/B, DR-3, 5332: Abteilung Wissenschaften beim ZK der SED vom 27. Februar 1960, Perspektiven der Volkswirtschaft und der Wissenschaft bis 1975/80. Beratung 26. Februar 1960 bei Gen. Grosse

[13] Zit. nach: Landrock, „Deutsche Akademie der Wissenschaften", S. 149.

[14] Landrock, „Deutsche Akademie der Wissenschaften", S. 147. Zu gleichzeitigen Spar- und Konzentrationsmaßnahmen im Hochschulwesen siehe Vorgänge in BA/B, DR-3, 866, 3460, 3465.

[15] BA/B, DR-3, 6326: Rektor der HUB Schröder auf der Rektorenkonferenz vom 31. Januar 1964.

[16] Vgl. dazu den Beitrag von Peter Nötzoldt in diesem Band.

[17] Siehe Landrock, „Deutsche Akademie der Wissenschaften", S. 29–43.

tionale bzw. teilstaatliche Führungsanspruch verband sich mit einem institutionellen Dominanzanspruch im Wissenschaftssektor: Die beiden Nachkriegsstatuten vom 31. Oktober 1946 und vom 17. Juni 1954 hoben die Akademie erstmals in ihrer Geschichte gegenüber allen anderen wissenschaftlichen Einrichtungen als „höchste wissenschaftliche Institution" hervor.[18]

Während der vierziger und fünfziger Jahre war diese Vorrangstellung nicht nur am Ausbau der Akademieinstitute zu erkennen, sondern auch an der materiellen und politischen Privilegierung der Akademiewissenschaftler. Den ersten großen Schritt in diese Richtung machte die *Kulturverordnung* vom 31. März 1949, welche die Zahl der Akademiemitglieder von 60 auf 120 und deren jährliche steuerfreie Zuwendung, die diese ergänzend zu allen anderen Einkünften bezogen, in schöner Symmetrie von 6.000 auf 12.000 Mark verdoppelte. Waren Direktoren oder Abteilungsleiter der Akademieinstitute nebenamtlich in der Hochschullehre tätig, erhielten sie zusätzlich 50 Prozent des Hochschullehrergehalts.[19] Assistenten, Oberassistenten und wissenschaftliche Mitarbeiter bezogen an den Einrichtungen der DAW ein Einstiegsgehalt, das dem Höchstgehalt an den Universitäten entsprach; Professoren der Akademie erhielten das maximale Einkommen eines Universitäts- oder Hochschulprofessors mit Lehrstuhl.[20] Noch weiter öffnete sich die Einkommensschere zwischen Hochschulen und Akademieinstituten durch die Einführung von Einzelverträgen und Sondergehältern. 1952 hatte eine Verordnung die Möglichkeit eröffnet, an „besonders hervorragende Spezialisten" im Einzelfall Gehälter bis zu 15.000 Mark monatlich zu zahlen.[21] Von diesen Sondergehältern profitierten vor allem die Direktoren der naturwissenschaftlichen Institute der DAW und der *Deutschen Akademie für Landwirtschaftswissenschaften* (DAL). Ein Monatsgehalt von 10.000 Mark, immerhin das Zweieinhalbfache des regulären Höchsteinkommens eines Lehrstuhlinhabers an der Universität, bezogen um 1960 Erich Correns, Direktor des Instituts für Faserforschung, Friedrich Eisenkolb, Direktor des Instituts für metallische Spezialwerkstoffe, Hans Knöll, Direktor des Instituts für Mikrobiologie, Karl Lohmann, Direktor des Instituts für Medizin und Biologie in Berlin-Buch, und Erich Thilo, Direktor des Instituts für anorganische Chemie der DAW. Auch die beiden einzigen Fälle, in denen die vorliegende Quelle die gesetzlichen

[18] § 1 der Satzung vom 31. Oktober 1946 und des Statuts vom 17. Juni 1954, in: Hartkopf/Wangermann, *Dokumente*, S. 152 bzw. S. 158.

[19] Verordnung über die Erhaltung und die Entwicklung der deutschen Wissenschaft und Kultur, die weitere Verbesserung der Lage der Intelligenz und die Steigerung ihrer Rolle in der Produktion und im öffentlichen Leben vom 31. März 1949, in: Baske/Engelbert, *Bildungspolitik in der Sowjetzone*, S. 105–112. Vgl. auch die Ausarbeitung: „Zu einigen Fragen des Rechtsverhältnisses zwischen nebenamtlichen Professoren (bzw. Dozenten) und der Universität", o. J. [1960], in: BA/B, DR-3, 821.

[20] Verordnung über die Vergütung der Hochschullehrer sowie der wissenschaftlichen und künstlerischen Assistenten und über die Emeritierung der Professoren vom 12. Juli 1951 und Verordnung über die Vergütung der wissenschaftlichen Mitarbeiter der DAW vom 20. September 1951, dokumentiert in: Landrock, „Deutsche Akademie der Wissenschaften", S. 4.

[21] § 9 der Verordnung über die Erhöhung der Gehälter für Wissenschaftler, Ingenieure und Techniker in der Deutschen Demokratischen Republik vom 28. Juni 1952, in: *Gbl. der DDR*, Nr. 84, 1952, S. 510–514.

Spitzengehälter von 15.000 Mark monatlich ausweist, betrafen Akademiedirektoren: Max Steenbeck, Direktor des Instituts für Magnetohydrodynamik in Jena, und Peter Adolf Thiessen, Direktor des Instituts für physikalische Chemie. Im Bereich der Deutschen Akademie der Landwirtschaftswissenschaften stieß als einziger deren Präsident Hans Stubbe, Direktor des Gaterslebener Instituts für Kulturpflanzenforschung, mit 12.000 Mark in die Gipfelregion der Wissenschaftlergehälter vor. Hochschullehrer ohne Akademiefunktionen finden sich in diesen Kreisen nicht.[22] Die bevorzugte Ausstattung der Akademieinstitute mit wissenschaftlichen Geräten, Investitionsmitteln, Baukapazitäten etc. rundete deren Sonderstellung ab. Einkommen und Arbeitsbedingungen waren für viele Wissenschaftler an der Akademie in der Regel weitaus attraktiver als an den Hochschulen.

Zur materiellen Besserstellung kam bis Ende der fünfziger Jahre der geringere politische Anpassungsdruck hinzu – ein Phänomen, das man als sehr spezielle Form politischer Privilegierung ansehen kann. Dies galt nicht nur für die Mitglieder der Gelehrtengesellschaft, deren Selbstergänzung anfänglich schwer zu steuern war, sondern auch für das Forschungspersonal der Institute.[23] Im Mai 1956 sollen nur rund 17 Prozent des wissenschaftlichen Personals der Akademieeinrichtungen Angehörige der SED gewesen sein; ein Wert, der deutlich unter dem der Universitäten und Hochschulen lag, deren Professorenschaft schon 1954 auf 28,7 Prozent und deren Dozentenschaft im selben Jahr auf 54,3 Prozent Genossen kam.[24] Wie überall, hielten auch an den Einrichtungen der Akademie besonders die Naturwissenschaftler auf Distanz zur SED. Am Institut für Medizin und Biologie der Akademie herrschte 1957 der Eindruck, daß sich dort „die Partei in der Illegalität befindet".[25] Aber auch in den geisteswissenschaftlichen Disziplinen gab es 1957 etliche Institute, in denen die SED kaum Fuß gefaßt hatte: Am Institut für deutsche Sprache und Literatur gehörten von 178 Mitarbeitern 17 (9,5 Prozent) der Einheitspartei an, am Institut für Slawistik einer von 17 (5,9 Prozent), am Institut für griechisch-römische Altertumskunde vier von 62 (6,4 Prozent). Die SED dominierte nur in den gesellschaftswissenschaftlichen Akademieinstituten, die weitgehend mit neu rekrutiertem Personal arbeiteten: Bei den Wirtschaftswissenschaftlern hatten 30 von 49 Mitarbeitern das Parteibuch (61,2 Prozent) und bei den Historikern 51 von 84 (60,7 Prozent). Noch elf Jahre später läßt sich der geringere politische Anpassungsdruck auf die Akademiewissenschaftler erkennen: Als unter den Hochschullehrern der Philosophischen Fakultäten längst SED-Anteile von weit über 60 Prozent die Regel geworden waren, kam das Akademieinstitut

[22] Aufstellung über Sondergehälter (SG) § 9-Gehaltsempfänger o. J. [nach dem umgebenden Schriftverkehr in der Akte um 1960], Direktor der DAL, Plachy an Staatssekretariat für Hoch- und Fachschulwesen (SHF) vom 26. Mai 1961, beide in: BA/B, DR-3, 821. Die Angaben zu den Institutsdirektoraten nach Barth, *Wer war wer?*

[23] Vgl. Schroeder, „SED und Akademie der Wissenschaften", S. 1276f.; Walther, „Fritz Hartung", S. 1273.

[24] Schroeder, „SED und Akademie der Wissenschaften", S. 1273.

[25] So ein Rechenschaftsbericht der dortigen SED-Gruppe für die Zeit vom Dezember 1956 bis März 1957, zit. nach: Schroeder, „SED und Akademie der Wissenschaften", S. 1270f.

für deutsche Sprache und Literatur 1968 auf 17,8 Prozent, das für Slawistik auf 35,8 Prozent, das für Altertumskunde auf 4,4 Prozent und das für Vor- und Frühgeschichte auf 14,6 Prozent. Die Wirtschaftswissenschaftler und Historiker hatten mit 60,7 Prozent und 56,9 Prozent ihrer Werte aus den fünfziger Jahren knapp gehalten.[26]

Die relative Zurückhaltung der SED gegenüber vielen Akademieinstituten hatte nicht nur mit der starken Position ihrer renommierten Direktoren, ihrer Distanz zur politisch brisanten *Erziehung*,[27] der Marginalität von Fächern wie der Vor- und Frühgeschichte oder der hohen volkswirtschaftlichen Bedeutung der naturwissenschaftlichen und technischen Institute zu tun. In gewisser Weise kompensierte der geringere Anpassungsdruck an den Akademieinstituten den weit höheren an den Universitäten. Wurde ein Hochschullehrer politisch untragbar, waren seine Forschungsarbeiten aber von Nutzen, konnte er mit geringerem politischen Risiko an der Akademie untergebracht werden.[28] Die Akademieinstitute hatten bis 1961 gegenüber den Hochschulen auch eine politisch gewollte Ventilfunktion. Um die innerdeutsche Wissenschaftleremigration abzufangen, boten sie die Möglichkeit, in eine recht komfortable Nische innerhalb der DDR zu emigrieren.[29]

Die berufspolitischen Monopolrechte der Universitäten wurden zudem dadurch geschmälert, daß die DAW einen vom Stellensystem der Universitäten und Hochschulen unabhängigen Zugang zum Professorentitel eröffnete. Ganz neu war dies freilich nicht. Bereits seit der Jahrhundertwende ernannte die Preußische Akademie Mitarbeiter ihrer Forschungsprojekte in begrenzter Zahl zu *Wissenschaftlichen Beamten* und später auch zu Professoren.[30] Die Nachkriegssatzung von 1946 knüpfte hieran an und gab der DAW das Recht, „hervorragende Gelehrte", die im Rahmen der Akademie wissenschaftlich tätig wurden, auf Antrag einer Klasse zum „Professor bei der Deutschen Akademie der Wissenschaften" zu ernennen. Weniger hervorragende Mitarbeiter konnten „nach mehrjähriger erfolgreicher Tätigkeit" zum „wissenschaftlichen Mitarbeiter und Professor" gewählt werden – beides nur mit Zustimmung der Zentralverwaltung für Volksbildung. Die folgenden

[26] Alle Zahlen nach der Tabelle in: Schroeder, „SED und Akademie der Wissenschaften", S. 1274, und Jessen, *Akademische Elite*, S. 463–491.

[27] Bezeichnenderweise war nach 1945 das Recht der ordentlichen Akademiemitglieder, an allen preußischen Universitäten zu lesen, das in der NS-Zeit bereits auf ein Leserecht an den Berliner Hochschulen eingeschränkt worden war, ganz gestrichen worden, vgl. Landrock, „Deutsche Akademie der Wissenschaften", S. 27, sowie § 18 der Statuten vom 28. März 1881 und § 13 der Statuten vom 8. Juni 1939, in: Hartkopf/Wangermann, *Dokumente*, S. 127–143 bzw. S. 144–150.

[28] Schroeder, „SED und Akademie der Wissenschaften", S. 1274f.

[29] Als Hochschulstaatssekretär Girnus 1958 in einem Brief an Ulbricht die Entfernung der politisch unbotmäßigen Hallenser Philologen Peek und Reitzenstein aus der Universität bei gleichzeitiger Weiterbeschäftigung als Forscher befürwortete, meinte er zugleich: „Das sollte nicht immer an der Akademie der Fall sein, da dort eine Konzentration dieser Elemente zu vermeiden ist." BA/B, DR-3, 216: Girnus an Ulbricht vom 31. März 1958. Siehe auch Walther, „Denkraster- und Kaderpolitik" und Walther, „Two to Tango".

[30] Allgemeine Bestimmungen für die Anstellung wissenschaftlicher Beamten bei der Akademie vom 1900, in: Hartkopf/Wangermann, *Dokumente*, S. 287f., und Satzung vom 8. Juni 1939, § 8, in: ebd., S. 144–150.

Statuten schrieben dieses Titelrecht fort.[31] Eine Verfahrensordnung von 1964 regelte die Ernennung zum Professor durch das Akademieplenum im einzelnen. Diese sollte vornehmlich dann erfolgen, wenn „die Universitäten und Hochschulen der Deutschen Demokratischen Republik keine Berufung in die Lehre und Forschung ermöglichen". Als Voraussetzung der Titelverleihung forderte die Richtlinie „in der Regel" die Habilitation, ausgezeichnete wissenschaftliche Leistungen, Veröffentlichungen und Leitungserfahrung.[32]

Solange die Akademie allerdings nicht selbst wissenschaftliche Grade verleihen konnte, blieben ihre Karrierezugänge vom Prüfungsmonopol der Universitäten abhängig oder setzten sich – wenn etwa auf Habilitationen verzichtet wurde – dem Verdacht wissenschaftlicher Zweitrangigkeit aus. Wie eine Bemerkung des Hallenser Rektors Leo Stern vom November 1956 zeigt, waren derartige Vorbehalte bis in den Kreis exponierter SED-Vertreter an den Hochschulen verbreitet. Im Senat kritisierte er die „relativ leichte Erwerbung der akademischen Titel" an der Akademie und verwies auf einen Fall, „wo der Professoren-Titel ohne Habilitationsverfahren und ohne direkte Tätigkeit an einem Akademie-Institut verliehen wurde. Das ist eine Entwertung."[33]

Zum Konflikt kam es, als die Akademie zusätzlich zu ihren sonstigen Vergünstigungen auch noch das Promotionsrecht bekommen sollte. Die Ausbildung des wissenschaftlichen Nachwuchses zählte zwar schon seit 1946 zu den Aufgaben der DAW. 1950 arbeiteten 42 Kandidaten des wissenschaftlichen Nachwuchses in ihren Instituten und 1955 richtete eine Ministerratsverordnung eine wissenschaftliche Aspirantur bei der DAW ein. Die Doktorprüfung selbst mußte allerdings stets an einer Universität oder Hochschule absolviert werden.[34] Bis gegen Ende der fünfziger Jahre hatte die Akademie kein besonderes Interesse am Promotionsrecht gezeigt. Gleich nach der Wiederzulassung 1946 und noch einmal nach Verabschiedung der *Verordnung über die Verleihung akademischer Grade*[35] im September 1956 war der Akademie – so Robert Rompe in einer rückblickenden Betrachtung – das Promotionsrecht angeboten worden, ohne daß sie davon Gebrauch machte, „da es nicht den hiesigen Traditionen entsprach". Erst als nach der Gründung des Forschungsrates im Jahr 1957 immer weiterreichende Expansionspläne für das Wissenschafts- und Hochschulsystem geschmiedet wurden, drängten Ministerrat und Staatssekretariat auf einen stärkeren Beitrag der Akademie zur Nachwuchsausbildung.[36] Vorbereitet von der SED-

[31] Satzung der DAW vom 31. Oktober 1946, § 21, in: Hartkopf/Wangermann, *Dokumente*, S. 150–158; vgl. dort auch die Folgestatuten.

[32] Beschluß Nr. 87/64 über die Richtlinien für die Ernennung von Mitarbeitern der DAW zu Berlin zum Professor vom 11. Juni 1964, in: *Beschlüsse und Mitteilungen der DAW zu Berlin* 5 (1964), H. 8, S. 43f.

[33] BA/B, DR-3, 1544: Senat MLU Halle vom 14. November 1956.

[34] Landrock, „Deutsche Akademie der Wissenschaften", S. 51; Verordnung des Ministerrates der DDR vom 23. Juni 1955 betr. Einrichtung einer wissenschaftlichen Aspirantur bei der DAW, in: Hartkopf/Wangermann, *Dokumente*, S. 510f.

[35] Verordnung über die Verleihung akademischer Grade vom 6. September 1956, in: *Gbl. der DDR*, Teil I, 1956, S. 745f.

[36] So die Darstellung von Rompe in den Beratungen einer Arbeitsgruppe des Forschungsrates zu Fragen einer neuen Promotions-, Habilitations- und Berufungsordnung vom 27. April 1961, in: SAPMO, DY

Parteileitung der Akademie und unterstützt vom Akademiepräsidenten Werner Hartke gingen dem Staatssekretariat für Hoch- und Fachschulwesen Ende 1960 die ersten vertraulichen Entwürfe einer Promotions- und Habilitationsordnung der DAW zu.[37] Wie schon bei den Diskussionen über die Revision des Promotionsrechts im Jahr 1956 stießen diese Bestrebungen an den Universitäten und Hochschulen auf Ablehnung. In einer Zeit, in der die DAW so offensichtlich zu Lasten der Universitäten expandierte, bestätigte dieser Vorstoß die verbreitete Meinung, „die Akademie eigne sich ein Recht nach dem anderen an".[38] Im April 1961 hatten sich diese Spannungen soweit verschärft, daß Robert Rompe als Vertreter der Akademie erwog, den Vorsitz der Arbeitsgruppe des Forschungsrates zur Revision des Promotionsrechts niederzulegen, um die Wogen zu glätten.[39]

Als schließlich der Ministerrat der DAW am 27. Juni 1963 das Promotionsrecht zusprach, hatte der Aufstiegskurs der Akademie seinen Höhepunkt überschritten. Die Graduierungsbestimmungen, die das Akademiepräsidium am 5. November 1964 beschloß, waren um einen gütlichen Ausgleich mit den Prestigeinteressen der Universität bemüht. Es gehe nur um sachliche Notwendigkeiten, hob der stellvertretenden Generalsekretär der DAW, Heinrich Grell, hervor, „nicht um eine rein äußerliche Konkurrenz mit dem an den Universitäten und Hochschulen bestehenden, von ihnen teilweise in jahrhundertelanger Tradition gepflegten Promotionsrecht".[40]

Das größte Zugeständnis an die Universitäten war der Verzicht auf das Habilitationsrecht, das die Akademieparteileitung 1960 noch angestrebt hatte. Jede nach herrschendem Verständnis legitime wissenschaftliche Karriere mußte weiterhin durch das Nadelöhr der kollegialen Prüfung an einer Hochschule oder Universität. Aber auch die Verleihung von Doktorgraden blieb vorerst auf solche Themen beschränkt, „die entscheidend durch die Forschungseinrichtungen der DAW und ihre Besonderheiten bestimmt" waren.[41] Praktisch reduzierte sich das Promotionsrecht der Akademie auf Wissenschaftsgebiete, die nur in ihren Instituten vertreten waren. Erst im Zuge der Hochschul- und Akademiereformen Ende der sechziger Jahre fielen diese Einschränkungen. Seit dem 1. September 1969 ver-

30/IV 2/9.04/60, Bl. 68–76, hier Bl. 68f. Die Weigerung der DAW, das Promotionsrecht schon 1956 in Anspruch zu nehmen, wird auch vom stellvertretenden Staatssekretär Wohlgemuth im Senat der MLU Halle vom 14. November 1956 erwähnt, vgl. in BA/B, DR-3, 1544.

[37] BA/B, DR-3, 1584: Generalsekretär der DAW Rienäcker an Dahlem vom 26. November 1960 und die beiliegenden Entwürfe vom 1. Dezember 1960. Siehe auch Dahlem an Tschersich vom 31. Dezember 1960, aus dem die Stellung Hartkes und die Bedeutung der Parteileitung der DAW hervorgeht, in: BA/B, DR-3, 5693 sowie in: BA/B, DR-3, 303: Aktennotiz vom 29. Januar 1960.

[38] So Rompe in der Besprechung am 27. April 1961, vgl. SAPMO, DY 30/IV 2/9.04/60, Bl. 68–76, hier Bl. 69.

[39] SAPMO, DY 30/IV 2/9.04/60, Bl. 68–76.

[40] Grell, „Zum Promotionsrecht der Deutschen Akademie der Wissenschaften", S. 76.

[41] „Regelung des Verfahrens bei der Verleihung akademischer Grade durch die Akademie, Beschluß des Geschäftsführenden Präsidiums der DAW vom 5. November 1964", in: *Spektrum* 11 (1965), H. 3, S. 77–81.

fügten die Institute der DAW über das uneingeschränkte Recht zur A- und B-Promotion und hatten damit die volle Gleichberechtigung mit den Hochschulen erreicht.[42]

Bis zu diesem Zeitpunkt hatte das Graduierungsrecht der Akademie gegenüber den Universitäten und Hochschulen bestenfalls subsidiären Charakter. Auch quantitativ hielt sich die Prüfungstätigkeit der DAW in bescheidenem Rahmen. 1967 wurden 14 von insgesamt 2872, 1968 35 von 2964 und im Jahre 1969 nur 19 von 3107 Promotionen an den Instituten der DAW absolviert. In den folgenden Jahren stieg dieser Wert zwar, lag aber am Ende der DDR mit 107 von 4517 A-Promotionen gerade bei 2,3 Prozent. Nur bei den B-Promotionen hatten die Einrichtungen der AdW 1989 mit 99 von 925 Prüfungen eine nennenswerte Größe von 10,7 Prozent erreicht.[43] Gemessen an ihrer Personalstärke von rund 25 Prozent des Universitätspersonals war aber auch das nicht viel. Dies relativiert die Wirkung der Graduierungsreformen beträchtlich. Und noch ein anderer Aspekt wäre zu berücksichtigen: Die Übertragung von Prüfungs- und Graduierungsrechten an ehemals reine Forschungsinstitute nahm ein Stück der beschriebenen institutionellen Differenzierung wieder zurück. Wenn die Akademieinstitute Lehr- und Prüfungsfunktionen übernahmen, und sei es auch nur auf dem Gebiet der *post graduate*-Ausbildung, näherten sie sich strukturell wieder ein wenig den Universitäten. Der Differenzierungstrend wurde hier durch gegenläufige Aspekte der Ent-Differenzierung gebremst.

Blieb der Einbruch der Akademie in die Universitätsdomäne der wissenschaftlichen Graduierung eher begrenzt, rückte die Akademie auf dem Gebiet der Forschungslenkung und -planung bis Anfang der siebziger Jahre immer mehr in eine den Hochschulen übergeordnete Position. Zwar stieg die Akademie nicht zu einer vorgesetzten Lenkungsbehörde der Hochschulen auf, hatte aber in dem schwer überschaubaren und im Detail häufig modifizierten Geflecht forschungsleitender Gremien einen deutlichen Vorrang.[44] Zu den frühen Versuchen, der Akademie forschungskoordinierende Aufgaben zu übertragen, gehörte 1951 die Einrichtung von *Sektionen*, die außer den Angehörigen der Gelehrtengesellschaft auch Wissenschaftler aus Hochschulen, Wirtschaft, Gesundheitswesen und dem Kulturbereich erfaßten. Zwischen 1951 und 1955 entstanden 24 disziplinspezifische Sektionen.[45] Ihre anfänglich unscharfe Rolle im Gefüge der Akademiegremien wurde in den *Empfehlungen* des Ministerrats von 1955 präzisiert: „Die auf den verschiedensten Gebieten der Wissenschaften arbeitenden Sektionen müssen zur wissenschaftlichen Leitung ihres Fachgebietes innerhalb der Deutschen Demokratischen Republik befähigt werden. Sie sollen die Koordination der Arbeiten aller wissenschaftlichen Institutionen des betreffenden Fachge-

[42] Vietze, „Grundsätze der Verleihung der akademischen Grade“, S. 460.

[43] MHF, Ergebnisse der Hochschulstatistik für die Jahre 1967–1969; Burkhardt/Scherer, *Förderung des wissenschaftlichen Nachwuchses*, S. 74f. und 81–83. Erfaßt sind nur Promotionen von DDR-Bürgern.

[44] Überblicke über die Entwicklung der Forschungsplanung in der DDR liefern: Scherzinger, *Planung*; Rytlewski, *Organisation und Planung*; Förtsch, *Forschungspolitik in der DDR* und Tandler, *Geplante Zukunft*.

[45] Landrock, „Deutsche Akademie der Wissenschaften“, S. 52f. und 430. Statut vom 17. Juni 1954, § 23, in: Hartkopf/Wangermann, *Dokumente*, S. 158. Später kamen weitere Sektionen hinzu.

bietes vornehmen und sich am zweckvollen Einsatz des entsprechenden wissenschaftlichen Nachwuchses beteiligen."[46]

Auch im Forschungsrat, der seit 1962 die naturwissenschaftlich-technische Forschung der Akademieinstitute, der Hochschulen und der Industrie auf Basis zentraler Pläne lenken und koordinieren sollte, spielten Akademieangehörige eine maßgebliche Rolle.[47] Ende der sechziger, Anfang der siebziger Jahre rückte wieder die Akademie in den Vordergrund der forschungsplanenden und koordinierenden Instanzen, während der Forschungsrat an Bedeutung einbüßte.[48] Fast alle der seit 1968 gebildeten *Wissenschaftlichen Räte* für die gesellschaftswissenschaftliche Forschung waren – soweit sie nicht bei den Parteianstalten ressortierten – der Akademie zugeordnet, und auch in den seit 1975 eingerichteten Wissenschaftlichen Räten für die naturwissenschaftliche Forschung war sie tonangebend vertreten.[49] Die Organisation der *Wissenschaftlichen Gesellschaften* in der DDR läßt ebenfalls den Primat der DAW gegenüber den Hochschulen erkennen. Diese waren seit den frühen fünfziger Jahren in Abgrenzung zu den gesamtdeutschen Fachvereinigungen gegründet und teils schon bei dieser Gelegenheit, endgültig aber mit dem Akademiestatut von 1969 der Akademie zur „Anleitung" zugeordnet worden.[50]

Der Ausbau der ehemaligen Gelehrtengesellschaft zur *Forschungsakademie* setzte einen institutionellen Differenzierungsprozeß des Wissenschaftssystems in Gang, der nicht nur das integrale Berufskonzept des Forscher-Lehrers aufzulösen, sondern auch die akademische Gemeinschaft in Gewinner und Verlierer zu spalten drohte. Schließlich machte die Akademie ambitionierten Wissenschaftlern ein fast unwiderstehliches Angebot: In ihren Instituten konnten sie fern des reglementierten Lehrbetriebs und ohne allzu große Belästigung durch die SED forschen, wurden dafür noch besser bezahlt, mit Ehrungen bedacht und Forschungsmitteln versorgt, genossen als Wissenschaftler das Ansehen der Fachgenossen und konnten leichter als ihre Hochschulkollegen Einfluß auf die Wissenschaftsplanung nehmen. Konzentrierten sich hier alle *positiven* Möglichkeiten des Berufs, drohte die Hochschullehrertätigkeit zum Negativpol zu werden. Die Freiheit der Lehre war sehr beengt, in manchen Fächern ganz dahin, die Forschungstätigkeit von Marginalisierung bedroht, der ideologische Selektions- und Konformitätsdruck stieg, und dem Hochschullehrer wurden mehr und mehr politische *Erziehungs*-Aufgaben abverlangt.

[46] Empfehlungen zur weiteren Entwicklung und Verbesserung der Arbeit der DAW vom 18. Mai 1955, in: Hartkopf/Wangermann, *Dokumente*, S. 497–510, hier S. 498.

[47] Landrock, „Deutsche Akademie der Wissenschaften", S. 71und 150; Hanhardt, „Ordentliche Mitglieder", S. 243f.; Rytlewski, *Organisation und Planung*, S. 300ff., sowie Tandler, *Geplante Zukunft*.

[48] Vgl. Verordnung über die Leitung, Planung und Finanzierung der Forschung an der Akademie der Wissenschaften und an Universitäten und Hochschulen vom 23. August 1972, in: Hartkopf/Wangermann, *Dokumente*, S. 560–570.

[49] Zimmermann, *DDR-Handbuch*, S. 1552.

[50] Vgl. Statut vom 20. Mai 1969, in: Hartkopf/Wangermann, *Dokumente*, S. 177, § 21, und die Übersicht über die Wissenschaftlichen Gesellschaften in: Herbst/Ranke/Winkler, *So funktionierte die DDR*, S. 1170–1193, sowie die Vorgänge in: SAPMO, DY 30/IV A2/9.04/239.

In der zweiten Hälfte der fünfziger Jahre spitzte sich der Polarisierungstrend zu. Die Wachstumskurven von Akademie- und Hochschulpersonal scherten auseinander, die Gründung der Forschungsgemeinschaft gab den naturwissenschaftlichen Akademieinstituten ein organisatorisches Gerüst, die Einrichtung des Forschungsrates stärkte den Einfluß der Akademie auf die Wissenschaftsplanung, hochkarätige *SU-Spezialisten* wie Steenbeck oder Thiessen kehrten in die DDR zurück und wurden mit Akademieposten und machtverheißenden Positionen versorgt.[51] Gleichzeitig startete die SED ihre Kampagne zur *sozialistischen Umgestaltung* der Hochschulen und Universitäten, säuberte die Assistentenschaft und beschnitt den Professoren die Möglichkeit, ihre Schüler zu fördern und zu plazieren. Seit 1957 schlugen sich die politischen Erziehungspflichten der Professoren und Dozenten im offiziellen Berufsbild nieder. Die Disziplinarordnung vom 8. Februar 1957 nannte in ihrer Präambel Lehre, Forschung und Erziehung als gleichrangige Aufgaben des Hochschullehrers. Die Assistentenordnung vom 26. November 1957 trug dem Nachwuchs „eine besonders hohe Verantwortung für die sozialistische Erziehung und Ausbildung der Studenten" auf und forderte von jedem Nachwuchskandidaten, daß seine fachlichen Leistungen und seine „politische Haltung" erkennen lassen müßten, daß er bereit und in der Lage sei, die „Ausbildung und Erziehung der studentischen Jugend im Geiste des Sozialismus zu unterstützen".[52] Um sie dazu zu befähigen, verordnete das Staatssekretariat dem Nachwuchs ein obligatorisches Zusatzstudium in Marxismus-Leninismus von mindestens drei Semesterwochenstunden.[53] Selbst den Professoren versuchte die SED jetzt eine ideologische Nachschulung aufzunötigen, etwa in einem *Marxistischen Kolloquium*, das an der Leipziger Universität eingerichtet wurde. Zum Ende der fünfziger Jahre war die offizielle Berufsrolle der Hochschullehrer einem massiven Politisierungsdruck ausgesetzt, durch den die knapp zehn Jahre zuvor mit der Einrichtung des *Gesellschaftswissenschaftlichen Grundstudiums* etablierte Trennung zwischen Fachlehre und politischer *Erziehung* ein Stück weit überbrückt werden sollte. Eine Intensivierung der Lehranforderungen kam hinzu: Der Siebenjahrplan forderte 1959 von den Hochschulen eine deutliche Erhöhung der Studentenzahlen und strich gleichzeitig die Mittel für den Hochschulausbau zusammen, so daß sich die Forschungsmöglichkeiten außerhalb der Akademie weiter verschlechterten.[54]

[51] Beide amtierten nacheinander als Vorsitzende des Forschungsrates.

[52] Präambel der Anordnung über die disziplinarische Verantwortlichkeit der Hochschullehrer vom 8. Februar 1957, in: *Gbl. der DDR*, Teil I, S. 177–180; Präambel und § 2 der Assistentenordnung vom 26. November 1957, in: *Gbl. der DDR*, Teil I, S. 620–623.

[53] Anweisung Nr. 112 des SHF vom 6. Juni 1958, Studium des Marxismus-Leninismus durch die Angehörigen des wissenschaftlichen Nachwuchses, in: Baske/Engelbert, *Bildungspolitik in der Sowjetzone*, S. 386f.

[54] BA/B, DR-3, 221: Girnus an Ulbricht vom 6. August 1959. Girnus wies auf Proteste aus den Hochschulen in Dresden, Leuna-Merseburg und Freiberg hin und sah angesichts des harten Kürzungskurses „unter der gesamten Professorenschaft einen Sturm der Entrüstung" heraufziehen. Im selben Sinne vgl. auch: Girnus an Ulbricht vom 16. Dezember 1959, ebd.

Diese politische Aufladung des Berufs war besonders dramatisch, weil der Expansionskurs der DAW gleichzeitig immer mehr Forschungskapazitäten aus der Universität herauskanalisierte, so daß sich in den Augen vieler Universitätswissenschaftler eine grundsätzliche Verschiebung der Berufsfunktion vom lehrenden Forscher zum erziehenden Lehrer abzeichnete. Der Rektor der Humboldt-Universität, der Mathematiker Kurt Schröder, hat diesen ihn beunruhigenden Trend 1959 in eine prägnante Formel gefaßt: „Die Gefahr besteht, daß die Wissenschaft sich auf die Akademien verlagert und daß an der Universität nur das Pädagogische, Politische und Polytechnische bleibt.“[55]

Mit seinen Vorbehalten gegen die drohende Entwissenschaftlichung des Berufs stand Schröder nicht allein. Wenn die *Erziehungsforderungen* oder der drohende Abfluß der Forschung in den Universitätssenaten zur Sprache kam, konnte man während der ganzen fünfziger Jahre immer wieder das klassische Kredo des Forschungsprimats hören. Die Forschung müsse an den Hochschulen den Vorzug genießen – so der Dresdener Physikochemiker und spätere Präsident der Sächsischen Akademie der Wissenschaften Kurt Schwabe[56] – und sein Fachkollege in Jena, der Physiker Schütz, hielt jede Trennung von Forschung und Lehre für „völlig indiskutabel“: „Kein Wissenschaftler werde sich noch bereit erklären, einen Lehrstuhl zu übernehmen, wenn er ein bloßer Pauker sein solle. [...] Nicht die Vorlesungen seien das wichtigste an der Arbeit eines Professors, sie seien mehr oder weniger Routinearbeit, sondern die Forschung, aus der die Lehre gestaltet wird.“[57]

Die Weichen für diese Entwicklung wurden von der SED gestellt; gestützt wurde sie aber auch von den Interessen derjenigen Wissenschaftler, die von ihr profitierten. Conrad Grau spricht mit Blick auf die Akademieexpansion der fünfziger Jahre von einer „zeitweiligen Kongruenz von Bestrebungen der Politiker und der Wissenschaftler bei gleichzeitiger langfristiger Divergenz der Ziele der Beteiligten“ und hat damit in bezug auf die führenden Wissenschaftler an der Akademie sicherlich recht.[58] Sie nutzten die von der Politik gebotenen Möglichkeiten zur Expansion und Arrondierung des Institutsimperiums der DAW, so daß selbst Staatssekretär Girnus Ende 1960 in Kreisen der DAW-Forschungsgemeinschaft „deutliche Tendenzen“ konstatierte, „die Forschung von der Lehre zu trennen, die Ausbildung an den Hochschuleinrichtungen zu schmälern und Kapazitäten für die Akademie auf Kosten der Hochschulen zu gewinnen. Bei einer Reihe von Wissenschaftlern zeigt sich die Tendenz, den Aufgaben an den Universitäten und Hochschulen auszuweichen und sich auf das Gebiet der Forschung zurückzuziehen.“[59]

An der Deutschen Akademie der Landwirtschaftswissenschaften, hieß es in einem anderen Bericht, fühlten sich die Sekretare der Akademie „als die Päpste des jeweiligen Wis-

[55] So zitiert in einem Brief von Girnus an Ulbricht vom 16. Dezember 1959, in: SAPMO, DY 30/IV 2/9.04/605, Bl. 394.

[56] BA/B, DR-3, 1528: Senat der TH Dresden vom 25. Juni 1955.

[57] BA/B, DR-3, 1546: Senat der FSU Jena vom 18. September 1957.

[58] Grau, *Preußische Akademie*, S. 254, und Walther, „Two to Tango“.

[59] BA/B, DR-3, 182: Bericht Girnus über eine Tagung der Forschungsgemeinschaft am 1. Dezember 1960 auf der Dienstbesprechung im Sekretariat des SHF vom 5. Dezember 1960.

Empfang anläßlich einer Vereinbarung zwischen der DAW und der DAL Berlin am 20. Juli 1962
v. l. n. r.: Robert Rompe, Hans Wittbrodt und Hans Stubbe

senschaftsgebietes" und ließen die Universitätsprofessoren ihre Überlegenheit deutlich spüren, indem sie z. B. aus den Redaktionen der DAL-Publikationen alle Mitarbeiter entfernten, die nicht im Rahmen der DAL, sondern an den Hochschulfakultäten beschäftigt waren.[60] Der Biophysiker Jakob Segal von der Humboldt-Universität klagte zur selben Zeit darüber, daß die Wissenschaftler der Akademie ihre Begutachtungskompetenz gegenüber den Universitätswissenschaftlern eigennützig mißbrauchten und verwahrte sich scharf gegen „die Kontrolle unserer Forschungsarbeit durch die Akademie".[61]

Man könnte manche Seite mit Professorenklagen über die Bevorzugung der Akademieinstitute, über den drohenden Auszug der Forschung aus den Hochschulen und über anmaßendes Verhalten der Wissenschaftler an der Akademie füllen – „wenn das Thema Akademie an der Universität erwähnt werde, dann fange es an zu grollen", meinte der Chemiker Professor Günther Drefahl 1957 im Senat der Universität Jena.[62] Damit hatte er recht. Nur

[60] BA/B, DR-3, 5078: Das Verhältnis der Akademie zu den Hochschulen, o. J. [um 1961].

[61] BA/B, DR-3, 4825: Prof. Segal an SHF vom 7. Juli 1961.

[62] BA/B, DR-3, 1546, Bl. 97: Prof. Drefahl in Senat der FSU Jena vom 18. September 1957; vgl. auch Tandler, *Geplante Zukunft*, S. 125f.

einige Kostproben sollen hier genügen, um die Stimmungslage zu illustrieren: Als größte Kränkung empfanden die Universitätsprofessoren zweifellos die Mißachtung ihrer Forschungsinteressen. Dies berührte ihren Identitätskern als Wissenschaftler. Wenn die anhaltende Bevorzugung der Akademieinstitute nicht bald gestoppt werde, meinte der erwähnte Biophysiker Segal 1958, „wird der gegenwärtige Zustand bald das Ende der wissenschaftlichen Forschung an den Universitäten und in nicht ferner Zukunft das Ende der Universitäten selbst bedeuten".[63] Man sah sich zu „Wissenschaftlern zweiten Grades"[64] degradiert, die das „Opfer der Lehre"[65] bringen müßten, während an der Akademie ungestörte Forschung möglich sei. In gereiztem Ton beschwerte sich der Dekan der Medizinischen Fakultät in Jena, Professor Dr. Franz Bolck, im Frühjahr 1961 über die miserablen Forschungsbedingungen, wodurch nicht nur der Abstand zum Westen wachse, sondern auch die Qualität der Lehre leide: „Daraus entsteht ein Zustand, der zur Unzufriedenheit, zu einem dauernden Mißmut, zur Verärgerung und schließlich zur Lethargie führen muß. [...] Es ist uns bekannt, daß Institute der DAW in einem so unvergleichlich besseren Maße dotiert sind, daß in den Kreisen der Kollegenschaft dafür kein Verständnis vorhanden ist."[66] Der Zentralvorstand der Gewerkschaft Wissenschaft faßte kurz darauf die Gravamina der Professoren in einem Bericht an das Staatssekretariat zusammen: „Die Diskussion über das Verhältnis der Universitäten und Hochschulen zu den Akademien nimmt ständig an Umfang und Stärke zu. Die offensichtlichen Bevorzugungen der Akademie-Institute in personeller, räumlicher, apparativer und finanzieller Hinsicht führen zu ernsten Verärgernissen der Hochschullehrer und außerdem zum Abgang wertvoller Kräfte in die Akademie-Institute."[67]

Der letzte Satz offenbart das ganze Dilemma dieser ebenso wütenden wie kraftlosen Verteidigung des überkommenen Berufsmodells. So sehr die Akademie die *kollektiven* Status- und Berufsinteressen der Hochschullehrer bedrohte, so sehr lockte die *individuelle* Chance, auf die Gewinnerseite zu wechseln, wenn man selbst in den Kreis der privilegierten Akademieforscher eintrat. So gehörte zum Repertoire der Beschwerde auch der stereotype

[63] BA/B, DR-3, 5745: Zitiert im Bericht zur Notwendigkeit einer neuen Vergütungsordnung für Assistenten und Oberassistenten, o. J. [um 1959/60].

[64] So wird Prof. Görlich zitiert in: SAPMO, DY 30/IV 2/9.04/60, Bl. 6–20: Büro des Politbüros an die Mitglieder und Kandidaten des ZK der SED, Zur Lage der Intelligenz, vom 14. Dezember 1960, hier Bl. 16.

[65] SAPMO, DY 30/IV 2/9.04/65, Bl. 78f.: Zwischenbericht vom Brigadeeinsatz des ZK der SED an der math.-nat. Fak. der HUB und der EMAU, o. J. [1960].

[66] BA/B, DR-3, 4825: Dekan Med. Fak. Jena, Prof. Dr. Bolck, an Rektor Jena, Prof. Dr. Schwarz, vom 2. März 1951. Vgl. die im selben Tenor gehaltene Beschwerde von Prof. Hofmann im Bericht aus dem Fakultätsrat der Landwirtschaftswissenschaftlichen Fakultät der Universität Jena vom 27. März 1961, in: BA/B, DR-3, 5078, und Senat der HUB vom 25. März 1959, in: BA/B, DR-3, 1555.

[67] BA/B, DR-3, 183: Zentralvorstand der Gewerkschaft Wissenschaft an SHF vom 13. April 1961; vgl. auch BA/B, DR-3, 6326: Rektor der Universität Jena, Schwarz, auf der Rektorenkonferenz vom 25./26. Juni 1962.

Verweis auf den „Zug der Professoren der Hochschulen zur Akademie".[68] Wer sich als Wissenschaftler profiliere, gehe von der Universität an die Einrichtungen der Akademie, berichtete der stellvertretende Staatssekretär Tschersich im Dezember 1960 an Hager. Wenn die Universitäten ohnehin *reine Lehrinstitutionen* werden sollten, so die verbreitete Auffassung, und dort nur die „zweite und dritte Qualität" der Wissenschaftler verbleibe, dann bemühte sich jeder trotz allen Unmuts, nicht den Anschluß zu verpassen: „Alle empfinden dasselbe, aber keiner spricht in der Öffentlichkeit darüber, weil niemand wagt, wider den Stachel zu löken, denn sonst hätte man keine Aussicht mehr, selbst einmal in der Akademie zu landen."[69]

Das Hochschulstaatssekretariat stand dieser Entwicklung relativ hilflos gegenüber. Die Akademie lag außerhalb seiner Reichweite, und gegen den Abwerbungssog der guten Gehälter und Arbeitsbedingungen konnte es wenig ausrichten, zumal es mit seiner Ideologisierungspolitik selbst den Austreibungsdruck an den Hochschulen verstärkte. Als sich der Konflikt 1960/61 zuspitzte und der Unmut an den Universitäten immer höhere Wellen schlug, setzte sich Girnus mit charakteristischer Flexibilität an die Spitze der Bewegung. Die angestauten Spannungen zwischen Universitäten und Akademie hätten ein schädliches „Rivalitätsgefühl" gefördert. Die Akademie müsse aufhören, sich auf Kosten der Universität zusätzliche Kapazitäten zu schaffen. „Es gibt sonst ernsthafte und berechtigte Besorgnisse seitens der Hochschullehrer, daß hier die Gefahr der Trennung von Forschung und Lehre auftaucht. Eine Trennung von Forschung und Lehre wäre der Tod unserer Universitäten und Hochschulen und würde sie zu drittrangigen Institutionen degradieren. Niemals dürfen wir einer solchen Entwicklung unsere Zustimmung geben."[70]

Diese Zustimmung hat es in der Tat nicht gegeben. Dem Anspruch nach blieben die Universitäten und Hochschulen der DDR stets der Einheit von Forschung und Lehre verpflichtet. Faktisch blieb aber die desintegrierende Grundkonstellation erhalten: Der *pull*-Faktor attraktiver Forschungsbedingungen an der Akademie und der *push*-Faktor einer politisierten, auf Lehr- und *Erziehungs*-Funktionen konzentrierten Hochschule schwächten das integrale Berufskonzept nachhaltig. Die Akademie- und Hochschulreformen Ende der sechziger Jahre haben diese Funktionszuweisungen erneut bestätigt. Freilich milderte sich die Differenzierungsdynamik nach dem Mauerbau etwas. Wie erwähnt, mußte die Akademie ihren Expansionskurs angesichts knapper Kassen bremsen, und auch auf der symbolischen Ebene kam man den Hochschulen ein wenig entgegen: Seit dem Statut von 1963

[68] BA/B, DR-3, 303: Aktennotiz Dahlem über ein Gespräch mit Hartke vom 27. Januar 1950: „Es ist eine Tatsache, daß zahlreiche Professoren, zum Teil aus ideologischen Gründen, aber auch zum Teil aus Gründen der Überlastung durch die Lehre [...] im Interesse ihrer Forschungsarbeit von der Hochschule zur Akademie in eine ruhigere Arbeitsatmosphäre streben."

[69] Mit diesen Worten zitiert Tschersich einen ungenannten Hochschullehrer. BA/B, DR-3, 5332: Stellv. Staatssekretär Tschersich an Hager vom 8. Dezember 1960.

[70] BA/B, DR-3, 6325: Referat Girnus auf der Rektorenkonferenz vom 17. Januar 1961; vgl. auch BA/B, DA-3, 1335: Dr. Günter Guhr, Sekretär des Rektors der HUB, an Gießmann vom 26. Juli 1963.

firmierte die Akademie nicht mehr als „höchste", sondern nur noch als „eine" wissenschaftliche Institution.[71]

In den siebziger und achtziger Jahren scheint sich so etwas wie ein *modus vivendi* eingependelt zu haben, der den Primat der Forschung bei der Akademie ließ, die Hochschulforschung aber nicht grundsätzlich in Frage stellte. Die Aufwertung der Dissertation B zur faktisch verpflichtenden Berufungsvoraussetzung in den siebziger Jahren zeigt ebenso wie die wissenschaftssoziologische Debatte der siebziger und achtziger Jahre zur wissenschaftlichen Leistungskraft der Professoren eine Höherbewertung der Hochschulforschung an.[72] Matthias Middell hat darauf hingewiesen, daß in dem insgesamt mehr chaotischen als bürokratisch perfektionierten Zusammenwirken von AdW und Universitäten der Trend eher in Richtung Spezialisierung als Hierarchisierung ging und das Ideal des Forscher-Lehrers seine Modellwirkung auch in der Honecker-Ära nie ganz eingebüßt hatte.[73]

Insgesamt gesehen veränderte die Differenzierung des ostdeutschen Wissenschaftssystems Inhalt, Status und Machtressourcen des Hochschullehrerberufs erheblich: Die Statusattribute der institutionalisierten Wissenschaft litten unter ihrer politischen Verfügbarkeit, die Hochschullehrer büßten ihr Kontrollmonopol beim Zugang zur Wissenschaft als Beruf ein, die Einheit von Forschung und Lehre lockerte sich, je mehr sich unter dem Dach der Akademie Forschungskapazitäten ansammelten und die Universitäten und Hochschulen auf Lehre und Erziehung festgelegt wurden.

Dieser Differenzierungsprozeß wurde von der SED-Wissenschaftspolitik vorangetrieben und gesteuert. Gerade in Hinblick auf die Entwicklung der Akademie der Wissenschaften und ihres Verhältnisses zu den Universitäten ist aber in Rechnung zu stellen, daß es sich hier nicht allein um diktatorische Eingriffe handelte. Während beispielsweise die Parteianstalten ihre Erfolge gegenüber den geisteswissenschaftlichen Disziplinen nur der äußeren Macht von Partei und Staat verdankten, setzte der Wandel der Akademie in viel stärkerem Maße eine Veränderungsdynamik frei, die auf den Interessenstrukturen in den Wissenschaften selbst beruhte – vor allem in den Naturwissenschaften. Der Aufschwung der großbetrieblichen naturwissenschaftlichen Forschung im 20. Jahrhundert hatte unter der Oberfläche der berufsethischen Stilisierung der Einheit von Forschung und Lehre schon länger eine Scheidelinie zwischen prestigeverheißenden Forschungsleistungen und weniger attraktiven Lehrfunktionen gezogen und die Auslagerung von Forschungsfunktionen aus der Universität begünstigt.[74] An dieser spröden Bruchstelle der Berufsarchitektur setzte das Akademiekonzept an. Es spaltete die Wissenschaftlergemeinde in Gewinner und Verlierer, wobei die Hochschullehrer auf der Verliererseite standen.

[71] Im Statut vom 2. Mai 1963 fehlt diese Formulierung ganz. Die Statuten vom 20. Mai 1969 und 28. Juni 1984 bezeichen die DAW/AdW als „eine wissenschaftliche Institution der DDR". Hartkopf/Wangermann, *Dokumente*, S. 166, 177 und 191.

[72] Vgl. z. B. Breuer, *Anwendung der Wissenschaftlichen Arbeitsorganisation* und Zieris/Kreißl, *Entwicklung von wissenschaftlichen Spitzenkräften*.

[73] Middell, „Überstanden", S. 170f.

[74] Vgl. Ash, „Wissenschaftswandel", S. 9 und 17.

Literatur

Ash, Mitchell: „Wissenschaftswandel in Zeiten politischer Umwälzungen. Entwicklungen, Verwicklungen, Abwicklungen", in: *Internationale Zeitschrift für Geschichte und Ethik der Naturwissenschaften, Technik und Medizin* 3 (1995), S. 1–21.

Barth, Bernd-Rainer u. a. (Hrsg.): *Wer war wer in der DDR?* Ein biographisches Handbuch, Frankfurt/M. 1995.

Baske, Siegfried/Martha Engelbert: *Zwei Jahrzehnte Bildungspolitik in der Sowjetzone Deutschlands*. Dokumente, Bd. 1: 1945–1958, Berlin 1966.

Breuer, Manfred: *Die Anwendung der Wissenschaftlichen Arbeitsorganisation (WAO) in der Hochschulforschung unter besonderer Berücksichtigung der Zeitfondsanalyse, dargestellt an Beispielen der Technischen Hochschule ‚Carl Schorlemmer' Leuna-Merseburg*, Diss., Merseburg 1974.

Burkhardt, Anke/Doris Scherer: *Förderung des wissenschaftlichen Nachwuchses an DDR-Hochschulen in den 80er Jahren*. Gesetzliche Grundlagen, hochschulpolitischer Kontext, statistischer Überblick (= Projektbericht 3/1995, hrsg. von der Projektgruppe Hochschulforschung Berlin-Karlshorst), Berlin 1995.

Förtsch, Eckart: *Forschungspolitik in der DDR*, Erlangen 1976.

Grau, Conrad: *Die Preußische Akademie der Wissenschaften zu Berlin*. Eine deutsche Gelehrtengesellschaft in drei Jahrhunderten, Heidelberg – Berlin – Oxford 1993.

Grell, Heinrich: „Zum Promotionsrecht der Deutschen Akademie der Wissenschaften zu Berlin", in: *Spektrum* 11 (1965), Heft 3, S. 76f.

Hanhardt, Arthur M.: „Die ordentlichen Mitglieder der Deutschen Akademie der Wissenschaften zu Berlin 1945–1961. Ergebnisse einer empirischen Untersuchung", in: Ludz, Peter Christian (Hrsg.), *Studien und Materialien zur Soziologie der DDR*, Köln 1964, S. 241–261.

Hartkopf, Werner/Gert Wangermann (Hrsg.): *Dokumente zur Geschichte der Berliner Akademie der Wissenschaften von 1700 bis 1990* (= Berliner Studien zur Wissenschaftsgeschichte, Bd. 1), Berlin – Heidelberg – New York 1991.

Herbst, Andreas/Winfried Ranke/Jürgen Winkler: *So funktionierte die DDR*, Reinbek bei Hamburg 1994.

Hoffmann, Dieter/Kristie Macrakis (Hrsg.): *Naturwissenschaft und Technik in der DDR*, Berlin 1997.

Jessen, Ralph: *Akademische Elite und kommunistische Diktatur*. Die ostdeutsche Hochschullehrerschaft in der Ulbricht-Ära, Göttingen 1999.

Kasack, Wolfgang: *Die Akademie der Wissenschaften der UdSSR*. Überblick über Geschichte und Struktur. Verzeichnis der Institute, Boppard 1978.

Landrock, Rudolf: „Die Deutsche Akademie der Wissenschaften zu Berlin 1945–1971. Ihre Umwandlung zur sozialistischen Forschungsakademie. Eine Studie zur Wissenschaftspolitik der DDR", in: Institut für Gesellschaft und Wissenschaft (Hrsg.), *Analysen und Berichte aus Gesellschaft und Wissenschaft 1977*, 1–3, Erlangen – Nürnberg 1977, S. 17–31.

Middell, Matthias: „Überstanden? Einige Nachbetrachtungen zur ‚IV. Hochschulreform' der DDR aus der Perspektive des Jahres 1993", in: Peer Pasternack (Hrsg.), *IV. Hochschulreform*. Die ostdeutsche Wissenschaftslandschaft 1989/90. Eine Retrospektive, Leipzig 1993.

Ministerium für Hoch- und Fachschulwesen der DDR (Hrsg.): *Ergebnisse der Jahreshauptstatistik*. Teil 1: Universitäten und Hochschulen, Berlin 1967–1969.

Nötzoldt, Peter: „Der Weg zur ‚sozialistischen Forschungsakademie'. Der Wandel des Akademiegedankens zwischen 1945 und 1968", in: Hoffmann/Macrakis, *Naturwissenschaft und Technik*, S. 125–146.

„Regelung des Verfahrens bei der Verleihung akademischer Grade durch die Akademie. Beschluß des Geschäftsführenden Präsidiums der DAW vom 5. 11. 1964", in: *Spektrum* 11 (1965), Heft 3, S. 77–81.

Ritter, Gerhard A.: *Großforschung und Staat in Deutschland*. Ein historischer Überblick, München 1992.

Rytlewski, Ralf: *Organisation und Planung der Forschung und Entwicklung in der DDR.* Ein Beitrag zum Verhältnis von Forschung, Produktion und Politik in einem sozialistisch verfaßten Industriestaat, Diss., München 1976.

Scherzinger, Angela: *Zur Planung, Organisation und Lenkung von Forschung und Entwicklung in der DDR.* Aspekte des wissenschaftlich-technischen Fortschritts, Berlin 1977.

Schroeder, Rüdiger: „SED und Akademie der Wissenschaften. Zur Durchsetzung der ‚führenden Rolle' der Partei in den fünfziger Jahren", in: *Deutschland Archiv* 28 (1995), S. 1264–1278.

Statistisches Jahrbuch der DDR, 35 (1990), Berlin 1990.

Tandler, Agnes Charlotte: *Geplante Zukunft.* Wissenschaftler und Wissenschaftspolitik in der DDR 1955–1971, Diss., Florenz 1997.

Vietze, Heinz: „Grundsätze der Verleihung der akademischen Grade durch die DAW", in: *Spektrum* 15 (1969), Heft 11, S. 459–462.

Walther, Peter Th.: „Denkraster- und Kaderpolitik der SED in der Deutschen Akademie der Wissenschaften zu [Ost-]Berlin", in: Petra Boden/Rainer Rosenberg (Hrsg.), *Deutsche Literaturwissenschaft 1945–1965.* Fallstudien zu Institutionen, Diskursen, Personen, Berlin 1998, S. 161–171.

Walther, Peter Th.: „Fritz Hartung und die Umgestaltung der historischen Forschung an der Deutschen Akademie der Wissenschaften zu Berlin", in: Martin Sabrow/Peter Th. Walther (Hrsg.), *Historische Forschung und sozialistische Diktatur.* Beiträge zur Geschichtswissenschaft der DDR, Leipzig 1995.

Walther, Peter Th.: „It Takes Two To Tango. Interessenvertretungen an der Deutschen Akademie der Wissenschaften zu Berlin in den fünfziger Jahren", in: *Berliner Debatte Initial* 4–5 (1995), S. 68–78.

Zieris, Doris/Siegrid Kreißl: *Fördernde und hemmende Faktoren bei der Entwicklung von wissenschaftlichen Spitzenkräften.* Eine Untersuchung unter führenden Wissenschaftlern des Hochschulwesens der DDR, Teil 1: Forschungsgegenstand, Berlin 1982.

Zimmermann, Hartmut (Hrsg.): *DDR-Handbuch*, Köln ^{3}1985.

II.
Die Akademie der Wissenschaften zu Berlin (Ost) – Forscher und Forschungsvorhaben

Peter Th. Walther

Zur Zuwahlpraxis neuer Akademiemitglieder

Die wenigen aktiven in Berlin verbliebenen Mitglieder der Preußischen Akademie der Wissenschaften, die sich im Sommer 1945 zusammenfanden, bildeten einen kleinen exklusiven Klub, der angesichts der politischen Lage in Berlin und Deutschland anfangs nicht einmal wußte, ob er als „privilegierte Corporation" überhaupt weiterbestehen würde. Die Akademie entwickelte sich von diesem Klub, der keinen störte, zum Zentrum der Wissenschaftsorganisation der DDR, unter einem Briefkopf, der eine Vielzahl von Forschungsinstituten, einige forschungsplanende Institutionen und auch die Sozietät der Gelehrten umfaßte. Als Gelehrtensozietät war die Akademie besonders im ersten Jahrzehnt nach 1945 darauf angewiesen, sich durch Zuwahlen zu erneuern und erweitern, um als Gemeinschaft weiter existieren zu können. Denn die Mehrzahl der Akademiemitglieder hatte in den letzten Kriegsjahren die deutsche Hauptstadt verlassen, und kaum einer von diesen kehrte nach Berlin, sei es Ost oder West, zurück. Im Verlauf der Jahre veränderten sich jedoch im Zusammenspiel zwischen der Gelehrtengesellschaft und der politischen Seite die Regeln und Praktiken der Zuwahl zur Akademie, die sich anhand von drei Komplexen analysieren lassen:

1. Wer war berechtigt, Kandidaten für die Zuwahl in die Akademie zu benennen?
2. Wer wählte? Und wie funktionierte das Wahlverfahren?
3. Gab es zusätzliche, in den Satzungen nicht vorgesehene Beteiligte am Wahlverfahren?

Es geht hier also um die Praxis der Zuwahlen, um die Spielregeln, die Routine, die unvorhergesehenen Chancen, aber auch die Störfälle in den Wahlverfahren der Akademie.[1]

Die Akademie durchlebte vom Sommer 1945 bis zum Frühjahr 1946 zwar eine Zeit institutioneller, juristischer und finanzieller Unsicherheit, war allerdings zum ersten Mal seit ihrem Bestehen autonom in der Zuwahl ihrer Mitglieder. Es gab kein Ministerium mehr wie zuletzt das Reichserziehungsministerium, das die Zuwahl neuer Mitglieder in die Akademie bestätigen oder verweigern konnte.[2] Denn die Akademie unterstand, wie sie im Juni/Juli 1945 erfuhr, dem Magistrat von Berlin. Die Verlagerung und Auflösung der Reichs-

[1] Vgl. für die folgende Darstellung, wenn nicht anders angegeben die entsprechenden Sitzungsprotokolle der DAW in: AAW Berlin, P 1/2 bis P 1/4.

[2] Vgl. das Resümee von Jürgen Kocka, Peter Nötzoldt und Peter Th. Walther in diesem Band.

ministerialverwaltungen und das Inkrafttreten alliierter Bestimmungen, die zur Bildung neuer Behörden führte, hatten zur Folge, daß die Abteilung Volksbildung des Magistrats der Stadt Berlin, eine kommunale Institution, zur vorgesetzten Behörde der Akademie avancierte. Die Beziehungen zwischen Magistrat und Akademie waren jedoch von Anfang an gespannt: die Akademie, die in den letzten Jahren faktisch zu einer reichsweiten Akademie geworden war, wollte nicht zu einer kommunalen Einrichtung degradiert werden, während die Stadt aus bis heute ungeklärten Gründen nicht gewillt war, die Autonomie der Akademie als Körperschaft öffentlichen Rechts zu bestätigen. Die Akademie, besser Rumpfakademie, denn lediglich gut 15 von satzungsgemäß 76 möglichen Mitgliedern waren in Berlin aktiv, trennte sich bereits im Juni 1945 von der 1939 verabschiedeten Satzung mit ihren nazistischen und rassistischen Komponenten. Sie trennte sich auch in mehreren Verfahren von 15 ihrer Ordentlichen Mitglieder, die bis 1945 allzu politisch aktiv waren.[3] Die Kriterien für die Streichung von der Mitgliederliste sind nicht überliefert und wirken heutzutage irritierend inkonsequent. Entscheidend war, daß die Akademie in eigener Initiative und nach eigenen Kriterien ihre Entnazifizierung betrieb und sich damit den amtlichen Richtlinien der Alliierten und der Stadt Berlin weitgehend entziehen konnte. Entsprechend ihrer neuen Satzung vom Juni 1945 teilte die Akademie dem Magistrat lediglich mit, wer in die Akademie aufgenommen worden war – ohne dem Magistrat ein Bestätigungsrecht einzuräumen. Der Magistrat hatte damals andere Sorgen als die Statuten der Akademie und ließ sie wissen, daß das Juni-Statut vorläufig gelten könne. Dementsprechend verfuhr die Akademie, indem sie Ende Januar 1946 beschloß, zwei 1933 bzw. 1938 gewählte, aber von Reichsminister Rust nicht bestätigte Ordentliche Mitglieder – den Physikochemiker Max Volmer und den Volkskundler Adolf Spamer – seit dem Tag ihrer Wahl, also rückwirkend seit 1934 bzw. 1938, als Ordentliche Mitglieder zu führen. Da Einigkeit darüber herrschte, vorrangig Wissenschaftler in die Akademie aufzunehmen, deren Zuwahl nach 1933 „aus konfessionellen, rassischen oder politischen Gründen“ gescheitert sei, wurden im Februar 1946 aus dieser Kategorie zwei weitere Ordentliche Mitglieder in die Akademie aufgenommen, der Astrophysiker Hans Kienle und der Pharmakologe Wolfgang Heubner. Hinzu kam der jüngst nach Berlin berufene Jurist Heinrich Mitteis, so daß die Akademie wieder einen Justitiar in ihren Reihen vorweisen konnte. Mitteis hatte 1934 Heidelberg verlassen und einen Ruf nach Wien angenommen, was auch politische Gründe hatte. Von dort wurde er 1940 nach Rostock, der damals wohl neben Gießen rangniedrigsten deutschen Universität, strafversetzt; er konnte also durchaus auch als Geschädigter

[3] So trennte man sich von dem 1943 zurückgetretenen Präsidenten Theodor Vahlen, den man zudem irrtümlich für tot hielt, und dem Sekretar der mathematisch-naturwissenschaftlichen Klasse, Ludwig Bieberbach, während Hermann Grapow, amtierender Präsident und Vizepräsident der Akademie sowie amtierender Rektor und Dekan der Philosophischen Fakultät der Friedrich-Wilhelms-Universität zu Berlin, bis zu seinem Tode 1967 Akademiemitglied blieb. Wahrscheinlich galt für ihn und einige andere vom Januar bis Juni 1946 eine Art *ruhende Mitgliedschaft*, die die Akademieleitung auf Drängen des Magistrats implementierte. Vgl. zum Ausschluß einiger belasteter Akademiemitglieder auch das Resümee von Jürgen Kocka, Peter Nötzoldt und Peter Th. Walther, Teil A und B I 1, in diesem Band.

des Nationalsozialismus gelten. Damit erwies sich die Akademie wohl neben der Universität Leipzig und der 1948 gegründeten Freien Universität Berlin als eine der wenigen Institutionen Deutschlands, die sich gezielt um die Rückkehr und Integration von emigrierten und verfolgten Wissenschaftlern bemühte.[4]

In all diesen Fällen wurde der Wahlantrag zuerst in der Klasse vorgetragen und mitunter diskutiert, später – in der Regel nach zwei Wochen – darüber abgestimmt, danach dem Plenum zusammen mit dem Wahlergebnis der Klasse vorgelegt. Schließlich stimmte das Plenum über den Wahlantrag ab. Sofern das notwendige Quorum erreicht wurde, war die Mitgliedschaft erworben.

Doch Mitte 1946 änderten sich die Rahmenbedingungen für die Akademie: die Institution wurde durch einen Befehl der SMAD juristisch und finanziell abgesichert, die *Zentralverwaltung für Volksbildung für die Sowjetische Besatzungszone Deutschlands* löste den Magistrat von Berlin als vorgesetzte Behörde ab. Die Akademie unterstand also wieder einer Behörde mit Ministerialgewalt und -prestige. Zu den Zugeständnissen, die die Akademie im Herbst 1946 in der neuen Satzung einging, zählte auch ein Punkt mit Langzeitwirkung: nämlich das Recht der Zentralverwaltung und ihrer Nachfolgerinnen, gewählte Mitglieder zu bestätigen – oder eben nicht.

Im Herbst 1946 fand die erste Wahl nach den neuen Satzungen statt: die Akademie wählte fünf Berliner Gelehrte – den Botaniker Kurt Noack, den Direktor des Kaiser-Wilhelm-Instituts für Zellphysiologe Otto Warburg, den Juristen Eduard Kohlrausch, den Ethnologen Richard Thurnwald und den Direktor der Antikenabteilung der „ehemaligen Staatlichen Museen in Berlin" Carl Weickert sowie den Leipziger Germanisten Theodor Frings zu Ordentlichen Mitgliedern. Der Präsident der Zentralverwaltung für Volksbildung Paul Wandel, ein aus dem Moskauer Exil zurückgekehrter Funktionär der KPD, bestätigte die Gewählten. 1947 folgten zwei Berliner Wissenschaftler, der Direktor des (Kaiser-Wilhelm-)Instituts für Physikalische Chemie Karl Friedrich Bonhoeffer und der Agrarwissenschaftler Eilhard Mitscherlich sowie der Baseler Romanist Walther von Wartburg, letzterer allerdings *pro forma* als Korrespondierendes Mitglied, jedoch mit der in der Satzung nicht vorgesehenen Modifikation, daß ihm die Rechte und Pflichten eines Ordentlichen Mitgliedes während seiner Anwesenheit als Gastprofessor an der Universität bzw. Institutsleiter in Berlin zustünden.[5] Die spärlichen Zuwahlen waren äußerst Berlinlastig, und der seit 1946 in die Satzung aufgenommene Anspruch der Akademie, eine gesamtdeutsche zu sein, wurde durch die Zuwahlpraxis in diesen Jahren nicht eingelöst. Zwar lebte etwa die Hälfte der Mitglieder außerhalb Berlins, darunter nahezu alle Mitglieder der mathematisch-naturwissenschaftlichen Klasse. Aber diese Mitglieder, darunter fast das gesamte Korps der Kaiser-Wilhelms-Instituts-Direktoren, nahmen nur in Ausnahmefällen an der Arbeit der Berliner Akademie teil; sie waren oder wurden faktisch *Karteileichen.*

[4] Siehe dazu Tent, *Freie Universität*, besonders Kapitel 3, sowie das von Monika Richarz, Berlin, geplante Projekt über jüdische akademische Remigranten an der Freien Universität Berlin.

[5] Vgl. dazu Storost, *Romanistik an der Akademie.*

Am Abend des 12. Juli 1950 erfolgte anläßlich der 250-Jahrfeier der Akademie die Umbenennung des Gendarmenmarktes in Platz der Akademie, v. l. n. r.: Josef Naas, Johannes Stroux; ganz rechts: Otto Grotewohl

1948 bestand die Akademie, also das Plenum der Ordentlichen Mitglieder, günstigenfalls aus 15 Aktivisten, bei einer nominellen Mitgliederzahl von 60 (reduziert von 1939 noch 76).

Der Akademie war in den nächsten Jahren keine ruhige Entwicklung gegönnt: denn die Übertragung neuer Funktionen auf die Akademie, die Erhöhung der Anzahl der Aktivisten und die Berliner Zuspitzungen im Kalten Krieg fanden 1948/49 nahezu gleichzeitig statt. Letzte Stufe der administrativen und politischen Teilung der Stadt war im Herbst 1948 die Übersiedlung des Magistrats aus dem Sowjetischen in den Britischen Sektor, bevor er sich im Rathaus Schöneberg niederließ, und im Dezember die Wahl zur Stadtverordnetenversammlung, die nur in den drei Westsektoren stattfinden konnte. Die SMAD untersagte diese Wahl in ihrem Sektor und ernannte statt dessen einen *demokratischen Magistrat von Groß-Berlin*. Trotz der Spaltung der Stadt versuchte die Akademieleitung, sich als gesamtdeutsche Institution zu profilieren und neue Mitglieder aus beiden Teilen der Stadt und auch aus den Besatzungszonen zuzuwählen. Diesmal hatte die Akademieleitung die Kandidaten mit Paul Wandel vorher abgesprochen. Die Akademieleitung legte vor der Wahl ihre Kandidatenliste vor, die Wandel kommentierte und schließlich im großen und ganzen billigte; lediglich in einigen Fällen bat er um Rückstellung. Als Gründe gab er das zu hohe Alter eines Kandidaten an oder die Rücksichtnahme auf ein schwebendes Berufungsverfahren, das die Akademie vielleicht veranlassen könnte, diesem neuen Mann den Vorzug zu geben. Gewählt wurden im Februar 1949 schließlich 17 neue Mitglieder, von denen Wandel im März 16 bestätigte. Sieben davon waren an der Humboldt-Universität zu Berlin

Fackelzug zur 250-Jahrfeier der Akademie, 12. Juli 1950

tätig: der Meteorologe und spätere Vizepräsident der Akademie Hans Ertel, der medizinische Physiker und künftige Akademiepräsident Walter Friedrich, der Physikochemiker Karl Lohmann, der Ernährungsphysiologe Ernst Mangold, der aus der Emigration zurückgekehrte Jurist und Mitbegründer der Schweizer kommunistischen Partei der Arbeit Arthur Baumgarten und der Vor- und Frühgeschichtler Wilhelm Unverzagt. Unverzagt war schon 1939 gewählt, aber vom Reichserziehungsminister nicht bestätigt worden; da er danach der NSDAP beigetreten war, mußte er nun erst entnazifiziert werden, um wieder zur Wahl nominiert zu werden. Er konnte nicht wie Volmer und Spamer per Akademiebeschluß von 1946 rückwirkend als Mitglied gelten. Hinzu kam der 1933 entlassene Direktor der Nationalgalerie, und nunmehrige (seit 1946) Generaldirektor der „ehemaligen staatlichen Museen in Berlin" Ludwig Justi. Zwei neue Mitglieder waren Professoren an der Technischen Hochschule Dresden – die beiden Elektrotechniker Georg Barkhausen und Ludwig Binder –, je einer an den Universitäten Jena (der Physiker Friedrich Hund), Greifswald (der Physiker Rudolf Seeliger), Halle/Saale (der Genetiker Hans Stubbe, der sein Kaiser-Wilhelm-Institut für Kulturpflanzenforschung aus Niederösterreich nach Gatersleben verlagert hatte und es dort als Akademieinstitut weiterführte), Leipzig (der Jurist Otto de Boor), Rostock (der Althistoriker Ernst Hohl), Marburg (der Kunsthistoriker Richard Hamann, der eine Gastprofessur an der Humboldt-Universität zu Berlin übernahm) – und München (der Nestor der Romanistik in Deutschland, Karl Vossler, der allerdings schon nach wenigen Wochen verstarb). Nicht bestätigt wurde ein Professor der Technischen Universität Berlin, Jean d'Ans, der Präsident Stroux darum gebeten hatte, „den Vollzug meines

Beitritts zur Akademie ruhen zu lassen, bis die scheinbar zur Zeit besonders erregte politische Atmosphäre sich wieder etwas normalisiert hat". Im Gegensatz zu seinem Kollegen Heinrich Franck, Mitglied der SED und des Kulturbundes, der 1950 an die Humboldt-Universität wechselte und Akademiemitglied wurde, blieb d'Ans sowohl in West-Berlin als auch an der TU Berlin und außerhalb der Akademie. Die Akademie hatte im Vorfeld allerdings darauf verzichtet, unsichere Kandidaten, d. h. solche, denen man zutraute, sich der im Dezember 1948 gegründeten „sogenannten Freien Universität" in Berlin-Dahlem anzuschließen, überhaupt zu nominieren.

So fand seit 1949 vor den Wahlen in den Klassen und im Plenum der Akademie eine Absprache von Vertretern der Akademie mit Repräsentanten staatlicher Institutionen oder des Parteiapparats statt, um in der Akademie eine unumstrittene Kandidatenliste vorzulegen. Das Wahlergebnis war also von vornherein abgesprochen, der Grad der Zustimmung im Plenum war aber nach wie vor Indikator für den *Reputationswert* des Wissenschaftlers in der Akademie. Die Bestätigung der Wahl durch die vorgesetzte Behörde schrieb lediglich die Übereinkunft der Vorabsprache fest. Das ganze ähnelte daher eher einem abgesprochenen Verfahren als einer freien und autonomen Kooptation neuer Mitglieder durch Zuwahl. Dieses Verfahren verlagerte mögliche Konflikte der Kandidatennominierung in die Absprachen vor der Wahl und bemühte sich ansonsten um das Bild einer harmonischen Zusammenarbeit zwischen Akademie und vorgesetzter Institution.

Die *Kulturverordnung* vom März 1949 wies der Akademie eine zentrale Rolle im Wissenschaftssystem der SBZ zu, erhöhte ihre Mitgliederzahl auf 120 und band ihre Mitglieder und führenden Mitarbeiter durch ein Füllhorn von Privilegien an die Institution. Als Zentrum der Wissenschaftsorganisation der SBZ/DDR mit dem Anspruch auf gesamtdeutsche Ausstrahlung sollte sich die Akademie jetzt auch den bisher nicht ebenbürtigen praktischen Disziplinen öffnen und war daher gehalten, auch in verstärktem Masse Agrarwissenschaftler, Techniker und Mediziner aufzunehmen. Die Absprachen mit Wandel über die Vorbereitung der Juliwahlen 1949 fanden angesichts der zunehmenden politischen Konfrontation allerdings in gereizter Stimmung statt. Schließlich wurden nach mehreren Verhandlungsrunden 29 neue Ordentliche Mitglieder gewählt, davon drei aus Westdeutschland und vier von der Technischen Universität Berlin, die sich im britischen Sektor befand. Drei der TU-Professoren waren erst nachträglich kurz vor der Abstimmung im Plenum nominiert worden, also ohne Wandels Wissen und statutenwidrig ohne vorherige Wahl in der Klasse; doch bestätigte Wandel auch diese *Nachgemeldeten*. Allerdings traten sie in den nächsten drei Jahren – wie auch alle anderen Angehörigen der TU Berlin – aus der Akademie aus, folgten also faktisch dem Schritt ihres Kollegen d'Ans.

Obwohl die Anzahl aktiver Akademiemitglieder nach wie vor zwei Dutzend nicht überstieg, also das Potential der durch die Kulturverordnung bewilligten 120 Stellen bei weitem nicht ausgeschöpft war, nutzte die Akademie das 250jährige Jubiläum ihrer Gründung im Jahre 1950 nicht, um weitere Ordentlicher Mitglieder zuzuwählen. Im Gegenteil, die Akademiemitglieder kamen überein, von Zuwahlen Ordentlicher Mitglieder völlig abzusehen, um den befürchteten unausweichlichen politischen Spannungen aus dem Wege gehen zu können. Statt dessen wurden 28 Korrespondierende Mitglieder gewählt, sorgfältig austariert zwischen Wissenschaftlern aus Ost und West und neutralen Staaten, darunter auch die beiden ehemaligen Berliner Joh(an)n von Neumann, der 1932 angesichts der Akademikerarbeitslosigkeit einen Ruf nach Princeton angenommen hatte, und Richard (Edler von) Mises, der als „Nichtarier" 1933 von seinem Lehrstuhl verdrängt worden war und über Istanbul an die Harvard University gegangen war. Die Jubiläumsfeierlichkeiten waren als gesamtdeutsche und international repräsentative geplant, symbolisierten aber das Scheitern des Versuchs, in den politischen Auseinandersetzungen zwischen den beiden deutschen Staaten neutral zu bleiben und sich gesamtdeutsch zu positionieren. Denn die West-Berliner und westdeutsche Politik organisierte einen Boykott des Ost-Berliner Jubiläums. Anlaß war ein im Dezember 1949 von Akademiepräsident Stroux an Stalin gesandtes Geburtstagstelegramm, das mit der Akademieleitung nicht abgesprochen war und zudem in einer peinlich sykophantischen Wortwahl formuliert war. Innerhalb der Akademie war Stroux deshalb zur Rede gestellt worden, und nur aus Rücksicht auf das Jubiläum, das man nicht durch einen Skandal belasten wollte, verzichtete die Akademie auf seine Abwahl. Wenige Tage vor dem Jubiläum erklärten mehrere in West-Berlin ansässige Ordentliche Mitglieder – darunter der Historiker Friedrich Meinecke, der als Gründungsrektor der Freien Universität Berlin ja bereits eine deutliche politische Position bezogen hatte – mediengerecht ihren Austritt aus der Akademie, der Boykott wurde im großen und ganzen befolgt, jedenfalls fand keine einzige Abordnung der westdeutschen Akademien oder der Max-Planck-Gesellschaft den Weg nach Berlin.[6] Mises und Neumann erklärten sich außerstande, die Wahl anzunehmen, da sie politisch interpretiert werden könnte.

Nach dieser Niederlage der gesamtdeutschen Konzeption der Akademie war sie auf die DDR als einzig festen Bezugspunkt zurückgeworfen. Die Akademie stand aber nach wie vor vor dem Problem, weitere neue Mitglieder zu rekrutieren. Es war offensichtlich, daß aus dem Bestätigungsrecht der Zentralverwaltung – inzwischen des Ministeriums – für Volksbildung eine Mitsprachepraxis vor dem Wahlprozeß entstanden war, ein Prozeß, der angesichts der Machtverhältnisse nicht revidiert, aber vielleicht doch kanalisiert werden konnte. Es ging also darum, eine verbindliche und verläßliche Prozedur auszuarbeiten, denn bisher war ja immer wieder improvisiert worden. Da aber Improvisationen angesichts der Unberechenbarkeit des Partei- und Staatsapparats eher Gefahren zeitigten denn Chancen boten, bestand Bedarf nach einer verläßlichen Absprachereregelung. Mit Wandel, dem offensichtlich der Umgang mit „bürgerlichen" Wissenschaftlern schwer fiel, stimmte zudem die *Chemie* nicht, und die Akademie fühlte sich auch angesichts von angekündigten Haushaltskürzungen vernachlässigt. Bald nach der Gründung der DDR entfiel auch die Möglichkeit der Akademieleitung, in Karlshorst bei der SMAD bzw. der *Sowjetischen Kontrollkommission* (SKK) diskret vorzusprechen und anschließend Wandel von den Unterredungen mit den sowjetischen Offizieren zu berichten, was wohl in der Regel dazu geführt

[6] Vgl. dazu das abschließende Resümee von Jürgen Kocka, Peter Nötzoldt und Peter Th. Walther, Teil B IV, in diesem Band.

hatte, daß sich die Akademie mit ihren Vorstellungen gegen Wandels Absichten durchsetzen konnte.[7]

Es galt also ein Verfahren zu finden, das den Selbstergänzungsvorgang der Akademie ebenso wenig in Frage stellte wie die Zustimmung des Ministeriums. Hinzu kam das Interesse der Akademie, sich so weit als irgend möglich aus den unberechenbaren politischen und administrativen Neuerungen in Partei und Staat herauszuhalten. Die Lösung lag in der direkten Unterstellung der Akademie unter den Ministerrat der DDR, also direkt unter die *Krone*. Während der Ministerpräsident oder einer seiner Stellvertreter die protokollarische Aufsicht übernahm, wurde die Kärrnerarbeit der Personal- und Kaderpolitik der *Abteilung Wissenschaften* des ZK übertragen. Es gab damit zwischen der Akademie und dem zentralen Parteiapparat keine Zwischeninstanzen, die eigene Initiativen entwickeln oder bei politischen Richtungsänderungen zu Irritationen führen konnten. In allen Fragen des Protokolls und der sich entwickelnden Ritualkultur der SED verhielt sich die Akademie loyal; die Anerkennung der DDR durch den Westen und die Richtigkeit der Politik von Partei- und Staatsführung wurden gebetsmühlenartig als Voraussetzung der Wiedervereinigung intern und nach außen hin vertreten. Die Irritationsmöglichkeiten wurden also minimiert, die vorhersehbaren Konfliktsituationen kanalisiert. So wurde auch eine der Neuerungen der Satzung von 1949, nämlich das Recht aller deutschen Hochschulen und Forschungsorganisationen, neue Mitglieder vorzuschlagen, bereits 1954 gestrichen.[8]

In den fünfziger Jahren entwickelten sich die Vorgespräche zwischen Akademieleitung und der ZK-Abteilung unter Kurt Hagers Leitung über die gemeinsamen Kandidatenlisten zur Routine. Bis 1960 stellt das Präsidium, unter Hinzuziehung einiger *Genossen Akademiemitglieder*, die Kandidatenliste der Akademie auf, während die Abteilung Wissenschaften unter Heranziehung einiger *Genossen Akademiemitglieder* die Hager-Liste zusammenstellen, beide mit *Spielmaterial* versehen. Die ZK-Abteilung reagierte also nicht nur wie bis 1949/50 auf die Vorschläge der Akademie, sondern ergriff auch selbst die Initiative. Die beiden Listen sahen in der Regel weitgehend übereinstimmende Kandidatenvorschläge vor: es gab offensichtlich ein Reservoir der *üblichen Verdächtigen* im Lande, und bei Nichtübereinstimmung wurde so lange verhandelt, bis eine gemeinsame Liste verabschiedet werden konnte. Es herrschte dann mitunter eine unerfreuliche *Kuhhandel-Stimmung*. Die ausgeschiedenen Kandidaten kamen in zwei Ablagen: entweder *zur Wiedervorlage* oder *endgültig aus dem Rennen ausgeschieden*.

[7] Diese Praxis ist u. a. belegt durch Bemerkungen in einem Bericht ohne Überschrift vom 1. Juni 1949, in dem die Herauslösung der Akademie aus dem Zuständigkeitsbereich der Deutschen Verwaltung für Volksbildung gefordert wird, da sich „laufend gewisse Schwierigkeiten" ergäben, und ein dementsprechender SMAD-Befehl vorgeschlagen und vorformuliert wird. Vgl. AAW, AKL, Akad. (allg.), Grundsätzliches, 662, ohne Paginierung. Da hier Diskretion ausschlaggebend für den Erfolg war, ist die Überlieferung in den zugänglichen Archiven dürftig.

[8] Die Statuten bzw. Satzungen der Akademie sind am besten zugänglich in: Hartkopf/Wangermann, *Dokumente*, S. 69–207 (für die seit 1945 geltenden S. 150ff.).

Das satzungsgemäße Recht wissenschaftlicher Institutionen Deutschlands, Akademiemitglieder vorzuschlagen, wurde offenbar selten genutzt. So war es ungewöhnlich, als im Herbst 1952 der Dekan der Juristischen Fakultät dem Rektor der Humboldt-Universität zu Berlin vorschlug, die Stellvertretende Vorsitzende des Obersten Gerichts der DDR, Hilde Benjamin, zum Ordentlichen Mitglied zu nominieren. Die Fakultät hatte Frau Benjamin gerade den Ehrendoktor verliehen, und so unterstütze sie diese Empfehlung des Akademiemitglieds und Nationalpreisträgers Arthur Baumgarten. Baumgarten hätte den Vorschlag offenbar in seiner Klasse nicht durchbringen können, ging daher den Weg über das Vorschlagsrecht der Universitäten. 1952 und 1954 erschien Frau Benjamin auf der Kandidatenliste des ZK, wurde aber in beiden Fällen dort wieder gestrichen.

Bei den Zuwahlen im Januar 1953 kam es trotz der Absprache der Kandidatenliste von 30 neuen Mitgliedern zu einem Eklat: zwei der Kandidaten, der Wirtschaftswissenschaftler Jürgen Kuczynski und der Historiker Leo Stern fielen im Plenum durch. Beide waren prominente Mitglieder der SED, hatten eine akademische Ausbildung absolviert, hatten auf ihren Feldern ihre wissenschaftlichen Meriten, beide waren politisch aktiv und an ihrer Loyalität zur DDR bestand kein Zweifel, beide waren im Exil im antifaschistischen Kampf tätig gewesen, Kuczynski in Großbritannien und den USA, Stern in der Sowjetunion. Fred Oelßner, damals Chefideologe der SED, mit deutlich weniger akademischen, aber mehr politischen *credentials* wurde dagegen zum Ordentlichen Mitglied gewählt. Die Erklärung dürfte darin liegen, daß im Januar 1953 in Moskau der *Ärzteprozeß* vorbereitet wurde, ein Schauprozeß gegen führende, nahezu ausnahmslos jüdische Mediziner der Sowjetunion, dessen Zweck und Ziel eine breite antisemitische Stimmungsmache war.[9] Die Leitung der Ost-Berliner jüdischen Gemeinde war Mitte Januar Hals über Kopf nach West-Berlin geflüchtet. Die Akademie in Ost-Berlin hielt es in ihrer Mehrheit in dieser Situation für klug, sich nicht durch neue Mitglieder zu *belasten*, die zwar schon lange nicht mehr Juden, d. h. Mitglieder der Jüdischen Gemeinde waren, aber rassistischen Kriterien weiterhin genügten. Hier durchbrach also die Moskauer Großwetterlage die detaillierten Berliner Absprachen – ein Einzelfall.[10]

Jahrelang reagierte die ZK-Abteilung überhaupt nicht auf westdeutsche Kandidaten auf der Akademieliste. Die Akademie verstand diese fehlende Reaktion als Signal, diese Fälle ruhen zu lassen, und so sind nur 1955 im Zuge einer der *Deutsche an einen Tisch*-Kampagnen einige westdeutsche, sogar ein West-Berliner – der international renommierte Chirurg Erwin Gorbandt – zu Ordentlichen Mitgliedern (OM) gewählt worden. Gorbandt lehnte die Mitgliedschaft allerdings ab, denn er war Leiter einer West-Berliner städtischen Klinik.

[9] Im Februar 1953 kursierte im damals für die Literaturlenkung tonangebenden *Amt für Literatur und Verlagswesen* eine nach Staaten gegliederte „Liste von Agenten imperialistischer Mächte". Sie begann mit dem Ungarn Laszló Rajk und endete – was für parteiinternes Material sehr ungewöhnlich ist – mit der UdSSR und u. a. den Namen der Professoren Kogan, Feldman, Etinger und Grinštejn. Vgl. Gansel, *Parlament des Geistes*, S. 270–272.

[10] Nach Stalins Tod im März 1953 wurde der *Ärzteprozeß* abgesagt. Kuczynski und Stern wurden 1955 in die Akademie gewählt.

In all diesen Jahren wuchsen die Akademieparteigruppen nur langsam. Die Nachwuchsprobleme für die Partei waren derart gravierend, daß Kurt Hager Mitte der fünfziger Jahre entschied, keine möglicherweise schlecht qualifizierten Parteileute in die Akademie zu senden, sondern Akademiemitglieder für die Partei zu gewinnen – eine Strategie, die wenig erfolgreich blieb. Problematisch war auch der Umstand, daß z. B. 1953/54 zwar 16 von 66 aktiven Ordentlichen Mitgliedern Angehörige der SED waren, von denen allerdings nur die Hälfte „aktiv im Sinne unserer Partei am Akademieleben" teilnahm, während die anderen „wenig als Genossen" oder „gar nicht als Genossen" in Erscheinung traten. Die anderen Mitglieder wurden den Kategorien „fortschrittlich sympathisierend" (fünf), „loyal-sympathisierend" (fünf), „unbedingt loyal" (zehn), „sehr kritisch – aber loyal" (vier) und „vollkommen unpolitisch loyal" (25) zugeordnet. Vizepräsident Ertel war nach dieser Analyse „entweder ein sehr fortschrittlicher, sehr nahe bei uns stehender Wissenschaftler oder ein geschickt operierender systematisch arbeitender Gegner".[11] Analysen der Mitarbeiterschaft der Institute und Forschungsstellen der Akademie endeten bis 1960/61 abgesehen von wenigen Ausnahmen mit der lapidaren Feststellung, daß von einem Einfluß der Partei nicht gesprochen werden könne.[12]

Aber es gab auch unerwartete Bereicherungen aus West wie Ost: nachdem Max von Laue aus Göttingen nach Berlin zurückgekehrt war und die Leitung des vormaligen Kaiser-Wilhelm-Instituts für Physikalische Chemie, jetzt Fritz-Haber-Institutes der Max-Planck-Gesellschaft in Berlin-Zehlendorf, also im amerikanischen Sektor, übernommen hatte, erschien er zur allgemeinen Überraschung ab 1955 zu Akademiesitzungen. Die Deckblätter der Sitzungsprotokolle, auf dem die Namen der Herren abgedruckt waren, „mit deren regelmässiger Anwesenheit" gerechnet werden konnte, wurden rasch aus dem Verkehr gezogen und neu gedruckt, denn gemäß dem Anciennitätsprinzip stand Max von Laue als Ordentlichem Mitglied seit 1920 die erste Stelle auf diesen Listen zu.

Aus dem Osten kehrten 1955/56 die letzten *Spezialisten* zurück, Naturwissenschaftler, die sich 1945 in die Sowjetunion verpflichtet hatten oder verpflichten mußten. Nach einer *Abkühlungszeit*, in der sie aus den sowjetischen Forschungsprojekten abgezogen wurden, ohne das Land verlassen zu dürfen, so daß ihr Wissen veraltete, kehrten sie nach Deutschland, und zwar in die DDR, zurück. Sie wurden umgehend in die Forschungslandschaft der DDR integriert, zumeist in die Akademie, und zwar oft als Ordentliche Mitglieder oder Institutsdirektoren.[13] Zu ihnen zählte auch Peter Adolf Thiessen, bis 1945 Direktor des Kaiser-Wilhelm-Instituts für physikalische Chemie und Elektrophysik, der als allzu aktives Mitglied der NSDAP und des *Reichsforschungsrates* seine Mitgliedschaft in der Akademie verloren hatte. 1955 wurde er im Plenum begrüßt und in seine alten Rechte wieder einge-

[11] SAPMO, ZPA, IV 2/9.04, Bd. 372: Josef Naas, Bericht über die Deutsche Akademie der Wissenschaften zu Berlin vom Mai 1951, S. 2–3.

[12] Vgl. etwa SAPMO, ZPA, IV, 2/9.04, Bd. 373, Bl. 78–90: Die Lage an der Akademie der Wissenschaften [1954].

[13] Siehe dazu das Resümee von Jürgen Kocka, Peter Nötzoldt und Peter Th. Walther, Teil B I 2, in diesem Band.

setzt; das Akademieinstitut für Physikalische Chemie wurde ihm unterstellt.[14] Die Spezialisten unterstützten in auffallender Weise die bereits laufenden Versuche führender Naturwissenschaftler wie Hans Frühauf und Robert Rompe, innerhalb oder bei der Akademie eine der KWG/MPG entsprechende Forschungsinstitution zu errichten, die sich als *Leibniz-Gesellschaft* wiederholt in den Akten findet. Die ungelöste Spannung zwischen der diskutierenden Gelehrtengesellschaft und den wissenschaftsorganisatorisch und -politisch aktiven Institutsdirektoren unter dem gemeinsamen Etikett Akademie blieb jedoch bestehen.[15]

1959 stand der Name des Leipziger Literaturwissenschaftlers Hans Mayer auf der ersten Kandidatenliste Hagers, allerdings mit dem Vermerk: „sehr umstritten". Der Akademiepräsident sollte diskret eruieren, wie realistisch denn die Chancen Mayers stünden und wandte sich deshalb an Theodor Frings, den unbestrittenen Nestor der Germanistik und Leipziger Kollegen Mayers. Frings sprach sich schroff gegen Mayer aus: „[Mayer] dürfte weniger Forscher als Journalist sein. Im Westen findet er seine internationale Resonanz jedenfalls mehr beim Publikum öffentlicher Vorträge und bei den Journalisten der Tagespresse." Frings rechnete damit, daß „die der DAW angehörigen Sächsischen Mitglieder und weitere Mitglieder gegen die Zuwahl stimmen würden". Damit war der Fall für die DAW begraben und Mayer, der sich zunehmend dem System entfremdete, verließ 1963 die DDR.[16]

1961 erkannte der Historiker Fritz Hartung, der nach wie vor in West-Berlin wohnte, angesichts der Stimmen- und Machtverhältnisse in seiner Klasse, daß er die Wahl von Ernst Engelberg, der gerade aus Leipzig kommend zum Direktor des Akademieinstituts für Geschichte berufen worden war, zum Korrespondierenden Mitglied nicht mehr verhindern konnte. Man einigte sich in einem Vorgespräch schließlich darauf, Engelberg und den emeritierten Potsdamer Archivwissenschaftler Otto Meisser, einen Mann alter Schule und Vertrauten Hartungs, gleichzeitig zu Ordentlichen Mitgliedern zu wählen.[17]

Zwischen 1958 und 1966 zeigte der Partei- und Staatsapparat der Akademie drei Mal, wie sich die Machtverhältnisse inzwischen entwickelt hatten und daß von Autonomie nicht mehr die Rede sein konnte. Das zu erzielende Ergebnis der Wahl des Nachfolgers von

[14] Thiessens Mitgliedschaft in der Akademie wurde bereits am 21. Oktober 1955 erneuert. Vgl. MPGA, NL Thiessen, Kasten 1: Akademiepräsident Walter Friedrich an Peter Adolf Thiessen vom 8. November 1955, zit. nach: Eibl, *Thiessen*, S. 249. Thiessen traf jedoch erst am 5. Dezember 1956 in Berlin ein. Am 13. Dezember 1956 begrüßte der Akademiepräsident Walter Friedrich im Plenum der Akademie „vor Eintritt in die Tagesordnung [...] den aus der Sowjetunion heimgekehrten Hrn. Thiessen". Vgl. AAW Berlin, P 1/2, Bl. 372: Sitzungsprotokoll des Plenums vom 13. Dezember 1956.

[15] Als Lösung wurde schließlich u. a. der *Forschungsrat* der DDR unter der Leitung Thiessens gebildet. Siehe dazu auch das Resümee von Jürgen Kocka, Peter Nötzoldt und Peter Th. Walther, Teil B I 3, in diesem Band.

[16] Mayer ist erst 1999 zum Ehrenmitglied der BBAW gewählt worden, allerdings sicherlich nicht aufgrund der Wiedervorlage der Kandidatenliste von 1959.

[17] SAPMO, ZPA, IV 2/9.04, Bd. 376, Bl. 262–264: „Gegenwärtiger Stand der Diskussion [über Kandidaten zur Zuwahl in die Akademie]" vom 27. April 1961.

Akademiepräsident Volmer war einer Akademiedelegation während einer Unterredung bei Ministerpräsident Grotewohl mitgeteilt worden: Der neue Präsident sollte der noch amtierende Rektor der Humboldt-Universität zu Berlin, der Altphilologe Werner Hartke, werden. Nach der Abstimmung, die angesichts allgemeiner Unklarheit über die gültige Geschäfts- und Wahlordnung kein eindeutiges Ergebnis brachte, eröffnete ein westdeutsches Mitglied die Diskussion über dieses fragwürdige Verfahren. Es kam zum Eklat, Hartke, auf den lediglich die relative Mehrheit der Stimmen gefallen war, verließ die Sitzung. Nur nach dem koordinierten Einsatz dreier hochrangiger Akademiemitglieder, die Hartke baten, das Amt trotz allem anzutreten, konnte ein nichtssagendes konfliktfreies Protokoll der Wahlsitzung geschrieben und der Vorfall geheimgehalten werden.[18] Der fragwürdige Ausschluß von Ernst Bloch nach dem Bau der Mauer 1961 und die statutenwidrige Streichung von Robert Havemann 1966 domestizierten innerhalb weniger Jahre noch einmal beide Klassengruppen, zuerst die Gesellschaftswissenschaftler, danach die Naturwissenschaftler.[19]

Die 1958 einsetzende Politik der forcierten Umgestaltung der DDR führte dazu, daß 1960 – nach sieben Jahren Anlaufzeit – eine handlungsfähige *Akademie-Parteileitung* (APL) ihre Arbeit aufnahm. *Genosse Professor* Hartke wurde kooptiert, das Akademiepräsidium schrittweise entmachtet und infolge der Akademiereform 1969/72 zum ausführenden Organ der APL degradiert. Die APL koordinierte nun die Interessen der Akademie mit der Abteilung Wissenschaften des ZK – der Apparat verhandelte also mit dem Apparat. Nach dem Mauerbau veränderte sich zudem die Geschäftsgrundlage für den Wissenschaftsbetrieb: der Westen als Alternative war weggefallen, der Westen als Maßstab aber blieb.

Die Abschottung vom Westen und die anstehende Ablösung der alten, *bürgerlichen Intelligenz* erlaubte nun die Durchsetzung einer neuen Personalpolitik, die aus einem neuen Nachwuchsreservoir schöpfte. Die Nachrückenden, etwa die Jahrgänge 1920 bis 1930, waren in ihrer Sozialisation entscheidend durch HJ, FDJ und SED, auch durch die Arbeiter-und-Bauern-Fakultät und die Aspirantur als Nachwuchsförderungsprogramm geprägt. Das heißt, die Personalreserve für Akademiekandidaten der nächsten beiden Jahrzehnte entstammte der ersten Generation von Wissenschaftlern, die wenig oder nicht mehr in gesamtdeutsche Strukturen und Erfahrungen eingebunden, sondern von den Praktiken des Kalten Krieges geprägt waren. Das Ausscheiden der *alten Intelligenz* aus Leitungspositionen bedeutete jedoch keine Beendigung der Akademiemitgliedschaft. So drängte Hager die Akademie zur Verjüngung der Mitgliedschaft und der Institutsdirektoren, schlug je-

[18] Das Protokoll im Akademiearchiv enthält keinen Hinweis auf den Konflikt nach der Abstimmung über Hartke; der Entwurf für den Zeitablauf des Tages – der Präsidentenwahl folgte noch eine Festsitzung zum 100jährigen Geburtstag Pencks – wich aber stark von den im Protokoll verzeichneten Terminen ab. Eine Überprüfung des sehr präzisen Parallelprotokolls im Parteiarchiv bestätigte dann den Verdacht, daß die Praxis des akademieinternen Protokolls die Vorgänge eher kaschieren denn dokumentieren sollte. Vgl. SAPMO, ZPA, IV 2/9.04, Bd. 370, Bl. 13–17: Robert Dewey, Vermerk über die Geschäftssitzung des Plenums der DAW am 23. 10. 1958 vom 24. Oktober 1959.

[19] Vgl. dazu das Resümee von Jürgen Kocka, Peter Nötzoldt und Peter Th. Walther, Teil A, in diesem Band.

doch vor, die Alten in möglichst prestigebeladenen, aber einflußlosen Kuratorien unterzubringen, und junge dynamische Wissenschaftler in die Akademie aufzunehmen. Als Akademiemitglieder auf Probe wurden in den sechziger Jahren etwa ein Dutzend *Hospitanten* aufgenommen. Die langsam abtretenden Alten nominierten neben etwas jüngeren Kollegen auch Vertreter der neuen Intelligenz als ihre Nachfolger in der Akademie, und 1964 wurde mit Elisabeth Charlotte Welskopf, einer Althistorikerin und bekannten Schriftstellerin, das erste weibliche Ordentliche Mitglied in die Akademie aufgenommen.

1964 verzögerte sich die Zuwahl von Johannes Erben, dem Theodor Frings sein *Institut für Deutsche Sprache und Literatur* mit etwa 130 Mitarbeitern übergeben wollte, um ein halbes Jahr. Frings war verärgert, Erben verunsichert. Nach einer gemeinsam besuchten Fachkonferenz in Wien erhielt Erben einen Ruf nach Innsbruck. Erben zog nun die Innsbrucker Professur dem unsicher werdenden Direktorenposten in Ost-Berlin vor, und Frings erreichte, daß sein *Kronprinz* mit der Sprachregelung „im Interesse der DAW" den Ruf nach Innsbruck annehmen konnte, von wo er allerdings bald nach Bonn wechselte.[20]

Etwa die Hälfte der Akademiemitglieder waren gleichzeitig Direktoren von Akademieinstituten, die andere Hälfte kam mehrheitlich aus den Hochschulen und in geringerem Maße aus der Industrie. Die Akademieinstitute umfaßten ja nicht nur Institute vom Zuschnitt von Max-Planck-Instituten, auch wenn die MPG weiterhin als der Maßstab geglückter Wissenschaftsorganisation galt und die AdW sich als Pendant zur MPG verstand. Akademieinstitute hatten ja auch Aufgaben, die im Westen der Großforschung oder der Fraunhofer-Gesellschaft zugewiesen waren, ganz abgesehen von dem großen Bereich militärrelevanter Forschung in der AdW.[21]

Im Zuge der Akademiereform 1968/73 absorbierte die Akademie auch einige Kompetenzen, die bisher beim *Institut für Gesellschaftswissenschaften* des Zentralkomitees der SED lagen. Dadurch wurde weiteres wissenschaftliches Potential in die Akademie integriert und unter dem Strich die Arbeitsteilung zwischen Parteiinstitutionen und Akademie neu definiert. Von einer Arbeitsteilung zwischen der Kreisleitung der SED in der Akademie und dem Präsidium der Akademie konnte dagegen kaum noch gesprochen werden, da beide Einrichtungen von einem nahezu gleichen Personenkreis bestückt wurden. Die Gespräche über die Entwicklung der Akademie fanden dementsprechend nur noch zwischen unterschiedlichen Abteilungen des Parteiapparats statt. Eine Analyse von 1976 stellte fest, daß die Zuwahlpolitik in den letzten sechs Jahren „zu einer politischen und fachlichen Festigung des Mitgliederbestandes" geführt habe, was sich besonders an drei Punkten zeige: dem gewachsenen Anteil von Parteimitgliedern, der Anzahl der national und international anerkannten Wissenschaftler, wobei als Indikator der Nationalpreis der DDR genannt wurde, sowie der relativen Zunahme von Akademiemitgliedern, die auf theoretischen und fundamentalen Gebieten tätig waren.[22]

[20] Vgl. AAW Berlin, AKL, 130, Personalia, Erben.

[21] Vgl. dazu die Übersicht von 1967 in: SAPMO, ZPA, IV 2/9.04, 383, Bl. 75–84.

[22] SAPMO, ZPA, I 2/2025, ohne Paginierung: Büro Hager, Sektor Akademien [?], 14. Januar 1976: Zur Tätigkeit des Plenums und der Klassen der AdW der DDR.

Erich Honecker in der DAW, 25. Mai 1972, v. l. n. r.: Erich Honecker, Hermann Klare und Kurt Hager

Die Wahl Korrespondierender Mitglieder (KM) im Ausland bzw. Auswärtiger Mitglieder (AM) – der seit 1969 für Ausländer vorgesehenen Mitgliederkategorie – hatte in hohem Maße politischen Symbolwert. So stieg die Anzahl sowjetischer Mitglieder von einem KM 1949 auf 44 AM 1989, während sich die Anzahl von Italienern, die vor allem nach 1933 zugewählt worden waren, und Schweden von 1949 je zehn KM auf ein bzw. vier AM reduzierte. Der Anteil westdeutscher einschließlich West-Berliner Ordentlicher und Korrespondierender bzw. ab 1969 Auswärtiger Mitglieder reduzierte sich zwischen 1949 und 1989 um mehr als die Hälfte, von 48 auf 21.[23] Um so symbolischer war z. B. 1986 die Wahl von Friedrich Hirzebruch, dem Direktor des Max-Planck-Instituts für Mathematik in Bonn, und 1989 die von Günter Spur, Professor an der TU Berlin, dort auch Direktor eines Fraunhofer-Instituts sowie Mitglied der Akademie der Wissenschaften zu Berlin, der frisch gegründeten West-Berliner Institution.[24]

So ist festzuhalten, daß in den 1950er bis 1970er Jahren die Mit- und Einsprache der zuständigen ZK-Abteilung vor der Wahl und die Berufung der Akademiemitglieder durch den Vorsitzenden des Ministerrates ein System gegenseitiger Loyalität zwischen Partei und

[23] Nach Scheler, *Akademie der Wissenschaften*, S. 162.

[24] Zum Verhältnis von AdW der DDR und AWB siehe das Resümee, Teil C, von Jürgen Kocka, Peter Nötzoldt und Peter Th. Walther sowie die Beiträge von Wolfram Fischer und Hubert Laitko in diesem Band.

Staat einerseits und Akademiemitgliedern andererseits konstituierte und konsolidierte. Die Akademie hatte in diesen Jahrzehnten in bislang unerreichtem Ausmaß staatliche Aufgaben übernommen, und damit waren sie und ihre Mitglieder an die staatlichen Spielregeln und die letztlich durch die SED-Führung vorgegebenen Richtlinien gebunden. In diesem anfangs unübersichtlichen, später regulierten Wechselspiel der Regelungsmechanismen entstanden zuerst unterschiedliche Absprachekonstellationen, bis schließlich die symbiotische Kooperation zwischen der Kreisleitung der SED in der AdW und der Abteilung Wissenschaften des ZK der SED ein reibungsfreies System der Kaderentwicklung garantierte. Nach einer kurzen Phase weitgehend autonomer Zuwahlpolitik 1945/48 folgte in einer langen Phase der Kohabitation die Praxis einer aushandelbaren Personalpolitik, die schließlich von einer ausgefeilten Kaderpolitik mit ihren eigenen Ausgrenzungsregeln abgelöst wurde. Von akademischer Autonomie im klassischen liberalen Sinne konnte kaum mehr die Rede sein, denn lediglich innerhalb dieser engen und zunehmend einengenden Spielregeln war Bewegungsfreiheit möglich. Jedoch wäre es verfehlt, die Norm akademischer Autonomie als Voraussetzung funktionierender wissenschaftlicher Institutionen überzubetonen und analog dazu Hagers ZK-Abteilung als vornehmlich inkompetentes Gremium zu verdammen. Denn der Zusammenhang zwischen zentralisierter parteilicher Personalsteuerung der Wissenschaftslandschaft der DDR und den weiterhin existierenden *old boys' networks* der Wissenschaftler konnte die wissenschaftliche Schlagkraft der Akademie, ihrer Klassen und ihrer Institute ebenso befördern wie behindern. Hier steckte wie üblich der Teufel im Detail, so daß auch hier nicht der Platz ist, mit einem Pauschalurteil zu enden.

Literatur

Eibl, Christina: *Der Physikochemiker Peter Adolf Thiessen als Wissenschaftsorganisator (1899–1990).* Eine biographische Studie, Diss., Stuttgart 1998.

Gansel, Carsten: *Parlament des Geistes.* Literatur zwischen Hoffnung und Repression 1945–1961, Berlin 1996.

Hartkopf, Werner/Gert Wangermann (Hrsg.): *Dokumente zur Geschichte der Berliner Akademie der Wissenschaften von 1700 bis 1990* (= Berliner Studien zur Wissenschaftsgeschichte, Bd. 1), Berlin – Heidelberg – New York 1991.

Scheler, Werner: *Von der Deutschen Akademie der Wissenschaften zu Berlin zur Akademie der Wissenschaften der DDR.* Abriss der Genese und Transformation der Akademie, Berlin 2000.

Storost, Jürgen: *Romanistik an der Akademie der Wissenschaften in Berlin,* (im Druck).

Tent, James F.: *Freie Universität Berlin 1948–1988.* Eine deutsche Hochschule im Zeitgeschehen, Berlin 1988.

Manfred Naumann

Kommentar

zum Beitrag von Peter Th. Walther

Die Argumente und Dokumente, die uns Herr Walther vorgeführt hat, unterstreichen und erhärten es: Die *Deutsche Akademie der Wissenschaften zu Berlin*, die ab 1972 *Akademie der Wissenschaften der DDR* hieß, war politisch gesteuert.

Ich selbst habe mehr als die Hälfte meines wissenschaftlichen Lebens in dieser politisch gesteuerten Institution verbracht; meine Biographie ist mit ihr verzahnt; ich kann daher nicht umhin, sie, meine Biographie, in einer Geschichte dieser Institution in ein Objekt verwandelt zu sehen. Die Rolle des Kommentators für einen Text zu spielen, der Biographien meiner Art zum Gegenstand hat, ist etwas heikel.

Um mich aus dem Dilemma zu befreien, erlaube ich mir, aus der Not eine Tugend zu machen, indem ich die toten Akten mit ein paar Erinnerungen und Eindrücken zu beleben versuche, die bei aller Subjektivität doch vielleicht wenigstens den Wert einer Zeugenaussage haben.

Man wird es mir hoffentlich nicht verübeln, wenn ich den Akzent dabei weniger auf die gar nicht strittigen und von mir sogar erlebten Steuerungsmechanismen lege, sondern eher auf das andere Glied der im Titel des Vortrags formulierten antinomischen Gleichung, nämlich auf das Glied der Autonomie, das bei Herrn Walther, scheint mir, ein wenig zu kurz gekommen ist.

Ich plaudere also aus der Schule und rede davon, wie sich Steuerungsmechanismen mit Autonomiebestrebungen kreuzten, wobei ich zu beachten bitte, daß ich von Bestrebungen spreche, nicht aber von der Tatsächlichkeit einer Autonomie. Daß dabei das Personalpronomen *ich* etwas häufig vorkommt, sei mir verziehen.

Den ersten Kontakt mit der Akademie verdanke ich meinem Lehrer Werner Krauss, der seit 1949 ihr Mitglied war und zu Beginn der fünfziger Jahre nach einem akademischen Forschungsinstitut für romanistische Literaturwissenschaft strebte. Als der auch von Herrn Walther zitierte Paul Wandel, damals Präsident der Zentralverwaltung für Volksbildung oder etwas ähnliches, nach einem vorzeigbaren, also promovierten jungen Mann suchte, der in der Akademie als Parteiorganisator agieren könnte, nannte Krauss meinen Namen; wie er mir gestand, hatte er sich dabei von der Hoffnung tragen lassen, durch die Präsenz eines seiner Jünger die Durchsetzung seiner wissenschaftlichen Pläne beschleunigen zu können. Ich fühlte mich durch das mir von meinem Lehrer entgegengebrachte Vertrauen geschmeichelt und sagte ja. So nahm ich am 1. Juni 1953 für drei Tage pro Woche die Reise von Leipzig nach Berlin auf mich, samt der Aufgabe, die in dem Hauptgebäude der Akademie verstreuten, nicht sehr zahlreichen Parteimitglieder zu sammeln und mich um die Installierung dessen zu kümmern, was man eine SED-Grundorganisation nannte, in meinem Hinterkopf verbunden mit der Absicht, den Weg für ein romanistisches Literaturinstitut unter der Ägide von Krauss freizuschaufeln.

Ich war noch keine 14 Tage da, als der Sturm des 17. Juni losbrach. In der Akademie war von dem Aufstand so gut wie gar nichts zu spüren. Am Abend fand, hier in diesem Raum, der damals als Speisesaal diente, eine Mitarbeiterversammlung statt; das Wort des neu angekommenen Parteiorganisators war gar nicht gefragt; statt seiner übernahmen die akademischen Koryphäen innerhalb und außerhalb der Partei das Ruder, und was sie rieten, nämlich den Kopf einzuziehen, wurde stillschweigend befolgt.

In der Zeit danach bestellte der für Wissenschaft zuständige ZK-Sekretär Hager ab und zu einige der in Berlin ansässigen Genossen Akademiemitglieder in sein Büro, unter ihnen Steinitz, Rompe, Frühauf, Bertsch, den Akademiedirektor Wittbrodt und vielleicht noch ein paar andere, deren Namen ich vergessen habe. Hager erläuterte ihnen den sogenannten *Neuen Kurs* und ließ sich von den Akademikern beraten, wie er an der Akademie durchzusetzen sei. Auch ich durfte oder mußte als Zaungast daran teilnehmen; diese Zusammenkünfte hatten für mich die Funktion eines politischen Grundlehrgangs.

Über die Verlautbarungen Hagers machten sich die anwesenden Akademiemitglieder Notizen und natürlich folgte, wie es sich gehörte, auch ich diesem Brauch. Manchmal schloß sich Fred Oelßner der Runde an, der damals noch im Politbüro saß, und nun war es der ihm unterstellte Kurt Hager, der nachschrieb. Dieses Erlebnis beeindruckte mich tief. Ich fragte mich, bei wem denn seinerseits Oelßner mitschrieb, und kam zu dem Ergebnis, daß es nur Ulbricht sein könnte, der ihm die Worte diktierte. Und Ulbricht, wo schreibt der ab, ging es mir durch den Kopf? Vielleicht in Moskau oder gar beim lieben Gott selber? Zu sehen, durch welche Springbrunnen sich die absolute Wahrheit von oben nach unten verbreitete, war für mich heilsam. Die sinnliche Vorführung theokratisch strukturierter Botschaften samt ihrer Ausgießung als heilige Lehre stärkte meinen Willen, mir gegen die ideologischen Steuerungssysteme autonome Reservate des Denkens zu bewahren, ganz beträchtlich. Ich fühlte mich in der mir schon von Krauss eingebleuten Regel bestätigt, anstatt immerzu die marxistisch-leninistischen Gebete nachzuplappern, mir lieber einen eigenen Reim auf Marx zu machen. Die Quittung dafür wurde mir 1959 präsentiert; man hielt es für ratsam, mich für ein paar Jahre aus dem universitären Lehramt zu entfernen, offenbar um die Studenten vor verderblichen Einflüssen zu schützen.

Über die Vermittlerrolle, die ich 1953 zwischen Krauss und Klemperer zu spielen hatte, geben Klemperers Tagebücher genügend Auskunft. Das romanistische Literaturinstitut jedenfalls kam damals nicht zustande, und ich blies, darin von Krauss und meinen Erfahrungen im Büro Hager bestärkt, zum Rückzug. 1954 war ich wieder ganz in Leipzig und arbeitete an meiner Habilschrift weiter. Die Modalitäten des Rücktritts hatte Krauss mit Wandel geklärt.

25 Jahre später, 1978, nachdem ich ein paar Texte veröffentlicht hatte, die auch im Ausland, und nicht nur im östlichen, Anklang gefunden hatten, wurde ich auf den durch den Tod von Krauss freigewordenen Romanistenplatz in der Klasse für Literatur-, Sprach-, Geschichts- und Kunstwissenschaften der AdW gewählt. Direktor des Zentralinstituts für Literaturgeschichte, an dem ich seit 1969 tätig war, wurde ich dann 1981, drei Jahre später. Diese Phase der Akademiegeschichte konnte von Herrn Walther nicht mehr behandelt werden. Ich erlaube mir, auch dazu ein paar Bemerkungen zu machen.

Das der Akademie oktroyierte Steuerungssystem funktionierte nun weit perfekter als in den fünfziger Jahren. Inzwischen war der Akademie eine Kreisleitung der SED implantiert worden und dazu noch eine Abteilung, die ihr geheimnisvolles Wesen unter dem Namen *Auswertung und Kontrolle* trieb und im Akademiegebäude einen Flügel bewohnte, der einen eigenen Paternoster hatte und für die normalen Sterblichen tabu war. Offizielle Ableger in den Instituten hatte diese Abteilung zwar nicht, aber man wußte, daß ihre Abgesandten allgegenwärtig waren; ihre Krallen streckten sich bis in alle akademischen Verzweigungen aus. Ob man nun Genosse und Marxist war oder nicht: Vor ihnen waren Schutzmaßnahmen, Abwehrriegel und Tarnungen bis hin zur Sprache notwendig; listenreiche Verhaltensstrategien, die zwar nicht gerade heldenhaft waren, aber doch Räume für einigermaßen unbehelligtes wissenschaftliches Arbeiten schufen. Selbst mein Direktorzimmer, erfuhr ich durch jemanden, der offenbar eingeweiht war, aber nicht zu den Falken gehörte, sei nicht ganz schalldicht; ich zog es daher vor, Gespräche, die mir nicht *stubenrein* schienen, peripatetisch auf den Gängen zu absolvieren.

Von außen gesehen, ist der Sinn solcher Manöver fragwürdig und nur schwer nachvollziehbar. Von der inneren Optik her gesehen, unter der ich zu leiden habe, hatten sie den Sinn, sich als Person und Wissenschaftler so gut es ging gegen den von oben und außen erhobenen Anspruch zu behaupten, sich dem politischen Diktat auch moralisch und intellektuell zu unterwerfen.

Nun ein paar Bemerkungen zu den Wahlen.

Auf dem Weg hinein in die akademische Gelehrtengesellschaft blieben viele qualifizierte Anwärter und kreative Denker auf der Strecke. Ich erinnere mich, wie viel Überwindung es z. B. Manfred Bierwisch kostete, die ihm viel zu spät offerierte Akademiemitgliedschaft noch kurz vor Torschluß überhaupt anzunehmen. Auch ein sozialistischer Idealist wie Wolfgang Heise einer war, hätte schon längst in die Akademie gehört; ihn in den achtziger Jahren endlich durchzubringen, kostete Mühe.

Umgekehrt, und hier trifft das Wort *Rekrutierung* mit seiner etwas militärischen Konnotation den Kern, waren im Plenum hier und da Mitglieder zu finden, die zu sehen und zu hören, um es milde auszudrücken, nicht viel Vergnügen bereitete. Auf die Nennung von Namen möchte ich aus personenrechtlichen Gründen verzichten.

Andererseits wiederum, und auch hier will ich keine Namen nennen, gab es Personen, die die Abteilung Wissenschaften des ZK oder das Ministerium für Hochschulwesen gern rekrutiert gesehen hätte und deshalb für die Zuwahl empfahl, die bei der Auswahl in den Klassen aber durchfielen; sei es, daß sich keine Mitglieder fanden, die bereit gewesen wären, für sie die erforderlichen Gutachten zu schreiben, sei es, daß sie mit dem Argument abgelehnt wurden, die von ihnen vertretene wissenschaftliche Disziplin sei schon ausreichend besetzt. Vielleicht herrschten in den anderen Klassen ähnliche Bräuche; in der Klasse jedenfalls, in der ich Mitglied war, existierten personenbezogene informelle Netzwerke. Sie wurden durch Mitglieder geknüpft, von denen ich gern gesehen hätte, daß sie einen Platz neben mir auch in der 1993 entstandenen neuen Akademie gefunden hätten; sie hätten das Bild dieser Akademie nicht verunziert. Die sehr inoffiziellen Vernetzungen wurden genutzt, um die wissenschaftliche Reputation der ins Gespräch gebrachten Kandidaten abzuwägen; erschienen sie unzumutbar, hatten sie selbst bei besten obrigkeitlichen Empfehlungen nur geringe oder doch nur relativ geringe Chancen. Man wußte ja oder sah sich an, was sie geschrieben hatten und wie man im Ausland über sie dachte. Ich möchte nicht übertreiben: Aber im Hinblick auf die bei Wissenschaftlern allgemein übliche Eitelkeit und die nicht ganz interessenfreie Bewertung des wissenschaftlichen Outputs der mehr oder minder gelehrten Kollegen unterschied man sich, bei aller Verbrüderung im Geist von Marx, von den Riten der *scientific community* kaum; wenigstens insofern blieben internationale Standards gewahrt.

Die von den Klassen gebilligten Wahlvorschläge wurden von den Sekretaren oder auch Klassenvorsitzenden, wie sie später hießen, an das Präsidium weitergereicht. Von irgendjemandem, ich irre mich sicherlich nicht in der Annahme, daß es die höheren parteilichen und staatlichen Leitungsorgane waren, mußten die Namen, bevor sie auf die Wahlscheine gerieten, bestätigt werden. Die Wahl im Plenum war dann geheim, und es gab in fast allen Fällen auch Gegenstimmen, die, was sonst bei Wahlen im Lande unüblich war, sogar ausgezählt und öffentlich bekannt gemacht wurden. Daß jemand bei dieser Wahl durchgefallen wäre, habe ich freilich nicht erlebt.

Aus der Akademie ausgeschlossen wie einst Ernst Bloch und Robert Havemann wurde zu meiner Zeit, so viel ich weiß, niemand; dafür bin ich meinem Schicksal dankbar. Daß Hans Mayer gar nicht erst gewählt wurde, war ausnahmsweise einmal nicht der Partei geschuldet, sondern, Herr Walther hat es erwähnt, Theodor Frings, der in den fünfziger Jahren nicht nur über die Leipziger Germanistik, sondern auch über die philologische Klasse in Berlin fast unumschränkt herrschte. Für Frings war Hans Mayer mit dem Kainsmal geschlagen, kein nach den universitären Regeln ausgebildeter germanistischer Philologe zu sein. Nach meiner Habilitierung empfing mich Hans Mayer manchmal in seiner Wohnung in der Leipziger Tschaikowski-Straße. Er war über die Intrigen, die seine Zuwahl verhinderten, erbost. Daß er 1999 zum Ehrenmitglied der Berlin-Brandenburgischen Akademie ernannt wurde, erfüllt auch mich mit tiefer Genugtuung.

Zum Schluß noch ein Wort zu den *Rekrutierungsmustern*, die für die wissenschaftlichen Mitarbeiterinnen und Mitarbeiter galten, die in den Instituten beschäftigt waren. Auf ihre Auswahl und die Festlegung ihrer Forschungsaufgaben hatte der Teil der Akademie, der sich Gelehrtengesellschaft nannte, wenigstens solange ich dabei war, keinerlei Einfluß. Die Rekrutierungen oblagen den Institutsdirektoren.

Ich weiß nicht, welche Bräuche in anderen Instituten herrschten. In dem Zentralinstitut für Literaturgeschichte jedenfalls, das ich zu verantworten hatte, war an Freiwilligenmeldungen kein Mangel. Offenbar stand das Institut in dem Ruf, eine Art Oase in einer ansonsten geistfeindlichen Umwelt zu sein, und um in ihr weiden zu können, stand man Schlange. Wer wissenschaftlich begabt schien, dem wurde, wenn es der Stellenplan zuließ, Asyl gewährt. In der Nachbarschaft gab es Institute, wo es zu wissenschaftlich getarnten politischen Verfolgungen kam; vor solchen Instituten war Abschottung am Platze.

In anderen Instituten wiederum scheint es ähnliche Nischen wie in der Literaturgeschichte gegeben zu haben; wenn nicht, dann wären die akademischen Mitarbeiterinnen und Mitarbeiter, die nach der Wende höchste Stellungen im politischen Leben des Staates errangen, sicherlich seltener gewesen. Man bedenke: Frau Merkel, früher an der Akademie als Naturwissenschaftlerin tätig, ist heute die Generalsekretärin der CDU; Herr Höppner, ehemals Lektor für Mathematik im Akademie-Verlag, wurde Ministerpräsident des Landes Sachsen-Anhalt; und Wolfgang Thierse schließlich, der ein Jahrzehnt als Wissenschaftler im Zentralinstitut für Literaturgeschichte arbeitete, bekleidet als Bundestagspräsident das zweithöchste Staatsamt. Ich bin beinahe versucht, den Witz zu verbreiten, die Akademieinstitute hätten sich als Kaderschmiede für künftige demokratische Politiker bewährt.

Ganz zum Schluß noch zwei Sätze, die ernster gemeint sind. Ob sie nun Mitglied der SED, einer Blockpartei oder parteilos waren – Beförderungen von kreativen Wissenschaftlern auf Stellen, die ihnen eigentlich zugestanden hätten, waren bei Kaderakten mit noch nicht verjährten politischen Flecken schwierig und in etlichen Fällen unmöglich; das trifft auch auf das Institut für Literaturgeschichte zu. Gegen den Vorwurf, mich gegen solche Praktiken nur ungenügend aufgelehnt zu haben, kann und will ich mich nicht wehren.

Was mich tröstet, ist der Umstand, daß die produktivsten Mitarbeiterinnen und Mitarbeiter des Instituts die Evaluierungsprozeduren ganz gut überstanden haben und das manchmal sogar mit ihren schon vor der Wende in Angriff genommenen Projekten.

In den Forschungszentren, wo die meisten von ihnen heute tätig sind, wächst Östliches und Westliches, scheint mir, seit langem gedeihlich zusammen. Sie werden verstehen, daß mich das zufrieden stimmt.

Ich danke Ihnen für die meinen Anekdoten geschenkte Aufmerksamkeit.

Günter Pasternak

Biowissenschaften und Medizin in den achtziger Jahren

Die Entwicklung der Akademie der Wissenschaften unterlag seit 1946 bis in die achtziger Jahre hinsichtlich ihrer wissenschaftspolitischen Stellung, ihrer Struktur und ihres Aufgabenspektrums vielfältigen Veränderungen. Aus der Sicht eines Zeitzeugen umfassen die folgenden Darstellungen vor allem die Periode 1980–1989, in der die strukturellen und personellen Verflechtungsbeziehungen der Akademie in forschungsleitenden und -koordinierenden Gremien und die Rolle der *Gelehrtengesellschaft* am Beispiel von Biowissenschaften und Medizin aufgezeigt werden sollen.

Die Akademie der Wissenschaften der DDR, wie sie seit 1972 hieß, war zugleich Gelehrtengesellschaft und Forschungsinstitution. Sie wurde durch den Präsidenten nach dem Prinzip der *Einzelleitung* – bei kollektiver Beratung – geleitet. Der Präsident war dem Vorsitzenden des Ministerrates direkt unterstellt und ihm rechenschaftspflichtig. Als Einzelleiter hatte er auch den Vorsitz im Plenum der Akademie, der eigentlichen Gelehrtengesellschaft, inne. Diese Organisationsstruktur entsprach den Prinzipien des sogenannten *demokratischen Zentralismus.*

Die Gelehrtengesellschaft bestand 1989 aus zehn Klassen, die nach Wissenschaftsgebieten gegliedert waren. Biowissenschaften und Medizin waren in der Gelehrtengesellschaft in zwei Klassen repräsentiert. Deren Mitglieder rekrutierten sich aus Wissenschaftlern der Akademieinstitute sowie aus Einrichtungen der Universitäten und Hochschulen der DDR. Hinzu kam eine kleine Zahl Auswärtiger Mitglieder, deren Wohnsitz außerhalb der DDR lag. Die Gelehrtengesellschaft bestand zu dieser Zeit aus 350 Ordentlichen, Korrespondierenden und Auswärtigen Mitgliedern. Davon gehörten etwa 50 Mitglieder den Klassen Biowissenschaften und Medizin an. Die Vollversammlung der Ordentlichen und Korrespondierenden Mitglieder bildete das Plenum der Akademie.

Als Forschungsinstitution, von der Gelehrtengesellschaft forschungspolitisch getrennt, bestand die Akademie aus mehr als 50 Instituten und anderen Forschungseinrichtungen mit etwa 25.000 Mitarbeitern.[1] Zum biowissenschaftlichen und medizinischen For-

[1] Scheler, *Praxisorientierte Problemlösungen.* Anmerkung: Die Zahl von 25.000 schließt allerdings einige tausend Mitarbeiter aus Einrichtungen ein, die nicht forschend tätig waren, etwa Druckereien oder Dienstleistungseinrichtungen.

schungspotential zählten an der Akademie in dem genannten Jahr zwölf Institute mit mehr als 4.000 Mitarbeitern.

Die gesellschaftliche Stellung der Akademie in den achtziger Jahren wurde im von der SED-Führung und der Regierung bestätigten, mit Wirkung vom 1. Juli 1984 in Kraft gesetzten, Statut festgelegt. Als wissenschaftliches Zentrum der DDR sollte die Akademie eine Gemeinschaft hervorragender Gelehrter und leistungsfähiger, vorwiegend auf Gebieten der Grundlagen- und der angewandten Forschung arbeitender Forschungseinrichtungen sein. Ihre wesentlichen Aufgaben bestanden laut Statut in der Erhöhung der Leistungskraft der Volkswirtschaft und in der Gestaltung der *entwickelten sozialistischen Gesellschaft*. Vizepräsident Heinz Stiller betonte 1985 in einem Interview, daß nach dem neuen Statut *alle* Klassenvorsitzenden gleichzeitig auch Mitglieder des Präsidiums der Akademie seien.[2] Auf die Tatsache, daß diese Mitgliedschaft im Präsidium schon einmal bestanden hatte und erst mit der Akademiereform 1970 abgeschafft worden war, ging er allerdings nicht ein. Dadurch sollten die Klassenvorsitzenden größeren Einfluß auf die Beratung wichtiger Probleme im Plenum und in den Klassen nehmen können.

Die Mitarbeit an einer kontinuierlichen Strategiebildung und -präzisierung der Grundlagenforschung unter Nutzung des Wissens und der Erfahrungen der Akademiemitglieder verschiedener Disziplinen gehörte zu den wichtigsten Aufgaben der Klassen. Sie erhielten den Auftrag, die Leitung der Akademie und der einzelnen Institute bei der Erarbeitung der Forschungsstrategien und grundsätzlicher Fragen der Weiterentwicklung ihrer Wissenschaftszweige zu unterstützen. Dieser hohe wissenschaftspolitische Anspruch an die Klassen konnte jedoch kaum erfüllt werden. Das hatte verschiedene Ursachen. Einer der Hauptgründe war, daß für die sogenannten *strategischen Materialien, Analysen und Prognosen* andere Gremien wie etwa die Institutsleitungen oder die Programmräte verantwortlich waren. Die Mitarbeit in diesen Gremien gehörte für die Mitglieder der Klassen auf Grund ihrer Leitungsfunktionen zur Pflicht. Hinzu kam ein anderes Problem. Einige Klassenmitglieder, meist Emeriti, waren nicht befugt, mit *Vertraulichen Verschlußsachen* (VVS), zu denen die *strategischen Materialien* gehörten, umzugehen. Es bestand kein Zwang, sich als Akademiemitglied für VVS verpflichten zu lassen. Diese Verpflichtung hätte zu persönlichen Einschränkungen geführt. In den Klassensitzungen konnte daher nur allgemein, unter Weglassung detaillierter Daten zu *strategischen Materialien* mündlich informiert werden. So hatten einige Mitglieder der Klassen keine Einsichtsmöglichkeiten in die entsprechenden Unterlagen.

Die Publikationen der Akademie enthielten positive Beispiele. Vizepräsident Heinz Stiller nannte in diesem Zusammenhang beispielsweise die Stellungnahmen und Gutachten der Klassen zu den „Wissenschaftlichen und wissenschaftlich-technischen Schwer-

[2] Stiller, „Bewährtes erhalten", S. IIf. Heinz Stiller löste 1984 Heinrich Scheel ab, die beide in den verschiedenen Zeitperioden als Vizepräsidenten für das wissenschaftliche Leben im Plenum und in den Klassen, für die der Akademie zugeordneten wissenschaftlichen Gesellschaften, das Publikationswesen der Akademie und für Fragen der Förderung des wissenschaftlichen Nachwuchses verantwortlich waren. Ab 1988 war Hans-Heinz Emons Vizepräsident für Plenum und Klassen.

punkten der gesellschaftlichen und volkswirtschaftlichen Entwicklung für den Zeitraum 1986–1990 und darüber hinaus" und die „Prognose der medizinischen Wissenschaften 1986–1990" für den Rat für Medizinische Wissenschaft beim Ministerium für Gesundheitswesen.

Anstatt Vorlagen und Dokumente zu verfertigen, bestanden die Klassenmitglieder auf ihrem Recht, in den Klassen weiterhin neue wissenschaftliche Erkenntnisse zu diskutieren. Im Statut hieß es allerdings, daß die Aktivitäten der Gelehrtengesellschaft stärker in die Forschungseinrichtungen zu integrieren seien. Da die Mehrzahl der Institutsdirektoren gleichzeitig Mitglied in der Gelehrtengesellschaft war, stand einer stärkeren Integration theoretisch nichts im Wege. Die praktische Umsetzung war aber vor allem deshalb begrenzt, weil die Klassenmitglieder auf ihre Unabhängigkeit von der staatlichen Leitung der Akademie bestanden. Besonders die Klasse Medizin, in der Mehrheit Hochschulmediziner, reagierte zurückhaltend. Auch die Vertreter der medizinischen Institute der Akademie ließen sich kaum in ihre Angelegenheiten hineinreden.

Biowissenschaftliche und medizinische Forschungsinstitutionen der Akademie waren unter straffer Leitung in einem *Forschungsbereich* (FB) zusammengefaßt, der Ende der achtziger Jahre aus zwölf Einrichtungen (sechs Zentralinstitute, vier Institute und jeweils eine Forschungsstelle und eine Arbeitsstelle) bestand, von denen zwei – das *Zentralinstitut für Krebsforschung* und das *Zentralinstitut für Herz-Kreislaufforschung* – die medizinischen Einrichtungen einschließlich ihrer Forschungskliniken repräsentierten.[3] Ab April 1989 wurden Biowissenschaften und Medizin als Wissenschaftsgebiete getrennt geführt. Die Forschungsbereichsleiter wurden zu *Sekretären* berufen, die jedoch nur noch Koordinierungsfunktionen ausübten. Die Institutsdirektoren unterstanden direkt dem Präsidenten der Akademie. Das stärkte die Autonomie der Institutsdirektoren, die das *Hineinregieren* in ihren Verantwortungsbereich durch einen *Zwischenleiter* massiv kritisiert hatten.

Die Aufgabenstellungen der Institute basierten auf langfristigen Prognosen, Konzeptionen, Programmen, Plänen und anderen Materialien. Ihre Ausarbeitung oblag den Instituten, Programmräten und der Akademieleitung, unter deren Federführung die Dokumente zur Vorlage im ZK der SED und im Ministerrat präzisiert wurden. Wesentliche inhaltliche und strategische Materialien mußten von Partei und Regierung bestätigt werden. Ihre Umsetzung seitens der Akademie erfolgte in Fünfjahres- und Jahresplänen.

Für die biowissenschaftliche und die medizinische Forschung waren folgende Dokumente verbindlich: die Konzeption *Molekulare Grundlagen der Entwicklungs-, Vererbungs- und Steuerungsprozesse* (MOGEVUS) – der sogenannte *Kooperationsverband* – (1970 bis 1975); die *Konzeption zur langfristigen Entwicklung der naturwissenschaftlichen und mathematischen Grundlagenforschung sowie der Grundlagenforschung ausgewählter technischer Richtungen im Bereich der Akademie der Wissenschaften der DDR und des Ministeriums für Hoch- und Fachschulwesen bis 1990* (erarbeitet 1975); das *Programm Biowissenschaften ein-*

[3] Bielka, *Medizinisch-Biologische Institute*, S. 85.

schließlich naturwissenschaftlicher Grundlagen der Medizin (1975–1990); das *Programm der medizinischen Forschung* (1986–1990) und die *Komplexe Forschungsaufgabe Biotechnologie* (KFAB) ab 1985.

Die Klassen Biowissenschaften und Medizin

Die Klassen Biowissenschaften und Medizin hatten sich 1973 – nach Auflösung der *Problemgebundenen Klassen*, die im Rahmen der Akademiereform gebildet worden waren – wieder konstituiert. Damit entstanden erneut die Gremien, in denen sich allein die Mitglieder der Gelehrtengesellschaft versammeln konnten.[4]

Zur Geschichte der *Problemgebundenen Klassen* sollen hier nur kurz einige Daten am Beispiel der Problemgebundenen Klasse Immunbiologie genügen. Die Klasse konstituierte sich am 30. September 1971. Präsident Werner Hartke erläuterte ihre Zusammensetzung und die vorgesehenen Aufgaben. Die generelle Aufgabenstellung traf auch für die anderen Problemgebundenen Klassen zu. Hartke bezeichnete sie als eine vorläufige Einrichtung, von der Vorschläge für andere interdisziplinäre Aufgaben bzw. Klassen gemacht werden können. Die Problemgebundene Klasse sollte an langfristigen Prognosen der Akademie arbeiten, Beobachtungsforschung betreiben und neue Konzeptionen entwickeln. Zu Fragen der Publikationsmöglichkeiten verwies Hartke auf die öffentlichen Sitzungsberichte und auf die Abhandlungen. Dabei schloß er wissenschaftliche Thesen mit vertraulichem Charakter, also *Vertrauliche Dienstsachen* (VD) nicht aus. Zu den wenigen *strategischen Materialien*, die in der Problemgebundenen Klasse behandelt wurden, gehörte die im Juli 1972 von Niels Sönnichsen vorgestellte Vorlage für die Gründung einer *Abteilung für klinische Immunologie* des Bereiches Medizin (Charité) der Humboldt-Universität. Die nach dieser Vorlage gegründete Abteilung wäre sicherlich auch ohne Mitwirkung der Problemgebundenen Klasse zustande gekommen, da sie von der Charité in Auftrag gegeben war.

Aus Sicht der Mitglieder der 1973 wieder konstituierten medizinischen Klasse waren es offensichtlich zwei wesentliche Gründe, weshalb die Problemgebundene Klasse nicht überleben konnte. Zum einen drohte eine Abwertung des Status der Akademiemitgliedschaft, wenn eine Überzahl ständiger Gäste die Sitzungen dominierte und zum anderen war die wissenschaftliche Qualifikation der teilnehmenden Nichtmitglieder zum Teil unzureichend. Vermutlich kommt hinzu, daß sich dieselben Teilnehmer auch in anderen Gremien mit gleichen oder ähnlichen Zielsetzungen, z. B. in den Medizinischen Gesellschaften und in den Forschungsprogrammen, begegneten.

[4] Vermutlich sollten mit der Akademiereform sowohl die erstarrten Strukturen der Gelehrtengesellschaft aufgebrochen als auch aktuelle, bisher in den Klassen nicht vertretene Wissenschaftsgebiete durch die Bildung *Problemgebundener Klassen* gefördert werden. Die Vorsitzenden der Klassen hießen fortan nicht mehr *Sekretare.* Durch die Einladung *ständiger Gäste* – das waren Nachwuchswissenschaftler und andere hervorragende Vertreter der entsprechenden Fachgebiete – erhoffte man sich in den Sitzungen der Gelehrtengesellschaft frischen Wind.

Leitung des FZMM, 1979
1. Reihe v. l. n. r.: Prof. Heinrich Dathe, OM Werner Scheler, OM Helmut Haenel, OM Klaus Schreiber
2. Reihe v. l. n. r.: Eberhard Schmidt, Gerhard Falk, OM Udo Taubeneck, OM Helmut Böhme
3. Reihe v. l. n. r.: Prof. Horst Heine, OM Günter Pasternak, Prof. Stephan Tanneberger, OM Friedrich Jung

Im Jahre 1980 hatte die Klasse Biowissenschaften 20 Ordentliche und Korrespondierende Mitglieder, von denen neun aus den biowissenschaftlichen Instituten des damals noch *Forschungszentrum für Molekularbiologie und Medizin* (FZMM) genannten Forschungsbereiches kamen. Sechs weitere Wissenschaftler, die sämtlich Instituten der Akademie angehörten, wurden bis 1989 zugewählt. Die Zahl erhöhte sich, abzüglich der verstorbenen Mitglieder, bis 1990 auf 23.

Eine vergleichbare zahlenmäßige Entwicklung nahm die Klasse Medizin. Im Jahre 1980 hatte sie 25 Mitglieder, darunter sieben aus den Akademieeinrichtungen. Die Dominanz der Mitglieder aus dem Universitätsbereich ergab sich daraus, daß an der Akademie nur zwei medizinische Einrichtungen, das *Zentralinstitut für Krebsforschung* (ZIK) und das *Zentralinstitut für Herz-Kreislaufforschung* (ZIHKR), mit einer begrenzten Zahl medizinischer Fachgebiete bestanden. Bei der interdisziplinären Zusammensetzung der Klasse mußten die Vertreter der meisten Disziplinen außerhalb der Akademie rekrutiert werden. Ihre von der Akademie unabhängige Position war ein wesentlicher Faktor für kritische Sachdiskussionen zur medizinischen Forschung im Bereich der Akademieinstitute. Anders ausgedrückt, abweichende Meinungen zur inhaltlichen Strategie der medizinischen Akademieinstitute konnten zwar diskutiert werden, hatten aber, bedingt durch die Leitungsstrukturen an der Akademie, de facto wenig Einfluß. Die Zusammensetzung der Klasse blieb in etwa gleicher Proportion bis zur Abwicklung bestehen. Bis 1990 wurden acht Mediziner, darunter drei aus den Akademieinstituten, zugewählt.

Inhaltliche Gestaltung der Klassenarbeit

Die Klasse Medizin, der ich seit 1975 angehörte, hat ihre Tätigkeit vorwiegend im Sinne einer Gelehrtengesellschaft ausgeübt, bei der eine aktuelle und interessante Vortragstätigkeit, der Austausch wissenschaftlicher Informationen, die Publikationstätigkeit der Mitglieder und Stellungnahmen zu wissenschaftlichen Problemen im Vordergrund standen. Die Klasse hat stets ihre Unabhängigkeit in der Gestaltung ihres Programmes betont und unterlag nicht dem Zwang, für die Akademieleitung Pläne erarbeiten oder Maßnahmen vorschlagen bzw. Aufträge von Einrichtungen außerhalb der Akademie erfüllen zu müssen. Dazu waren einzelne Mitglieder auf Grund ihrer staatlichen Leitungsfunktionen innerhalb und außerhalb der Akademie ohnehin bereits verpflichtet. Die Klasse war also eine Oase, in der wissenschaftliche Probleme frei – einem gemeinsamen Interesse entsprechend – behandelt werden konnten. Andererseits bedeutete das aber auch, daß die Klasse als Institution keinen oder nur einen geringen Einfluß auf strategische und inhaltliche Wissenschaftsentscheidungen hatte.

Der Vizepräsident für Plenum und Klassen Hans-Heinz Emons charakterisierte die Arbeitsweise der Klassen 1988 folgendermaßen: „Es gibt keine andere Institution in unserem Land als die Klassen, wo grundsätzlich wissenschaftliche Probleme ohne Protokoll, sofortige Festlegungen und Maßnahmeplan diskutiert werden können.“ [5] Wenige Jahre zuvor hatte sich der Akademiepräsident Werner Scheler zu den Plenar- und Klassensitzungen noch wie folgt geäußert: „Von diesen Beratungen gehen strategische Impulse für die Wissenschaft aus, hier bilden sich Urteile, reifen Entscheidungen, die wir nicht selten der Partei- und Staatsführung als Empfehlung unterbreiten. Selbstverständlich hat das auch Konsequenzen für die Arbeit in den Forschungsinstituten.“ [6] Die Vorstellungen von Hans-Heinz Emons sind sicherlich nicht als Widerspruch zu den Ansichten des Präsidenten zu werten, sie stellen aber eine andere, realistischere Gewichtung dar.

Für die Fragen der Planung und Koordinierung der medizinischen Wissenschaft, der Strukturierung und inhaltlichen Gestaltung von Hauptforschungsrichtungen und Projekten sowie der Bewertung von Ergebnissen waren staatliche Leitungen und ihre Beratungsgremien verantwortlich. Nicht wenige Akademiemitglieder gehörten diesen Gremien an, so dem *Forschungsrat*, dem *Programmrat Biowissenschaften* und dem *Rat für Medizinische Wissenschaft* beim Ministerium für Gesundheitswesen, dessen Präsident Mitglied der Klasse Medizin war. Die Klasse Biowissenschaften arbeitete nach gleichen Kriterien. Auch ihre

[5] Emons, „Mehr Chancen für kreativen Nachwuchs“, S. II.

[6] Scheler, „Bewahrung und Erneuerung“, S. II.

Mitglieder nahmen verantwortliche Positionen in der *Gruppe Biologie* des Forschungsrates und im *Programmrat Biowissenschaften* ein.

Schwerpunkt der Klassenarbeit waren Fachvorträge und die dazugehörige Diskussionen. Die Auswahl der Themen oblag den Mitgliedern, die Referenten aus den eigenen Reihen, aber auch Gäste aus Bereichen außerhalb der Akademie vorschlagen konnten. Ausschlaggebend für die Referenten- und Themenauswahl waren die gemeinsam interessierenden Fragen und Probleme; oft mit dem Ziel verbunden, Persönlichkeiten kennenzulernen, die für eine eventuelle Zuwahl in Frage kommen könnten. Die Themen wurden ein Jahr im voraus für die monatlichen Sitzungen festgelegt; eine gewisse Flexibilität blieb jedoch gewahrt.

Entsprechend den Orientierungen des Präsidenten hatten die Klassen sich vor allem mit wissenschaftsstrategischen Fragen zu befassen, d. h., die Bewertung von Entwicklungskonzeptionen zu bestimmten Disziplinen, Forschungsrichtungen oder Instituten vorzunehmen. Dazu gab es einige wenige Auflagen. Die Klassen sollten sich aus eigener Verantwortung zu wichtigen aktuellen Fragen äußern und – wie Präsident Werner Scheler zu verschiedenen Anlässen bemerkte – das wissenschaftliche Gewissen des Landes repräsentieren.

Beispiele für vorgebenene Themen, die gemeinsam von den Klassen Biowissenschaften und Medizin behandelt wurden, waren die „Entwicklungstendenzen der Neurowissenschaften", die „Entwicklung der Physiologie in der DDR", „Biologische und Toxinwaffen heute. Überlegungen am Vorabend der Genfer Review-Konferenz" (März 1986). Zum letzteren Thema wurde der Entwurf einer Erklärung der Mitglieder der Klassen zur „Konvention über das Verbot der Entwicklung, Herstellung und Lagerung bakteriologischer (biologischer) und Toxin-Waffen und deren Vernichtung" vorgestellt.

Die Klasse Biowissenschaften beriet unter anderem den „Stand und die Entwicklung der Gentechnik in der DDR" und den „Stand und Perspektiven der Proteintechnik in der DDR". Ein ganztägiges Kolloquium im März 1987 war dem Stand und den Perspektiven der virologischen Forschung in der DDR gewidmet. Im Dezember 1987 wurde eine Vorlage, die die Hauptrichtungen, ausgewählte Ergebnisse und zukünftige Schwerpunkte der erkundenden Grundlagenforschung in den Instituten des Forschungsbereiches Biowissenschaften und Medizin zum Inhalt hatte, vorgestellt. In der Klasse Medizin wurde das gleiche Thema nachfolgend im Januar 1988 diskutiert. Die Vorstellung des Themas erfolgte in mündlicher Form. Eine Reihe von Mitgliedern der Klasse Medizin erhob erhebliche inhaltliche Kritik, da nach ihrer Meinung die Medizin in den Schwerpunkten nur unzureichend berücksichtigt schien. Grundsätzliche Änderungen an dieser Vorlage waren jedoch kaum möglich, da alle Schwerpunktaufgaben bereits auf den staatlichen Leitungsebenen diskutiert worden waren und somit feststanden. Die Vorstellung des Papiers war rein informatorischer Art und wurde als formelle Pflichtübung des Vortragenden betrachtet.

Die Stellungnahmen der Klasse Medizin für die Öffentlichkeit betrafen unter anderem die Herztransplantation nach der ersten spektakulären Transplantation durch Barnard 1967 und die Akupunktur, die von der Klasse auf der Grundlage der von Otto Prokop vorgestellten Daten 1980 und erneut 1985 abgelehnt wurde, obwohl sie als Behandlungsmethode in der DDR zugelassen war.

Auf großes Interesse stieß im Dezember 1987 das Thema „Erzeugnisforschung und Wissenschaftskooperation im Kombinat Medizin- und Labortechnik Leipzig“, zu dem der Forschungsdirektor des Kombinats, Dr. Otfried Röher, vortrug. Röher stellte die Kooperation mit der Akademie bei der Entwicklung der Narkosetechnik gemeinsam mit dem ZIK als positives Beispiel heraus. Die Mitglieder der Klasse nutzten die Gelegenheit zur Darstellung genereller Probleme auf dem Sektor der Medizintechnik, deren Lösung das Kombinat jedoch als unmöglich bezeichnete.

Bei der jährlich möglichen Anzahl von Vortragsthemen mußten die Zuwahlkandidaten für die Klasse berücksichtigt werden, da diese sich durch einen Vortrag vorzustellen hatten. Weiterhin war erwünscht, daß die Klassenmitglieder ihre vorgesehenen Plenarvorträge zunächst in der Klasse hielten. Vorträge von Gästen, insbesondere solche des wissenschaftlichen Nachwuchses, blieben daher die Ausnahme.

Da eine Klasse möglichst interdisziplinär zusammengesetzt sein sollte, waren Persönlichkeiten gefragt, die bestimmte Fachgebiete vertraten. Die Diskussionen in der Klasse über die Zuwahlen konzentrierten sich in erster Linie auf die fachliche Qualifikation der Kandidaten, die sich meist in den Monaten vor der Entscheidung mit Vorträgen in der Klasse vorstellen mußten. Als selbstverständlich galt deren loyale Einstellung zum Staat, besser gleichzeitig die Mitgliedschaft in der SED. Über eine mögliche Kandidatur wurden die Vortragenden nicht informiert.

Welche Bedeutung vor allem der wissenschaftlichen Qualifikation zugemessen wurde, zeigt das Bemühen der Klasse Medizin, die durch das Ableben von Hans Gummel (1973) entstandene Lücke für das Gebiet Chirurgie neu zu besetzen. Alle drei Kandidaten, die vor der Klasse vortrugen, wurden als wissenschaftlich nicht ausreichend qualifiziert eingeschätzt und kamen damit als Mitglied nicht in Frage. Die Mitgliedschaft in der SED, der alle drei angehörten, war für die Zuwahl kein entscheidendes Kriterium.

Ein Problem, das nicht nur die Klasse Medizin betraf, war der Anteil der emeritierten Akademiemitglieder. Er betrug 1988 in der Klasse Medizin 50 Prozent. Bei einer Zuwahl von bis zu zwei Mitgliedern pro Jahr, die meist um die 50 Jahre alt waren, und einer konstanten Mitgliederzahl war eine Überalterung zwangsläufig vorprogrammiert. Die noch aktiv in der Forschung stehenden Klassenmitglieder mußten deshalb in der Minderzahl bleiben.

Die Sitzungen in der Klasse Medizin folgten einem festen Ritus. Am Beginn standen der Programmpunkt *Kurzmitteilungen, Vorlagen, Anfragen*, danach folgten *Vortrag* und *Diskussion*, die den Hauptteil bildeten. Mit dem Punkt *Verschiedenes* wurden die Sitzungen abgeschlossen. Tradition in den Klassen hatten Laudationes zu besonderen Anlässen der Mitglieder. Auch die Arbeiten verstorbener Mitglieder wurden zu bestimmten Jahrestagen durch Beiträge gewürdigt.

Als angenehme Pflicht betrachteten die Mitglieder die freiwillige Information über Neuerscheinungen ihrer Bücher, indem sie das entsprechende Exemplar während der Sitzung zirkulieren ließen und es dann der Akademiebibliothek übergaben.

Reges Interesse fand im Dezember 1988 eine Veranstaltung der Klasse Medizin mit dem Fliegerkosmonauten der UdSSR O. J. Atkov in Anwesenheit des DDR-Kosmonauten Sigmund Jähn und Vertretern des Instituts für Luftfahrtmedizin. Atkov referierte zum Thema „Erfahrungen der Sowjetunion bei Langzeitflügen – medizinisch-biologische Probleme".

Plenarveranstaltungen und Leibniztag

Der Hauptteil der monatlichen Plenarveranstaltungen bestand aus dem wissenschaftlichen Vortrag. Vortragende waren ausschließlich Mitglieder der Akademie. Die Klassen Biowissenschaften und Medizin waren bei der Gestaltung des Programms im Vergleich zu anderen Klassen verhältnismäßig häufig beteiligt. Die Plenarveranstaltungen boten ausreichend Möglichkeiten, mit den Mitgliedern aus anderen Forschungsbereichen Fachkenntnisse auszutauschen, Anknüpfungspunkte für gemeinsame Arbeiten zu finden oder einfach Informationen zu erhalten. Hervorzuheben ist die kollegiale Atmosphäre, in der die Begegnungen stattfanden. Wahrscheinlich spielte dabei eine Rolle, daß es im Plenum, ähnlich wie in den Klassen, nur wenige politische und administrative Zwänge gab. Spätestens seit den Ausschlüssen von Ernst Bloch und Robert Havemann war aber bekannt, daß das Plenum nicht unpolitisch war. Zu wichtigen Gelegenheiten wie z. B. zu den Zuwahlen berieten in der *Parteigruppe Plenum* die Mitglieder der SED.[7]

Politische und wissenschaftspolitische Aspekte beleuchteten sowohl der Präsident als auch Vertreter der Partei- und Staatsführung. So referierte Präsident Werner Scheler im Oktober 1985 über die Aufgaben der Akademie in Vorbereitung auf den XI. Parteitag der SED und bei der Gestaltung der Beziehungen zu den Kombinaten. Im Oktober 1986 tagte das Plenum gemeinsam mit dem Komitee für wissenschaftliche Fragen der Sicherung des Friedens und der Abrüstung. Referent war Hermann Axen, Mitglied des Politbüros und Sekretär des ZK der SED.

Der *Leibniztag* war der Höhepunkt des wissenschaftlichen Lebens an der Akademie. Wichtigster Beitrag der Gelehrtengesellschaft war der Festvortrag, wobei vor allem seit Mitte der achtziger Jahre Themen aus dem Bereich der Schlüsseltechnologien den Vorrang hatten.

Die duale Struktur der Akademie als Gelehrtengesellschaft und Forschungsinstitution wurde untersetzt durch den Bericht des Präsidenten in seiner Eigenschaft als staatlicher Leiter aller Forschungseinrichtungen der Akademie. In Anwesenheit des Politbüromitglieds Kurt Hager, der ständiger Gast des Leibniztages war, legte der Präsident Rechenschaft ab über die geleistete Arbeit und die erzielten Ergebnisse der Forschungsinstitute und gab die Orientierungen der Partei- und Staatsführung für die weitere Entwicklung der Grundlagen und angewandter Forschung im Zusammenwirken mit der Industrie bekannt.

[7] Als Sekretär der Parteigruppe fungierte ein Akademiemitglied. Ihm übergeordnet war der hauptamtliche 1. Sekretär der Kreisleitung der Akademie, der jedoch nicht Mitglied der Akademie war.

Die Forschungsinstitute: Hierarchien der Leitung

Im Vergleich zur Gelehrtengesellschaft und ihren Mitgliedern, die im Plenum und in den Klassen eine weitgehend freimütige wissenschaftliche Atmosphäre entfalten konnten, unterlag die wissenschaftliche Arbeit in den Forschungsinstituten der Planung und Leitung nach volkswirtschaftlichen Prinzipien. Die Planung *von unten nach oben* war zwar in den Forschungsinstituten im Unterschied zu den Industriebereichen durch die Einbeziehung aller Mitarbeiter in demokratischer Weise möglich; die von der Partei- und Staatsführung in den Parteitagsdirektiven festgelegten Entwicklungslinien und die daraus abgeleiteten Pläne waren allerdings verbindlich und erforderten – entsprechend des Prinzips des *demokratischen Zentralismus* – eine straffe Leitung, auch an den Akademieinstituten.[8] Die Autonomie in der Themenplanung blieb in der *erkundenden Grundlagenforschung* am größten, obwohl auch hier unsinnigerweise Planungsunterlagen, Formblätter usw. angefertigt werden mußten. Wissenschaftlerpersönlichkeiten, nicht selten Akademiemitglieder, hatten sogar die Freiheit, ein Thema der Grundlagenforschung unbehelligt über Jahrzehnte fortzusetzen. Anwendungsbezogene Forschungsthemen bis hin zu Überführungsleistungen, die für die Industrie zu erbringen waren, unterlagen dagegen einem strengen Planungsalgorithmus. Für die modernen Technologien, wie Biotechnologie und Gentechnik, kamen wesentliche Impulse für die Entwicklung und Projektgestaltung aus den Instituten und Arbeitsgruppen. Die Erkenntnis der Partei- und Staatsführung, daß die Forschung in Zukunft größere Kollektive und teurere Geräte erfordern werde, führte zu Experimenten wie die Bildung von *Großforschungseinrichtungen*, *Großforschungsvorhaben* oder *Forschungszentren* mit entsprechender Leitungsverantwortung.

Anfang der siebziger Jahre erfolgte durch den administrativen Zusammenschluß mehrerer Institute die Bildung der Zentralinstitute und des *Forschungszentrums für Molekularbiologie und Medizin* (FZMM).[9] Damit war die Struktur vorgegegeben, die eine Leitungshierarchie ermöglichte, mit der Entscheidungen von zentraler Stelle schnell durchgesetzt werden sollten. Die biowissenschaftlichen und medizinischen Zentralinstitute, die durch Direktoren geleitet wurden, waren jetzt dem Direktor des Forschungszentrums disziplinarisch unterstellt. Der Direktor des Forschungszentrums hatte Weisungsbefugnis; er war allein dem Präsidenten der Akademie gegenüber verantwortlich und berichtspflichtig.

Identische Strukturen wie im FZMM bestanden für die Forschungseinrichtungen auf den Gebieten Chemie, Physik, Kern- und Werkstoffwissenschaften, Mathematik/Kybernetik, Geo- und Kosmoswissenschaften sowie Gesellschaftswissenschaften. Sie wurden *Forschungsbereiche* (FB) genannt.

Im Prinzip sollte mit diesem Schritt die Leitungsstruktur vereinfacht und die Effektivität des Leitungsprozesses erhöht werden. Auf den ersten Blick schien es so, als ob diese Struktur einen schnelleren Durchgang der Entscheidungen von oben nach unten erlauben und die Informationen von unten nach oben filtern würde. Der Präsident hält sich an seine

[8] Bielka/Hohlfeld, „Biomedizin", S. 92–97.

[9] Bielka, *Medizinisch-Biologische Institute*, S. 85–94.

Forschungsbereichsleiter, es sind eben nur sechs, und er muß nicht jeden einzelnen der ca. 50 Institutsdirektoren der Akademie separat anleiten und *betreuen*. Erst 1989 wurden die Direktoren dem Präsidenten direkt unterstellt, da sich die *Zwischenleitung* offensichtlich nicht bewährt hatte.

Die Leitung der biomedizinischen Forschung Anfang der achtziger Jahre

Die biomedizinische Forschung der Akademie war im *Forschungszentrum für Molekularbiologie und Medizin*, später *Forschungsbereich*, vereinigt. In diesem Bereich waren die Mitglieder der Gelehrtengesellschaft maßgeblich in Leitungsfunktionen eingebunden. Der Leiter (Mitglied der Akademie) und sein Sekretariat (*Stabsorgan* genannt) hatten die Aufgaben, konzeptionell zu arbeiten, die Planerfüllung in den Instituten zu sichern und zu kontrollieren, die Forschungsprozesse materiell und ideell zu unterstützen, Auflagen der Akademieleitung durchzusetzen, mit den Institutsdirektoren gemeinsam Problemlösungen zu finden (*kollektive Beratung!*), *hervorragende* Arbeitskollektive zu fördern und Einfluß auf die *politisch-ideologische Entwicklung der Kader* zu nehmen.

Der Leiter wurde über seine staatliche Leitungsfunktion hinaus in zahlreiche Koordinierungsgremien berufen, so z. B. durch den Präsidenten zum Vorsitzenden des *Programmrates Biowissenschaften* und damit zum verantwortlichen Koordinator für 15 Hauptforschungsrichtungen der Akademie und der Universitäten sowie zum Vorsitzenden des *Nationalkomitees Biowissenschaften* an der Akademie. Er war weiterhin Vorsitzender der Promotionskommission für das Forschungszentrum. Gleichzeitige Mitgliedschaft im Forschungsrat, in ministeriellen Gremien und in den Vorständen Medizinischer Gesellschaften ermöglichte ihm die Gesamtkenntnis der biomedizinischen Forschungsaufgaben in der DDR und sicherte sein Mitspracherecht auch über Forschungsthemen, die außerhalb der Akademie bearbeitet wurden.

Als *sozialistischer Leiter* sollten der Direktor/Leiter des Forschungszentrums und die ihm zugeordneten Institutsdirektoren ihre Funktion in der Einheit von fachlicher Kompetenz und politischer Überzeugung ausüben. Dieses Ziel entsprach der kaderpolitischen Forderung, die auf verschiedenen Ebenen durch die jeweiligen Kaderleitungen verfolgt, durch Parteiorgane beeinflußt und durch die Staatssicherheit kontrolliert wurde.

Die Vorgabe von Forschungsaufgaben und ihre Bearbeitung erfolgte auf der Grundlage des *Planes Wissenschaft und Technik*, der durch die Partei- und Staatsführung für einen Fünfjahrplanzeitraum festgelegt wurde und den weitaus konkreteren Jahresplänen der Institute.

Der Planungsalgorithmus kann hier nur kurz angedeutet werden: Als Richtlinien für die Entwicklung von Forschung und Produktion galten die in den Direktiven der Parteitage festgelegten Aufgaben. Die Akademie und ihre Institute hatten wie auch andere Bereiche der Volkswirtschaft hierzu Vorarbeiten geleistet, in denen Schwerpunkte zur Forschung, einschließlich konkreter Aufgaben, vorgeschlagen wurden. Die Beratungen zu den Vorschlägen erfolgten auf verschiedenen Ebenen: im Präsidium, in den Fachabteilungen der

Ministerien und des ZK und schließlich im Ministerrat und Politbüro. Die Erarbeitung der Materialien war ein iterativer Prozeß, bei dem die Machbarkeit und die Wichtung – entsprechend den Möglichkeiten und Bedürfnissen in der DDR – eine entscheidende Rolle spielten. Zwischen den angestrebten Zielen und den reellen Möglichkeiten klafften nicht selten erhebliche Lücken. Die Parteitagsmaterialien waren die verbindliche Orientierung für die Erarbeitung konkreter Pläne auf der Ebene der Ministerien, der Akademie und der Institute.

Die konkreten Planunterlagen eines Institutes bestanden aus zahlreichen Formblättern, aus denen Beginn und Abschluß einzelner Arbeiten, der Kadereinsatz, notwendige Investitionen und andere Mittelforderungen ersichtlich waren. Zum Ende jeden Jahres mußten die Institute der Akademieleitung einen schriftlichen Abschlußbericht vorlegen. Außerdem fand zu Beginn des jeweils folgenden Jahres eine mündliche Verteidigung vor dem Direktor des FZMM statt. Diese Verteidigungsveranstaltungen, die sich nach vorgegebenem Ritus in den größeren Instituten über einen ganzen Tag erstreckten, entsprachen etwa einer Evaluationsprozedur. Unter gesellschaftlicher Wirksamkeit eines Instituts wurden sowohl herausragende Ergebnisse der *erkundenden Grundlagenforschung* als auch die Beiträge zur Stärkung der Volkswirtschaft verstanden. Mitte der achtziger Jahre lautete die Vorgabe an die Institute, mindestens 50 Prozent ihres Potentials durch Verträge mit der Industrie zu binden.

Der Institutsdirektor und die Bereichs- und Abteilungsleiter berichteten vor der FZMM-Leitung über die wichtigsten Ergebnisse, über die Planerfüllung, über die Publikationen in nationalen und internationalen Zeitschriften, über Erfindungen und Patente, über Kooperationsbeziehungen und über ihre zukünftigen Vorhaben. Mit der Verteidigungsveranstaltung verbunden waren Besuche von Kollektiven, deren Auswahl von beiden Seiten erfolgte.

Institutsbesuche durch den FZMM-Direktor wurden aus unterschiedlichen Gründen auch außerhalb der Verteidigungsveranstaltungen durchgeführt. Monatlich fanden Direktoren-Dienstberatungen mit allen Institutsdirektoren zu inhaltlichen, administrativen u. a. Problemen statt. Die Dienstberatungen mit den Institutsdirektoren waren das eigentliche Entscheidungsgremium für das Forschungszentrum.

Das Programm Biowissenschaften einschließlich naturwissenschaftlicher Grundlagen der Medizin

Das *Programm Biowissenschaften einschließlich naturwissenschaftlicher Grundlagen der Medizin* war nach 1973 Nachfolger des biowissenschaftlichen Forschungsprogrammes *Molekulare Grundlagen der Entwicklungs-, Vererbungs- und Steuerungsprozesse* (MOGEVUS), an dem in den siebziger Jahren Forschungsgruppen der Akademie- und Universitätsinstitute teilgenommen hatten.

In seiner generellen Verantwortung für die Grundlagenforschung übernahm der Präsident der Akademie, wie in anderen Programmen auch, im Programm Biowissenschaften die Koordinierungsfunktionen zwischen den Forschungseinrichtungen – und zwar unabhängig vom jeweiligen Unterstellungsverhältnis.

Die offizielle Beschreibung des Programmes lautete: „Das Forschungsprogramm Biowissenschaften einschließlich naturwissenschaftlicher Grundlagen der Medizin vereint diejenigen biowissenschaftlichen Potentiale, die auf Schwerpunktgebieten tätig sind. Verantwortlich für das Forschungsprogramm sind der Präsident der Akademie der Wissenschaften und der Minister für Hoch- und Fachschulwesen. Der vom Präsidenten der Akademie der Wissenschaften berufene Beauftragte für das Forschungsprogramm hat koordinative Aufgaben. Er koordiniert die 14 Hauptforschungsrichtungen, insbesondere hinsichtlich der inhaltlichen Aufgabenstellung bzw. der strategischen Zielstellung. Grundlage der Orientierung für den Beauftragten des Forschungsprogrammes sind die Direktive des X. Parteitages, die Ministerrats- und Politbürobeschlüsse zur langfristigen Entwicklung der naturwissenschaftlichen Grundlagenforschung sowie zur medizinischen Forschung und im Bereich der Akademie die langfristige Forschungskonzeption der Akademie."[10]

Der Einfluß der Gelehrtengesellschaft war lediglich indirekt über ihre Mitglieder gegeben, die gleichzeitig staatliche Leitungsfunktionen hatten. Es soll an dieser Stelle noch einmal betont werden, das die Koordinatoren des Programms und seiner *Hauptforschungsrichtungen* (HFR) in ihrer Funktion keine Leitungsbefugnis besaßen.

Die Strukturen der Hauptforschungsrichtungen und ihre Koordinierung waren so organisiert, daß Forschungsgruppen mit gleicher oder ähnlicher Thematik zusammengefaßt wurden, um die Voraussetzungen für eine effektive Zusammenarbeit zu schaffen. Regelmäßige Arbeitsberatungen, in denen die Themen und Ergebnisse vorgestellt wurden, gehörten zur Arbeitsweise der Hauptforschungsrichtungen. Die Einbindung der Einrichtungen in die Hauptforschungsrichtungen erfolgte auf weitgehend freiwilliger Basis, oftmals in der Hoffnung auf eine bessere Förderung der materiell-technischen und personellen Versorgung.

Das Programm Biowissenschaften hatte zunächst 14, später 15 Hauptforschungsrichtungen. Der verantwortliche, vom Präsidenten oder Hochschulminister berufene Koordinator – verantwortlich für die Arbeitsweise innerhalb dieser Struktur – war gleichzeitig Mitglied des *Programmrats Biowissenschaften*. Mit einer Ausnahme gehörten alle Koordinatoren der Hauptforschungsrichtungen der Akademie als Mitglied an. Das verdeutlicht die enge Verflechtung von Akademiemitgliedschaft und Verantwortlichkeit im Programm. Der Vorsitzende des Programmrats Biowissenschaften war gleichzeitig der Leiter des Forschungsbereiches *Biowissenschaften und Medizin* an der Akademie. Sein Stellvertreter im Programmrat wurde vom Minister für Hoch- und Fachschulwesen aus dem Hochschulbereich berufen. Die Koordinatoren der Hauptforschungsrichtungen, die aus den Akademieinstituten kamen, hatten meist einen Stellvertreter aus dem Universitätsbereich und

[10] Werner Scheler, „Strategische und wissenschaftliche Aufgaben der Biowissenschaften in der DDR", Vortrag vor dem Programmrat *Biowissenschaften* am 26. April 1979, verlesen von Günter Pasternak (Manuskript im Archiv des Autors).

umgekehrt, d. h., die Stellvertreter wurden jeweils aus dem anderen Bereich rekrutiert. Dieser Proporz sollte die enge Verzahnung von Akademie- und Universitätsinstitutionen fördern. In gewisser Weise war im Programm eine hierarchische Struktur vorhanden, die aber ohne jegliche staatliche Weisungsbefugnis blieb.

Das Programm der medizinischen Forschung

Das *Programm der medizinischen Forschung* weist in bezug auf seine Entwicklung eine Reihe von Parallelen zum *Programm Biowissenschaften* auf.

Im Fünfjahrplan 1976–1980 existierten insgesamt 25 Hauptrichtungen der medizinischen Forschung.[11] Die beiden medizinischen Einrichtungen der Akademie, das Zentralinstitut für Krebsforschung und das Zentralinstitut für Herz-Kreislauf-Erkrankungen, waren in den Hauptrichtungen Geschwulstkrankheiten und Herz-Kreislauf-Erkrankungen koordiniert. Anfang der achtziger Jahre wurde eine Neuformierung vorgenommen. Ähnlich wie im Programm Biowissenschaften wurden Hauptforschungsrichtungen und zusätzlich Projekte gebildet. Die Koordinierungsfunktion übte der *Rat für Medizinische Wissenschaft* (RMW) aus, das Beratungsgremium für den Minister für Gesundheitswesen.

Koordinatoren für vier der Hauptforschungsrichtungen bzw. Projekte waren Mitglieder der Akademie.

Ende der achtziger Jahre sollte unter Federführung des RMW das *Komplexprogramm der medizinischen Forschung einschließlich der naturwissenschaftlichen Grundlagen* erarbeitet werden, das sich sowohl strukturell als auch inhaltlich an das Programm Biowissenschaften anlehnen sollte. Es blieb bis Ende 1989 bei den konzeptionellen Vorarbeiten.

Wie die medizinischen Forschungsthemen zuvor, lag die Erarbeitung des *Programms der medizinischen Forschung* der achtziger Jahre in der Verantwortung des Gesundheitsministers. Dessen Dilemma war, daß die Mehrzahl der auf dem Gebiet der Medizin forschenden Einrichtungen zu den Universitäten und der Akademie gehörten, auf die er keinen direkten Zugriff hatte. Seine Weisungsbefugnis erstreckte sich nur auf einige wenige Institute, die dem Ministerium direkt unterstellt waren. Inhaltliche Forderungen an die medizinische Forschung an der Akademie und den Universitäten konnte er nur über den Akademiepräsidenten bzw. den Minister für Hoch- und Fachschulwesen durchsetzen. Zu seiner Beratung bediente er sich der Mitarbeiter aus den medizinischen Instituten der Akademie und der Bereiche Medizin der Universitäten, die in den RMW berufen wurden. Mehr als ein Drittel der Berater im RMW, einschließlich seines Vorsitzenden, der den Titel eines Präsidenten führte, waren Akademiemitglieder. Mehrere Vizepräsidenten gehörten gleichfalls der Akademie an. Sie waren gleichzeitig sowohl Abwesenheitsvertreter als auch die Verantwortlichen für die Aufgaben von Planung, der Entwicklung der materiell-technischen Basis oder der Heranbildung von Nachwuchswissenschaftlern. Zu ihrer Unterstützung wur-

[11] Winter, *Gesundheitswesen*, S. 211.

den Arbeitsgruppen innerhalb des RMW gebildet. Aus der personellen Besetzung wird auch hier deutlich, daß die Verzahnung von Gelehrtengesellschaft, Koordinierungsstrukturen und Leitungsebenen sehr eng und vielfältig war.

Das Programm Biowissenschaften und das Programm der medizinischen Forschung hatten, obwohl in der Struktur ähnlich, unterschiedliches Gewicht. Das Programm Biowissenschaften war nur ein Programm unter mehreren naturwissenschaftlichen Programmen, für das die Akademie verantwortlich zeichnete, so daß es auch mehrere Programmräte gab. In der Medizin dagegen gab es nur ein Programm und einen RMW.

Während der Akademiepräsident für mehrere Programme der Grundlagenforschung Verantwortung zu tragen hatte, war der Minister für Gesundheitswesen nur für ein einziges Forschungsprogramm verantwortlich. Daraus und entsprechend der gesundheitspolitischen Bedeutung resultierte die besondere Stellung des RMW, an dessen Sitzungen stets Stellvertreter des Ministers oder auch der Gesundheitsminister selbst teilnahmen. Darüber hinaus war die *Abteilung Gesundheitspolitik* des ZK der SED mit ihrem Vorsitzenden – in den achtziger Jahren einem Mitglied der Klasse Medizin – und weiteren Mitarbeitern des ZK vertreten.

Die Komplexe Forschungsaufgabe Biotechnologie (KFAB)

Mitte der achtziger Jahre stieg seitens der Regierung der Druck auf die Akademie- und Forschungsbereichsleitungen, die Bindungen zur Industrie enger zu gestalten, um Ergebnisse von ökonomischer Bedeutung zu erbringen und diese zügig in die Produktion zu überführen. Die Parteiführung hatte 1985 beschlossen, die langfristige Entwicklung der Grundlagenforschung darauf zu richten, den wissenschaftlichen Vorlauf für wichtige Gebiete der Volkswirtschaft, insbesondere der Schlüsseltechnologien, zu schaffen. Es sollten bedeutende Neuerungen und Spitzenleistungen erzielt werden, die sich mit hoher ökonomischer Ergiebigkeit verwerten lassen. Das Politbüro der SED traf gleichzeitig Maßnahmen zur Gestaltung ökonomischer Beziehungen der Kombinate der Industrie mit den Einrichtungen der Akademie sowie des Hochschulwesens. Sie bestanden unter anderem darin, daß die Institute Leistungsverträge mit der Industrie abschließen sollten und die Finanzierung der Forschungsaufgaben auf der Grundlage von Vereinbarungspreisen an die vertraglich festgelegte Leistung gebunden wird.[12] Auf dieser Grundlage erarbeitete die Akademieleitung eine Forschungsverordnung, die im Ministerrat bestätigt wurde.

Der Abschluß von Leistungsverträgen mit der Industrie sollte einerseits die Kombinate dazu zwingen, die entsprechenden Forschungen an der Akademie zu finanzieren und sie andererseits in die Pflicht nehmen, die Ergebnisse zu nutzen. Als Orientierung für die Institute galt, etwa 50 Prozent der Aufgaben durch Leistungsverträge mit der Industrie zu finanzieren. Viele Mitglieder der Gelehrtengesellschaft, insbesondere der Klasse Medizin, sowie

[12] Werner Jarowinsky, „Bericht des Politbüros der SED an die 11. Tagung des ZK der SED“, in: *Neues Deutschland* vom 23./24. November 1985.

diejenigen Mitarbeiter der Akademieinstitute, die die Grundlagenforschung als ihre wichtigste Aufgabe ansahen, zeigten wenig Begeisterung für diese Maßnahmen.

Die Orientierung bedeutete für viele Institute eine gravierende Umstellung, besonders wenn ein großer Anteil ihres Potentials bisher Grundlagenforschung betrieben hatte. Die biomedizinischen Forschungseinrichtungen an der Akademie sollten vor allem Ergebnisse für die Biotechnologie erarbeiten, von der man sich entscheidende Beiträge für die Volkswirtschaft versprach. Thematische Richtschnur dazu sollte eine Komplexe Forschungsaufgabe werden.

Die *Komplexe Forschungsaufgabe Biotechnologie* (KFAB) basierte auf einem Beschluß des Politbüros der SED und des Präsidiums des Ministerrates vom Mai 1985 über „Maßnahmen zur Sicherung des wissenschaftlich-technischen Vorlaufs zur Profilierung und Koordinierung der Grundlagenforschung im Rahmen einer komplexen Forschungsaufgabe Biotechnologie auf der Grundlage der Hauptrichtungen von Naturwissenschaft und Technik im Zeitraum 1986 bis 1990, einschließlich der materiellen und personellen Sicherung".[13]

Insgesamt gab es elf inhaltliche Komplexe, zu deren Bearbeitung Koordinatoren und Kokoordinatoren aus verschiedenen staatlichen Bereichen eingesetzt wurden. Hinzu kamen acht *Methodische Komplexe.*

Obwohl die KFAB von einem Mitglied der Akademie, dem Leiter des Forschungsbereiches Biowissenschaften, koordiniert wurde, fällt das völlige Fehlen von Akademiemitgliedern in der Verantwortung für die inhaltlichen Komplexe auf. Die Gründe dafür lagen einerseits in den praxisnahen Aufgabenstellungen, die den meisten Akademiemitgliedern fremd zu sein schienen, und wahrscheinlich am verhältnismäßig geringen Entwicklungsstand der modernen Biotechnologie in der DDR, so daß hier ausgewiesene Spezialisten fehlten. Unter Biotechnologie verstanden die Praktiker vor allem die *Fermentertechnik* und die darauf beruhende mikrobielle Produktion. Die sich rasch entwickelnden Gebiete *Gen-, Zell- und Immuntechnik* wurden erst in den achtziger Jahren unter dem Begriff *moderne Biotechnologien* geführt, wobei sich die Spezialisten dieser Gebiete nicht unbedingt als Biotechnologen betrachteten, da der Schwerpunkt ihrer Arbeit die molekulare Medizin war.

Die bereits zahlreichen inhaltlichen und methodischen Komplexe sollten wiederum durch Projekte untersetzt werden. Innerhalb des inhaltlichen Komplexes *Wirkstoffe* waren es fünf Projekte mit jeweils verantwortlichen Leitern. Die Projekte sollten entsprechend den Leistungsverträgen zwischen der Industrie und den Instituten der Akademie und der Universitäten sowie unter Beachtung der Konzeptionen der entsprechenden Industriezweige von der Ideenfindung bis zur Produktion durchgängig gestaltet werden. Das Resultat war eine *Überkoordinierung* der Forschung, bei der die einzelnen Aufgaben außerdem in verschiedene Programme (Biowissenschaften, Medizin) integriert waren.

[13] Manfred Ringpfeil, Bericht vom 21. Mai 1985 vor dem Programmrat *Biowissenschaften* zum Biotechnologiebeschluß des Politbüros der SED vom 14. Mai 1985 (Material im Archiv des Autors) und Günter Zillmann (Stellvertreter des Ministers für Wissenschaft und Technik), Bericht vom 6. Juni 1985 vor der Gruppe *Biologie* des Forschungsrates zum selben Beschluß, der am 25. Mai 1985 auch vom Ministerrat bestätigt wurde (Material im Archiv des Autors).

Forschungsrat/Gruppe Biologie/Gruppe Biotechnologie

Der Forschungsrat war das Beratungsgremium des Ministers für Wissenschaft und Technik. Das 1957 gegründete Gremium bestand zu dieser Zeit aus etwa 100 vom Vorsitzenden des Ministerrats berufenen ehrenamtlichen Mitgliedern. Dabei handelte es sich um erfahrene und als Forscher noch aktive Naturwissenschaftler aus allen Disziplinen, Fachleute aus den entsprechenden Bereichen der Technik sowie um einige Vertreter aus Ökonomie und Rechtswesen.[14] Ständige und zeitweilige Arbeitsgruppen wurden gebildet, um in den ersten Jahren Empfehlungen für den Ministerrat zu erarbeiten. Produktionsprobleme standen dabei im Vordergrund. Später, bis in die achtziger Jahre hinein, ist dann vorwiegend die prognostische Arbeit zum Schwerpunkt geworden. Die Berufung der Mitglieder, jeweils für drei Jahre, erfolgte weiterhin durch den Vorsitzenden des Ministerrats.

Die Gruppen des Forschungsrates waren fachspezifisch gegliedert. Die meisten Experten gehörten jedoch nicht dem Forschungsrat an, wurden aber als Fachspezialisten bei der Ausarbeitung von Expertisen zur Mitarbeit aufgefordert. Ein Beispiel ist die *Biologie-Prognose*, die 1971–1975 von der *Gruppe Biologie* unter Mitarbeit von Dutzenden von Wissenschaftlern erarbeitet wurde.

Die Vorsitzenden der Gruppe Biologie waren stets Mitglieder der Akademie. Die Medizin war allein durch den Präsidenten des RMW beim Ministerium für Gesundheitswesen, der gleichzeitig Mitglied der Akademie war, vertreten.

Bereits 1982 hatte die Gruppe Biologie unter der Federführung eines Mitgliedes der Akademie die Biotechnologie-Prognose erarbeitet, zu der etwa 50 Teilprognosen gehörten. Ein wesentlicher Aspekt der umfangreichen Arbeit war die Herausarbeitung anwendungsorientierter Forschungsaufgaben und die Überführung der Ergebnisse in die Praxis.

Die prognostische Arbeit der Gruppe Biologie befaßte sich außerdem mit Themen der Molekularbiologie, der Rechentechnik/Informationsverarbeitung und der internationalen Zusammenarbeit mit den sozialistischen Staaten. Außerhalb der biomedizinischen Themen wurden auch Prognosearbeiten für die Land-, Forst- und Nahrungsgüterwirtschaft sowie für Umweltprobleme angefertigt. Die Bedeutung der Prognosearbeit ist unterschiedlich zu bewerten. Die Prognosen waren wichtige Entscheidungsgrundlagen für die Partei- und Staatsführung in bezug auf die jeweiligen Fördergebiete. Sie konnten allerdings keine qualitativen Sprünge, d. h. wesentliche Neuentdeckungen, voraussagen.

Das Ministerium für Wissenschaft und Technik (MWT) forderte über die Gruppen des Forschungsrates vor allem die stärkere Anbindung der Grundlagenforschung an die Kombinate und Betriebe mittels der *auftragsgebundenen Forschung*. Die Gruppe Biologie sollte danach an der Vorbereitung, Durchführung und Realisierung von *Staatsaufträgen* zu den Biowissenschaften und zur Biotechnologie, einschließlich der Grundlagenforschung, mitwirken. Ihre Mitarbeit war zudem bei der *Präzisierung* der Hauptrichtungen von Naturwissenschaft und Technik bis 1990 und darüber hinaus bis 2000 erwünscht. Sie sollte sich fer-

[14] Steenbeck, *Impulse und Wirkungen*, S. 384–388.

ner an der Umsetzung von Maßnahmen zur beschleunigten Entwicklung der Biotechnologie beteiligen.[15] Zur effektiveren Durchsetzung der Strategie wurde die *Gruppe Biotechnologie* des Forschungsrates gebildet, als deren Vorsitzender ein Akademiemitglied eingesetzt wurde.

Die in Zusammenarbeit mit den Gruppen des Forschungsrates entstandenen Orientierungen des MWT waren verbindlich, da auch die Kombinate über das Ministerium verpflichtet werden konnten, Leistungsverträge mit den Forschungsinstituten abzuschließen.

Mit der Bildung der strategisch wichtigen Gruppe Biotechnologie verlor die Gruppe Biologie an Bedeutung, da ihr mit diesem Schritt die Federführung, vor allem für die modernen Biotechnologien, wie Gen-, Zell- und Immuntechnik, weitgehend entzogen wurde.

Biomedizinische Forschung in den Instituten des Forschungszentrums für Molekularbiologie und Medizin bzw. des Forschungsbereiches Biowissenschaften/Medizin

Zwischen 1986 und 1990 bestand der *Forschungsbereich Biowissenschaften/Medizin* (FB B/M) aus zwölf Einrichtungen: sechs Zentralinstituten, vier Instituten und zwei Forschungs- bzw. Arbeitsstellen. Biomedizinische Forschung wurde, mit Ausnahme der unter Leitung des Forschungsbereichsleiters stehenden Arbeitsstelle für technische Mikrobiologie in Berlin-Buch, in allen Einrichtungen betrieben.[16] Die *reine* medizinische Forschung an der Akademie betrug 1972 sechs Prozent des Gesamtpotentials der Akademie.[17] Diese Proportion wird sich bis 1990 auch kaum verändert haben.

Ausschließlich medizinische Themen klinischen und experimentellen Inhalts wurden in den unter Leitung von Akademiemitgliedern stehenden Zentralinstituten für Krebsforschung sowie für Herz-Kreislaufforschung bearbeitet. Die beiden Institute waren sogenannte *Leiteinrichtungen* mit koordinativen Aufgaben für die Forschung auf den genannten Gebieten in der DDR. Ihre Industriebindung nahm nur einen geringen Umfang ein und betraf die Arzneimittelentwicklung und Narkosetechnik. Obwohl in beiden Instituten eine Reihe von Professoren tätig waren, gab es lediglich im ZIHK, neben dem Institutsdirektor, zwei weitere Akademiemitglieder.

Erwähnenswert ist die in den Jahren vor 1980 mehrfach angeschnittene Frage, ob die beiden medizinischen Einrichtungen der Akademie nicht besser mit weiteren Kliniken zu einer *Akademie der Medizinischen Wissenschaften* zusammengeführt werden sollten. Ein entsprechendes Vorbild existierte in der UdSSR, die neben der *großen* Akademie eine *Akademie der Medizinischen Wissenschaften* besaß. Damit wäre eine Situation wie in der Sowjet-

[15] Günter Pasternak, Aufzeichnungen (Archivmaterial des Autors).
[16] Bielka/Hohlfeld, „Biomedizin", S. 81–108.
[17] Eickenjäger, „Zielobjekt: Herz-Kreislauf- und Krebserkrankungen".

Präsidiumssitzung der AdW am 16. Dezember 1981
v. l. n. r.: OM Heinz Stiller (FB Geo- und Kosmoswissenschaften), OM Manfred Peschel (FB Mathematik und Informatik), OM Günter Pasternak (FZMM), KM Wolfgang Wieker (FB Chemie), OM Günter Albrecht (FB Pysik), Dr. Günther Jahn (Auswertung und Kontrolle), OM Herbert Hörz, OM Werner Kalweit (FB Gesellschaftswissenschaften)

union entstanden. Eine Medizinische Akademie wäre wie dort dem Ministerium für Gesundheitswesen zugeordnet worden. Die Folge für die Forschungseinrichtungen in Berlin-Buch wäre eine administrative Spaltung der vorhandenen Strukturen gewesen, die die Institute direkt betroffen hätte. Rudolf Baumann und Hans Gummel, die Direktoren der Zentralinstitute für Herz-Kreislaufforschung und für Krebsforschung, wehrten sich vehement gegen eine derartige Neustrukturierung, die auch erhebliche Nachteile, insbesondere in ökonomischer Hinsicht, aber auch bezüglich der Verbindungen von Medizin mit Physik, Chemie und Mathematik, wie sie an der AdW bestanden, mit sich gebracht hätten. Die relativ großzügige finanzielle Förderung der Kliniken durch die Akademie wäre verlorengegangen, man hätte sich die bescheideneren Mittel im Gesundheitswesen mit zahlreichen anderen Kliniken teilen müssen. Im übrigen war auch das Potential der medizinischen Grundlagenforschung außerhalb von Akademie und Universitäten relativ gering. Eine der Hauptbegründungen der beiden Klinikdirektoren für ein Verbleiben an der Akademie war das enge Zusammenwirken von Medizin und Naturwissenschaften in der Gelehrtengesellschaft und in der staatlichen Leitung. In einem Akademiekolloquium im November 1974 gab Kurt Hager schließlich die Entscheidung bekannt, daß es nicht vorgesehen sei, in der DDR eine Akademie der Medizinischen Wissenschaften zu gründen.[18] Nach dieser Entscheidung war die Bildung einer *Medizinischen Akademie* als Thema abgeschlossen.

Der Notwendigkeit der Zusammenarbeit der medizinischen Akademieinstitute mit entsprechenden Einrichtungen der Universitäten und des Gesundheitswesens trug man dadurch Rechnung, daß gemeinsame *Forschungsverbände/Hauptforschungsrichtungen* gebildet wurden. Ihre Koordinierung erfolgte im Auftrag des Ministerium für Gesundheitswesens. Eine weitere Maßnahme zur engeren Zusammenarbeit war der territoriale Zusammenschluß medizinischer Forschung 1989 zum *Zentrum für Medizinische Wissenschaft an der Akademie* in Berlin-Buch.

Nahezu sämtliche Institute im biomedizinischen Bereich wurden von Akademiemitgliedern geleitet. Die Berufung von Akademiemitgliedern auf Institutsleiterstellen entsprach einer Tradition der Akademie seit ihrer Neugründung nach dem Krieg. Andererseits war es auf Grund der Mitgliederzahl der Akademie nicht möglich, daß alle Akademiemitglieder auch Institutsdirektoren sein konnten. In diesem Zusammenhang stellte sich die Frage, ob auch Nichtmitglieder zum Direktor eines Akademieinstituts berufen werden konnten. Zahlreiche Beispiele belegen das; Akademiepräsident Scheler betonte jedoch des öfteren, daß ein Institutsdirektor, der nicht für eine Akademiemitgliedschaft in Frage käme, eigentlich nicht Institutsdirektor sein könne.

Das Zentrum für Medizinische Wissenschaft an der Akademie

Am 13. Januar 1989 konstituierte sich im Plenarsaal der Akademie das *Zentrum für Medizinische Wissenschaft an der Akademie* (ZMW). Das Zentrum, das die Rechtsstellung einer *Kooperationsgemeinschaft* besaß, schloß 38 Kliniken und Institute der Akademie, des Städtischen Klinikums Berlin-Buch und des Ministeriums für Gesundheitswesen zusammen. Die Leitungshierarchien in den einzelnen staatlichen Bereichen blieben bestehen. Das Zentrum wurde als territoriale Struktur in Berlin-Buch gebildet, weil dort eine Konzentration der biomedizinischen Forschung und von Krankenhausbetten vorlag. Sie sollte eine bessere *Durchgängigkeit* der biomedizinischen Grundlagenforschung bis hin zur klinischen Anwendung der Ergebnisse ermöglichen. Außerdem sollte die medizinische Forschung in ihrer Leistungsfähigkeit verstärkt und ein hohes Niveau der medizinischen Betreuung gesichert werden. Als territorial begrenzte Einrichtung ohne übergeordnete Verwaltungs- und Leitungsorgane hatte das Zentrum keine Analogien zu der früher diskutierten Möglichkeit der Bildung einer *Medizinischen Akademie.*

Die Bildung des Zentrums ging auf einen Beschluß der Partei- und Staatsführung vom September bzw. Oktober 1987 zurück.[19] Politischer Hintergrund waren erstens die Notwendigkeit, die knapper werdenden Mittel für den medizinischen Gerätepark, insbesondere für Großgeräte, konzentriert einzusetzen und die Geräte durch alle territorialen Ein-

[18] „Akademiekolloquium in Neubrandenburg".

[19] Grienitz, „Kooperation", S. IIf.

richtungen nutzbar zu machen, sowie zweitens, die Überführung klinisch nutzbarer Ergebnisse zu beschleunigen. Als Hindernis für ein engeres Zusammenwirken der Städtischen Kliniken mit den Akademieinstituten in Berlin-Buch hatten sich seit Jahrzehnten persönliche Differenzen zwischen den Leiterpersönlichkeiten erwiesen, deren Ursachen nicht zuletzt auf die bessere materielle Ausstattung der Akademieinstitute und den Machteinfluß ihrer Leiter zurückgeführt werden müssen. Die Ernennung des Direktors des Zentralinstituts für Krebsforschung der Akademie zum Vorsitzenden des ZMW hatte dieses Problem keinesfalls gelöst.

Als eine konsequente Folge dieser strukturellen Maßnahmen ist die endgültige Trennung von Biowissenschaften und Medizin an der Akademie anzusehen. Sie wurde am 27. April 1989 auf der Grundlage des Beschlusses des Ministerrats zur Änderung des Statuts der AdW der DDR vorgenommen, nach dem für die Wissenschaftsgebiete an der Akademie Sekretäre berufen wurden. Sie waren damit nicht mehr Forschungsbereichsleiter, sondern *Koordinatoren*; die Institute wurden dem Präsidenten direkt unterstellt. Im Forschungsbereich Biowissenschaften und Medizin wurde Manfred Ringpfeil Sekretär für Biowissenschaften und Stefan Tanneberger Sekretär für Medizin. Als Resultat des Beschlusses entstanden also de jure aus einem Forschungsbereich zwei Koordinierungsstrukturen.[20]

Mit Ausnahme der Institutsleitungen des Instituts für Krebs- und Herz-Kreislaufforschung standen alle anderen Institutsdirektoren des ehemaligen gemeinsamen Forschungsbereiches einer derartigen Trennung von Biowissenschaften und Medizin von Anfang an skeptisch gegenüber, da sie nicht nur Probleme aufwarf, die mit der örtlichen Situation in Berlin-Buch zusammenhingen, sondern auch zu separaten Dienstbesprechungen von Biowissenschaften und Medizin führte. In Berlin-Buch war das Zentralinstitut für Molekularbiologie (ZIM) eindeutig dem *Wissenschaftsgebiet Biowissenschaften* zugeordnet, die Immunologie und die Humangenetik dieses Instituts waren aber auch im ZMW verankert. Die Zuordnung dieser Abteilungen zum ZMW und damit zur medizinischen Forschung war erst auf Einspruch der Leitung des ZIM erfolgt, die befürchtete, daß das gesamte Institut bei der ausschließlichen Zuordnung zu den Biowissenschaften die traditionelle Orientierung auf biomedizinische Problemstellungen zugunsten einer industrienahen biotechnologischen Forschung hätte aufgeben müssen.

Im ZIM herrschte eine allgemeine Unzufriedenheit über eine derartige Wissenschaftspolitik, die der traditionellen und sachlich begründbaren Entwicklung in diesem Institut, medizinrelevante Forschung betreiben zu wollen, völlig entgegenstand. Der Druck auf die medizinorientierte Forschung und das damit verbundene *Hineinregieren* des Sekretärs in das ZIM führten zu Spannungen, deren Hintergrund in der Akademieleitung und im Ministerium für Gesundheitswesen behandelt wurde.

Die Probleme des *Hineinregierens* in die Institute, speziell ins ZIM, waren mindestens seit 1987 auch öffentlich bekannt, wie das folgende Zitat aus einem Interview von Manfred Ringpfeil belegt: „Aber nehmen wir das Zentralinstitut für Molekularbiologie. Es ist nun

[20] *spektrum*, H. 9 (1989), S. VI (Personalia).

einmal auf Grund seiner Aufgabenstellung, seiner Größe und seiner vielen hervorragenden erfahrenen und vorwärtsstrebenden jungen Wissenschaftler das Flaggschiff unseres Forschungsbereiches, und wenn es dort Schwierigkeiten gibt, sind sie an anderer Stelle nicht fern. Also darf man sich auch weder selbst bremsen noch bremsen lassen, sondern muß einwirken, wenn es notwendig wird."[21]

Eine Entscheidung über eine sinnvolle Strukturierung biowissenschaftlicher und medizinischer Forschung, wie sie gemeinsam von mehreren Institutsdirektoren (Hans-Jürgen Matthies, Peter Oehme, Günter Pasternak) dem Akademiepräsidenten vorgeschlagen wurde, erübrigte sich. Der Anbruch der Wendezeit 1990 stellte die Akademieleitung vor andere Probleme.

Die materiell-technische Ausstattung in der biomedizinischen Forschung

Die materiell-technische Versorgung der Institute war ständig durch Engpässe gekennzeichnet. Das betraf sowohl den Gerätepark als auch die Bio-, Labor- und Feinchemikalien.

Die Situation verschärfte sich in den achtziger Jahren, in denen auf internationaler Ebene in den westlichen Ländern Automatisierung und die Einführung der Mikroelektronik und Rechentechnik in die Forschungsausrüstungen das Tempo der Entwicklung beschleunigten. Die DDR und die anderen sozialistischen Länder konnten mit dieser Entwicklung nicht Schritt halten und waren deshalb auf Importe angewiesen, die bei der gegebenen Devisensituation der DDR nur spärlich getätigt werden konnten. Darüber hinaus war der Import wesentlicher Geräte, z. B. der Rechentechnik, auf Grund der Embargobestimmungen legal nicht möglich.

Auf dem Gebiet der Bio-, Labor- und Feinchemikalien sah es hinsichtlich der Zahl und Qualität der Produkte ähnlich aus. Wenngleich die biomedizinischen Forschungsinstitute der Akademie eine Reihe von Importen, sowohl von Geräten als auch von Biochemikalien tätigen konnte, ließ sich der Bedarf nicht annähernd befriedigen. Zudem war der bürokratische Aufwand zwischen Bestellung und Realisierung mit einem nicht vertretbaren Zeitverlust verbunden.

Die sich aus dieser Situation ergebende Notwendigkeit der Selbsthilfe durch Eigenproduktion von Geräten und Bio-, Labor- und Feinchemikalien in den Instituten widerspiegelte auch die Insuffizienz der DDR-Industrie, die Versorgungssituation mit Materialien für die Forschung zu verbessern.

Der wissenschaftliche Gerätebau an der Akademie war, wie viele andere Strukturen auch, hierarchisch gegliedert. An der Spitze stand als sogenannte *erste Ebene* das *Zentrum für Wissenschaftlichen Gerätebau* (ZWG) in Berlin-Adlershof, das den Gerätebau in allen Akademieinstituten koordinierte. Auf der *zweiten Ebene* bestanden in den naturwissenschaftlichen Bereichen der Akademie jeweils zentralisierte Gerätebaueinrichtungen, so

[21] Ringpfeil, „Das belebende Feuer entzünden", S. II–IV.

Besuch des Bundesministers für Forschung und Technologie, Heinz Riesenhuber (links) im Zentralinstitut für Molekularbiologie in Berlin-Buch bei Institutsdirektor Günter Pasternak (rechts), 25. Mai 1989

z. B. in Berlin-Buch der Wissenschaftliche Gerätebau als Struktureinheit der *Verwaltungs- und Dienstleistungseinrichtungen* (VDE).

Der Nachbau bereits im westlichen Ausland kommerziell verfügbarer Geräte nahm einen breiten Raum ein, obwohl die Orientierung lautete, originäre Produkte mit Exportchancen zu entwickeln. Erfolge wurden nur punktuell erzielt. Eine ähnliche Situation bestand auf dem Biochemikaliensektor. Zur Produktion wurden im Forschungsbereich erhebliche Mittel eingesetzt, die z. T. den Forschungsgruppen entzogen wurden. Allein im ZIM beschäftigten sich 1989 57 von 620 Mitarbeitern mit der Produktion von Biochemikalien.

Die Mitglieder der Gelehrtengesellschaft der Akademie, insbesondere aus den Klassen Biowissenschaften und Medizin, waren durch ihre Arbeiten in den Instituten über die materiell-technische Versorgungslage in den Laboratorien informiert, hatten aber keinen Einfluß auf die materielle Sicherstellung der Forschung; Mittel standen ihnen nicht zur Verfügung, und die Ausarbeitungen zur Situation und zu anstehenden Maßnahmen entstanden auf anderen Ebenen der Leitung.

Förderung des wissenschaftlichen Nachwuchses

Das Statut der Akademie vom 28. Juni 1984 legte fest, daß ein Vizepräsident in Vertretung des Präsidenten für Fragen des wissenschaftlichen Lebens und der wissenschaftlichen Gesellschaften, für das Publikationswesen der Akademie und die Förderung des wissenschaftlichen Nachwuchses verantwortlich ist. Der in dieser Zeit amtierende Vizepräsident Heinz Stiller äußerte sich dazu folgendermaßen: „Plenum und Klassen werden sich in Zukunft sicher auch mit der Entwicklung des wissenschaftlichen Nachwuchses an unserer Akademie beschäftigen müssen. Dabei wird es sich hauptsächlich um inhaltliche Fragen handeln. Wir müssen überlegen, wie vor allem unsere talentiertesten Nachwuchswissenschaftler beispielsweise durch Vortragstätigkeit in die Arbeit der Klassen einbezogen werden können.“[22]

Ich selbst kann mich jedoch nicht daran erinnern, daß in der Klasse Medizin jemals ein Nachwuchswissenschaftler unter 35 Jahren zum Vortrag aufgefordert worden ist.

Nach der Berufung des Chemikers Hans-Heinz Emons 1988 als Vizepräsident für Plenum und Klassen wurde ihm auch eine neue Funktion an der Akademie übertragen: *Jugendbeauftragter des Präsidenten.* Neben der praktischen hatte diese Funktion durch ihre Herausstellung vor allem eine politische Bedeutung.

Wie in den anderen Forschungsbereichen auch sollten die Institute des Forschungsbereiches Biowissenschaften/Medizin der wissenschaftlichen Nachwuchsförderung besondere Aufmerksamkeit schenken, wobei dem jeweiligen Institutsdirektor die Verantwortung zukam. Als Institutsdirektor und Mitglied der Gelehrtengesellschaft hatte er die Pflicht und die Möglichkeit, Einfluß auf die wissenschaftliche Karriere talentierter junger Wissenschaftler zu nehmen und herausragende Persönlichkeiten der Akademie vorzustellen, vorausgesetzt, daß deren kaderpolitische Überprüfung nicht negativ verlaufen war.

Ich selbst hatte meine Auffassungen zur Gewinnung talentierter junger Menschen für die Forschung unter dem Thema „Ohne Spitzenkader keine Spitzenleistungen“ folgendermaßen dargestellt: „Wir beginnen unsere Förderung bereits bei Schülern Berliner Spezialschulen, die sich für Biophysik, Molekularbiologie und Biomathematik interessieren. Sie lernen in unseren Labors bereits vor dem Studium die vorderste Front der biologischen Grundlagenforschung kennen. Während ihres Studiums betreuen wir begabte Studenten der Fachrichtungen Biophysik und Molekularbiologie der Humboldt-Universität. Sie absolvieren Praktika bei uns und hören hier sogar spezielle Vorlesungen. Es ist dabei keineswegs nur ein Hintergedanke, besonders talentierte junge Leute so für unser Institut zu gewinnen.“[23]

In den Instituten war der jährlich stattfindende *Tag des jungen Wissenschaftlers*, ein wichtiger Höhepunkt des wissenschaftlichen Lebens, der seine Fortsetzung mit den *Erstplazierten* der Veranstaltung auf Forschungsbereichsebene fand.

[22] Stiller, „Bewährtes erhalten“, S. II.

[23] Pasternak, „Ohne Spitzenkader keine Spitzenleistungen“, S. 2f.

Aus dem Zentralinstitut für Molekularbiologie kamen in den achtziger Jahren mehrere Hauptpreisträger, deren Arbeiten durch Akademiemitglieder angeleitet und betreut worden waren.

Zu erwähnen sind auch die *Schulen für junge Wissenschaftler sozialistischer Länder*. Darunter wurden internationale Symposien von Nachwuchswissenschaftlern verstanden, die meist von Akademiemitgliedern betreut wurden.

Institute des Forschungsbereiches beteiligten sich außerdem an der jährlichen *Zentralen Messe der Meister von morgen* in Leipzig. Der Besuch dieser Messe gehörte zu den Pflichten des Forschungsbereichsleiters.

Zu den jährlichen Veranstaltungen, die von Nachwuchswissenschaftlern getragen wurden, gehörte auch die zentrale *Jugendneuererkonferenz*. Wenngleich die Teilnahme an den genannten Veranstaltungen allen jungen Wissenschaftlern gestattet war, die über entsprechende Leistungen und Ergebnisse verfügten, waren die Förderpläne für den Einzelnen an kaderpolitische Voraussetzungen gebunden.

Weniger bekannt, doch außerordentlich bedeutsam ist der Fakt, daß zahlreiche Mitglieder und Mitarbeiter der Akademie am Vorlesungs- und Praktikumsbetrieb der Universitäten und Hochschulen beteiligt waren. So wurde beispielsweise zukünftigen Molekularbiologen der Humboldt-Universität im Verlauf ihres Studiums eine theoretische und praktische Ausbildung am Zentralinstitut für Molekularbiologie ermöglicht.

Zusammenfassung

1. Die Akademie der Wissenschaften der DDR war zugleich Gelehrtengesellschaft und Forschungsinstitution. Sie wurde durch den Präsidenten nach dem Prinzip der Einzelleitung bei kollektiver Beratung geleitet. Als *Einzelleiter* hatte er auch den Vorsitz im Plenum der Akademie, der eigentlichen Gelehrtengesellschaft. Diese Organisationsstruktur entsprach den Prinzipien des sogenannten *demokratischen Zentralismus.*
2. Die Gelehrtengesellschaft bestand 1989 aus zehn Klassen mit 350 Ordentlichen, Korrespondierenden und Auswärtigen Mitgliedern. Sie rekrutierten sich vor allem aus den Akademie- und Universitätsbereichen. Biowissenschaften und Medizin waren durch zwei Klassen repräsentiert, die etwa 50 Mitglieder umfaßten. De facto war die Gelehrtengesellschaft eine eigenständige Versammlung der Mitglieder.
3. Die Klassen hatten den Auftrag, grundlegende Probleme der Entwicklung ihrer Wissenschaftsgebiete zu beraten sowie Empfehlungen zur Förderung bedeutsamer Aufgaben und zur gesellschaftlichen Nutzung der Ergebnisse zu geben. Darüber hinaus sollten sie die Leitung der Akademie und der einzelnen Institute bei der Erarbeitung der Forschungsstrategien unterstützen.
4. Der hohe wissenschaftspolitische Anspruch an die Klassen wurde jedoch kaum erfüllt. Das wissenschaftliche Leben in Plenum und Klassen wurde inhaltlich weitgehend durch ihre Mitglieder bestimmt, die die Gelehrtengesellschaft als Forum für die Darstellung und Diskussion aktueller Forschungsergebnisse nutzten. Die wissenschaftlichen

Themen der späten achtziger Jahre widerspiegeln jedoch die stärkere Integration der Akademie in die Bereiche der Volkswirtschaft, insbesondere der Schlüsseltechnologien.

5. Zum biowissenschaftlichen und medizinischen Bereich der Akademie gehörten 1989 zwölf Institute mit mehr als 4.000 Mitarbeitern. Im Vergleich zur Gelehrtengesellschaft mit ihrer weitgehend freimütigen wissenschaftlichen Atmosphäre unterlag die wissenschaftliche Arbeit in den Forschungsbereichen und Forschungsinstituten der Planung und Leitung, wie sie in den volkswirtschaftlichen Bereichen bestand.
6. Mitglieder der Gelehrtengesellschaft waren als staatliche Leiter von Instituten, als Fachspezialisten und Koordinatoren in verschiedenen Gremien tätig. Darüber hinaus hatten einige Mitglieder hohe Funktionen in gesellschaftlichen und politischen Organisationen. Im Beitrag wird die Mitwirkung der Akademiemitglieder im *Programm Biowissenschaften*, im *Programm der medizinischen Forschung*, in der *Komplexen Forschungsaufgabe Biotechnologie* und im Forschungsrat dargestellt. Die enge personelle Verzahnung von Gelehrtengesellschaft und staatlichen Koordinierungs- und Leitungsstrukturen wird dadurch belegt.
7. Im Januar 1989 wurde durch den Präsidenten der Akademie die Gründung des *Zentrums für Medizinische Wissenschaft an der Akademie* (ZMW) vorgenommen, das in Berlin-Buch in koordinativer Struktur 38 Kliniken und Institute der Akademie, des Städtischen Klinikums und des Ministeriums für Gesundheitswesen umfaßte. Damit sollte eine bessere *Durchgängigkeit* von der biomedizinischen Grundlagenforschung bis zur klinischen Anwendung der Ergebnisse erzielt werden. Zu einer effektiven Arbeitsweise kam es jedoch nicht mehr.
8. Mitglieder der Akademie waren vielfältig in Aktivitäten zu Förderung des wissenschaftlichen Nachwuchses eingebunden. Ab 1988 war der Vizepräsident für Plenum und Klassen gleichzeitig *Jugendbeauftragter* des Präsidenten. Die Kaderarbeit fand jedoch hauptsächlich in den Instituten statt. Die Institutsdirektoren und Mitglieder der Gelehrtengesellschaft hatten die Pflicht und Möglichkeit, talentierte junge Wissenschaftler zu fördern, vorausgesetzt, daß deren kaderpolitische Überprüfung dies gestattete. Zahlreiche Mitarbeiter und Mitglieder der Akademie waren am Vorlesungs- und Praktikumsbetrieb der Universitäten beteiligt. Die Gelehrtengesellschaft hatte keinen Einfluß auf die materiell-technische Sicherstellung von Forschungsarbeiten.

Literatur

„Akademiekolloquium in Neubrandenburg“, in: *spektrum*, H. 2 (1975), S. 2–7 (Redaktionsbeitrag).

Bielka, Heinz: *Die Medizinisch-Biologischen Institute Berlin-Buch*, Berlin 1997.

Bielka, Heinz/Rainer Hohlfeld: „Biomedizin“, in: Jürgen Kocka/Renate Mayntz (Hrsg.), *Wissenschaft und Wiedervereinigung*. Disziplinen im Umbruch (= Forschungsberichte der Interdisziplinären Arbeitsgruppen der Berlin-Brandenburgischen Akademie der Wissenschaften 6), Berlin 1998, S. 81–142.

Eickenjäger, Karl-G.: „Zielobjekt: Herz-Kreislauf- und Krebserkrankungen“, in: *spektrum*, H. 6 (1972), S. 18–25.

Emons, Hans-Heinz: „Mehr Chancen für kreativen Nachwuchs“ (spektrum. Das Interview), in: *spektrum*, H. 1 (1989), S. II.

Grienitz, Heiner: „Kooperation zum Wohle des Patienten“, in: *spektrum*, H. 4 (1989), S. IIf.

Pasternak, Günter: „Ohne Spitzenkader keine Spitzenleistungen“, in: *spektrum*, H. 1 (1985), S. 2f.

Ringpfeil, Manfred: „Das belebende Feuer entzünden“ (spektrum. Das Interview), in: *spektrum*, H. 11 (1987), S. IIf.

Scheler, Werner: „Bewahrung und Erneuerung“ (spektrum. Das Interview), in: *spektrum*, H. 6 (1986), S. II.

Scheler, Werner: *Praxisorientierte Problemlösungen für die Industrie*. Grußwort, Haus der Wirtschaft, Stuttgart, 16. Oktober 1989, hrsg. von der Akademie der Wissenschaften der DDR, Berlin 1989.

Steenbeck, Max: *Impulse und Wirkungen*, Berlin 1978.

Stiller, Heinz: „Bewährtes erhalten – Neues entdecken“ (spektrum. Das Interview), in: *spektrum*, H. 2 (1985), S. IIf.

Winter, Kurt: *Das Gesundheitswesen in der Deutschen Demokratischen Republik*, Berlin 1980.

Rainer Hohlfeld

Kommentar

zum Beitrag von Günter Pasternak

Günter Pasternak, Vorsitzender der Klasse Medizin in den Jahren von 1987 bis1990, beschreibt und analysiert am Beispiel der Medizin und Biologie in der AdW das Miteinander und Nebeneinander – den Dualismus – der beiden wissenschaftlichen Institutionen Gelehrtengesellschaft und Forschungsinstitution aus der Perspektive des beteiligten Zeitzeugen – also aus einer Binnenperspektive und ohne dabei den Anspruch zu erheben, diese damit auch schon in historische Fragestellungen einzubetten.[1] Ich muß der ausführlichen deskriptiven Darstellung als außenstehender Kommentator nichts hinzufügen oder Lücken schließen, sondern kann mich auf ihre historisch-systematische Einbettung in die leitenden Fragestellungen der Arbeitsgruppe konzentrieren. Ich werde in meinem Kommentar zwei Fragestellungen verfolgen:

1. die Frage, ob die *de jure* Einheitskonstruktion der AdW, bestehend aus zwei in der Geschichte differenzierten wissenschaftlichen Institutionen historisch und soziologisch als Entdifferenzierungsprozeß verstanden werden kann, als ein Prozeß, der die spätestens seit der Arbeitsteilung von Akademie, Universität und Kaiser-Wilhelm-Gesellschaft verlorengegangene Einheit der Wissenschaft in Deutschland wenigstens partiell rückgängig gemacht hätte, und

2. die Frage, ob die Konstruktion der zwei Institutionen *unter einem Dach* bessere Voraussetzungen bot für eine fächerübergreifende und einheitsstiftende Kommunikation über wissenschaftliche Objekt- und philosophische und politische *Metafragen*.

Zur ersten Frage. Der Autor stellt klar und wiederholt dar, daß das wissenschaftliche Leben der Gelehrtengesellschaft der Akademie, welches sich in den Klassen und im Plenum abspielte, weitgehend den Prinzipien wissenschaftlicher Selbstbestimmung folgte, ja, daß dieser Umstand es sogar eingefleischten SED- und hohen wissenschaftspolitischen Kadern ermöglichte, auch einmal *off the records* zu reden. In ihren Aktivitäten folgten die beschriebenen Klassen Biowissenschaften und Medizin weitgehend dem traditionellen Muster von

[1] Wenn die Ereignisse so kurze Zeit zurückliegen, erscheint das wohl als eine kaum zu lösende Aufgabe für einen Zeitzeugen.

Fachvorträgen und anschließender *freimütiger* wissenschaftlicher Diskussion. Wenn im neuen Statut von 1984 in den Worten des für Plenum und Klassen zuständigen Vizepräsidenten Heinz Stiller die stärkere Einbindung der Klassen in die forschungspolitische Strategiebilung eingefordert wurde, so bedeutete das in der politischen Semantik der DDR, daß bisher eine solche Einbindung zuwenig stattgefunden hatte. Sie sollte nach dem Statut von 1984 ermöglicht werden durch die Mitgliedschaft der Klassenvorsitzenden im Präsidium der Akademie. Der damalige Präsident, Werner Scheler, bestätigte, daß über das Akademiepräsidium durchaus Meinungsbildungsprozesse in den Klassen über die Klassenvorsitzenden in die Politik der Akademieleitung eingeflossen seien.[2]

Ansonsten aber blieb die Beteiligung der Klassen an forschungspolitischen und strategischen Prognosen der Wissenschaftsentwicklung wohl bis auf einige Ausnahmen (Prognose für die medizinischen Wissenschaften) reine Rhetorik. Wie der Autor selbst dezidiert formuliert und mit mehreren Beispielen belegt, wurden die Weichen in anderen Institutionen und forschungspolitischen Gremien wie dem Präsidenten der AdW, dem *Rat für Medizinische Wissenschaft* (RMW), dem Forschungsrat, dem Ministerium für Wissenschaft und Technik, in dessen zentralen Arbeitskreisen, von den Direktoren der *Forschungsbereiche* und *-zentren* der Akademie, im Ministerrat und natürlich in den entsprechenden Abteilungen (Gesundheit und Wissenschaften) des ZK der SED längst gestellt[3] – so der Tenor der Darstellung –, bevor die akademischen Gremien einmal damit befaßt wurden (z. B. bei der Beratung der Hauptrichtungen im *Forschungsbereich Biowissenschaften und Medizin* in den beiden Klassen 1987/88).

Mein Fazit in Beantwortung der eingangs gestellten Frage lautet: Die offiziellen Strukturen und Funktionen der Organe der Gelehrtengesellschaft – Plenum und Klassen – waren irrelevant für die Formierung des Forschungsprofils der biologischen und medizinischen Forschung der Akademieinstitute und anderer relevanten Forschungseinrichtungen wie die medizinischen Fakultäten. Eine strukturelle und funktionale Kopplung, gar eine Integration von Gelehrtengesellschaft und Akademie als Forschungsinstitution fand nicht statt.

Zwar war unmittelbar nach der Gründung der Akademie der Wissenschaften zu Berlin 1946 die Mitwirkung der Klassen bei der Besetzung der Leitungsfunktionen der Institute durch die Bildung von *Sektionen* vorgesehen gewesen; sie führte jedoch zur erheblichen Reibungen mit der Politik der staatlichen Einrichtungen, auch zu einer Überforderung der Klassen und ihrer Sektionen und wurde 1957 und dann endgültig mit dem Statut von 1969 im Rahmen der Akademiereform völlig aufgegeben.[4]

[2] Diskussionsbeitrag Werner Schelers auf dem 3. Kolloquium der Arbeitsgruppe *Berliner Akademiegeschichte im 19. und 20. Jahrhundert* am 5. November 1999 in der Berlin-Brandenburgischen Akademie der Wissenschaften.

[3] Und zwar von unten nach oben durch Ausarbeitung und Vorlagen der „Basis“ und – einmal bestätigt und festgeschrieben durch ZK und Ministerrat – demokratisch-zentralistisch von oben nach unten.

[4] Vgl. Scheler, *Akademie der Wissenschaften*, S. 109–130, und den Beitrag von Peter Nötzoldt in diesem Band.

Selbstverständlich – und ich will das nicht gering veranschlagen – waren die gemeinsamen informellen Kontakte und Dikussionen der Akademiemitglieder, die gleichzeitig in forschungspolitisch relevanten Positionen tätig waren und damit Doppelrollen spielten, nicht unerheblich für politische Beratungs- und Entscheidungsprozesse, aber sie waren eher Nebenfolge und nicht Ergebnis von *Strategiebildungsprozessen* in den Klassensitzungen oder im Plenum. In ihren staatlichen Leitungsfunktionen als Wissenschaftskader standen die Akademiemitglieder unter ganz anderen Bedingungen als denen einer „offenen wissenschaftlichen Aussprache", für die der Autor die Veranstaltungen der *Gelehrtenrepublik* so preist. Spätestens unter diesen Bedingungen endeten die Rituale wissenschaftlicher Autonomie.

Die duale Akademiestruktur spiegelte sich auch in der Struktur der Leitungsgremien: die Akademieleitung (der Präsident) war als staatlicher Leiter verantwortlich für die Forschungseinrichtungen und ihre Entwicklungspläne, hatte einen großen forschungspolitischen Einfluß (gleichrangiges Mitglied im Ministerrat), dies aber völlig unabhängig vom Präsidium der Klassenvorsitzenden und dem klar getrennten Verantwortungsbereich des Vizepräsidenten für Plenum und Klassen.

Mein wissenschaftssoziologisches Resümee in der Beantwortung der ersten Frage ist damit: die vor der Gründung der DDR entstandene Differenzierung des deutschen Wissenschaftssystems wurde durch die rein formale Fusion von Gelehrtengesellschaft und Forschungsgemeinschaft der Institute in der AdW nicht aufgehoben. Das gemeinsame Dach war für die Strukturen und Funktionen sowohl der Gelehrtengesellschaft als auch der Forschungsgemeinschaft bis zum Ende der AdW völlig irrelevant. Es handelte sich, wissenschaftssoziologisch gesehen, nicht um eine, sondern um die Koexistenz zweier wissenschaftlicher Institutionen, von denen die letztere voll in das System der staatlichen Leitung und Lenkung eingebunden war. Die Gelehrtengesellschaft als wissenschaftliche Institution wurde dadurch politisch marginalisiert.

Ich komme zur zweiten der eingangs gestellten Fragen, zur Frage der Rolle der AdW bei der kognitiven Integration des Wissens und der fächerübergreifenden Kommunikation und Orientierung.

Dabei stehen wissenschaftshistorisch gesehen zwei Optionen der Herstellung einer Einheit auf der kognitiven Ebene zur Diskussion:

(1) Die Zusammenführung des Wissens im Rahmen eines Programmes der *Einheit der Natur*. In Physik und Chemie und durch das Forschungsprogramm der Molekularbiologie wurde diese Strategie weitgehend erfolgreich in diesem Jahrhundert praktiziert und als Herausforderung in der Preußischen Akademie der Wissenschaften in den ersten vier Jahrzehnten des 20. Jahrhunderts intensiv diskutiert.[5]

[5] Vgl. Hohlfeld, „Differenzierung der Naturwissenschaften", S. 464 und 474f.

(2) In der Bewältigung eines fächerübergreifenden komplexen Forschungsproblems, die quer zur Differenzierung der Wissenschaften in Spezialdisziplinen liegt, und die nur in einem *transdisziplinären* Forschungsverbund gelingen kann.[6]

Zu (1): Im historischen Rückblick taten sich in der DDR eine Fülle von philosophischen und ethischen Problemen der Wissenschaftsentwicklung auf, die in der reflektierenden fachlichen und philosophischen Diskussion aufgenommen wurden und zum Beispiel um solche Themen kreisten wie die Molekularbiologie und die Einheit der Wissenschaften, philosophisch-ethische Problem der Humangenetik und des *genetic engineering*, nicht-deterministische Erklärungsmodelle (Theorien der Selbstorganisation) in der Biologie, sowie konkurrierende Paradigmen für die medizinische Forschung.[7]

Die Veranstaltungen der Gelehrtengesellschaft lassen keine Brücke zu den z. T. heftig strittigen Veranstaltungen, die diesen *Metafragen* gewidmet waren (Kühlungsborner Kolloquien, Sommerfelder Kolloquien, Weimarer Gesundheitskonferenz 1958, um nur einige Beispiele zu nennen), erkennen, was wiederum nicht heißt, daß Akademiemitglieder nicht führend daran beteiligt waren. Nur: die Akademie war nicht der primäre Ort ihrer Verhandlung. Allerdings gab es ein paar Ausnahmen: die Resolution zu den biologischen Waffen und die Programme der Kühlungsborner Kolloquien, die in der Klasse Biologie beraten wurden.[8]

Zu (2): Ein Versuch, in Richtung *Lösung komplexer gesellschaftlicher Probleme* einen Schritt weiter zu kommen, war wohl die Idee der Problemgebundenen Klassen im Kontext der Akademiereform – ein Versuch, dem allerdings nur eine kurze Lebenszeit beschieden war. 1971 aus der Taufe gehoben, um sich dem Ziel zu widmen, „die Gestaltung des entwikkelten gesellschaftlichen Systems des Sozialismus zu fördern“,[9] wurde die Idee schon 1973 wieder zu Grabe getragen, wie der Autor am Beispiel der Immunbiologie schildert. Offensichtlich stieß diese Idee einer fluktuierenden und politischen Konjunkturen unterworfenen Problemorientierung der Klassenarbeit nicht auf viel Gegenliebe bei den Akademiewissenschaftlern.[10] Auch die Orientierung an disziplinären Strukturen war (noch) zu stark und möglicherweise waren kleinere Einheiten wie *Komplexe Forschungsaufgabe*, *Hauptforschungsrichtungen* oder *Zentrale Arbeiskreise*, die ja dann in den siebziger Jahren konstituiert wurden, geeignetere Instrumentarien der gelingenden fächerübergreifenden Kommunikation.[11] Die Klasseneinteilung nach dem Akademiestatut von 1984 war dann wieder rein klassisch-disziplinär.[12]

[6] Vgl. Nowotny, *Es ist so*, S. 66–78, und Kröber, *Grundlagen der Wissenschaftsforschung*, S. 146f.

[7] Vgl. Bielka/Hohlfeld, „Biomedizin“.

[8] Diskussionsbeitrag Erhard Geißlers auf dem 3. Kolloquium der Arbeitsgruppe *Berliner Akademiegeschichte im 19. und 20. Jahrhundert* am 5. November 1999 in der Berlin-Brandenburgischen Akademie der Wissenschaften.

[9] Scheler, *Akademie der Wissenschaften*, S. 127f.

[10] Ebd.

[11] Vgl. Bielka/Hohlfeld, „Biomedizin“, S. 92–95.

[12] Scheler, *Akademie der Wissenschaften*, S. 131.

So drängt sich auch in bezug auf meine zweite eingangs gestellte Frage die Antwort auf, daß es im Wissenschaftssystem der DDR elaborierte Institutionen und Einrichtungen für fächerübergreifende Kommunikation auf der fachlich-inhaltlichen – und der philosophisch-ethisch-politischen Metaebene gab, diese sich aber, bis auf wenige Ausnahmen, außerhalb der Gelehrtengesellschaft der AdW abspielte. Also auch dieser Teil des wissenschaftlichen Lebens verlief weitgehend ohne Beteiligung der Institutionen der Gelehrtengesellschaft.

Literatur

Bielka, Heinz/Rainer Hohlfeld: „Biomedizin“, in: Jürgen Kocka/Renate Mayntz (Hrsg.), *Wissenschaft und Wiedervereinigung.* Disziplinen im Umbruch (= Forschungsberichte der Interdisziplinären Arbeitsgruppen der Berlin-Brandenburgischen Akademie der Wissenschaften 6), Berlin 1998, S. 81–142.

Hohlfeld, Rainer: „Die Differenzierung der Naturwissenschaften und ihre Repräsentation in der Akademie 1914–1945“, in: Wolfram Fischer (Hrsg.) unter Mitarbeit von Rainer Hohlfeld und Peter Nötzoldt, *Die Preußische Akademie der Wissenschaften zu Berlin 1914–1945* (= Forschungsberichte der Interdisziplinären Arbeitsgruppen der Berlin-Brandenburgischen Akademie der Wissenschaften 8), Berlin 2000, S. 459–481.

Kröber, Günter (Hrsg.): *Grundlagen der Wissenschaftsforschung*, Berlin 1988.

Nowotny, Helga: *Es ist so.* Es könnte auch anders sein, Frankfurt/M. 1999.

Scheler, Werner: *Von der Deutschen Akademie der Wissenschaften zu Berlin zur Akademie der Wissenschaften der DDR.* Abriss der Genese und Transformation der Akademie, Berlin 2000.

Manfred Bierwisch

Die Akademie der Wissenschaften der DDR

Fallbeispiel Sprachwissenschaft*

Die einzelnen Akademieinstitute haben sich in der hier zu erörternden Periode sowohl fach- als auch personenbedingt recht verschieden dargestellt und entwickelt. Das ist der Grund für die Fallbeispiele, durch die wir den allgemeinen Überblick ergänzen und verdeutlichen wollen. Dennoch hat für alle Einrichtungen die gemeinsame Geschichte der Akademie und ihre Einbettung in den politisch-gesellschaftlichen Gesamtrahmen – bei allen Unterschieden im Einzelnen – eine entscheidende Rolle gespielt. Über diesen Kontext, in dem die Institute innerhalb und außerhalb der Akademie standen, sind deshalb vorab einige allgemeine Bemerkungen zu machen.

Die auf Befehl der Sowjetischen Militäradministration bereits 1946 als Deutsche Akademie der Wissenschaften wiederbegründete Institution schloß sich dem Verständnis der damals Agierenden zufolge direkt an die Preußische Akademie der Wissenschaften an; sie folgte aber zugleich dem Vorbild der sowjetischen Akademie, die sich vom Leitbild der Gelehrtensozietät durch ihre extensiven außeruniversitären Forschungseinrichtungen deutlich unterschied. In der Sowjetischen Besatzungszone und ab 1949 in der DDR ging diese Umwandlung der Gelehrtengesellschaft in eine Forschungsakademie – zumal im Bereich der Geisteswissenschaften – zunächst eher konservativ vor sich: Es wurden die traditionellen Akademie-Langzeitvorhaben wie die *Inscriptiones Graecae*, die *Monumenta Germaniae Historica*, das *Altägyptische* und das *Mittellateinische Wörterbuch* oder das *Deutsche Wörterbuch* der Brüder Grimm weitergeführt, aber auch neue Unternehmungen hinzugenommen, wie das von dem Altphilologen Wolfgang Schadewaldt initiierte *Goethe-Wörterbuch* – all das noch weitgehend in Abstimmung und zum Teil gemeinsam mit den anderen deutschen Traditionsakademien in Göttingen, Heidelberg, Leipzig und München. Im naturwissenschaftlichen Bereich entsprach dieser Entwicklungsphase – auf deutlich andere und hier nicht weiter zu detaillierende Weise – die Übernahme von Einrichtungen der Kaiser-Wilhelm-Gesellschaft.

* Für hilfreiche Erläuterungen zu verschiedenen Aspekten der Akademiereform bin ich Herrn Professor Dr. Claus Grote, dem letzten Generalsekretär der Akademie der Wissenschaften der DDR, zu Dank verpflichtet. Es versteht sich von selbst, daß Interpretation und Nutzung dieser Erläuterungen allein von mir zu verantworten sind.

Akademische Feierstunde anläßlich des Abschlusses der Arbeiten am Deutschen Wörterbuch *der Gebrüder Grimm im Plenarsaal der Akademie am 5. Juli 1961, Präsident Werner Hartke spricht über „Die Verantwortung der Akademie der Wissenschaften für die Schätze der Sprachen"*

Die zunächst unter der Ägide von traditionellen Einrichtungen wie der *Deutschen Kommission* von Akademiemitgliedern betreuten Einrichtungen bildeten den Ansatzpunkt für die Errichtung von Instituten, die dem von der Sowjetunion in die sogenannten *Bruderstaaten* exportierten Leitbild zu entsprechen begannen.

1. Die Institutsbildung

So wie die Einrichtung der Langzeitvorhaben – im geisteswissenschaftlichen Bereich vor allem philologische Unternehmungen wie Editionen, Textdokumentationen und Wörterbücher – war auch deren Erweiterung und Bündelung zu Instituten im wesentlichen durch die einzelnen Akademiemitglieder, meist bedeutende Gelehrte, die zugleich Leiter der Institute oder ihrer Abteilungen waren, veranlaßt. Der Charakter der Institute war damit beinahe zwangsläufig von klassisch-geisteswissenschaftlichem Zuschnitt mit vornehmlich philologischem Charakter. Das galt ganz ausdrücklich für das Institut für deutsche Sprache und Literatur mit seinem Direktor Theodor Frings, das Romanistische Institut von Werner Krauss, das Slawistische Institut von Hans Holm Bielfeldt. Bis hierher spielte die politische

Akademische Feierstunde anläßlich des Abschlusses der Arbeiten am Deutschen Wörterbuch *der Gebrüder Grimm im Plenarsaal der Akademie am 5. Juli 1961, 1. Reihe, v. r. n. l.: Kurt Schröder, Rektor der Humboldt-Universität zu Berlin, Theodor Frings, Direktor des Institut für deutsche Sprache und Literatur der DAW zu Berlin, Frau Isele, Hellmut Georg Isele, Vizepräsident der Akademie der Wissenschaften und Literatur Mainz und Gallen, Friedrich Kains, Wien*

Zugehörigkeit der Direktoren im Vergleich zu ihrem traditionell philologischen Wissenschaftsverständnis eine untergeordnete Rolle. Das schloß Akzentunterschiede und auch Spannungen keineswegs aus. Im Romanistischen Institut von Werner Krauss hatte Literaturgeschichte von Anfang an einen anderen Stellenwert als im Institut des Altgermanisten und historischen Dialektologen Theodor Frings oder im Slawistischen Institut des Russisten Bielfeldt. In dieses im wesentlichen personengeprägte Bild gehörten auch Anstöße zur Beschreibung der deutschen Gegenwartssprache, die der Finnougrist und Volkskundler Wolfgang Steinitz mit Weitblick und Umsicht im Rahmen des Instituts für deutsche Sprache und Literatur verwirklichte. Andere Akademiker waren in der Gründung von Instituten weniger erfolgreich: Der Anglist Martin Lehnert etwa erreichte lediglich die Einrichtung einer Arbeitsstelle, die Kunstgeschichte war nur durch eine Arbeitsstelle für Denkmalpflege vertreten. Die Repräsentanz der Disziplinen war dabei eher personellen und historischen Zufällen als einem systematischen Plan zu verdanken. Dennoch gewann die Rolle der Institute, ihre Strukturierung auch nach inhaltlichen Gesichtspunkten ebenso wie ihre reine Quantität an Gewicht. Dabei blieben aber Orientierung und Aufbau der einzelnen Institute in vieler Hinsicht unterschiedlich.

Bemerkenswert ist die Tatsache, daß bis in die sechziger Jahre hinein, also während der ersten beiden Jahrzehnte, in denen die Institute entstanden und ausgebaut wurden, der Zugriff der Partei von durchaus begrenzter Natur war. Zwar galten in den politischen Strukturen der Gesellschaft die Regeln und Bedingungen der zentralistischen Parteiherrschaft, die bis zur Mitte der fünfziger Jahre dem rigorosen und noch immer bedrohlichen Charakter des erst auf dem XX. Parteitag der KPdSU 1956 kritisierten und danach zurückgedrängten Stalinismus unterlagen, aber in den Entscheidungen der Akademie hatte weithin die Orientierung der Akademiemitglieder den eigentlich prägenden Einfluß. Das zeigte sich nicht zuletzt in der Personalpolitik, bei der die Mitgliedschaft in der SED keinen Vorrang vor fachlicher Eignung hatte, zumindest in den philologisch geprägten Institutionen. Das führte übrigens zu einer später nachdrücklich, aber nicht sehr erfolgreich bekämpften Unterrepräsentation von Parteimitgliedern in nicht wenigen der philologischen Einrichtungen.

2. Die Gesichtspunkte der Umstrukturierung

Bis hierher war der Unterschied zu den anderen deutschen Akademien eher gradueller Natur. Das galt auch hinsichtlich der kleineren Sächsischen Akademie der Wissenschaften zu Leipzig, die unter ihrem Präsidenten Theodor Frings ebenfalls eine Reihe von Langzeitvorhaben betreute, so unter anderem das *Althochdeutsche Wörterbuch*. Zwar hatten die inzwischen zum Teil zu stattlicher Größe angewachsenen Institute den Stellenwert der Berliner Akademie erkennbar verändert, aber ihr Konzept unterschied sich noch nicht grundsätzlich vom tradierten Prinzip außeruniversitärer Akademieforschung. Das mag begünstigt gewesen sein durch den Umstand, daß dieses Prinzip unscharf genug und von der Wissenschaftspolitik bislang weder vereinnahmt noch verworfen worden war.

Änderungen im politischen Umfeld und auch im inneren Klima der Akademie ergaben sich durch die Schließung der Grenze am 13. August 1961, durch die die Akademieinstitute – über die vorangehende Fluchtbewegung hinaus – eine Reihe von Mitarbeitern und die Gelehrtenvereinigung mehrere Mitglieder verloren. Politische Erschütterungen erzeugten auch Vorgänge wie die Kampagne gegen den Chemiker Robert Havemann, die mit seinem statutenwidrigen Ausschluß endete. Doch blieb bei all diesen Vorgängen die Struktur der Akademie im Prinzip insofern gleich, als Änderungen immer nur einzelne Einrichtungen oder Vorhaben betrafen.

Der nach innen und außen entscheidende Einschnitt in dieser Entwicklung war die Akademiereform von 1968, die in wesentlichen Punkten der 3. Hochschulreform entsprach. Die damit benannten Maßnahmen zielten auf die programmatische Durchsetzung des zentralistischen Führungsanspruchs der Partei in allen Einrichtungen von Wissenschaft und Hochschule. Daß sich die Eingriffe in Organisation und Inhalt der Akademieeinrichtungen von früheren Strukturveränderungen grundsätzlich unterschieden, wurde den Mitarbeitern bis in die kleinsten Abteilungen und Gruppen hinein vor Augen geführt. Dabei wurde eine Beteiligung an der Umwandlung von institutionellen Zuordnungen und an der Bestimmung veränderter Aufgaben zugelassen, sogar eingefordert, soweit es den vorgegebenen Bedingungen entsprach und die unter Führung der Partei definierten Leitlinien eingehalten wurden. Die Zielstellung hatte der neu ins Amt berufene (übrigens parteilose) Präsident der Akademie Hermann Klare so formuliert: „[Das] Ziel der Akademiereform [besteht] darin, alle wissenschaftlichen Potenzen unserer Einrichtung, und zwar sowohl die ihrer im Plenum vereinigten Mitglieder als auch die in den Forschungseinrichtungen tätigen Mitarbeiter, auf neue Weise zusammenzuführen und diese große geistige Kraft unter einheitlicher Führung zum Wohl unserer sozialistischen Gesellschaft und zum Nutzen ihres weiteren Aufbaus einzusetzen. Das ist der Inhalt der von uns angestrebten ‚Forschungsakademie'."[1]

Absichtserklärungen ähnlicher Art waren nichts Ungewöhnliches; entscheidend war, daß dies der Kommentar zu einer rigoros durchgeführten Umgestaltung war, bei der im übrigen die ursprünglich enge Beziehung zwischen den Mitgliedern des Plenums und den Forschungseinrichtungen gerade nicht intensiviert, sondern abgeschwächt und in wesentlichen Punkten aufgegeben wurde. Leiter der im Zuge dieser Reform gebildeten Einheiten, die vielfach als *Zentralinstitute* Orientierungsfunktion über die Akademie hinaus wahrnehmen sollten, waren nicht notwendig Akademiemitglieder und gelegentlich ausgesprochen mediokre, aber der Partei ergebene Repräsentanten ihres Fachs. Diese Aushöhlung der Rolle des Akademie-Plenums beschleunigte zugleich die Zurückdrängung *bürgerlicher* Akademiemitglieder aus der Zeit der Neugründung nach dem Ende des Nationalsozialismus, soweit sie nicht bereits aus politischen oder Altersgründen ausgeschieden waren.

Wesentlich in dieser politisch gewollten und von den Repräsentanten der Akademie umgesetzten, wenn auch keineswegs einhellig begrüßten Umgestaltung der Akademie waren vor allem zwei Momente. Das eine, in Klares Formulierung als „einheitliche Führung zum Wohl unserer sozialistischen Gesellschaft" umschriebene Moment bestand, wie bereits gesagt, in der nun entschlossen verfolgten Durchsetzung der führenden Rolle der Partei in allen Instituten. Dabei ging es um die zunehmend direkte Einflußnahme der Partei auf Themenplanung und Forschungsorientierung. Die angestrebte Steuerung der Wissenschaft wurde zwar durch sogenannte *Wissenschaftliche Räte* und hierarchisch organisierte Leitungsgremien vermittelt, die aber durch die in ihnen garantierte Dominanz der Partei letzten Endes die Selbstbestimmung der Wissenschaft suspendierten. Diese Zielstellung wurde durch organisatorische Maßnahmen verfolgt, die sich auf unterschiedliche Weise in der Institutionsstruktur der Akademie niederschlugen, vor allem aber auch in der Partei selbst. Das hatte unterschiedliche Auswirkungen im Bereich der Natur- und der Gesellschaftswissenschaften, als die die Geisteswissenschaften nach marxistisch-leninistischer Terminologie nun firmierten. Die Parteileitung der Akademie erhielt den Rang einer eigenen Kreisparteiorganisation, die organisatorisch der Berliner Bezirksleitung unterstand. Die Anleitung im gesellschaftswissenschaftlichen Bereich unterstand nun aber direkt der Abteilung Wissenschaften des ZK der SED, und die Entwicklung der einzelnen Fächer hing entsprechend in hohem Maße von der sehr unterschiedlichen fachlichen Kompetenz

[1] Klare, „Fragen der Akademiereform".

oder Inkompetenz der Referenten dieser Abteilung ab. Die naturwissenschaftlichen Institute waren übrigens inhaltlich nicht in gleicher Weise den Weisungen des ZK unterstellt, wohl aber hingen Entscheidungen über das Personal in Leitungsfunktionen grundsätzlich von der Billigung der Parteiinstanzen ab. Jedenfalls wurde der Parteisekretär der Akademie zunehmend zur eigentlichen Weisungsinstanz, ohne die in Grundsatzfragen nichts ging. Ganz generell sollte die Akademiereform personalpolitisch zur Erhöhung des nach wie vor als zu gering betrachteten Anteils von Parteimitgliedern in zahlreichen Akademieeinrichtungen führen.

Das zweite Moment – und das stand in den Verlautbarungen und Bekundungen im Vordergrund – betraf die Notwendigkeit wissenschaftlicher Modernisierung, gerichtet vor allem auf eine als effizienter angesehene Verbindung von Forschung und technologischer Entwicklung. Das war eine ganz allgemeine Entwicklungstendenz, die weder auf die Akademie noch auf die DDR beschränkt war. Ihre Realisierung in der DDR war allerdings von politischen und politökonomischen Rahmenbedingungen bestimmt, die beträchtlich von kontrollierbarer Rationalität entfernt waren. Dabei waren konkurrierende, auch innerhalb der Parteiführung umstrittene Positionen im Spiel. Das ZK-Büro Günter Mittags, das gerade dabei war, das *Neue Ökonomische System der Planung und Leitung* (NÖSPL) durchzusetzen, war überhaupt gegen die Beibehaltung der Akademie als Institution, Kurt Hagers *Abteilung Wissenschaften* des ZK der SED hielt dagegen am sowjetischen Modell fest. Die Position Mittags fand verständlicherweise in der Akademieleitung wenig Unterstützung. Die Motive und Probleme dieser Positionen, wie auch der massive Bürokratismus, den der beabsichtigte Modernisierungsschub für einen großen Teil der naturwissenschaftlichen Institute mit sich brachte, können hier ausgeklammert werden. Im Bereich der Gesellschaftswissenschaften spielte dagegen das Motiv der Anbindung an Auftraggeber aus der Praxis nur für eine begrenzte Zeit eine Rolle, in der die Karikatur einer auftragsgebundenen Forschung auch außerhalb der industriellen Nutzung versucht wurde. Was dagegen die Gesellschaftswissenschaften um so stärker traf, war die rigorose Forderung, alle Themen und Auffassungen unter dem Gesichtspunkt der Parteiinteressen zu legitimieren. Da die Auslegung dieser Interessen nicht selten Ungewißheiten, Ermessensspielräume und Willkürlichkeiten enthielt, war dabei ebenso Gelegenheit für geschicktes Taktieren wie auch für doktrinäre Bevormundung.

Ich kommentiere zunächst Aspekte des zweiten Motivs im geisteswissenschaftlichen Bereich und komme dann auf die Effekte des ersten zurück.

Für die philologischen Einrichtungen, um die es hier vorrangig gehen soll, erwies sich in der Periode der Akademiereform vor allem ein Ermessensspielraum als wichtig, der sich daraus ergab, daß es keine mit der Ideologie der Partei zwangsläufig verbundene Orientierung für die Gestaltung dieser Fächer gab. Daher war es möglich, daß ein systematischer Gesichtspunkt zum Tragen kam, der sich wesentlich von der traditionellen, philologischen Orientierung unterschied. Dabei ging es um Wissenschaftsentwicklungen, die sich in Deutschland bis dahin nur zögernd bemerkbar zu machen begannen. In einigen Universitätsneugründungen der Bundesrepublik aus jener Periode findet sich eine disziplinäre Struktur, die der in der Akademiereform eingerichteten entsprach:

Die *vertikale* Gliederung in germanische, slawische, romanische, finnougrische etc. Philologie wurde aufgegeben zugunsten der *horizontalen* Zusammenfassung der linguistischen und der literaturwissenschaftlichen Fragestellungen. Das Motiv war zunächst eine Bündelung der zusammengehörigen Fragestellungen, Methoden und Erklärungsmodelle: Ein germanistischer Linguist hat mit einem slawistischen oder romanistischen Sprachforscher direktere Bezüge als mit einem germanistischen Literaturforscher, der wiederum dem romanistischen, slawistischen oder anglistischen Literaturwissenschaftler näher steht. Bei dieser Orientierung stehen systematische Gesichtspunkte des Forschungsgegenstands im Vordergrund – Prinzipien, Gemeinsamkeiten und Unterschiede der Sprachstruktur und ihres Wandels, Muster, Varianten und Entwicklungen literarischer Genres –, nicht die philologische Einbettung der Quellen in historische Perioden und deren Beschreibung, die den aus der Tradition und Geschichte der Fächer geerbten Rahmen bildete.

Diese weder auf die Akademie noch auf die DDR beschränkte Einsicht wurde aber nirgendwo mit mehr Konsequenz auch institutionell umgesetzt als 1968 in der Akademiereform. Zumindest dieser Aspekt faßte nicht nur Arbeitsgruppen und Forschungsvorhaben auf neue Weise zusammen, er brachte für eine gewisse Zeit auch Synergieeffekte und so etwas wie Aufbruchstimmung mit sich. Da die anvisierte systematische Orientierung sich einerseits sehr wohl mit marxistischen Grundsatzüberlegungen zu vertragen schien – manche ihrer Vertreter waren schon in den dreißiger Jahren bekennende Kommunisten gewesen –, andererseits vieles offen und erst zu bestimmen war, blieb die Strukturierung der Institute in bestimmten Grenzen von ganz unkonventionellen Diskussionen begleitet. Zumindest in der Sprachwissenschaft gewannen manche Bemühungen für eine gewisse Periode, die freilich nicht erst mit der Akademiereform begann (Periodisierungen sind immer auch Simplifizierungen), einen Vorsprung sogar vor der bundesdeutschen Entwicklung und jedenfalls einen relativ frühen Anschluß an die internationale Entwicklung, der in der Zeit das Nationalsozialismus abgerissen und nach dem Krieg lange Zeit nicht wieder aufgenommen worden war.

Es lag in der Geschichte der Unternehmungen und ihrer Mitarbeiter, daß die nun entstandene Struktur nicht wie am Reißbrett entworfen aussah, sondern als Resultante aus Gewachsenem und Gewolltem zu erkennen war. Das *Russisch-Deutsche Wörterbuch* war weiterzuführen, das *Grimmsche* und das *Goethe-Wörterbuch* glücklicherweise ebenfalls, die *Deutschen Texte des Mittelalters* sollten nicht untergehen, die *Forster-* und die *Wieland-Ausgabe* wurden nach den bisherigen, traditionellen Prinzipien weitergeführt usw. Und keineswegs alle neu begonnenen Vorhaben waren frei von opportunistischer Anbiederung an vermutete oder ausgesprochene Parteierwartungen. Dennoch ist die Feststellung berechtigt, daß mögliche Nachbarschaften genutzt, neue Orientierungen versucht wurden und die Perspektive insgesamt den Eindruck moderner Konzeptionsbemühungen erweckte. Sie wurde geraume Zeit von den Fachkollegen in der Bundesrepublik und im Ausland so wahrgenommen.

Die Labilität dieser Bemühungen, oder richtiger der parteiamtlichen Bereitschaft, sie zu dulden, wurde freilich nur zu bald sichtbar. So begannen bereits in den frühen siebziger Jahren (und unter dem steten Druck der ideologischen Ängste, die der „Prager Frühling" ausgelöst hatte) die Bestrebungen des Strukturalismus, die in der Kommunistischen Partei Frankreichs sich ausbreiteten, die sogenannten Bruderparteien zu beunruhigen. Diese ideologischen Bedenken betrafen aber einen der Grundgedanken, der in der gerade eingerichteten Struktur der Institute für Sprachwissenschaft und für Literaturgeschichte steckte.

Kampagnen, die sich an dem einen oder anderen, oft ganz irrationalen Moment festmachten, haben die Wissenschaftspolitik der Partei immer wieder bestimmt, sie waren mal mehr lokaler Natur, mal überschwemmten sie das ganze sozialistische Lager. Man muß nur an die wiederholten Vorstöße von Lysenko gegen die *bürgerliche* Genetik denken, an die Orgien um Stalins Spätschriften „Ökonomische Probleme des Sozialismus in der UdSSR" und „Der Marxismus und die Fragen der Sprachwissenschaft" oder den Kampf gegen die Anfänge der Kybernetik, um den Mechanismus solcher ideologischen Auseinandersetzungen und Straffeldzüge mit der Verurteilung feindlicher Positionen, selbstkritischen Stellungnahmen, unterdrückten Publikationen und beendeten Karrieren vor Augen zu haben. Jedenfalls haben Eingriffe dieser Art die gerade konzipierte Struktur schon bald drastisch gestört. Ein echter Vorsprung in der Forschung war nicht zu gewinnen. Er war auch nicht gewollt, da der Bemessungshorizont für die Partei ja durch deren eigene Ideologie gegeben, also massiv begrenzt war. Im Zweifelsfall wurde versucht, kontrollierte Konformität über verdächtige Innovationen zu stellen.

Es bleibt eine Merkwürdigkeit, daß die einmal etablierte Institutsstruktur in diesem Bereich für zwei Jahrzehnte bestehen blieb, unbeschadet der Konflikte, denen Grundmomente ihrer Orientierung ausgesetzt waren. Aufgrund der Unbeweglichkeit, die die spätere Phase des realen Sozialismus kennzeichnete, blieb damit bis zum Ende der DDR eine Struktur erhalten, die dann doch als Basis für Variationen dienen konnte, die durch immer wieder eintretende personelle Veränderungen in den Leitungspositionen sehr wohl möglich waren. Allerlei indirekte Eigenständigkeit erlaubte dabei auch die Ausnutzung von Grauzonen, die auf widersinnige, aber nutzbare Weise die Abkoppelung der Akademie vom Ausbildungsprozeß an den Universitäten mit sich brachte. Ich komme auf diesen Punkt noch zurück.

3. Die Deformationen im real existierenden Sozialismus

Damit bin ich bei den Problemen, die mit dem ersten Motiv der Akademiereform zusammenhingen und den Rahmen bestimmten, in dem die Wissenschaft sich zutrug. Die Festlegung dieses Rahmens war ganz unabhängig von bestimmten ideologischen Kampagnen etwa gegen den Strukturalismus, die Kritische Theorie der Frankfurter Schule, das Konzept der repressionsfreien Kommunikation oder um die Deutungshoheit über den Realismusbegriff. Der Rahmen war die generelle Herrschaftsstruktur, die solche Kampagnen, aber auch die Merkwürdigkeiten des Wissenschaftsalltags möglich machte.

Akademiespezifisch war in dieser Hinsicht seit der Reform von 1968 die Art, in der die Doktrin von der führenden Rolle der Partei, einem der Grundpfeiler des realen Sozialismus, in die Praxis umgesetzt wurde. An der Spitze der Akademie bedeutete es, daß nun der

Parteisekretär der Akademie im Protokoll direkt hinter dem Präsidenten und noch vor dem Generalsekretär und den Vizepräsidenten rangierte und daß *de facto* nichts ohne seine Billigung entschieden werden konnte. In zunehmendem Maße wurden damit auch von den nachgeordneten Instanzen kritische Fragen in den Parteigremien und nicht in den wissenschaftlichen Leitungen entschieden. Das galt sehr wohl auch für das inhaltliche Profil. Im einzelnen hing damit das wissenschaftliche Klima in hohem Maße vom persönlichen Verhältnis zwischen dem staatlichen Leiter und dem jeweiligen Parteisekretär eines Akademieinstituts ab. Formell waren die gesellschaftswissenschaftlichen Einrichtungen der Akademie nun, wie bereits erwähnt, direkt der Anleitung durch die Abteilung Wissenschaften des ZK unterstellt, so wie die naturwissenschaftlichen Bereiche dem Ministerium für Wissenschaft und Technik zugeordnet waren. Daß neben immer wieder eingeforderten Bekenntnissen zum Marxismus-Leninismus dabei im Konkreten mancherlei Platz für sachbezogene Arbeit blieb, hat nichts an der in Versammlungen und Erlassen immer wieder bekräftigten Dominanz der Partei geändert. Die Konsequenzen der Reglementierung reichten von Tragik bis zur Lächerlichkeit, weil nicht nur die Zulässigkeit einzelner Formulierungen und die Entscheidung über Genehmigung oder Unterbindung einer Publikation, sondern auch die Teilnahme an Veranstaltungen und die Zuteilung des „höchsten Gutes" – die Bewilligung von Westreisen – von der Gunst der Partei abhingen.

Akademiespezifisch war seit der Reform insbesondere auch die Tatsache, daß die Akademie von einer eigenen, dem Ministerium für Staatssicherheit direkt zugeordneten *Abteilung Sicherheit* überwacht wurde. Diese dritte administrative Struktur, neben der Hierarchie der staatlichen und der Parteileitungen, war zwar für Mitarbeiter nicht offiziell sichtbar, mit ihrer Anwesenheit war aber allenthalben zu rechnen. Diese Feststellung besagt nicht, daß erst mit der Akademiereform die Staatssicherheit die Akademie als Operationsgebiet in Besitz nahm. Für meinen Eintritt in die Akademie im Jahre 1957 wurde, wie ich später erfuhr, noch vor meinem Dienstantritt die Überwachung geregelt, weil ich mit der Hypothek einer politischen Vorstrafe antrat. Die Einrichtung der akademieeigenen *Abteilung Sicherheit* weist aber auf den besonderen, bürokratisch lückenlosen Zugriff hin, der sich im übrigen bis in die Zeit der Wende hinein bewährt hat in der besonders effizienten Vernichtung der hinterlassenen Akten.

Im einzelnen ist es freilich relativ gleichgültig, auf wessen Veranlassung die zahlreichen und in zunehmendem Maße engstirnigen Einschränkungen und Reglementierungen zurückgingen, die oft auch mit der Vernunft oder Borniertheit, der Rechthaberei, der Ängstlichkeit und dem Machtbedürfnis einzelner Personen in den verschiedenen Hierarchien variieren konnten. Besonders engstirnig und entmündigend wurden die Maßnahmen mit der Durchsetzung der sogenannten Abgrenzungspolitik in den siebziger Jahren, die insbesondere alle internationalen Beziehungen behinderten und oft genug bestraften. Post-, Besucher-, Telephon- und Publikationsordnung, Vorschriften dieser Art wurden periodisch erneuert und (abhängig von den einzelnen Leitern) mehr oder weniger borniert und rigide gehandhabt. Im Zweifelsfall durften z. B. Mitarbeiter Post aus dem *Nichtsozialistischen Wirtschaftsgebiet*, also dem westlichen Ausland, nicht selbst beantworten, sondern hatten einen Vorschlag zur Beantwortung dem zuständigen Leiter zu übergeben.

Die Reglementierungen beschränkten sich allerdings nicht auf den administrativen Rahmen und die Organisation der Dienstabläufe, sie betrafen im Konfliktfall unmittelbar inhaltliche Vorgaben und daraus folgende organisatorische Konsequenzen. Drastische Beispiele dafür gab es natürlich im Institut für Wirtschaftswissenschaften und im Institut für Philosophie, die mit Kernbereichen der marxistischen Ideologie befaßt waren, aber auch im Institut für Literaturgeschichte, das mit seinen Themen nicht selten in strittige Bereiche der Ideologie geriet. Auch die Sprachwissenschaft wurde immer wieder von unmittelbaren Eingriffen der Parteiideologen betroffen. Das von Wolfgang Steinitz initiierte *Wörterbuch der deutschen Gegenwartssprache* etwa wurde seit Beginn der siebziger Jahre von eigens hinzugezogenen Prüfern auf Einhaltung des Klassenstandpunkts in der Auswahl der Lemmata und den Bedeutungsangaben kontrolliert. Die Folge dieser Maßnahme ist dem insgesamt höchst verdienstvollen Wörterbuch bis heute anzusehen. Eine in der gleichen Zeit losgetretene Kampagne gegen die Generative Grammatik, eine erfolgreiche, neue Richtung der theoretischen Linguistik, endete 1973 mit der Auflösung der Arbeitsstelle Strukturelle Grammatik, die bis dahin einige internationale Beachtung gefunden hatte. Die Einzelheiten dieser Episode – erzwungene Selbstkritik, Verfälschung von Argumenten, unredliche Ausnutzung von Loyalitäten, die ich 1992 etwas ausführlicher beschrieben habe[2] – sind ein charakteristisches Beispiel für die ebenso bigotte wie rücksichtslose Art, in der der Führungsanspruch der Partei durchgesetzt wurde.

Die durchaus interessanten Möglichkeiten, die sich aus bestimmten Momenten der Akademiestruktur und ihrer Reform ergaben, wurden unter dieser Obsession der Reglementierung und Überwachung erstickt und zerstört. Eine besonders trübe und schmerzliche Spätfolge der Isolation, die das Ergebnis all der Bevormundungen war, ist nach dem Ende des realen Sozialismus sichtbar geworden, als zahlreichen Mitarbeitern, die sich in die Umstände gefügt hatten, die internationalen Erfahrungen und Kontakte fehlten, die sich für das Bestehen in der *community* als förderlich, ja unerläßlich erwiesen. Nicht wenige fühlten sich deshalb zu Recht oder zu Unrecht zum zweiten Mal bestraft.

Zu kommentieren ist schließlich noch eine weitere, zwar nicht offiziell bekundete, aber faktisch sehr wohl bedeutsame Eigenart der Akademie, die sich vor allem daraus ergab, daß die Akademie keine Ausbildungseinrichtung war. Durch die zunehmend strenger gehandhabte Trennung von den Universitäten hatte die Akademie praktisch keinen Zugriff und keinen Einfluß auf Studenten, deren ideologische Anleitung (oder Indoktrination) in der DDR stets – und zu Recht – mit größtem Mißtrauen umgeben war. Diese Aufgabe war ein Privileg und eine Bürde ausschließlich der Universitäten. Die Akademie war damit in sorgfältig kontrolliertem Umfang ein Ort, an den Personen, die an der Universität nicht geduldet waren, sich zurückziehen, oder besser: abgeschoben werden konnten. Sowohl in den natur- wie in den gesellschaftswissenschaftlichen Einrichtungen gab es daher immer wieder Wissenschaftler und von ihnen betriebene Arbeiten, für die die Universitäten versperrt gewesen wären. Auch dieses Moment hat, wie manche andere halbe Inkonsequenz, zu ungewollten, aber nützlichen Auflockerungen und Farbflecken im ideologischen Einerlei ge-

[2] Bierwisch, „Grammatikforschung in der DDR".

führt. Umgekehrt freilich bedeutete die weitgehende Abriegelung zwischen Forschung und Lehre, zwischen Akademie und Universität auch eine Gettoisierung und Aussperrung der Akademiemitarbeiter. Daß dabei Neidmomente der Universitätslehrer die scheinbar privilegierten Akademiemitarbeiter begleiteten, war dann die natürliche Folge einer paradoxen Wahrnehmungsverzerrung.

Wie in vielen anderen Institutionen der DDR hat freilich auch in der Akademie der Apparat sich letztlich selbst im Wege gestanden mit seinem hypertrophen Vormundschaftsbedürfnis. So sind schließlich doch allerlei Lücken und Nischen geblieben oder auch wieder entstanden, die ganz unreglementierte, lokale Erfolge zuließen. Die Schlußbilanz der Institute war daher auch in den Gesellschaftswissenschaften, in denen die Ideologie natürlich stärker dominierte als in den Naturwissenschaften, keineswegs trostlos. Die Evaluierung durch den Wissenschaftsrat hat einerseits die alten philologischen Langzeitvorhaben wieder zu sich selbst kommen lassen – ein wichtiger, aber eher konservativer Erfolg. Er war begründet in der Tatsache, daß ungeachtet aller Eingriffe und Behinderungen ein gewisses Maß an Kontinuität gewahrt werden konnte durch lokale Einsicht, Respekt oder Beißhemmung vor der Tradition (die Zusammenarbeit mit den anderen deutschen Akademien an wichtigen Langzeitvorhaben wurde trotz aller Abgrenzungspolitik nie ganz abgebrochen) und geschickte Sachtreue der Mitarbeiter. Die im Zuge der Evaluierung durch den Wissenschaftsrat gemachten Vorschläge haben aber andererseits mit den geisteswissenschaftlichen Zentren an Gegebenheiten angeknüpft, die modern, keineswegs konservativ und sehr wohl akademiespezifisch gewachsen waren. Auch hier war ein personelles Anfangspotential gegeben, das sich unter den nun gegebenen Bedingungen keineswegs chancenlos behaupten konnte.

4. Folgerungen

Könnte man von den Deformationen absehen, so ergäbe sich folgerichtig die Frage, ob die Akademie als Forschungseinrichtung nicht Optionen enthielt, die akademiespezifisch sind und in der Forschung gebraucht werden. Ungarn, Polen, die Tschechische Republik, auch Rußland befinden sich *nolens volens* auf einem Weg, der eine positive Antwort auf diese Frage enthält. Einige Punkte, die für eine solche Überlegung sprechen, wären auch in der DDR konkret angebbar gewesen:

Die moderne Struktur der Sprach-, Literatur- und Kulturwissenschaft hat es an den reformunfähigen Universitäten nach wie vor schwer und setzt sich nur als Surrogat durch. Die *Geisteswissenschaftlichen Zentren*, die neben anderen Einrichtungen aus der Konkursmasse der Akademie entstanden sind, führen diesen in der Akademiestruktur enthaltenen Impetus in eigenständiger und programmatischer Weise fort.

In der Akademie gab es ein Philosophisches Institut, eine Forschungseinrichtung, deren Auflösung einen bedeutsamen, unbesetzten Platz zurückgelassen hat.

Dies sind Ansätze, die dennoch die Hypothek nicht aufwiegen, die die beschriebenen Deformationen der Akademie als Institution zugefügt haben. Die Frage, ob eine eigenständige Entwicklungsperspektive auf diesem Wege denkbar gewesen wäre, ist aus zwei Gründen hinfällig. Zum einen lassen sich die beschriebenen Deformationen nicht einfach beiseite schieben. Die notwendigen, nicht nur thematischen und organisatorischen, sondern auch personellen Korrekturen hätten einen Neuanfang verlangt, der keinesfalls einfach den Status quo der Doppeleinrichtung aus Forschungsverbund und Gelehrtensozietät hätte fortsetzen können. Zum anderen läßt sich bei der Frage nicht von dem nun ganz anderen Umfeld absehen. Bei der Neugestaltung des Forschungspotentials waren die Regierungen der neuen Länder ebenso wenig wie der Bund am Erhalt der DDR-Akademieinstitute interessiert. Den Nachweis der Möglichkeit akademiegetragener Forschungseinrichtungen, der gerade für die Geisteswissenschaften von speziellem Interesse gewesen wäre, da hier keine Max-Planck-Institute den Platz bereits besetzt haben, diesen Nachweis hat die Akademie der Wissenschaften der DDR leider nicht erbringen können.

Literatur

Bierwisch, Manfred: „Grammatikforschung in der DDR", in: *Merkur* 519 (1992), S. 497–505.
Klare, Hermann: „Zu Fragen der Akademiereform", in: *Jb. der DAW 1968,* S. 72–82.

Eberhard Lämmert

Literaturwissenschaft in der Akademie

Das beträchtliche Ansehen, das einige der sprach- und literaturwissenschaftlichen Arbeitsvorhaben der Akademie der Wissenschaften auch außerhalb der DDR bewahren oder erneuern konnten, danken sie einerseits dem Umstand, daß besonders angesehene, vertriebene oder verfolgte Gelehrte an der Neubegründung der Akademieinstitute beteiligt waren, und andererseits der Sorgfalt, mit der das von den Brüdern Grimm gegründete *Deutsche Wörterbuch* und zahlreiche Spezialwörterbücher, aber auch die *Deutschen Texte des Mittelalters* und die kritischen Ausgaben klassischer Schriftsteller, etwa Wieland und Jean Paul, weiterhin und guten Teils sogar bis 1990 mustergültig bearbeitet wurden. Das ändert allerdings nichts daran, daß – abgesehen von der Romanistik, die mit dem Übergang von Werner Krauss an die Akademie im Jahre 1952 eine bemerkenswerte Konzentration und auch internationale Beachtung, insbesondere in der Aufklärungsforschung, erfuhr – die Literaturwissenschaft, vor allem in der Germanistik und der Slawistik, krasse Einschränkungen der methodischen und auch der thematischen Bewegungsspielräume erlitt. Dies geschah insbesondere durch die Kanonisierung der seit 1946 veröffentlichten Arbeiten von Georg Lukács, dessen rigorose Widerspiegelungstheorie zum Kernstück des propagierten *sozialistischen Realismus* wurde. In der Sprachwissenschaft gewann dagegen eine Gruppe jüngerer Sprachwissenschaftler durch ihren frühzeitigen Anschluß an den internationalen *linguistic turn* seit den frühen sechziger Jahren eine Ausstrahlung, mit der sie die Sprachwissenschaft der Bundesrepublik zeitweilig in den Schatten stellte.

Mit der Akademiereform von 1969 haben sich die Verhältnisse auch innerhalb der Sprach- und Literaturwissenschaften weitgehend geändert, und von da an treten auch die Sprachwissenschaft und die Literaturwissenschaft mit den für sie je eigens gegründeten Zentralinstituten entschiedener auseinander. Über die allgemeinen politischen Vorgaben der Reform hat Manfred Bierwisch berichtet. Nach dem neuen Konzept der Akademie sollten das *Zentralinstitut für Sprachwissenschaft* (ZIS) und das *Zentralinstitut für Literaturgeschichte* (ZIL) jeweils als „Leitinstitut" für alle Lehr- und Forschungsstätten ihrer Fachrichtung theoretische Vorgaben zu einer korrekt marxistisch-leninistischen Methodik ausarbeiten. Während sich innerhalb der Sprachwissenschaft daraufhin die Propagierung einer einheitlichen marxistischen Sprachtheorie zu einer regelrechten Kampagne gegen die zuvor erfolgreichen Bemühungen um eine strukturale und generative Grammatik versteifte und das *Wör-*

terbuch der Gegenwartssprache von Wolfgang Steinitz sogar im Konzept verändert werden mußte, ergab sich für die Literaturwissenschaft unverhofft eine geradezu gegenläufige Entwicklung. Denn ausgerechnet der direkt aus der Akademie für Gesellschaftswissenschaften des ZK der SED an die Akademie der Wissenschaften entsandte Gründungsdirektor des Zentralinstituts, Werner Mittenzwei, konnte es in dieser Funktion als erster wagen, die Klammer der Lukácsschen Realismustheorie aufzubrechen und der Literaturwissenschaft in der DDR die literarische Moderne als Arbeitsfeld wieder zu eröffnen.

Die auffälligste Modernisierung beider Zentralinstitute bestand in der Zusammenfassung der bisher getrennten germanistischen, romanistischen, anglistischen und slawistischen Nationalphilologien zu einer jeweils übergreifenden Sprach- bzw. Literaturwissenschaft. Dies gelang immerhin in demselben Jahr, in dem in der Bundesrepublik das *Rhedaer Modell*, das am Forschungszentrum der neugegründeten Universität Bielefeld von einigen zwanzig Literaturwissenschaftlern aus der gesamten Bundesrepublik entwickelt worden war, um einen ähnlichen, die Nationalliteraturen übergreifenden Verbund der Philologien herbeizuführen, an der Abwehrhaltung der Wissenschafts- und insbesondere der Schulbehörden der Länder scheiterte. In der Folge sind allerdings auch an den neuen Zentralinstituten der Akademie nur wenige transdisziplinäre Projekte zustande gekommen, weil einerseits das Gewicht der fremdsprachlichen Philologen gegenüber der Germanistik und einer vor allem russistisch orientierten Slawistik ungleich blieb, und weil andererseits Projekte von größerem und insbesondere gegenwartsnahem Zuschnitt stets mit schärferer Kontrolle und Regulierung zu rechnen hatten, während die Arbeit an entlegeneren und speziellen Themen eher unbeobachtet vor sich gehen konnte, allerdings auch oft ohne die Hoffnung auf eine angemessene Veröffentlichung.

Einer wirksamen Ausübung der erwarteten Leitungsfunktion, die den Zentralinstituten zugedacht war, stand allerdings entgegen, daß die ihnen damit angetragene Verantwortung für Forschung und Lehre das Verhältnis zwischen den Fachkollegen der Universitäten und den Mitarbeitern der Akademie ganz unabhängig von den jeweiligen politischen Einstellungen insgesamt drastisch verschlechterte. Die Folgen waren für beide Seiten negativ. Die Forschungsressourcen der Universitäten verknappten sich, und für den wissenschaftlichen Nachwuchs der Akademie erwies sich nach 1989 die frühzeitige Abtrennung von der Lehre als ein nachhaltiger Defekt. Auch die nur geringe Bereitschaft der Universitäten, nach der Vereinigung Wissenschaftler aus der aufgelösten Akademie aufzunehmen, ist noch auf die damals entstandene Kluft zurückzuführen.

Nur vereinzelt erteilte die Abteilung Wissenschaften des ZK der SED direkte Großaufträge an die Akademieinstitute. Einer gleichzeitigen Weisung an Akademie und Universitäten entsprang allerdings die Zusammenstellung eines Arbeitskollektivs zur Abfassung einer zwölfbändigen *Geschichte der deutschen Literatur von den Anfängen bis zur Gegenwart*, deren Anlage bereits am Epochenzuschnitt die politischen Direktiven erkennen läßt. Mit einiger Regelmäßigkeit wiederholte sich im übrigen die allgemeine Aufforderung zu kulturpolitischer Aktivität, doch ergaben sich z. B. aus den Aufforderungen zur Einschätzung der gegenwärtigen DDR-Literatur innerhalb der Institute in der Regel eher Kontroversen als Ergebnisse, an denen der Parteileitung gelegen war.

Im übrigen erweiterte und veränderte das ZIL mit einer Programmschrift, die bereits durch den unerwarteten Plural ihres Titels: „Positionen" auffiel, schon bald nach ihrer Gründung die bis dahin vorgegebene Arbeitsrichtung und legte unter der Regie von Manfred Naumann mit dem auch international beachteten Band *Gesellschaft – Literatur – Lesen. Literaturrezeption aus theoretischer Sicht* bereits 1973 die Ergebnisse einer fächerübergreifenden Projektarbeit vor, die Anregungen westlicher Rezeptionstheorie mit eigenen Untersuchungen zu ihrer kommunikativ-gesellschaftlichen Funktion verband. Das Begriffspaar *kommunikativ-gesellschaftlich* ist seinerseits geeignet, das merkwürdige, wenn auch nur punktuelle Ineinandergreifen wissenschaftlicher Strömungen in Ost und West zu beleuchten. Während sich in den Literaturwissenschaften der Bundesrepublik in den siebziger Jahren sozialgeschichtliche und kommunikationstheoretische Studien in zwei auch politisch unterscheidbare Strömungen gabelten, wurde die Zusammenfassung beider Begriffe in der DDR zu einem Schlüssel, um die Forschung für kommunikationstheoretische Anregungen der avanciertesten westdeutschen, etwa der Konstanzer oder der Siegener Literaturwissenschaft zu öffnen und sie weiter zu entwickeln zu einer spezifischen, sozial orientierten Leserforschung.

Der unverkennbare Gleichtakt, in dem diese Arbeiten mit Paradigmenwechseln in der westeuropäischen Forschung stehen, fällt bezeichnenderweise in die Zeit der von der DDR nur widerwillig eingeräumten, sowjetischen Koexistenzpolitik. Immerhin läßt er erkennen, wie sehr auch im Bereich der Literaturwissenschaft die Antennen ausgeschoben waren, um internationale Impulse aufzufangen und sie auf dem eigenen Wege auszuwerten. Dabei war nicht Widerstand gegen den Sozialismus, sondern der Wunsch nach einer Entschlackung des Denkens von orthodoxen Versteinerungen der entscheidende Antrieb bei diesen Versuchen, auch in internationaler Fühlung zu arbeiten.

Schärfer als vorgegebene Aufträge schränkten indessen die *indirekten* Steuerungen des Wissenschaftsbetriebes eine breitere Aneignung und Verwertung des internationalen Forschungsstandes ein. So führte seit der Ausbürgerung Biermanns ein immer dichteres Netz offener, aber auch verdeckter Kontrollen durch die Staatssicherheit häufig genug zu einer vorgreifenden Selbstzensur schon beim Zuschnitt der Themen und erst recht bei der Vorbereitung von Veröffentlichungen. Von der Vergiftung des Klimas zwischen den Mitarbeitern eines Instituts oder gar desselben Projekts durch verdeckte, interne Bespitzelung sprechen Erfahrungsberichte auch bewußt sozialistisch eingestellter Mitarbeiter so übereinstimmend, daß dies als eine der schwersten Behinderungen der Zusammenarbeit in wissenschaftlichen Einrichtungen angesehen werden muß.

Überdies verstärkte das *Reisekader-System* auch im Lande selbst die Hierarchisierung der Wissenschaftler innerhalb der Institute und verstellte so gerade den jüngeren Mitarbeitern den bei Sprach- und Literaturwissenschaften besonders dringlichen Erwerb fremdsprachiger Praktiken innerhalb ihrer Wissenschaft und damit einer international anerkennbaren Qualifikation. Dabei waren Literaturwissenschaftler, deren Handwerkszeug nicht nur Forschungsliteratur, sondern darüber hinaus die primäre Literatur selbst ist, stärker noch als andere Wissenschaftler von den Maßnahmen betroffen, die ihnen die Kenntnisnahme westlicher Literatur unmöglich machten oder künstlich erschwerten. Die teilweise abenteuerlichen Geschichten von der List und von den Glücksumständen, deren es bedurfte, um keineswegs nur verbotene, sondern auch schlicht notwendige Bücher doch noch an die Hand zu bekommen, unterstreichen nur, daß dies noch zum Zeitpunkt des Mauerfalls eines der größten Hindernisse für die jüngeren Literaturwissenschaftler der DDR gewesen ist, sich sogleich in der nun möglichen Breite wissenschaftlicher Arbeitsmöglichkeiten international frei zu bewegen.

Auf die unterschiedlichen Chancen, die sich für die Philologien der nichtsozialistischen auf der einen und der sozialistischen Länder auf der anderen Seite ergaben, ist an dieser Stelle nicht einzugehen, wohl aber möchte ich abschließend einige Bemerkungen zu der *Schreibweise* der Veröffentlichungen machen, die zwar keineswegs nur die philologischen Institute betrifft, aber hier doch für die Beurteilung des wissenschaftlichen Ertrags entscheidend war. Sie hat schließlich dazu beigetragen, daß auch bemerkenswerte Leistungen der DDR-Literaturwissenschaft nur relativ selten eine breitere internationale Resonanz gefunden haben. Selbst wenn man absieht von der unumgänglichen Gleichförmigkeit der zur Veröffentlichung notwendigen Absichtserklärungen und Zielbegründungen, dann bleibt die besondere Eintönigkeit der Begriffsbildung und die mangelnde Gelenkigkeit der Argumentation, die mit einem Schreiben einhergehen muß, das Heiner Müller als ein „Schreiben im Besitz der Wahrheit“ charakterisiert hat. Es unterlegt den Texten auch an unnötigen Stellen einen Anschein unbestreitbarer Gewißheit, weil auch rein theoretisch abgeleitete Befunde als Tatsachen ausgegeben werden. Die so erzeugte Eintönigkeit wird noch dadurch verstärkt, daß über historische Prozesse unter Vermeidung historisch handelnder Subjekte vorzugsweise im Passiv berichtet wird. Der dabei notwendig entstehende Mangel an vorsichtiger und gegebenenfalls sogar tastender Wahrheitssuche und entsprechend auch der Ausfall geschmeidig essayistischer Schreibweisen läßt Leser, die nicht schon zur Überzeugungsgemeinschaft des Schreibers gehören, am schließlichen Lohn solcher Lektüre oft schon nach kurzer Zeit zweifeln. Selbst die Lockerung dieser vielfach schon internalisierten Schreibvorgabe seit den siebziger Jahren führt nicht selten zu einer mühevollen und dann sofort bezeichnend unscharfen Diktion, indem sie das Ausscheren aus genormten Ausdrucksweisen mit angestrengten Schleifen der Rückversicherung verbindet. Auch kluge Studien erscheinen so in ihrem Schreibstil wie an der Longe geführt. Lediglich in den strengsten und zugleich traditionellsten Bereichen der Literaturwissenschaft, der textkritischen Edition, der philologischen Kommentierung, der recherchierenden Archivarbeit war schließlich auch ein Darstellungsstil einzuhalten, der sich von der Literaturwissenschaft außerhalb des sozialistischen Machtbereichs so gut wie nicht unterschied.

In diesem Licht ist auch die offenkundige *Rephilologisierung* der literaturwissenschaftlichen Arbeit unter der verstärkten Bevormundung der achtziger Jahre zu sehen. Im internationalen Vergleich stellt sie sich als eine förmliche Gegenbewegung zur postmodernen Nonchalance dar, mit der westeuropäische und amerikanische Praktiken der *deconstruction* und eines spielerischen *New Historicism* die Regeln von kausaler Ableitung und intersubjektiver Nachprüfbarkeit hinter sich zurückließen. Auch diese förmliche Verkehrung von Traditionsflucht und Traditionssuche, mit der westliche und östliche Literaturforschung sich in den achtziger Jahren gewissermaßen aneinander vorbei entwickelten, kennzeichnet die komplexen Schwierigkeiten, die einer umstandslosen Wiedervereinigung der Literaturforschung in Deutschland entgegenstanden.

Ein bedeutender Brückenschlag aus dem Zentralinstitut für Literaturgeschichte in die deutsche und internationale Literaturforschung ist allerdings mit dem 1987 gegründeten und bis heute in Berlin und in Frankfurt am Main fortgesetzten *Historischen Wörterbuch ästhetischer Grundbegriffe* gelungen. Die *Geisteswissenschaftlichen Zentren für Allgemeine Sprachwissenschaft* und für *Literaturforschung*, die nach jahrelangen Anstrengungen mit einem Kern von Wissenschaftlern aus den Zentralinstituten der Akademie in Berlin gegründet werden konnten, belegen überdies, daß beide Institute im Jahre 1990 bei der Evaluierung durch den Wissenschaftsrat besser als die meisten ihrer Nachbarinstitute abschneiden konnten. An der nur behelfsmäßigen Eingliederung der meisten, damals bestevaluierten Wissenschaftler der Akademieinstitute in reguläre akademische Berufe hat sich allerdings bis heute nichts geändert.

Renate Mayntz

Die Akademie als Produktivkraft

Anwendungsbezug und Planbarkeit als Problem[1]

Die Frage, ob die Akademie der Wissenschaften der DDR – so ihre Bezeichnung seit der Umbenennung im Jahre 1972 – als Produktivkraft wahrgenommen wurde, fungieren sollte und tatsächlich fungierte, stellt sich im Hinblick auf die Ergebnisse der in diesem Band versammelten Beiträge in aller Deutlichkeit erst für die Periode seit dem Beginn der siebziger Jahre, obwohl es Tendenzen in diese Richtung schon früher gab. Soviel zu der zeitlichen Eingrenzung des mir gestellten Themas. Das Thema hat aber nicht nur einen gewissermaßen zeithistorischen, sondern auch einen allgemeineren Bezug, und dieser ist es, der den Sozialwissenschaftler ganz speziell interessiert. Allgemeiner gefaßt nämlich lautet die Frage, zu deren Beantwortung der historische Fall *Akademie der Wissenschaften der DDR* etwas beitragen könnte, so: Unter welchen Umständen läßt sich wissenschaftliche Forschung planmäßig auf praktische Anwendung hin orientieren und so zur Produktivkraft machen, bzw. an welchen Umständen kann eine solche Absicht scheitern?

Die Wissenschaft, speziell natur- und ingenieurwissenschaftliche Disziplinen als Produktivkraft zu sehen, ist kein Spezifikum des 20. Jahrhunderts. Daß gerade die Naturwissenschaften von großer praktischer Nützlichkeit sein können, wurde bereits im 17. Jahrhundert von Francis Bacon formuliert, zu einer Zeit also, als sich die moderne Wissenschaft herausbildete. Die Betrachtung von Wissenschaft als Produktivkraft ist auch kein Spezifikum der DDR, deren Verfassung von 1968 sie zu einem sozialistischen Staat erklärte, bzw. allgemeiner, staatssozialistischer Regime. Gewiß, im sogenannten wissenschaftlichen Sozialismus wurde Wissenschaft als Grundlage der Produktion und geplanter Innovation angesehen. Wissenschaftliches Wissen war kein Wert an sich; die Forschung mußte sich vielmehr durch die Bedeutung ihrer Ergebnisse für den Prozeß gesellschaftlicher Reproduktion und wirtschaftlicher Entwicklung legitimieren. Dabei wurde unterstellt, daß Grundlagenforschung, angewandte Forschung und die praktische Nutzung von Forschungsergebnissen

[1] Dieser Beitrag stützt sich auf Teile eines früheren englischen Textes, bei dem jedoch eine andere Frage im Mittelpunkt stand, nämlich die Rückwirkung auf die Grundlagenforschung der DDR (vgl. Mayntz, „Socialist Academies of Sciences"). Die wichtigste Quelle für die speziell auf die Akademie der Wissenschaften der DDR bezogenen Aussagen ist zu finden bei Gläser/Meske, *Anwendungsorientierung von Grundlagenforschung.*

eine eindeutig gerichtete Sequenz, eine lineare Kausalkette bilden. Aber auch in der westlichen Welt dominierte in der Zeit nach dem Zweiten Weltkrieg ein ähnliches lineares Modell – allerdings mit dem großen Unterschied, daß hier die erste Kette des Gliedes, nämlich die Grundlagenforschung, als eigendynamisch wirkende Triebkraft des ganzen Prozesses angesehen wurde und deswegen zum Nutzen des Ganzen wohl der finanziellen Förderung, nicht jedoch der Planung bedurfte.[2] Genau dies unterstellte jedoch der wissenschaftliche Sozialismus. Dabei hatte auch schon früher in kapitalistischen Ländern die Auffassung, daß Wissenschaft im Interesse angestrebter Innovationen zielgerichtet gesteuert werden muß, ihre Anhänger. In der DDR bezog man sich besonders gern auf den Engländer John Desmond Bernal als wichtigen Vordenker der eigenen Auffassung.[3] Nicht die Wahrnehmung von Wissenschaft als Produktivkraft, sondern die Annahme ihrer Planbarkeit war insofern ein Spezifikum des staatssozialistischen Regimes.

Spezifisch für die DDR wie für alle sozialistischen Staaten war auch die Art, wie wissenschaftliche Forschung organisiert wurde. Ein zentrales Element war dabei die Konzentration der staatlich finanzierten Grundlagenforschung, einschließlich der generell auf spezifische Problembereiche bezogenen Forschung, in einer oder mehreren nationalen Akademien. Dabei liegt der Akzent im Kontext der hier angestellten Überlegungen mehr auf der Tatsache der Konzentration und weniger auf der Tatsache, daß die hier organisatorisch zusammengefaßten außeruniversitären Forschungsinstitute an Gelehrtengesellschaften angebunden waren. Anders als es der westeuropäischen Tradition entsprach, waren die Akademien der Sowjetunion und der sozialistischen Länder ihres Einflußbereichs nicht nur – wenn auch nicht primär – Gelehrtengesellschaften, sondern auch große Forschungsorganisationen, wobei insbesondere die jeweilige nationale Akademie der Wissenschaften Forschungsinstitute aus einer Vielzahl insbesondere naturwissenschaftlicher Disziplinen umfaßte. Dieses Akademiemodell der Forschungsorganisation wurde zwar vor dem Ersten Weltkrieg auch in Deutschland als Möglichkeit gesehen, praktisch jedoch zuerst in der Sowjetunion realisiert und nach dem Zweiten Weltkrieg von allen ost- und mitteleuropäischen Satellitenstaaten früher oder später kopiert.[4] Dabei war die Herausbildung des Akademiemodells der Forschungsorganisation in der Sowjetunion insofern nicht zwangsläufig, als in Sowjetrußland anfänglich durchaus auch eine nach dem Beispiel der Kaiser-Wilhelm-Gesellschaft geformte Forschungsorganisaton zur Diskussion stand.[5] Nachdem die Fürsprecher eines Ausbaus der existierenden russischen Akademie, einer Gelehrtengesellschaft, die zur Zeit der Revolution von 1917 nur ein einziges Forschungsinstitut und fünf Labore ihr eigen nannte, sich aus einer Reihe von Gründen gegenüber denjenigen durchgesetzt hatten, die sich für eine russische Variante der Kaiser-Wilhelm-Gesellschaft aussprachen, erfolgte der Aufbau relativ zügig. Das sowjetrussische Akademiemodell wurde später auf die anderen Sowjetrepubliken ausgedehnt, wobei die verschiedenen regionalen Akademien der

[2] Bush, *Science.*

[3] Steiner, *Bernal's The Social Function of Science.*

[4] Mayntz/Schimank/Weingart, *Transformation mittel- und osteuropäischer Wissenschaftssysteme.*

[5] Graham, „Formation of Soviet Research Institutes".

Sowjetunion ein von Moskau aus angeleitetes und teilweise arbeitsteilig organisiertes Netzwerk von Forschungsorganisationen bildeten.

Auch wenn, historisch gesehen, die Entwicklung des Akademiemodells der Forschungsorganisation nicht zwangsläufig war, entsprach diese Organisationsform doch ganz offensichtlich grundlegenden Strukturprinzipien sozialistischer Gesellschaften. Diese Prinzipien waren zentralisierte staatliche Kontrolle, Spezialisierung und die Konzentration gleichartiger Aufgaben in einer großen Organisation, um Wettbewerb und Redundanz zu vermeiden. Diese Prinzipien prägten die sozialistische Planwirtschaft, und sie prägten auch die Organisation des sozialistischen Wissenschaftssystems, in dem die Universitäten primär, wenn auch nicht ausschließlich, der Ausbildung, die Akademien der grundlagen- und anwendungsbezogenen Forschung und die Industrieforschungseinrichtungen der Entwicklung dienten. Am deutlichsten prägte dabei die sozialistische Organisationsphilosophie nach und nach den Sektor der außeruniversitären Forschung. In der DDR arbeiteten am Ende über 90 Prozent des Forschungs- und Entwicklungspersonals dieses Sektors in einer der nationalen Akademien. Die größte unter ihnen, die *Akademie der Wissenschaften der DDR* (AdW), hatte ca. 50 Forschungsinstitute und zählte 1989 rund 24.000 Mitarbeiter.[6] Wie sich diese Art der Forschungsorganisation nach 1945 in der DDR schrittweise herausgebildet hat, ist bereits in den vorangehenden Beiträgen gezeigt worden. Hier bleibt lediglich festzuhalten, daß dieser Prozeß nicht konfliktfrei war. Interessanterweise wurde dabei kaum über die Frage gestritten, ob die Kombination einer Gelehrtengesellschaft mit einer großen Forschungsorganisation fruchtbar ist – eine Frage, die auf der in diesem Band dokumentierten Tagung ausführlich diskutiert und eher negativ beantwortet wurde. Ein zentraler Konfliktpunkt war vielmehr die Art und Intensität des Anwendungsbezugs der Akademieforschung. Politisch wurde erwartet, daß sowohl die Grundlagenforschung als auch die stärker anwendungsbezogene Forschung der verschiedenen nationalen Akademien unmittelbar die Praxis in ihren jeweiligen Anwendungsfeldern – Industrie, Gesundheitswesen, Landwirtschaft usw. – befruchten und dort Prozeß- und Produktinnovationen ermöglichen sollten. Dagegen wurde nicht erwartet, daß Akademieinstitute sich unmittelbar an Entwicklungsaufgaben beteiligen sollten. In der DDR wurde die Forschung in verschiedene Kategorien eingeordnet: Grundlagenforschung (G), Angewandte Forschung (A), Produktentwicklung (K) und Verfahrensentwicklung (V). Die AdW sollte Forschung der Typen G und A, aber nicht der Typen K und V betreiben.[7] Tatsächlich konnte diese normativ erwartete Funktionsabgrenzung im Laufe der Zeit nicht aufrechterhalten werden, so daß am Ende die meisten AdW-Institute sich nicht nur an Entwicklungsarbeiten beteiligten, sondern in eingeschränktem Maße sogar Produktionsaufgaben übernahmen.

Die Konzentration von wissenschaftlicher Forschung eines bestimmten Typs in einer einzigen großen Organisation mag man als eine Voraussetzung für eine umfassende Forschungsplanung betrachten. Die zweite Voraussetzung von Planbarkeit muß dann die Unterwerfung dieser Organisation unter eine zentrale politische Kontrolle sein. Die natio-

[6] Mayntz, *Deutsche Forschung im Einigungsprozeß*, S. 40 und 42.

[7] Gläser/Meske, *Anwendungsorientierung von Grundlagenforschung*, S. 149.

nale Akademie der Wissenschaften der DDR wurde schrittweise in die hierarchische Kontrollstruktur des sozialistischen Staates integriert. Die Forschungsinstitute wurden zunehmend von der Gelehrtengesellschaft abgekoppelt. Zusammengefaßt zu der so genannten *Forschungsgemeinschaft* wurden die Institute dem Akademiepräsidenten unmittelbar unterstellt. Die AdW als Ganze wurde unmittelbar dem Ministerrat unterstellt. Ergänzt wurde dieses System hierarchischer Kontrolle durch die in allen Bereichen der DDR-Gesellschaft präsente Parteiorganisation: Auf jeder Organisationsebene innerhalb der AdW gab es Parteifunktionäre, die neben der wissenschaftlichen Amtshierarchie eine funktionell eng mit ihr verbundene zweite politische Kontrollhierarchie bildeten. Auf diese Weise wurde die externe politische Kontrolle organisatorisch internalisiert, d. h., sie wurde nicht von außen über die Akademie, sondern innerhalb der Akademie selbst ausgeübt. Es mag sein, daß die politische Kontrolle innerhalb der Akademie eher im Bereich der Personalpolitik als im Bereich wissenschaftlicher Themenwahl wirksam wurde. Die Repräsentanten der SED waren jedoch generell dafür mitverantwortlich, daß sich die Forschung der Institute an den zentralen politischen Zielvorgaben orientierte, und daß die wissenschaftliche Arbeit nicht in Widerspruch zur Lehre des herrschenden Marxismus-Leninismus geriet. Die zuletzt genannte Art der normativen politischen Kontrolle war für die Arbeit in den sogenannten gesellschaftswissenschaftlichen Instituten generell von größerer Bedeutung als für die Forschung in den Natur- und Ingenieurwissenschaften. Wie die Fallstudien in dem von Jürgen Kocka und Renate Mayntz herausgegebenen Band[8] gezeigt haben, leiteten sich aus der herrschenden Ideologie für die Arbeit von Philosophen, Historikern, Rechtswissenschaftlern und Wirtschaftswissenschaftlern nicht nur allgemeine Funktionsbestimmungen, sondern unmittelbar auch thematische Vorgaben und Tabus ab.

In der DDR wie in allen anderen mittel- und osteuropäischen sozialistischen Ländern erwartete die regierende kommunistische Partei, daß die Wissenschaft zur Entwicklung der sozialistischen Gesellschaft und speziell zur Lösung ökonomischer Probleme bzw. zur Erreichung der angestrebten Wachstumsziele beiträgt. Diese Erwartung war sowohl normativ, d. h. eine Aufforderung an die Wissenschaft, als auch kognitiv, indem man tatsächlich glaubte, daß, wenn nur die Wissenschaftler die ihnen zugewiesenen Aufgaben erfüllten, Wirtschaftswachstum und sozialer Fortschritt zwangsläufig folgen würden. Die kognitive Erwartung wurde durch den faktischen Gang der Entwicklung falsifiziert, was aber an der normativen Erwartung nichts änderte. Die Folge war, daß die unübersehbaren wirtschaftlichen Mängel allzu gern einer ungenügenden Orientierung der Wissenschaft an praktischen Problemlösungen angelastet wurden, was wiederum zu verstärkten Versuchen führte, der Wissenschaft durch äußeren Druck die Anwendungsbezogenheit aufzunötigen, die sie von sich aus nicht in genügendem Maße entwickelte.

Ein zu diesem Zweck eingesetztes Instrument war die zentrale Forschungsplanung. Wie in der Wirtschaft gab es kurzfristige Jahrespläne und mittelfristige Fünfjahrespläne; für die Grundlagenforschung war der Planungszeitraum manchmal sogar noch länger.[9] Der For-

[8] Kocka/Mayntz, *Wissenschaft und Wiedervereinigung*.

[9] Gläser/Meske, *Deutsche Forschung*, S. 115–118.

schungsplanungsprozeß ähnelte, was das Verfahren anging, der Wirtschaftsplanung, in die er integriert werden sollte. Zentrale Forschungsplanung hieß aber keineswegs, daß eine externe politische Instanz den Wissenschaftlern im Detail vorschrieb, welche Forschungsfragen sie bearbeiten sollten. Vielmehr gab die politische Führung Forschungsprioritäten relativ allgemeiner Art vor, z. B. indem sie Wachstums- und Entwicklungsdesiderate formulierte oder akut lösungsbedürftige Probleme benannte. Diese politischen Prioritäten dienten als Leitlinien, an denen Wissenschaftler und wissenschaftliche Einrichtungen sich bei der Ausarbeitung ihrer Projektvorschläge orientieren sollten. Projektvorschläge wurden zunächst von einzelnen Forschern bzw. Forschergruppen formuliert, auf Abteilungs- bzw. Institutsebene zusammengestellt und schließlich für die Akademie insgesamt aggregiert. In diesem von unten nach oben laufenden Prozeß der Aggregation konnten Projektvorschläge modifiziert und auch ausgeschieden werden. Der fertige Entwurf des Forschungsplans wurde den politischen Autoritäten zugeleitet, die den Vorhaben zustimmen mußten und sich somit die letzte Auswahlfunktion vorbehielten. Größere Veränderungen der Pläne scheint es in dieser Phase jedoch in der Regel nicht mehr gegeben zu haben. Da auf jeder Planungsebene die an den vorgegebenen Forschungsprioritäten orientierte Reaktion der nächst höheren Ebene antizipiert wurde, versuchte man auf allen Ebenen von vornherein, nichts vorzuschlagen bzw. durchgehen zu lassen, was erkennbar nicht in den vorgegebenen Rahmen paßte. Da allerdings die politischen Planungsvorgaben recht allgemeiner Natur waren und weder die Akademieleitung noch gar die übergeordnete politische Instanz fähig waren, die politischen Zielvorgaben in konkrete Projekte zu übersetzen, ergaben sich nicht unbeträchtliche Freiräume für die Wissenschaftler. Es mußte auch keineswegs immer nur Etikettenschwindel sein, wenn diese versuchten, ihre wissenschaftlich-theoretisch begründeten Forschungsabsichten so zu formulieren, daß sie in den vorgegebenen Rahmen paßten. Zum Teil leisteten die Wissenschaftler von unten nach oben genuine Überzeugungsarbeit, indem sie für die – letztlich auch praktische – Bedeutsamkeit ihrer Vorhaben argumentierten. So enthielten die verbindlichen Forschungspläne am Ende immer auch so etwas wie *bestellte Befehle*.

Angesichts der damit gezogenen Grenzen für eine zentrale Planung der Akademieforschung, die natürlich auch der politischen Führung nicht verborgen bleiben konnten, ist es nicht überraschend, daß ergänzend ein zweiter Steuerungsmechanismus eingesetzt wurde, um den erwünschten Anwendungsbezug der Akademieforschung, ihre Orientierung an den jeweils drängendsten Problemen von Wirtschaft und Gesellschaft zu gewährleisten. Dieses Instrument war die politisch verordnete finanzielle Abhängigkeit der Akademieforschung von den Aufträgen potentieller Nutzer ihrer Ergebnisse.

Die Erwartung, daß die AdW sich z. T. über Forschungsaufträge finanziert, war von der Wissenschaftspolitik der DDR schon sehr frühzeitig ausgesprochen worden. Konkretisiert wurde diese allgemeine Erwartung dann später in der Form, daß die AdW dazu verpflichtet wurde, einen bestimmten Prozentsatz ihrer Forschungsmittel durch Aufträge einzuwerben. Ein verschärfter Druck auf die Akademie in Richtung Anwendungsbezogenheit ihrer Forschung nahm dann die Form einer Erhöhung dieses Prozentsatzes an. Der Anteil der Auftragsfinanzierung der Akademieforschung variierte von Jahr zu Jahr; in einigen Jahren erreichte er bis zu zwei Dritteln der gesamten Ausgaben.[10] Der Anteil an einzuwerbenden Drittmitteln schwankte auch zwischen den Instituten, und innerhalb großer Institute noch einmal zwischen Abteilungen. Auf diese Weise wurde die Tatsache berücksichtigt, daß die Chance, ihre Forschungsergebnisse zu *verkaufen*, zwischen Disziplinen und Forschungsthemen sehr unterschiedlich ausfiel. Am Ende mußte jedoch jedes Institut und die Akademie insgesamt das ihr gesteckte Ziel externer Finanzierung erreichen. Der größte Teil der in der AdW durchgeführten angewandten Projekte (Kategorie A) wurde durch Aufträge finanziert, zusätzlich aber auch ein kleiner Teil der Grundlagenforschung. Dagegen wurden die meisten Projekte der Grundlagenforschung (Kategorie G) von der Akademie aus dem eigenen Haushalt finanziert, ebenso ein kleiner Teil angewandter Projekte.

Der größte Anteil an Auftragsmitteln kam aus der Industrie: bis zu fast 60 Prozent der gesamten Forschungsausgaben. Die großen Kombinate, die die volkseigenen Betriebe einer bestimmten Branche unter ihrem Dach versammelten, mußten spezielle Haushaltstitel für die Auftragsforschung ausweisen. Die Auftragnehmer waren dabei im übrigen nicht nur Akademieinstitute, sondern auch Universitäten. Es gab außerdem besondere staatliche Mittelzuweisungen, die für die Vergabe von Forschungsaufträgen zweckgebunden waren. Die Auftragsforschung war insofern, wie in einer staatlichen Planwirtschaft nicht anders zu erwarten, keine echte Marktnachfrage, d. h., sie spiegelte, insbesondere was ihren Umfang anging, nicht unbedingt die je aktuellen Bedürfnisse der Betriebe wider. Trotzdem konnte man erwarten, daß auf diese Weise die letztlich nur dezentral erkennbaren Bedürfnisse der Praxis sich sehr viel direkter auf die Formulierung von Projektthemen auswirken würden, als das über Versuche zentraler Planung *top-down* erreichbar war. Mit demselben Argument wurde in der alten Bundesrepublik von der Fraunhofer-Gesellschaft verlangt, daß sie sich teilweise durch Auftragsforschung finanziert.

Bei der Steuerung der Akademieforschung durch Aufträge potentieller Nutzer wurden zwei sich ergänzende Vertragsformen benutzt. Die sogenannten Koordinierungsverträge, bei denen normalerweise ein Kombinat als Auftraggeber fungierte, zielten darauf ab, eine langfristige Zusammenarbeit zwischen bestimmten Forschungsgebieten und jenen wirtschaftlichen bzw. gesellschaftlichen Bereichen zu etablieren, die aus ihren Ergebnissen Nutzen ziehen könnten. Koordinierungsverträge beinhalteten nicht selten auch Grundlagenforschung, die nur in einem relativ allgemeinen Sinne als problemorientiert gelten konnte. Die sogenannten Wirtschaftsverträge dagegen, die normalerweise mit einzelnen Betrieben geschlossen wurden, bezogen sich auf angewandte Forschung zur Lösung spezifischer Probleme in der Produkt- oder Verfahrensentwicklung. In diesen Verträgen mußte nicht nur der zeitliche und personelle Aufwand für die Bearbeitung der Forschungsaufgabe spezifiziert werden, sondern auch das erwartete Ergebnis, die Art und Weise seiner Überführung in die tägliche Produktion und der erwartete wirtschaftliche Wert der so zustande gekommenen Innovation. Der Vertrag wurde durch ein sogenanntes Pflichtenheft ergänzt, das ein detailliertes, schrittweise entwickeltes Programm für den Ressourceneinsatz, die für jeden Schritt aufzuwendende Zeit, die dabei zu erfüllenden Aufgaben und die zu erzielenden

[10] Ebd., S. 121.

Zwischenergebnisse enthielt. Der Projektverlauf mußte zu bestimmten Zeitpunkten dem Auftraggeber vorgestellt und mit ihm diskutiert werden; darüber hinaus gab es jedoch bei solchen Forschungsaufträgen auch zahlreiche informelle Kontakte zwischen Wissenschaftlern der Akademie und ihren Kontaktpartnern in den Betrieben, insbesondere sofern es sich auch hier um Wissenschaftler handelte.

Wenn trotz all dieser Vorkehrungen zur Sicherung eines produktiven Anwendungsbezugs der Akademieforschung kein ständiger Strom nützlicher Innovationen die Wirtschaft der DDR beflügelte, lag das nicht an der mangelnden Bereitschaft der Akademieforscher, praktisch nützliche Ergebnisse zu produzieren. Der wichtigste Grund dafür ist vielmehr in der Art der Nachfrage zu suchen, die von den Auftraggebern tatsächlich artikuliert wurde, und in ihrer oft fehlenden Bereitschaft, innovative Forschungsergebnisse auch zu nutzen. Wie weit das auch für die Rüstungsforschung galt, die in der DDR im Vergleich zur Industrie eine weniger bedeutsame Rolle spielte als in der Sowjetunion, wo 71 Prozent der gesamten Forschungs- und Entwicklungsausgaben für die Militärforschung aufgewendet wurden,[11] läßt sich mangels einschlägiger Daten nicht sagen, zumal die Auftragsforschung für das Militär offiziell nicht als solche ausgewiesen wurde. Aber aus welchem Wirtschaftszweig die Forschungsaufträge für die AdW auch immer kamen, es gab fast immer Probleme auf der Nachfrageseite. Zum einen verlangten die Auftraggeber in dem Maße, in dem Produktionsengpässe wuchsen, vor allem schnell und billig umsetzbare inkrementelle Innovationen, und zwar vorzugsweise solche, die einen Rationalisierungseffekt hatten. Wo aber tatsächlich Forschungsergebnisse erzielt wurden, die zu größeren, allerdings kostspieligen und vielleicht auch risikoreichen Produkt- und Prozeßinnovationen hätten führen können, gab es in zunehmendem Maße Schwierigkeiten bei der sogenannten Überführung, d. h., solche Ergebnisse wurden von der Praxis nicht aufgegriffen und genutzt.

Die Gründe dafür waren ökonomischer Natur. In der unmittelbaren Nachkriegszeit bemühte man sich in der DDR vor allem um den Wiederaufbau der traditionellen Schwerindustrie, eine Aufgabe, für die wissenschaftliche Innovationen keine zentrale Rolle spielten. Auch später, als die Planwirtschaft und die Isolierung von den internationalen Märkten zu wachsenden wirtschaftlichen Problemen führten, blieb das industrielle Innovationsbedürfnis gering, denn nun mußten alle Kräfte eingesetzt werden, um die vorgeschriebenen Produktionsnormen zu erfüllen. Damit aber fehlten den Betrieben und Kombinaten sowohl die investiven Mittel wie der zeitliche und organisatorische Freiraum, um sich selber intensiv mit Produkt- und Prozeßinnovationen zu befassen. Sowohl in den Brancheninstituten wie in den Forschungsabteilungen der Betriebe reduzierte sich daraufhin die Industrieforschung mehr und mehr auf die direkte Unterstützung der Produktion und auf Reparaturaufgaben. Der Raum für genuine Entwicklungsforschung wurde immer enger, von Grundlagenforschung gar nicht zu reden. In dieser Situation erwartete die Industrie von der Akademieforschung, daß sie die Aufgaben übernehmen sollte, die die Industrie-

[11] Gaponenko/Gokhberg/Mindeli, „Transformation der Wissenschaft Rußlands", S. 382–569, hier besonders S. 389.

forschung nicht mehr erfüllte. Daraus resultierte eine Erwartungshaltung der Industrie an die Forschungsergebnisse der Akademie, die insbesondere auf drei Typen von Ergebnissen abzielte:

1. Ergebnisse, die der Produktionssteigerung durch die Verbesserung laufender Produktionsprozesse dienten;
2. die Nacherfindung von Produkt- und Prozeßinnovationen, die in der westlichen Welt bereits genutzt wurden, die aufgrund von Devisenknappheit und des herrschenden Embargos in der DDR jedoch nicht verfügbar waren;
3. die Lösung akuter qualitativer oder quantitativer Probleme in der laufenden Produktion, sogenannte Feuerwehraufgaben.

Konfrontiert mit derartigen Erwartungen baute die Akademie schrittweise ihre eigene technologische Kapazität auf. Im Zentralinstitut für wissenschaftlichen Gerätebau wurden nicht nur Geräte für die Akademieforschung entwickelt, sondern auch für Universitäten und für die Industrie, ja z. T. sogar für den Export. Andere Institute produzierten besondere Materialien, z. B. Chemikalien oder Testmaterial für die pharmazeutische Industrie. In vielen Fällen wurde erwartet, daß die Akademieforscher sich auch über die Prototypenentwicklung hinaus an der Einrichtung einer neuen Produktlinie in der Industrie beteiligten. All dieses stand ganz offensichtlich in Widerspruch zu der eigentlich der Akademie zugewiesenen Aufgabe.

Welche Schlußfolgerungen erlaubt diese kurze Analyse hinsichtlich der eingangs formulierten Frage nach der Möglichkeit umfassender Forschungsplanung im Sinne einer ausgeprägten Anwendungsorientierung? Daß in der DDR der Versuch gemacht wurde, die Forschung in ihrer größten außeruniversitären Forschungsorganisation, der Akademie der Wissenschaften, zentral zu planen und auf die Produktion praktisch nützlicher Innovationen zu lenken, ist evident. Genauso klar ist, daß der Versuch, mißt man ihn an seinem praktischen Erfolg, mißlang. Dabei gibt es für das Verfehlen des Desiderats zentraler Planung prinzipielle, für das Verfehlen des Desiderats eines fruchtbaren Anwendungsbezugs historisch kontingente Gründe. Forschung läßt sich, z. B. auf der Ebene einzelner Institute oder auch umrissener Forschungszweige, durchaus planen – wenn damit nicht die Vorstellung verbunden wird, daß die geplante Forschung immer nach Plan verläuft und tatsächlich *nur* die Antworten auf die eingangs gestellten Fragen bringt. Eine zentrale Planung von Forschung in nationalem Umfang, die bis auf die Projektebene herunterreicht, und mit der zudem versucht wird, Problemlösungen für eine Vielzahl von Praxisfeldern zu erzielen, muß dagegen zwangsläufig an unüberwindbaren Informationsproblemen scheitern. Eine gewissermaßen *on-line*, d. h. ohne zeitliche Verzögerung laufende und zugleich flächendeckende Information über aktuelle Probleme ist praktisch ebenso wenig erreichbar wie entsprechende Informationen über Entwicklungstrends bei den Bedürfnissen und über die absehbare Fähigkeit der Forschung, Problemlösungen anzubieten. Und selbst wenn alle diese Informationen verfügbar wären, dürften sie die Informationsverarbeitungskapazität jeder Zentrale überfordern. Versucht man es demzufolge ersatzweise oder ergänzend zu einer eher indikativen Rahmenplanung mit dem Instrument der Steuerung durch die künftigen Nutznießer möglicher Forschungsergebnisse, dann hängt das faktische Innovations- und

Problemlösungspotential des in einem solchen System produzierten Wissens sowohl von bestimmten Voraussetzungen auf der Seite der Wissenschaft wie auch auf der Seite der potentiellen Nachfrager ab. Auf der Seite der Wissenschaft spielt dabei die – auch von der apparativen Infrastruktur abhängige – Fähigkeit der Forscher zu innovativen Leistungen vermutlich eine größere Rolle als ihre grundsätzliche Bereitschaft, sich an praktischen Problemlösungen zu orientieren. Zugleich hängt jedoch der Erfolg davon ab, daß die potentiellen Nachfrager erstens hinreichend anspruchsvolle Fragen an die Wissenschaft stellen, und daß zweitens die Bereitschaft und die Fähigkeit bei ihnen bestehen, brauchbare wissenschaftliche Innovationen tatsächlich in die Praxis umzusetzen. Insbesondere die zuletzt genannten Voraussetzungen waren in der DDR nur sehr unzureichend erfüllt.

Literatur

Bush, Vannevar: *Science, The Endless Frontier:* A Report to the President, Washington, D.C. 1945 (Nachdruck 1960).

Gaponenko, N. V./Leonid M. Gokhberg/Levan E. Mindeli: „Transformation der Wissenschaft Rußlands", in: Mayntz/Schimank/Weingart, *Transformation mittel- und osteuropäischer Wissenschaftssysteme*, S. 382–569.

Gläser, Jochen/Werner Meske: *Anwendungsorientierung von Grundlagenforschung?* Erfahrungen der Akademie der Wissenschaften der DDR, Frankfurt/M. 1996.

Graham, Loren R.: „The Formation of Soviet Research Institutes: A Comparison of Revolutionary Innovation and International Borrowing", in: *Social Studies of Science* 5 (1975), S. 303–329.

Kocka, Jürgen/Renate Mayntz (Hrsg.): *Wissenschaft und Wiedervereinigung.* Disziplinen im Umbruch (= Forschungsberichte der Interdisziplinären Arbeitsgruppen der Berlin-Brandenburgischen Akademie der Wissenschaften 6), Berlin 1998.

Mayntz, Renate: *Deutsche Forschung im Einigungsprozeß.* Die Transformation der Akademie der Wissenschaften der DDR 1989–1992, Frankfurt/M. 1994.

Mayntz, Renate/Uwe Schimank/Peter Weingart (Hrsg.): *Transformation mittel- und osteuropäischer Wissenschaftssysteme.* Länderberichte, Opladen 1995.

Mayntz, Renate: „Socialist Academies of Sciences: the Enforced Orientation of Basic Research at User Needs", in: *Research Policy* 27 (1998), S. 781–791.

Steiner, Helmut (Hrsg.): *J. D. Bernal's The Social Function of Science*, Berlin 1989.

III.
Akademien im nationalen und internationalen wissenschaftlichen Rahmen

Benno Parthier und Sybille Gerstengarbe

Akademien als Orte gesamtdeutscher Wissenschaftsbeziehungen

Das Beispiel Leopoldina

1. Stellung der Leopoldina im kulturpolitisch-wissenschaftlichen Umfeld der DDR

Obgleich es zu den frühen Bestrebungen der DDR-Regierungen in der Deutschlandpolitik gehörte, das Wort *deutsch* von öffentlichen Einrichtungen weitgehend zu eliminieren und durch *DDR* zu ersetzen, blieb die *Deutsche Akademie der Naturforscher Leopoldina* (im folgenden stets in der Kurzform *Leopoldina* genannt) davon verschont – auch nachdem die Deutsche Akademie der Wissenschaften zu Berlin 1972 in Akademie der Wissenschaften der DDR umbenannt worden war. Man kann daraus ableiten, daß die Machthaber Ostdeutschlands zur politischen Differenzierung bereit waren.

Man würde wissenschaftshistorisch unzulässig pauschalisieren, wenn man die Kulturpolitik der DDR – und die Leopoldina war in diese Kategorie eingeordnet – lediglich als undifferenziert und klassenmäßig-ideologisch ausgerichtet ablegte; vielmehr lassen sich Phasen mit jeweils spezifischen Ausformungen erkennen. Genauso wie die allgemeine Politik in der DDR, so ist auch die Kulturpolitik unter Honecker und Hager von jener in der Ära von Ulbricht und Abusch zu unterscheiden. Letztere stellten primär die Frage des gesellschaftlichen Klassenkampfes nicht nur in der Kunst (*Bitterfelder Weg, sozialistischer Realismus*), sondern auch in Bildung und Wissenschaft (*sozialistische Forschungsformen, Reinigung der Wissenschaft von bürgerlichen Ideen*). In den siebziger Jahren, also unter Honecker, galt die internationale Anerkennung des scheinbar gefestigten DDR-Staates als wichtigstes Ziel, dem alles untergeordnet wurde. Künstler wie Werner Tübke oder Wolfgang Mattheuer, die ideologisch unangepaßt waren, erhielten nicht nur staatliche Aufträge, sondern erfreuten sich auch einer großen ideellen und physischen Bewegungsfreiheit. Ähnlich sahen es angesehene Wissenschaftler, die den Vers von Erich Kästner „Wir sitzen alle im gleichen Zug, und viele im falschen Coupé“ umformulierten zur Aussage: „Wenn ich schon im falschen Zuge sitze, will ich wenigstens Erster Klasse reisen.“[1]

[1] Unter Akademikern in der DDR oft benutztes Bonmot.

Auch die Leopoldina, als nichtstaatliche Einrichtung die einzige Bastion einer politisch unabhängigen Wissenschaftsinstitution in der DDR, wollte und sollte im ostdeutschen Staate eine Funktion erfüllen und durfte dafür in der Zweiten Klasse mitfahren. Daß es eine Reise mit kleinen Freiheiten und Möglichkeiten war, lag an einigen historisch gewachsenen spezifischen Unterschieden zu den anderen Akademien in der DDR:

1. Die Leopoldina wurde 1652 in der Freien Reichsstadt Schweinfurt von Ärzten gegründet als *Academia naturae curiosorum* und blieb eine unabhängige, übernationale Gelehrtengesellschaft von Naturforschern und Ärzten. 1687 durch kaiserliche Privilegierung in die Rolle einer *Reichsakademie* erhoben, verlor sie diese spätestens 1806 wieder mit der Auflösung des Heiligen Römischen Reiches deutscher Nation. Es fehlten ihr sowohl die typische Klassenstruktur, die die anderen Akademien kennzeichnete, als auch solche geisteswissenschaftliche oder – wie es in der DDR hieß – gesellschaftswissenschaftliche Mitglieder, die die Leopoldina ideologisch unterwandert oder sie gar zur Implosion gebracht hätten.

2. Die Leopoldina wurde vom DDR-Staat aus seiner Wissenschafts- und Forschungspolitik ausgeklammert. Wissenschaftspolitik wurde in erster Linie an der im Sinne der SED geführten und kontrollierten Akademie der Wissenschaften gemacht; das (natürlich ebenfalls von dieser Partei beherrschte) Ministerium für Hoch- und Fachschulwesen (MHF) beanspruchte die Bildungspolitik für sich. Diesem Ministerium bzw. zunächst dem zuständigen Staatssekretariat war die Leopoldina seit ihrer offiziellen Wiederzulassung im Jahre 1952 unterstellt worden, was sich zunächst nur in der Übernahme des Haushaltes (Personalkosten für die wenigen Mitarbeiter) sowie der Druckkosten für die Leopoldina-Schriften äußerte; 1955 z. B. betrug der Etat 60.000 Mark,[2] 1985 das Zehnfache.

3. Die Internationalität der Leopoldina lag und liegt in ihrer Mitgliederstruktur; etwa ein Drittel der fast 1000 Mitglieder entstammte fremdsprachigen Ländern. 1954 hatte die Leopoldina nur 642 Mitglieder, davon waren 416 (ca. zwei Drittel) deutsche Mitglieder, von denen 13 in der NS-Zeit emigriert waren. Bis 1974 wurden 1017 Mitglieder zugewählt, davon waren 512 ausländische und 505 deutsche Mitglieder. Unter den zugewählten Mitgliedern waren 23 Frauen (2,2 Prozent).[3]

Die Mitgliederzuwahlen zeigen deutlich den gesamtdeutschen Charakter der Akademie. Weniger als ein Drittel (154) der deutschen Mitglieder lebten zum Zeitpunkt ihrer Aufnahme in der DDR. Über die Hälfte der zugewählten Mitglieder kam aus dem Ausland, davon lebten 156, also weniger als 30 Prozent, in den sozialistischen Ländern. Von den Ländern der westlichen Welt kamen etwa ebenso viele Mitglieder aus den beiden deutschsprachigen Stammländern Österreich und der Schweiz wie aus den USA.

Der demokratisch und geheim gewählte Senat der Akademie, der aus *Adjunkten* (das sind die gewählten Sprecher der regionalen Einheiten in den deutschsprachigen drei Stammländern der Akademie) und aus *Obleuten* (Sprechern) für die jeweiligen Fachsektionen be-

[2] HAL, Protokollhefter VIII, Protokoll der Präsidiumssitzung vom 19. Oktober 1967.

[3] HAL, Matrikelunterlagen.

stand und besteht, hatte mehr als zwei Drittel *Senatoren* aus der Bundesrepublik Deutschland.

Aus diesem Grunde wurde die Leopoldina nicht ein einziges Mal zu einem wissenschaftspolitischen oder wissenschaftsberatenden Gutachten gebeten oder zu entsprechenden Entscheidungsfindungen des zuständigen Ministeriums oder der Berliner Akademie der Wissenschaften herangezogen. Dagegen wurde in den meisten Gesprächen zwischen dem jeweiligen Präsidenten und hochrangigen DDR-Politikern (die entsprechenden Minister für das Hoch- und Fachschulwesen, die Vertreter der Partei, hier in der Regel Kurt Hager) sehr wohl über die Wissenschaftsstrategie der DDR gesprochen. Störend empfand das Ministerium den Sitz eines sogenannten auswärtigen (westdeutschen) Vizepräsidenten im Präsidium. Die Amtsinhaber waren durchweg hochangesehene Wissenschaftler, z. B. die Nobelpreisträger Adolf Butenandt[4] und Feodor Lynen[5].

4. Die Leopoldina besaß in der DDR-Zeit kein offiziell anerkanntes Statut. Sie hatte den Abschluß einer Satzung unter staatlicher Kontrolle trotz fortwährenden Drängens durch das Ministerium für Hoch- und Fachschulwesen geschickt zu verhindern gewußt, obwohl Präsidium und Senat in mühseliger Kleinarbeit durch die Jahre an der Aktualisierung einer Satzung und Geschäftsordnung gefeilt hatten. Da im Senat die westdeutschen Mitglieder die Mehrheit hatten, konnte die Staatsmacht keine massiven Statutenänderungen in ihrem Sinne erzwingen. Juristisch blieb die Leopoldina daher eine *rechtsfreie Anomalie*, bezeichnete sich selbst als eine *freie Korporation von Gelehrten*.

5. Es gab keine SED-Parteigruppe in der Leopoldina, wie es sonst in allen DDR-Institutionen üblich war. Im Gegensatz zu den Verhältnissen bei der Berliner und bei der Sächsischen Akademie der Wissenschaften wurden in der Leopoldina die Mitglieder geheim und ohne vorherige oder nachträgliche Genehmigung durch Regierungsstellen gewählt. Dank einer zwar umständlichen, aber wirkungsvoll selektierenden Zuwahlprozedur gab es keine externen Gremien, die bei den Wahlen eine Kontrolle über das Präsidium ausübten. Alle Wahlen von Senatoren und präsidialen Amtsträgern waren Leopoldina-interne Angelegenheiten, und kein Gefolgsmann der Staatspartei konnte in das Präsidium eingeschleust werden. Deshalb überrascht es nicht, daß SED-Leitungen das Ministerium für Staatssicherheit (MfS) beauftragten, sich intensiv mit der Leopoldina zu beschäftigen. So wurde von 1958 bis 1969 ein *Operativer Vorgang* mit dem bezeichnenden Code-Wort *Komet* angelegt.[6] Da die Leopoldina dem Ministerium für Staatssicherheit als eine Einrichtung galt, von der *feindlich-negative* Aktivitäten ausgingen, wurde sie mit konspirativen Methoden überwacht.

[4] Adolf Friedrich Johann Butenandt (1903–1995). Biochemiker, Leopoldinamitglied seit 1934, Vizepräsident der Leopoldina 1955–1960, Ehrenmitglied 1960.

[5] Feodor Felix Konrad Lynen (1911–1979). Biochemiker, Leopoldinamitglied seit 1959, Vizepräsident der Leopodina 1971–1979.

[6] Macrakis deutet die Wahl des Namens *Komet* durch das MfS als Symbol für einen Fremdkörper auf einer exzentrischen Bahn – doch das ist reine Vermutung. Vgl. Macrakis, „Einheit der Wissenschaft", S. 161.

Die Leopoldina erschien in den nicht immer durchsichtigen Gewässern der DDR-Wissenschaftspolitik wie ein exotischer kleiner Fisch im Vergleich zur Größe der Staatsakademie in Berlin. Es stellen sich somit Fragen wie: Konnte die Leopoldina ihre politische Unabhängigkeit bewahren? Wie hoch war der Grad ihrer Anpassung? Welche Methoden hat sie angewendet, sich anzupassen, ohne ihr Gesicht zu verlieren? War sie geistige Plattform für Mitglieder, die aus moralisch-ethischer Überzeugung aktiven Widerstand gegen die Staatsmacht leisteten? Stellte der Mauerbau 1961 eine Zäsur dar? Welche strategisch-taktischen Möglichkeiten und welche Erkenntnisse aus der Zeit der DDR kamen der wiedervereinigten deutschen Wissenschaft zugute?

Wissenschaftshistoriker, die sich mit der Lage der deutschen Wissenschaft in der Zeit des Nationalsozialismus beschäftigen, haben die Akademien als Vertreter eines „angepassten Überlebens" in der Diktatur eingeordnet[7]; auch die Leopoldina gehörte damals dazu. Wie unterschied sich davon ihr Verhalten in der zweiten Diktatur, der DDR?

Es gab einen wesentlichen Unterschied zum Dritten Reich. Die politische Einstellung zum nationalsozialistischen Staat war bei den Präsidiumsmitgliedern differenziert und reichte von aktiver Unterstützung der NSDAP-Linie (z. B. Vizepräsident Johannes Weigelt[8], Mitglied der NSDAP seit 1933, war während des Dritten Reiches lange Rektor der Halleschen Universität) bis zu stillem Widerstand.[9] In der DDR-Zeit dagegen war die Stellung der Präsidiumsmitglieder zum DDR-Staat einheitlich, nämlich kritisch-distanziert. Ferner hatte die SED kaum eine Chance, auf die Leopoldina-Politik aktiv einzuwirken. In einer Einschätzung der Leopoldina durch das MfS kann man z. B. lesen: „Die geringe Zahl von Genossen unter den Mitgliedern macht es kaum möglich, eine Änderung der Aufgaben und Tätigkeit der Leopoldina herbeizuführen. Man kann sich des Eindrucks nicht erwehren, als ob die Nichtmitgliedschaft in der SED eine Vorbedingung für die Aufnahme in die Leopoldina ist."[10] Ganz so SED-frei blieb die Akademie allerdings nicht, denn 1989 waren von den 146 auf dem Territorium der DDR ansässigen Leopoldinern 21 zugleich Mitglieder der SED.

Die Leopoldina war nach der Aufteilung Deutschlands durch die Siegermächte des Zweiten Weltkriegs quasi zufällig in die sowjetische Besatzungszone und damit in den politisch-ideologischen Einflußbereich des Kommunismus geraten. 1949 war mit der Gründung der DDR ein sozialistischer Staat entstanden, der bald daran ging, die Spaltung Deutschlands mit allen Mitteln zu zementieren. Die *de facto*, aber noch nicht wieder *de jure*

[7] Vgl. Seidler, „Akademische Elite".

[8] Theodor Gustav Otto Johannes Weigelt (1890–1948). Geologe, Leopoldinamitglied seit 1926, Vizepräsident der Leopoldina 1932–1942.

[9] Vgl. hierzu Gerstengarbe/Hallmann/Berg, „Leopoldina im Dritten Reich".

[10] Kurzinformation über die Deutsche Akademie der Naturforscher Leopoldina, Halle, Ms. der Abt. XX/8 der Bezirksverwaltung Halle des MfS vom 28. September 1982. (Der Generalsekretär der Deutschen Akademie der Wissenschaften, Günther Rienäcker, wurde 1959 als erstes SED-Mitglied in die Leopoldina aufgenommen, dies wurde beim MfS mit Genugtuung vermerkt.) Vgl. BStU, BV Halle, MfS, HA XX/8.

existierende Leopoldina mußte sich unter den neuen Verhältnissen zurechtfinden.[11] Zwischenzeitlich waren ihr verschiedene Existenzmöglichkeiten angeboten worden, die der amtierende Vizepräsident Otto Schlüter[12] jedoch alle ablehnte:

- Einverleibung in die seit 1946 nach sowjetischem Vorbild eingerichtete Deutsche Akademie der Wissenschaften zu Berlin (die 1972 in Akademie der Wissenschaften der DDR umbenannt wurde);
- Fusion mit der Sächsischen Akademie der Wissenschaften (die später strukturell und finanziell der Berliner Akademie angeglichen wurde, z. B. wurde der Präsident der Sächsischen Akademie auch ein Vizepräsident der Berliner Akademie);
- Aufnahme als besonderes Institut in die Hallesche Universität;
- Verschmelzung mit der Deutschen Morgenländischen Gesellschaft zur *Halleschen Vereinigung Gelehrter Gesellschaften*;
- Übernahme durch den sehr bald von der SED beherrschten Kulturbund.

1952, anläßlich des 300. Jahrestages ihrer Gründung, wurde die Leopoldina nach längeren Verhandlungen mit dem Staatssekretariat für das Hochschulwesen der DDR in einer Feierstunde offiziell reaktiviert und vom Staat auch *de jure* anerkannt. Vorausgegangen waren Überlegungen zwischen Staatssekretär Dr. Gerhard Harig (Berlin) und Prorektor Prof. Leo Stern, Universität Halle, in die durch letzteren auch Schlüter eingebunden wurde, die schließlich in einer Besprechung mit den Halleschen Leopoldinamitgliedern am 21. November1951 in folgenden Ergebnissen mündeten: Harig sagte, daß bei der Entwicklung der Wissenschaft in Deutschland Akademien besondere Bedeutung gewönnen, also eine Neubelebung der Leopoldina von der Regierung der DDR begrüßt würde. Das bevorstehende Jubiläum (300 Jahre nach Gründung der Akademie) biete tieferen Anlaß dazu, aber die Leopoldina solle über diesen Anlaß hinaus fortwirkende Aktivität in der Pflege des Kulturerbes, der Wissenschaftsgeschichte und der Wissenschaftsverbreitung entfalten. Sie könne sich aufgrund des Statutes von 1944 neu konstituieren; die Regierung würde sie finanzieren. Stern wies zusätzlich auf die große historische Bedeutung der Leopoldina als Symbol der Einheit Deutschlands in der Verkörperung einer Gelehrtengesellschaft hin.[13]

[11] Vgl. Gerstengarbe, „Plötzlich mußte ich Geschäfte übernehmen", S. 442ff.

[12] Otto Louis Karl Schlüter (1872–1959). Geograph, Leopoldinamitglied seit 1923, Vizepräsident der Leopoldina 1942–1952, Präsident der Leopoldina 1952–1953.

[13] HAL, Protokollbuch XXVIII, Sitzungsprotokoll vom 21. November 1951.

2. Ziele und Wege der Akademie, Strategie und Taktik ihrer Verantwortungsträger

Mit dem 1954 gewählten Präsidenten Kurt Mothes[14] erhielt die Leopoldina einen Ideengeber und einen durchsetzungsbereiten Chef, der den Anspruch der Leopoldina bereits bei seinem Amtsantritt in der Inauguraladresse folgendermaßen formulierte: „Unsere Akademie ist eine gesamtdeutsche Einrichtung."[15] In den für die Mitglieder der Leopoldina bestimmten Leitlinien hieß es: „Sie [die Leopoldina] war schon in ihren ersten Jahrzehnten nicht eine Akademie deutscher Naturforscher, sondern eine Deutsche Akademie der Naturforscher. [...] Das Schicksal Deutschlands ist das Schicksal unserer Akademie. [...] Ich habe die Mitglieder nachdrücklichst gebeten, alles in ihren Kräften Liegende tun zu wollen, um wenigstens im Bereiche der Wissenschaft den starken zentrifugalen Kräften entgegenzuwirken und eine Einheit der deutschen Wissenschaft nach innen und außen zu bewahren."[16]

Bereits zuvor hatte Mothes diesen Gedanken spezifiziert: „Die Leopoldina hat sich nie zu einer Länderakademie herabdrücken lassen. Sie war sich ihrer deutschen Aufgabe bewußt. [...] Wenn jene Männer in Schweinfurt den Mut hatten, gegen alle Egoismen ihrer Zeit eine Akademie mit großen humanistischen und nationalen Aufgaben zu schaffen, sollten wir heute nicht zurückstehen, unsere Aufgaben zu erfüllen: Zu einem starken Block zu werden gegen alle Versuche, unser Volk ewig zu teilen."[17] Mothes sagte dies 1955, zu einem Zeitpunkt, als die DDR-Regierung von ihrer bis dahin proklamierten Politik *Deutsche an einen Tisch* abzurücken begann, um eine Konfrontationspolitik gegen die Bundesrepublik Deutschland einzuleiten.

Ulbrichts scharfer Kurs eines beschleunigten Aufbaues des Sozialismus wurde in den fünfziger Jahren in allen Bereichen durchgesetzt. Die Leopoldina wurde nun wegen der Überzahl an westdeutschen Mitgliedern als westlich orientiert und damit antisozialistisch eingeordnet. Mothes versuchte, diesen Eindruck durch verstärkte Zuwahl nichtdeutscher Mitglieder einerseits und durch die Einbeziehung osteuropäischer Redner in die Veranstaltungen der Leopoldina andererseits zu neutralisieren. Man kann ihm wohl solche taktischen Erwägungen unterstellen, als er im November 1955 an das Moskauer Mitglied und Fachkollegen Andrej Kursanov[18] schrieb: „Im Bestand der ausländischen Mitglieder unserer Akademie ist die Sowjetunion zahlenmäßig sehr schwach vertreten. Das hängt damit zusammen, daß die Akademie nach 1933 keine Möglichkeit besaß, sowjetische Gelehrte

[14] Kurt Albin Mothes (1900–1983). Biochemiker, Pflanzenphysiologe, Leopoldinamitglied seit 1940, Präsident der Leopoldina 1954–1974.

[15] Mothes, „Zum Geleit", S. 3.

[16] Mothes, „Rede anläßlich der Jahresversammlung der Deutschen Akademie der Naturforscher Leopoldina am 10. Mai 1959", S. 14.

[17] Mothes, „Über die Lage der Wissenschaft", S. 433.

[18] Andrej L'vovič Kursanov (1902–1999). Botaniker, Pflanzenphysiologe, Leopoldinamitglied seit 1955.

aufzunehmen. [...] Ich halte es für eine wichtige Aufgabe, diesem Mangel abzuhelfen. Der Senat unserer Akademie, der einen gesamtdeutschen Charakter hat, ist der gleichen Meinung wie ich, so daß wir nun daran gehen können, alte Beziehungen unserer Akademie nach Rußland hin wieder fester zu gestalten."[19]

Damit wollte die Leopoldina auch ihren guten Willen gegenüber der DDR-Regierung dokumentieren, der Sowjetunion in der Akademie ein deutliches Mitgliedergewicht einzuräumen. Ähnliche Schreiben wurden an Mitglieder in anderen osteuropäischen Ländern verschickt, um die Internationalisierung der Akademie nach Ost und West deutlich zu machen. Auf diese Weise schuf Mothes weiteren Freiraum für sein gesamtdeutsches Engagement.[20]

Zum ersten ernsten Konflikt bzw. Kräftemessen zwischen dem Leopoldina-Präsidium und der Staatsmacht kam es im November 1955 bei Verhandlungen zwischen dem Staatssekretär für das Hochschulwesen, Gerhard Harig, und seinem Stellvertreter, Franz Dahlem, einerseits und Mothes andererseits über die bevorstehende erste gesamtdeutsche Jahresversammlung in Halle.

Es war ein massiver Versuch der Regierung, die Leopoldina für ihre Ziele einzubinden. Streitpunkt war der Empfang des Präsidenten zur Jahresversammlung. Mothes wollte den Empfang im intimen Rahmen einer Begegnung der Mitglieder, die auch das Geld dafür gespendet hatten, sehen. Der Staatssekretär erwartete jedoch, unter Hinweis auf 10.000 Mark Regierungszuwendung, daß die Regierung und die Akademie das Bankett gemeinsam veranstalten sollten. Hier sei ein Ausschnitt aus Mothes' Aktennotiz der Aussprache am 4. November 1955 eingefügt:

„Im 2. Teil der Aussprache kam der Staatssekretär auf das geplante Bankett zu sprechen und bat mich erst freundlich dann in immer dringenderer Form, den angekündigten Empfang des Präsidenten zu einem Bankett umzugestalten, zu dem der Staatssekretär und der Präsident einladen würden. Ich habe hiergegen alle Bedenken geltend gemacht und habe vor allem gesagt, daß eine solche Veranstaltung diskutabel gewesen wäre, wenn sie rechtzeitig vorbereitet worden wäre. Nachdem aber das Geld für den Empfang des Präsidenten gesammelt wurde und der Präsident dazu eingeladen habe und bereits Teilnehmerkarten dazu verschickt worden seien, hielte ich eine Änderung für wenig zweckmäßig. Ich halte sie auch deswegen nicht für angebracht, weil wir gerade den Eindruck erwecken wollen, daß unsere Akademie eine selbständige und freie Einrichtung ist, von der Regierung gefördert, aber nicht ein Anhängsel der Regierung. Dies würde nur von Nutzen für die DDR sein. Eine plötzliche Änderung des Empfanges würde dies Bild sehr stören. Der Staatssekretär machte mir gegenüber zunehmend verletzende Bemerkungen, z. B. daß ich nur Angst vor der westlichen Presse hätte und ähnliche unmotivierte Bemerkungen. Er hat mehrfach betont, daß er immer noch nicht meine Gründe begreifen könne und daß, wenn man einen guten Willen habe, man seinen Vorschlag leicht akzeptieren könne. Ich machte darauf aufmerksam, daß die Deutsche Akademie der Wissenschaften und die Deutsche Akademie der Land-

[19] HAL, NL Mothes, Brief vom 5. November 1955.

[20] Vgl. Parthier, *Leopoldina*, S. 76ff.

wirtschaftswissenschaften ebenfalls einen Empfang nur durch ihren Präsidenten durchgeführt hätten, und um meinen guten Willen zu unterstreichen, stellte ich dem Staatssekretär anheim, zu einem zweiten Empfang einzuladen, wozu eines der beiden Mittagessen in Frage käme und das 2. Mittagessen, da nachmittags nichts wesentliches mehr geplant sei, beliebig lange dazu ausgedehnt werden könne. Der Staatssekretär schlug aber diesen meinen Vermittlungsversuch rundweg ab. Nachdem ich mich einer solchen Starrheit gegenüber-sah, konnte ich nur erklären, daß ich mich nicht anders entscheiden könne, daß ich aber sofort nach Halle zurückkehren würde, um die beiden Vizepräsidenten zu befragen. Darauf sagte der Staatssekretär wörtlich: ‚Sie sind also gegen einen Empfang durch unsere Regierung, folglich sind Sie ein Gegener [sic] unserer Regierung.' Völlig überrascht von diesem der Form und dem Inhalt nach ungewöhnlichen Angriff auf meine Person und erschüttert von dieser Verletzung der Würde meines Amtes sprang ich auf und wollte unter Protest gegen diese Bemerkung sofort den Raum verlassen. Man hielt mich zurück. Der Staatssekretär entschuldigte die überspitzte Bemerkung. Ich sagte, daß es mir auf die Formulierung im einzelnen nicht ankomme, daß ich aber befürchten müsse, daß der Staatssekretär im Affekt seinen echten Gefühlen mir gegenüber Ausdruck verliehen hätte. Ich hatte bisher freundschaftlichst mit ihm zusammengearbeitet trotz mancher gegensätzlicher Auffassungen in Fragen der Universitätspolitik, ihn menschlich immer geschätzt und keinen Zweifel darüber gelassen. Ich war nach dieser Bemerkung aber nicht mehr in der Lage, Entschlüsse zu fassen, da sie mißdeutet werden könnten. Man hatte mir während der Aussprache schon mehrfach das Wort im Mund herumgedreht. Ich sagte, ich würde nach Halle zurückkehren und das Präsidium um weitere Entscheidungen bitten."[21]

Das Protokoll macht die Atmosphäre der Begegnung, so wie Mothes sie empfunden hat, sehr deutlich. Das Ende des diplomatischen Tauziehens ist dem Programm der Jahresversammlung[22] zu entnehmen: der Empfang fand auf Einladung des Präsidiums statt.

Nur summarisch sei hier genannt, was fortan die DDR-Regierung durch das Staatssekretariat bzw. Ministerium für das Hoch- und Fachschulwesen im Verein mit dem MfS versuchte, um die Leopoldina an die politisch-ideologische Leine zu nehmen: eine Politik der Nadelstiche, Einreiseverweigerungen, Ausreisebegrenzungen, Postkontrolle[23], Statutenfrage, Finanzierungsschranken, Mitgliederbeeinflussung, Denunziationen ihrer Leitungspersönlichkeit u. a. m. Die Machthaber gingen zügig daran, Wissenschaft und Politik zusammenzuschließen. Nichts anderes stellten Hochschulreformen und die Akademiereform dar, die am Ende der sechziger Jahre in der DDR durchgeführt wurden und die Leopoldina nur mittelbar betrafen.

[21] HAL, Präsidialsitzung vom 5. November 1955: Bericht des Präsidenten über Verhandlungen mit dem Staatssekretariat für Hochschulwesen in Angelegenheit der Jahres-Tagung 1955.

[22] HAL, Protokollbuch XXVIII.

[23] Die postalisch abgewickelte Korrespondenz der Leopoldina bzw. von Kurt Mothes scheint lückenlos geöffnet und kontrolliert und dabei gelegentlich vertauscht worden zu sein. In solcher Situation hat Kurt Mothes ironisch protestiert: „Alle Briefkontrollen im Dienste der Staatssicherheit in vorzüglichster Hochachtung, aber das Verstecken von Postsendungen in fremden Kuverts sollte doch vermieden werden." BStU Archiv OV Nr. 1329/60, Band XVII, Bl. 87.

Diese war, wie schon erwähnt, aus verschiedenen Gründen nicht vergleichbar mit der Akademie der Wissenschaften in Berlin oder der Sächsischen Akademie der Wissenschaften zu Leipzig, und offiziell wurde sie auch anders behandelt. Die beiden Leopoldina-Präsidenten in der DDR-Zeit, Kurt Mothes und Heinz Bethge[24], haben gemeinsam mit den anderen Präsidiumsmitgliedern in wesensbedingt unterschiedlicher Weise, aber mit analogen Zielen und Erfolgen, die engen Freiräume der Akademie als Chance erkannt, um im Verein mit den jeweiligen auswärtigen Vizepräsidenten und Senatoren den gesamtdeutschen Gedanken als Klammer zwischen den Leopoldinern in Ost und West in praktische Wissenschaftspolitik umzusetzen. Dazu gehörten die in regelmäßigen Abständen durchgeführten wissenschaftlichen Symposien und besonders die hochkarätigen Jahresversammlungen, die nach dem Willen des Präsidiums alternierend in Halle und in der Gründerstadt Schweinfurt stattfinden sollten. Letzteres geschah allerdings nur einmal (1957), dann machte der Mauerbau dieser Art von deutsch-deutscher Gemeinsamkeit ein Ende.

Als Beispiel einer Reglementierung der Forschung und Lehre durch die Politik kann der Auftritt Walter Ulbrichts vor der universitären Intelligenz in Halle im April 1958 gelten. Dieses öffentliche Streitgespräch zwischen den höchsten Vertretern von Partei- und Staatsführung und den Professoren der Martin-Luther-Universität fand im Zeichen einer massiven Abwanderung von Fachkräften und Intellektuellen nach dem Westen statt. Für den Ort mag die Präsenz der Leopoldina eine geringere Rolle gespielt haben als das Aufbegehren der Universitätsparteileitung gegen ihren Rektor Leo Stern[25], der die sozialistischen Normen gegenüber als bürgerlich bezeichneten Professoren nicht konsequent genug durchsetzte. Denn erst nach Ulbrichts Auftritt wurde ein seit 1890 existierender *Spirituskreis* als angeblich staatsfeindliche Konspiration von zwölf Professoren, darunter Leopoldinamitglieder, aus Sicht der Staatsmacht als illegal entlarvt und in einer verordneten Sitzung des Universitätssenates verboten.[26]

Es ging Ulbricht und Hager um zweierlei. *Erstens* um eine Demonstration der Staatsmacht gegen eine noch immer starke Gruppierung von bürgerlichen Hochschullehrern wegen ihrer antisozialistischen, unzeitgemäßen Ausbildungsmethoden, die auch von der Parteileitung der Universität wiederholt gerügt worden waren. Als Sündenböcke wurden einige Professoren mit drastischen Strafen belegt (Absetzung, Berufs- und Publikationsverbot etc.). Hierzu gehörten der Historiker Günter Mühlpfordt[27], der Pädagoge Hans H. Becker[28], der Theologe Kurt Aland[29], der Agrarwissenschaftler Erich Hoffmann[30]; den beiden letzt-

[24] Heinz Bethge (1919–2001). Physiker, Leopoldinamitglied seit 1964, Präsident der Leopoldina 1974 bis 1990.

[25] Leo Stern (1901–1982). Historiker, Rektor der Universität Halle 1953–1959, Ehrenförderer der Leopoldina 1977.

[26] Vgl. hierzu den Aufsatz „Der Fall Aland und die Zerschlagung des ‚Spiritus-Kreises' in Halle 1958" von Friedemann Stengel, in: Stengel, *Theologische Fakultäten*, S. 260–294.

[27] Günter Mühlpfordt (geb. 1921). Historiker.

[28] Hans Herbert Becker (geb. 1914). Pädagoge.

[29] Kurt Aland (1915–1994). Kirchenhistoriker.

[30] Erich Hoffmann (1904–1989). Agrarwissenschaftler.

genannten wurden hetzerische Aktivitäten im *Spirituskreis* angelastet. Der Kreis wurde angeklagt, als sogenannte zweite Universitätsleitung die Personalpolitik der *Alma mater halensis* konspirativ zu unterlaufen. Ulbricht forderte auch hier, wie häufig in seinen Ansprachen, die Jugend zu *sozialistischen Persönlichkeiten* zu erziehen.

Zweitens wurde die Aussprache zur weltanschaulich-ökonomischen Auseinandersetzung zwischen einer Politik, die die Wissenschaft als Voraussetzung und zukunftsweisende Kraft zur Produktionssteigerung erkannt hatte, und den die Grundlagenforschung vertretenden Hochschullehrern.

Mothes, als Leopoldina-Präsident zugleich Sprecher der Wissenschaft, antwortete *ad hoc* auf Ulbrichts lange Rede u. a., daß der Fortschritt in der Wissenschaft darin bestehe, Vergangenes in Frage zu stellen. Die moderne Naturwissenschaft stelle „nicht nur das Bild von der Schöpfung in Frage, sondern auch die Thesen von Engels, daß die Welt unendlich sei". Es werde jedoch „von anderen Leuten in allen Fragen immer alles besser gewußt". An den Universitäten breite sich „eine Scholastik aus, die jeder wissenschaftlichen Entwicklung abträglich" sei. Er frage sich oft, ob „heute Männer wie Karl Marx und Friedrich Engels das Wort finden würden".[31]

Damit wandte sich Mothes vehement gegen den Anspruch, nicht die Politik müsse auf die Wissenschaft hören, sondern die Wissenschaft solle der Politik hörig sein. Die Politik nutze nicht die wissenschaftlichen Erkenntnisse, sie degradiere die Wissenschaft zu ihrer Dienerin.

Auf die wechselhaften Beziehungen zwischen Leopoldina und der örtlichen Universität kann hier nicht näher eingegangen werden. In der Regel waren sie schwierig, besonders zur Amtszeit von Mothes, den die Universitätsleitung als Kopf eines zweiten, illegalen Leitungsgremiums mit Sitz in der Leopoldina fürchtete und dessen Wissenschaftspolitik sie bekämpfte. Schon 1960 berichtete ein Prorektor, daß im Ministerrat eine Vorlage eingebracht werde, die eine direkte Unterstellung der Leopoldina unter den Ministerpräsidenten vorsehe und daß zur Stärkung des Einflusses der Universität ein Kurator eingesetzt werde.[32] Bei den Rektorenwahlen 1959 und 1964 war Mothes der Kandidat der medizinischen, mathematisch-naturwissenschaftlichen und theologischen Fakultäten. 1959 unterlag er, und im Vorfeld für die Wahl 1964 wurden die parteipolitischen Maßnahmen und Intrigen gegen diesen Kandidaten so intensiviert, daß Mothes darauf verzichtete, sich zur Wahl zu stellen.

Gegen die Leopoldina bzw. ihre Präsidiumsmitglieder begann 1958 eine langjährige Überwachung durch den Staatssicherheitsdienst. Deren aktivste Phase lag in der Zeit vor und nach dem Mauerbau 1961. Es war zugleich ein Versuch, die Leopoldina – genauer, ihr vom MfS als *reaktionäres Hallesches Zentrum* bezeichnetes Präsidium – in ein staatsfeindliches Licht zu stellen, um es reglementieren und letztlich inaktivieren zu können. Zu den

[31] Zitiert nach: *Freiheit* [Hallesche Tageszeitung] vom 2. Mai 1958.

[32] Vgl. BStU, 3604/68 (Berichte hochrangiger Geheimer Mitarbeiter des MfS in Schlüsselpositionen der Universität).

Folgen des Mauerbaus gehörte die zunächst völlige Einschränkung der Reisefreiheit für die DDR-Mitglieder sowie die Aufforderung, alle Kontakte zu westdeutschen Kollegen und Verwandten abzubrechen. Unter dem Stichwort der *Störfreimachung* der Wissenschaft und des Gesundheitswesens in der DDR ging die DDR-Führung daran, alle offiziellen und privaten Importe von Medikamenten, Chemikalien oder Geräten faktisch zu verbieten.

Gegen diese Verordnungen protestierten der Dekan der Medizinischen Fakultät der Halleschen Universität, Günter Bruns[33], bei Gesundheitsminister Sefrin (25. November 1961)[34] und Kurt Mothes als Leopoldina-Präsident bei Ulbricht (17. November 1961)[35]. Ulbricht antwortete darauf (7. Dezember 1961)[36] mit Anschuldigungen gegen die Westbindung der Ärzte und mit politischen Parolen wie „Das bedeutet jedoch, daß wir uns unabhängig machen von Willkürmaßnahmen gewisser Revanchepolitiker, die in Kreisen des westdeutschen Finanzkapitals den Ton angeben." Die Staatsmacht reagierte in konzertierter Aktion mit der Parteipresse in Form von harschen Attacken gegen die angeblichen Anmaßungen der Leopoldina und ihres Präsidenten, worauf dieser mit der Verlagerung der Leopoldina an den Ort ihrer Gründung, also nach Schweinfurt, drohte: „Die jetzigen verschiedenen Maßnahmen gegen die Leopoldina sehen wie eine öffentliche Kampfansage aus, die doch höchstens Anlaß sein könnte, einige westdeutsche Mitglieder zu veranlassen, die Verlegung des Präsidiums in die Bundesrepublik zu verlangen."[37] Danach lenkten Hager und Ulbricht ein, und die Leopoldina blieb in Halle, erhielt in den folgenden Jahren sogar eine Erhöhung ihrer Haushaltsmittel.

Allerdings halfen keine Proteste bei hohen staatlichen Stellen, die Blockade der im Herbst 1961 in Schweinfurt vorbereiteten Jahresversammlung der Leopoldina aufzuheben. Einige Aspekte dieses politikbedingten Konfliktes sollen hier etwas ausführlicher dargestellt werden. Für den Herbst 1961 war in Schweinfurt eine Jahresversammlung der Leopoldina langfristig vorbereitet worden. Das wissenschaftliche Programm stand ebenso wie das von der Stadt Schweinfurt organisierte Rahmenprogramm fest. Die Vergabe von Auszeichnungen war beschlossen. Das Ende der Reisefreizügigkeit durch den Mauerbau bedeutete aber, daß nur ein kleiner Kreis von Leopoldinamitgliedern die Genehmigung bekommen würde, nach Schweinfurt zu fahren. Deshalb sagte das Präsidium der Leopoldina in einem Rundbrief von Mothes die Veranstaltung ab.[38]

[33] Günter Bruns (geb. 1914). Pathologe, Leopoldinamitglied seit 1960, Sekretar der *Medizinischen Abteilung* der Leopoldina 1963–1976.

[34] HAL, NL Mothes, 19/03/01/80-82, Brief Bruns an Sefrin vom 25. November 1961.

[35] Mothes bezeichnete darin die Verordnung als grausam und unmenschlich; sie versetze die Ärzte in schwerste seelische Konflikte. „Die arbeitende Bevölkerung der DDR hat Anspruch darauf, daß ihr im Krankheitsfalle genau so geholfen werden kann, wie Menschen anderer Länder." Vgl. HAL, NL Mothes, 19/03/01/68, Brief Mothes an Ulbricht vom 17. November 1961.

[36] HAL, NL Mothes, 19/03/01/102, Brief Ulbricht an Mothes vom 7. Dezember 1961.

[37] HAL, NL Mothes, 19/03/01, Brief Mothes an Hager vom 8. Dezember 1961.

[38] BStU, BV Halle, AOP 3557/69, Band VII, Bl. 50 und 51 (Empfangsbestätigungskarte): „Ich habe das Rundschreiben von Ende August erhalten." – Der Rundbrief lautet: „An alle Mitglieder der Akademie! Zu unserem großen Bedauern sehen wir uns gezwungen, die für Anfang Oktober in Schweinfurt vorgesehene

Daraufhin wurde Mothes mit dem Vizepräsidenten der Leopoldina, Erwin Reichenbach[39], am 30. November 1961 von Alexander Abusch[40] zu einem Gespräch nach Berlin bestellt.[41]

Über das Gespräch gibt es ein Protokoll von Reichenbach, das dem Leopoldina-Präsidium am 29. Dezember 1961 vorgelegt wurde, eine zwölfseitige Mitschrift[42] des persönlichen Referenten von Abusch, Kurt Reppe, und eine Analyse des Gespräches von Oberleutnant Alfred Trautsch, der in der Bezirksdienststelle Halle des Ministeriums für Staatssicherheit die Überwachung der Leopoldina koordinierte. Aus den Niederschriften von Reichenbach und Trautsch, die die gegensätzlichen Positionen verdeutlichen, sollen hier die wichtigsten Passagen zitiert werden, zunächst die Version von Reichenbach:

„*Anwesend waren:*
stellvertr. Ministerpräsident Abusch, Staatssekretär Dr. Girnus und der *persönliche Referent* vom Ministerpräsident Abusch, Präsident Prof. Mothes, Vizepräsident Prof. Reichenbach [...].
A. liest den Brief vor und bemerkt noch einmal, daß der Inhalt ihn befremde und daß die Regierung auch von seiten der Leopoldina ein ‚*Mindestmaß an Staatsräson*' erwarten müsse.
[...]
M., der nebenbei bemerkt, es sei schon mehrmals in den Reihen der Mitglieder der Leopoldina der Gedanke erwogen worden, unter Umständen das Präsidium der Akademie nach Westdeutschland zu verlegen, meint, daß anfangs wenigstens und zum Teil auch heute noch die Reisen von westdeutschen Wissenschaftlern nach der DDR von seiten der dortigen Behörden als eine unerfreuliche Handlung gewertet werden und darauf beziehe sich der Wunsch in dem Schreiben, daß die Maßnahmen unserer Regierung bezüglich des

Jahresversammlung unserer Akademie abzusagen. Es erscheint zur Zeit unmöglich, für die in der Deutschen Demokratischen Republik wohnenden Akademiemitglieder uneingeschränkt die Erlaubnis zur Ausreise und Teilnahme an der Jahresversammlung zu erhalten. Wir haben aber getreu der Geschichte und der Aufgabe unserer Akademie nur die Wahl zwischen einer uneingeschränkten oder keiner Tagung. Das Präsidium hofft, bald einen neuen Termin für eine Tagung in Schweinfurt vorschlagen zu können. Wir danken allen, die uns bei der organisatorischen Vorbereitung der Jahresversammlung und bei der Übernahme von Vorträgen ihre Hilfe gewährt haben. Ganz besonders danken wir auch Oberbürgermeister und Rat der Stadt Schweinfurt. Sobald die Reisemöglichkeit gegeben ist, wird eine Senatssitzung einberufen. Das Präsidium bittet auf Grund eingehender Beratung alle Mitglieder, dafür sorgen zu wollen, daß die Einschränkung der Reisemöglichkeit unserer Mitglieder in der DDR nicht mit ähnlichen Maßnahmen in der Bundesrepublik und in anderen Ländern beantwortet wird. Vielmehr sind wir der Meinung, daß im Interesse des Weiterbestandes einer Gemeinsamkeit deutscher Kultur der Besuch unserer Institute im Zusammenhang mit Vorträgen und Tagungen dringend nötig ist."

[39] Erwin Reichenbach (1897–1973). Stomatologe, Leopoldinamitglied seit 1950, Vizepräsident der Leopoldina 1954–1973.

[40] Abusch war von Dezember 1958 bis Februar 1961 Minister für Kultur und von 1961 bis 1971 Stellvertreter des Vorsitzenden des Ministerrats der DDR.

[41] Vgl. hierzu auch Gerstengarbe, *Leopoldina 1958–1962.*

[42] SAPMO, Akte NY 4182/2, Bl. 39–51.

Reiseverbotes nicht in gleicher Weise beantwortet werden möchten. Es sei nicht selbstverständlich, daß ohne Gegenseitigkeit ein wissenschaftlicher Austausch und damit Reisen in die DDR gemacht würden. M. sagt, er würde den Brief heute genau so wieder schreiben wie damals. [...]
A. sagte, es sei eine allgemein anerkannte Regelung, daß die Regierungen aller Länder entscheiden, wer ins Ausland führe und wer nicht. Auch die Wissenschaftler der DDR werden wieder ins Ausland fahren dürfen, wenn geregelte Verhältnisse eingetreten sind. Wenn 5 Monate Pause im Reiseverkehr eintraten, so ginge dadurch die Welt nicht unter. Er verlange von den Mitgliedern bzw. vom Präsidium der Leopoldina keine Änderung der Weltanschauung, aber er müsse die Einhaltung der Loyalität fordern. [...]
M. [...] betont jedoch, keine Möglichkeit zu haben, sich durch Presse und Rundfunk allgemein und umfassend zu orientieren; er müsse es sich deshalb auch versagen, alle Entschlüsse der Regierungen der DDR grundsätzlich bedenkenlos richtig zu finden.
A. meint, das verlange auch niemand.
M. weist darauf hin, daß nach seiner Ansicht bei manchen Verordnungen der Regierung gelegentlich der Ereignisse am 13. August die Grenze der Humanität erreicht sei. Der Staat sei für die Menschen da und nicht umgekehrt. [...]
Auf die Äußerung von A., daß die Ärzteflucht auf Menschenhandel beruhe, meint M., er müsse gestehen, daß zum großen Teil andere Momente maßgebend gewesen waren. Es seien von seiten der Regierung große Fehler gemacht worden, Fehler, welche die Ärzte zum Verlassen der DDR getrieben hätten. [...]
A. kommt zum Schluß und sagt, es müsse Ordnung in das Verhältnis zur Leopoldina gebracht werden. Er bietet noch einmal seine Beratung an, wozu er jederzeit bereit sei und auch genügend Zeit aufbringe. Er erklärt, er wolle sich unter keinen Umständen in die wissenschaftlichen Belange der Leopoldina einmischen. Er müsse jedoch 2 Forderungen stellen
1. daß Herr Staatssekretär G i r n u s oder auch er selbst über die Veranstaltungen der Leopoldina informiert werde,
2. daß vor der Absendung von solchen Briefen, wie der geschriebene, eine Konsultation stattfinde. Er meint, es sei schade, daß der Sitz der Akademie der Leopoldina in Halle sei und nicht in Berlin, worauf M. bemerkt ‚Gott sei Dank'.
M. bittet, das Wort ‚Forderung' abzuändern in ‚Wunsch', was von A. sofort akzeptiert wird! Er stellt fest, daß der Staatssekretär schon von allen Veranstaltungen und Schreiben orientiert worden sei.
Er äußert seine Dankbarkeit für die Gewährung der Aussprache und für die Förderung der Akademie durch die Regierung. Die Leopoldina sei zwar durchaus in der Lage, die Mitglieder in der Schweiz, in Österreich und in der DBR [sic] um Unterstützung zu bitten. Er weist in diesem Zusammenhang darauf hin, daß der Zar und auch die Habsburger der Leopoldina viele Jahre Subventionen gegeben hätten. Die Stellung der Leopoldina sei nicht einfach und er wolle alles vermeiden, was zu Mißhelligkeiten führe. Er sei immer auch mit den von der DDR zur Verfügung gestellten Haushaltsmitteln zufrieden gewesen, obwohl sie nicht fürstlich seien. Er hätte aber auch nicht mehr verlangt. Er weist noch einmal darauf

hin, daß selbstverständlich von seiten der Leopoldina eine loyale Einstellung gegenüber der Regierung gewahrt bleibe, wenn auch der Begriff Loyalität nicht so ganz unumstritten sei.
A. meint, man solle hinsichtlich eines Gesamtdeutschland sich nicht Illusionen hingeben, so lange nicht ein friedlicher demokratischer Staat entstanden sei. Die Leopoldina könne nicht anders behandelt werden, wie jede andere Akademie auf dem Territorium der DDR.
G. sagt, wenn sich die Leopoldina mit politischen Fragen befasse, dann sei dies nur im Sinne der DDR möglich. [...]
M. weist, um irgendwelche Mißverständnisse zu vermeiden noch einmal darauf hin, daß es sich bei der Unterstellung der Leopoldina unter das Staatssekretariat nur um eine verwaltungsmäßige Zuordnung handeln könne. [...] Er betont schließlich noch einmal eindeutig, die Stellung der Leopoldina als ‚freie Akademie'."[43]

Oberleutnant Alfred Trautsch hielt zwölf Tage später offensichtlich einen ganz anderen Eindruck von der Aussprache fest. Auch dies sei hier ausführlich wiedergegeben:
„Am ... 1961 wurde Prof. Mothes zu einer Aussprache beim Stellvertreter des Vorsitzenden des Ministerrates, Genossen Abusch sowie im Beisein des Staatssekretärs für das Hoch- und Fachschulwesen, Genossen Dr. Girnus, geladen.
Weiterhin nahm an diesem Gespräch Prof. Reichenbach teil.
Wie durch Gen. Hptm. Nistler, (HA V/6) am 11. 12. 1961 bekannt wurde, versuchte Prof. Mothes frech und anmaßend aufzutreten.
Prof. Reichenbach beteiligte sich nicht an der Aussprache, sondern er war bemüht, alles zu protokollieren.
Die beiden Staatsfunktionäre ließen sich auf keine Diskussionen mit Prof. Mothes ein. Sie teilten ihm sinngemäß mit, *daß die ‚Leopoldina' als Akademie dem Ministerrat der DDR untersteht und das* [sic] *keine eigenmächtigen Schritte durch Professor Mothes ohne vorherige Genehmigung durch die Regierung zu unternehmen sind.*
Nachdem Prof. Mothes einige Male den Ansatz machte, der Unterredung dem [sic] Charakter einer Diskussion (Rede und Gegenrede) zu verleihen, wurde das Gespräch kurzfristig durch die Vertreter der Regierung beendet mit dem Hinweis, *daß alle Maßnahmen der ‚Leopoldina' vorher mit der Regierung abzusprechen sind.*
Prof. Mothes hat auf diese Weisung mit ‚Jawohl' geantwortet. In diesem Zusammenhang wurde dem Präsidenten der ‚Leopoldina' mitgeteilt, daß die Mittel, die der Staat dieser Akademie zur Verfügung stellt, gekürzt worden sind (entweder auf 30 000,– DM oder um 30 000,– DM?)."[44] Es war eine Kürzung um 30.000 DM.

Glücklicherweise blieb das Verhältnis Staat–Leopoldina nicht so spannungsgeladen, wie es unmittelbar nach dem Mauerbau war. Aus den sehr umfangreichen Akten des Staats-

[43] HAL, Protokollhefter IV, Protokoll von Reichenbach: Notizen über die Besprechung beim stellvertretenden Ministerpräsidenten Abusch am 30. November 1961 in Berlin im Amtsgebäude des Ministerpräsidenten.

[44] BStU, BV Halle, AOP 3557/69 Band IX, Bl. 101 (Abteilung V, datiert vom 12. Dezember 1961, Aufzeichnung über die „Aussprache der Professoren Mothes und Reichenbach bei der Regierung der Deutschen Demokratischen Republik").

sicherheitsdienstes aus dieser Zeit geht hervor, daß zumindest von den verantwortlichen Mitarbeitern der MfS-Bezirksdienststelle die Leopoldina als „feindlich-negatives hallesches Zentrum“ betrachtet wurde, das ständig beobachtet und überwacht werden mußte, da von ihm eine Gefahr für den Staat ausgehe.[45]

Euphemistisch geglättet liest sich die Einschätzung der Leopoldina in Kurt Hagers 1997 erschienenen Memoiren so: „In Halle hat die Leopoldina ihren Sitz. Sie ist die älteste deutsche Akademie der Naturforscher, zu deren Mitgliedern Gelehrte aus aller Welt gehören. Die Leopoldina nahm unter den Akademien der DDR eine Sonderstellung ein, da sie sich als ein Bindeglied zwischen Ost und West verstand. Ihre Leiter, Prof. Mothes, wie auch sein Nachfolger, Prof. Bethge, verhielten sich loyal zur DDR – bei aller Kritik im einzelnen – wenn sie auch, gemäß der Tradition, die Leopoldina als eine gesamtdeutsche Institution verstanden. Daher gab es immer wieder Stimmen, die sich gegen die Weiterführung dieser Akademie wandten und ihre Verlegung nach Schweinfurt befürworteten. Ein solcher Schritt hätte der DDR Schaden gebracht und wurde von uns [d. h. der Abteilung Wissenschaften] entschieden abgelehnt.“[46]

Auch in den folgenden Jahren standen die Aktivitäten der Leopoldina verstärkt unter dem Zeichen gesamtdeutscher Solidarität und Kooperation zwischen den Wissenschaftlern in Ost und West. Für ideelle und materielle Unterstützungen von westdeutschen Mitgliedern wurden alle möglichen Wege und Kanäle genutzt. Als eine Maßnahme, die begrenzten Informationsmöglichkeiten des akademischen Nachwuchses in den Instituten und Kliniken von Leopoldina-Mitgliedern zu verbessern, hatte die Leopoldina seit 1965 in Absprache mit ihrem westdeutschen Vizepräsidenten H. H. Weber[47] eine Aktion *Bücherspende*[48] eingerichtet, um Fachliteratur aus dem kapitalistischen Ausland in begrenztem Maße auf dem Postwege einzuführen. Die Bücher waren als persönliche Geschenke von westdeutschen Mitgliedern oder Stiftungen anzusehen. Es überrascht nicht, daß diese vom MfS als „Versuche zur Einschleusung von Westliteratur durch den Leopoldina-Präsidenten Prof. Mothes“[49] registriert und in einigen Fällen durch Rücksendung an die Absender geahndet wurden.

Die Jahresversammlungen boten den westdeutschen und den ostdeutschen Teilnehmern nicht nur eine wichtige Gelegenheit, Gemeinsamkeit zu demonstrieren, sondern sie ermöglichten auch der ostdeutschen akademischen Jugend Begegnungen mit weltbekannten Wissenschaftlern. Die Leopoldina hielt die staatlich gewünschte Quote der Redner Ost zu West = 1 : 1 bei ihren Veranstaltungen niemals ein und ertrug dafür die ministeriellen Reglementierungen.

[45] Vgl. Abschnitt 3 dieses Aufsatzes.

[46] Hager, *Erinnerungen*, S. 231.

[47] Hans Hermann Julius Wilhelm Weber (1896–1974). Physiologe, Leopoldinamitglied seit 1955, Vizepräsident der Leopoldina 1963–1971.

[48] HAL, Protokollhefter VII. Die Bücherspende wurde im Protokoll der Präsidiumssitzung vom 28. September 1965 erstmalig erwähnt. Vgl. auch Brief von Weber an Mothes vom 16. Juli 1965 in: HAL, MM 4837 Hans Hermann Weber.

[49] BStU, MfS-ZAIG Nr. 1112, Bl. 1–2.

Persönliche Ressentiments sowie Sonderstellungen, die der Leopoldina oft nur in mündlichen Verhandlungen zugestanden wurden, mögen zu neidvollen Animositäten zwischen der Berliner Akademie und der Halleschen Stiefschwester geführt haben. Das drückte sich z. B. in folgenden nicht öffentlichen Worten eines hochgestellten Berliner Akademiemitgliedes aus: „Die Leopoldina, das ist die Axt an der Wurzel unserer sozialistischen Jugend."[50]

Die Präsidenten Hartke[51] und Mothes haben mehrfach scharfe polemische Klingen gekreuzt. Im Protokoll[52] der Präsidiumssitzung vom 2. Juni 1966 ist festgehalten, daß Hartke Mothes vorgeworfen habe, er übe Partisanentätigkeit gegen die DAW aus und untergrabe systematisch deren Autorität, er stütze Havemann[53], sei ein verlängerter Kampfarm des Kalten Krieges und benehme sich wie eine Diva. Anders war das Verhältnis der Präsidenten Scheler[54] und Bethge, die sich zum kollegialen Gespräch zusammensetzten. Die zwischenakademischen Beziehungen in der DDR waren also in hohem Maße auch vom Verhältnis der jeweils tonangebenden Personen abhängig. Das trifft auch auf die regionale Ebene, das Verhältnis der Leopoldina zur Halleschen Universität, zu. In den achtziger Jahren wurden die bislang kühlen Beziehungen zwischen den Verantwortlichen eisig, es gab keine offiziellen Kontakte mehr. Das Leopoldina-Präsidium wußte natürlich, daß der *Brutkasten* für die inoffiziellen MfS-Informanten, die die Leopoldinamitglieder aushorchten und *abschöpften*, in der Universität stand, daß jede Maßnahme des Ministeriums für Hoch- und Fachschulwesen gegen die Leopoldina mit der Universitätsleitung abgesprochen war und daß Hallesche Leopoldinamitglieder in öffentlicher Rede und in der Universitätszeitung diffamiert wurden.

[50] Persönliche Mitteilung einiger früherer Mitglieder der Berliner Akademie über eine Äußerung von Robert Rompe.

[51] Werner Hartke (1907–1993). Klassischer Philologe und Altertumswissenschaftler, OM 1955, Präsident der Deutschen Akademie der Wissenschaften 1958–1968, Vizepräsident der Deutschen Akademie der Wissenschaften / Akademie der Wissenschaften der DDR 1968–1979.

[52] HAL, Protokollhefter VII.

[53] Auch in einem Bericht vom 13. Februar 1964 der Abteilung V der Halleschen Dienststelle des MfS wird festgestellt, daß zwischen den staatsfeindlichen Einstellungen von Robert Havemann und Kurt Mothes zur DDR-Politik eine Reihe von Gemeinsamkeiten bestünden, insbesondere im, wie es hieß, „Kampf gegen Dogmatismus". Tatsächlich hat Mothes nach seiner zunächst sehr kritischen Haltung gegen die Aufnahme von Havemann in die DAW später dessen Vorstellungen gestützt und war einer der schärfsten Verfechter in den Akademiegremien gegen den ungesetzlichen Ausschluß Havemanns aus der DAW 1966. Vgl. hierzu Parthier, „Forscher – Lehrer – Wissenschaftsorganisator", S. 291.

[54] Werner Scheler (geb. 1923). Pharmakologe, KM 1971, OM 1973, Präsident der Akademie der Wissenschaften der DDR 1979–1990.

[55] Carl Friedrich von Weizsäcker (geb. 1912). Physiker, Leopoldinamitglied seit 1959, Adjunkt 1963–1970, Ehrenmitglied 1992. Vgl. u. a. in: BStU, Außenstelle Halle, Abt. XX, Sachakte Nr. 519, Bl. 3.

[56] Walther Gerlach (1889–1979). Physiker, Leopoldinamitglied seit 1940, Vizepräsident der Leopoldina 1960–1963. Zum Beispiel in: BStU, AOP 3557/69 Band VIII, Bl. 98.

Herausragende westdeutsche Mitglieder wie Carl Friedrich von Weizsäcker[55], Walther Gerlach[56], Reimar Lüst[57], Adolf Butenandt[58], Heinz Staab[59] u. a. m. wurden staatlich hofiert, aber auch besonders gut überwacht. Mehr als ein Dutzend inoffizieller Mitarbeiter, meist Universitätskollegen, mischten sich unter die 500 bis 800 Mitglieder und Gäste bei den Jahresversammlungen der Leopoldina. Die Berichte dieser Informanten füllen manchen Band in den Archiven der Bundesbeauftragten für die Unterlagen des Staatssicherheitsdienstes der ehemaligen DDR. Im Kampf der DDR-Regierung um die internationale Anerkennung war jedes Mittel recht, auch die Ausnutzung der Leopoldina als national und übernational renommierte Wissenschaftsakademie in dieser Weise.

Einige Zugeständnisse mußten die Präsidiumsmitglieder allerdings im Laufe der Jahre doch machen. Ein Beispiel dafür ist, daß in den gedruckten Mitgliederverzeichnissen der Leopoldina die deutschen Mitglieder in solche aus der Bundesrepublik und bald auch aus West-Berlin sowie in solche aus der DDR unterteilt werden mußten.[60]

Ein Engagement der Leopoldina für die Aufnahme der DDR in die *World Health Organization* (WHO)[61] strebte Gesundheitsminister Mecklinger schon seit Anfang des Jahres 1971 an. Schließlich erklärte sich Mothes mit Zustimmung des Präsidiums bereit, einen unterstützenden Brief[62] zu schreiben. Man hat heute den Eindruck, daß die DDR-Führung bei dieser Gelegenheit froh war, daß es hier eine Akademie gab, die keine staatliche Bindung hatte.

Immer wieder vermochte der Präsident, ob Mothes oder Bethge, einen stärkeren Zugriff von Partei und Regierung auf die Leopoldina zurückzudrängen. Zusammenfassend können drei strategisch-taktische Gesichtspunkte der Akademieleitung hervorgehoben werden:

- Die Leopoldina ist eine gesamtdeutsche Einrichtung, sie könne ihren Sitzort jederzeit in den Westteil Deutschlands verlegen.[63]
- Alle wichtigen Beschlüsse und Entscheidungen können nur mehrheitlich im Senat – in dem westdeutsche Mitglieder dominierten – getroffen werden.
- Falls der Druck seitens der DDR-Regierung zu groß werde, könne die Leopoldina zur Eigenfinanzierung durch Spenden der Mitglieder und Förderer bzw. durch Mitgliederbeiträge übergehen.[64]

[57] Reimar Lüst (geb. 1923). Physiker, Leopoldinamitglied seit 1973, Ehrenmitglied 1997. Vgl. u. a. BStU, BV Halle, MfS, HA XX Nr. 2537, Bl. 22.

[58] BStU, BV Halle, MfS, HA XX, Sachakte Nr. 735, Bl. 192.

[59] Heinz A. Staab (geb. 1926). Chemiker, Leopoldinamitglied seit 1974, Obmann für Organische Chemie 1978–1991. Vgl. BStU, BV Halle, MfS, HA XX, Sachakte Nr. 735, Bl. 268.

[60] Dies wurde in einem Gespräch zwischen Abusch, Gießmann und Mothes am 25. Juli 1962 besprochen. HAL, 19/03/01/115–118.

[61] Die DDR wurde am 8. Mai 1973 in die Weltgesundheitsorganisation aufgenommen.

[62] HAL, Protokollhefter X. Protokoll und Anlage zum Protokoll der Präsidiumssitzung vom 7. April 1972.

[63] Dieses Argument wurde allerdings in den späteren Jahren nicht mehr benutzt, da auch das Hallesche Präsidium kein Interesse daran hatte, daß die Leopoldina in den Westteil Deutschlands verlagert würde.

[64] So wurde es in der Senatssitzung am 9. Mai 1959 besprochen (HAL, Protokollhefter III).

Festsitzung zum Leibniztag 1968, v. l. n. r.: Kurt Mothes, Präsident der Leopoldina, Peter Adolf Thiessen, Ehrenvorsitzender des Forschungsrates der DDR, und Kurt Schwabe, Präsident der Sächsischen Akademie der Wissenschaften zu Leipzig

3. Konspirativ-operative Begleitmusik

Trotz vielfacher Versuche zu ideologischer Vereinnahmung und Reglementierung fanden die SED-Strategen und ihre Staatssicherheitszentralen in Halle und in Berlin keine wirkungsvollen Ansätze, um die gesamtdeutsch-internationale Struktur und die singuläre politische Unabhängigkeit der Leopoldina zu verändern. Das galt auch für die im Vergleich mit anderen Wissenschaftsinstitutionen in der DDR aufmüpfigen Aktivitäten der Leopoldina. Als letztes Mittel blieb dem MfS nur die fast lückenlose Überwachung der Leopoldina mit regelmäßigen Berichterstattungen und Maßnahmeplänen, die sowohl der Institution als auch ihre Mitarbeiter und Mitglieder betrafen. Zu den Maßnahmen gehörten die Installierung von Abhörtechnik in den Räumen (die sogenannte Maßnahme B), die Ablichtungen aller aus- und eingehenden Postsendungen durch die Abteilung M des MfS, besonders jedoch die unterschiedlichsten technisch-operativen Maßnahmen zur Personenüberwachung etwa durch die Einschleusung von Inoffiziellen Mitarbeitern (IM). Die Mitglieder des Leopoldina-Präsidiums und Präsident Mothes im besonderen sowie weitere Mitglieder aus den medizinischen und naturwissenschaftlichen Fakultäten der Halleschen Universität gehörten zu den bevorzugten Opfern der Personenüberwachung. Das Vorgehen der MfS-Bezirksstelle im Rahmen des bereits erwähnten *Operativen Vorgangs Komet* gegen die Hallesche *bürgerliche* Intelligenz (das sogenannte *Hallesche Zentrum*) aktivierte eine große Zahl von Inoffiziellen Mitarbeitern, vor allem Universitätsangehörige, was durch die von der SED-Bezirksleitung vermutete Absicht des *Zentrums*, die SED-kontrollierte Universitätsleitung zu stürzen und selbst den Rektor zu stellen, genährt wurde. Der Ton der Berichte der MfS-Mitarbeiter war aggressiv, wie aus den umfangreichen Akten des *Operativen Vorgangs Komet* hervorgeht: „1958 wurde wegen Verdacht der Feindtätigkeit nach den §§ 13 STEG[65] (Staatsverrat) 19 (Staatsgefährdende Propaganda und Hetze) § 20 STEG (Staatsverleumdung) und § 23 STEG (Schädlingstätigkeit und Sabotage) die operative Bearbeitung folgender Personen aufgenommen.“[66] Es folgen die Namen von zwölf Professoren mit Kurt Mothes an der Spitze, durchweg Leopoldinamitglieder.

Im Anlegungsbeschluß des *Operativvorgangs*[67] wurden folgende Begründungen angegeben: „Mothes und andere bilden ein reaktionäres Zentrum an der Universität Halle, das sich aus Mitgliedern der Leopoldina zusammensetzt. Sie werden beschuldigt, mit allen ihnen zur Verfügung stehenden Mitteln der Politik der Regierung bei der Schaffung der sozialistischen Hochschule Widerstand zu leisten. Weiterhin propagieren sie offen die bürgerliche Ideologie und sind in diesem Sinne wirksam. [...] Es gibt keine Maßnahmen, Beschlüsse, Entwicklungen in der DDR zu Hochschul- und Wissenschaftspolitik, gegen die die Mitglieder der Leopoldina und insbesondere das Hallesche Zentrum nicht polemisiert, Widerstand entgegengesetzt hätten, ihre Durchsetzung zu verhindern suchten und eine Veränderung angestrebt hätten. Ein Wesensmerkmal ihrer Ideologie zeigt sich in der Vertretung der Theorie der sogenannten gesamtdeutschen Wissenschaft und des Primats der westdeutschen Wissenschaft und Forschung.“[68]

Man erfährt hier ferner, daß die Perspektive der weiteren Arbeit darin bestehen müsse, die Leopoldina zu einem wirksamen Instrument der DDR zu machen. Ein politisch positiver Kurs der Leopoldina würde bei der Vielzahl ihrer Verbindungen auch eine Stärkung des internationalen Ansehens der DDR mit sich bringen und wird „unserer Republik einen großen wissenschaftlich-technischen Gewinn schaffen“.[69]

Auch nach der Archivierung des *Operativen Vorganges Komet* (4. September 1969)[70] wurde die Überwachung der Leopoldina und von Kurt Mothes durch das MfS fortgesetzt, wie die Einschätzung der Abt. XX/3 vom 23. März 1973 zeigt.[71] Zur Amtsübergabe von

[65] Strafrechtsergänzungsgesetz (StEG) der DDR.

[66] BStU, OV Komet, Band XVIII, Bl. 120.

[67] BStU, OV Komet, Band I, Bl. 167–168.

[68] Vgl. auch Parthier, „Klammerfunktion“, S. 420.

[69] BStU, OV Komet, Band VI, Bl. 136.

[70] BStU, OV Komet, Band XVIII, Bl. 154–155.

[71] BStU, BV Halle, MfS, HA XX, ZMA 3599, Bl. 42: „Prof. M. wurde 1958 wegen Verdacht der Feindtätigkeit gem. staatsgefährdende Propaganda und Hetze im OV ‚Komet‘, [...] op. bearbeitet. Auf Grund der pol. Situation wurde die Einleitung eines EV [...] nicht durchgeführt und der OV eingestellt. Durch weitere Aktivitäten der Tätigkeit der ‚Leopoldina‘ insbesondere des inneren politisch-ideologischen negativen

Mothes an Bethge 1974 legte der Erste Sekretär der Bezirksleitung der SED Halle, Werner Felfe, Erich Honecker eine umfangreiche Analyse[72] über die Leopoldina vor, in der es u. a. heißt, daß die inhaltlichen Schwerpunkte, Organisation und Tätigkeit der Akademie objektiv historisch überholt seien. Da die Leopoldina aber über eine mehr als 300jährige Tradition verfüge und international „einen bestimmten Ruf" besitze, seien Überlegungen zu ihrer weiteren Arbeit notwendig. Welche Überlegungen damit gemeint waren, geht aus einem Aktenvermerk über eine interne Absprache in der MfS-Abteilung XX hervor, die mit IM *Manfred*, dem *Sektorenleiter kapitalistisches Ausland* des Ministeriums für Hoch- und Fachschulwesen und routinemäßigen Gesprächspartner Bethges, im Vorfeld der Leopoldina-Jahresversammlung 1985 stattfand: „Durch den Gen. Matter wurde die Erhöhung der politischen Bedeutung der Leopoldina im Rahmen der Wissenschaftsentwicklung, der Rolle der Wissenschaftler in der derzeitigen Klassenauseinandersetzung, in der entscheidenden Frage Krieg oder Frieden verdeutlicht. Daraus resultierend soll der Dialog mit der Leopoldina, speziell mit dem Präsidenten Prof. Dr. Bethge, zur verstärkten Einflußnahme auf die politische Ausstrahlung und Stellung der Leopoldina durchgeführt werden bzw. bei grundsätzlichen Meinungsverschiedenheiten der Leopoldina die Grenzen gezeigt werden."[73]

Für jede einzelne der Jahresversammlungen wurden Maßnahmepläne erstellt, in denen unter vielen anderen Hinweisen immer wieder diese Frage auftaucht: „Welche BRD-Wissenschaftler bzw. des NSW-Gebietes können gezielt abgeschöpft werden (Geheimnisträger bestimmter Bildungs- und Forschungseinrichtungen, Konzernen der BRD)?"[74]

Einflusses durch den Präsidenten Prof. Mothes macht sich eine zielgerichtete politisch-operative Kontrolle des M. weiterhin notwendig. [...] Prof. M. wird durch IM-System unter ständiger op. Kontrolle gehalten."

[72] SAPMO, Büro Hager, DY 30/IV B2/2.024/55.

[73] BStU, BV Halle, MfS, HA XX, Sachakte Nr. 735, Bl. 287.

[74] Die politisch-operative Zielstellung im Maßnahmeplan des MfS für die Jahresversammlung 1985 lautete beispielsweise: „Absicherung der Jahresversammlung:
Politisch-operative Zielstellung
Absicherung der Jahresversammlung im Rahmen einer zielgerichteten vorbeugenden operativen Arbeit zur Aufklärung von Hinweisen der Verstärkung deutsch-deutscher Kontakte und zielgerichtete aufgenommener Verbindungen von NSW-Personen zu Teilnehmern der Jahresversammlung sowie vorbeugende Verhinderung der Nutzung der Jahresversammlung als Plattform für politisch negative Äußerungen und provokativ demonstrative Handlungen.
Maßnahmen
1. Zur Durchsetzung wirkungsvoller politisch-operativer Aufgaben und Maßnahmekomplexe, die eine rechtzeitige Aufklärung, Aufdeckung und vorbeugende Verhinderung gegnerischer Aktivitäten im Rahmen dieser Veranstaltung garantieren, wird eine zeitweilige operative Arbeitsgruppe für den Zeitraum vom 30. 3.–2. 4. 1985 in der Stärke 1 : 4 gebildet. [...]
2. Die politisch-operativen Aufgaben und Maßnahmekomplexe sind schwerpunktbezogen durch den zielgerichteten Einsatz von IM sowie offizieller Schlüsselpositionen der MLU zu gewährleisten.
– Aufklärung und vorbeugende Verhinderung jeglicher Aktivitäten des Gegners zur Störung bzw. Beeinflussung der Jahresversammlung sowie Erkennen von Hinweisen auf ‚deutsch-deutsche' Kontakte auf gemeinsamer ideologischer Basis

Festsitzung zum Leibniztag 1978, v. l. n. r.: Heinz Bethge und Peter Adolf Thiessen

Die Mitarbeiter des MfS versuchten in den siebziger und achtziger Jahren zu erfahren, was die westdeutschen Teilnehmer der Jahresversammlungen innerhalb und außerhalb des offiziellen Programms taten. Besonders interessiert waren sie an den Vorträgen von Carl Friedrich von Weizsäcker, Bernhard Hassenstein[75] und anderen Wissenschaftlern im Rahmen der Kirche. Als ab 1977 Repräsentanten der Ständigen Vertretung der Bundesrepublik Deutschland in der DDR und später auch Botschafter aus verschiedenen westlichen Län-

- Rechtzeitiges Erkennen, vorbeugende Verhinderung und Dokumentierung eines Wirksamwerdens politisch-negativer Kräfte potentieller Träger und Verbreiter der feindlichen Kontaktpolitik und -tätigkeit
- vorbeugende Verhinderung von provokativen und demonstrativen Handlungen
- Einleitung von Sicherungsmaßnahmen zur Gewährleistung des Geheimnisschutzes innerhalb operativ-relevanter Forschungsbereiche sowie spionagegefährdeter Objekte und Personen
- Realisierung operativ notwendigen Informationsbedarfs zu den einzelnen wiss. Veranstaltungen der Jahresveranstaltungen." (BStU, BV Halle, MfS, HA XX, Sachakten Nr. 735)

[75] Bernhard Hassenstein (geb. 1922). Zoologe, Ethologe, Leopoldinamitglied seit 1965, Obmann 1979–1990.

dern an den Jahresversammlungen teilnahmen, wurden diese natürlich besonders überwacht. Inzwischen war die Leopoldina bei der Bezirksverwaltung Halle des MfS wieder zur Chefsache geworden. Generalmajor Schmidt, Leiter der Halleschen Bezirksverwaltung, schickte 1981 eine Analyse über die „Rolle und Bedeutung der Deutschen Akademie der Naturforscher ‚Leopoldina'" an seine Zentralstelle in Berlin. Darin ist zu lesen: „Im Gegensatz zu der von Prof. Mothes verfolgten Linie der Überbetonung von weltanschaulich-naturwissenschaftlichen Grundfragen konnte nach dem Amtsantritt von Prof. Bethge eine materialistische Grundeinstellung zu den vorgetragenen wissenschaftlichen Problemen festgestellt werden."[76] Ähnlich heißt es in der Abschlußeinschätzung der Jahresversammlung 1975 durch das MfS. Man hielt unter anderem fest, „daß diese auf sehr hohem wissenschaftlichem Niveau stehenden Veranstaltungen einen größeren Nutzeffekt hinsichtlich der Informationsgewinnung und Abschöpfung von Forschungsergebnissen für die DDR-Wissenschaftler bringt. Eingesetzte IM konnten keine gezielten Abschöpfungen durch NSW-Wissenschaftler feststellen. [...] Durch zielgerichtete Einflußnahme des MHF [...] konnte erreicht werden, daß der Einfluß reaktionärer Kräfte zurückgedrängt und das sogenannte ‚Schaupublikum' von der Tagung ferngehalten wurde."[77]

Trotz dieser positiven Entwicklung schätzte das MfS aber ein, daß von Professor Bethge bisher keinerlei Aktivitäten ausgingen, politisch-positive Wissenschaftler als Mitglieder der Leopoldina – unter Einhaltung der im Statut verankerten Wahlordnung – aufzunehmen.[78] An anderer Stelle wird moniert: „In seiner Eröffnungsrede ließ Bethge keine Bezogenheit zur sozialistischen Gesellschaft erkennen, sondern vertrat Thesen bürgerlicher Philosophen (Unsicherheit und Pessimismus bzgl. zukünftiger Entwicklungen). [...] Bethge wendet die Ergebnisse und Auswüchse kapitalistischen Profitstrebens [...] voll auf die DDR an, [...] negiert die progressive Rolle der Jugend der DDR und bezeichnet den marxistisch-leninistischen Standpunkt zur Perspektive des Sozialismus nur als edle Aussicht, die nicht mit den wissenschaftlich erkennbaren Realitäten übereinstimmt [...] Bethge bekannte sich voll zu den schon von Prof. Mothes vertretenen Prinzipien der Leopoldina."[79]

Damit habe er, so die Schlußfolgerung des MfS, „umfangreiche Vorbehalte gegen seine Person" seitens der Leopoldinamitglieder aus der BRD beseitigt.

Die Versuche des MfS, potentielle Informanten in die Leopoldina oder gar in das Präsidium zu schleusen, setzten sich bis zur Auflösung dieser Behörde fort. Noch am 16. November 1989 gibt es von der Abt. XX/8 eine knappe Lageeinschätzung mit folgender Schlußfolgerung: „Seitens MHF (Schlupo HA XX/8) ist geplant, der Leo mit Wechsel des Präsidenten 1990 ein neues Profil zu geben (stärkerer Einfluß des Staates / MHF ?) Leopoldina soll mehr und stärker internationalisiert werden, um auch somit deren gesamtdeut-

[76] BStU, BV Halle, MfS, HA XX, Sachakte Nr. 519.
[77] BStU, BV Halle, MfS, HA XX, ZMA 1673.
[78] BStU, BV Halle, MfS, HA XX, Sachakte Nr. 519.
[79] BStU, BV Halle, MfS, HA XX, Nr. 1673, ZMA, Bl. 2.

schen Charakter abzuschwächen [abzuschneiden?] und die Leo nicht zum Herd des Wiedervereinigungsgeschwätzes der beiden deutschen Staaten werden zu lassen."[80]

4. Die Leopoldina im letzten DDR-Jahrzehnt

Wie ernsthaft die Versuche der Staatspartei und der DDR-Regierung gewesen sind, die Leopoldina zu isolieren und danach in eine DDR-typische Einrichtung zu überführen oder sie beispielsweise der Berliner Akademie anzugliedern wie die Sächsische Akademie der Wissenschaften, ist nicht einfach zu beurteilen. Solche Vermutungen finden sich in den Sitzungsprotokollen des Präsidiums. Dazu kamen Vorwürfe des Ministeriums für Hoch- und Fachschulwesens wegen der Weigerung der Leopoldina, ein Statut zu verabschieden, in dem sozialistische Aufgabenstellungen und die klare Trennung zwischen Mitgliedern aus der BRD und aus der DDR offenkundig werden sollten.[81]

Maßnahmepläne, die in den MfS-Akten nachzulesen sind, zielten eindeutig darauf ab, mit allen Mitteln ein deutsch-deutsches Auseinanderdriften zu fördern und die Leopoldina in die sozialistische Wissenschaftslandschaft der DDR zu inkorporieren, was zu einer formalen Abtrennung der Mitglieder aus der Bundesrepublik geführt hätte sowie darauf, den Stamm der DDR-Mitglieder mit SED-Genossen zu verstärken, um damit perspektivisch das Präsidium für loyale, staatsverbundene Mitglieder zu öffnen.

Vom Amtswechsel Mothes zu Bethge (1974) hatte sich die DDR-Führung wohl versprochen, mit dem neuen Mann an der Spitze ein leichteres Spiel als mit seinem Vorgänger zu haben. Das war eine Täuschung. Heinz Bethge wußte, daß er von Beginn an bei aller

[80] BStA, BV Halle, MfS, HA XX, Sachakte Nr. 736 (Major Juneck, handschriftlich).

[81] Das Thema Leopoldina-Statut wurde in vielen Senatssitzungen erörtert. Es wurden Fassungen erarbeitet, die man als Arbeitssatzung bezeichnen kann. In diesen Entwürfen wurden konkrete Punkte festgelegt, um sich gegen die Einflußnahme des Staates in die inneren Angelegenheiten der Leopoldina abzusichern. Es ging aber auch darum, eine Arbeitsgrundlage zu schaffen, nach der sich das Präsidium richtete und auf die es sich berufen konnte. In der Fassung von 1967 war ein Stein des Anstoßes bei den staatlichen Stellen: „§ 43: Im Falle der Auflösung der Akademie fallen ihr bewegliches und unbewegliches Eigentum wie auch die Herausgaberechte der Gesellschaft Deutscher Naturforscher und Ärzte oder einer von der Vollversammlung zu benennenden anderen deutschsprachigen Akademie zu." (HAL, Protokollhefter VIII, Senatssitzung am 19. Oktober 1967.) – Daran hatte der Staat verständlicherweise kein Interesse, da er die *Gesellschaft Deutscher Naturforscher und Ärzte* als eine westdeutsche Gesellschaft betrachtete und im Laufe der Jahre die in der DDR lebenden Mitglieder zu einem Austritt aus der Gesellschaft drängte. – Die einzelnen Satzungsentwürfe waren keine Geheimpapiere, sondern sie lagen den Vertretern des Ministeriums für das Hoch- und Fachschulwesen vor und wurden mit ihnen diskutiert. Die Verantwortlichen in Berlin hatten regelmäßig Änderungswünsche, da diese aber nicht zur Zufriedenheit berücksichtigt wurden, kam es tatsächlich bis zum Ende der DDR-Zeit nicht zu einem staatlich anerkannten Statut. Ein wichtiger Aspekt, um politisch unabhängig zu bleiben, war, daß der Senat der Leopoldina jede Statutenänderung bestätigen mußte. – Eine interessante Parallele zur Zeit des Nationalsozialismus in bezug auf die neu formulierten Satzungen ist, daß in beiden Diktaturen die Satzungen der Leopoldina von ideologischen Inhalten und Formulierungen frei sind.

Konzilianz im Ton in der Sache fest bleiben mußte, obwohl seine hochrangigen Konsultationen in Abhängigkeit von der politischen Großwetterlage wechselhaft verliefen. Die Unabhängigkeit der Leopoldina zu bewahren, so erinnert er sich, „war ein ständiger Drahtseilakt zwischen Konfrontation und Kompromiß".[82] Einschüchterungsversuche des Ministers für das Hoch- und Fachschulwesen auf den Eröffnungsveranstaltungen zu den Jahresversammlungen der Leopoldina gehörten zur Strategie und Taktik der DDR, ihre Vorstöße im diplomatisch-politischen Bereich auf die Ebene der Wissenschaft zu übertragen, sofern sich unter den Zuhörern westdeutsche Kollegen befanden. Erinnert sei an die offiziellen Reden zu den Jahresversammlungen 1983 bzw. 1985, als der Minister bzw. sein Stellvertreter die Bundesregierung des Revanchismus bezichtigte und ihr anlastete, daß sie nichts täte, um die Stationierung von Mittelstreckenraketen der USA auf deutschem Territorium zu verhindern und deshalb mit dem Feuer eines Krieges gegen die friedliebende DDR spiele. Damit provozierten sie den Auszug einer Reihe von Leopoldinamitgliedern der Bundesrepublik aus dem Saal. Die meisten westdeutschen und alle ostdeutschen Mitglieder wußten, daß man als Wissenschaftler politische Parolen nur mit wissenschaftlichen Argumenten entschärfen konnte – und dieses tat Heinz Bethge.[83] Mit pragmatischem Geschick erreichte er, daß die Leopoldina-Politik der Regierung trotz heikler Situationen doch berechenbar blieb.

Allerdings war mit dem Wechsel von Ulbricht zu Honecker im Zentrum der SED-Macht und mit dem Übergang der Regierung Brandt zu einer neuen Ostpolitik weltpolitisch eine neue Phase eingetreten. Der Erfolg der weitgehenden internationalen Anerkennung der DDR (KSZE) und schließlich die Ergebnisse des Honecker-Besuches 1987 in Bonn hatten auch Einfluß auf die Wissenschaftspolitik der DDR. Die Leopoldina wurde jetzt als politisches Feigenblatt für die sonst überall unverhüllte Macht der Partei in der Wissenschaft gebraucht. Außerdem erwies sich die Internationalität der Leopoldinamitglieder als nützlich für die Auftritte der DDR-Wissenschaft auf diplomatischem Parkett, und sei es noch so klein wie das der Essener Villa Hügel. Krupp-Aufsichtsratsvorsitzender Berthold Beitz, der auch Vorsitzender des Kuratoriums der *Krupp-Stiftung* war, wurde 1987 Ehrenförderer der Leopoldina; Fördergelder der *Krupp-Stiftung*, die vom Ministerium für Hoch- und Fachschulwesen als Devisen-Import bewertet wurden, dienten bereits 1985 als Starthilfe für den Bau eines neuen Leopoldina-Gebäudes. 1984 erhielt Präsident Bethge die Anfrage, ob die Leopoldina gemeinsam mit der Max-Planck-Gesellschaft bei der Gründung des *Förderpreises für die Europäische Wissenschaft* – einer Stiftung des Hamburger Großindustriellen Kurt A. Körber, die der Zusammenarbeit zwischen europäischen Wissenschaftlern dienen sollte – mitwirken wolle. Das war eine schwierige Entscheidung, die nur nach Billigung durch höchste DDR-Stellen getroffen werden konnte. Bethges schriftliche Anfragen an Minister Böhme und an das zuständige Politbüromitglied Hager wurden

[82] In: *Die Zeit* vom 15. Juni 1990, S. 76.

[83] Vgl. Bethges Bericht anläßlich der Jahresversammlung der Leopoldina 1983 (Bethge, „Bericht des Präsidenten").

von letzterem eindeutig abschlägig beschieden.[84] An weiteren Kontakten war die Regierung allerdings interessiert, und so konnte der Stifter den Leopoldina-Präsidenten schließlich als ständiges Mitglied in das Förderpreis-Kuratorium berufen.

Die Leopoldina wurde zunehmend und vorsichtig als ein Versuchsfeld in den Prozeß der deutsch-deutschen Annäherungen (Grundlagenvertrag, Vertrag über die wissenschaftlich-technische Zusammenarbeit) einbezogen, z. B. durch die *Volkswagen-Stiftung*. Nach dem unerwarteten Zusammenbruch des DDR-Regimes im Herbst 1989 bat die Deutschen Forschungsgemeinschaft um Ratschläge zum sogenannten *Huckepack-Verfahren*.[85] Seitens der Max-Planck-Gesellschaft kam das Angebot, durch einen personengebundenen Wissenschaftsaustausch förderungswürdige Kooperationen zwischen den beiden deutschen Staaten zu knüpfen. Die Leopoldina galt offenbar als verläßlicher Ratgeber und Vermittler. Der Vertrag zur wissenschaftlich-technischen Zusammenarbeit auf staatlicher Ebene führte im März 1990 zu einem gemeinsamen Beratungsbesuch von Bundesforschungsministers Riesenhuber und der Präsidenten der Max-Planck-Gesellschaft sowie der Deutschen Forschungsgemeinschaft beim engeren Leopoldina-Präsidium in Halle. Allerdings zeigte sich im Laufe der folgenden Zeit, daß etliche Leopoldina-Ratschläge nicht befolgt worden sind.

Das waren die Anfänge einer Zeit, in der sich bereits eine neue Rolle der Leopoldina in der deutschen Wissenschaftslandschaft abzuzeichnen begann. Die Akademie wurde nun für ihre unerschrockene und unabhängige Haltung in den 40 Jahren DDR belohnt, in der sie aufgrund ihrer spezifischen Struktur und Mitgliederschaft, die ihr zugewachsene Aufgabe wahrnehmen konnte: auf dem Feld der Bildung, Wissenschaft und Forschung Klammer zu sein für die durch Mauer und Stacheldraht geteilte Nation.[86]

Während der DDR-Zeit hatte sich die Taktik des *gezügelten Widerstands* (den kleinen Finger reichen, um die ganze Hand verweigern zu können) als richtig herausgestellt. Doch nach der Wiedervereinigung steht die Leopoldina vor einer neuen Epoche ihrer Geschichte mit neuen Aufgaben und Herausforderungen.

[84] Zu einer Reihe von politischen Vorschlägen stellt Hager in einem Brief vom 2. August 1984 seinen grundsätzlich ablehnenden Standpunkt heraus: „Eine gemeinsame Beteiligung der Max-Planck-Gesellschaft und der Leopoldina an dem Kuratorium der Körber-Stiftung halte ich nicht für zweckmäßig. Dies würde auf jeden Fall gerade in der gegenwärtigen komplizierten Situation zu politischen Fehldeutungen Anlaß geben. Wie Herr Minister Böhme Ihnen bereits sagte, wird gegenwärtig zwischen der DDR und der BRD über den Abschluß eines Kulturabkommens verhandelt. Dieses Abkommen wird keine gemeinsamen, d. h. ‚gesamtdeutschen' Maßnahmen vorsehen. Es geht vielmehr von der Souveränität und Eigenständigkeit jedes Vertragspartners aus und wird – wenn es zustande kommt – nur den Austausch kultureller Leistungen festlegen. Dies allein wird die Art und Weise der Beziehungen charakterisieren. Außerdem könnte eine gemeinsame Beteiligung der Max-Planck-Gesellschaft und der Leopoldina an dem Kuratorium von bestimmten Kreisen der Bundesrepublik auch als Präzendenzfall für weitere derartige Vorhaben gewertet werden. Daran besteht seitens der DDR keinerlei Interesse." (BStA, BV Halle, MfS, HA XX, Sachakte Nr. 2537.)

[85] Die DFG bezeichnete hiermit eine gemeinsame westdeutsch-ostdeutsche Projektförderung, wobei der stärkere (westdeutsche) Partner dem schwächeren als Stütze diente.

[86] Vgl. Parthier, „Klammerfunktion".

Abschließend stellt sich die Frage, ob die Leopoldina eine Anomalie oder eine Singularität im sozialistischen Wissenschaftsgetriebe der DDR gewesen ist. Wir meinen, Deutschlands älteste Akademie war bewußt gestaltet beides, und wahrscheinlich teilen die Leser dieser Abhandlung diese Auffassung. *Singularitäten* bzw. *Anomalien* hießen denn auch – nicht ohne Hintersinn – die Rahmenthemen der Jahresversammlungen von 1985 bzw. 1989.

Literatur

Bethge, Heinz: „Bericht des Präsidenten der Akademie". Jahresversammlung 1983, in: *Nova Acta Leopoldina* 60 (1989), S. 15–33.

Gerstengarbe, Sybille: „‚Plötzlich musste ich Geschäfte übernehmen'. Otto Schlüters Ringen um den Erhalt der Leopoldina nach dem Zusammenbruch Hitlerdeutschlands", in: *Jahrbuch der Leopoldina 1995*, R. 3, 41 (1996), S. 439–476.

Gerstengarbe, Sybille/Heidrun Hallmann/Wieland Berg: „Die Leopoldina im Dritten Reich", in: Christoph J. Scriba (Hrsg.), Leopoldina-Kolloquium: *Die Elite der Nation im Dritten Reich.* Das Verhältnis von Akademien und ihrem wissenschaftlichen Umfeld zum Nationalsozialismus, in: Acta Historica Leopoldina 22, Leipzig 1995, S. 167–212.

Gerstengarbe, Sybille: *Die Leopoldina in den konfliktreichen Jahren 1958–1962,* in: Acta Historica Leopoldina 36, Leipzig 2001, S. 63–100.

Hager, Kurt: *Erinnerungen*, Leipzig 1996.

Macrakis, Kristie: „Einheit der Wissenschaft versus deutsche Teilung: Die Leopoldina und das Machtdreieck in Ostdeutschland", in: Dieter Hoffmann/Kristie Macrakis (Hrsg.), *Naturwissenschaft und Technik in der DDR*, Berlin 1997, S. 147–169.

Mothes, Kurt: „Zum Geleit!", in: *Jahrbuch der Leopoldina*, R. 3, 1 (1955), S. 3–7.

Mothes, Kurt: „Rede anläßlich der Jahresversammlung der Deutschen Akademie der Naturforscher Leopoldina am 10. Mai 1959", in: *Nova Acta Leopoldina* 21, Nr. 143 (1959), S. 7–28.

Mothes, Kurt: „Über die Lage der Wissenschaft und die Arbeit der ‚Leopoldina'", in: *Nova Acta Leopoldina* 17, Nr. 122 (1955), S. 424–428.

Parthier, Benno: „Forscher – Lehrer – Wissenschaftsorganisator. Zum 90. Geburtstag von Kurt Mothes (1900–1983)", in: *Wissenschaft und Fortschritt* 40 (1990), S. 288–291.

Parthier, Benno: *Die Leopoldina.* Bestand und Wandel der ältesten deutschen Akademie, Halle 1994.

Parthier, Benno: „Die Leopoldina und ihre 40jährige Klammerfunktion in der deutsch-deutschen Wissenschaftslandschaft", in: *Jahrbuch der Leopoldina 1995*, R. 3, 41, (1996), S. 415–424.

Seidler, Eduard: „Die akademische Elite und der neue Staat", in: Christoph J. Scriba (Hrsg.), Leopoldina-Kolloquium: *Die Elite der Nation im Dritten Reich.* Das Verhältnis von Akademien und ihrem wissenschaftlichen Umfeld zum Nationalsozialismus, in: Acta Historica Leopoldina 22, Leipzig 1995, S. 15–30.

Stengel, Friedemann: *Die theologischen Fakultäten in der DDR als Problem der Kirchen- und Hochschulpolitik des SED-Staates bis zu ihrer Umwandlung in Sektionen 1970/71*, Leipzig 1998.

Ferenc Glatz

Wissenschaftsakademien und Wissenschaftspolitik in den einstigen sozialistischen Ländern

Schwerpunkt Ungarn

Wenn man in Ländern wie Ungarn von der Geschichte des Sowjetsystems spricht, kann dies nicht unabhängig von *systemkritischem* Engagement geschehen, da man ja tagtäglich mit seinem Erbe konfrontiert wird, dessen Bewältigung bis zum heutigen Tage nicht beendet ist, gleichgültig ob es sich um politische oder gesellschaftliche Fragen der einstigen sozialistischen Länder, um Probleme des öffentlichen Denkens oder der Wissenschaftsorganisation handelt.[1] Im Rahmen solcher Systemkritik wurde häufig gegen die *Ideologie des Systems* angekämpft und den effektiven Prozessen, die im Innern von Gesellschaft und Wirtschaft abliefen, weniger Aufmerksamkeit gewidmet, da die Bedeutung dieser gesellschaftlichen und wirtschaftlichen Prozesse noch zu stark im Bewußtsein und gewissermaßen selbstverständlich war. Eine solche auf die jüngste Zeit bezogene Systemkritik versäumt zuweilen, die vor 1949 in der Region herrschenden Zustände exakt zu ergründen. Dabei stellen sich gerade hier interessante Fragen. Welche Alternativen hätten sich den unter sowjetischen Einfluß geratenden Staaten und Nationen um die Mitte des 20. Jahrhunderts geboten? Was brachte im Vergleich dazu die Einführung des Sowjetsystems mit sich? Darüber hinaus glaubt der Autor – auch nach der erneuten Lektüre eigener Arbeiten –, daß sich in der Denkweise des Forschers oft wertende und interpretierende Momente vermischen. Aufgrund der durchlebten Gegenwart dominiert häufig die geschlußfolgerte Wertung. Der Interpretation hingegen wird weniger Platz eingeräumt. Dabei gehört es doch wesentlich zur Berufung eines Historikers, zu interpretieren, also zu rekonstruieren und zu erklären – unabhängig davon, wie er die Taten früherer Generationen einschätzt.

[1] Glatz, „Vergleichende Untersuchung". In dieser Untersuchung gehe ich detailliert auf die gesellschaftlichen Probleme der Informatik, die Herausforderungen der Globalisierung sowie auf das Erbe des sowjetischen wissenschaftspolitischen Systems in den mittelosteuropäischen Ländern ein.

1. Ausgangspunkte und Fragestellung

Wenn man von den Wissenschaftsakademien im einstigen Sowjetsystem spricht und darüber debattiert, kann es nur einen Ausgangspunkt geben: In welcher Situation befanden sich die Wissenschaften in der ostmitteleuropäischen Region vor 1949, und inwieweit war ihre Organisation entwickelt und effektiv?

Die Deutsche Demokratische Republik wird von manchen Forschern ein wenig übertrieben als eine Art *Musterbeispiel für sämtliche Krankheiten* angesehen. Aus der Geschichte Ostdeutschlands zur Zeit des Sowjetregimes hat man allzu viele Verallgemeinerungen auf das gesamte Sowjetsystem abgeleitet. Vergessen wird dabei oft, daß die DDR in *Ostdeutschland* entstand, also auf einem Territorium, auf dem vor 1945 eine der hochentwickeltsten Technologien und Wirtschaften der Welt sowie eine hohe geistige Kultur ihre Heimstätte hatten – ganz im Gegensatz zu anderen Ländern Ostmitteleuropas. Aus diesem Grund besaßen jene Modernisierungsmaßnahmen, die sich im Falle osteuropäischer Gesellschaften zumindest teilweise als positive Experimente erwiesen, auf dem Gebiet der DDR notwendigerweise ein negatives Vorzeichen, da sie funktionell unbegründet und überflüssig waren – ganz gleich, was in diesem Zusammenhang die Geschichtsschreibung der DDR zur früheren deutschen Geschichte behauptet hat. Ebendies gilt für die Geschichte der Wissenschaft und Wissenschaftsorganisation.

Außerdem bietet das Studium des DDR-Modells schon deshalb keine hinreichende Grundlage für die Analyse des Sowjetsystems allgemein, weil die DDR bis in ihre letzten Tage ein relativ starrer, reformunfähiger *Frontstaat* blieb, während in anderen Satellitenstaaten der Sowjetunion nach 1956 allmählich, und zuletzt auch in der Sowjetunion selbst, der Übergang zum Machtsystem der *sanften Diktatur* erfolgte.

In bezug auf die *Wissenschaftsakademien des Sowjetsystems* fällt auf den ersten Blick auf, wie sehr die Akademie der Wissenschaften sowjetischen Typs Bestandteil des sowjetischen Machtsystems war – und zwar ein organischer Bestandteil!

Wenn man von der Geschichte der Akademien spricht, darf jedoch für keinen Augenblick vergessen werden, daß gleichzeitig auch über Probleme der Wissenschaftsorganisation und Fachverwaltung unseres Jahrhunderts geredet wird, die häufig politisch indifferent waren und erst im Sowjetsystem eine so direkte politische Bedeutung bekommen haben. Ein Beispiel hierfür ist die Frage nach der Berechtigung des Staates, durch seine wissenschaftspolitischen Interventionen einen Teil der wissenschaftlichen Elite finanziell und prestigemäßig zu bevorzugen und dadurch – mit dem Geld der Steuerzahler – nach Aristokratie und Oligarchie selbst eine spezifische Kaste zu kreieren, die Meritokratie. In einer solchen Situation befanden sich im Sowjetsystem die Mitglieder der Akademien der Wissenschaften und andere qualifizierte Wissenschaftler. War es korrekt, das bisherige System der europäischen Wissenschaftsqualifikation, das der dezentralisierten *Universitätsqualifizierung*, durch ein landesweit zentralisiertes, staatliches Einstufungssystem zu ersetzen? Und welchen Wert hat diese Universitätsqualifikation heute? Ist sie wirtschaftlich? Welche Auswirkungen hatte dieses System im Falle kleiner, welche im Falle großer nationaler Kulturen? War es richtig, von den Universitäten *unabhängige* Forschungsinstitute zu schaffen, ist es richtig, sie zu erhalten – und wenn ja, wo ist dann ihr Platz in der Forschungsorganisation? Sind sie Ministerien unterzuordnen oder verdienen sie Autonomie?[2] Es ist nicht abzustreiten, daß es sich hierbei um Kernfragen handelt, die in Europa bereits vor der Entstehung des Sowjetsystems existierten, und zwar in erster Linie in bezug auf die in Deutschland zu Beginn des 20. Jahrhunderts aus der Taufe gehobene neue staatliche Wissenschaftspolitik.[3] Deshalb ist der Autor bemüht, mit seinem Beitrag auch diese Beziehung aufzuzeigen, nämlich die zwischen der sowjetisch geprägten wissenschaftspolitischen Struktur der ostmitteleuropäischen Länder und der neuen Wissenschaftspolitik Deutschlands in den Jahren zwischen 1910 und 1918.

Wie sah diese neue Wissenschaftspolitik aus? Der Staat richtete seine Aufmerksamkeit auf die moderne Technik, auf die determinierende Rolle der wissenschaftlichen Forschung für die industrielle und landwirtschaftliche Produktion sowie auf die Hebung des Lebensstandards.[4] Riesige Summen des Budgets wurden für die Modernisierung der wissenschaftlichen Forschungsorganisation bereitgestellt. Der Staat ging – unter Einbeziehung des Produktionskapitals – über die dezentralisierte Förderung der traditionellen Lehrstuhlorganisation hinaus und gründete – nach dem Vorbild der in den USA auf privater Basis organisierten großen Institutionen – Forschungsinstitute, die mit hauptberuflich angestellten Forschern und auf der Grundlage konzentrierter Arbeitsprogramme arbeiteten. Die Gründung der *Kaiser-Wilhelm-Gesellschaft* im Jahre 1911 war die erste staatliche wissenschaftspolitische Intervention dieser Art.[5] Diese Forschungsorganisation neuen Typs erwies sich mit den gleich im ersten Jahr errungenen Nobelpreisen als äußerst effizient, nicht zuletzt in den für die Rüstungsindustrie verwendbaren Produktionszweigen. Damit entwickelte sich die etatistische deutsche Wissenschaftspolitik zu einem der Vorbilder für die Staaten, die eine schnelle Entwicklung anstrebten, obwohl man dies keineswegs zugab. Es war auch kein Zufall, daß Frankreich nach 1920 auf eine ähnliche Art und Weise vorging, erwähnt sei hier nur der 1926 initiierte CNRS.[6] Die einzige bewußt gestaltete staatliche Wissenschaftspolitik in der ostmitteleuropäischen Region – nämlich die ungarische – war ebenfalls bemüht, das deutsche Modell zu übernehmen, wenn auch aufgrund unzureichender Mittel aus dem Etat und mangelnden Unternehmerkapitals erfolglos.[7]

Interpretiert man die Geschichte der Wissenschaftsakademien und Wissenschaftspolitik der ehemals sozialistischen Länder, sollten m. E. folgende Gesichtspunkte maßgeblich sein:

a) Welcher Art war die wissenschaftliche Forschung im jeweiligen Land vor 1945, und welche Veränderungen – Aufbau bzw. Abbau – brachte das Sowjetsystem im Vergleich dazu mit sich?

[2] Glatz, *Wissenschaftspolitik um die Jahrtausendwende*, S. 142.
[3] Vgl. vom Brocke, „Kaiser-Wilhelm-/Max-Planck-Gesellschaft“.
[4] Vgl. Komkov/Levsin/Semenov, *Akademija Nauk,* Bd. 2, S. 382 und 454.
[5] Vgl. Vierhaus/vom Brocke, *Forschung im Spannungsfeld.*
[6] Vgl. *Centre National de la Recherche Scientifique.*
[7] Vgl. Glatz, „Scholarship in Hungary“.

b) Inwiefern dienten die neue Wissenschaftsorganisation und die Wissenschaftspolitik den Zielen der universellen Wissenschaftsentwicklung und der Geltung wissenschaftlicher Methoden auf dem jeweiligen Staatsterritorium? Inwieweit dienten sie dem Fortschritt wissenschaftlichen Denkens in der zu untersuchenden Region?

c) Entsprach die neue Wissenschaftsorganisation den lokalen wirtschaftlichen und kulturellen Bedingungen und der Hebung des Lebensstandards?

d) Hat das neue wissenschaftspolitische System die Herausbildung des öffentlichen Denkens auf wissenschaftlicher Grundlage in breiten Kreisen der Bevölkerung gefördert oder gehemmt?

2. Wissenschaftlichkeit in der ostmitteleuropäischen Region vor 1949

2.1. Industriell-technische Revolution und Wissenschaft

Im Vergleich zu ihrer wirtschaftlichen und politischen Bedeutung waren die wissenschaftliche Forschung und die Forschungsorganisation der osteuropäischen Region vor 1949 unterentwickelt. Andererseits besaß Ungarn bereits vor 1918 eine umfassende Ausbildungs- und Forschungsorganisation. Die Ungarn verfügten seit 1867 über faktische Unabhängigkeit innerhalb der Doppelmonarchie. Nach 1867 setzte eine rasche Entwicklung des Unterrichtswesens und am Beginn des 20. Jahrhunderts auch ein erneuter Universitätsausbau ein (1910–1932). Um die Jahrhundertwende wurden mit staatlichen Mitteln westeuropäische – und vor allem deutsche – technologische und wissenschaftliche Errungenschaften adaptiert. Den Bereichen Industrie und Landwirtschaft boten die Lehrstühle bereits eine gewisse Versorgung mit Forschungsleistungen (zu Melioration, Wasserwirtschaft, Milchwirtschaft usw.) an. Nach westlichem Muster wurden die Grundlagen des wissenschaftlichen Großbetriebes, so z. B. Fachzeitschriften, wissenschaftliche Gesellschaften und – bereits bis zur Jahrhundertwende – ein sehr differenziertes Hochschulsystem, geschaffen.

Die industriell-technische Revolution erreichte in der zweiten Hälfte des 19. Jahrhunderts die ostmitteleuropäische Region, was in der Habsburger Monarchie die Erstarkung der sogenannten führenden Nationalkulturen – nämlich der österreichischen, ungarischen und tschechischen – mit sich brachte. Die nationalstaatliche Kulturpolitik Ungarns wurde durch die außerordentlich dynamische ökonomische Entwicklung in Europa gestärkt. Deren Ergebnisse zeigten sich sowohl in Ungarn als auch in Böhmen – dort als Teil der deutsch-österreichischen Entwicklung – in erster Linie im Bereich der Gesellschaftswissenschaften. In beiden Nationen war die Nachahmung der deutschen wissenschaftlichen Gesellschaften sowie der europäischen Theorierichtungen besonders stark ausgeprägt.[8]

Nach 1920 änderte sich die Situation. Die neue nationalstaatliche Entwicklung verstärkte zwar das System der nationalen muttersprachlichen Allgemein- und Hochschulbil-

[8] Vgl. Glatz, „Kultúrpolitika".

dung – in erster Linie in den polnischen, tschechischen, slowakischen und sogar südslawischen Gebieten – und damit die Entstehung einer muttersprachlichen Expertengarde, von Fachzeitschriften und Gesellschaften, doch gleichzeitig behinderte die wirtschaftliche Rezession die Entfaltung des wissenschaftlichen Lebens in den neuen Nationalstaaten, so auch in Ungarn. Nach groben Einschätzungen fielen z. B. die internationalen Kapitalanlagen auf dem Territorium der einstigen Monarchie nach 1920 auf ein Siebtel zurück. Das soziale Elend des nationalstaatlichen Systems wirkt sich selbstverständlich auch auf die Entwicklung der wissenschaftlichen Basis aus.[9]

2.2. Staatliche Wissenschaftspolitik in Ungarn (1922–1949)

In Ungarn entfaltete sich ein dynamisches wissenschaftspolitisches Programm. Nach deutschem Muster – wobei als Vorbilder wiederum die *Kaiser-Wilhelm-Gesellschaft* und die im Jahre 1920 gegründete *Notgemeinschaft der Deutschen Wissenschaften* zu erwähnen wären – begann die ungarische Wissenschaftspolitik neben der Hochschulentwicklung mit der Bildung von Forschungsinstituten bzw. von Forschungsstellen, z. B. für öffentliche Sammlungen, die von den Universitäten unabhängig waren. Selbst im Ausland wurden ungarische Forschungsinstitute gegründet. Die von den Universitäten unabhängigen Institute und Sammlungen (Museen, Archive, wissenschaftliche Bibliotheken) waren in einer einzigen *Landesautonomie*, der *Nationalen Kabinettsuniversität*, vereinigt. Die ihr angehörenden Institute genossen umfassende Autonomie, aber die Kosten trug zu 100 Prozent der Staat. Der Unterschied zur Kaiser-Wilhelm-Gesellschaft bestand darin, daß es in Ungarn kaum Privatkapital gab und daß der Staatshaushalt arm war.[10]

Die *Ungarische Akademie der Wissenschaften* besaß Landesautonomie. Sie war zwar von Beginn an nur eine *Gelehrtengesellschaft*, aber in der nationalen Hierarchie kam ihr trotzdem eine herausragende Rolle zu. Sie wurde im Jahre 1825 nicht aufgrund eines Herrscherwillens, sondern aus öffentlichen Sammlungen finanziert und verfügte über ein bedeutendes eigenes Vermögen, aus dem sie ihren Mitgliedern Unterstützungen sowie Zulagen unterschiedlichsten Typs gewähren konnte. Innerhalb Ungarns übte sie eine spezifische nationale Repräsentationsfunktion aus.[11]

Im Rahmen der ab 1922 stattfindenden wissenschaftspolitischen Reformen erhielt auch die Akademie umfassende staatliche Unterstützung, wobei jedoch die wissenschaftliche Autonomie erhalten blieb. Eine großangelegte wissenschaftspolitische Reform vermochte sich jedoch nicht zu entfalten: Die Weltwirtschaftskrise von 1929 bis 1932 machte die geplanten naturwissenschaftlichen Entwicklungen unmöglich, und die Betreiber des wissenschaftspolitischen Systems – u. a. der sich als Schüler Adolf Harnacks betrachtende Minister Graf Kunó Klebelsberg – berücksichtigten ausgerechnet eine Lehre aus dem deut-

[9] Vgl. Király/Veszprémy, *Trianon and East Central Europe*.

[10] Vgl. Glatz, „Konzervativ reform".

[11] Vgl. *Magyar Tudományos Akadémia* und Grau, *Berühmte Wissenschaftsakademien*, S. 344.

schen Vorbild nicht: Ohne eine Beteiligung des aktiven Kapitals können weder moderne naturwissenschaftliche Lehrstühle noch Systeme von Forschungsinstituten unterhalten werden.[12]

2.3. Konservative Wissenschaftsstruktur

Was wissenschaftliche Errungenschaften anbelangt, so traten sie in der Region sporadisch und in erster Linie in solchen Disziplinen auf, die sich mit den natürlichen und gesellschaftlichen Verhältnissen der Region beschäftigten, d. h. mit der nationalen Identität verbunden waren, also in der Geschichte, der Sprachwissenschaft, der Literatur und der Ethnographie. Auf dem Gebiet der Naturwissenschaften erfolgte die Mittel- und Hochschulbildung hauptsächlich in Budapest und Prag auf einem sehr hohen Niveau. Wer die Region verließ, stand an den ausländischen und vor allem an den amerikanischen Universitäten hervorragend seinen Mann – oder zunehmend auch seine Frau. Charakteristisch für die Unterentwicklung der Wissenschaftsorganisation der Region war, daß von zwölf aus dieser Region stammenden Nobelpreisträger elf aus Ungarn kamen. Von diesen hier ausgebildeten elf Nobelpreisträgern erhielten zehn diesen Preis aber für im Ausland – in den Vereinigten Staaten und in Deutschland – durchgeführte Forschungen.[13]

3. Entwicklung der sowjetischen Wissenschaftspolitik und der Akademie

Ohne Kenntnisse der Geschichte der Sowjetunion kann die Entwicklung der einstigen sozialistischen Länder Ostmitteleuropas nicht erfolgreich studiert werden. Dasselbe gilt auch für die Wissenschaftspolitik. Interessant ist dabei, daß ein Kopieren des Sowjetsystems am besten in der Kultur- und Wissenschaftspolitik nachzuweisen ist.

3.1. Einholen, zentralisieren, dirigieren: das sowjetische Modell

Die sowjetische Wissenschaftspolitik paßte sich den Zielsetzungen des Staatsaufbaus der Sowjetunion an. Das Leitmotiv im Denken der Sowjetführung war von Anfang an und bis zu ihrem Zerfall, den entwickelten Westen auf kulturellem und wirtschaftlichem Gebiet *einzuholen*. Eine rasche Modernisierung sollte ausschließlich über die Entwicklung der wissenschaftlich-technischen Basis erreicht werden. Aus diesem Grunde hat paradoxerweise ausgerechnet das Sowjetsystem weltweit zum ersten Male bewußt eine durchdachte staatliche wissenschaftspolitische Gesamtkonzeption erarbeitet.

Auf der ganzen Welt entwickelten sich damals zwei Konzeptionen: die liberale (die amerikanische) und die etatistische (die deutsche und französische). Vereinfacht ausgedrückt ist die liberale staatliche Wissenschaftspolitik um Projektfinanzierung bemüht, wo-

[12] Vgl. Magyary, *Magyar tudománypolitika*.
[13] Vgl. Marx, *Voice of the Martians*.

bei der Staat als Auftraggeber mit den Forschungsinstituten in ein Geschäftsverhältnis tritt. Die etatistische Konzeption sieht eine direkte und langfristige Entwicklung der Forschung (Lehrstühle oder Forschungsinstitute) durch staatliche Instanzen vor. Aus diesem Grundprinzip ergeben sich dann die Schlußfolgerungen für das Institutionensystem, für die Mobilität usw. Darauf kann hier nicht näher eingegangen werden. Fakt ist, daß sich in der Sowjetunion nach 1925 eine staatliche Wissenschaftspolitik nach europäischem Vorbild herausbildete.[14]

Es wurde eine eigene Großindustrie entwickelt, in der die Industriezweige der Energiewirtschaft, der Chemie und später dann die der Elektroindustrie und der Biochemie entstanden. In diesem Zusammenhang erfolgte die umfassende Entwicklung der Universitäten, also derjenigen Institutionen, die Elitewissenschaftler ausbilden konnten.[15] In der Sowjetunion der 1920er Jahre konnte niemand beauftragt werden, neue Forschungsbasen zu schaffen. In den auf dem Territorium von der Größe eines Kontinents aus dem Boden schießenden Städten und in den industriellen sowie landwirtschaftlichen Zentren wurden regionale Universitäts- und Forschungsstätten errichtet.

Die vorrangige Anforderung an die staatliche Interventions-Wissenschaftspolitik lautete: *Effektivität*. Aus diesem Grunde bildetet man, neben den Universitäten, denen die Ausbildung von Fachleuten zukam, nach deutschem Muster geschaffene und von den Universitäten unabhängige *Forschungsinstitute*. Deren Wirksamkeit hatte sich in Deutschland gerade im Ersten Weltkrieg erwiesen.

Damit kam es zu einer ersten wissenschaftspolitischen Spaltung: Die Lehre wurde von der Forschung getrennt. Auch das Verwaltungssystem der unabhängigen Forschungsinstitute folgte dem deutschen Vorbild. Sie unterstanden nicht der Exekutive, d. h. den Ministerien, sondern – genau wie die Kaiser-Wilhelm-Gesellschaft – einem autonomen Spitzenorgan der Verwaltung. Auf diese Weise bildete sich – im Prinzip unter Leitung der Akademie der Wissenschaften der UdSSR – ein untergeordnetes Forschungsnetz heraus. So entstand die zweite wissenschaftspolitische Spaltung: Denn in der Institution des *Generalsekretärs* der Akademie wurde der politische Willen von Regierung und Partei zur Geltung gebracht.[16]

Auch die interne Struktur der Lehrstuhl- und Institutsentwicklung folgte der Produktionspolitik des Staates – und damit wiederum dem deutschen Beispiel. Ebenso wie in der Kaiser-Wilhelm-Gesellschaft in erster Linie Forschungen auf den Gebieten Physik und Chemie vorangetrieben wurden, die mit der Industrie in Verbindung standen, kam es innerhalb des Systems der russischen und sowjetischen Forschungsinstitute zwischen 1911 und 1918 zur Entwicklung von riesigen physikalischen und chemischen Forschungsinstituten, die helfen sollten, die Schwer- und Rüstungsindustrie aufzubauen. Später, im Ergeb-

[14] Vgl. Sokolowskij, *Die Akademie der Wissenschaften der UdSSR*, S. 39; Bastrakova, „Stanovlenie sovetskoj sistemy" und Komkov/Levsin/Semenov, *Akademija nauk*, Bd. 1.

[15] Vgl. dazu „Organisacija sovetskoj nauki 1926–1932"; Lachtin, „Organisacija sovjetskoj nauki"; Sokolowskij, *Die Akademie der Wissenschaften der UdSSR*; Bastrakova, „Stanovlenie sovetskoj sistemy" und Komkov/Levsin/Semenov, *Akademija nauk*, Bd. 1.

[16] Vgl. Kasack, *Die Akademien der Wissenschaften der sowjetischen Unionsrepubliken.*

nis der Lehren aus dem Zweiten Weltkrieg und in der Zeit des Kalten Krieges, wurde dieser Prozeß noch weiter beschleunigt. Besonders stark entwickelten sich jene Forschungsinstitute, die mit den neuen Energiequellen und dem damit zusammenhängenden Waffenarsenal, z. B. dem Atom, der Weltraumforschung und der Raketenindustrie, in Verbindung standen. In den 1950er und 1960er Jahren erfolgte dann die Weiterentwicklung auf dem Gebiet der Chemie, in den 1970er Jahren der Biologie und hier vor allem der Molekularbiologie. Es sei hinzugefügt, daß diese thematischen Präferenzen der globalen Wissenschaftsentwicklung mit ihrer Betonung von Physik, Chemie oder Biologie folgten. Die Entwicklung der Ökologie blieb zurück, obwohl sie in den 1970er und 1980er Jahren zu einem politischen Problem wurde, ebensowenig gelang es – aus Gründen, die hier nicht erörtert werden können – Entwicklungen zu fördern, die mit der Informatik in Verbindung standen.

Die Effektivität dieses wissenschaftlichen Großbetriebes wurde vom ersten Augenblick an durch zwei Charakteristika des politischen Systems beeinträchtigt: zum einen in der Forschungsorganisation durch die Unterordnung der Qualität unter die jeweiligen tagespolitischen Ziele und zum anderen durch die Isolation im Kalten Krieg. Darunter litten vor allem die Naturwissenschaften. Gleichzeitig mangelte es an einer entsprechenden Zahl von Wissenschaftlern zur Schaffung einer selbständigen Innovationskette über verschiedene Disziplinen hinweg. Der Mangel an Kadern auf einem entsprechenden Niveau war praktisch für die gesamte siebzigjährige Geschichte der Sowjetunion und ihrer Wissenschaftsorganisation typisch.

Die neue sowjetische Wissenschaftspolitik behandelte die *wissenschaftliche Intelligenz* bevorzugt.[17] Man bemühte sich, sie mit Hilfe von Zuschlägen und sonstigen Zuwendungen aus der allgemeinen sozialen Krise herauszuhalten. Solche Privilegien genossen die Mitglieder der Akademie der Wissenschaften, teilweise aber auch die der Universitäten und Forschungsinstitute. Sie verfügten sogar über interne Geschäftsketten und eigene Erholungsheime. Andere Vorrechte waren die Ausübung der nationalen wissenschaftlichen Repräsentation sowie ein gewisser Ausbau von Kontakten zur westlichen Welt. Das System funktionierte von Anfang an nur mit Störungen; der größte Teil der sowjetischen Eliteintelligenz war zur Wettbewerbsunfähigkeit verurteilt. Zudem behinderte ein an politisch-ideologischen Gesichtspunkten orientiertes Rechenschaftswesen die Effektivität dieser Politik. Allein die an strategisch wichtigen naturwissenschaftlichen Themen arbeitende oberste Intelligenzschicht konnte sich von diesen Vorgaben frei machen.

Da es im sozialistischen System kein Kapital und im allgemeinen auch keine Privatwirtschaft gab, wurden die Forschungsinstitute vollkommen vom Staat unterhalten. Die vollständige staatliche Finanzierung erfolgte auf zwei Arten: durch direkte Institutsfinanzierung und durch betriebliche Aufträge. Da aber auch die Betriebe staatliches Eigentum waren und ihr Produktionsniveau ebenfalls unter dem Weltniveau lag, lösten diese Aufträge keine wirkliche Konkurrenzsituation aus und stellten insofern auch keine wirkliche Herausforderung dar.

[17] Vgl. „Naučnye kadry SSSR“.

3.2. Die Akademie als staatliches Organ

In der Wissenschaftspolitik des Sowjetsystems kam der Akademie der Wissenschaften eine herausragende Rolle zu. Die Intelligenzpolitik der totalitären staatlichen Wissenschaftspolitik funktionierte nur dann, wenn das Qualifikationssystem landesweit zentralisiert war. Betreiber dieses Qualifikationssystems war die Wissenschaftsakademie. Den ersten Grad innerhalb dieses Systems stellte der *Kandidat der Wissenschaften* dar, dem als zweiter Grad der *Doktor der Akademie der Wissenschaften* folgte. Danach kam das *Mitglied der Akademie der Wissenschaften.* Der dem Akademiemitglied zeitlebens zustehende Status war Bestandteil jener Privilegien, die damit begründet wurden, daß der niedrige allgemeine Lebensstandard das Existenzminimum für eine Lebensweise als Wissenschaftler einfach nicht ermöglichen könne. Diese Umstände machten das System der staatlichen Qualifizierung (Kandidat, Doktorgrad, Mitglied der Akademie) ebenso wie das damit verbundene Entgelt erforderlich.

3.3. Faktisch unabhängige Forschungsinstitute

Die Akademie der Wissenschaften unterhielt ein autonomes Forschungsnetz, und die einzelnen wissenschaftlichen Klassen beaufsichtigten fachlich die zur Akademie gehörenden Institute. Diese Aufsicht war selbstverständlich nur eine formelle, auch wenn die Direktoren der Institute im allgemeinen der Akademie als Mitglieder angehörten. In den letzten Jahrzehnten des Bestehens dieses Systems, als die Anleitung durch die Partei und damit die politische Orientierung sich lockerten, gab es jedoch kaum noch eine fachliche Kontrolle über die Institute. Für die 1970er und 1980er Jahren können die Leistungen der Institute der Akademie der Wissenschaften der UdSSR und der anderen sozialistischen Länder ebensowenig gemessen werden, wie die Ergebnisse der Institute des CNRS oder der Max-Planck-Gesellschaft.

Zusammenfassend ist zu sagen: Die Wissenschaftspolitik der Sowjetunion war die weltweit erste, die einen Rückstand aufholen, unterentwickelte ökonomische Verhältnisse – mit einem entsprechend unterentwickelten Arbeitskräftepotential – wettbewerbsfähig machen und dieses Ziel mit staatlicher Hilfe und mit staatlichen Mitteln erreichen wollte. Rußland war traditionell ein kapitalarmes Land. Dazu kam, daß das kommunistische System das Kapital ohnehin ausgeschlossen hatte, so daß der Staat beim Ausbau wissenschaftlicher Basen eine herausragende Rolle übernehmen mußte. Schwindelerregend hoch sind die Zahlen, die die Mitglieder- und Institutsentwicklung in der sowjetischen Forschung beschreiben. Innerhalb von zwei Generationen sollten Industrie, Landwirtschaft, Rüstungsindustrie, Gesundheits- und Bildungswesen eines ganzen Kontinents wissenschaftlich versorgt werden – und zwar mittels *Planwirtschaft* und *staatlicher Intervention.* Man geriet in die eigene Falle. Das antidemokratische politische System bot zwar ideale Mittel zur *Konzentration der Kräfte* – die Wissenschaft wurde auf Kosten des Lebensstandards der Bevölkerung entwickelt –, doch bedeutete der Mangel an Privatkapital und dessen Ausschluß nicht nur Schwierigkeiten bei der Finanzierung, sondern auch den Ausschluß des Wettbewerbs sowie die Vernachlässigung der Herausforderungen in der Produktion. Die Isolierung durch den Kalten Krieg wiederum, deren vollkommene Beseitigung das System gesprengt hätte, koppelte den Bestand dieser wissenschaftlichen Basis langfristig an das politische und wirtschaftliche System. Mit anderen Worten: Ihre Beseitigung war aussichtslos. Zeitgemäß war aber an dieser Wissenschaftspolitik, daß hier zeitgleich etwa mit Deutschland oder Frankreich der Rolle des Staates eine zentrale Bedeutung beikam. Obwohl es an vergleichenden Angaben mangelt, hat es den Anschein, daß wahrscheinlich in der Sowjetunion ein weit höherer Anteil des GDP für die Wissenschaft aufgewendet wurde als in jedem anderen europäischen Staat. Jedoch wurde das System vom Augenblick seiner Entstehung an von den politischen Verhältnissen heimgesucht. Das nach 1925 in der Sowjetunion entstandene wissenschaftspolitische System wurde in seinen Grundzügen in den ost- und ostmitteleuropäischen Ländern nach 1945 bzw. 1949 eingeführt.

4. Die Entwicklung in Ungarn nach 1945

4.1. Modernisierungsbestrebungen 1945–1947

In der ungarischen Wissenschaftsorganisation traten schon in den Jahren von 1945 bis 1948, also noch vor der Einführung des Sowjetsystems, Veränderungen ein: Zum einen erfolgte eine organisatorische Demokratisierung, zum anderen drängten die bis dahin zurückgedrängten Naturwissenschaften nach vorn. Obwohl die Regierung bereits im Jahre 1926 einen naturwissenschaftlichen Forschungsfonds geschaffen hatte, war von dessen Wirkung kaum etwas zu spüren. Infolge der schwachen inländischen Basis der Großindustrie erhielten naturwissenschaftliche Lehrstühle keine Aufträge. Nur in der pharmazeutischen oder – in geringem Umfang – in der Elektroindustrie sowie in der Radio- und in der Glühlampenproduktion gab es erwähnenswerte Entwicklungen. Das Inlandsnetz von Forschungsinstituten und Laboratorien war nicht in der Lage, die von den staatlichen Mittel- und Hochschulen ausgebildete Intelligenz zu managen. Charakteristisch dafür war, wie bereits angedeutet, daß in der Zwischenkriegszeit neun an ungarischen Universitäten ausgebildete Naturwissenschaftler nicht im Lande, sondern in Amerika bzw. Deutschland den Nobelpreis erhielten.[18]

4.2. Modernisierung auf *sowjetische Art* (1949)

Die 1947 geforderte Modernisierung wurde paradoxerweise in der Zeit des Sowjetsystems nach 1949 – natürlich nach sowjetischem Vorbild – vorgenommen. Diese Modernisierung

[18] Vgl. Marx, *Voice of the Martians*. Der einzige, der in Ungarn den Nobelpreis erhielt, war Albert Szent-Györgyi. Er stellte 1947 die konservative Organisation der Ungarischen Akademie der Wissenschaften in Frage, in dem er mehr Raum für die Naturwissenschaften und höhere staatliche Subventionen forderte. Ausführlich dazu *Magyar Tudományos Akadémia*.

zeigte zwei Gesichter: Zum einen wurde mit der Gründung von Universitäten und Instituten das ungarische wissenschaftliche Potential um mehr als das Zehnfache erhöht, und ähnlich wie in Amerika oder Westeuropa drangen die Naturwissenschaften (Physik, Chemie, dann Biologie) in die ungarischen Forschungsbasen vor. Zum anderen aber wies diese Basisentwicklung die sowjetischen Symptome auf: Die Entwicklungen wurden den politischen Strategien angepaßt. Da auch Ungarn zum Land des Eisens und Stahls gemacht werden sollte, standen hinter den riesigen Investitionen in der Schwerindustrie bedeutende technische, physikalische und chemische Investitionen auf wissenschaftlichem Gebiet. Neben der bereits bestehenden Budapester Technischen Universität wurde mit staatlicher Hilfe und staatlicher Wissenschaftspolitik im Nordosten Ungarns, am Standort der Schwerindustrie, eine Technische Universität für diesen Bereich gegründet. Zur technischen Weiterentwicklung wurde, ähnlich wie in den westlichen Ländern, ein beachtlicher technischer Entwicklungsfonds gebildet. In den 1960er Jahren entstand dann – gleichzeitig mit den Neugründungen im Westen – eine besondere Universität für die chemische Industrie. Die sich aus der erforderlichen Modernisierung und dem Systemcharakter ergebenden politischen Gesichtspunkte vermischten sich.[19] Mit politischen Methoden sowjetischen Typs wurde zweifelsohne der bereits nach 1945 einsetzende Vorstoß der Naturwissenschaften beschleunigt, doch schlugen die Entwicklungen in Megalomanie um.

Tagespolitische Gesichtspunkte und die notwendige Modernisierung vermischten sich auch in der Politik gegenüber der Intelligenz. Mit administrativen Mitteln wurden die Naturwissenschaftler bevorzugt, wobei jedoch gleichzeitig die Wissenschaftlergarde in den Hintergrund gedrängt wurde, die bereits vor 1945 eine Rolle gespielt hatte oder die über Verbindungen zur westlichen Wissenschaft verfügte. Eine von der Politik angeregte massenhafte Verdrängung – vor allem in den Gesellschaftswissenschaften – war an der Spitze von Lehrstühlen und Instituten und vor allem an der Ungarischen Akademie der Wissenschaften zu verzeichnen.

4.3. Die Akademie als zentrale staatliche Wissenschaftsorganisation

Infolge der Einführung des sowjetischen Systems wurde die frühere Rolle der *Ungarischen Akademie der Wissenschaften* als eines nationalen und zentralen Wissenschaftsorganisators nun stärker hervorgehoben. Wie in jedem sozialistischen Land galt die Akademie auch in Ungarn als die *höchste wissenschaftliche Institution.* Diese führende Rolle war – anders als in anderen ostmitteleuropäischen Ländern – dem traditionellen ungarischen Modell der Akademie eigentlich nicht fremd.

Die Wissenschaft mußte zur *alltäglichen Produktivkraft* werden. Dazu wurden an der Akademie naturwissenschaftliche Klassen ins Leben gerufen, die es damals noch an keiner einzigen klassischen nationalen Akademie der westlichen Welt gab, die *Technische* und die *Agrarwissenschaftliche Klasse.* Diese sind übrigens in der Gegenwart für die Akademie, nach dem Abbau der politischen Bindungen, durchaus von Vorteil.

[19] Vgl. Csöndes/Szántó/Vas-Zoltán, *Tudománypolitika és tudományszervezés.*

Nach sowjetischem Vorbild erhielt auch die *Ungarische Akademie der Wissenschaften* (UAW) das landesweite Recht zur wissenschaftlichen Qualifikation.[20] All das erregte kein Aufsehen, weil die Mitglieder der UAW schon vor 1945 ein besonderes nationales Prestige besaßen und auch bestimmte Zuwendungen bekamen.[21] Die traditionellen finanziellen Beihilfen für die Mitglieder der Akademie wurden nach 1949 institutionalisiert und um weitere Zuwendungen ergänzt, nämlich um die Zuteilung vergünstigter Wohnungen, das Recht auf Urlaub in dem Erholungsheim der Akademie und die private Nutzung von Dienstwagen. Im übrigen sank der Lebensstandard der Eliteintelligenz – wie in der Sowjetunion – sogar unter das Niveau der Schicht der bessergestellten Facharbeiter.

Nach sowjetischem Vorbild wurde die Akademie zum Aufsichtsorgan des nationalen Forschungsnetzes bestellt. Ihr wurden die bereits bestehenden und, hier dem deutschen Beispiel folgend, über Autonomie verfügenden Forschungsinstitute zugeteilt, die zwar unter ärmlichen Verhältnissen arbeiten mußten, aber doch existierten. Ihre Anzahl stieg zwischen 1951 und 1972 um ein Mehrfaches. Die Physik erhielt ein ganzes Ensemble von Instituten auf der Fläche von einem Stadtbezirk. In den 1960er Jahren folgte die Chemie, in den 1970er Jahren die Molekularbiologie. Darüber hinaus wurde, ähnlich den deutschen Frauenhofer-Instituten, die technisch-physikalische sowie die technisch-chemische Institutsbasis geschaffen.[22]

Zusammenfassend wäre zu sagen, daß vor 1945 in Ungarn ein für die Region einmaliges, den hochentwickelten westlichen Vorbildern nacheiferndes, etatistisches, wissenschaftspolitisch gelenktes Institutssystem existierte, wobei die Wissenschaftspolitik zum Teil nur Programm blieb, weil die Wirtschaftskrisen, die die gesamte Region und damit auch Ungarn trafen, sowie der Kapitalmangel das Schritthalten mit der vorwärtsstrebenden naturwissenschaftlichen Entwicklung im Weltmaßstab behinderten. Der Vorstoß der Naturwissenschaften und die inhaltliche Modernisierung der Forschungsbasis geschahen zwar zwischen 1945 und 1948; die Realisierung erfolgte paradoxerweise jedoch erst mit der Einführung des Sowjetsystems. Infolgedessen wies diese Basiserneuerung sämtliche der zuvor beschriebenen sowjetischen Symptome mit negativem Vorzeichen auf.

4.4. Die Zeit der Korrekturen

Nach dem Ende der Phase der offenen *Diktatur des Proletariats* (1963) hatte sich das politische Umfeld in Ungarn verändert.[23] Die direkte politische Führung war gelockert, und es setzte – zunächst in den 1970er und dann verstärkt in den 1980er Jahren – die Einbettung

[20] Nach sowjetischem Vorbild erhielten die qualifizierten Wissenschaftler der Akademie zeitlebens eine Zuwendung.

[21] In Ungarn war die Mitgliedschaft in der Akademie eine ebenso große Ehre wie beispielsweise in Frankreich die Mitgliedschaft in der Académie Francaise.

[22] Zur Geschichte der Institute der Ungarischen Akademie der Wissenschaften vgl. die vom Autor herausgegebenen 20 Einzelhefte zu den einzelnen Instituten (in Vorbereitung).

[23] Vgl. Lörincz, *Tudományos kutatások*.

der ungarischen Forschungsbasen in die westlichen Wissenschaftsorganisationen ein. Die Intellektuellenpolitik ermöglichte der sogenannten *bürgerlichen Intelligenz* die Rückkehr in die Forschungsorganisationen, zumindest an die Institute der Akademie, jedoch nicht an die Universitäten, da letzteren ja eine agitatorisch-erzieherische Aufgabe zukam. Damit wurde das geistige Potential der autonomen Forschungsinstitute erhöht. In gewissen Forschungsbereichen wurden sie zu Trägern des internationalen beruflichen Kontaktsystems. Auch auf dem Gebiet der Wissenschaftspolitik wurden in Ungarn Reformen beschlossen. Im Jahre 1968 nahm die Partei wissenschaftspolitische Richtlinien an, die zwar voller ideologischer Schlagworte waren, aber dennoch die Anforderungen der Weltraumforschung, der Revolution in der Chemieindustrie und allgemein der technisch-industriellen Entwicklung zeitgemäß adaptierten – wenn auch angepaßt an die sowjetischen Zielsetzungen. Bereits 1978 zeigte sich die Notwendigkeit einer Revision der Forschungsbasis und damit die der vorherigen Präferenzen. Diese Revision wurde aber erst in den 1980er Jahren durchgeführt.[24]

Hinsichtlich der thematischen Präferenzen gab es nur in geringem Umfang Veränderungen. In bezug auf die globale Wissenschaftlichkeit stellte die Gründung des Instituts für Molekularbiologie 1972 – in Fabrikgröße – einen wichtigen Schritt nach vorn dar. Auch an den Universitäten wurde der Entwicklung der Biologie erhöhte Aufmerksamkeit gewidmet. In den 1980er Jahren entstand auf dem Gebiet der angewandten Forschung das Institut für Angewandte Rechentechnik – aufgrund der Abschottung vom Westen ebenfalls in Betriebsgröße. Parallel dazu kam es an den Universitäten zu bemerkenswerten Entwicklungen auf dem Gebiet der Mikroelektronik und Rechentechnik.

Ein weiterer Fortschritt war im Finanzierungssystem zu verzeichnen. Neben der unmittelbaren Institutsfinanzierung spielte die Aufgabenfinanzierung eine immer größere Rolle, und zwar in Form der von staatlichen Betrieben erhaltenen Aufträge. Außer dem bereits bestehenden technischen Fonds gab es jenen, der Grundlagenforschung in Form von Ausschreibungen subventionierte. Mit anderen Worten, es entstand eine Form der Projektfinanzierung. Trotzdem blieb die Gesamtheit des wissenschaftspolitischen Systems auf der bis 1963 herausgebildeten Basis erhalten. Zu einer Lockerung des erstarrten Institutionennetzes sowie zur Revision der Präferenzen war dieses wissenschaftspolitische System nicht mehr fähig. Für seine Weiterentwicklung mangelte es sowohl an politischer Kraft – Stichwort: Konfliktbereitschaft – als auch an den notwendigen Finanzen. Das wissenschaftspolitische System hatte sich ebenso wie das politische System auf eine bloße Überlebenstaktik eingestellt, wobei niemand das Ziel des Überlebens über das bloße Weitervegetieren hinaus hätte formulieren können.

[24] Vgl. „Tudománypolitikai irányelvek" und „MSZMP KB tudománypolitikai irányelvei".

5. Die Herausbildung des neuen Modells in Osteuropa seit 1990

Nach 1949 wurde überall in den osteuropäischen sozialistischen Ländern das sowjetische Modell eingeführt. Nach dem Zerfall dieses Systems 1990 begrub der politische Kollaps die frühere Basis zumeist unter sich. Dazu gehörte auch die führende wissenschaftspolitische Rolle der Akademie in den ehemaligen sozialistischen Ländern.[25] Zwischen 1988 und 1994 erfolgte die gesetzliche Fixierung der Autonomie der Akademie der Wissenschaften und der Universitäten. Gleichzeitig erhielten die Universitäten das Habilitationsrecht zurück. Die von der Akademie gezahlten Zuschläge wurden als Bestandteil der alten Traditionen beibehalten.

5.1. Abbau der Institutionen

Für den Zusammenbruch von Wissenschaftspolitik und Akademie waren politische Faktoren unmittelbar verantwortlich: Die führende Rolle der Akademien wurde nun einfach als Eigenschaft des überwundenen sowjetischen politischen Systems betrachtet. Das wissenschaftspolitische System war in seinen Grundlagen erschüttert, weil es mit der sowjetischen Wirtschafts- und Globalpolitik verknüpft gewesen war. Schon mit dem Abbau der Isolation zeigte sich, daß die großen naturwissenschaftlichen Forschungsinstitute den inländischen Anforderungen nicht entsprachen und damit überflüssig wurden. Aufträge von Betrieben gab es nicht mehr. Die Privatisierung in dieser Region übernahm das internationale Großkapital, d. h., es kaufte die funktionstüchtigen bzw. konkurrenzfähigen Betriebe auf. Und dieses Großkapital erteilte den lokalen Forschungsbasen keine Aufträge für Forschung und Entwicklung. Die Zahl der in Forschung und Entwicklung Beschäftigten ging zwischen 1990 und 1996 um 40–50 Prozent zurück. Die großen naturwissenschaftlichen Forschungsstätten der Akademie der Wissenschaften waren davon besonders betroffen. In einigen Ländern erfolgte ein radikaler Abbau (Tschechien), in anderen (Rußland, Polen, Rumänien, Ungarn, Bulgarien) wartete man das spontane Hinscheiden ab.[26] Als nicht realisierbar erwies sich auch jener politische Weg, der das Ausbleiben der industriellen Aufträge zu 100 Prozent durch staatliche Finanzierungen ersetzen wollte (Ungarn). Hier soll hinzugefügt werden, daß dieses spontane Ableben heute nicht mehr mit staatlichen Mitteln beschleunigt werden muß, da die Forschungsdisziplin und die Moral an den Instituten und damit ihre Effektivität von allein zugrunde gehen: Die Forscher müssen, um leben zu können, viele Nebenbeschäftigungen und Zusatzarbeiten auf sich nehmen. Zwischen 1990

[25] Vgl. zusammenfassend Mayntz/Schimank/Weingart, *Transformation.*

[26] Vgl. Mayntz/Schimank/Weingart, *Transformation* und *Akademičeskie instituty v uslovijach transformacii* sowie für Tschechien *Academy of Sciences of Czech Republic* und Filácek/Londin/Provaznik, *Transformation*; für Rußland Gaponenko/Gochberg/Mindeli, *Razvitie nauki*; Nesvetaljov, „Bol'naja nauk" und *Naučno-techničeskaja politika*; für Polen Nizuik, „Social conditions of Polish science" und Jableckaja, *Three Years Later*; für Rumänien Dachin/Sandu/Toia, *Transformation Process in Romania* und *Académie Roumaine* und für Bulgarien Simeonova, „Conflicts in the Bulgarian Scientific System".

und 1995 setzte in Ungarn die spontane Privatisierung und ein langsames *Dahinsiechen* von Instituten ein, was sich im Mitarbeiterabbau und der Räumung von Institutsgebäuden zeigte.[27] Sowohl an den Instituten als auch an den Universitäten machte sich ein großer Mangel an Instrumenten und an Ausrüstung bemerkbar.

5.2. Wissenschaftspolitische Reform

1996 stellten wir uns folgende Frage: Lassen wir nun auch den wertvollen, konkurrenzfähigen Bestandteil der Basis verkommen oder sollen wir intervenieren? Beim Intervenieren, so haben wir Historiker doch am besten aus den vergangenen 100 Jahren gelernt, hängt viel mehr vom menschlichen Willen ab, von seiner *Einmischung*, als uns oft bewußt war. Die Geschichte bietet bedeutend mehr Alternativen, als wir manchmal glauben. Im Jahre 1996 setzte in Ungarn die Interventionspolitik mit einer wissenschaftspolitischen Reform ein, deren Ziel es war, unter den Verhältnissen der Marktwirtschaft und Weltoffenheit einen Platz für die Forschungsbasis zu finden. Die zu Beginn des Jahrhunderts entstandenen Prinzipien der europäischen (deutschen, französischen und ungarischen) staatlichen Wissenschaftspolitik, die die Finanzierung von Forschungen mit nationaler Bedeutung als vorrangig erachten und gleichzeitig hinsichtlich marktorientierter naturwissenschaftlicher Forschung eine gewisse Basisversorgung gewährleisten, werden weiterhin befolgt. Die unter dem Sowjetsystem aufgebaute Forschungsbasis soll zwar zu einem erneuten Stellenabbau gezwungen werden, allerdings unter Beibehaltung der inländischen Innovationskette. Dabei müssen die für die Forschung erforderlichen zusätzlichen Mittel auf dem inländischen und internationalen Markt gefunden werden.

Eine weitere Zielsetzung war die Revision der staatlichen Forschungsbasis, zunächst des Forschungsnetzes der Akademie (die 1996 bis 1999 erfolgte), dann der sogenannten ministeriellen Forschungsstätten sowie schließlich der Lehrstuhlbasen an den Universitäten. Im Verlaufe dieser Revision zeigten sich die Rückstände an Förderungsmaßnahmen aus den 1980er Jahren. Gleichzeitig wurden in den Bereichen Ökologie, Bodenkunde, Wasserwirtschaft, Minderheitenprobleme und regionale Forschung Institute errichtet.

Das zerfallene System der staatlichen Finanzierung soll erneuert werden, wobei unbedingt zwischen Basis-, Aufgaben- und Projektfinanzierung zu differenzieren ist. Im Interesse letzterer soll die Bedeutung der staatlichen Fonds unmittelbar auf Kosten der Institutsfinanzierung erhöht werden. Für Betriebe, die eine inländische Basis von Forschung und Entwicklung entwickeln, wird eine umfassende Steuervergünstigung beantragt.

Diese wissenschaftspolitische Reform sicherte wissenschaftliche Grundprinzipien gegen ideologische Dominanz. Wissenschaftspolitik und Wissenschaftsorganisation des Sowjetsystems wurden nach den in der Einführung dieses Beitrags erwähnten vier Gesichtspunkten eingeschätzt und für das Produkt einer bestimmten historischen Epoche gehalten. Die Maxime lautete: „Nutze bei der Errichtung eines neuen Gebäudes alle brauchbaren

[27] Vgl. Glatz, *Wissenschaftspolitik*.

Bausteine des alten Gebäudes." Allerdings setzt diese Maxime voraus, daß man über einen exakten Plan, eine konkrete Vorstellung in bezug auf das neu zu errichtende Gebäude verfügt.

Literatur

L'Academie Roumaine a son 125ᵉ anniversaire, Bucuresti 1991.

The Academy of Sciences of the Czech Republic, Prague 1998.

Akademičeskie instituty v uslovijach transformacii. Resultaty sravnitelnogo issledovanija po 12 stranam Centralnoj i Vostočnoj Evropy, hrsg. vom Centr Issledovanij i Statistiki Nauki pod red. L. Mindeli, Moskva 1997.

Bastrakova, Maja S.: „Stanovlenie sovetskoj sistemy organisacii nauki", in: *Nauka*, 1973.

Brocke, Bernhard vom: „Die Kaiser-Wilhelm-/Max-Planck-Gesellschaft und ihre Institute zwischen Universität und Akademie", in: vom Brocke/Laitko, *Kaiser-Wilhelm-/Max-Planck-Gesellschaft*, S. 1–32.

Brocke, Bernhard vom/Hubert Laitko: *Die Kaiser-Wilhelm-/Max-Planck-Gesellschaft und ihre Institute*, Berlin – New York 1996.

Centre National de la Recherche, Paris 1959.

Csöndes, Mária/László Szánto/Péter Vas-Zoltán: *Tudománypolitika és tudományszervezés Magyarországon*, Budapest 1972.

Dachin, A./S. Sandu/A. Toia et al.: *Transformation Process of the Science System in Romania*, Bukarest 1994.

Filácek, A./I. Londin/St. Provaznik et al.: *Transformation des Wissenschaftssystems in der Tschechischen Republik*, Praha 1994.

Gaponenko, N. V./Leonid M. Gochberg/Levan E. Mindeli: *Razvitie nauki v Rossii*, Moskva 1993.

Glatz, Ferenc: „Historiography, Cultural Policy and the Organisation of Scholarschip in Hungary in the 1920s", in: *Acta Historica*, 3–4/1971, S. 273–293.

Glatz, Ferenc: „Konzervativ reform – kultúrpolitika", in: Ferenc Glatz (Hrsg.), *Tudomány, kultúra, politika.* Gróf Klebelsberg Kunó válogatott beszédei és irásai (1917–1932), Budapest 1990, S. 5–25.

Glatz, Ferenc: „Kultúrpolitika és szaktudomány 1919–1931", in: Ferenc Glatz, *Nemzeti kultúra – kulturált nemzet 1867–1987*, Budapest 1988, S. 121–178.

Glatz, Ferenc: „Vergleichende Untersuchung der Länder der sowjetischen Zone", in: Ferenc Glatz (Hrsg.), *Die Geschichte des Ostblocks (1945–1991)* (= Begegnungen. Schriftenreihe des Europa Institutes Budapest 7), Budapest, 1998, S. 9–26.

Glatz, Ferenc: *Wissenschaftspolitik um die Jahrtausendwende*, Budapest 1999.

Grau, Conrad: *Berühmte Wissenschaftsakademien.* Von ihrem Entstehen und ihrem weltweiten Erfolg, Leipzig 1988.

Jableckaja, J.: *Three years later.* The perception of the reform of the research System in Poland by the scientific community (Paper delivered at the FASST conference, Budapest, August 1994).

Kasack, Wolfgang: *Die Akademien der Wissenschaften der sowjetischen Unionsrepubliken.* Struktur und Aufgaben. Verzeichnis der Institute, Boppard 1974.

Király, Béla K./László Veszprémy (Hrsg.): *Trianon and East Central Europe.* Antecedents and Repercussions (= Atlantic Studies on Society in Change. Atlantic Research and Publications 80), New York 1995.

Komkov, Gennadij D./Boris V. Levsin/Lev K. Semenov: *Akademija Nauk SSSR*, Moskau 1977 (dt. Ausg.: *Geschichte der Akademie der Wissenschaften der UdSSR*, hrsg. und bearbeitet von Conrad Grau, Berlin 1981).

Lachtin, Georgij A.: „Organisacija sovetskoj nauki", in: *Nauka*, 1991.

Lörincz, Lajos: *A tudományos kutatások állami irányitása*, Budapest 1969.

A Magyar Tudományos Akadémia másfél évszázada 1825–1975, Budapest 1975.
Magyary, Zoltán: *A magyar tudománypolitika alapvetése*, Budapest 1927.
Marx, György: *The Voice of the Martians*, Budapest 1997.
Mayntz, Renate/Uwe Schimank/Peter Weingart (Hrsg.): *Transformation mittel- und osteuropäischer Wissenschaftssysteme*, Opladen 1995.
„MSZMP KB tudománypolitikai irányelvei megvalósításának tapasztalatai", in: *Magyar tudomány*, 7 (1977).
Naučno-techničeskaja i innovacionnaja politika. Rossiskaja federacia, Moskva 1993.
„Naučnye kadry SSSR", in: *Mysl*, 1991.
Nesvetalev, G. A.: „Bol'naja nauk v bol'nom obščestve", in: *Sociologičeskie issledovanie*, 11 (1990).
Nizuik, J.: „Social conditions in the transformation process of Polish science in the nineties", in: Antoni Kuklinski (Hrsg.), *Society, Science, Government*, o. O. 1992.
„Organisacija sovetskoj nauki 1926–1932", in: *Nauka*, 1974.
Simeonova, Kostadinka: „Conflicts in the Bulgarian Scientific System in Transformation to the Market Economy", in: *Science Studies*, 1 (1993).
Sokolowskij, G.: *Die Akademie der Wissenschaften der Union der sozialistischen Sowjet-Republiken*, Leningrad 1928.
„Tudománypolitikai irányelvek. MSZMP KB Tudománypolitikai irányelvei", in: *Társadalmi Szemle*, 7–8 (1967).
Vierhaus, Rudolf/Bernhard vom Brocke: *Forschung im Spannungsfeld von Politik und Gesellschaft*. Geschichte und Struktur der Kaiser-Wilhelm-/Max-Planck-Gesellschaft, Stuttgart 1990.

Guy Ourisson

Akademien in der zweiten Hälfte des 20. Jahrhunderts

Erfahrungen in Frankreich

1. Einleitung

Wie in anderen Ländern auch ist in Frankreich das Wort *Akademie* durchaus zwei- oder sogar mehrdeutig. Bei „Akademie" findet man in Wörterbüchern u. a. *Aktstudien, Tanzakademien, Billardakademien* usw. In den nächsten Jahren soll auch eine Europäische Polizeiakademie gegründet werden. Das Wort ist also nicht gesetzlich geschützt. Es wird auch zur Kennzeichnung *regionaler* Wissenschaftseinrichtungen verwendet, wie z. B. für die 28 französischen Akademien, die sich ausschließlich mit Landschafts- und Umweltthemen sowie kulturellen und historischen Fragen auseinandersetzen. Ich werde mich in meinem Beitrag jedoch besonders auf die *Académie des Sciences* beziehen.

In Frankreich haben wir seit 300 Jahren eine prominente Gruppe von fünf Staatsakademien, die zusammengenommen das *Institut de France* bilden.[1] In der Vergangenheit übte der König oder der Kaiser die Schirmherrschaft aus, heute aber fällt dies in den Aufgabenbereich des Präsidenten der Republik. Die berühmteste dieser nationalen Akademien ist sicher die *Académie Française* mit ihren höchstens 40 Mitgliedern, die um die Reinheit und Pflege der französischen Sprache bemüht sind. Bei den übrigen Einrichtungen handelt es sich um die *Académie des Inscriptions et Belles Lettres*, deren Mitglieder sich u. a. mit der Archäologie, der Ägyptologie usw. beschäftigen; die *Académie des Beaux Arts*, deren Name schon auf ihren Zuständigkeitsbereich hinweist: Bildende Kunst, Architektur, Musik und Malerei; die *Académie des Sciences Morales et Politiques* mit den Schwerpunkten Rechts- und Wirtschaftswissenschaften sowie Soziologie; schließlich die *Académie des Sciences*, auf deren Tätigkeitsfelder ich noch eingehen werde. Daneben wurden während des 19. Jahrhunderts andere nationale Akademien außerhalb des Institut de France und völlig unabhängig von ihm gegründet, unter ihnen die *Académie nationale de Médecine*, die *Académie nationale d'Agriculture* und einige andere, die spezialisierter und wissenschaftlich viel weniger einflußreich sind, die jedoch eine weitgehende professionelle Rolle spielen.

[1] Siehe etwa Lemaistre, *Institut de France* und Institut de France, *Institut de France 1795–1995*.

2. Die Frühgeschichte der Académie des Sciences

In Frankreich wurden Staatsakademien Ende des 18. Jahrhunderts von den Monarchen des Landes gepflegt, um dem Staat in Fragen von technologischer und wissenschaftlicher Wichtigkeit mit Rat zur Seite zu stehen.[2] Auch im übrigen Europa – in England, in Preußen und wenig später auch in Rußland – gab es derartige Institutionen. Zum Beispiel war damals die Geodäsie, die Wissenschaft von der Erdvermessung, wirtschaftlich und politisch sehr wichtig. Die Eroberung von Territorien in Afrika oder Inseln im Stillen Ozean im Zuge des kolonialen Ausgreifens hing von der exakten Messung der Entfernungen und daher von der Dauer der oftmals endlos erscheinenden Ozeanexpeditionen ab. Reichlich dotierte Preise wurden damals von unserer Akademie wie auch von der *Royal Society* verliehen, die aus dem Schatz des Königs stammten. Es handelte sich etwa um Schiffsinstrumente, die über Jahre hinweg und unter harten Witterungsbedingungen hochpräzis funktionieren mußten.[3] Ein Beispiel für politisch und wissenschaftlich ambitiöse Unternehmen der französischen Akademie war die Erdvermessung im Verlauf der langen Reisen von Maupertuis durch Lappland und der neunjährigen Reise von La Condamine durch Peru. Der damalige Einfluß der Pariser Akademie ist natürlich auch dadurch zustande gekommen, daß König Friedrich II. Maupertuis nach seiner Rückkehr nach Berlin einlud, um ihm die Präsidentschaft der Preußischen Akademie anzutragen.

Ein Jahrhundert später spielte die Akademie mit Napoleon Bonaparte an der Spitze eine einmalige Rolle in der *Expédition d'Egypte*.[4] Es war das einzige Mal, daß Hunderte von hochkarätigen Wissenschaftlern einem Heer folgten, um sich der Erforschung eines fremden Landes zu widmen. Dabei konnten gleichzeitig mehrere wissenschaftliche Fachrichtungen – Botanik, Geologie, Landwirtschaft, Kunst usw. – in die Arbeit der Wissenschaftler einbezogen werden. Parallel zum *Institut de France* wurde das *Institut d'Egypte*[5] gegründet, in welchem erstrangige Wissenschaftler wie Monge oder Fourier über einige Jahre hinweg Treffen mit ägyptischen Intellektuellen regelmäßig abhielten. Die *Beschreibung Ägyptens*[6] dokumentiert diesen Zeitabschnitt wissenschaftlicher Entdeckungen auf eindrucksvolle Weise. Im Jahre 1999 haben wir ein Kolloquium anläßlich des 200. Jahrestages der *Ägyptischen Expedition* abgehalten. Das Buch, welches die Mitteilungen dieses Kolloquiums enthält, bietet sehr interessante Beiträge an.[7]

An dieser Stelle sollten auch die wichtigen Sitzungen erwähnt werden, in denen Antoine L. Lavoisier, Georges de Cuvier, Jean B. Fourier, Claude Bernard, Marcelin Berthelot, Louis Pasteur, Antoine H. Becquerel u. a. wichtige Beiträge auf den Gebieten der mo-

[2] Siehe Académie des Sciences, *Académie Royale des Sciences* und Maindron, *Académie des Sciences*.

[3] Vgl. hierzu Eco, *Insel des vorigen Tages*.

[4] Charles-Roux, *Expédition d'Egypte*; Herold, *Bonaparte in Egypt*; Denon, *Mit Napoleon in Ägypten;* Laurens, *Les origines intellectuelles*.

[5] Goby, *Premier Institut d'Egypte*.

[6] *Kurze Beschreibung Ägyptens*.

[7] *Expédition d'Egypte*.

dernen Chemie, der Paläontologie, der mathematischen Physik, der Physiologie, der organischen Synthese, der Mikrobiologie und der Radioaktivität geleistet haben. Nach dem Krieg von 1870/71 und noch mehr nach dem Ersten Weltkrieg ist jedoch der Einfluß der Akademie sehr zurückgegangen.

3. Die erste Hälfte des 20. Jahrhunderts und die sechziger Jahre

Kurz nach dem Zweiten Weltkrieg war die *Académie des Sciences* ein Klub pensionierter Pariser Wissenschaftler, die sich in wiederkehrender Folge trafen und deren Einfluß nur darin bestand, daß sie die Wahl neuer *Klubkandidaten* vornahmen. In fast allen Fällen waren die französischen Nobelpreisträger erst *nach* der Preisverleihung zu Mitgliedern gewählt worden. Auch wissenschaftlich hervorragend qualifizierte Frauen bekamen so gut wie keine Möglichkeit, der Akademie beizutreten. Marie Curie und Iréne Joliot-Curie mögen hierfür Beispiele abgeben. Max Planck und Erwin Schrödinger blieb der Zutritt zu der sehr kleinen Gruppe von ausländischen *Académie*-Wissenschaftlern – es waren stets nur sechs, unter ihnen auch Albert Einstein – verwehrt. Diese Situation war entstanden, obwohl bei der Gründung der *Académie* vor 250 Jahren Gottfried Wilhelm Leibniz und Isaac Newton zu den Ordentlichen Mitgliedern zählten.

Eine Anekdote mag das unangefochtene und folgenreiche Gewicht der Akademie veranschaulichen. Die berühmten *Comptes Rendus*[8] erschienen in unregelmäßigen Abständen und leider ohne jedwede Qualitätskontrolle. Ich selbst überreichte 1949 meine erste Publikation dem schon sehr betagten Marcel Delépine, vor dem ich den größten Respekt hatte. Schon zehn Tage später war die Arbeit bereits gedruckt, ohne daß jemand sie vorher kritisch durchgesehen hätte. Es reichte aus, daß sich Marcel Delépine mit dem Professor, bei dem ich damals arbeitete, freundschaftlich verbunden wußte.

Der Einfluß der Akademie auf die Regierung war natürlich sehr stark zurückgedrängt. Für die Gründung des CNRS oder des INSERM sowie der DGRST als Vorläufer des Forschungsministeriums, für das stete und rasche Wachstum der Universitäten während der *Années du Général* von 1958 bis 1968 wurde die Akademie nie um Rat gebeten. Sie hatte auch den geringsten Einfluß auf die Entwicklung der Wissenschaft in Frankreich verloren.

Während der Präsidentschaft Pompidous blieb die Lage unverändert.[9] Er interessierte sich nicht für den Forschungsprozeß und die Schaffung angemessener Rahmenbedingungen, sondern ausschließlich für die Ergebnisse; er hatte kein Interesse an der Wissenschaft in ihrer Vielgestaltigkeit, sondern nur für die Wirtschaftswissenschaft ein offenes Ohr. Als Schirmherr der *Académie* befürwortete er allerdings eine kleine Reform: Die Amtsdauer des Präsidenten der *Académie* wurde von einem Jahr auf zwei Jahre verlängert und dadurch seine Macht verdoppelt.

[8] Académie des Sciences, *Comptes rendus*.

[9] Vgl. Roussel, *Pompidou* und Tétart, *Pompidou*.

4. Die zweite Hälfte des 20. Jahrhunderts – die Phase der Erneuerung

Giscard d'Estaing folgte Pompidou als Schirmherr der *Académie des Sciences*. Durch eigene Qualifikation an der *Ecole Polytechnique* mit der Wissenschaftslandschaft Frankreichs vertraut, ging er entschlossen daran, die Akademiestrukturen von Grund auf zu erneuern. Als Modell diente ihm die *National Academy of Sciences* und das *National Research Council* der USA. Im Jahre 1975 sollte dem Physiker Pierre Aigrain die Vollmacht für dieses Reformvorhaben übertragen werden, gleichwohl Aigrain noch nicht Akademiemitglied war. Das aber wäre einem eklatanten Verstoß gegen die Satzung dieser Einrichtung unter Mißachtung der postulierten Unabhängigkeit der *Académie* gleichgekommen. Dem damaligen Präsidenten der *Académie*, Maurice Fontaine, ging es vor dem Hintergrund dieser versuchten Fremdbestimmung seitens der Politik darum, die Einsetzung Aigrains zu verhindern. Zuerst überzeugte Fontaine die Mitglieder von der Notwendigkeit, das Wahlsystem zu reformieren. Dieser Schritt führte zur Aufnahme der Biologen André Lwoff und François Jacob, die bereits elf Jahre zuvor den Nobelpreis erhalten hatten. Der neugewählte Ständige Sekretär[10], Paul Germain, widmete sich daraufhin erfolgreich den weiteren Reformschritten, die bei der damaligen Staatssekretärin für *Höhere Bildung*, Alice Saunier-Seité, volle Unterstützung fanden. Die neue Satzung und die Umgestaltung des Akademielebens führten während der folgenden 25 Jahre zu einem beachtlichen Bedeutungszuwachs dieser früher renommierten Institution. Jetzt war die *Académie* wieder in der Lage, Präsenz zu zeigen und sich auf dem Feld der Wissenschaft Geltung zu verschaffen.

Giscard ließ ausführliche Berichte zur Lage einzelner Wissenschaftsdisziplinen in Frankreich in Auftrag geben. Im Laufe der Zeit folgten mehr als 50 sehr aufschlußreiche Darstellungen, denen auch seitens der Medien immer größere (wenn auch manchmal kritische!) Beachtung geschenkt wurde. Das hatte wohl nicht zuletzt mit dem gesteigerten Selbstbewußtsein der Wissenschaftler zu tun, die sich in einigen Fällen von der *political correctness* gelöst hatten. Zum nun erweiterten Mitgliederkreis wurden auch Lehn, de Gennes, Charpak, Cohen-Tannoudji *vor* ihren Nobelpreisen gewählt sowie erstmals auch Frauen, unter ihnen die erste Präsidentin der Akademie, Marianne Grunberg-Manago, und 2000 die erste Ständige Sekretärin, Nicole Le Douarin.

5. Die heutige Lage – die Aufgaben einer reformierten Akademie

Es ist nicht zuletzt den Ständigen Sekretären zu verdanken, daß der Aufbau einer modernen Akademie mit Kontinuität verfolgt und erfolgreich durchgeführt werden konnte. An dieser Stelle sei besonders auf die fruchtbare Zusammenarbeit des Mathematikers Germain mit dem Physiologen Jost hingewiesen, die für diesen Erfolg entscheidend war. Das heute an

[10] *Ständig* insofern, als daß die Akademie nicht berechtigt ist, sich von einmal gewählten Sekretären wieder zu trennen. Nach der oben erwähnten Reform wurde jedoch eine Altersgrenze von 75 Jahren eingeführt.

der Akademie verantwortliche Team – der Geologe Jean Dercourt und der Biologe und frühere Direktor des *Institut Pasteur*, François Gros (welchem Nicole Le Douarin 2001 folgen wird), – setzt diese hochqualifizierte und bedeutende Arbeit fort. Für das Gelingen zeichnen auch die beiden Ständigen Sekretäre, der Präsident mit dem Vizepräsidenten als auch der *Délégué aux Relations Internationales*, der die Beziehungen zum Ausland koordiniert.

Neue ständige Komitees wurden gegründet, die regelmäßig zusammenkommen, um sich z. B. mit Umweltschutz- und Menschenrechtsfragen zu beschäftigen; weitere Themenfelder sind Probleme der internationalen Zusammenarbeit sowie Fragen der Weltraumforschung usw. Das *Komitee zur Anwendung der Wissenschaft* (CADAS), dessen Bedeutung in zunehmendem Maße gestiegen ist, wurde 1982 gegründet. Es gehört schon seit einigen Jahren zu den europäischen (EuroCASE) und internationalen (CAETS) Vereinigungen von Engineering-Akademien und war 1999 für die Organisation der letzten CAETS-Konferenz mit dem Leitthema des Verhältnisses von Technologie und Medizin verantwortlich. Das CADAS ist heute bereits seit 18 Jahren aktiv und wird Ende 2000 – mit unserer Hilfe, aber außerhalb des *Institut de France* – den Status einer selbständigen *Académie des Technologies* zuerkannt bekommen. Wir werden alles Mögliche tun, um sicherzustellen, daß zwischen dieser neuen Akademie und unserer etablierten Einrichtung in Zukunft ein intensiver Wissenstransfer stattfindet.

Wir versuchen jetzt auch, unsere Kooperation mit der *Académie nationale de Médecine* durch gemeinsame Sitzungen zu verstärken. Sie gehört zwar nicht zum *Institut de France*, hat aber ihren Sitz in unmittelbarer Nähe zu unserer Einrichtung. Die gemeinsamen Fachinteressen ergeben sich aus unserer Sektion *Biologie Humaine et Médicale*, was dazu führt, daß wir mehrere gemeinsame Mitglieder haben. Wir haben auch begonnen, mit der *Académie nationale d'Agriculture*, mit der wir ebenfalls einen gemeinsamen Mitgliederbestand teilen, eine ähnliche Kooperation aufzubauen.

Die Publikation der fast gänzlich eingestellten *Comptes Rendus* wird seit einigen Jahren wieder stufenweise vorangetrieben mit dem Ziel, durch strengere Akzeptanzkriterien bei der Manuskriptannahme das Niveau dieses Periodikums anzuheben. Ein international angesehener Verlag leistet zu diesem Vorhaben seinen Beitrag. Der internationalen Wissenschaftsgemeinschaft werden jedes Jahr fast 10.000 Seiten an Forschungsergebnissen zur Verfügung gestellt. Die *Comptes Rendus* waren immer eine der bedeutendsten Zeitschriften auf dem Fachgebiet der Mathematik geblieben, und in den anderen Fächern steigt ihre Bedeutung stetig.

Zugestandenermaßen nehmen wir noch zu wenig Anteil an der Modernisierung des wissenschaftlichen Unterrichts an den Schulen oder der Popularisierung der Wissenschaft, obwohl wir natürlich wissen, daß die Beschäftigung mit beiden Problemen für unsere Zeit wichtig ist. Zur Frage des Wissenschaftsunterrichts hat die Akademie in einigen speziellen Fällen Stellung genommen, z. B. vor einigen Jahren gegen die Einführung der sogenannten *Mathématiques Modernes* in den Schulunterricht.

Ein interessantes Projekt wurde von unserem Nobelpreisträger Georges Charpak, einem Physiker, gemeinsam mit dem Feststoffphysiker Yves Quéré und dem Astrophysiker Pierre Léna in Gang gebracht. Im Rahmen des *La Main à la Pâte*-Programms bekommen

Kinder die Möglichkeit, anhand sehr einfach konzipierter Experimente Einblicke in den Prozeß wissenschaftlichen Erkenntnisgewinns zu bekommen. Das Programm wird mittlerweile an vielen Schulen angeboten und erfreut sich anhaltender Beliebtheit bei der Schüler- und Lehrerschaft und steigender Unterstützung des Ministeriums.

Auch die Zusammenarbeit mit Presse und Rundfunk steht nunmehr auf einer neuen Grundlage, die von dem Grundsatz bestimmt ist, Transparenz zuzulassen und Barrieren abzubauen. Die Öffentlichkeit soll die Möglichkeit erhalten, sich ein Bild von der Arbeit der *Académie* zu machen. Seit einem Jahr existiert zu diesem Zweck eine Pressestelle, und ich habe mir persönlich zum Ziel gesetzt, dieser Forderung nach Transparenz im Rahmen von Interviews usw. nachzukommen. Auch umstrittene und heikle Themen, z. B. solche, über welche wir detaillierte Berichte für die Regierung schreiben mußten (zwölf waren es für das Jahr 2000), können heute von diesem Grundsatz der Transparenz nicht ausgespart bleiben!

5. Internationale Beziehungen

Die internationalen Beziehungen der Akademie sind allmählich ein sehr wichtiger Bestandteil unserer Aktivitäten geworden. Als Zeichen ihrer internationalen Ausrichtung sei an dieser Stelle auf ihre Zugehörigkeit zur *Allianz der Europäischen Akademien* (ALLEA) und zum internationalen Netz *Interacademic Panel* (IAP) hingewiesen. Ich selbst war vor ungefähr zehn Jahren als Beauftragter für Internationale Beziehungen der Akademie tätig. Zusammen mit meinem Nachfolger, Yves Quéré, haben wir ein Austauschprogramm mit der *Royal Society* und mit weiteren ausländischen Akademien gestartet. Es ist zu bedauern, daß aufgrund des Fehlens einer nationalen Akademie bei unseren deutschen Nachbarn eine offizielle Kooperation auf dieser Ebene nicht stattfinden konnte.

Nunmehr finden häufig wissenschaftliche Symposien zu ausgewählten Themenkomplexen statt, die entweder von der Akademie oder in Kooperation mit unseren Partnereinrichtungen im In- und Ausland (WHO, NAS) organisiert werden. Neben unserem Engagement im Bereich von Tagungen und Kolloquien[11] steht die rege Forschungstätigkeit, z. B. mit JSPS in Japan, die insbesondere von jungen und hochqualifizierten Nachwuchswissenschaftlern gestaltet wird.[12]

[11] Hier sei u. a. auf das Kolloquium über die Vaccinologie und die Anwendung der photovoltaischen Sonnenenergiegewinnung in Afrika hingewiesen. Eine ausführliche Liste wäre jedoch zu lang.

[12] Mit JSPS wurden Symposien mit dem Titel *Neurowissenschaften* und *Photowissenschaften* veranstaltet. Mit der Australischen Akademie haben wir ein ähnlich erfolgreiches Symposium mit dem Titel *Die neue Biologie, von der molekularen Pflanzenbiologie bis zur medizinischen Immunologie* abgehalten. In Zusammenarbeit mit der Russischen Akademie wurde der Themenkomplex *Rückstände der Kernreaktoren* erörtert, und mit der Schwedischen Akademie wurde über *Wege in die Festkörperwissenschaft* diskutiert. Anläßlich der Tagung über die *Gesundheit von Mutter und Kind*, die auch mit unseren Partnern in Schweden konzipiert wurde und an der Teilnehmer mehrerer Kontinente partizipierten, kommt es hoffentlich zur Bildung eines internationalen Kooperationsnetzes.

In allen diesen Fällen sind wir von einer gezielten Finanzierung abhängig, die normalerweise vom Außenministerium oder von der Industrie sichergestellt wird.

Seit vier Jahren haben wir jedoch mit Hilfe der *Rhône-Poulenc-Stiftung* (jetzt der *Aventis-Stiftung*) und der Gruppe *Vivendi* gesamteuropäische und interdisziplinäre Symposien mit außerordentlich qualifizierten jungen Teilnehmern veranstaltet. Zum einen handelt es sich um das multidisziplinäre Symposium *Scientia Europæa* mit Arbeitsschwerpunkten der Bereiche Physik, Chemie und Biologie, zum anderen um *Vivenda Europæa*, bei dem die Behandlung der Umweltwissenschaften im Mittelpunkt des Interesses stand. Die fünf *Scientia Europæa-* und zwei *Vivenda Europæa*-Konferenzen haben insgesamt fast 330 Kollegen aus 35 europäischen Ländern zusammengebracht, alle jünger als 40 Jahre. Sie wurden von einer kleinen Gruppe unserer Akademiemitglieder aus einer Nominierungsliste ausgewählt. Der Aufbau dieser Nominierungsliste – Preisträger und junge Professoren – kam in allen europäischen Akademien und anderen Forschungseinrichtungen wie etwa der DFG, des MPG, der Leopoldina, des CNRS u. a. zustande.[13] Im Jahre 2000 haben wir auch zwei neugewählte Mitglieder der deutschen *Jungen Akademie* zur fünften *Scientia Europæa*-Konferenz eingeladen.

Weiterhin haben wir 1993 eine Stiftung ins Leben gerufen, die *Fondation nationale Alfred Kastler de l'Académie des Sciences (FnAK)*, die für die Verbesserung der Lebens- und Arbeitsbedingungen unserer wissenschaftlichen Gäste (Gastprofessoren und Postdocs) arbeitet. Das Sekretariat der *FnAK* sitzt in Straßburg. Alfred Kastler war bekanntlich sowohl ein echter Elsässer als auch ein bedeutender französischer Physiker und Nobelpreisträger und ein renommierter deutscher Dichter. Er ist für uns Franzosen eine Art Gegenstück zu Alexander von Humboldt, der sich selbst während seines Pariser Aufenthalts als *Alexandre de Humboldt* bezeichnet hatte. Bei der Gründung der *Kastler-Stiftung* haben wir die freundliche Unterstützung der *Humboldt-Stiftung* erfahren, obwohl unsere Stiftung andere Fördermaßnahmen vorsieht. Die *Kastler-Stiftung* wird von verschiedenen interessierten Ministerien und Organisationen unterstützt. Sie bleibt jedoch als Stiftung der *Académie*, völlig unabhängig, jedoch ohne eine eigene Verwaltung. Durch die Aktivität des sehr kleinen Straßburger Sekretariats und Dank des wiedergewonnenen guten Rufes der *Académie* sind die Kontakte mit unseren auswärtigen Freunden und Kollegen sowie auch zu den ver-

[13] Zum Beispiel hatten wir in diesem Jahr für *Scientia Europæa Nr. 5* mehr als 400 Kandidaten und Kandidatinnen für 50 zur Verfügung stehende Plätze, alle für Teilnehmer die unter 40 Jahre alt sind. Das Programm besteht aus den Posters, die die Teilnehmer mitbringen, und aus einem einzigen täglichen Vortrag seitens eines Akademiemitglieds im Verlauf von drei Sitzungstagen. Die Teilnehmer haben diesen Tagungsablauf einstimmig für hervorragend befunden. Es wurden schon beachtliche Kooperationsprogramme entwickelt. 1999 konnten wir eine exemplarische Zusammenarbeit zwischen einem dänischen Physiker und einem moldavischen Chemiker mit einer Preisverleihung der *Rhône-Poulenc-Stiftung* in Höhe von 60.000 Euro angemessen würdigen. Die beiden Wissenschaftler hätten sich nie außerhalb des Rahmens dieser Symposien-Reihe kennengelernt. 2000 wurde nochmals ein Aventis-Preis derselben Höhe verliehen, diesmal an eine ungarische Biologin, die mit einer griechischen, jetzt in England tätigen, Biochemikerin und mit einem italienischen Physiker seit *Scientia Europæa Nr. 4* zusammenarbeitet.

schiedenen französischen offiziellen Ministerien enorm verbessert worden, was sicherlich beide Seiten freuen dürfte. Die *Kastler-Stiftung* hat auch begonnen, den Kontakt mit unseren früheren Besuchern wiederaufzunehmen. Zum Beispiel konnten wir 1999 unserem wissenschaftlichen Berater in der französischen Botschaft in Tokio mittels einer Liste von fast 500 japanischen Kollegen bei der Vermittlung von Wissenschaftlern behilflich sein, die einen Forschungsaufenthalt in Frankreich vorzuweisen hatten. Nach sechs Jahren ist die *Kastler-Stiftung* – wie in Deutschland die *Humboldt-Stiftung* – zu einem unentbehrlichen Partner für unsere Universitäten und Forschungseinrichtungen geworden. Von ihr profitieren auch unsere wissenschaftlichen Repräsentanten in den Botschaften und selbstverständlich meistens unsere ausländischen Gäste.

6. *Rapport 2000* und RST[14]

Das verbesserte Image der Akademie ist auch dadurch unter Beweis gestellt worden, daß 1996 Präsident Chirac bei meinem Vorgänger, Jacques-Louis Lions, einen dreiteiligen umfangreichen Report über globale Probleme der näheren Zukunft in Auftrag gegeben hat. An dieser Studie haben zahlreiche Mitarbeiter der Akademie sowie andere Wissenschaftler teilgenommen. Thema waren der Einfluß der *neuen* Biologie auf die Gesundheit der Bevölkerungen und der Einfluß neuer Kommunikationstechnologien auf die Bildung, und zwar sowohl in Europa als auch in anderen Kontinenten. Es ging weiterhin um den Einfluß von globalen Effekten wie Populationswachstum, ungezügelter Abbau von Rohstoffen, Klimaveränderungen, die Zukunft unseres Planeten usw. *Le Rapport 2000* wurde rechtzeitig in den ersten Tagen des Jahres 2000 fertiggestellt und Präsident Chirac übergeben.

1998 hat Minister Claude Allègre, der in seiner Eigenschaft als Geochemiker Akademiemitglied ist, weitere Gutachten in Auftrag gegeben, die zusammengefaßt den Titel *Rapports sur la Science et la Technologie* (RST) tragen. Sie geben Auskunft über die Perspektiven in den verschiedensten Wissenschaften, und zwar aus einer französischen, einer europäischen und einer internationalen Sichtweise. Der Bericht über *Post-genomics* wurde als erster veröffentlicht. Es sind insgesamt zwölf Berichte an Minister Schwartzenberg, den Nachfolger Allègres, geliefert worden. An der Vorbereitung dieser Berichte haben nicht nur Ordentliche und Korrespondierende Mitglieder der *Académie* gearbeitet, sondern auch viele andere Wissenschaftler, mehr als 200 insgesamt, darunter auch einige deutsche Professoren an französischen Universitäten.

[14] Rapports sur la Science et la Technologie.

7. Zukunftsprobleme

Leider ist jedoch die aktuelle Lage bei weitem nicht problemfrei. Die heute gültige Satzung konnte die angemessene Vertretung Korrespondierender und weiblicher Mitglieder nicht gewährleisten. Mit einem durchschnittlichen Alter von 71 Jahren sind derzeit ungefähr sechzig Prozent unserer Mitglieder im Ruhestand. Wir wissen natürlich, daß diese Entwicklung durch den fortlaufenden Anstieg der Lebenserwartung verursacht wird: unsere Mitglieder sind einfach zu gesund ... Als 74jähriger habe ich natürlich persönlich nichts gegen Emeritierte, jedoch muß ich eingestehen, daß es nach der Emeritierung rasch schwieriger wird, die jüngeren vielversprechenden Mitglieder rechtzeitig zu fördern. Die vernünftige Auswahl von neuen Mitgliedern wird dadurch erschwert, und die Möglichkeit, daß Cliquen zu einflußreich werden, wird um so größer. Auch für die Vorbereitung von Berichten, die helfen sollen, die Zukunft zu gestalten, sind junge Mitglieder nötig, die mit beiden Füßen im aktuellen Wissenschaftsleben stehen. Für unsere *nützlichsten* Mitglieder, solche, die wirklich für die *Académie* arbeiten, die erfahren und aktiv genug sind, sollten wir den notwendigen Zeitaufwand aufbringen.

Wir haben auch ein schlechtes Gewissen gegenüber unseren Korrespondierenden Mitgliedern, die viel zu unserer Arbeit beitragen, die sich jedoch in einer unbefriedigenden Position mit nur beschränkten Abstimmungsrechten befinden. Und unsere heutige Satzung verhindert es durch ihre Bestimmung betreffend der Anzahl der Mitglieder, daß sie rasch genug Ordentliche Mitglieder werden können. Alle diskutierten Lösungsansätze, die wir durchgespielt haben, bedürfen der Annahme einer Emeritierung, wie z. B. die *Academia Europæa* sie schon von Anfang an eingeführt hat. Ich möchte nicht behaupten, daß ein solches Projekt von unseren älteren Mitgliedern spontan und mit Begeisterung aufgenommen würde, da eine Emeritierung nur sinnvoll ist, wenn dadurch einige Rechte, z. B. das Zuwahlrecht, herabgesetzt werden. Wir möchten auch die Anzahl unserer Mitglieder noch vergrößern und uns für die kontinuierliche Aufnahme neuer Mitglieder in einem Größenverhältnis von ca. 15 bis 20 Mitgliedern jährlich einsetzen. Solche Pläne sind mit großen Schwierigkeiten verbunden, weil sie an eine entsprechend langfristige Planung gekoppelt sind. Es bleibt zu hoffen, daß wir unsere Mitglieder von der Vernünftigkeit einer Satzungsänderung im eben dargelegten Sinne bald überzeugen können.[15] Darüber hinaus geht es auch darum, im Zuge derartiger Reformen unsere gesamte Arbeitsorganisation zu modernisieren, damit die Pariser Akademie auch ihrer nationalen Rolle gerecht werden kann.

Zusammenfassend bleibt festzuhalten, daß unsere Akademie an der Schwelle zum 21. Jahrhundert eine bedeutende Forschungseinrichtung in einer interessanten Zeit sein wird.

[15] Das Reformfieber, das hier angedeutet wird, sollte bei der Publikation dieses Berichtes entweder zu einem weniger ambitiösen Reförmchen geführt haben oder hoffentlich mindestens zum ersten Schritt in der Richtung einer wirklicher Satzungsmodernisierung.
Addendum (30. September 2002): Das Reformfieber hat tatsächlich zu einem ersten positiven Schritt geführt.

Literatur

Académie des Sciences (Hrsg.): *Comptes rendus des Séances de l'Académie des Sciences*, Paris (seit 1981, früher u. d. T.: Académie des Sciences [Paris]: *Comptes rendus hebdomadaires des séances de l'Académie des Sciences*, erschien erstmals 1857/58).

Académie des Sciences (Hrsg.): *Histoire de l'Académie Royale des Sciences*. Avec les mémoires de mathématique et de physique pour la même année; tirés des registres de cette Académie (Paris), Paris 1702–1793.

Charles-Roux, François: *Les origines de l'expédition d'Egypte*, Paris 1910.

Denon, Dominique-Vivant: *Mit Napoleon in Ägypten 1798–1799*, hrsg. von H. Arndt, München 1978.

Eco, Umberto: *Die Insel des vorigen Tages*, München – Wien 1995.

Goby, Jean-Edouard: *Premier Institut d'Egypte*. Restitution des comptes rendus des séances, Quétigny – Dijon 1987.

Herold, J. C.: *Bonaparte in Egypt*, London 1962.

Institut de France (Hrsg.): *The bicentennial of the Institut de France 1795–1995*, Paris 1995.

Kurze Beschreibung Ägyptens, Tübingen 1799.

L'Expédition d'Egypte, une Entreprise des Lumières, Paris 1999.

Laurens, Henry: *Les origines intellectuelles de l'expédition d'Egypte*. L'orientalisme islamisant en France 1698–1798 (= Varia Turcica 5), Istanbul 1987.

Lemaistre, Alexis: *L'Institut de France et nos grands établissements scientifiques: Collège de France – Muséum – Institut Pasteur – Sorbonne – Observatoire*, Paris 1896.

Maindron, Ernest: *L'ancienne Académie des Sciences*. Les Académiciens 1666–1793, Paris 1895.

Roussel, Eric: *Georges Pompidou 1911–1974*, Paris 1994.

Tétart, Philippe (Hrsg.): *Georges Pompidou, homme de culture*, Paris 1995.

Karel Müller und Jan Janko

Die akademische Wissenschaft in Tschechien im Wandel der politischen Verhältnisse

1. Einleitung

Der Beitrag setzt die Entwicklung und Veränderungen der *akademischen Wissenschaft* in den böhmischen Ländern in Beziehung zu den historisch bedingten Schlüsselfaktoren, von denen sie geprägt worden sind und weiter geprägt werden. Wir wollen diesen Prozeß unter dem Blickwinkel des radikalen Wandels des politischen und administrativen Umfeldes seit der Wende 1989/90 in der ČSR und in den anderen postsozialistischen Ländern betrachten und die Folgen dieses Wandels für die institutionellen Rahmenbedingungen und die Organisationsformen der akademischen Wissenschaft untersuchen. Die Auswirkungen der tiefgreifenden sozialen Veränderungen aktivierten die akademischen Akteure, offenbarten und verschärften die Interessenunterschiede zwischen ihnen, setzten eine erhebliche soziale Mobilität frei, riefen aber auch Widerstand gegen die Veränderungen oder die Art und Weise, in der diese sich vollzogen, hervor. Schließlich führten sie zur Reorganisation, zum Funktionswandel und zur Auflösung zahlreicher akademischer Einrichtungen. Neben internen Veränderungen in den Formen und Prinzipien des akademischen Lebens, die insbesondere durch die politische Liberalisierung und die Entstaatlichung der regulativen Systeme hervorgerufen wurden, kam es parallel zu einer Lockerung und zu einem Umbau der externen Beziehungen zu anderen wissenschaftlichen und nichtwissenschaftlichen Institutionen, die ihrerseits selbst grundlegenden Veränderungen unterworfen waren. Dieser radikale und umfassende institutionelle Wandel ließ die zentralen Probleme der akademischen Wissenschaft, wie Struktur, Funktion und Wertekontext, deutlicher als zuvor zutage treten. Die Reformbestrebungen trafen schon früh auf strukturelle Hemmnisse, die sich gegenüber den Veränderungen als teilweise äußerst resistent erwiesen. Die aufgetretenen Probleme lassen sich nur vor dem Hintergrund der geschichtlichen Ereignisse sowie des kommunikativen, intersubjektiven Charakters der akademischen Wissenschaft in ihrer spezifischen Ausformung in den böhmischen Ländern erklären.[1]

[1] Die Bezeichnung *böhmische Länder* oder *tschechische Länder* meint die historischen Länder und Gebiete, die mit der Formierung der tschechischen Staatlichkeit verbunden sind, also Böhmen, Mähren und einen Teil Schlesiens.

Der zweite Aspekt unseres Erkenntnisinteresses betrifft den kulturellen Rahmen der Veränderungen und ihre Folgen für die postsozialistischen Länder und ihre jeweilige akademische Wissenschaft. Zum besseren Verständnis des Wandels der akademischen Wissenschaft soll in einer eher komparativen Betrachtungsweise der institutionelle gesellschaftliche Gesamtrahmen in die Darstellung einbezogen werden. Berücksichtigt werden ebenso die laufenden Debatten über die modernen Institutionen im allgemeinen und der Charakter der akademischen Wissenschaft im besonderen. Die inhärente Vielschichtigkeit der verwendeten Begriffe läßt sich jedoch durch die Konzentration auf die spezifische kulturelle Situation Ostmitteleuropas und die politischen Regulationsformen eingrenzen.

Zunächst ist der bereits eingeführte Begriff der akademischen Wissenschaft zu erläutern. In ihrer funktionalen Bestimmung verstehen wir darunter eine institutionalisierte Wissenschaft, die im Hinblick auf den Typ der Forschung universell ist und einen adäquaten soziokulturellen Rahmen voraussetzt. Diese funktionale Bestimmung hat sie insbesondere in Abgrenzung zur *industriellen Wissenschaft* erhalten. Die akademische Wissenschaft kann man weiter in Organisationsformen unterteilen, die sich in einem bestimmten historischen Kontext ausdifferenziert haben. Hier lehnen wir uns an das historisch und soziologisch begründete Konzept der akademischen Institutionen an, das Ben-David vorgeschlagen hat.[2] Nach Ben-David sind die akademischen Institutionen während der letzten beiden Jahrhunderte vom sogenannten zentralistischen französischen Modell (Akademien als gelehrte Gesellschaften) zum dezentralen deutschen Modell (Prinzip der Einheit von Forschung und Lehre im Rahmen der Universität) übergegangen. Dieses Muster wurde in den Vereinigten Staaten übernommen und in der Form der Forschungsuniversität weiterentwickelt (amerikanisches Modell). Das Konzept von Ben-David verweist auf einen Wandel der akademischen Institutionen *erstens* in Richtung ihrer Abkoppelung von der souveränen politischen Macht (Entstaatlichung[3]), *zweitens* in Richtung einer gewissen Demokratisierung, die sich mit dem Übergang in das universitäre Milieu durchsetzt, und schließlich *drittens* in Richtung einer Forschungsorganisation, die an den nordamerikanischen Hochschulen auf die Heranbildung junger Wissenschaftler gerichtet ist, die bereits früh in Forschungsprojekte einbezogen werden.

Für unsere Analyse der Entwicklung der akademischen Organisationen in den böhmischen Ländern wollen wir die Bedeutung der wissenschaftlichen Gemeinschaft für die Autonomie der Wissenschaft und das Verhältnis der akademischen Organisationen zu den Institutionen der politischen und administrativen Macht, die Etablierung der Forschung an den Hochschulen sowie die Stellung der außeruniversitären Forschung berücksichtigen.

Die Gliederung des Aufsatzes folgt dem chronologischen Prinzip. Die Hauptaufmerksamkeit ist der Entstehung und Entwicklung der *Tschechoslowakischen Akademie der Wissenschaften* (ČSAV) von ihrer Gründung bis in die Gegenwart gewidmet. Dabei wird die

[2] Ben-David, *Scientist's Role in Society*.

[3] Zu den Ursachen für die Entstehung der zentralistischen Züge des ursprünglichen französischen Modells der akademischen Wissenschaft siehe Daele, „Social Construction of Science", S. 27–54.

Entwicklung der akademischen Wissenschaft besonders unter dem Blickwinkel des Einflusses struktureller Abhängigkeiten betrachtet. Wir wollen herausarbeiten, daß die Gründung der ČSAV nicht nur durch den politischen Kontext der Nachkriegszeit, sondern auch durch die Entwicklung der akademischen Wissenschaft in der Zwischenkriegszeit und die unmittelbaren Kriegsfolgen beeinflußt worden ist. Diese Faktoren bestimmten nicht nur die inneren Angelegenheiten der akademischen Institutionen und ihr Verhältnis zu den industriellen Wissenschaften, sondern auch ihre Beziehungen zu anderen wissenschaftlichen, kulturellen oder politischen Einrichtungen.

2. Die historischen Entwicklungsbedingungen der akademischen Wissenschaft in den böhmischen Ländern

Die akademische Wissenschaft in der heutigen Tschechischen Republik (ČR) umfaßt mehrere Institutionen: die Akademie der Wissenschaften der ČR, die Hochschulen, die wissenschaftlichen Gesellschaften und eine Reihe von nichtstaatlichen wissenschaftlichen Organisationen. Zu Beginn der neunziger Jahre erfolgten insbesondere in dem Prozeß der Entstaatlichung des regulativen Systems und der politischen Liberalisierung radikale und vielfältige Wandlungen in der Struktur der akademischen Wissenschaft. Im Verlaufe der Wirtschaftsreform kam es zu weiteren Veränderungen, die die akademische Wissenschaft einerseits dem Einfluß und dem Druck der sich dynamisch entwickelnden Privatwirtschaft und andererseits dem Zwang finanzieller Einschränkungen aussetzten. Ihre Entwicklungsmöglichkeiten wurden infolge der beschränkten Finanzierungsquellen des Staatshaushalts stark beschnitten. Die von der politischen Liberalisierung eröffneten neuen Handlungsspielräume wurden bald durch die Prämissen der Wirtschaftsreform begrenzt. Das rief erhebliche soziale Spannungen und Auseinandersetzungen unter den akademischen Akteuren hervor, die auf die Existenz einer bestimmten kulturellen Prägung der akademischen Wissenschaft und ihrer Vertreter hindeuteten. Die Einsicht in diese kulturelle Prägung kann unseres Erachtens helfen, die Reaktion ihrer Organisationen auf die sich radikal verändernden Existenzbedingungen besser zu verstehen.[4]

Die akademische Wissenschaft basiert auf den Wertorientierungen ihrer Wissenschaftler, insbesondere auf deren Fähigkeit und Bereitschaft, kulturelle Unterschiede zu verstehen und auf dieser Grundlage einen Wertekonsens herbeizuführen, der eine Kommunikation und Bewertung der gewonnenen wissenschaftlichen Erkenntnisse ermöglicht. Unterschiede zwischen den akademischen Organisationen sind sowohl durch die Gliederung der akademischen Wissenschaft in bestimmte Fachgebiete und andere Gruppierungen als auch durch Differenzen in ihrem politischen, sozialen und kulturellen Umfeld gegeben.

[4] Die Entwicklung der Institutionalisierung und der Organisationsformen der Wissenschaft in den böhmischen Ländern wird am bisher gründlichsten behandelt in: Nový, *Organization of Science in Bohemian Lands*.

In den böhmischen Ländern wurde die akademische Wissenschaft in der Zeit ihrer Herausbildung von drei wichtigen äußeren Einflußfaktoren geprägt:

1. Spannungen zwischen der Zentral- und der Regionalmacht, die am Ausgang des 18. Jahrhunderts in der österreichisch-ungarischen Monarchie bestanden und die die Gründung einer privaten Gesellschaft der Wissenschaften in Prag[5] beeinflußten. Es gab regionale politische Kräfte, die ihre Identität aus ihrer Beziehung zum Wiener Machtzentrum bezogen und dazu die Symbolik des böhmischen Königreiches nutzten. Die ihr nahestehende Gesellschaft trug die Bezeichnung *Königliche Böhmische Gesellschaft der Wissenschaften* (KČSN).[6]
2. Ethnische Spannungen im Zusammenhang mit der *Wiedergeburt* der tschechischen Nation, die die vorhandenen Möglichkeiten zur Abgrenzung von der deutschsprachigen Bevölkerung für ihre Ziele ausnutzte. Diese politischen Strömungen bildeten sich schon in den zwanziger Jahren des 19. Jahrhunderts heraus. Sie führten 1890 zur Gründung der *Tschechischen Akademie der Wissenschaften und Künste* (ČAVU). Ein Jahr später entstand eine entsprechende Institution für die deutsche Minderheit in Böhmen.[7]
3. Spannungen zwischen den Forderungen der josefinischen Bürokratie und der Bürokratie unter den späteren Regierungen nach Anwendbarkeit der wissenschaftlichen Erkenntnisse in Ausbildung und Praxis, vor allem in Industrie und Gewerbe, und dem Streben führender Forscher nach freier Entfaltung der Forschung. Dieser Widerspruch überdauerte, oftmals in eigentümlicher Ausprägung, bis in die sozialistische Periode.[8]

Diese äußeren Einflußfaktoren lassen sich zeitlich bestimmten geschichtlichen Abschnitten zuordnen. Für unser Anliegen, die kulturell begründete Struktur der akademischen Wissenschaft zu verstehen, ist die Entwicklung, die zur Gründung der ČAVU führte, von besonderer Bedeutung. Der Zeitabschnitt zwischen den zwanziger und den neunziger Jahren des 19. Jahrhunderts war durch weitreichende Modernisierungsprozesse in der Gesellschaft (Industrialisierung, Alphabetisierung sowie soziale und nationale Emanzipationsbestrebungen) geprägt. Im Unterschied zur KČSN – einer Vereinigung von naturwis-

[5] Die Gesellschaft entstand in der ersten Hälfte der 70er Jahre des 18. Jahrhunderts (das genaue Gründungsdatum ist nicht bekannt); das Recht der Öffentlichkeit erlangte sie im Jahre 1784.

[6] Vgl. Prokeš, *Počátky české společnosti nauk* und Beran, „Soukromé společnosti nauk v Čechách", S. 563–580.

[7] Die ČAVU hieß ursprünglich *Česká akademie císaře Františka Josefa pro vědy, slovësnost a umění* (Böhmische Kaiser-Franz-Josef-Akademie für Wissenschaften, Literatur und Kunst); die entsprechende deutsche *Gesellschaft zur Förderung deutscher Wissenschaft, Kunst und Literatur in Böhmen* wurde im Jahre 1924 in *Deutsche Gesellschaft der Wissenschaften und Künste für die Tschechoslowakische Republik* und 1941 in *Deutsche Akademie der Wissenschaften in Prag* umbenannt. Siehe Mišková/Neumüller, *Gesellschaft zur Förderung deutscher Wissenschaft, Kunst und Literatur* und Beran, *Vznik České Akademie věd a umění*.

[8] Siehe Teich, *Královská česká společnost nauk* und Janko, „Diskuse k organizaci vědeckého", S. 9–43. Von besonderem Interesse war der Versuch von Christian Carl André, die *Ökonomische Gesellschaft* mit der *Akademie für wissenschaftliche Grundlagenforschung in Mähren und Schlesien* zu verbinden. Siehe Orel/Verbik, „Programy učených společností v Brnì", S. 107–112.

senschaftlich interessierten und national engagierten Persönlichkeiten meist vornehmer Herkunft – gehörten der ČAVU nicht nur Wissenschaftler, sondern auch Vertreter eines bereits ausdifferenzierten Geflechtes von Organisationen an, die ein starkes Interesse an der Gewinnung, Anwendung und Verbreitung wissenschaftlicher Erkenntnisse hatten. Institutionelle Keimzellen dieses nationalen Netzes wissenschaftlicher Einrichtungen stellen die Gründung des Nationalmuseums in Prag (1818) mit der von ihm herausgegebenen Zeitschrift sowie die Zeitschriften *Krok* und *Živa* dar. In ihrem Umkreis und mit ihrer Unterstützung entstand im Laufe von zwei Jahrzehnten eine stabile Organisationsbasis für die Zusammenarbeit der tschechischen Wissenschaftler. Ab 1831 übernahm diese Aufgabe die gerade gegründete Kulturvereinigung *Matice česká*.[9]

Zu einem entscheidenden qualitativen Umbruch kam es in der zweiten Hälfte des 19. Jahrhunderts mit der Entwicklung von Fach- und Technischen Hochschulen sowie mit der Umgestaltung der Universitäten. Dabei spielte die nationale Emanzipationsbewegung, die in der Erneuerung der Nationalsprache und des Nationalbewußtseins ein Mittel zur Hebung des Bildungsniveaus sah, als motivierender Faktor eine wichtige Rolle. Da die aufklärerischen Strömungen in der tschechischen Kultur eine von der Nationalbewegung geprägte sprachlich-kommunikative Vermittlung erfahren hatten, kam es innerhalb der akademischen Wissenschaft zu einer Dominanz der Geisteswissenschaftler, deren Basis vor allem die Universitäten waren. Der im Vergleich mit Westeuropa und England verspätete und beschleunigte Industrialisierungsprozeß erforderte jedoch eine erhebliche Ausweitung der technischen Bildung. Anders als die humanistischen Fächer konnten sich die technischen Wissenschaften nicht allein mit der Entstehung von Fachgemeinschaften und ihrer Kommunikationsplattform begnügen. Die Natur- und Technikwissenschaften drängten mit Unterstützung von industrieller Seite auf eine eigene Organisationsbasis für ihre spezifische Forschungstätigkeit. Die geisteswissenschaftlich dominierten Universitäten kamen diesem Bedürfnis jedoch nicht entgegen.[10]

Das hatte Auswirkungen auf die soziale und berufliche Struktur sowie die Kompetenzverteilung innerhalb der akademischen Wissenschaft, namentlich an den Universitäten.

Die unzureichende Vertretung der Naturwissenschaften an den Universitäten wurde zu einem Hemmnis für die Einbindung der Forschung in den universitären Rahmen. Eine Lösungsmöglichkeit wäre die Entwicklung von technischen Hochschulen gewesen. Hier fehlte es aber sowohl an führenden Wissenschaftlern als auch an entsprechenden Lehrstühlen für die naturwissenschaftlichen Grundlagenfächer.

Einen rechtlichen Rahmen für die nach dem Humboldtschen Modell angestrebte Verbindung von Forschung und Lehre schufen die sogenannten *Thunschen Unterrichtsre-*

[9] Vgl. Tieftrunk, *Dějiny matice české*.

[10] Eine Darstellung der Etappen und Phasen der tschechischen Wiedergeburt im europäischen Kontext gibt Hroch, *Vorkämpfe der nationalen Bewegung*. Dieses Thema wird auch in zahlreichen weiteren tschechischen Arbeiten behandelt. Eine andere Auffassung dazu vertritt Kořalka, *Tschechen im Habsburgerreich*. Kořalka hat die verschiedenen Vorstellungen in Beziehung zur nationalen Identität gesetzt.

formen zu Beginn der fünfziger Jahre des 19. Jahrhunderts.[11] Die fehlende Verankerung der wissenschaftlichen Forschung in der zentralen Organisation der akademischen Wissenschaft führte Purkyně zu der Ansicht, daß eine Anbindung an das Nationalmuseum das beste Mittel zur Förderung der Forschung in den böhmischen Ländern sei. Nach ausführlichen Debatten zu Anfang der sechziger Jahre des 19. Jahrhunderts schlug Purkyně schließlich die Gründung einer Akademie vor, die sowohl die unterschiedlichen Gelehrtengesellschaften als auch einige bisher an den Hochschulen angesiedelte Institutionen einbeziehen sollte. Die mangelnde Ausgewogenheit der Interessen zwischen den verschiedenen Lehr- und Forschungsgebieten sollte durch eine starke Erweiterung der akademischen Institutionen behoben werden. Seine *Akademia* umfaßte Akademiker (*Vermehrer* des Wissens), Mäzene (*Unterstützer* von Gelehrten) und Erfinder (*Nutzer* der Wissenschaft). Zur *Akademia* sollten auch gelehrte Männer gehören, „deren besondere Begabung und praktische Klugheit es erlauben, die bereits erlangten Kontakte zum Nutzen und zum Wohle des öffentlichen Lebens zu gebrauchen".[12] Purkyněs integratives Projekt scheiterte. Perspektivisch nahm es jedoch in gewisser Weise einen Lösungsweg vorweg, der wenige Jahrzehnte später etwa in Deutschland mit der vom Hochschulbetrieb unabhängigen und selbständigen Kaiser-Wilhelm-Gesellschaft (seit 1911) erfolgreich beschritten wurde.[13]

In ihrer weiteren Entwicklung spaltete sich die akademische Wissenschaft in zwei Formen auf. Die Universitäten wurden – mit Ausnahme der mathematisch-physikalischen Wissenschaften, die wegen ihrer mechanisch-reduktionistischen Methodologie bisweilen als Paradigma für die humanistischen Wissenschaften betrachtet wurden – zu Domänen eines eher ideographischen akademischen Diskurses. Während die nationale Emanzipationsbewegung weiterhin historisch-literarisches Fachwissen als Legitimationsbasis benötigte und so die strukturell bedingte Dualität der Hochschulbildung förderte, setzten sich die mit weitaus geringerem ideologischen Nachdruck vertretenen naturwissenschaftlich-technischen Disziplinen nur allmählich durch. Das lag auch an der dezentralen, finanziell schwachen und tendenziell noch unterentwickelten Industrie in den böhmischen Ländern.[14] Der Einfluß dieser Asymmetrien, der die Entwicklung der wissenschaftlichen Forschung innerhalb der akademischen Wissenschaft behinderte, machte sich auch in der folgenden Periode bemerkbar.

[11] Siehe Lentze, *Universitätsreformen des Ministers Graf Thun-Hohenstein*.

[12] Purkyně, „Akademia", S. 20. Zwei Aufsätze zum Akademieprojekt erschienen in den Jahren 1861 bis 1863 in der Zeitschrift *Živa*.

[13] Den gesellschaftlichen und pädagogischen Kontext des Akademieprojekts von Purkyně behandelt z. B. Janko, *Geburt der tschechischen Naturwissenschaft*, S. 101–112, und ders., „Purkyne's Contribution", S. 325–350. Purkyně hat seine „Akademia" für die Einwohner der böhmischen Länder in zwei Sprachen – tschechisch und deutsch – verfaßt.

[14] Siehe dazu näher Lacina/Pátek, *Dějiny hospodářství českých zemí*.

3. Die historischen Voraussetzungen der Gründung der Tschechoslowakischen Akademie der Wissenschaften (ČSAV)

Stellung und Perspektive der ČSAV, wie sie sich Anfang der fünfziger Jahre nach der Machtübernahme durch die prosowjetischen politischen Kräfte im Prozeß der sozialistischen Reformen herausgebildet hatten, unterliegen gegenwärtig radikalen Veränderungen. Diese Veränderungen werden oft mit dem Hinweis auf das Vorgehen einer totalitären politischen Macht und auf die äußeren sowjetischen Einflüsse gerechtfertigt. Auch wenn diese Faktoren zweifellos eine wichtige Rolle gespielt haben, erklären sie die Umgestaltung der akademischen Wissenschaft in der Nachkriegszeit jedoch nicht vollständig. Sie lassen keine zuverlässige Deutung der strukturellen Einflüsse zu, die gegenwärtig auf sie einwirken. In diesem Abschnitt wollen wir deutlich machen, daß die Gründung der ČSAV in erheblichem Maße durch die Entwicklung der akademischen Wissenschaft in der Zwischenkriegszeit der Ersten Republik und deren Wahrnehmung durch die akademischen und politischen Akteure bedingt war, die nach dem Zweiten Weltkrieg die akademische Wissenschaft reorganisierten.

Die Gründung der Tschechoslowakischen Republik im Jahre 1918 ging mit einer wesentlichen Veränderung der Machtverhältnisse einher, die es ermöglichte, nationalstaatliche Formen für die Entwicklung des wirtschaftlichen, politischen und wissenschaftlichen Lebens zu nutzen. Besonders in den zwanziger Jahren gelang es, einen institutionellen Rahmen zu gestalten, der (in einer nach dem Zerfall der österreichisch-ungarischen Monarchie ziemlich instabilen Umgebung) die Herausbildung demokratischer Regierungsformen und eine relativ erfolgreiche wissenschaftliche Entwicklung förderte. Die Übernahme von Prinzipien des liberalen Verfassungsstaates und von Verwaltungspraktiken aus der früheren Monarchie übte auf den Ausbau des Institutionensystems einen positiven Einfluß aus. Ungünstig wirkten hingegen gewisse (strukturelle) Abhängigkeiten, die sich bereits innerhalb der Monarchie im Verlauf des nationalen Emanzipationsprozesses ausgeprägt hatten. Eine bestimmende Rolle spielten daher die Prinzipien nationaler sprachlich-kultureller Selbstbestimmung (gegenüber dem von der deutsch orientierten Monarchie beherrschten Staat) als die Prinzipien eines liberalen bürgerlichen Selbstbewußtseins in Beziehung zum (eigenen) Staat. Nationale Gesichtspunkte durchdrangen sowohl die damals entstehenden Formen des politischen Lebens als auch die Wirtschaft. Die unausgereiften Beziehungen zwischen Bürger und Staat ließen in der Folge Raum für den Einfluß der Bürokratie. Nach der Entstehung der Republik begrenzte dieser Kontext die Möglichkeiten zur Stabilisierung der Beziehungen zwischen den Ethnien (während der Ersten Republik konnte eine solche Stabilisierung nicht erreicht werden) und zu einer gründlicheren kulturellen Fundierung demokratischer Formen des Regierens und des politischen Handelns. Nationalistische und etatistische Tendenzen spiegelten sich auch in den neuen institutionellen Arrangements der Wissenschaft im nationalstaatlichen Rahmen.

Mit der Entstehung der ersten tschechoslowakischen Republik nach dem Ersten Weltkrieg kam es zu einem erheblichen Wachstum der akademischen Wissenschaft, und zwar sowohl hinsichtlich ihres Umfanges als auch hinsichtlich der Vielfalt der akademischen

Organisationsformen. Die Struktur der Kommunikationsformen änderte sich nicht wesentlich. KČSN, ČAVU und eine Reihe von wissenschaftlichen Fachgesellschaften existierten weiter. Die Anzahl der Universitäten und der wissenschaftlichen Forschungsinstitute nahm aber erheblich zu. Bereits während der österreichisch-ungarischen Doppelmonarchie waren auf dem Gebiet der böhmischen Länder 42 wissenschaftliche Institute gegründet worden. In den Jahren 1918 bis 1922 kamen 22 weitere hinzu, 1925 gab es bereits 79, und 1930 war mit 148 Instituten die größte Anzahl in jenem Zeitabschnitt erreicht. Später nahm die Zahl der Forschungsinstitute wieder ab. Von diesen Instituten waren 38,2 Prozent an den Hochschulen, 31,8 Prozent im staatlichen und öffentlichen Sektor sowie 30 Prozent im privaten Sektor angesiedelt. Auch an den regionalen Universitäten wurde die Forschungsbasis verstärkt. So befanden sich 18,2 Prozent aller wissenschaftlichen Institute in der Brünner Region und 5,4 Prozent in der Slowakei (alle Daten für 1930).[15]

Als Reaktion auf die unzulängliche Orientierung der akademischen Wissenschaft auf Technik und Forschung wurde 1918 der *Verein für Technik und Wirtschaft* (*Technicko-hospodářská jednota*) gegründet, aus dessen Aktivitäten im Jahre 1920 die *Masaryk-Akademie der Arbeit* (*Masarykova Akademie Práce*, MAP) hervorging.[16] Ähnliche Bestrebungen gab es in medizinischen und landwirtschaftlichen Fachkreisen. In den zwanziger Jahren wurde – mit finanzieller und fachlicher Unterstützung der Rockefeller-Stiftung, die sowohl eine Förderung der medizinischen Wissenschaften als auch eine rationelle Organisation des Gesundheitswesens anstrebte – ein staatliches medizinisches Institut gegründet. Mit Unterstützung der in der Ersten Republik einflußreichen Agrarpartei vereinigten sich ferner die agrarwissenschaftlichen Institute zur *Tschechoslowakischen Landwirtschaftsakademie*. Die akademische Wissenschaft erweiterte sich so um die angewandten Wissenschaften in den technischen, medizinischen und landwirtschaftlichen Fachbereichen.

Die Bemühungen der MAP, ein zentrales Exekutivorgan für die staatliche Finanzierung und Lenkung der wissenschaftlichen Forschung zu schaffen, fanden bei den Hochschulen und in der Wirtschaft – größere Unternehmen begannen mit der Errichtung eigener Forschungslaboratorien – keine Unterstützung. Die Erweiterung der akademischen Wissenschaft in der Zwischenkriegszeit war zweifellos eine Folge des demokratischen politischen Systems der Ersten Republik und ihrer institutionell-administrativen und wirtschaftlichen Möglichkeiten. Dennoch gelang es nicht, die Vielzahl der wissenschaftlichen Organisationen zu koordinieren und eine entsprechende kommunikative Plattform zu schaffen. Es fehlte den Forschern an einem Selbstverständnis, das auf das sich wandelnde wirtschaftliche und politische Umfeld adäquat reagieren konnte. In Akademikerkreisen wirkte statt dessen der integrierende Nationalgedanke identitätsstiftend weiter nach, der

[15] Tvrdá, „Snahy o centrální řízení vědeckého".

[16] Masaryks Name war hier nicht nur Ausdruck der Hochachtung gegenüber dem Präsidenten, sondern bezog sich auch auf dessen kritische Haltung zu den führenden akademischen Organisationen wegen ihrer zu geringen Unterstützung für die Forschung und der unzureichenden Orientierung der Wissenschaft auf praktische Zwecke. Siehe dazu Masaryk, *Česká otázka*.

mit dem Anwachsen des Nationalsozialismus in Deutschland sogar noch an Stärke zunahm. Die Akademiker waren weder auf die fortschreitende Internationalisierung der Wissenschaft noch auf deren zunehmende Wechselwirkung mit anderen, anwendungsorientierten Institutionen hinreichend vorbereitet. Die akademische Wissenschaft gestaltete und legitimierte ihre Autonomie vorwiegend über die kulturelle Rolle der akademischen Wissenschaft. Zwar kam es zu Wechselbeziehungen zwischen der akademischen Wissenschaft und dem Staat, aber letzterer war wissenschaftspolitisch eher ein Instrument zur Durchsetzung korporativer Belange als ein Vertreter öffentlicher Interessen. Die Orientierung an politischen und akademischen Sonderinteressen rief einerseits den Widerstand der traditionellen Sektoren der akademischen Wissenschaft (Universitäten, Humanwissenschaften) hervor. Andererseits weckte diese Orientierung bei ihren neuen Akteuren (technische, medizinische und Agrarwissenschaften) unangemessene Erwartungen.[17] Der zunehmende staatliche Einfluß auf die akademische Wissenschaft führte jedoch nicht dazu, daß ein geeigneter Koordinationsrahmen entstand, der die strukturellen Defizite der Wissenschaftsorganisation ausgleichen konnte. Das trug zu der in der wissenschaftlichen Öffentlichkeit allgemein verbreiteten Ansicht bei, die akademische Wissenschaft sei übermäßig zersplittert. Obwohl es gelang, das sogenannte deutsche Organisationsmodell der Wissenschaft – die Verbindung von Forschung und Lehre – durchzusetzen (ein Drittel der wissenschaftlichen Institute befand sich an den Hochschulen), konnte die Zweiteilung der akademischen Kultur nicht überwunden werden. Sie äußerte sich nicht mehr im Gegensatz von ideographisch und nomothetisch orientierten Fachgebieten, sondern nunmehr in der Dualität zwischen universitärer Wissenschaft und außeruniversitärer Forschung.

Die Veränderungen in Struktur und Arbeitsweise der akademischen Institutionen in der Zeit der Ersten Republik wurden auch von den bereits im Zusammenhang mit dem Aufbau eines demokratischen Systems in der Tschechoslowakei beschriebenen kulturellen und nationalen Gegebenheiten beeinflußt. Während Wissenschaft und Kultur aktiv für die Entwicklung der verschiedenen Regionen des Landes eingesetzt wurden – tschechische Professoren waren an mährischen, schlesischen und slowakischen Hochschulen tätig –, stand das Verhältnis zwischen den tschechischen und den deutschen akademischen Institutionen unter der negativen Einwirkung fortdauernder Spannungen zwischen den beiden Ethnien. Die tschechischen und slowakischen Hochschul- und Forschungseinrichtungen hatten ein starkes Wachstum zu verzeichnen, während die deutschen akademischen Institutionen, deren Basis die Karl-Ferdinands-Universität in Prag bildete, gleichzeitig stagnierten. Ein weiteres typisches Beispiel dieser Spannungen war die Auseinandersetzung um die Universitätsinsignien, die Anfang der zwanziger Jahre begannen. Erst zu Beginn der dreißiger Jahre fand diese Auseinandersetzung ihr Ende, nachdem im Umfeld studentischer

[17] Solche Erwartungen äußerten sich beispielsweise in radikaler werdenden Vorstellungen der Wissenschaftler über den Charakter der Gesellschaft und schufen eine Plattform für szientistische und technokratische Ansichten. Siehe näher: Archiv der Akademie der Wissenschaften der Tschechischen Republik, IZV UK, *Technokracie v českých zemích, 1900–1950.*

Unruhen (der sogenannten *Insigniade*) die Insignien unter polizeilicher Aufsicht von der deutschen Universität an die Karls-Universität überführt worden waren.[18] Der Besuch von Vorlesungen an der deutschen Universität durch tschechische Studenten war durch nationalistische Stimmungen stigmatisiert. Auch die Beteiligung tschechischer Gelehrter an Seminaren und Vorträgen deutscher Spitzenwissenschaftler war minimal. Die *Akademie der Wissenschaften und Künste* bot zwar noch eine gemeinsame tschechisch-deutsche akademische Plattform, doch auch hier setzte sich der Einfluß der tschechischen Wissenschaftler durch und gewann sukzessive die Oberhand. Die Kommunikation zwischen den Wissenschaftlern aus den tschechischen und den deutschen akademischen Einrichtungen erfolgte eher informell und mit einem je nach Fachgebiet unterschiedlichen Maß an kollegialer Solidarität. In der Periode der nachfolgenden politischen Umwälzungen spielte diese Solidarität indes eine positive Rolle, als sich Wissenschaftler angesichts von Verfolgungen der einen oder der anderen ethnischen Gruppe gegenseitig unterstützten (ein Beispiel dafür sind die Beziehungen zwischen den Physikochemikern, deren größte Autorität auf tschechischer Seite der spätere Nobelpreisträger Jaroslav Heyrovský war).[19]

4. Die Gründung der ČSAV und die Etappen ihrer Entwicklung

Mit der Einsetzung eines Regierungsausschusses begannen im Jahre 1950 die Vorbereitungen für die Gründung der ČSAV. Der Entstehungsprozeß der ČSAV wurde mittelbar durch den gesamten Kontext der Kriegs- und Nachkriegszeit und dessen Einwirkung auf die akademische Wissenschaft und unmittelbar durch die Differenzierung der akademischen und politischen Kräfte nach der Machtübernahme durch die *Kommunistische Partei der Tschechoslowakei* (Komunistická Strana Československá, KSČ) im Jahre 1948 beeinflußt.

In der Nachkriegszeit erfolgten im Institutionalsystem der akademischen Wissenschaft wesentliche Veränderungen. Bis zum Jahre 1948 standen diese Veränderungen unter dem Einfluß demokratischer innenpolitischer Verhältnisse (mit Ausnahme jener Parteien, die mit dem Protektoratsregime kollaboriert hatten, war die politische Struktur der Ersten Republik wiederhergestellt worden). Allerdings kam hier der ideologische Nachkriegstrend zu sozialistischen Orientierungen zur Geltung, der das Gewicht der linksgerichteten Parteien erhöhte und in Gestalt einer nationalen Front zu einer gewissen Zusammenarbeit aller legitimen politischen Parteien beim Neuaufbau der Republik führte. Eine wesentliche Rolle spielte auch die linksorientierte Intelligenz, die in literarisch-kulturellen und akademischen Einrichtungen tätig war. Äußere Einflüsse oder Kräfte wurden über einheimische politische Akteure wirksam, bis 1948 in einer offenen Atmosphäre und in einem annähernden Gleichgewicht. 1948 kam es dann zu einer Kollision der politischen Kräfte und zu

[18] Siehe Domin, *Rektorský rok*, sowie Vojtíšek, *Karolinum statek národní.*

[19] Zu den Schicksalen bedeutender tschechischer und deutscher Wissenschaftler in der Ersten Republik, im Protektorat und in der Periode nach dem Zweiten Weltkrieg siehe Glettler/Míšková, *Prager Professoren.*

einer Umwälzung der Machtverhältnisse, mit der die Tschechoslowakei in den Einflußbereich der UdSSR einbezogen wurde. Die Wirkung spezifischer innerer Faktoren auf die Ausformung der neuen Machtverhältnisse wurde damit indes nicht vollständig unterdrückt; im weiteren werden wir dies am Beispiel der Reform der akademischen Wissenschaft nachweisen.

Die Auswirkungen des Krieges auf die Entwicklung der akademischen Wissenschaft waren in mehrfacher Hinsicht von entscheidender Bedeutung: In der Zeit des Protektorats Böhmen und Mähren blieben die Hochschulen und Universitäten geschlossen. Das akademische Personal konnte sich nur z. T. in der Industrieforschung oder an deutschen akademischen Einrichtungen wissenschaftlich betätigen. Die Wiederaufnahme des Hochschulbetriebes nach dem Krieg wurde dadurch erschwert, daß es anfangs an akademischem Personal mangelte und mehrere Jahrgänge von Studenten gleichzeitig ihr Studium begannen. Ein positiver Effekt ging jedoch von dem politischen Willen aus, die wissenschaftlichen Institutionen nicht nur in die Pläne des Neuaufbaus einzubeziehen, sondern sie auch für die Erneuerung der Industrie zu nutzen. Diese Neuorientierung zeigt, daß aus den Problemen der Vorkriegszeit – ungenügende Abstimmung innerhalb des Bereiches der akademischen Wissenschaft und unzureichender Praxisbezug – gelernt worden war. Die entsprechenden Überlegungen stützten sich auf die im politischen Spektrum der Nachkriegszeit allgemein vertretene Idee der gesamtgesellschaftlichen Planung der Volkswirtschaft.[20]

Innerhalb der 1946 als Teil der Exekutive gegründeten *Staatlichen Plankommission* wurde bereits im selben Jahr ein *Staatlicher Forschungsrat* eingerichtet, der wesentliche Veränderungen im nationalen Forschungssystem initiierte:

1. Für die Jahre 1947/48 wurde ein staatlicher *Plan für Forschung und Entwicklung* aufgestellt.
2. 1949 wurde die *Zentrale für wissenschaftliche Forschung* als ein zentrales Exekutivorgan gegründet, das für die Leitung des Systems der wissenschaftlichen Institute auf nationaler Ebene zuständig war und das die Erneuerung der wissenschaftlichen Organisationen auf akademischer Ebene und in der Industrie unterstützte.
3. Es wurden sieben zentrale Forschungsinstitute (für Biologie, Chemie, Physik, Geologie, Mathematik, Polarographie und Astronomie) gebildet, auf die sich die staatlich finanzierte akademische Forschung konzentrierte. Diese Institute unterstanden direkt der Exekutive und unterlagen weder der Kontrolle der Universitäten noch der der akademischen Gemeinschaft.[21]

[20] Die Nachkriegsrepublik übernahm bis 1948 in gewissem Maße das demokratische politische System der ersten Republik (mit Ausnahme jener Parteien, denen Kollaboration mit dem Protektoratsregime vorgeworfen wurde); die Idee der Planung wurde nicht nur von der kommunistischen und der sozialdemokratischen Partei, sondern auch von bestimmten Kreisen in der sozialistischen Volkspartei (J. Hejda, E. Šlechta) unterstützt.

[21] Das Konzept staatlich gelenkter Institute für Grundlagenforschung (eine Domäne der akademischen Wissenschaft) wurde insbesondere von den Sozialdemokraten unterstützt; siehe näher zu dieser Problematik verschiedene Aufsätze in der Reihe *Práce z dějin přírodních věd*, Bd. 11 (1979) und Bd. 14 (1982).

In den Jahren 1945 bis 1950 kam es so zu erheblichen Strukturveränderungen innerhalb der akademischen Wissenschaft, die hinsichtlich der verbesserten Forschungskoordinierung und der Stärkung der anwendungsbezogenen Kapazitäten der akademischen Wissenschaft z. T. an die Erfahrungen der Ersten Republik anknüpften. Infolge des sozialen und politischen Wandels verschoben sich die Proportionen zwischen der universitären und der außeruniversitären Forschung. Befördert durch den Eintritt neuer politischer und sozialer Kräfte in die politische Arena nahm der staatliche Einfluß auf die akademische Wissenschaft zu. Aufgrund der äußeren politischen Einflüsse und einer inneren Schwächung der Hochschulen, die nach 1948 durch radikale politische Säuberungen und Entlassung von sogenannten *bürgerlichen* Professoren verursacht wurde, verschlechterte sich die Position der Hochschulen und der wissenschaftlichen Gesellschaften innerhalb der akademischen Gemeinschaft. Es kam zu Diskontinuitäten und Veränderungen in der akademischen Kultur.[22]

Charakter und Bedeutung der ČSAV-Gründung lassen sich zuverlässig nach ihren Folgen beurteilen. Aufschlußreich ist zudem ein Blick auf die Situation zwischen 1950, dem Jahr der Einsetzung der staatlichen Kommission zur Gründung der ČSAV, und 1952, dem eigentlichen Gründungsjahr. Auch wenn die Möglichkeiten einer öffentlichen Diskussion bereits eingeschränkt waren, traten während der zweijährigen Debatten über die künftige Gestalt der ČSAV drei grundlegende Vorstellungen und Konzeptionen hervor, die die unterschiedlichen Auffassungen über die künftige Rolle der neuen akademischen Organisationsform widerspiegeln:

1. das Konzept der in der ČAVU vereinigten Wissenschaftler, die das Streben des sich neu etablierenden prosowjetischen Regimes nach Legitimierung seiner Stellung durch nationale Traditionen ausnutzten und so eine neue Organisation durchsetzten, die an ihre eigenen Traditionen anknüpfte und einen akademischen Status erhielt (Kontinuität, Gelehrtengesellschaft und Autonomie der wissenschaftlichen Gemeinschaft);
2. das vorwiegend aus politischen Gründen von linksorientierten Forschern unterstützte Gründungskonzept der ČSAV nach sowjetischem Muster;
3. das von den zur KSČ übergetretenen Sozialdemokraten unterstützte Konzept der staatlichen Forschungsinstitute, das sich auf den bereits existierenden Komplex der sieben Staatsinstitute und deren Lenkung durch ein zentrales Exekutivorgan gründete.

Die schließlich gefundene Lösung war ein Kompromiß aller drei Konzeptionen. Die ČSAV beruhte auf einem dualen Prinzip: Zum einen war sie eine Akademikervereinigung und erklärte sich zur Nachfolgerin der ČAVU; zum andern schuf sie ein Netz von wissenschaftlichen Forschungseinrichtungen. Das entsprach der letztgenannten Konzeption, jedoch mit dem Unterschied, daß der ČSAV im Rahmen der zentralen Leitung eine gewisse Autonomie zugestanden wurde. Diese Lösung genügte aber auch der Forderung, dem sowjetischen Vorbild unter Respektierung der eigenen Traditionen zu folgen.

[22] Ein Mosaik unterschiedlicher Aspekte dieser Entwicklung bietet der Sammelband von Svoboda/ Zilynská, *Věda v Československu*.

Analysiert man die Entwicklung der ČSAV unter dem Gesichtspunkt des Verhältnisses zwischen akademischer Wissenschaft und politischer Macht und der Stellung der akademischen Organisationen zu den Schlüsselfragen der akademischen Wissenschaft, dann lassen sich zwei Etappen unterscheiden. Die *erste Etappe*, die man als Zeit der Reformen und Korrekturen bezeichnen kann, dauerte bis Ende der sechziger Jahre. Die *zweite Etappe* betrachten wir trotz einiger Anpassungsprozesse in den achtziger Jahren als eine Periode der Stagnation, die durch Saturationstendenzen und ausbleibende Entwicklungsmöglichkeiten charakterisiert war.

Unsere Betrachtung konzentriert sich auf die Entwicklung in den böhmischen Ländern. Nicht unerwähnt bleiben sollten aber die parallelen Prozesse in der Slowakei. Dort bestand ab 1952 die selbständige *Slowakische Akademie der Wissenschaften*, die ihre eigenen Organe und einen eigenen Etat hatte. Bestimmte Aktivitäten wurden zwischen beiden Akademien abgestimmt. Zwischen ihren Instituten bestanden rege Arbeitskontakte. Vorgängerin dieser Akademie war die *Slowakische Akademie der Wissenschaften und Künste*, die in der Zeit des selbständigen slowakischen Staates 1942 entstanden und 1945 reformiert worden war.[23]

4.1. Die Etappe der Reformen und der Anpassung (1952–1969)

Der Gründung der ČSAV folgte eine Periode permanenten Wachstums, das insbesondere in den ersten Jahren ihres Bestehens exponentiell verlief. Die Anzahl der Mitarbeiter erhöhte sich von einigen Hundert im Jahre 1952 auf 4000 im Jahre 1956; davon waren etwa 20 Prozent wissenschaftliche Mitarbeiter (Inhaber akademischer Grade).[24] Fast die Hälfte der wissenschaftlichen Mitarbeiter der ČSAV war in der Hauptstadt Prag konzentriert, die übrigen wissenschaftlichen Mitarbeiter arbeiteten in den Regionen, vor allem in Brno. Zeitweise nahm auch die Anzahl der wissenschaftlichen Institute dynamisch zu; sie wuchs von einigen Dutzend Arbeitsstellen auf 100 Institute in den sechziger Jahren. Das Forschungsprofil der ČSAV wurde hauptsächlich von den Natur- und Gesellschaftswissenschaften bestimmt. Medizinische, technische und landwirtschaftliche Fachgebiete fanden nur teilweise Berücksichtigung. Das Wissenschaftspotential der ČSAV knüpfte an die schon früher errichteten Zentralinstitute an. Weitere Einrichtungen wurden aus Forschern und Forschergruppen gebildet, die aus den wissenschaftlichen Instituten der Hochschulfakultäten und aus einigen führenden Instituten der Industrieforschung kamen. Dieser Transfer von wissenschaftlichen Kräften aus den Universitäten in die Institute der ČSAV schwächte die Forschungsbasis der Hochschulen erheblich und führte zu einer Verflechtung beider Institutionen, die gleichermaßen von Kooperation und Konkurrenz geprägt war. Der Transfer wurde z. T. durch das unterschiedliche Maß an Politisierung und Ideologisierung

[23] Siehe Tibenský, *Dějiny vědy a techniky na Slovensku*, S. 427 und 438.

[24] In den 50er Jahren kam es auch zu einer dynamischen Zunahme der Forschungs- und Entwicklungseinrichtungen; im Jahre 1956 waren hier etwa 30.000 Mitarbeiter tätig. Siehe Nový, „Hlavní etapy", S. 43.

Am 29. Oktober 1955 trat die Delegation der DAW zu einer gemeinsamen Sitzung mit den Mitgliedern des Präsidiums der Tschechoslowakischen Akademie der Wissenschaften im Hause der Wissenschaftler „J. E. Purkyně" in Liblice bei Mělnik zusammen, stehend v. l. n. r.: Hans Wittbrodt, Heinrich Bertsch, František Šorm; sitzend v. l. n. r.: Akademiker Böhm, Walter Friedrich, Vilém Laufberger

in den beiden Institutionen beeinflußt. Viele Fachleute wechselten von den Hochschulen an die ČSAV, denn die dortigen politischen Kriterien für die Aufnahme waren weniger streng als jene an den Hochschulen. Letztere konnten nur auf dem Gebiet der technischen, der medizinischen und der Landwirtschaftswissenschaften eine relativ leistungsfähige Forschungsbasis aufrechterhalten. Der Mangel an hochschuleigenem Forschungspotential erwies sich schon bald als ein schwerwiegendes Problem. Bereits 1956 wurden Maßnahmen zur Förderung der wissenschaftlichen Forschung an den Hochschulen getroffen. Diese Maßnahmen trugen jedoch administrativen Charakter und konnten das strukturelle Defizit in der Entwicklung der akademischen Wissenschaft nicht beseitigen.

Neben einem dynamischen Wachstum sind im untersuchten Zeitraum auch qualitative Veränderungen zu verzeichnen, die mit der Zunahme der staatlichen Einwirkungen auf die akademische Wissenschaft eintraten. Die ČSAV besaß innerhalb des Staatshaushaltes der ČSSR einen eigenen Etat, über dessen Höhe jeweils politisch entschieden wurde. Die Verteilung der Mittel blieb aber eine interne Angelegenheit der Akademie. Damit war sie finanziell relativ unabhängig. Anfangs genossen die ČSAV und ihre Vertreter das Vertrauen der politischen Führung. Unter dieser Voraussetzung konnte die ČSAV einerseits ihre Stellung in der Forschungslandschaft verbessern und andererseits aktiv in den politischen Entscheidungsprozeß eingreifen. So wurde die ČSAV beauftragt, den „Staatsplan der Forschung und der in wissenschaftlicher Hinsicht bedeutsamen Aufgaben der Volkswirtschaft" zu koordinieren. Damit gewann die ČSAV wesentliche Steuerungskompetenzen gegenüber den Hochschulen und den Instituten der Industrieforschung. Ideologisch begründet wurde dieser Schritt mit der Marxschen Theorie von der Wirksamkeit der Wissenschaft als Produktivkraft sowie mit Bernals Vorstellungen von der sozialen Rolle der Wissenschaft, die in der marxistisch orientierten tschechischen Intelligenz breite Zustimmung fanden. Diese Ideen mündeten später in das Konzept der *wissenschaftlich-technischen Revolution*. Es spielte in den sechziger Jahren eine bedeutende Rolle bei der Mobilisierung der technischen Intelligenz in der Tschechoslowakei, die sich durch die Inkompetenz der nach politischen Kriterien ausgewählten Leitungskräfte und die Irrationalität der von den Parteiideologen vertretenen Visionen eingeengt fühlte.[25]

Der Versuch, der ČSAV die Aufgabe einer Exekutivinstanz für die gesamte akademische Wissenschaft und ihre Organisationen zu übertragen, mußte aus mehreren Gründen erfolglos bleiben. Die Akademie verfügte weder über die Erfahrungen der Industrieforschung – und konnte diese auch nicht durch theoretisch fundiertes Fachwissen ersetzen – noch über eine ausreichende Anbindung an die Volkswirtschaft und an die Produktion. Die aufgestellten Pläne wurden zudem über ein zentrales hierarchisches Leitungssystem umgesetzt. Diese Vorgehensweise verlieh der ČSAV zwar innerhalb der akademischen Wissenschaft eine dominante Position, stieß aber bei den übrigen akademischen Organisationen verständlicherweise auf Widerstand. Das hatte zur Folge, daß die kulturell begründeten Unterschiede zwischen universitärer und außeruniversitärer Forschung und Wissenschaft erneut auflebten.

Der oben erwähnte Versuch, der ČSAV Exekutivfunktionen zu übertragen, wurde 1961 durch die Gründung der *Staatlichen Kommission zur Koordinierung der Entwicklung von Wissenschaft und Technik* korrigiert. Das führte zu einer weiteren Verstärkung des staatlichen Einflusses auf die akademische Wissenschaft. Dennoch gelang es nicht, die Kluft zwischen der von der ČSAV repräsentierten akademischen Wissenschaft und der Industrieforschung zu schließen. Die zentralen staatlichen Organe für Wissenschaft und Technik waren eher Repräsentanten der Industrieforschung und verfügten über die für diese Zwekke bereitgestellten Mittel. Die Akademie hingegen hatte gegenüber der Zentralinstanz eine unabhängigere Position, da sie für den sogenannten Plan der Grundlagenforschung und der Ausbildung der wissenschaftlichen Mitarbeiter selbst zuständig war.[26] Ihre relative Au-

[25] Zum Einfluß Bernals auf die Diskussion über die wissenschaftlich-technische Revolution siehe Müller, „Social Function of Science", S. 375–391.

[26] Allgemeiner Leitgedanke des zentralen Organs für Wissenschaft und Technik war das Konzept der wissenschaftlichen Forschungsbasis (des Netzes der Forschungs- und Entwicklungseinrichtungen), für dessen methodische Führung es verantwortlich war.

tonomie, die die ČSAV gegenüber dem bürokratischen Druck der Exekutivorgane zu verteidigen wußte, konnte sie einerseits dank der Stellung ihrer führenden Mitglieder in den Gremien der KSČ und andererseits mit dem Hinweis auf das sowjetische Akademiemodell wahren.

4.2. Die Periode der Stagnation in der Entwicklung der ČSAV (1970–1990)

Die relative Autonomie der ČSAV im System der exekutiven Lenkung des Wissenschaftsbetriebes vermochte die akademischen Organisationen allerdings nicht vor der umfassenden Bürokratisierung und Politisierung zu bewahren, die die Hauptmittel der staatlichen Einflußnahme auf die akademische Wissenschaft darstellten. Im Organisationssystem der ČSAV äußerten sich diese Zwänge in der Einführung eines zweistufigen Leitungssystems. Zwischen die Vertreter der Gelehrtengesellschaft (die Kollegien der Fachgebiete) und die Leitung der ČSAV (Präsidium) trat Mitte der sechziger Jahre zusätzlich eine Ebene der Wissenschaftsbereiche – vier an der Zahl –, wobei der Bereich Gesellschaftswissenschaften der direkten Aufsicht der KSČ-Führung unterstand. Eine weitere negative Erscheinung war die Verwischung der Grenze zwischen dem Amt des Institutsdirektors und der Mitgliedschaft in der Akademie, die bisher eine eigenständige Funktionsausübung innerhalb der Gelehrtengesellschaft ermöglicht hatte. Nunmehr galt ein Wissenschaftler nur noch als vollwertiges Akademiemitglied, wenn er zugleich auch Direktor eines Instituts war. Die Gelehrtengesellschaft entwickelte sich so immer mehr zu einer Arena der Vertretung korporativer Interessen als zu einer Plattform fachlicher Debatten in kollegialer Atmosphäre.

Zu einem aktiven politischen Engagement der ČSAV kam es gegen Ende der sechziger Jahre in der Zeit des sogenannten *Prager Frühlings*. Eine bedeutende Rolle spielten damals insbesondere die Gesellschaftswissenschaftler, die sich an den Aktivitäten der Reformkräfte innerhalb der KSČ beteiligten. Die seit der zweiten Hälfte der sechziger Jahre größer gewordenen Möglichkeiten einer Zusammenarbeit mit Wissenschaftlern und Organisationen aus dem Westen beeinflußten die insgesamt reformfreundliche Orientierung der Akademiemitarbeiter erheblich.

Die Unterdrückung der Reformbewegung, der Vormarsch der konservativen politischen Kräfte in der KSČ und die erneute Isolation von der Wissenschaftsentwicklung der westlichen Länder bedeuteten einen weiteren wesentlichen Schritt hin zu einer Unterwerfung der akademischen Wissenschaft unter die staatliche Bürokratie. Durch die Emigration von bedeutenden Wissenschaftlern 1968/69 und durch die politischen Verfolgungen, die für viele das Ausscheiden aus der wissenschaftlichen Tätigkeit oder eine Beschneidung ihrer akademischen Rechte bedeutete, erlitten die wissenschaftlichen Institutionen eine weitere Schwächung. Wichtige Forschungsprogramme konnten erst nach längeren Unterbrechungen fortgesetzt werden. Auch die Rolle der Gelehrtengesellschaft wurde staatlicherseits radikal eingeschränkt. Eine Novelle des Gesetzes über die ČSAV 1970 führte an Stelle der bisher üblichen Zuwahl die Ernennung von Akademiemitgliedern ein. Die Bedeutung der Wissenschaftsbereiche im Leitungssystem der ČSAV nahm deutlich zu, und die Parteiorgane griffen weitaus unmittelbarer in die zentralen Entscheidungen der akademischen Wissenschaft ein, als es vorher der Fall gewesen war.[27]

Die Stagnation der ČSAV wurde vornehmlich durch die grundlegende Veränderung des politischen Umfeldes und das Vordringen der ideologisch konservativen politischen Kräfte hervorgerufen. Das wirkte sich besonders auf dem Gebiet der Gesellschaftswissenschaften negativ aus. Die Situation der siebziger Jahre war zudem durch eine Wirtschaftskrise, durch die technische Stagnation der Industrie und durch den Verlust von Auslandsmärkten (ein Drittel des Exports der tschechoslowakischen Industrie entfiel zu diesem Zeitpunkt auf die westlichen Märkte) geprägt. Es gelang nicht, die wachsenden Konsumbedürfnisse der Bevölkerung zu befriedigen. Ferner machte das rasche Aufkommen neuer Technologien (in der Regelungs- und Informationstechnik, der Feinchemie, der Biotechnologie u. a.) eine technische Rekonstruktion der Industrie erforderlich. Die Folgen der technischen Rückständigkeit wurden durch den angespannten Rüstungswettlauf zwischen Ost und West spürbar verschärft. Der Druck auf die Mobilisierung der wissenschaftlichen und technischen Ressourcen bot allerdings auch eine gewisse Chance, der Tendenz zur Politisierung der akademischen Wissenschaft entgegenzuwirken. Er schuf neue Möglichkeiten für eine Erneuerung ihrer Autonomie und für die Durchbrechung der Stagnation.

Der Trend hin zu einer Erweiterung der ČSAV hielt auch in den siebziger und achtziger Jahren an. Er signalisierte jedoch eher die Grenzen des Wachstums als weitere Entwicklungsmöglichkeiten der akademischen Wissenschaft (Saturation). Wachstumsmöglichkeiten ergaben sich vor allem aus den wirtschaftlichen und politischen Zwängen, die auf die Mobilisierung der wissenschaftlichen und technischen Ressourcen gerichtet waren. Diese äußeren Einwirkungen wurden von den akademischen Akteuren ausgenutzt und ermöglichten eine Erneuerung und Erweiterung bestimmter Forschungsvorhaben der ČSAV und weiterer akademischer Einrichtungen. Die Wechselwirkung zwischen den externen Einflüssen und den internen Reaktionen der akademischen Wissenschaft verlief in folgenden Richtungen:

1. Anschluß an die komplexen Programme des wissenschaftlich-technischen Fortschritts, die vom *Rat für gegenseitige Wirtschaftshilfe* (RGW) finanziert wurden;
2. Förderprogramme für die Verbindung von Forschung und Produktion;
3. Wiederaufnahme der Zusammenarbeit mit westlichen Wissenschaftlern und wissenschaftlichen Einrichtungen, die in den achtziger Jahren bereits fast die Hälfte aller internationalen wissenschaftlichen Kontakte der ČSAV ausmachten;
4. Einbeziehung der ČSAV in prognostische Arbeiten (mit dem Auftrag, einen komplexen Ausblick auf die wirtschaftliche, soziale und wissenschaftlich-technische Entwicklung der Tschechoslowakei zu erarbeiten).

Die genannten *sozialen Aufträge* förderten die Orientierung einiger Forschergruppen auf die internationale Wissenschaft sowie auf die inneren technischen und wirtschaftlichen

[27] Der Verlauf der sogenannten Normalisierung in der ČSAV wird eingehend beschrieben bei Míšková/Barviková/Šmidák, *ČSAV 1969–1972*.

Probleme des Landes. Die internationale Zusammenarbeit ermöglichte nicht nur eine fachliche Weiterqualifizierung der wissenschaftlichen Mitarbeiter, sondern auch ihren erneuten Eintritt in das Netz der internationalen wissenschaftlichen Kommunikation. Die Einbeziehung in die Programme des RGW erfolgte meist in Zusammenarbeit mit Einrichtungen der Industrieforschung. Es kam zu einer engeren Zusammenarbeit der Akademie mit der Industrie. Besonders in den achtziger Jahren nahm der Anteil der Vertragsforschung in den Instituten der ČSAV zu. Das hatte auch finanzielle Auswirkungen. Die vertraglich vereinbarte Zusammenarbeit mit der einheimischen Industrie machte in einigen Instituten 15 bis 20 Prozent des Budgets aus.

In den achtziger Jahren spielte das sogenannte *Prognoseprogramm*, mit dem die ČSAV beauftragt worden war, eine besondere Rolle. 1983 wurde ein *Prognostisches Institut* der ČSAV gegründet, dessen Aufgabe in der Erarbeitung einer langfristigen Perspektive für die gesellschaftliche Entwicklung in der Tschechoslowakei bestand. Diesem Schritt war eine Initiative der gesellschaftswissenschaftlichen Einrichtungen vorausgegangen, die dazu Forschungskapazitäten angeboten hatten.[28] 1985 stellte das Prognostische Institut eine erste Fassung[29] und Ende der achtziger Jahre die Endfassung der Prognose[30] fertig. In vielen Aspekten erinnert diese Wechselwirkung zwischen der akademischen Organisation und der politischen Sphäre an ähnliche Situationen in den fünfziger Jahren, als die ČSAV die Planungsbefugnis für den gesamten Bereich der Forschung und Entwicklung übernommen hatte, und Ende der sechziger Jahre, als sie an der Vorbereitung des Reformprogramms der KSČ beteiligt war. Ebenso wie in den früheren Fällen brachte aber auch dieser Eintritt der akademischen Wissenschaft und ihrer Akteure in die politische Arena nur kurzfristige Effekte, auf lange Sicht wirkte sich diese Beziehung hingegen negativ aus. Zwar schuf die Errichtung des Prognostischen Instituts der ČSAV die Möglichkeit, ein Netz reformorientierter Intellektueller aufzubauen und eine konzeptionelle Plattform für die Reform der Gesellschaft zu entwickeln, doch wurde ihr soziales Kapital staatlicherseits *zweckentfremdet* eingesetzt. Die Umorientierung und Umstrukturierung der akademischen Wissenschaft erhielt keine neuen Impulse. Im Gegenteil. Die Versuche, die Positionen der neuen politischen Akteure mittels fachlicher Kompetenz zu legitimieren, gingen mit einer Tendenz zur Abgrenzung von den Fachleuten innerhalb der akademischen Wissenschaft einher. Dies hatte negative Folgen für die Einstellung der öffentlichen Meinung zur akademischen Wissenschaft.

[28] Bereits im Jahre 1980 hatte die ČSAV eine solche Prognose erarbeitet: ČSAV, *Československo 2000.*

[29] Kabinet prognóz ČSAV, *Hypotéza sociálně ekonomického rozvoje ČSSR.*

[30] *Souhrnná prognóza ČSSR do roku 2010.*

5. Perspektiven der akademischen Wissenschaft in der Tschechischen Republik

Der politische Wandel im Jahre 1989 führte zu einer Liberalisierung der regulativen Rahmenbedingungen. Mit der allgemeinen Abkoppelung der wissenschaftlichen Institutionen vom Staat gewannen die akademischen Einrichtungen ihre Autonomie zurück. Durch eine stärkere Selbstorganisation in der Leitung der akademischen Wissenschaft kam es zur Trennung der Gelehrtengesellschaft vom System der Institute der ČSAV. Damit wurde es notwendig und möglich, eine Reihe von wichtigen Leitungsbefugnissen auf die Ebene der wissenschaftlichen Institute und der Forschungskollektive zu verlagern. Parallel dazu erhielten die Fakultäten an den Hochschulen Leitungsbefugnisse. Auch der Modus der Vergabe staatlicher Mittel für Forschung und Entwicklung veränderte sich. Die *Akademie der Wissenschaften der Tschechischen Republik* (AV ČR) und die Ministerien führten bereits Anfang der neunziger Jahre das Verfahren der öffentlichen Ausschreibung, also eine projektgebundene Finanzierung, für die Verteilung von Forschungsmitteln ein. Der Anteil dieser Finanzierungsform am gesamten Etat für Forschung und Entwicklung stieg kontinuierlich an und beträgt gegenwärtig etwa 50 Prozent.

Die Veränderungen in den Organisationen der akademischen Wissenschaft erfolgten hauptsächlich aus dem Inneren der akademischen Wissenschaft heraus. Die Akteure der akademischen Organisationen erreichten einen ausreichenden Grad an Selbstorganisation und öffentlichem Einfluß, um bei der Schaffung neuer Gesetze ihre Ziele selbst durchsetzen zu können. Das neue *Hochschulgesetz* und das *Gesetz über die Akademie der Wissenschaften der Tschechischen Republik* wurden gleich zu Beginn der Wirtschaftsreform verabschiedet.

Anders sah die Situation in der Industrieforschung aus. Die Forschungsinstitute im industriellen Bereich erhielten gleichfalls einen Autonomiestatus. Dieser war jedoch privatrechtlicher Natur. Die industriellen Forschungsinstitute wurden zunächst in staatliche Aktiengesellschaften umgewandelt und in den Jahren 1993 bis 1995 zumeist nach dem *Kuponverfahren* privatisiert. Versuche eines *gemischten* Vorgehens bei ihrer Umgestaltung, das ihnen – nach dem Beispiel der Fraunhofer-Gesellschaft in Deutschland – den Status von in öffentlichem Auftrag agierenden Unternehmen verliehen hätte, wurden zwar vorgeschlagen, aber nicht verwirklicht.

Die Liberalisierungswelle zu Beginn der neunziger Jahre regte den Initiativgeist in den Forschungsinstituten an. Die Initiativen wurden aber schon bald durch radikale Veränderungen im äußeren Umfeld eingeschränkt. Die Wirtschaftsreform hatte einen Rückgang der Industrieproduktion zur Folge. Damit schrumpfte die Nachfrage der Industrie nach Forschungs- und Entwicklungsergebnissen drastisch. Die restriktiven Züge der Wirtschaftsreform brachten außerdem einen Rückgang der staatlichen Aufwendungen für Forschung und Entwicklung mit sich. So agierten die Forschungsorganisationen mit den von ihnen erbrachten Erkenntnissen und Dienstleistungen auf einem Markt, auf dem das Angebot die Nachfrage wesentlich überstieg. Die Transformation der akademischen Organisationen in den Jahren 1992 bis 1995 vollzog sich unter dem ausgeprägten Einfluß äußerer wirtschaftlicher und finanzieller Beschränkungen. Für die Hochschulen war und ist neben den finanziellen Einschränkungen auch die stark ansteigende Zahl von Studenten und Studienbewerbern ein Problem. Die Liberalisierung der Rahmenbedingungen ermöglichte zwar den einzelnen akademischen Organisationen positive Veränderungen von innen heraus, aber sie schuf keine Voraussetzungen für einen Wandel der Beziehungen zwischen ihnen und den Organisationen des nationalen Systems der Wissenschaft und Technik. Bisher ist es nicht zu institutionellen Veränderungen gekommen. Die oben analysierten strukturellen Disproportionen reproduzieren sich auch weiterhin. Die Forschung entwickelt sich vornehmlich an den Einrichtungen der Akademie der Wissenschaften, also außerhalb der Hochschulen, während diese ihrerseits weiterhin ungünstigen Rahmenbedingungen für die eigene Forschungstätigkeit unterliegen. Die Abgrenzung zwischen akademischer Wissenschaft und Industrieforschung verstärkte sich durch das differenzierte Verhalten des Staates gegenüber den Forschungsorganisationen weiter; er unterschied strikt zwischen privater und öffentlicher Sphäre und schränkte seinen Einfluß auf die Entwicklung der Industrieforschung insgesamt ein. Die Empfehlungen der *Organization for Economic Cooperation and Development* (OECD), die akademische Wissenschaft durch Verflechtung der Akademieinstitute mit den Hochschulen zu fördern und die organisierende Funktion des Staates bei der Umgestaltung der Industrieforschung zu verstärken,[31] wurden nicht umgesetzt. Erst im Jahre 1994 formulierte die Regierung Prinzipien ihrer Politik auf dem Gebiet von Wissenschaft und Forschung, die auf eine verbesserte Position der Hochschulen in der Forschung gerichtet sind, aber den Bereich der Industrieforschung gänzlich beiseite lassen.[32]

Die erste Welle von Veränderungen im Rahmen der Transformation hat zu einer Lockerung des staatlichen Regulierungsregimes und zur Wiederherstellung der Autonomie der wissenschaftlichen Organisationen geführt. Diese Deinstitutionalisierung stützte sich auf traditionelle Wertorientierungen, die sich auf das Innenleben der wissenschaftlichen Gemeinschaft konzentrierten und deren Verhältnis zum äußeren Milieu sich in einer allgemeinen Vorstellung von der generellen Nützlichkeit und Progressivität der Wissenschaft ausdrückt. Die Anpassung der akademischen Organisationen an die Bedingungen einer modernen Gesellschaft verlangt jedoch weitaus mehr. Die akademische Gemeinschaft bedarf einer wesentlich reichhaltigeren reflexiven Struktur. Dies würde eine Verstärkung der interinstitutionellen Beziehungen ermöglichen, mit deren Hilfe sich vorhandene Hindernisse – im hier betrachteten Fall die Barrieren zwischen der außeruniversitären Forschung und der Hochschullehre – überwinden lassen. Die modernen Systeme von Wissenschaft und Technik erfordern produktive Verbindungen der akademischen Wissenschaft sowohl zur Industrieforschung als auch zur demokratischen Öffentlichkeit.

Die mangelnden Kontakte der Forschungsorganisationen zu Wirtschaft und Politik, die wir in dieser Analyse erörtert haben, stellen ein ungünstiges Moment für die laufenden

[31] Siehe OECD, *Reviews of National Science and Technology Policy.*

[32] Ministerium für Bildung, Sport und Jugend der Tschechischen Republik. *Průvodce systému státní podpory výzkumu a vývoje v ČR.*

Veränderungen der Organisation von Wissenschaft und Technik in der Tschechischen Republik dar. Dies ist jedoch nicht nur eine Begleiterscheinung und ein Ergebnis der gegenwärtigen radikalen Veränderungen. Wie wir gezeigt haben, wurzelt dieses Phänomen in der historischen Entwicklung der akademischen Wissenschaft. Die institutionelle Neugestaltung der Wissenschaft in der Tschechischen Republik hängt jetzt und künftig insbesondere davon ab, wie diese äußeren Beziehungen zum Staat, zur Öffentlichkeit und zur Industrie zugunsten der Forschungsorganisation genutzt werden. Versuche, die einheimische Wissenschaft für öffentliche Zwecke zu mobilisieren, haben in den böhmischen Ländern eine reiche Tradition. Sie trafen und treffen aber immer wieder auf äußere Barrieren. Die gegenwärtigen Modernisierungs- und Demokratisierungsprozesse bieten allerdings die Chance, daß diese Hindernisse überwunden werden können. Das könnte wesentlich zu einer notwendigen und modernen Bedingungen entsprechenden Umgestaltung der akademischen Wissenschaft beitragen.

Literatur

Archiv der Akademie der Wissenschaften der Tschechischen Republik, IZV UK (Hrsg.): *Technokracie v českých zemích, 1900–1950* (Technokratie in den böhmischen Ländern, 1900–1950), Praha 1999.

Ben-David, Joseph: *The Scientist's Role in Society*. A Comparative Study, Englewood Cliffs 1971.

Beran, Jiři: „Soukromé společnosti nauk v Čechách" (Private wissenschaftliche Gesellschaften in Böhmen), in: *Věstník ČAV* 77(1968), S. 563–580.

Beran, Jiři: *Vznik České Akademie věd a umění v dokumentech* (Die Entstehung der Böhmischen Akademie der Wissenschaften und der Kunst in Dokumenten), Praha 1989.

ČSAV (Hrsg.): *Československo 2000* (Die Tschechoslowakei im Jahre 2000), 2 Bde., Praha 1980.

Daele, Wolfgang van den: „The Social Construction of Science: Institutionalisation and Definition of Positive Science in the Latter Half of the 17th Century", in: Everett Mendelsohn/Peter Weingart/Richard D. Whitley (Hrsg.), *The Social Production of Scientific Knowledge*, (1997) 1, S. 27–54.

Domin, Karel: *Muj rektorský rok*. Z boju o Karolinum a za práva Karlovy university (Mein Jahr als Rektor. Zu den Kämpfen um das Carolinum und die Rechte der Karls-Universität), Praha 1934.

Glettler, Monika/Alena Míšková: *Prager Professoren 1938–1948*. Zwischen Wissenschaft und Politik, Essen 2001.

Hroch, Miroslav: *Die Vorkämpfe der nationalen Bewegung bei den kleinen Völkern Europas*. Eine vergleichende Analyse zur gesellschaftlichen Schichtung der patriotischen Gruppen, Praha 1968.

Janko, Jan: „Diskuse k organizaci vědeckého práce v Českých zemích na po čátku 19. století" (Diskussionen über die Organisation der wissenschaftlichen Arbeit in den böhmischen Ländern zu Beginn des 19. Jahrhunderts), in: ders. (Hrsg.), *K podmínkám vědecké práce* (Über die Bedingungen der wissenschaftlichen Arbeit), Práce z dějin přírodních věd 23, Praha 1988, S. 9–43.

Janko, Jan: „Purkyne's Contribution to the Development of Scientific Institutions", in: J. Purš (Hrsg.), *Jan Evangelista Purkyne in Science and Culture*, Praha 1988, S. 325–350.

Janko, Jan: *Die Geburt der tschechischen Naturwissenschaft*. J. E. Purkyně und seine deutschen Kollegen, in: A. Henning/J. Petersdorf (Hrsg.), *Wissenschaftsgeschichte in Osteuropa*, Wiesbaden 1998, S. 101–112

Kabinet prognóz ČSAV (Hrsg.): *Hypotéza sociálně ekonomického rozvoje ČSSR do roku 2000–2010 (strategická úvaha)* [Hypothese über die sozialökonomische Entwicklung der ČSSR bis 2000–2010 (strategische Überlegungen)], Praha 1985.

Kořalka, Jiří: *Tschechen im Habsburgerreich und in Europa 1815–1914*, Wien – München 1991.

Lacina, Vlastislav/Jaroslav Pátek (Hrsg.): *Dějiny hospodářství českých zemí od počátku industrializace do současnosti* (Wirtschaftsgeschichte der böhmischen Länder vom Beginn der Industrialisierung bis zur Gegenwart), Praha 1995.

Lentze, Hans: *Die Universitätsreform des Ministers Graf Leo Thun-Hohenstein*, Wien 1962.

Masaryk, Tomáš G.: *Ceská otázka* (Die tschechische Frage), Praha 1990.

Ministerium für Bildung, Sport und Jugend der Tschechischen Republik (Hrsg.): *Průvodce systému státní podpory výzkumu a vývoje v ČR* (Übersicht über das System der staatlichen Förderung von Forschung und Entwicklung in der Tschechischen Republik), Praha 1999.

Míšková, Alena/Hana Barviková/Miroslâv Šmidák: *ČSAV 1969–1972: restaurace komunistické moci ve vědě* (Die ČSAV 1969–1972: Die Restauration der kommunistischen Macht in der Wissenschaft), Sešity ÚSD AV ČR, Nr. 30/1998.

Míšková, Alena/Michael Neumüller: *Die Gesellschaft zur Förderung deutscher Wissenschaft, Kunst und Literatur in Böhmen*, Praha 1994.

Müller, Karel: „The Social Function of Science and Social Goals for Science – Bernal's Ideas after Fifty Years", in: Steiner, *Bernal's The Social Function of Science*, S. 375–391.

Nový, Luboš (Hrsg.): *The Main Stages of the Organization of Science in Bohemian Lands Since the Middle of the 18th Century* (= Acta historiae rerum naturalium nec non technicarum 5. Part 1), Prague 1971.

Nový, Luboš: „Hlavní etapy a podmínky vývoje vědecko-výzkumné základny v Československu v letech 1945–1960" (Hauptetappen und Entwicklungsbedingungen der wissenschaftlichen Forschungsbasis in der Tschechoslowakei in den Jahren 1945–1960), in: Institut für tschechoslowakische und Weltgeschichte der ČSAV (Hrsg.), *Věda v Československu 1945–1960* (Die Wissenschaft in der Tschechoslowakei 1945–1960). Práce z dějin přírodních věd (Arbeiten zur Geschichte der Naturwissenschaften), Nr. 14, Praha 1962.

OECD (Hrsg.): *Reviews of National Science and Technology Policy: Czech and Slovak Federal Republic*, Paris 1992.

Orel, V./A. Verbík: „Programy učených společností v Brnì na přelomu 18. a 19. století" (Programme der gelehrten Gesellschaften in Brünn an der Wende vom 18. zum 19. Jahrhundert), in: Jaroslav Purš (Hrsg.), *200 let české společnosti nauk 1784–1984* (200 Jahre böhmische Gesellschaft der Wissenschaften 1784–1984), Praha 1985, S. 107–112.

Práce z dějin přírodních věd (Arbeiten zur Geschichte der Naturwissenschaften), Bd. 11 (1979) und Bd. 14 (1982).

Prokeš, Jaroslav: *Počátky České společnosti nauk do konce XVIII. století* (Die Anfänge der Böhmischen Gesellschaft der Wissenschaften bis zum Ende des 18. Jahrhunderts), Díl I (Teil I): 1774–1789, Praha 1884.

Purkyně, Jan Evangelista: „Akademia", in: ders., *Opera omnia*, Bd. 9, Praha 1965, S. 20.

Souhrnná prognóza ČSSR do roku 2010 (Gesamtprognose der ČSSR bis 2010), (internes Material), Prognostický ústav ČSAV, Praha 1988.

Steiner, Helmut (Hrsg.): *J. D. Bernal's The Social Function of Science, 1939–1989*, Berlin 1989, S. 375–391.

Svoboda, Petr/Blanka Zilynská (Hrsg.): *Věda v Československu v letech 1945–1953* (Die Wissenschaft in der Tschechoslowakei in den Jahren 1945–1953), Praha 1999.

Teich, Mikuláš: *Královská česká společnost nauk a počátky vědeckeho průzkumu přírody v Čechách* (Die Königliche böhmische Gesellschaft der Wissenschaften und die Anfänge der wissenschaftlichen Naturforschung in Böhmen), Praha 1959.

Tibenský, Ján: *Dějiny vědy a techniky na Slovensku* (Geschichte der Wissenschaft und Technik in der Slowakei), Martin 1979.

Tieftrunk, Karel: *Dějiny matice české* (Geschichte der Matice česká), Praha 1881.

Tvrdá, J.: „Snahy o centrální řízení vědeckého výzkumu v letech 1918–1939“ (Bemühungen um die zentrale Lenkung der Forschung in den Jahren 1918–1939), in: ÚCSD ČSAV (Institut für tschechoslowakische und Weltgeschichte der ČSAV) (Hrsg.), *Práce z dějin přírodních věd* (Arbeiten zur Geschichte der Naturwissenschaften), Nr. 4, Praha 1973.
Vojtíšek, Václav et al.: *Karolinum statek národní* (Das Carolinum – ein nationales Gut), Praha 1934.

IV.
Die Akademie der Wissenschaften zu Berlin (West)

Klaus Pinkau

Die Akademie der Wissenschaften zu Berlin als Alternative

Vorgeschichte und Gründung

1. Zielsetzung

Die Aufklärung versteht den rationalen Diskurs als Mittel zur friedlichen Problemlösung.[1] Die Beteiligung der Wissenschaft als Institution am Diskurs über die nächsten Schritte des „piecemeal social engineering“ der „Offenen Gesellschaft“[2] ist notwendig, weil Gegenstand der Wissenschaft auch die Erforschung von Ursache-Wirkungsbeziehungen ist. Sie kann deshalb vom Inhalt ihrer Erkenntnisse her Auskunft über zukünftige Wirkungen bzw. Wirkungsmöglichkeiten der nächsten Schritte geben. Diese Auskunft über zukünftige Wirkungen bzw. Wirkungsmöglichkeiten ist sie verpflichtet mitzuteilen.

Die der Akademie der Wissenschaften zu Berlin in ihrer Gründungsdenkschrift gestellten Aufgaben, nämlich sowohl die der „Förderung der Wissenschaft und ihrer Anwendung“ als auch „die Probleme der technischen, wirtschaftlichen und gesellschaftlichen Entwicklung in neuen Organisationsformen wissenschaftlich zu bearbeiten“,[3] sind solche, die einer Institution namens *Akademie* generell zufallen. Ob die Akademien die für die wissenschaftliche Bearbeitung der Probleme der technischen, wirtschaftlichen und gesellschaftlichen Entwicklung erforderlichen neuen Organisationsformen als Ergänzung zu ihren überlieferten Formen intern neu schaffen oder ob neue Akademien wie die Akademie der Wissenschaften zu Berlin (West) – verstanden als ein Element im Gesamtspektrum aller Akademien – sich speziell dieser Aufgabe widmen und damit den herkömmlichen Akademien (zunächst) diese Aufgabe abnehmen, ist letztlich zweitrangig. Mit der Auflösung dieser Akademie[4] blieb diese Aufgabe auf der Ebene einer Akademie der Wissenschaften jedenfalls weiterhin unbearbeitet und eine bis dahin von der Wissenschaft weitgehend vernachlässigte und nichterfüllte Pflicht.

[1] So beispielsweise auch Gethmann, „Abendländisches Vernunftprojekt“.

[2] Vgl. Popper, *Open Society*.

[3] „Denkschrift“, S. 199.

[4] Die Auflösung der Akademie ist im *Jahrbuch der AWB 1990–1992*, S. 723–808, dokumentiert.

Zur Begründung: Neben anderen hat Robert K. Merton den sozialen Prozeß des wissenschaftlichen Erkenntnisgewinns als die institutionelle Sicherstellung von Universalismus, Kommunalismus, Desinteressiertheit (innere und äußere Freiheit) und organisierten Skeptizismus beschrieben.[5] Daraus folgt, daß nicht der Einzelne Träger der wissenschaftlichen Erkenntnis ist, sondern die Gemeinschaft derjenigen Wissenschaftler (die *Disziplin*), die sowohl die Vorkenntnis der Wissensinhalte ihrer Disziplin als auch das theoretische Rüstzeug besitzen, die also *kompetent* sind, sich am *organisierten Skeptizismus* zu beteiligen und die wissenschaftlichen Beiträge zu beurteilen. Deshalb ist oben auch davon gesprochen worden, daß sich die Wissenschaft als Institution am Diskurs beteiligen müsse.

Eine Akademie, die sich als Verkörperung der Wissenschaft sieht, ist deshalb besonders dazu verpflichtet, diesen Diskurs namens der Wissenschaft zu führen. Dazu ist sie auch besonders geeignet. „Die Organisationsform der Akademie sichert, daß die Forschungsergebnisse nicht von öffentlicher Erwartung bestimmt werden, sondern aus der sachbezogenen Arbeit und der gegenseitigen Kontrolle im Gespräch entstehen."[6] Es sind die Forderungen nach Interdisziplinarität und Desinteressiertheit, die der Institution *Akademie* einen besonderen Auftrag zur Bearbeitung dieser Probleme zuweisen.

Mit der Auflösung der West-Berliner Akademie der Wissenschaften verloren die Akademien der Wissenschaften in Deutschland einen Ort, der es ihnen erlaubt hätte, die Probleme der technischen, wirtschaftlichen und gesellschaftlichen Entwicklung in neuen Organisationsformen wissenschaftlich zu bearbeiten. Sie beteiligen sich deshalb nicht ausreichend am Diskurs über den angemessenen Weg des Gemeinwesens.[7]

2. Daten der Gründungsgeschichte

Die Gründungs- und die Auflösungsgeschichte der West-Berliner Akademie der Wissenschaften, ihre Organisationsform und ihre Arbeit sind gut dokumentiert.[8]

Der CDU-Wissenschaftssenator Wilhelm Kewenig war 1984 mit einer „Gedankenskizze"[9] an eine Reihe von Wissenschaftlern und Politikern herangetreten; ihre Antworten hatten ihn davon überzeugt, einen Gründungsausschuß für die Gründung einer Akademie

[5] Vgl. dazu ausführlich Zuckerman, „Sociology of Science".

[6] „Denkschrift", S. 204.

[7] Ein Gegenbeispiel dafür ist der *National Research Council* (USA). Vgl. dazu die exzellente Dokumentation über Gründung und Arbeitsweise der *National Academy of Sciences* bzw. des *National Research Council* in: Cochrane, *National Academy*.

[8] Vgl. hierzu „Dokumentation der Gründung", „Dokumentation der Auflösung", Pinkau, „Gründung, Schließung und Fortwirken".

[9] Kewenig, „Gedankenskizze".

in West-Berlin einzuberufen. Dieser Gründungsausschuß[10] nahm im Dezember 1984 seine Arbeit auf und verabschiedete ein Jahr später die Denkschrift zu ihrer Gründung.[11]

Die Mitglieder des Gründungsausschusses sahen in der Gedankenskizze Kewenigs einen Ansatz für eine neue Akademieform, die sie noch deutlicher in der Gründungsdenkschrift formulierten. Demzufolge beschreibt die Gründungsdenkschrift die Aufgaben der Akademie im Sinne der oben aufgestellten Behauptungen und Begründungen, und sie enthält Vorschläge für die erforderlichen Organisationsformen, um diese Aufgaben bearbeiten zu können.

Diese Aufgaben waren:

1. Das Erarbeiten von Forschungsberichten zu drängenden Themen in interdisziplinären Arbeitsgruppen. Diese Themen konnte sich die Akademie selbst stellen, oder sie konnten ihr von außen aufgetragen werden. Damit sollte ein Prozeß der systematischen Innovation eingeleitet werden.
2. Die Früherkennung besonders förderungswürdiger oder entwicklungsträchtiger Disziplinen.
3. Die Würdigung großer Leistungen durch Preise.
4. Die Förderung des Nachwuchses, auch durch Preisaufgaben.

Um diese Aufgaben zu erfüllen, mußte eine geeignete Organisationsform vorgeschlagen werden, die insbesondere das Arbeitsgruppenprinzip zu verwirklichen erlaubte. Dabei konnte auf andere Beispiele zurückgegriffen werden. In Deutschland war es das Beispiel des Wissenschaftsrates, dessen zweistufiges Beratungsverfahren Ergebnisse der wissenschaftlichen Arbeit zunächst in wissenschaftlichen Arbeitsgruppen und der *Wissenschaftlichen Kommission* erzeugt, ehe sie in einem zweiten Schritt nach Vorprüfung durch die *Verwaltungskommission* in die Vollversammlung gelangen. Die zu gründende Akademie sollte den wissenschaftlichen Teil bearbeiten, aber durchaus auch die Wechselwirkung mit der ... Öffentlichkeit organisieren.[12]

Im Ausland war es vor allem das Beispiel der *National Academy of Sciences* der USA, die im *Act of Incorporation* des Kongresses am 3. März 1863 die Aufgabe erhielt: „the Academy shall, whenever called upon by any department of the Government, investigate, examine, experiment, and report upon any subject of science or art“[13]. Der Vorsitzende des Gründungsausschusses hatte sich hierzu besonders informiert.[14]

[10] Dem Gründungsausschuß der AWB gehörten an: Horst Albach (Bonn), Manfred Eigen (Göttingen), Wolfram Fischer (Berlin), Wolfgang Gerok (Freiburg), Friedrich Hirzebruch (Bonn), Peter Lerche (München), Hermann Lübbe (Zürich), Hubert Markl (Konstanz), Gerhard Pahl (Darmstadt), Klaus Pinkau (Vorsitz, Garching), Gerhard Seegmüller (München), Günter Spur (Berlin), Michael Stürmer (Erlangen), Heinz-Günter Wittmann (Berlin).

[11] „Denkschrift“.

[12] Vgl. „Denkschrift“, S. 204.

[13] Vgl. Cochrane, *National Academy*, S. 595f.

[14] Gespräch des Autors mit dem Präsidenten der *National Academy*, Frank Press, und anderen Mitgliedern des Präsidiums am 25. März 1985.

Gründung der Akademie der Wissenschaften zu Berlin am 10. Oktober 1987 im Plenarsaal des Reichstages v. l. n. r.: Dorothee Wilms, Richard von Weizsäcker, Eberhard Diepgen und Horst Albach

Nach Verabschiedung der Denkschrift im Dezember 1985 entbrannte der Streit um die Gründung der Akademie in voller Schärfe.[15] Trotz erheblicher Bemühungen des Vorsitzenden des Gründungsausschusses,[16] der in dieser Phase die Gründungsidee allein vertrat, waren die politischen Fronten nicht aufzuweichen. Das Errichtungsgesetz wurde am 12. März 1987 gegen die Stimmen der SPD und AL verabschiedet, am 3. April 1987 wurde das Gesetz rechtswirksam. Unmittelbar nach der abschließenden Lesung im Abgeordnetenhaus hatte der Vorsitzende des Gründungsausschusses die Vorschlagsliste des Ausschusses für die Erstberufungen an Senator George Turner übergeben.[17] Sie enthielt weitaus mehr als die

[15] Vgl. das Resümee von Jürgen Kocka, Peter Nötzoldt und Peter Th. Walther in diesem Band (Abschnitt A).

[16] Gespräche des Autors Klaus Pinkau als dem Vorsitzenden des Gründungsausschusses mit dem Bundespräsidenten Richard von Weizsäcker, dem Regierenden Bürgermeister von Berlin, Eberhard Diepgen, dem Vorsitzenden des Präsidiums der Konferenz der Akademien der Wissenschaften, Wilhelm Schneemelcher; sowie mit Rupert Scholz, Johannes Mikat, Theodor Berchem, Hans Kremendahl, Nils Ferberg und dem Fachausschuß der FDP in Berlin. Trotz Vermittlung durch Helmut Schmidt und Hans-Jochen Vogel blieben die Bemühungen um ein Gespräch mit Walter Momper vergeblich, ebenso wie die um ein Gespräch mit Hilde Schramm.

[17] Vgl. die ausführliche Beschreibung des Berufungsprozesses in Turner, „Gründung".

gesetzlich geforderten dreißig Namen, jedoch nicht diejenigen der Mitglieder des Gründungsausschusses selbst. Nach Konsultationen mit dem Vorsitzenden der Konferenz der Akademien der Wissenschaften, den Präsidenten bzw. Vorsitzenden der großen Wissenschaftsorganisationen, den Repräsentanten der Berliner Universitäten und Forschungseinrichtungen berief Senator George Turner am 8. Mai 1987 die ersten Akademiemitglieder.[18] Die *Versammlung* hielt ihre konstituierende Sitzung am 23. Mai 1987 ab, Horst Albach wurde zum ersten Präsidenten der Akademie gewählt. Am 10. Oktober 1987 fand aus Anlaß der Akademiegründung ein Festakt in Gegenwart des Bundespräsidenten und des Regierenden Bürgermeisters statt.

3. Organisationsform

Hauptform war die Arbeit in *Arbeitsgruppen*, für die die Akademie Kristallisationspunkt, Anregungsinstitution und Initiator des *organisierten Skeptizismus* sein sollte. Da die Arbeitsgruppe im Wechsel zwischen *häuslicher Arbeit* und Vorstellung der Ergebnisse sowie Erarbeiten der nächsten Erkenntnisebene in der Arbeitsgruppensitzung in Berlin voranschreiten sollte, war ein weiter geographischer Rahmen der Mitgliedschaft möglich.

Als Akademie-Organe waren Präsident, Vorstand, Rat und Versammlung vorgesehen.

In den Rat wurden die neuen Akademiemitglieder kooptiert. Der Rat entschied über die Zusammensetzung der Arbeitsgruppen – die nicht nur aus Akademiemitgliedern, sondern auch aus auswärtigen Experten bestanden –, ihre Themen, die Evaluierung, Konferenzen und Veröffentlichungen. Die Mitgliedschaft im Rat war zeitlich auf fünf Jahre befristet mit der Möglichkeit einmaliger Wiederwahl für eine zweite Fünf-Jahresperiode. Während der Zeit ihrer Mitgliedschaft im Rat wurde von den Akademiemitgliedern aktive Mitarbeit in den Arbeitsgruppen erwartet – etwa zwanzig Arbeitstage pro Jahr.

Die Versammlung war das Plenum aller Akademiemitglieder, die von der Versammlung auf Lebenszeit in die Akademie gewählt wurden. Nach dem Ausscheiden aus dem Rat blieben sie doch Mitglieder der Versammlung, konnten sich an der Themendiskussion beteiligen und Mitglieder von Arbeitsgruppen sein. Die Versammlung wählte den Präsidenten und neue Mitglieder. Sie beschloß die Satzung.

Die Akademie hatte auf Klassen verzichtet. Trotzdem war dem oben beschriebenen Zusammenhang zwischen *Disziplin* und *Kompetenz* Rechnung zu tragen. Deshalb wurden Neuberufungen durch disziplinär besetzte Berufungsausschüsse vorbereitet.

[18] Horst Albach, Paul B. Baltes, Marcus Bierich, Karl Decker, Wolfram Fischer, Wolfgang Gerok, Alfred Gierer, Wolfgang K. Giloi, Klaus Hierholzer, Friedrich E. P. Hirzebruch, Hans-Jürgen Krupp, Ursula M. Lehr, Wolf Lepenies, Hermann Lübbe, Hans Maier, Jürgen Mittelstraß, Gerhard Pahl, Sigrid D. Peyerimhoff, Klaus Pinkau, Gisbert Freiherr zu Putlitz, Hans-Joachim Queisser, Albrecht Randelzhofer, Edzard Reuter, Fritz Peter Schäfer, Günter Spur, Karl Stephan, Helga Z. Thomas, Oswald Mathias Ungers, Harald Weinrich, Horst T. Witt und Heinz-Günter Wittmann.

Der Präsident sollte sein Amt in der Regel im Hauptberuf ausüben. Er wurde von einem Vorstand unterstützt, dessen Zusammensetzung eine breitere Fächerstruktur repräsentieren sollte; der Vorstand sollte die laufenden Geschäfte führen, Vorkommissionen einsetzen und die Neuaufnahme von Forschungsprojekten vorbereiten.

Das Kernstück der Entscheidungen war der Rat, der aus etwa sechzig Personen bestehen sollte. Er sollte entscheiden, evaluieren, kritisieren. Er mußte sich häufiger treffen. Da die Mitgliedschaft aber nicht auf Berlin begrenzt war, mußte der Rat für die laufenden Geschäfte ein Exekutivorgan in Form eines Vorstandes haben. Weil die Mitglieder des Rates nur für begrenzte Zeit den erheblichen zeitlichen Belastungen genügen konnten, stand dem Element der Befristung und Erneuerung im Rat das konservative der Versammlung gegenüber. Die Versammlung sollte einmal 300 bis 400 Wissenschaftler umfassen.

4. Hauptargumente der Diskussion

Die Mitglieder des Gründungsausschusses haben sich nicht mit ihrer Denkschrift in die wissenschafts-innenpolitische Situation Berlins eingemischt. Das war nicht das Ziel ihrer Überlegungen, wie aus der Gründungsdenkschrift und aus den mit der Gründung zusammenhängenden Diskussionen hervorgeht. Das konnten sie auch gar nicht, denn insoweit sie Gelehrte des Hochschulsystems in Berlin waren, haben sie sich nicht an einer Kollegenschelte beteiligt. Soweit sie aus dem übrigen Bundesgebiet stammten, waren ihnen die spezifischen Bedingungen Berlins oft nicht bekannt.

Der Streit um die wissenschaftspolitischen Auswirkungen der Akademiegründung wurde während des politischen Prozesses der Verabschiedung des Errichtungsgesetzes vom Januar 1986 bis März 1987 mit voller Schärfe geführt. Die Fronten wurden von Wilhelm Kewenig in seinen Begründungen beschrieben. Er führte aus, daß in Berlin eine von ihm so genannte „unheilige Koalition zwischen rechts und links" eine Akademiegründung zu verhindern suchte, weil man im rechten politischen Spektrum nicht die Teilung Berlins zementieren wollte, im linken ein traditionelles Unwohlsein bei der Pflege von Eliten hätte und gleichzeitig befürchtete, eine Neugründung werde im Ostteil der Stadt als unfreundlicher Akt mißverstanden werden. Andererseits galt es, so Kewenig, die verheerende Wirkung der „einem utopistischen Demokratieverständnis und einem übermäßig strapazierten Gleichheitsgrundsatz" verpflichteten Hochschulpolitik zu korrigieren, „es galt, den Hochschulen deutlich zu machen, daß man sich wieder vor allem um Inhalte und weniger um Paritäten und Organisationsfragen kümmern sollte, damit Berlin in der Wissenschaft nicht endgültig den Anschluß verpaßte".[19]

Es überrascht deshalb nicht, daß in den Parteien und Hochschulen Berlins eine hohe Streitbereitschaft vorhanden war. Beispiele für wissenschaftspolitische Gegenargumente – so z. B. „Überinstitution", „Steuerung der Wissenschaftsentwicklung", ein „angestrebtes

[19] Kewenig, „Konzeption", S. 185.

Definitionsmonopol", „Demokratiedefizit, d. h. mangelnder Pluralismus des Wissenschaftsprozesses", „Trennung von der Hochschule" – findet man im Artikel „Arbeitsakademie oder Ideologiefabrik?" von Hans Kremendahl (SPD)[20] oder auch in einer „Streitschrift gegen die Akademie der Wissenschaften zu Berlin" der AL-Fraktion im Berliner Abgeordnetenhaus[21]. Aus dem Bereich der anderen Akademien der Wissenschaften in der damaligen Bundesrepublik wurden hauptsächlich Bedenken bezüglich der Organisationsformen und der bundesweiten Rekrutierung erhoben, die als Anspruch einer *Nationalen Akademie* interpretiert wurde.

Hier soll nur kurz auf die Vorwürfe des „Demokratiedefizits"[22] und des „Definitionsmonopols" eingegangen werden. Es besteht kein Zweifel daran, daß, wie Kremendahl schrieb, „in der modernen pluralistischen Industriegesellschaft [...] Wissenschaft nicht mehr abgehoben von gesellschaftlichen Realitäten betrieben werden" kann.[23] Das gerade ist ja ein Gründungsargument für die Akademie gewesen. Jedoch schreiben die oben zitierten Mertonschen Regeln für den Erkenntnisgewinn *Kompetenz* der Teilnehmer vor. Deshalb ist *Pluralismus* der falsche Begriff für die Binnenstruktur einer Akademie.

Wenn sich die Wissenschaft institutionell der Aufgabe der Politikberatung widmet, indem sie Probleme der technischen, wirtschaftlichen und gesellschaftlichen Entwicklung wissenschaftlich bearbeitet, ist eine kompetente Aussage angestrebt, die man in der Tat als „Definitionsmonopol" bezeichnen kann. Diese Bezeichnung ist übertrieben in dem Sinn, daß sich in der offenen Gesellschaft jede Aussage einer politischen Diskussion stellen muß. Wenn aber Wissenschaft Ursache-Wirkungsbeziehungen erforscht, sollte eine kompetente Aussage gewichtig sein. Der Vorwurf des Definitionsmonopols fällt dann auf die Politik zurück, die es nicht wünscht, sich durch kompetente Aussagen zu sehr eingeschränkt zu sehen.

Unklar ist, ob es nun diese Befürchtung war, oder der Eindruck, die Akademie sei zur Behebung der Mängel der Hochschulen und zur Kompensation ihrer Mittelmäßigkeit gegründet worden, die dazu führte, daß die wichtigen und richtigen Ansätze der Akademiegründung im Kampfgetümmel links gegen rechts, Hochschulen und Hochschullehrer gegen den Senat untergingen.

Festzuhalten bleibt, daß die Akademie in einem rechtsstaatlichen Verfahren als öffentlich-rechtliche Einrichtung gegründet wurde und in der kurzen Zeit ihres Bestehens so erhebliche Arbeitsergebnisse vorzuweisen hatte, daß viele Einwände verstummten. Um so mehr erstaunt, und muß wohl weiteren Forschungen vorbehalten bleiben, warum die Fraktionen der SPD und der AL am 16. Mai 1989 einen Auflösungsantrag ohne Begründung im Abgeordnetenhaus eingebracht haben, der am 22. März 1990 Gesetz und am 17. Juli 1990 rechtswirksam wurde.

[20] Kremendahl, „Arbeitsakademie oder Ideologiefabrik?"

[21] Dubiel, *Streitschrift*.

[22] Vgl. beispielsweise Kremendahl, „Arbeitsakademie oder Ideologiefabrik?", S. 246.

[23] Ebd., S. 242.

Literatur

Cochrane, Rexmond C.: *The National Academy of Sciences.* The First Hundred Years 1863–1963, National Academy of Sciences, Washington, D.C. 1978.

„Denkschrift [des Gründungsausschusses] für die Gründung einer Akademie der Wissenschaften zu Berlin“, in: *Jb. der AWB 1987,* S. 199–225.

„Dokumentation [der Gründung der AWB]“, in: *Jb. der AWB 1987,* S. 271–481.

„Dokumentation [der Auflösung der AWB]“, in: *Jb. der AWB 1990–1992,* S. 763–808.

Dubiel, Helmut/Wilfried Elfferding/Ulf Kadritzke/ Monika Oubaid/Hilde Schramm: *Streitschrift gegen die Akademie der Wissenschaften zu Berlin.* Ein Lehrstück neokonservativer Wissenschaftspolitik, hrsg. von der Fraktion der Alternativen Liste im Abgeordnetenhaus, Berlin 1986.

Gethmann, Carl-Friedrich: „Das abendländische Vernunftprojekt und die Pluralität der Kulturen“, in: Klaus Pinkau/Christina Stahlberg (Hrsg.), *Zukunft der Aufklärung,* Stuttgart – Leipzig 2000, S. 23–44.

Kewenig, Wilhelm A.: „Gedankenskizze zur Gründung einer Akademie der Wissenschaften in Berlin“, in: *Jb. der AWB 1987,* S. 271–280.

Kewenig, Wilhelm A.: „Konzeption einer neuen Akademie der Wissenschaften“, in: *Jb. der AWB 1987,* S. 185–192.

Kremendahl, Hans: „Arbeitsakademie oder Ideologiefabrik?“, in: *Jb. der AWB 1987,* S. 237–249.

Pinkau, Klaus: „Gründung, Schließung und Fortwirken der Akademie der Wissenschaften zu Berlin. Wissenschaftlicher Geltungsanspruch und das Definitionsmonopol“, in: Dieter Sadowski (Hrsg.), *Entrepreneurial Spirits,* Wiesbaden 2001.

Popper, Karl R.: *The Open Society and Its Enemies,* London 1966.

Turner, George: „Zur Gründung der Akademie der Wissenschaften zu Berlin“, in: *Jb. der AWB 1987,* S. 173–184.

Zuckerman, Harriet: „The Sociology of Science“, in: Neil J. Smelser (Hrsg.), *Handbook of Sociology,* Newbury Park, Cal. 1988, S. 511–574.

Wolfram Fischer

Arbeitsformen und Ergebnisse der Akademie der Wissenschaften zu Berlin

Klaus Pinkau hat in seinem Beitrag die Entstehung der *Akademie der Wissenschaften zu Berlin* skizziert. Ich möchte unmittelbar daran anknüpfen und zunächst schildern, welchen Vorurteilen diese Akademie von Anfang an ausgesetzt war, um zu erklären, warum die Fraktionen der SPD und der Alternativen Liste (AL) in ihrem Koalitionspapier die Auflösung der Akademie beschlossen und dann tatsächlich durchführten, so daß sie juristisch nur dreieinhalb Jahre, vom 1. Juli 1987 bis Ende Dezember 1990, bestanden hat. Danach komme ich zu meiner eigentlichen Aufgabe, die Arbeitsformen und die Ergebnisse ihrer Arbeit darzulegen.

I.

Mit der Wiedergabe dieser politischen Debattenbeiträge sind, nach einem Abstand von mehr als einem Jahrzehnt, leicht Heiterkeitserfolge zu erzielen. Einige Kostproben müssen jedoch genügen; die meisten sind gut dokumentiert in den Protokollen des Abgeordnetenhauses von Berlin und des Deutschen Bundestages, die letzte nur in meinem Gedächtnis.

Schon die Gründung wurde von der Fraktion der Alternativen Liste im Abgeordnetenhaus von Berlin abgelehnt und von der Fraktion der SPD kritisiert. In der Sitzung des Ausschusses für Wissenschaft und Forschung vom 3. November 1986 fragte der Abgeordnete Dr. Kremendahl für die SPD: „Was ist der Sinn und Zweck der Akademie? Will sie Lücken füllen, die es bisher gibt, notwendige Aufgaben, die andernorts nicht erledigt werden, anpakken, oder soll das eine Art Überwissenschaftsapparat werden? Vor letzterer Entwicklung würde ich warnen. Für ersteres sehe ich eigentlich die klar definierten Konzepte und Ziele nicht."[1] In der zweiten Lesung des Gesetzentwurfs im Abgeordnetenhaus am 12. März 1987 nannte er das Gesetz „eine verpaßte Chance für Berlin" und zog das Fazit: „Dies ist eine Akademie ohne klare Aufgabenstellung." An die Regierungskoalition aus CDU und

[1] *Jb. der AWB* 1987, S. 317.

FDP gewandt meinte er: „Das, was Sie vorsehen, nützt unserer Stadt nicht, sondern schadet ihr.“ Das Protokoll verzeichnet an dieser Stelle Beifall bei der SPD und der AL.[2]

Die Abgeordnete Dr. Schramm von der Alternativen Liste empörte sich, daß die Akademie sich ein „Definitionsmonopol, was richtige Wissenschaft, was zukunftsträchtige Wissenschaft ist, anmaßt“, und sie befand, das „ist für mich ein grundsätzlich falscher Ansatz“. Auch meinte sie: „Jetzt kommen Leute, die nie interdisziplinär gearbeitet haben und sagen, sie wollen dieses brachliegende Problem lösen. Ich finde, das ist ungeheuer arrogant und hybrid, und sie sind aus meiner Sicht in keiner Weise dazu befähigt.“[3] Auch der Vizepräsident der Technischen Universität, Professor Künkel, reihte sich – im Gegensatz zum Präsidenten seiner Universität – mit markigen Worten in die Reihen der Gegner ein. „Die Akademie soll [...] die institutionalisierte Stimme der Wissenschaft, eine wissenschaftliche Oberinstanz sein und als solche der Öffentlichkeit und der Regierung wissenschaftliche Problemlösungsvorschläge empfehlen. [...] Eine solche Akademie wird die wissenschaftliche Entwicklung behindern und nicht fördern“, behauptete er am 17. November 1986 vor dem Ausschuß. „Die vorgeschlagene Akademie stellt mit dieser Konzeption einen Angriff auf die Wissenschaftsfreiheit dar.“[4]

Nach den Wahlen zum Abgeordnetenhaus am 29. Januar 1989 schlossen SPD und Alternative Liste einen Koalitionsvertrag, in dem die Auflösung der Akademie der Wissenschaften zu Berlin vorgesehen war. Nicht allen Sozialdemokraten war wohl bei dem Beschluß. Die neue Wissenschaftssenatorin, Professor Riedmüller-Seel, äußerte in einem Gespräch mit dem *Spiegel*, daß der Beschluß nicht dem Wunsch ihrer Partei, der SPD, entspräche,[5] im Abgeordnetenhaus verteidigte sie ihn freilich am 1. Juni 1989 u. a. mit dem Argument, die Akademie sei „viel zu aufwendig“ und weise eine „antiquierte Organisation“ auf.[6] Auch der Regierende Bürgermeister Momper verteidigte die Auflösung der Akademie in einem *Spiegel*-Gespräch vom März 1989, in welchem er sie als ein „Renommierprojekt“ bezeichnete, das ebenso wie andere „luxuriöse Ausgaben“ den notwendigen Kürzungen zum Opfer fallen müsse, und die Kultursenatorin Anke Martiny (SPD) meinte in einem Gespräch mit der *Frankfurter Allgemeinen Zeitung*, die Akademie sei „so unnötig wie ein Kropf“.[7]

Zur gleichen Zeit nahm sich auch der Bundestag der Sache an. In einer Aktuellen Stunde der 133. Sitzung des Deutschen Bundestages vom 15. März 1989 meinte der Abgeordnete Wetzel von den Grünen, die interdisziplinären Forschungsansätze müßten im Zentrum des Wissenschaftsbetriebes ansetzen und „nicht in einer privilegierten Oase am Rande des Wissenschaftssystems“ – womit er die Akademie der Wissenschaften zu Berlin

[2] Ebd., S. 419f.
[3] Ebd., S. 320.
[4] Ebd., S. 347f.
[5] Vgl. Spiegel-Gespräch vom 27. März 1989, abgedruckt in: *Jb. der AWB 1988*, S. 560.
[6] *Jb. der AWB 1990–1992*, S. 242.
[7] *Jb. der AWB 1988*, S. 550 bzw. 553.

glaubte charakterisieren zu können.[8] Und der Abgeordnete Catenhusen von der SPD meinte: „Sie sollte nicht die Aufgaben der Hochschulen ergänzen, sondern sie war als Bollwerk, ideologische Alternative zu den Hochschulen gedacht.“[9]

Zehn Monate später, in der 190. Sitzung des Deutschen Bundestages am 24. Januar 1990, fuhr der Abgeordnete Dr. Briefs von den Grünen ein besonders schweres Geschütz auf. Er behauptete: „Die Wissenschaftspolitik der CDU/CSU und der F.D.P. ist elitär, wirtschaftsorientiert und kapitalabhängig, bürgerfern und undemokratisch. In bestimmten Aspekten ist sie geradezu parasitär. Kaum etwas belegt das besser als die Berliner Akademie der Wissenschaften und das krampfhafte Festhalten der Regierungskoalition[10] an dieser Akademie. Mitglieder der Akademie sind ein geradezu handverlesener Kreis von Repräsentanten von Staat, Großwirtschaft und konservativ geprägter Wissenschaft [...] Die Akademie ist ein fast reiner Männerladen.[11] [...] So elitär und in der Struktur hierarchisch wie die bürgerliche Geschichtsschreibung und das Militär ist auch die Akademie der Wissenschaften angelegt. [...] In einer Zeit, in der in der DDR Wissenschaftler und wissenschaftliche Einrichtungen eine führende Rolle in der Reformbewegung der Bevölkerung übernommen haben, soll mit der Akademie der Wissenschaften in West-Berlin die Wissenschaftspolitik in der BRD noch konservativer werden, soll die Wissenschaftspolitik noch mehr auf Verharrung in den unheilvollen Mechanismen der kapitalistisch-industriellen und von wenigen Großkonzernen beherrschten Zwangswachstumsgesellschaft getrimmt werden. [...] Zu einer Zeit, wo sich die Wissenschaft in der DDR durch ihre Beteiligung an der Reformbewegung vielleicht sogar selbst die Legitimation durch das Volk verschafft, wird mit der Akademie der Wissenschaften die Notwendigkeit der demokratischen Legitimation von Wissenschaft und Forschung in der BRD noch weiter in den Hintergrund geschoben als zuvor. [...] Auch für diese verhängnisvolle systemimmanente ständige Korrumpierung der Wissenschaften steht diese Akademie der Wissenschaften. [...] Ich meine, wir sind gut beraten, wenn wir dieses Syndrom [...] bornierter Hightech-Begeisterung und konservativer Männergeheimbündlerei [...] unterbinden.“[12] Auch Hildegard Schramm von der Alternativen Liste meldete sich im Februar 1990 noch einmal zu Wort. In einem Beitrag zum *Volksblatt Berlin* bekräftigte sie ihren Standpunkt: „Viele ALlerInnen, aber auch SPDlerInnen und parteiferne Frauen und Männer in der Wissenschaft halten die Akademie für eine überflüssige Prestige-Einrichtung. Andere, so auch ich,

[8] *Jb. der AWB 1990–1992*, S. 241.

[9] Ebd., S. 241.

[10] Gemeint ist natürlich die CDU/FDP-Koalition der Bundesregierung, nicht die SPD/AL-Koalition in Berlin.

[11] Diese Behauptung war falsch, denn immerhin zehn Prozent der Gründungsmitglieder waren Frauen, was ein höherer Prozentsatz als der der C4-Professorinnen an deutschen Universitäten ist. Und der Frauenanteil hätte bei 13 Prozent gelegen, hätte nicht Renate Mayntz (Trier) wegen Arbeitsüberlastung – sie hatte gerade mit dem Aufbau eines Max-Planck-Instituts begonnen – die Berufung abgelehnt, so daß an ihrer Stelle ein Mann, nämlich Wolf Lepenies, berufen wurde.

[12] *Jb. der AWB 1990–1992*, S. 241 und 245f.

halten sie für eine gefährliche Bündelung von Macht im Wissenschaftsbereich mit Expansionstrieb. Warum sollte ich ihren Fortbestand wünschen? Ich kenne keinen Grund."[13]

Weniger eindeutig war die Antwort, die mir der damalige Staatssekretär beim Senator für Wissenschaft und Forschung und spätere Oberbürgermeister von Wuppertal, Dr. Hans Kremendahl, am Rande der Jahrestagung der Akademie im Sommer 1989 auf die Frage gab, ob seine Partei, die SPD, versuchen würde, die Übersiedlung der Akademie nach Hessen, die damals im Gespräch war, zu verhindern. Sie lautete: „Wir werden die Akademie nicht über die Grenzen Berlins hinaus verfolgen." Ich weiß bis heute nicht, ob das ein Trost sein sollte oder, was wahrscheinlicher ist, ein Ausdruck schlechten Gewissens, den Forderungen der Alternativen Liste bei den Koalitionsverhandlungen nachgegeben zu haben, denn vor der Wahl hatte die SPD durch ihren wissenschaftspolitischen Sprecher im Abgeordnetenhaus Kremendahl vor allem „Nachbesserungen" beim Akademiegesetz, nicht aber die Auflösung der Akademie gefordert.[14]

II.

Nun aber zu meinem eigentlichen Thema, den Arbeitsformen und den Ergebnissen der Arbeit der *Akademie der Wissenschaften zu Berlin.*

Die zentrale Arbeitsform war die interdisziplinäre Arbeitsgruppe, die sich vorwiegend drängenden gesellschaftlichen Problemen widmete und auch auf Politik- bzw. Unternehmensberatung abzielte. Fünf von den acht Arbeitsgruppen würde ich in diese Kategorie einordnen:

1. Langfristige Chancen der Nutzung von Sonnenenergie,
2. Umweltstandards. Fakten und Bewertungsprobleme am Beispiel des Strahlenrisikos,
3. Automatisierung, Arbeitswelt und künftige Gesellschaft,
4. Erfolgsbedingungen von technischen Innovationen in Industrieländern,
5. Altern und gesellschaftliche Entwicklung.

Zwei *Arbeitsgruppen* konzentrierten sich auf innerwissenschaftliche, interdisziplinäre Probleme, nämlich die Wechselwirkungen zwischen Geometrie und Physik und die Linguistik der Wissenschaftssprache. Eine *Arbeitsgruppe* widmete sich einer „historisch-moralischen Schuld", wenn ich das so formulieren darf. Sie behandelte den Exodus von Wissenschaften aus Berlin unter dem Nationalsozialismus. Sie wurde übrigens von einem Mediziner, Klaus Hierholzer, angeregt und geleitet.

Daneben arbeiteten einige *Studiengruppen.* Auch sie waren interdisziplinär zusammengesetzt, betrieben aber nicht wie die Arbeitsgruppen eigene Forschungen, sondern dienten der Bestandsaufnahme von Problemfeldern, die sie innerhalb von Zusammenkünften behandelten. Mit komplexen Umweltproblemen befaßte sich die *Studiengruppe Wasser – Bo-*

[13] *Jb. der AWB 1989*, S. 401.

[14] Siehe z. B. Kremendahl, „Arbeitsakademie oder Ideologiefabrik?"

den – Luft, die „einen Beitrag zum Abbau der erkennbaren Forschungs- und Koordinationsdefizite im Bereich des Umweltschutzes und der Umweltpolitik" leisten wollte, wobei sie unklare Verantwortungsabgrenzungen, Vollzugsdefizite in der Verwaltungspraxis, mangelnde interdisziplinäre Koordination in der Forschung und der internationalen Politik, einen unzureichenden Informations- und Datenaustausch und einen unverhältnismäßigen Einfluß der Medien als besondere Problemfelder identifizierte.[15]

Eine vom Auswärtigen Amt angeregte *Studiengruppe* versuchte den Stand von und Bedarf nach vergleichender Kulturforschung zu ermitteln und führte Wissenschaftler verschiedenster Provenienz (Ethnologen, Soziologen, Demographen, Politologen, Historiker, Juristen, Philosophen, Psychologen, Japanologen, Ökonomen, Ingenieure, Biologen und Mediziner) mit Interessenten aus dem Auswärtigen Dienst und der Wirtschaft zusammen. Man kam überein, daß die Herstellung eines Netzwerkes zur gegenseitigen Information zunächst die dringendste Aufgabe sei sowie die Erarbeitung einer schnell abrufbaren Datensammlung. Die Gründung einer Arbeitsgruppe kam wegen der Auflösung der Akademie nicht mehr zustande.[16]

Eine weitere Studiengruppe griff die Frage der Evaluierung von Forschungssystemen auf – heute ein noch brennenderes Thema als vor zwölf Jahren. Daran waren sowohl Vertreter der forschenden Industrie wie auch der Forschungsförderung interessiert. Man diskutierte die Funktion von Evaluationen, ihre Methoden, ihre Rolle bei der Mittelvergabe und insbesondere die Frage, wie ganze Forschungssysteme evaluiert werden könnten.[17] Und schließlich diskutierte eine *Studiengruppe* das *ewige* Problem der *Einheit der Wissenschaften*. Sie wuchs sich fast zu einer *Arbeitsgruppe* aus und wird daher mit diesen behandelt.

Alle *Arbeitsgruppen* und fast alle *Studiengruppen* wurden zu Ende geführt, wenngleich einige, z. B. die später als die anderen begonnene *Arbeitsgruppe Exodus*, einen vorzeitigen Schlußpunkt setzen mußten. Gern hätten wir uns dem Thema noch gründlicher gewidmet. Soweit nötig, arbeiteten die *Arbeitsgruppen* auch nach der Auflösung der Akademie weiter. Ihre Ergebnisse erschienen in zehn Bänden im Gesamtumfang von 5170 Seiten in den Jahren 1991 bis 1995 als *Forschungsberichte der Akademie der Wissenschaften zu Berlin* im Verlag *de Gruyter*. Dort erschienen auch die vier *Jahrbücher der Akademie* für die Jahre 1987, 1988, 1989 und 1990–1992 im Gesamtumfang von 2.356 Seiten, so daß der direkte *output* an Veröffentlichungen der Akademie sich auf 7.526 Seiten summiert, schon quantitativ eine beachtliche Leistung. Hinzu kommen Hunderte von Zeitschriftenaufsätzen und *working papers*, die aus den *Arbeitsgruppen* hervorgingen, vermutlich gegen zwei Dutzend Dissertationen und einige Habilitationsschriften. Ihre genaue Zahl ließe sich nur durch umfangreiche Recherchen ermitteln, da sie über zahlreiche Wissenschaften verstreut sind und z. T. erst Jahre später erschienen. Nur ein Beispiel: Die *Arbeitsgruppe Innovationen* hat die aus ihr hervorgegangenen Veröffentlichungen und Arbeitspapiere auf sieben Drucksei-

[15] *Jb. der AWB 1989*, S. 207ff.; vgl. auch *Jb. der AWB 1988*, S. 462ff.
[16] *Jb. der AWB 1988*, S. 466–469; *Jb. der AWB 1989*, S. 205f.; *Jb. der AWB 1990–1992*, S. 599–602.
[17] *Jb. der AWB 1989*, S. 203f.; *Jb. der AWB 1990–1992*, S. 591–598.

ten dokumentiert; es waren 35 Veröffentlichungen und 22 Arbeitspapiere, die erst später abgeschlossenen Dissertationen und eine Habilitationsschrift nicht mitgezählt.

Finanziert wurden die Arbeiten zum kleineren Teil aus *Bordmitteln* der Akademie, zum größeren aus *Drittmitteln*. Die *Deutsche Forschungsgemeinschaft* nahm sich der Geometrie und Physik an, das Bundesministerium für Wissenschaft und Technologie den Umweltstandards und in den ersten Jahren auch der *Altersstudie* und der Studiengruppe *Einheit der Wissenschaften*. Das Bundesministerium für Familie und Senioren sicherte den Abschluß der *Altersstudie* und ihren Übergang in die neugegründete *Berlin-Brandenburgische Akademie* seit 1992. Der *Stifterverband für die deutsche Wissenschaft* unterstützte die *Innovationsstudie*, und die *Gottlieb-Daimler- und Karl-Benz-Stiftung* gewährte verschiedentlich Hilfe, so bei den *Umweltstandards* und der *Innovationsstudie*. Auch bei der Drittmitteleinwerbung war die Akademie also Spitze – ein weiterer Grund, neidisch auf sie zu blicken.

Nur am Rande kann ich erwähnen, daß die Akademie sich auch um traditionelle Aufgaben deutscher Akademien zu kümmern begann, weniger aus eigenem Antrieb als von außen angestoßen. Dabei handelte es sich um eine Edition der Schriften Friedrich Schleiermachers, die in der Kirchlichen Hochschule begonnen und finanziell notleidend geworden war, und um eine Beteiligung an der Edition der Werke von Leibniz in Zusammenarbeit vor allem mit der Göttinger Akademie.[18] Beides ist dann erst in der *Berlin-Brandenburgischen Akademie* voll wirksam geworden.

III.

Ich komme nun zur Arbeitsweise der *Arbeitsgruppen*.

Gemeinsam war allen, daß sie nicht nur aus Mitgliedern der Akademie, sondern auch aus externen Experten bestanden. In einem Extremfall, bei der Geometrie und Physik, gab es überhaupt nur ein Akademiemitglied, das etwas davon verstand, Friedrich Hirzebruch, der auch die Gruppe in der Akademie vertrat. Entsprechend hilflos war der Rat der Akademie bei der Evaluation des Forschungsberichts, der mit 193 Seiten, wie es sich für Mathematiker gehört, bei weitem der kürzeste war.[19] Wir konnten nur Fragen stellen, während die anderen *Arbeitsgruppen* sich in teils stundenlangen Diskussionen sehr kritischen Bewertungen anderer Akademiemitglieder stellen mußten, ehe der Bericht zur Veröffentlichung freigegeben wurde. Daß in dieser *Arbeitsgruppe* hervorragende Arbeit geleistet wurde, geht jedoch aus einem Indiz hervor, das auch Nicht-Mathematiker verstehen: Zwei der Mitarbeiter der Gruppe erhielten kurze Zeit später einen Ruf als Professoren an auswärtige Universitäten. Ganz nebenbei leistete die Akademie hier einen Beitrag zur Nachwuchsförderung, die zu vernachlässigen ihr ihre Gegner von Anfang an zum Vorwurf gemacht hatten, obwohl sie im Programm vorgesehen war und in den *Arbeitsgruppen* auch realisiert wurde.

[18] Winter, „Die Kritische Gesamtausgabe der Werke Schleiermachers" und Knobloch, „Leibniz und die Herausgabe seines wissenschaftlichen Nachlasses".

[19] Müller/Enß/Seiler, *Geometrie und Physik*.

Sitz der Akademie der Wissenschaften zu Berlin (1987–1990) in Berlin-Grunewald, Griegstraße

Darüber hinaus wirkten an dieser Arbeitsgruppe auch Mathematiker aus Ost-Berlin mit, und sie begann damit sehr früh mit der Integration von Wissenschaftlern aus der untergehenden DDR.

Das andere Extrem bildete die *Altersstudie*. Für sie bauten Paul B. Baltes und Jürgen Mittelstraß ein veritables internationales Forschungsnetzwerk auf, dem nicht nur Berliner Klinikdirektoren und das *Max-Planck-Institut für Bildungsforschung* angehörten, sondern Wissenschaftler aus einer Vielfalt von Fächern und Orten: Neben Gerontologen und Internisten waren es Psychiater, Pharmakologen und Biologen, aber auch Philosophen und Psychologen, Historiker und Demographen, Ethnologen (für den Kulturvergleich), Soziologen und Juristen, Sozial- und Gesundheitspolitiker. Die rund 35 Autoren des Bandes diskutierten ihre Beiträge in mehreren Sitzungen mit mehr als 60 weiteren Fachleuten. Auch in der Öffentlichkeit fand das Mammutwerk, das 1992 erschien, eine weite und positive Resonanz.[20] Was in der Forschung ganz selten vorkommt: Das Bundesministerium für Familie und Senioren drängte Paul B. Baltes, die Arbeiten fortzusetzen und bot dazu die weitere Finanzierung für die Erhebungen unter Berlinern im Alter von 70 bis 100 Jahren.

[20] Baltes/Mittelstraß, *Zukunft des Alterns*.

So wurde die *Arbeitsgruppe* in der *Berlin-Brandenburgischen Akademie* bruchlos fortgeführt,[21] und inzwischen ist auch der empirische Teil der Studie erschienen.[22] Sie ist den 516 Frauen und Männern gewidmet, die sich als *Versuchspersonen* den Forschern zur Verfügung stellten und den über 1000 Personen, die in der einen oder anderen Weise an dem Pilotprojekt und der Datensammlung beteiligt waren. Ich möchte hier eine Prognose wagen: Wenn in 50 Jahren Wissenschafts-, Kultur- oder Gesellschaftshistoriker die Arbeit der *Akademie der Wissenschaft zu Berlin* und die Anfangsjahre der *Berlin-Brandenburgischen Akademie* untersuchen, werden sie diese Studien als wissenschaftliche und soziale Pionierleistung besonders herausheben. Vor ihr erscheinen die von der Alternativen Liste, den Grünen und linken Sozialdemokraten geäußerten Bedenken gegenüber der „Akademie als konservativer Ideologiefabrik" geradezu als läppisch: Der Hund, der den Mond anbellt.

Mit ähnlichem, wenn auch nicht ganz so großem Aufwand entstand die Studie über die kulturellen Bedingungen von Innovationen in einer Arbeitsgruppe, deren Koordinierung ich übernommen hatte, weil der eigentliche Initiator und *spiritus rector*, der Betriebswirt Horst Albach, als Präsident der Akademie die Leitung der *Arbeitsgruppe* nicht selbst übernehmen wollte. Hier ging es darum, herauszufinden, ob und in welcher Weise kulturelle Prägungen, sowohl nationale wie unternehmensspezifische, Innovationen fördern oder hemmen. Die Untersuchungen hatten auch zum Ziel, Empfehlungen an Unternehmer und Wirtschaftspolitiker zu geben. Albach und einige andere, aber nicht alle Teilnehmer der *Arbeitsgruppe* gingen von bestimmten Hypothesen aus, die es empirisch zu be- oder zu widerlegen galt. Wie meist, war das nicht so eindeutig möglich. Denn die etwa zwölf Fallstudien von Innovationen in den USA, Japan und Deutschland, die wir, z. T. mit Hilfe von Mitarbeitern aus den beteiligten Unternehmen, die Zugang zu internen Unterlagen hatten, untersuchten, zeigten keineswegs ein einheitliches Bild. Den Historiker, der die Vielfalt menschlicher Lebensäußerungen zu untersuchen gewöhnt ist, ohne alle auf einen Nenner bringen zu müssen, freut ein solches Ergebnis. Für die Formulierung von Empfehlungen bedurfte es freilich eines etwas gewaltsamen Zugriffs, den Albach selbst unternahm. Bevor es jedoch soweit war, hatten wir in zahlreichen Sitzungen, darunter einer Woche in Tokio zusammen mit dem dortigen *Deutschen Institut für Japan-Studien*, zahlreiche Fachleute konsultiert, darunter Psychologen, Erziehungswissenschaftler, Juristen, Japanologen, Mediziner (für die Fallstudie *Pille*), Chemiker (für die Fallstudie *Styropor*) und natürlich Ingenieure und Manager, denn die Akademiemitglieder Giloi, Spur, Bierich (von *Bosch*) und Reuter (von *Daimler Benz*) gehörten zu unserer Arbeitsgruppe und betreuten einige der Fallstudien. Die Studie über den fehlertoleranten Rechner schrieb Giloi als einer der Pioniere dieser Entwicklung selbst. Über die verschiedenen Ansätze, zu numerisch kontrollierten Steuerungen für Werkzeugmaschinen in den USA, Japan und Deutschland zu kommen, konnten Spur und seine Mitarbeiter, teils auf Grund eigener Erfahrung, teils nach ausführlichen Recherchen und Interviews in den beteiligten Unternehmen, kompetent Auskunft geben.

[21] Mayer/Baltes, *Die Berliner Altersstudie*.

[22] Baltes/Mayer, *The Berlin Aging Study*, S. XII und 552.

Zwei Charakteristika dieser Arbeitsgruppe seien noch hervorgehoben: Einmal war sie besonders aktiv in der Nachwuchsförderung. Nicht nur trugen, wie auch in einigen anderen Gruppen, jüngere Mitarbeiter einen großen Teil der täglichen Arbeit, sondern die Arbeitsgruppe traf sich außer in Tokio auch in Berlin zweimal mit Nachwuchswissenschaftlern, um die vorläufigen Ergebnisse ihrer Arbeit mit ihnen zu diskutieren. Einmal war dies über zwei Wochen lang eine Gruppe von Stipendiaten der *Studienstiftung des deutschen Volkes* aus verschiedenen Fächern. Das zweite Mal diskutierte die Gruppe einen ersten Gesamtentwurf, der auf Englisch geschrieben war und vorher verteilt wurde, zehn Tage lang mit zwanzig Assistenten aus neun Ländern. Die andere Besonderheit besteht darin, daß auch der Gesamtbericht auf Englisch geschrieben ist und nur einen Autor hat. Horst Albach unternahm es nach Auflösung der Akademie, aus den vielen vorliegenden Papieren in einer gewaltigen Kraftanstrengung den Schlußbericht auf rund 600 Druckseiten zu formulieren. Daran angehängt sind auf Deutsch, auf fast 500 Seiten, die Fallstudien, so daß ein gewaltiger Band entstanden ist.[23] Ein offensichtlicher Nachteil dieser Vorgehensweise ist, daß unter dem Druck, vor dem endgültigen Auslaufen der Mittel das Ganze noch unter Dach und Fach zu bringen, die Empfehlungen nun in der Mitte dieses Bandes eher verschwinden. Hätte die Akademie länger bestanden, wäre sicher eine bessere Lösung gefunden worden, etwa eine Veröffentlichung in zwei Bänden oder eine separate Herausgabe der Empfehlungen. So zeugt dieser Band einerseits von der großen Arbeitsleistung der Akademie und besonders ihres Präsidenten, andererseits hat er doch auch Züge eines Torsos an sich.

Ähnlich wie die Innovationsgruppe arbeitete auch die *Arbeitsgruppe Automatisierung* unter dem Vorsitz von Günter Spur. An ihr waren fünf Mitglieder der Akademie, darunter zwei Frauen, beteiligt, die die Fächer Maschinenbau (Konstruktion und Produktion), Psychologie, Erziehungswissenschaften sowie Wirtschafts- und Technikgeschichte repräsentierten, daneben sechs wissenschaftliche Mitarbeiter bzw. Mitarbeiterinnen. Regelmäßige ganztägige Zusammenkünfte und gelegentliche Workshops mit auswärtigen Sachverständigen – darunter neben Ingenieurwissenschaftlern vor allem Soziologen, Arbeitswissenschaftler, Volks- und Betriebswirte und ein Philosoph der Naturwissenschaften – führten zu einer intensiven Diskussion und Kritik der Textentwürfe, so daß schließlich ein Band von elf Autoren entstand, die für den gesamten Text gemeinsam zeichneten.[24]

Ein besonderer Schwerpunkt der Arbeit lag in der Analyse der Folgen von Automatisierungsvorgängen für die Arbeitskräfte, deren Erstausbildung und Weiterbildung, wobei auch empirische Fallstudien von Arbeitspsychologen über Erfolge und Mißerfolge von Weiterbildung und eine Befragung von Produktionsmanagern einbezogen wurden. Die Arbeitsgruppe wies darauf hin, daß ein Teil der Arbeitskräfte nicht so qualifiziert werden könne, daß sie für die *Fabrik der Zukunft* geeignet seien und daher andere Beschäftigungsmöglichkeiten für sie erschlossen werden müssen. Sie wies aber auch darauf hin, daß ein

[23] Albach, *Culture and Technical Innovation*.

[24] Spur, *Automatisierung und Wandel der betrieblichen Arbeitswelt.*

historischer Vergleich zeigt, daß Prognosen über die zukünftige technische Entwicklung fast immer den Fortschritt in eine bestimmte Richtung zu einlinig gesehen und insofern überschätzt haben. Längerfristige Prognosen lassen sich nicht mit der Eindeutigkeit abgeben, wie Techniker, die auf bestimmte Arbeitsgebiete und Entwicklungen fixiert sind, oft meinen. So kam die *Arbeitsgruppe* beispielsweise zu dem Schluß, daß „die noch verbreitete Vorstellung, den ‚Störfaktor' Mensch durch technische Systeme zu ersetzen, die vollständig selbständig funktionieren", zu revidieren sei. „Die Zuverlässigkeit komplexer Systeme hängt von der Eingreifmöglichkeit des Menschen ab, das Ausmaß ihrer Verfügbarkeit von menschlichem Wissen und Können."[25] Auch stellte sie fest, daß die Erwartung, Automatisierung verschaffe den Mitarbeitern mehr freie Zeit, um kreativ zu wirken, bisher empirisch nicht nachzuweisen ist. „Die Technik schafft nicht aus sich heraus zeitliche Freiräume. Obwohl die Möglichkeit eröffnet wird, dem Menschen mehr Zeit zur freien Verfügung zu geben, ist zu beobachten, daß Automatisierung zu höheren Arbeitsintensitäten und somit zu erhöhten Beanspruchungen führt."[26] Insofern steht Automatisierung in einer Linie mit der Rationalisierung früherer Jahrzehnte. Als Mitglied der *Arbeitsgruppe* möchte ich betonen, daß die *tonangebenden* Ingenieurwissenschaftler immer wieder eindringliche Fragen an Psychologen, Bildungsforscher und Historiker stellten und diese daher zwangen, ihr Wissen nicht nur *einzubringen*, wie es im modischen Deutsch heißt, sondern in bezug auf die Fragestellungen der Ingenieure zu erweitern und zu überprüfen, so wie umgekehrt die Ingenieure bereit waren, ihre *Vorurteile* von den beteiligten Sozialwissenschaftlern in Frage stellen zu lassen.

Auch die beiden ersten Forschungsberichte, die sich mit Umweltfragen beschäftigen, sind das Ergebnis von eindringlichen Diskussionen zwischen Fachleuten verschiedener Disziplinen. Sie unterscheiden sich von den bisher besprochenen geringfügig dadurch, daß sie neben Akademiemitgliedern nur einige wenige jüngere Mitarbeiter einsetzten, dafür aber eine größere Anzahl etablierter Experten von außerhalb der Akademie zu Rate zogen. An dem Bericht über die Sonnenenergie arbeiteten Physiker, Physiko-Chemiker, Biologen, Thermodynamiker, Energietechniker und Ökonomen. Der Bericht hat zehn Autoren – davon sieben Mitglieder der Akademie. Mitgewirkt haben jedoch auch eine Reihe von Nachwuchswissenschaftlern, deren Anteil am Text mit ihren Namen gekennzeichnet wurde.[27] Außerdem haben 25 Sachverständige in gemeinsamen Diskussionen und schriftlich ihren Rat erteilt, und der Rat der Akademie hat diesen ersten Forschungsbericht mehrfach ausführlich diskutiert, ehe er ihn zur Veröffentlichung freigegeben hat. Zumindest an einer Stelle ist ausdrücklich verzeichnet, daß – und begründet, warum – ein Mitglied des Rates Schlußfolgerungen über die Zweckmäßigkeit der Einbeziehung Nordwestafrikas und der Kaukasus-Region in die Versorgung Westeuropas mit Sonnenenergie sowie der nur begrenzten Nutzung von landwirtschaftlichen Gebieten in ariden Gebieten für die Gewinnung der Sonnenenergie nicht zugestimmt hat.[28] In ihren Empfehlungen betont die Aka-

[25] Ebd., S. 265.

[26] Ebd., S. 266.

[27] Diekmann, *Sonnenenergie.*

[28] Ebd., S. 216 (Fußnote).

demie die Langfristigkeit aller Überlegungen zur Nutzung der Sonnenenergie und die Notwendigkeit, in Forschung und Entwicklung unterschiedliche Techniken zu erproben, neben der Photovoltaik, der sie die größten Chancen einräumt, z. B. auch solarthermische, photochemische, photoelektrochemische und biomimetische Verfahren, da z. Z. noch nicht zu sagen sei, welche Verfahren sich schließlich sowohl technisch wie ökonomisch in großem Maßstab nutzen ließen, weshalb auf absehbare Zeit der Schwerpunkt noch auf der Grundlagenforschung liegen müsse.[29]

In ähnlicher Weise arbeitete auch die *Arbeitsgruppe Umweltstandards* unter dem Vorsitz von Klaus Pinkau. Sechs ihrer elf Mitglieder waren Mitglieder der Akademie – zwei Physiker, zwei Chemiker, ein Philosoph und ein Jurist. Zu den weiteren Mitgliedern gehörten auch Psychologen und Soziologen von Rang. „Zum Text der Studie haben die Arbeitsgruppenmitglieder sogenannte ‚Saattexte' geschrieben, die Gegenstand der Diskussion und immer neuer Textentwürfe wurden", heißt es dazu im Vorwort.[30] „Auf diese Weise entstand schließlich der gemeinsam geschriebene und beschlossene Text. Die besondere Belastung, durch das Schreiben eines bereits interdisziplinär angelegten *Saattextes* in Vorlage zu gehen, hat das gegenseitige Rollenverständnis in diesem Experiment zu interdisziplinärer Kommunikation gefördert." *Saattexte* stammten aber auch von Experten, die nicht der Arbeitsgruppe angehörten, und in mehreren Sitzungen wurde der Sachverstand von weiteren 23 Experten, darunter des Präsidenten des Umweltbundesamtes, eingeholt.

Die Studie setzte sich ein sehr ehrgeiziges Ziel, nämlich „Aufgaben und Funktionen von Umweltstandards zu untersuchen, ihre notwendige wissenschaftliche Fundierung aufzuweisen und die Probleme von Entscheidungsprozessen unter dem Gesichtspunkt rationaler Lösungen in solchen Fällen darzustellen, in denen Zielvorstellungen miteinander in Konflikt liegen. Dazu wird der Versuch unternommen, die sehr unterschiedlichen Beiträge der wissenschaftlichen Disziplinen in einer gemeinsamen Anstrengung zu bündeln und damit der Öffentlichkeit Vorschläge zur Bewältigung eines Teilaspekts der sogenannten ‚ökologischen Krise' zu unterbreiten, die auf einer kritischen Bestandsaufnahme beruhen."[31]

Die Studie endet nach der Darlegung von Zielvorstellungen, den Möglichkeiten wissenschaftlicher Bestandsaufnahme und Bewertung sowie den notwendigen rechtlichen und institutionellen Voraussetzungen für deren Umsetzung mit der Empfehlung, analog zum Wissenschaftsrat einen Umweltrat einzusetzen, in dem Wissenschaft und Verwaltung bei der Festsetzung von Umweltstandards zusammenwirken.[32]

Von etwas anderer Art sind die Veröffentlichungen der *Arbeits- und Studiengruppen*, deren Konzept von Geisteswissenschaftlern geprägt wurde. Die *Studiengruppe Einheit der Wissenschaften*, die der Philosoph Mittelstraß leitete, vergab zunächst einen Forschungsauftrag an drei Nachwuchswissenschaftler, die den Stand der Diskussion darstellen und ein internationales Kolloquium vorbereiten sollten, das vom 25. bis 27. Juni 1990 in Bonn

[29] Ebd., S. 265–269.

[30] AWB, *Umweltstandards.*

[31] Ebd., S. 1.

[32] Ebd., S. 475ff.

stattfand. In der Studie sollte geprüft werden, inwieweit die mit der „Partikularisierung der Fächer und Disziplinen verbundenen Probleme“ durch „problemorientiertes Forschen“ selbst überwunden bzw. relativiert werden können, weil es „die Überschreitung der jeweiligen disziplinären Grenzen“ erfordert. „Dieses in der Wissenschaftspraxis virulente Erfordernis der *Trans*disziplinarität hat seine wissenschaftstheoretische Voraussetzung in der Idee der Einheit der Wissenschaft“.[33] Die auf der Tagung selbst von 27 Rednern aus fünf Ländern (darunter fünf Mitgliedern der Berliner Akademie) gehaltenen Vorträge waren in fünf Sektionen der Wissenschaftstheorie, der Interdisziplinarität in Theorie und Praxis, den Aufgaben der Geisteswissenschaften, dem Verhältnis von Wissenschaft und Lebenswelt und der Technikfolgenabschätzung gewidmet und sind in einem Sammelband veröffentlicht worden.[34] Insofern entsprach dieser Band eher den Konventionen der wissenschaftlichen Publikationspraxis als den Besonderheiten der Berliner Akademie, die Veröffentlichungen in einer Arbeitsgruppe so lange zu diskutieren, bis eine gemeinsame Autorenschaft als gegeben angesehen werden kann.

Das trifft auch auf den Band zur Linguistik der Wissenschaftssprache zu, der von Harald Weinrich zusammen mit einem Mitarbeiter verantwortet wurde,[35] wie auch auf den der zuletzt eingerichteten *Arbeitsgruppe*, die sich zur Aufgabe gestellt hatte, dem Exodus von Wissenschaftlern aus Berlin während der Zeit des Nationalsozialismus nachzugehen.

An der *Arbeitsgruppe Wissenschaftssprache* waren außer dem Linguisten Harald Weinrich aus der Akademie ein Mediziner (Wolfgang Gerok) und ein Soziologe (Wolf Lepenies) beteiligt. „Aufgabe dieser Arbeitsgruppe war es, unter verschiedenen fachlichen Gesichtspunkten und mit dem Blick auf sehr unterschiedliche Disziplinen die sprachliche Verfaßtheit der Wissenschaften zu beschreiben und in möglichst vielseitigen Untersuchungen den Nachweis zu führen, daß in der Wissenschaft die Sprache notwendig zur Sache gehört.“[36] Der Band gibt nur einen Ausschnitt aus der Tätigkeit der *Arbeitsgruppe* wieder. In ihm sind „eine Reihe von Vorlagen und Beiträgen zusammengestellt, von denen zu erwarten ist, daß sie der Wissenschaftssprachforschung dazu verhelfen, ihr Arbeitsgebiet so umfassend wie möglich zu definieren und sich als interdisziplinäre Grundlagenforschung zu profilieren“.[37] Von den Zielen der Akademie her gesehen stellt er also ein Vor- oder Halbfertigprodukt dar, was den Wert der anregenden und vielseitigen Beiträge nicht mindert.

Auch die *Arbeitsgruppe Exodus* mußte sich mit dem Abdruck der Vorträge einer Tagung vom Februar 1991 begnügen, die also schon nach der formellen Auflösung der Akademie stattfand. Sie war aber durch längere Vorarbeiten der beiden Mitarbeiter der Arbeitsgruppe Michael Hubenstorf und Peter Th. Walther forschungsmäßig fundiert worden. In einem fast 100 Seiten umfassenden Abschnitt legten sie die Ergebnisse ihrer Arbeit zu den politischen Bedingungen und allgemeinen Veränderungen des Berliner Wissenschaftsbetriebs

[33] Gräfrath/Huber/Uhlemann, *Einheit – Interdisziplinarität – Komplementarität*, S. 1.

[34] AWB, *Einheit der Wissenschaften.*

[35] Kretzenbacher/Weinrich, *Linguistik der Wissenschaftssprache.*

[36] Ebd., S. VII.

[37] Ebd.

von 1925 bis 1950 dar, ehe die 22 Autoren dann Beispiele aus den Rechts- und Staatswissenschaften, den Geschichtswissenschaften, vor allem aber aus der Medizin, Biologie, Biochemie und Zellchemie vorführten sowie die Rechtsgrundlagen der Entlassung jüdischer Gelehrter, die allgemeine Wissenschaftspolitik und die Lage an den außeruniversitären Instituten unter dem Nationalsozialismus referierten.[38] Zahlreiche Wissenschaften, z. B. die Wirtschafts- und Sozialwissenschaften, aber auch die Mathematik und Physik, konnten nicht mehr behandelt werden, so daß Klaus Hierholzer in seinem Vorwort zu Recht meinte: „Zu wünschen wäre, daß auf der jetzt erarbeiteten Basis und unter Nutzung des in Gesamt-Berlin in einmaliger Fülle vorhandenen und der Forschung jetzt zugänglichen Archivmaterials das Exodus-Projekt fortgeführt und auf dringende Desiderate, z. B. auch auf die zeitbedingte Entwicklung der Wissenschaften in der Industrie und in der Praxis ausgedehnt werden könnte."[39] Ich selbst fügte in meinen Schlußbemerkungen hinzu, daß der zweite politisch bedingte Exodus von Wissenschaftlern aus Berlin nach 1945 – diesmal vorwiegend an die Universitäten und Forschungsinstitute in der entstehenden Bundesrepublik – hier ebensowenig thematisiert werden konnte wie der durchaus sicht- und spürbare dritte Exodus aus Berlin (West) im Gefolge der Studentenrevolte der sechziger und siebziger Jahre. „Eine umfassende Darstellung des Themas Exodus von Wissenschaftlern aus Berlin im 20. Jahrhundert müßte auch diese beiden Perioden berücksichtigen. Dazu hat die Arbeitsgruppe keine Gelegenheit mehr bekommen, da sie infolge der Auflösung der Wissenschaften zu Berlin zum Jahresende 1990 selbst Opfer einer, wenn auch nur kurzfristigen, politischen Konstellation in der Stadt geworden ist."[40]

Faßt man die Tätigkeit der *Arbeits- und Studiengruppen* zusammen, so kann man feststellen, daß jede der Gruppen eine interessante Besonderheit aufzuweisen hatte; keine ist genauso wie die andere verlaufen. Einige hatten für jedes Kapitel einen verantwortlichen Autor, andere haben jeden Beitrag solange miteinander diskutiert und umgeschrieben, bis zum Schluß die Gruppe als *Kollektivautor* zeichnete. Alle Arbeitsgruppen haben, dies möchte ich noch einmal ausdrücklich wiederholen, ihre Arbeit trotz der Auflösung der Akademie nach nur dreieinhalb Jahren abgeschlossen und der Öffentlichkeit zur Beurteilung übergeben. Ich meine, dies ist eine Bilanz, die sich nicht nur sehen lassen kann, sondern auf die die Beteiligten stolz sein können.

[38] Fischer, *Exodus von Wissenschaften aus Berlin.*

[39] Ebd., S. 3.

[40] Ebd., S. 609f.

Literatur

Akademie der Wissenschaften zu Berlin (Hrsg.): *Einheit der Wissenschaften.* Internationales Kolloquium der Akademie der Wissenschaften zu Berlin, Bonn 25.–27. Juni 1990 (= Akademie der Wissenschaften zu Berlin, Forschungsbericht 4), Berlin – New York 1991.

Akademie der Wissenschaften zu Berlin (Hrsg.): *Umweltstandards.* Grundlagen, Tatsachen und Bewertungen am Beispiel des Strahlenrisikos (= Akademie der Wissenschaften zu Berlin, Forschungsbericht 2), Berlin – New York 1992.

Akademie der Wissenschaften zu Berlin: *Jahrbuch 1987*, Berlin – New York 1988.

Akademie der Wissenschaften zu Berlin: *Jahrbuch 1988*, Berlin – New York 1989.

Akademie der Wissenschaften zu Berlin: *Jahrbuch 1989*, Berlin – New York 1990.

Akademie der Wissenschaften zu Berlin: *Jahrbuch 1990–1992*, Berlin – New York 1993.

Albach, Horst: *Culture and Technical Innovation.* A Cross-Cultural Analysis and Policy Recommendations (= Akademie der Wissenschaften zu Berlin, Forschungsbericht 9), Berlin – New York 1994.

Baltes, Paul B./Karl Ulrich Mayer: *The Berlin Aging Study.* Aging from 70 to 100, Cambridge 1999.

Baltes, Paul B./Jürgen Mittelstraß (Hrsg.): *Zukunft des Alterns und gesellschaftliche Entwicklung* (= Akademie der Wissenschaften zu Berlin, Forschungsbericht 5), Berlin, New York 1992.

Diekmann, Jochen et al.: *Sonnenenergie.* Herausforderung für Forschung, Entwicklung und internationale Zusammenarbeit (= Akademie der Wissenschaften zu Berlin, Forschungsbericht 1), Berlin – New York 1991.

Fischer, Wolfram et al. (Hrsg.): *Exodus von Wissenschaften aus Berlin.* Fragestellungen – Ergebnisse – Desiderate. Entwicklungen vor und nach 1933 (= Akademie der Wissenschaften zu Berlin, Forschungsbericht 7), Berlin – New York 1994.

Gräfrath, Bernd/Renate Huber/Brigitte Uhlemann: *Einheit – Interdisziplinarität – Komplementarität* (= Akademie der Wissenschaften zu Berlin, Forschungsbericht 3), Berlin – New York 1991.

Knobloch, Eberhard: „Leibniz und die Herausgabe seines wissenschaftlichen Nachlasses“, in: *Jb. der AWB 1988*, S. 475–483.

Kremendahl, Hans: „Arbeitsakademie oder Ideologiefabrik? Die Haltung der SPD zur Akademie der Wissenschaften zu Berlin“, in: *Jb. der AWB 1987*, S. 237–249.

Kretzenbacher, Heinz L./Harald Weinrich (Hrsg.): *Linguistik der Wissenschaftssprache* (= Akademie der Wissenschaften zu Berlin, Forschungsbericht 10), Berlin – New York 1995.

Mayer, Karl Ulrich/Paul B. Baltes (Hrsg.): *Die Berliner Altersstudie.* Ein Projekt der Berlin-Brandenburgischen Akademie der Wissenschaften (= Berlin-Brandenburgische Akademie der Wissenschaften. Interdisziplinäre Arbeitsgruppen, Forschungsberichte 3), Berlin 1996.

Müller, Werner/Volker Enß/Rudi Seiler (unter Mitwirkung von Andreas Knauf/Gerhard Knieper/Robert Schrader): *Geometrie und Physik* (= Akademie der Wissenschaften zu Berlin, Forschungsbericht 8), Berlin – New York 1993.

Spur, Günter et al.: *Automatisierung und Wandel der betrieblichen Arbeitswelt* (= Akademie der Wissenschaften zu Berlin, Forschungsbericht 6), Berlin – New York 1993.

Winter, Ekkehard: „Die Kritische Gesamtausgabe der Werke Schleiermachers“, in: *Jb. der AWB 1988*, S. 473f.

Winfried Schulze

Kommentar

zu den Beiträgen von Klaus Pinkau und Wolfram Fischer

Meine Stellungnahme ist ein wenig durch die Perspektive des *Wissenschaftsrats* bestimmt, was ja nicht unbedingt schaden muß. Wenn man an die Frage der Akademie der Wissenschaften zu Berlin und ihre Gründungsgeschichte herangeht, dann fällt einem aus der Perspektive des Wissenschaftsrats einiges auf. Diese Perspektive ist zunächst kurz zu kennzeichnen: 1964 hatte der Wissenschaftsrat in seiner Stellungnahme zur Forschung insgesamt den Akademien ihr traditionelles Existenzrecht bestätigt. Er hatte zugleich aber unverkennbar deutlich gemacht, daß ihre eigentliche Zeit der Bedeutung zum Ende gekommen war. Man könnte formulieren: Sie gehörte seit 1965 zu den „dignified parts of the constitution" im Sinne von Walter Bagehots Charakterisierung des englischen Oberhauses.[1] Das ist natürlich ein etwas gefährlicher Vergleich, wenn man weiß, was gerade mit dem *House of Lords* geschehen ist. Immerhin hat der Wissenschaftsrat diesen „dignified parts" damals eine Reihe von Aufgaben zugewiesen, die hier nicht alle zu erwähnen sind, die aber insgesamt zu einer Stabilisierung der Arbeit der Akademien geführt haben. Dazu gehörte auch die Möglichkeit kurzfristiger Arbeitsgruppen, insofern kann die Berliner Akademie hier kaum das Recht der Erfindung dieser Einrichtung beanspruchen.

Mit Hinweis auf die gestiegene Bedeutung der außeruniversitären Forschung, von der Kaiser-Wilhelm-/Max-Planck-Gesellschaft bis zu den neuen Vertretern der Großforschungseinrichtungen, stellte der Wissenschaftsrat fest, daß kein Bedarf für neue Akademien bestehe, wenn die bestehenden ihre Regionalisierung aufgeben würden. Diese Bedingung sah der Wissenschaftsrat prinzipiell als erfüllt an und insofern war klar, daß er keinen unmittelbaren Neugründungsbedarf sah.

Der Wissenschaftsrat hat im Grunde an diesem eher kritischen Entscheidungstenor festgehalten, er hat gleichwohl neue Einrichtungen der interdisziplinären Organisation von Wissenschaft gutgeheißen, wie etwa seine positiven Empfehlungen zum *Wissenschaftszentrum* und zum *Wissenschaftskolleg* – beides Berliner Einrichtungen – belegen. Er hat dann in seiner erneuten Stellungnahme zu den Akademien von 1975 vor allem die Langzeitprojekte herausgehoben, und er hat vor allen Dingen deren Finanzierung der ge-

[1] Siehe Bagehot, *English Constitution.*

meinsamen Forschungsförderung von Bund und Ländern im Rahmen der Bund-Länder-Konferenz zugewiesen. Damit war die Basis für das geschaffen, was wir heute als das *Akademienprogramm* der Bund-Länder-Konferenz bezeichnen.

Der Wissenschaftsrat hat – soweit ich weiß – zur West-Berliner Akademiegründung von 1987 niemals Stellung genommen, insofern kann ich auch keine direkten Aussagen machen und will auch nicht darüber spekulieren. Aber: Interessant fand ich in den Materialien zur Gründung der *Akademie der Wissenschaften zu Berlin* die Stellungnahme von Herbert Franke, dem damaligen Präsidenten der Bayerischen Akademie der Wissenschaften, der unter Hinweis auf die Empfehlung von 1965 vermutete, daß der Wissenschaftsrat die Berliner Neugründung vermutlich nicht abgelehnt, sondern sie davon ausgenommen hätte, weil sie ein anderes Programm entwickelte, das sich deutlich von dem Arbeitsprofil der anderen Akademien unterschied.

Franke meinte damit wohl einen Bereich des Berliner Programms, den Senator Kewenig in seinen ersten Überlegungen als die *Spürnasenfunktion* der neuen Akademie bezeichnet hatte. Übersetzen wir dies in die heutige Sprache der Wissenschaftspolitik, dann müssen wir von den Problemen von *Foresight* und *Prospektion* der Forschung sprechen.

Das Bemühen, wissenschaftlich oder wirtschaftlich bedeutsame Entwicklungen reflektierend vorwegzunehmen, sie aus dem Bekannten und Gewordenen zu extrapolieren oder als begründbare Erwartung zu prognostizieren, reicht natürlich schon über die Mitte der 1980er Jahre hinaus. So spielte es in den Wirtschaftswissenschaften schon immer eine bedeutende Rolle; dabei erwiesen sich Aussagen über die Zukunft regelmäßig als ebenso attraktiv wie umstritten. Wenn ich über *Prospektion der Forschung* spreche, so meine ich jenes vom Wissenschaftsrat so bezeichnete forschungs- und technologiepolitische Instrument, für das er sich erstmalig 1991 in den „Empfehlungen zur Zusammenarbeit zwischen Großforschungseinrichtungen und Hochschulen" stark gemacht hat.[2] Dort heißt es: „Die Entwicklung der Neuen Technologien [...] hängt heute mehr denn je von den Erkenntnissen der Grundlagenforschung ab. Folgerichtig wird es immer wichtiger, die Ergebnisse der Grundlagenforschung optimal zu nutzen. Nur so läßt sich sicherstellen, daß die notwendigen Schübe an Vitalität und Kreativität, die den Kreislauf von wissenschaftlicher Innovation und technologischer Entwicklung in Gang halten, auch tatsächlich am rechten Ort und zur rechten Zeit erfolgen." Dazu, so lautet die Schlußfolgerung, „bedarf es einer prospektiven Forschungsförderung".[3]

Mit diesen wenigen Sätzen war die Idee der *Prospektion* auch in Deutschland auf die forschungspolitische Tagesordnung gesetzt. Dabei soll nicht verschwiegen werden, daß einige konzeptionelle Anregungen auf die international ausgerichtete Studie *Research Foresight* der britischen Wissenschaftsforscher Ben Martin und John Irvine aus dem Jahre 1989 zurückgingen. Diese stellten fest, daß strategisches Denken und langfristige Planung

[2] Wissenschaftsrat, *Empfehlungen.* Die Empfehlungen wurden zwar erst im Januar 1991 verabschiedet, die entscheidenden Beratungen – auch über die *Prospektion* – fanden aber in den Jahren 1988/89 statt.

[3] Wissenschaftsrat, *Empfehlungen*, S. 36.

im deutschen Forschungssystem keine maßgebliche Rolle spiel(t)en.[4] Eine noch im Jahr 1991 eingerichtete – und einigungsbedingt mit Unterbrechungen – bis 1994 arbeitende, hochrangig besetzte Gruppe des Wissenschaftsrates setzte sich zum Ziel, eine institutionelle Verankerung der Forschungsprospektion in Deutschland zu begründen.

Am Anfang ihrer Diskussion stand eine Defizitanalyse: Mit Blick auf den schwierigen Zustand der Großforschungseinrichtungen in den 1980er Jahren, die sich im Umbruch befanden und zahlreiche neue Forschungsinstitute gründeten, erschien die Art und Weise, wie dort prioritär zu bearbeitende Schlüsseltechnologien geplant und begründet wurden, noch optimierungsbedürftig. Dahinter stand die grundsätzliche Frage, ob wir die großen Schwerpunkte richtig setzten, und zwar sowohl thematisch als auch institutionell und personell.

Zu Beginn der 1990er Jahre bestand die feste Überzeugung, daß insbesondere das japanische Wissenschaftssystem schlagkräftiger in der Identifizierung und Realisierung neuer Technologien sei, vor allem durch die zahlreichen *Delphi-Studien* und deren Umsetzung. Dahinter verbarg sich die stets aktuelle Frage nach der internationalen Wettbewerbsfähigkeit des Wissenschafts- und Wirtschaftssystems.

Schließlich – und dies ist ein völlig anderer Aspekt – vertrat die Arbeitsgruppe die Auffassung, daß die Wissenschaft in Hochschulen und außeruniversitären Einrichtungen aus sich heraus keine Initiativen zu übergreifenden Forschungsthemen entwickelt, also im Grunde die Frage nach der Möglichkeit der Verbindung von *bottom up*-Initiativen mit einer strategischen Ausrichtung – und zwar innerhalb der *scientific community* – sowie einer möglichst weitgehenden Beteiligung der Wissenschaft an der Forschungsförderung.

Mir scheint ein Aufgreifen dieser Diskussion besonders wichtig, weil inzwischen auch in den Begutachtungen von DFG, MPG und Fraunhofer-Gesellschaft immer wieder die deutlich mangelnde strategische Kompetenz dieser Forschungsgesellschaften herausgehoben wurde. Wir müssen uns m. E. als Mitglieder des Gesamtwissenschaftssystems darüber Gedanken machen, wie die Aufgabe eines strategischen *Foresight* realisiert werden kann, ohne die unbestreitbaren Vorzüge einer erkenntnisorientierten Grundlagenforschung zu übersehen.

Ob diese Aufgabe im Rahmen der Akademien gelöst werden kann, will ich nicht abschließend beantworten. Es gibt Beispiele dafür, daß die Verwandlung eines leistungsfähigen Instruments der Forschungspolitik in eine Akademie sogar bestimmte strategische Kompetenzen verlorengehen läßt. Auch die von Wolfram Fischer herausgehobene Arbeit der interdisziplinären Arbeitsgruppen scheint mir nicht alle Probleme zu lösen. In jedem

[4] Dort heißt es im Kontext eines internationalen Vergleichs über die Situation in Deutschland: „Although all the main scientific organizations now see themselves as partly responsible for 'strategic research' (a term still not normally used in West Germany), the level of formal foresight carried out remains small compared to other countries. This can be explained in part through wider political factors, including the considerable post-war autonomy of basic research, the country's federal structure, and the Christian Democrat government's unwillingness to engage in any activity which might be construed as centralized long-term planning." Vgl. Martin/Irvine, *Research Foresight*, S. 97.

Fall sehe ich hier eine bessere Chance, auf die Herausforderungen zu reagieren, als dies die alten Arbeitsformen ermöglicht haben. Ob dies die Frage nach der zukünftigen Bedeutung der Akademien beantworten kann, will ich hier einmal offen lassen, denn dies wird wohl Aufgabe der abschließenden Podiumsdiskussion sein.[5]

Literatur

Bagehot, Walter: *The English Constitution*, London 1867.

Martin, Ben R./John Irvine: *Research Foresight.* Priority-Setting in Science, London 1989.

Wissenschaftsrat (Hrsg.): *Empfehlungen zur Zusammenarbeit von Großforschungseinrichtungen und Hochschulen*, Köln 1991.

[5] Vgl. die Podiumsdiskussion in diesem Band sowie meinen Beitrag zum Interakademischen Symposion zur Positionsbestimmung der Akademien in der deutschen Wissenschaftslandschaft im Januar 2001 in München.

Hubert Laitko

Vorsichtige Annäherung

Akademisches *vis-à-vis* im Vorwende-Berlin

Die Wissenschaftsbeziehungen zwischen der DDR und der Bundesrepublik Deutschland waren ein schwieriges Kapitel im insgesamt komplizierten deutsch-deutschen Verhältnis zur Zeit der deutschen Zweistaatlichkeit. Sobald aber der westliche Teil Berlins ins Spiel kam, wurden die Probleme noch um eine Größenordnung heikler. Grundsatz der Berlinpolitik der DDR war bekanntlich, West-Berlin nicht – wie es sich selbst verstand – als ein Land der Bundesrepublik Deutschland, sondern als eine „selbständige politische Einheit“ zu betrachten. Einen *modus vivendi* für beide Seiten, damit umzugehen, hatte schon das Vierseitige Berlin-Abkommen vom 3. September 1971 geschaffen.[1] Auch auf dieser Grundlage war die Anbahnung von Beziehungen über die Mauer hinweg ein Politikum ersten Ranges und bedurfte eines hohen Maßes an Diskretion und Pragmatismus; die Atmosphäre, die dabei herrschte, das Tempo, in dem verhandelt oder auch auf die lange Bank geschoben wurde, die Fortschritte, das Auf-der-Stelle-Treten und die Rückschläge, die dabei zu verzeichnen waren, spiegelten sehr genau den jeweiligen Stand des Ost-West-Verhältnisses und waren weit stärker von der politischen Großwetterlage abhängig als von den Qualitäten der unmittelbaren Akteure, obwohl deren Verhandlungsgeschick und Augenmaß eine nicht zu unterschätzende Rolle spielten.

Vor diesem Hintergrund entwickelten sich in Berlin in den achtziger Jahren deutsch-deutsche Akademiekontakte. Die Akademie der Wissenschaften zu Berlin (West) agierte während ihrer ganzen Existenz – und bereits weit im Vorfeld ihrer Gründung – aktiv bei der Herstellung und Pflege von Kontakten zur Akademie der Wissenschaften der DDR, deren Zentrale in Ost-Berlin ansässig war. Die AdW ging darauf ein, die Sequenz der Kontakte läßt sich (wenn auch nicht ganz lückenlos) von Herbst 1984 bis Frühjahr 1990 nach den Akten dokumentieren und rekonstruieren.[2] Angesichts der Brisanz, die in der DDR sämtli-

[1] Vgl. Kotowski, „Vom Vorposten“, S. 261–264.

[2] Dabei sind lediglich die DDR-Akten zugänglich; die Akten der AWB unterliegen der Sperrfrist gemäß Bundesarchivgesetz. Die hier verwendeten Akten befinden sich im Archiv der Berlin-Brandenburgischen Akademie der Wissenschaften (AAW Berlin). Dem Akademiearchiv bin ich für seine freundlich und großzügig gewährte Unterstützung bei der Recherche sehr zu Dank verpflichtet.

chen Kontakten zu West-Berlin beigemessen wurde, waren alle diesbezüglichen Schritte der AdW von der Zustimmung der von Günter Mittag geleiteten Arbeitsgruppe BRD beim Politbüro des Zentralkomitees der SED abhängig, mit der die Akademie nicht direkt, sondern über das Ministerium für Auswärtige Angelegenheiten (MfAA) der DDR in Verbindung zu treten hatte.[3] Das Ministerium für Staatssicherheit der DDR behielt über die von ihm in der AdW installierte Hauptabteilung Auswertung und Kontrolle (HAAK) die Vorgänge detailliert im Blick.[4]

Daß eine wissenschaftliche Einrichtung der DDR solche Kontakte zu einer West-Berliner Institution unterhielt und unterhalten durfte, war ein historisches Novum. Dies muß als ein Indiz dafür gewertet werden, daß die politische Führung der DDR ab Mitte der achtziger Jahre die Entwicklung wissenschaftlicher Kooperationen mit bestimmten – vorwiegend naturwissenschaftlichen – Institutionen in Berlin (West) für erforderlich hielt und daß sie den Kontakten zur AWB dabei eine gewisse Schrittmacherrolle beimaß. Mit diesen Prämissen waren die Verhandlungen zwar schwierig, aber nicht aussichtslos. Freilich überholte der Gang der Ereignisse die Bemühungen der Akteure. Als endlich alle Hindernisse aus dem Weg geräumt waren und die Kooperation Gestalt anzunehmen begann, wurde die Wiederauflösung der AWB bereits parlamentarisch vorbereitet, und die AdW näherte sich mit Riesenschritten dem Ende ihres Daseins. Zum Schluß demonstrierten sie deutsch-deutsche Gemeinsamkeit in einem parallelen Schicksal: Keine von beiden hatte ihr Ende selbst gewollt, beiden wurde es verordnet. Mit dieser ironischen Pointe führte die Geschichte jahrelanges Abwägen von Interessen und Ausloten von Möglichkeiten ad absurdum. Menschliches Handeln führt in der Regel zu Konsequenzen, die außerhalb der Intentionen seiner Akteure liegen. Oft geschieht das auf komplizierten Umwegen, in unserem Fall aber folgte die historische Negation der Handlungsabsichten dem Handeln selbst auf dem Fuße. Der Beitrag wählt unter allen Möglichkeiten der Darstellung die schlichteste, die chronologische Rekonstruktion, weil auf diese Weise die implizite Dramaturgie des Geschehens am deutlichsten hervortritt.

1. Die Jahre 1984–1986: Das Gründungsvorfeld im Ost-West-Koordinatensystem

Der Gedanke, in Westberlin eine Wissenschaftsakademie zu errichten, hatte hinreichende Gründe in der internen Entwicklungslogik des eigenen wissenschaftlichen Institutionennetzes. In den achtziger Jahren verfügte Berlin (West) über eine der dichtesten Wissenschaftslandschaften Europas,[5] deren kommunikative Vernetzung durch eine Akademie fol-

[3] Vgl. Scheler, *Akademie der Wissenschaften*, S. 351.

[4] Vgl. ebd., S. 93f. – In den Verteilerangaben der meisten Dokumente ist verzeichnet, daß eine Kopie an die HAAK übermittelt wurde; die Akten enthalten allerdings keinerlei Hinweise auf etwaige Einflußnahmen dieser Abteilung auf die in Rede stehenden Handlungen der Akademieleitung.

[5] Vgl. Kreibich, *Wissenschaftsgesellschaft*, S. 534–602.

gerichtig erschien. Die exponierte geopolitische Stellung West-Berlins nötigte zugleich, das Gründungsprojekt – dessen komplizierte Geschichte hier nicht verfolgt werden kann – nicht nur als innere Angelegenheit des Landes zu behandeln, sondern es von vornherein zielstrebig im Koordinatensystem des Ost-West-Verhältnisses zu konfigurieren. In den kontroversen Debatten, mit denen die Artikulation und Durchsetzung des Projekts verbunden war, lief ständig eine auf dieses Verhältnis bezogene Argumentation mit. Wesentlicher Bezugspunkt war dabei die Tatsache, daß es in Ostberlin bereits eine Wissenschaftsakademie gab, die in Nachfolge der *Preußischen Akademie der Wissenschaften* (PAW) 1946 unter Besatzungsrecht als *Deutsche Akademie der Wissenschaften zu Berlin* (DAW) gegründet worden war und sich seither zu einer Großorganisation der (vor allem naturwissenschaftlichen) Grundlagenforschung in der DDR entwickelt hatte. Die Protagonisten des West-Berliner Akademievorhabens mußten sich gegen aus unterschiedlichen politischen Lagern vorgetragene Bedenken zur Wehr setzen, die Gründung würde die politische Teilung der Stadt zementieren, sie würde im Osten als ein unfreundlicher Akt aufgefaßt werden und so die ohnehin beschwerlichen Ost-West-Wissenschaftskontakte noch mehr belasten usw.

Solchen Einwänden setzten die Verfechter des Akademiegedankens eine im ganzen überzeugende Strategie entgegen, die letztlich – wenn auch nur für eine kurze Zeit – zum Erfolg führte. Sie wurde in der von Wilhelm A. Kewenig im Mai 1984 vorgelegten „Gedankenskizze zur Gründung einer Akademie der Wissenschaften in Berlin" formuliert – dem ersten kompakten Dokument zur Akademiegründung, das einem größeren Kreis zur Diskussion angeboten wurde. Der Jurist Kewenig, der in der IX. Wahlperiode des Abgeordnetenhauses von Berlin (West) unter dem Regierenden Bürgermeister Richard von Weizsäcker im Juni 1981 das Amt des Senators für Wissenschaft und kulturelle Angelegenheiten (ab 17. März 1983: Wissenschaft und Forschung) übernommen hatte, war unter den unmittelbaren Protagonisten des Akademieprojekts einer der aktivsten und jedenfalls der politisch exponierteste.

Die erwähnte strategische Orientierung hatte drei Komponenten:

Erstens wurden den vorgetragenen Einwänden historische Erfahrungen entgegengehalten. So bemerkte Kewenig, auch der Umstand, daß die Tradition der Preußischen Akademie der Künste durch die Ost-Berliner Kunstakademie fortgesetzt wurde, hätte West-Berlin nicht daran gehindert, 1954 eine eigene Akademie der Künste ins Leben zu rufen.[6]

Zweitens wurde ausdrücklich darauf verzichtet, die Rechtsnachfolge der PAW zu beanspruchen. Kewenig schrieb dazu, die Gründungsidee knüpfe an die bedeutende Berliner Akademietradition an, „ohne der Frage irgendeine Bedeutung beizumessen, ob es sich nun bei der Neugründung um einen Rechtsnachfolger der alten Preußischen Akademie handelt oder nicht, da die Qualität der eigenen Arbeit und nicht eine mehr oder minder große Tradition über das Ansehen und die Wirkung einer Institution entscheidet".[7] Die CDU in

[6] Vgl. Kewenig, „Konzeption", S. 185f.

[7] Ebd., S. 187.

West-Berlin mußte über ihren eigenen Schatten springen, damit ein dieser Partei angehörender Senator einen solchen Gedanken aussprechen konnte. Es war aber genau der Punkt, der mit größter Wahrscheinlichkeit sicherstellte, daß die DDR auf publizistisches oder diplomatisches Störfeuer gegen die Akademiegründung verzichten würde.

Drittens wurde die AdW frühzeitig und offiziell von den Gründungsabsichten in Kenntnis gesetzt. Damit wurde der Ost-Berliner Seite signalisiert, daß sie nicht vor vollendete Tatsachen gestellt werden, sondern die Möglichkeit erhalten sollte, eventuelle Monita vorzutragen, die auch eine faire Chance hätten, im Entscheidungsprozeß berücksichtigt zu werden.

Das Umfeld war im Jahre 1984 für eine direkte Kontaktaufnahme nicht ungünstig. Im Vorjahr hatte von Weizsäcker mit dem DDR-Staatsratsvorsitzenden Erich Honecker gesprochen, auch sein Nachfolger, Eberhard Diepgen, befürwortete Kontakte zur AdW. In die Sondierungen und Verhandlungen zur Vorbereitung eines deutsch-deutschen Wissenschaftsabkommens, die sich seit Ende 1973 hingeschleppt hatten, kam Bewegung. Anfang November 1984 besuchte der Präsident der DFG, Eugen Seibold, die AdW. In dieser Atmosphäre übersandte Kewenig am 24. September 1984 – fast ein Vierteljahr vor der Berufung des Gründungsausschusses! – ein Schreiben an Werner Scheler, in dem er diesen von der beabsichtigten Gründung der AWB in Kenntnis setzte und ein Gespräch anregte. Scheler antwortete am 2. November verbindlich und erklärte seine Bereitschaft zu dem vorgeschlagenen Treffen.[8] Die lange Frist zwischen Kewenigs Brief und Schelers Antwort läßt vermuten, daß man in der Führung der SED von der Initiative aus West-Berlin überrascht war und kein Reaktionsmuster vorbereitet hatte. Offenkundig kam man aber zu dem Schluß, daß für die DDR-Seite eine Kontaktaufnahme opportun sei, denn das vorgeschlagene Gespräch fand am 14. Dezember 1984 im Präsidium der AdW statt und bildete den Auftakt zu einer Verbindung, die nicht wieder abriß, auch wenn zwischen den einzelnen Aktivitäten manchmal lange Zeiträume lagen.

Kewenig wurde von Senatsrat Helmut Meier begleitet, der einer der wichtigsten Wegbereiter der neuen Akademie war und später Chef ihres Wissenschaftlichen Stabes wurde. Meier, der schon am 9. Januar 1990 einem schweren Leiden erlag, hatte einen kaum zu überschätzenden Anteil an der Herstellung und Aufrechterhaltung der Verbindungen zwischen beiden Institutionen; seine umfassende Kompetenz, seine unbedingte Verläßlichkeit und sein konziliantes Naturell verschafften ihm auch bei seinen östlichen Verhandlungspartnern hohes Ansehen.[9] Auf der Jahresversammlung der AWB am 23. Mai 1990 würdig-

[8] AAW Berlin, VA 16318: Scheler an Kewenig, 2. November 1984.

[9] Ich hatte Gelegenheit, Helmut Meier bei einem Werkstattgespräch des Instituts für Gesellschaft und Wissenschaft (IGW) an der Universität Erlangen-Nürnberg kennenzulernen, und habe ihn als eine Persönlichkeit der damals „anderen Seite“ erfahren, in deren Nähe das häufig gebrauchte Schlagwort von den „menschlichen Kontakten“ unversehens zu einem Stück deutsch-deutscher Lebenswirklichkeit wurde.

te ihr Präsident Horst Albach die Lebensleistung Meiers und sagte: „Herr Meier hat die Kontakte zur Akademie der Wissenschaften der DDR geknüpft und gepflegt."[10]

Beim Dezembergespräch 1984 übergab Kewenig an Scheler die Mitgliederliste des wenige Tage später konstituierten Gründungsausschusses und erläuterte die Strategie der Akademiegründung. Der stellvertretende Generalsekretär der AdW, Herbert Meißner, der ebenfalls teilnahm, schrieb in der von ihm verfaßten Gesprächsnotiz: „Beim Gespräch war das Bemühen deutlich, Verständnis für das Anliegen zu finden, keine Belastung des Verhältnisses zwischen Westberlin und der DDR aufkommen zu lassen und Mißverständnisse oder Fehldeutungen (wie sie in der Westpresse erscheinen) zu vermeiden." Dafür sprächen insbesondere drei Indizien: erstens das Angebot weiterer Informationen im Prozeß der Ausarbeitung der Denkschrift; zweitens der Hinweis, daß eine solche Kontaktaufnahme mit der DDR noch von Herrn von Weizsäcker empfohlen worden sei; drittens die Mitteilung, daß dieses Gespräch in voller Übereinstimmung und Absprache mit dem Regierenden Bürgermeister Diepgen stattfinde.[11]

Bis Dezember 1985 – also in der Phase, als der Gründungsausschuß an der Denkschrift arbeitete – weisen die Akten keine weiteren Kontakte aus. Anscheinend wartete die DDR-Führung ab, ob das Projekt tatsächlich aus den Startlöchern kommen und in welche Richtung es sich entwickeln würde. Erst nach Vorliegen der Denkschrift ist auf der DDR-Seite ein – nun aber sofort sehr intensiver – Prozeß der politischen Meinungsbildung zum Gründungsvorhaben nachweisbar. In diesem Prozeß durchdrangen realistische Einschätzungen und spekulative Mutmaßungen über den Charakter der geplanten Akademie einander, wobei der Realitätsgehalt der Urteile tendenziell zunahm. Längere Zeit blieb aber eine deutliche Überschätzung der bundespolitischen Relevanz der AWB erhalten; sie erschien als eine Art wissenschaftsstrategische Denkfabrik der Bundesregierung – eine Überhöhung, die die ihr entgegengebrachte politische Beachtung ersichtlich steigerte.

[10] Albach, „Verfassungswidrigkeit", S. 9. – Im Nachruf der AWB auf Helmut Meier wird auch dessen großes Verdienst auf dem Feld der Ost-West-Diskurse hervorgehoben: „Die für das Wirken von Helmut G. Meier charakteristische Verbindung von praktischer Tätigkeit und theoretischer Reflexion wird besonders deutlich an den Internationalen Deutschlandsberger Symposien, die bereits seit 1970 Wissenschaftstheoretiker und Technikphilosophen aus Ost und West zusammenführten. Er gehörte zu den Initiatoren und Mitveranstaltern und hat dort auch regelmäßig Vorträge übernommen. Helmut G. Meier hat die Erlanger Werkstattgespräche mit auf den Weg gebracht und im Wissenschaftlichen Beirat des IGW der Friedrich-Alexander-Universität Erlangen-Nürnberg an der Entwicklung der Forschungskonzeption des Instituts entscheidend mitgewirkt. Wenn heute fruchtbare Kontakte zwischen den Wissenschafts- und Technikphilosophen in der Bundesrepublik und in der DDR bestehen, so gründet sich dies auch auf sein beharrliches Wirken und Bemühen um wechselseitiges Verständnis bei grundsätzlich divergierenden Sichtweisen". Vgl. „Nachruf", S. 316f.

[11] AAW Berlin, VA 16318: Information über ein Gespräch des Senators für Wissenschaft und Forschung des Westberliner Senats, Professor Dr. Wilhelm Kewenig, mit dem Präsidenten der Akademie der Wissenschaften der DDR, Professor Dr. Werner Scheler, am 14. Dezember 1984, 14.00 Uhr, im Haus der Akademie der Wissenschaften der DDR.

Die Einladung zu der Festveranstaltung, auf der die Denkschrift für die Gründung einer Akademie der Wissenschaften in Berlin (West) vorgestellt wurde, mußte Scheler ablehnen (so hatte er auch bei allen weiteren hochoffiziellen Events zu verfahren, bei denen Bundesprominenz vertreten war oder deren Anwesenheit vermutet wurde); in einem Schreiben vom 19. Dezember 1985 äußerte Kewenig sein Bedauern über Schelers Fernbleiben und sandte ihm ein Exemplar der Denkschrift zu. Nach Kenntnisnahme des Textes wurden im ersten Quartal 1986 in Ost-Berlin mehrere Papiere erarbeitet, die eine Positionsbestimmung zum Akademieprojekt versuchten. Diese Papiere sahen in der West-Berliner Initiative zwei Grundmotive am Werk: das herkömmliche Motiv der Systemkonfrontation und ein dem Komplex des *neuen Denkens* zugehöriges Motiv des gutnachbarlichen Neben- und Miteinanders. Betrachtet man sie zusammen mit den einschlägigen Ausarbeitungen der nächsten Jahre in chronologischer Folge, so zeigt sich, daß in der Wahrnehmung der Ost-Berliner Seite mit der Zeit der zunächst noch sehr ausgeprägte konfrontative Zug in den Hintergrund, der kooperative jedoch in den Vordergrund trat.

Mitte Januar 1986 lag – als erste Reaktion auf die Denkschrift und als Instruktion für die AdW – ein Arbeitspapier der von Walter Müller geleiteten Abteilung Westberlin des MfAA vor,[12] das von Außenminister Oskar Fischer an Scheler mit dem Vorschlag übersandt wurde, eine gemeinsame Position von Außenministerium und Akademie zu erarbeiten, die nach Konsultation mit der sowjetischen Seite der Parteiführung der SED zur Bestätigung vorgelegt werden sollte.[13] In diesem Schriftstück wurde ein bedeutendes Interesse „an der Mitarbeit hervorragender Wissenschaftler der sozialistischen Länder an der Westberliner Akademie“ vermutet. Eine eventuelle künftige Mitarbeit sollte davon abhängig gemacht werden, „ob sie für die Wissenschaft und die Bewältigung insbesondere von wissenschaftlich-technischen Schlüsselproblemen in sozialistischen Ländern von solchem Gewicht ist, daß sie gegenüber der vom Gegner verfolgten Zielsetzung als vorrangig zu bewerten ist. Auch die internationale Vorstellung von wissenschaftlichen Spitzenleistungen in sozialistischen Ländern auf geeigneten Gebieten könnte eine solche Mitwirkung an Arbeiten der Westberliner Akademie rechtfertigen“. Interessant an dieser Passage ist nicht die tradierte Redeweise vom „Gegner“, sondern die Güterabwägung, die die ideologischen Positionen relativiert.

Seitens der AdW wurde auch das Akademie-*Institut für Theorie, Geschichte und Organisation der Wissenschaft* (ITW) in die Standpunktbildung einbezogen. Dieses auf Wissenschaftsforschung spezialisierte Institut hatte sich schon vorher im Rahmen vergleichender Studien zur Entwicklung der Wissenschaftspotentiale verschiedener Länder auch mit der Evolution der Wissenschaftslandschaft in West-Berlin befaßt und dazu im März 1985 das

[12] AAW Berlin, VA 10554: Zur Bildung einer „Akademie der Wissenschaften zu Berlin“ in Westberlin.

[13] AAW Berlin, VA 10554: Fischer an Scheler, 20. Januar 1986. Die bisher durchgesehenen Akten geben keine Aufschlüsse darüber, ob die mehrfach angesprochenen Abstimmungsversuche mit der UdSSR und den anderen sozialistischen Staaten tatsächlich stattgefunden haben; sollte es sie gegeben haben, dann können sie jedenfalls nicht effektiv gewesen sein – andernfalls hätten sich ihre Auswirkungen im weiteren Vorgehen der AdW zeigen müssen.

Informationsmaterial „Aktuelle Entwicklungstendenzen der Forschungs- und Technologiepolitik in Westberlin" vorgelegt. Nun verfaßten Institutsdirektor Günter Kröber und dessen Mitarbeiter Charles Melis im Auftrag von Scheler – offenbar unter rigiden Zeitvorgaben ebenfalls im Januar 1986 – eine zunächst auf den politischen Aspekt beschränkte Positionsbestimmung zur Denkschrift.[14] Die Autoren schrieben, daß der Senat von Berlin (West) unabhängig von seiner jeweiligen parteipolitischen Färbung eine langfristige Strategie des Ausbaus der Spitzenforschung verfolge, und hoben in diesem Zusammenhang hervor, daß das Akademievorhaben als wissenschaftsorganisatorisches Projekt von eigenständigem Interesse sei und einer inhaltlichen Analyse bedürfte; eine solche Analyse war in einer von Klaus-Dieter Wüstneck im Frühjahr 1988 vorgelegten Studie enthalten, auf die weiter unten eingegangen wird. Kröber und Melis bewerteten die Erklärung Kewenigs, daß das Akademieprojekt nicht als ein Konkurrenzunternehmen zur AdW anzusehen sei und deren Rechtsstatus nicht berühre, als verläßlich. Sie empfahlen jedoch, die Regierung der DDR oder die AdW sollten die in Aussicht genommene Bezeichnung „Akademie der Wissenschaften zu Berlin" beanstanden, da sie dem besonderen politischen und rechtlichen Status von West-Berlin nicht Rechnung trage. Die DDR-Seite enthielt sich allerdings, entgegen ihren Gepflogenheiten in ähnlichen Fällen, im weiteren einer solchen Beanstandung, zumindest trug sie sie nicht in Gestalt einer massiven Intervention vor; dies spricht dafür, daß gegen Ende der DDR in der Politik des ostdeutschen Staates pragmatische Gesichtspunkte gegenüber der symbolischen Behauptung ideologischer Positionen stärker in den Vordergrund traten.

Die politische Bewertung der Denkschrift wurde durch eine juristische ergänzt, die der Generalsekretär der AdW, Claus Grote, bei dem Justitiar und Leiter der Rechtsstelle der Akademie, Richard Klar, in Auftrag gab. Nach Klars Expertise[15] sei die Denkschrift, die selbst keine rechtliche Verbindlichkeit besitze, als Vorstufe für 1986 bzw. 1987 zu erwartende rechtliche Maßnahmen (Akademiegesetz, Statut) anzusehen. Auch er erachtete den vorgesehenen Namen für kritikwürdig, da er bis auf das Attribut *deutsch* mit der früheren Bezeichnung der DDR-Akademie (DAW zu Berlin) identisch sei und deshalb zu Verwechslungen Anlaß geben könnte. Das konzipierte Profil der AWB beurteilte er als ein eher nichtakademisches, weil weder eine universelle Repräsentanz der wissenschaftlichen Disziplinen angestrebt werde, noch auch nur eine abgestimmte Auswahl von Arbeitsrichtungen erkennbar sei. Dies zeige den „Gegensatz zwischen dem Anspruch, eine AdW gründen zu wollen, und dem Unvermögen, eine solche Akademie auch in wissenschaftlicher Hinsicht konstituieren zu können". Die von Udo Kirmse geleitete Abteilung *Nichtsozialistische Län-*

[14] AAW Berlin, VA 10554: Prof. Dr. G. Kröber, Dr. Ch. Melis, Position zur „Denkschrift für die Gründung einer Akademie der Wissenschaften zu Berlin" in Westberlin. – Dieses Papier wurde an Politbüromitglied Kurt Hager, an den Leiter der Abteilung Wissenschaften des ZK der SED Johannes Hörnig sowie an Außenminister Fischer übermittelt. AAW Berlin, VA 10554: Scheler an Hager, 21. Januar 1986; Scheler an Hörnig, 21. Januar 1986; Scheler an Fischer, 28. Januar 1986.

[15] AAW Berlin, VA 13977: Einschätzung von Klar für Grote, 27. Februar 1986.

der/Internationale Organisationen (NSL/IO) im Bereich des Generalsekretärs der AdW sollte sicherstellen, daß die Akademie über alle weiteren Aktivitäten zur Gründung auf dem laufenden bleibe. Im weiteren wird gezeigt werden, daß der innovative Gehalt der Gründungsidee, der dieser juristischen Begutachtung entging, bei ihrer Analyse seitens der Wissenschaftsforscher des ITW durchaus wahrgenommen wurde.

Schließlich legte Grote Ende Februar 1986 für die Montagsberatung beim Akademiepräsidenten ein Arbeitspapier vor, das ein vorläufiges Fazit der bis dahin geführten Beratungen zog.[16] Danach setzte die offizielle Überreichung der Denkschrift durch Kewenig an Scheler die seit 1984 erkennbaren Bemühungen des Senats von Berlin (West) fort, „die AdW der DDR mit einer gewissen Kontinuität über den Stand und die grundsätzlichen Probleme der Gründungsaktivitäten zu informieren".[17] Notwendige öffentlichkeitswirksame Reaktionen der AdW auf bestimmte Teilaussagen der Denkschrift sollten bei konsequenter Vertretung des Standpunktes der DDR von dem Grundsatz ausgehen, daß dabei „das Recht der Westberliner Seite zur Gründung einer AdW in Westberlin nicht in Frage gestellt und die spätere Existenz dieser Akademie im Prinzip akzeptiert wird".[18] Die Gründung würde wahrscheinlich zur Formierung eines bedeutenden Forschungspotentials mit Auswirkungen auf die Entwicklung entscheidender Wissenschaftsgebiete führen. Man sollte eine Entscheidung darüber vorbereiten, ob und unter welchen Bedingungen „eine Beteiligung an der wissenschaftlichen Tätigkeit dieser Institution notwendig und deshalb anzustreben ist und ob diese Interessen von solchem Gewicht sind, daß sie trotz der erkennbaren politischen Probleme zu verfolgen sind."[19] Zu dieser Frage sollte der 1. Vizepräsident eine Studie vorlegen. Damit war die politische Standpunktbildung im Gründungsvorfeld im wesentlichen abgeschlossen. Es war nunmehr klar, daß eine mögliche wissenschaftliche Kooperation politisch nicht grundsätzlich ausgeschlossen wurde. Ihre Realisierung war zu einer Zweckmäßigkeitsfrage geworden, die rationaler Prüfung unterlag.

Nach dieser Klärungsphase folgte wieder eine Periode des Abwartens, während in West-Berlin die parlamentarische und außerparlamentarische Auseinandersetzung um die Legitimität und Zweckmäßigkeit der Akademiegründung auf vollen Touren lief und die Beschlußfassung des Abgeordnetenhauses vorbereitet wurde. In drei ausgedehnten Sitzungen diskutierte der Ausschuß des Abgeordnetenhauses für Wissenschaft und Forschung gegen Ende 1986 den Entwurf des Gründungsgesetzes und hörte dazu Experten. Nach den Protokollen ging es hauptsächlich darum, wie die vorgesehene Akademie am besten in die West-Berliner Wissenschaftslandschaft einzufügen sei und ob diese einer solchen Ergänzung überhaupt bedürfe; das Problem der Ost-West-Beziehungen spielte an dieser Stelle nur eine sehr geringe Rolle. Lediglich Hans Kremendahl (SPD) bestand beharrlich auf Aus-

[16] AAW Berlin, VA 10554: Bestimmung der Position der Akademie der Wissenschaften der DDR zur Gründung einer Akademie der Wissenschaften in Westberlin, 28. Februar 1986 (Diskussionsgrundlage zur Vorbereitung einer Sekretariatsvorlage).

[17] Ebd.

[18] Ebd.

[19] Ebd.

sagen zu dieser Frage.[20] Der Vorsitzende des Gründungsausschusses, Klaus Pinkau, bemerkte dazu, Berlin könne mit Recht einen Anspruch erheben, der über die unmittelbaren Grenzen dieser Stadt hinausgeht, habe aber zugleich im politischen Geschehen eine „exzentrische Lage", und darin liege der besondere Reiz, die Akademie gerade hier zu verwirklichen; natürlich wolle sie auch mit der DDR, der Sowjetunion, Frankreich, Großbritannien, Italien und den USA in Wechselwirkung treten.[21] Das deutsch-deutsche Klima auf dem Gebiet der Wissenschaftsbeziehungen verbesserte sich 1986 speziell in bezug auf West-Berlin definitiv. Zum positiven Ausgang der Verhandlungen um ein Kulturabkommen zwischen den beiden deutschen Staaten, dessen Wortlaut in der Bundesrepublik bereits vor dem offiziellen Abschluß veröffentlicht wurde,[22] betonte Johannes Kuppe im *Deutschland Archiv*, daß damit zwei bislang bestehende Hindernisse beseitigt werden konnten: „Die volle Einbeziehung von Berlin (West) ist gewährleistet (Art. 13), und die jahrelang von der DDR geforderte ‚Rückverlagerung' von Beständen der ‚Stiftung Preußischer Kulturbesitz' wird nicht mehr zur Vorbedingung erhoben (‚Gemeinsame Protokollerklärung'). Gerade dieses Kulturabkommen macht deutlich, daß trotz fortbestehender grundsätzlicher Gegensätze zwischen beiden deutschen Staaten ein nicht unbeträchtlicher Spielraum für praktische Verbesserungen der innerdeutschen Beziehungen besteht."[23] In diesem verbesserten Klima erblickte Diepgen neue Möglichkeiten auch für Westberlin. Vor dem Hamburger *Übersee-Club* votierte er am 4. Februar 1986 für eine pragmatische Deutschlandpolitik, die darauf ziele, die Gemeinsamkeiten durch Zusammenarbeit zu vertiefen, aber frei von Illusionen sei. In einem auf dieser Rede fußenden Aufsatz heißt es: „Natürlich will sich die DDR mit einer solchen Zusammenarbeit selbst stabilisieren und ihre Reputation erhöhen. Wir erhoffen uns dagegen von einer solchen Zusammenarbeit vor allem eine Stärkung des menschlichen Miteinander im geteilten Deutschland. Wer diese unterschiedlichen Zielsetzungen erkennt, kann behutsam und nüchtern möglichst viel seines eigenen Interesses durchsetzen. Der anderen Seite wird er es ebenso zugestehen müssen."[24] In diesem Zusammenhang nannte Diepgen den Technologietransfer, auch wenn nicht explizit von Wissenschaftskooperation die Rede war. Dieser deutschlandpolitische Realismus blieb im Westen nicht unwidersprochen. So prangerte ein Kommentator im *Deutschland Archiv* die Verfechter eines „Berliner Sonderweges" der „Normalisierung mit seinem Umland"[25] an; er argumentierte, noch ganz in der Logik des Kalten Krieges, dieser Weg könne letztlich nur zum Anschluß West-Berlins an die DDR führen und sei von der DDR auch so gemeint. Er drohte, die Protagonisten einer solchen Politik dürften sich „nicht wundern, wenn das Engagement der deutschen Wirtschaft in Berlin erlahmt".[26]

[20] Protokoll des Ausschusses für Wissenschaft und Forschung, 31. Sitzung, 3. November 1986, in: *Jb. der AWB 1987*, S. 318.

[21] Ebd., S. 325.

[22] „Dokumentation", S. 219–221.

[23] Kuppe, „Forcierte Gangart", S. 229.

[24] Diepgen, „Perspektiven", S. 272.

[25] Ralph Georg Reuth: „Normalisierung à la Diepgen", in: *FAZ* vom 30. September 1986, S. 12.

[26] Seiffert, „Zur Rolle Berlins", S. 1273f.

Im April 1986 fand in West-Berlin ein Wechsel im Amt des Senators für Wissenschaft und Forschung statt, an die Stelle von Kewenig trat der Jurist George Turner. Wie es scheint, hat dieser den von seinem Amtsvorgänger aufgenommenen Kontakt erst im März 1987 fortgesetzt, kurz vor der Verabschiedung des Akademiegesetzes durch das Abgeordnetenhaus. Obwohl sich im Berliner Jubiläumsjahr die generelle politische Atmosphäre zwischen Ost- und West-Berlin wieder verschlechterte und es zu den gegenseitigen Besuchen der jeweiligen Jubiläums-Festakte durch Diepgen und Honecker, zu denen Einladungen ausgetauscht worden waren, letztlich nicht kam, hat die Anbahnung der Akademiebeziehungen darunter offenbar nicht gelitten.

2. Die Berliner Akademiekontakte und die Frage der Rechtsnachfolge der Preußischen Akademie der Wissenschaften

Die Frage der Rechtsnachfolge hätte durchaus zum zentralen Stein des Anstoßes für die Berliner Akademiebeziehungen werden können. Daß sie es nicht wurde, ist dem pragmatischen Herangehen auf beiden Seiten zuzuschreiben und ist ein Indiz dafür, wie flexibel die deutsch-deutschen politischen Beziehungen um die Mitte der achtziger Jahre bereits geworden waren. Sie hat die Entwicklung der Kontakte zwar tangiert, aber nicht blockiert.

Historisch wurzelt diese Frage in Vorgängen der unmittelbaren Nachkriegszeit. Die westlichen Besatzungsmächte waren an der Weiterführung der PAW, deren in Berlin verbliebene Mitglieder ihre Arbeit fortgesetzt und am 21. Juni 1945 im Harnack-Haus in Berlin-Dahlem Johannes Stroux zum neuen Präsidenten gewählt hatten, offenbar nicht interessiert. Jedenfalls beschloß die Alliierte Kommandantur am 27. Oktober 1945, den Etat für die Akademie im Haushalt des Berliner Magistrats zu streichen; dieser Beschluß wurde am 15. März 1946 noch einmal erneuert. In dieser Lage bot sich für die Akademie, die am 27. Dezember 1945 ihren Namen in *Deutsche Akademie der Wissenschaften* änderte, als existenzsichernder Ausweg die Unterstellung unter die *Deutsche Zentralverwaltung für Volksbildung* (DZVV) in der Sowjetischen Besatzungszone an. Dem gemeinsam von Stroux und dem DZVV-Präsidenten Paul Wandel eingereichten Antrag auf Wiedereröffnung gab der Oberste Chef der Sowjetischen Militäradministration in Deutschland mit dem Befehl Nr. 187 statt.[27] Die westlichen Alliierten hatten die Gelegenheit zur Einflußnahme selbst aus der Hand gegeben, verzichteten auf Proteste und waren auf der feierlichen Eröffnungsveranstaltung der DAW vertreten.[28] Nach der Spaltung Berlins befand sich so die West-Berliner Verwaltung in der Akademiefrage in keiner besonders günstigen Situation. Immerhin konnte sie sich den Umstand zunutze machen, daß in ihrem Zuständigkeitsbereich ein kleiner Teil des Vermögens der ehemaligen PAW vertreten war. Der CDU-SPD-Senat un-

[27] Hartkopf/Wangermann, *Dokumente*, Nr. 125, S. 456f.; Nr. 132, S. 464; Nr. 136, S. 467–472.

[28] Nötzoldt, „Wissenschaft in Berlin“, S. 127–129; Nötzoldt, *Steinitz und die Akademie*, S. 27f. und 32f.

ter Otto Suhr stellte sich auf den Standpunkt, daß die PAW keineswegs in die DAW übergegangen sei, sondern vielmehr juristisch fortbestehe. Davon ausgehend bestellte am 14. Juni 1955 der damalige Volksbildungssenator Joachim Tiburtius den Charlottenburger Rechtsanwalt Prof. Dr. Werner Küster zum *Notvertreter* für die PAW; am 17. Februar 1956 sprach der Justizsenator Valentin Kielinger die Ernennung des gleichen Anwalts zum *Ersatzvorstand* für zwei früher bei der PAW bestehende Stiftungen – die Albert-Samson-Stiftung und die Hermann und Elise geb. Heckmann Wentzel-Stiftung[29] – aus.

Bei Aufnahme der Akademiekontakte war sich die DDR-Seite nicht sicher, ob die Gegenseite nicht, ungeachtet des in der Gründungsdenkschrift ausgesprochenen Verzichts, doch noch in irgendeiner Weise auf der Rechtsnachfolge bestehen würde. Diese Skepsis kommt in Klars Einschätzung vom März 1986 zum Ausdruck: Die Denkschrift erkläre zwar, daß die AWB rechtlich nicht an die PAW anknüpfe, sage aber nichts darüber, daß die Rechtsnachfolge der AdW nach der PAW anerkannt werde; dies lasse dem Senat von Berlin (West) erheblichen Spielraum, um auf die PAW zurückzugreifen.[30] In dem Anfang 1986 verfaßten Entwurf eines Schreibens von Scheler an Turner wird Besorgnis über Presseveröffentlichungen (*Die Welt* vom 16. Dezember 1985) ausgedrückt, in denen die Notwendigkeit der Errichtung einer Akademie in Berlin (West) mit dem Argument begründet werde, daß die PAW keinen Rechtsnachfolger habe.[31]

Im Oktober 1987 kam es zu einem Treffen von Scheler und Turner. Nach der Gesprächsdirektive brachte Scheler die Erwartung seiner Akademie zum Ausdruck, daß der Senat von Berlin (West) die Tätigkeit des *Notvertreters* beenden und die in Westberlin gelegenen Vermögenswerte der PAW an die AdW zurückgeben solle; in einer der Direktive beigefügten Anlage wird festgestellt, daß 1969/70 seitens der DDR eine Dokumentation dieser Vermögenswerte erarbeitet und der Abschlußbericht im Januar 1971 dem Leiter des Amtes für Rechtsschutz des Vermögens der DDR übermittelt worden sei.[32] Turners Antwort auf den von Scheler und Grote vertretenen Standpunkt wird in der Gesprächsnotiz folgendermaßen wiedergegeben: „Senator Turner erklärte, daß er zwar grundsätzlich Kenntnis von der Existenz eines solchen Notvertreters habe, über eine ausreichende Sachkunde bezüglich der Grundlagen seines Einsatzes sowie seiner praktischen Tätigkeit jedoch gegenwärtig nicht verfüge. Er sei bereit, die diesbezüglichen Sachverhalte zu prüfen und sich in Abhängigkeit vom Prüfungsergebnis im Rahmen des Möglichen um die Ausräumung dieses Problems zu bemühen. Gleichzeitig erklärte er in diesem Zusammenhang, daß sich beide Seiten bemühen sollten, ‚keine unnötigen Hürden aufzurichten', die die Entwicklung sachlicher Beziehungen behindern könnten, und ‚keine Bedingungen' für die Auf-

[29] Hartkopf/Wangermann, *Dokumente*, Nr. 75, S. 349–357, und Nr. 78, S. 368–374.

[30] AAW Berlin, VA 13977: Einschätzung von Klar für Grote, 27. Januar 1986.

[31] AAW Berlin, VA 16318: Scheler an Turner, Briefentwurf Anfang Dezember 1986.

[32] AAW Berlin, VA 16318: Direktive für ein Gespräch des Präsidenten der Akademie der Wissenschaften der DDR, Gen. Prof. Dr. Werner Scheler, mit dem Senator für Wissenschaft und Forschung von Berlin (West), Prof. Dr. George Turner (Oktober 1987).

nahme und Entwicklung solcher Beziehungen zu postulieren, ‚von denen man dann nicht wieder herunter' kommt. Ggf. müßten bestimmte Problemfelder zumindest zunächst ganz ausgeklammert werden."[33]

In einem wenig später mit Kröber geführten Gespräch gab Helmut Meier zu erkennen, daß Senator Turner von der durch Grote aufgeworfenen Frage nach der Rückgabe von Vermögenswerten der PAW völlig überrascht worden sei, da er zwischen seinem Gesprächsanliegen und diesen Vermögenswerten keinen Zusammenhang gesehen habe. Die Notiz über diese Begegnung, die im Rahmen eines Erlanger Werkstattgespräches stattfand, wurde von Kröber eigens für Scheler angefertigt und nicht in seinen Reisebericht aufgenommen, offensichtlich auf Wunsch von Meier, der darauf Wert legte, daß unterhalb der Ebene offizieller Verhandlungen seine Position mit allen Nuancen exakt an die DDR-Seite übermittelt würde. Nach dieser Notiz hatte Meier erläutert, daß zwei Aspekte des Problems zu unterscheiden seien: „1) Das Vermögen selbst, das nicht nur Werte der alten Preußischen Akademie der Wissenschaften, sondern auch der Friedrich-Wilhelms-Universität und des ehemaligen Instituts für Meereskunde betreffe. Es existiere in Form von Wertpapieren, belaufe sich auf ca. 1 Million Mark, schließe aber keine Grundstücke ein. 2) Das schwierige Problem sei nicht das Vermögen selbst, sondern die Statusfrage. Nach Rechtsauffassung der Alliierten existiere Preußen nicht mehr und weder die BRD, noch die DDR noch Westberlin seien Rechtsnachfolger Preußens, so daß das Vermögen gewissermaßen in der Luft hänge und eben durch die Fiktion ‚Notvertreter' verwaltet würde. Mit der Westberliner Akademie der Wissenschaften habe diese Frage – nach Auffassung Prof. Meiers bzw. Senator Turners – nichts zu tun, da sie sich nicht als Rechtsnachfolgerin der Preußischen Akademie der Wissenschaften verstehe. Man befürchte, durch Verquickung beider Fragenkreise unnötige politische Verwicklungen (vor allem mit den Alliierten) heraufzubeschwören. Dennoch halte man es für möglich, falls die DDR dies wünscht, daß auf interner Ebene (ohne das Ganze an die politische und öffentliche Glocke zu hängen) ein Gespräch eines DDR-Vertreters mit dem ‚Notvertreter' zustande kommt. Dieser sei gern zu einem solchen Gespräch bereit. Ziel des Gespräches könnte sein, dem DDR-Vertreter Einsicht in die Aktenlage zu gewähren und eventuelle Schritte zur Regelung der Vermögenslage zu erörtern. Prof. Meier hielt es für möglich, daß das pure Vermögen an die DDR-Regierung übergehen könne, wenn das sogenannte ‚Statusproblem' davon nicht betroffen würde."[34]

Diese Notiz enthält sehr interessante Akzente. Unmittelbar nach dem Gespräch zwischen Turner und Scheler hatte sich Meier offenkundig gründlich informiert. Der ganze Problemkreis erwies sich als juristisch vielschichtig, insbesondere deshalb, weil die Westberliner Seite ihn nicht nur als Angelegenheit des Senats betrachtete, sondern auch alliierte Interessen involviert waren. Vor allem aber war nun, soweit man dies nicht schon dem vorhergehenden Meinungsaustausch entnehmen konnte, unzweideutig klargestellt, daß es

[33] AAW Berlin, VA 16318: Informationsgespräch des Präsidenten der Akademie der Wissenschaften der DDR, Gen. Prof. Dr. sc. med. Werner Scheler, mit dem Senator für Wissenschaft und Forschung von Berlin (West), Prof. Dr. George Turner, 21. Oktober 1987.

[34] AAW Berlin, VA 16318: Kröber: Notiz für den Präsidenten der AdW der DDR, 16. November 1987.

dem Senat von Berlin (West) nicht in erster Linie um die Vermögenswerte ging; hier war man unter Umständen bereit, der DDR sehr weit entgegenzukommen. Entscheidend war vielmehr die Aufrechterhaltung einer juristischen Statusposition.

Seitens der AdW löste diese Information einen nochmaligen Rechercheauftrag an den Leiter ihrer Rechtsstelle zur Vorbereitung auf eine weitere Begegnung Schelers mit Turner aus. Klar schrieb in der erbetenen Stellungnahme vom 31. März 1988, daß die beiden Stiftungen, für die Küster vom Senat von Berlin (West) zum „Ersatzvorstand" ernannt worden war, von der AdW fortgeführt würden, die entsprechende Leitungsorgane berufen habe und die Stiftungsaufgaben erfülle. Unter Hinweis auf die beigefügten notariell beglaubigten Abschriften der für die Berufung Küsters vom „Notvertreter" bzw. zum „Ersatzvorstand" ausgefertigten Urkunden wurde konstatiert, daß diese in alleiniger Verantwortung des Senats von Berlin (West) ohne jede Bezugnahme auf die Alliierten ausgestellt worden seien. Ferner erachtete Klar die Berufung des Senats auf eine ihm zustehende Aufsichtsfunktion für unbegründet, da die ehemalige PAW zu keiner Zeit ihren Sitz auf dem Gebiet des späteren West-Berlin gehabt habe und auch nicht den lokalen Berliner Behörden unterstellt gewesen sei. Er empfahl, gegenüber Turner zu fordern, daß der Senat von Berlin (West) den „Notvertreter" bzw. „Ersatzvorstand" abberufen und die in West-Berlin befindlichen Vermögenswerte der ehemaligen PAW an die DDR übergeben möge.[35] Nachdem Klar diese Stellungnahme mit Dr. Teupel, dem stellvertretenden Leiter des Amtes für den Rechtsschutz des Vermögens der DDR, beraten hatte, übersandte er sie am 27. April 1988 zur weiteren Verwendung an Scheler.[36]

Es zeichnete sich jedoch schon bald ab, daß die von Klar formulierten Maximalforderungen die weitere Verhandlungslinie der DDR-Seite nicht bestimmen würden. Allerdings trug Scheler während seines Gespräches mit Turner am 5. Juli 1988 den Rechtsstandpunkt der DDR noch einmal vor. Turner entgegnete jedoch, er wolle die Herstellung eines unmittelbaren Zusammenhangs zwischen der Lösung dieser Probleme und der Entwicklung der wissenschaftlichen Beziehungen unbedingt vermieden sehen, „um die sich bezüglich letzterem abzeichnende positive Entwicklung nicht zu gefährden. Man solle die mit den in Berlin (West) belegenen Vermögenswerten verbundenen Probleme auch keineswegs überbewerten – es sei lediglich dem Territorialprinzip folgend eine Treuhänderschaft errichtet worden, die noch dazu einen vergleichsweise geringen materiellen Wert zum Gegenstand habe. Natürlich lägen dem festgeschriebene Rechtspositionen zugrunde, die aufzuheben oder etwa in Gesprächen zwischen Experten seines Verantwortungsbereiches und der AdW der DDR weiter untersuchen und bewerten zu lassen, nicht in seiner Kompetenz liege. Eine diesbezügliche Entscheidung könne nur auf einer ‚höheren politischen Ebene' getroffen werden, wobei nach seiner Vorstellung eine separate Diskussion dieser Problematik kaum realisierungsfähig sei, sondern eine Klärung nur ‚im Paket' und ‚gebündelt' mit anderen

[35] AAW Berlin, VA 10554: Stellungnahme der Rechtsstelle der AdW der DDR zur Frage des „Notvertreters der PAW", 31. März 1988.

[36] AAW Berlin, VA 13977: Klar an Scheler, 27. April 1988.

zwischen dem Senat von Berlin (West) und der DDR noch in der Diskussion befindlichen Problemen – einschl. eventueller Gegenforderungen der Westberliner Seite – erfolgen könne. Senator Turner erklärte, daß er in diesem Sinne an den Regierenden Bürgermeister herantreten wird, um dessen Entscheidung bezüglich eines möglichen weiteren Vorgehens herbeizuführen, die er seinerseits dann dem Präsidenten der AdW der DDR mitteilen wird."[37]

Praktisch wurde jedoch genau so verfahren, wie Senator Turner angeregt hatte. Die DDR-Seite löste stillschweigend die Kopplung zwischen dem Statusproblem und der Frage einer wissenschaftlichen Zusammenarbeit; im direkten Meinungsaustausch zwischen Scheler und Albach spielte das Statusproblem de facto keine Rolle mehr. Wie entsprechende Schwierigkeiten pragmatisch umgangen wurden, zeigt vielleicht am deutlichsten ein Punkt aus den am 7. Juli 1988 zwischen Scheler und Albach getroffenen Vereinbarungen: Die Gesprächspartner verständigten sich aus gegebenem Anlaß darüber, daß und auf welche Weise fehlgeleitete Postsendungen (Briefe, Telegramme, Fernschreiben u. a.), die sich „auf Grund der nicht genügend klaren Abhebung der Namensgebung der Westberliner Akademie als ‚Akademie der Wissenschaften zu Berlin' bereits ergeben haben und voraussichtlich weiter ergeben werden, über die genannten Beauftragten dem jeweils richtigen Empfänger zugeleitet werden".[38]

3. Das Jahr 1987: Von den Präliminarien zu den Akademiegesprächen

1987 feierten beide Teile Berlins das 750jährige Bestehen der Stadt. Es war eine unikale Konstellation: West- und Ost-Berlin banden zwar das Jubiläum in konträre politische Strategien ein, doch da es auf beiden Seiten um die politische Verwertung ein und desselben Anlasses ging, war es unvermeidlich, daß selbst die Konfrontation Elemente der Gemeinsamkeit hervortreten ließ. Die einzige populäre Institution, die systemübergreifend agieren konnte – die Evangelische Kirche Berlin-Brandenburg –, tat das ihre, um durch symbolische Akte dieses Gemeinsame zu betonen. Ihr Bischof Gottfried Forck überreichte den Oberhäuptern der beiden Stadthälften feierlich Faksimiles der im evangelischen Domstift zu Brandenburg/Havel aufbewahrten Urkunden, in denen die Gemeinden Berlin und Coelln erstmals erwähnt sind – am 14. April an den Ost-Berliner Oberbürgermeister Erhard Krack, am 25. April (während eines Gottesdienstes in West-Berlin, mit dem der kirchliche Teil der 750-Jahr-Feiern eröffnet wurde) an den Regierenden Bürgermeister Eberhard Diepgen.

[37] AAW Berlin, VA 16318: Information über das Gespräch des Präsidenten der Akademie der Wissenschaften der DDR, Gen. Prof. Dr. sc. med. W. Scheler, mit dem Senator für Wissenschaft und Forschung von Berlin (West), Prof. Dr. George Turner, 5. Juli 1988.

[38] AAW Berlin, VA 10554: Information über ein Gespräch des Präsidenten der Akademie der Wissenschaften der DDR, Gen. Prof. Dr. sc. med. Werner Scheler, mit dem Präsidenten der Westberliner Akademie der Wissenschaften, Prof. Dr. Horst Albach, 7. Juli 1988.

Letzterer hatte das Jahr mit einer großen Rede vor der Deutschen Gesellschaft für Auswärtige Politik in Bonn eingeleitet, in der er unter dem Titel „Berlin im Kräftefeld der Ost-West-Beziehungen. Perspektiven für eine geteilte Stadt" aus Anlaß des Stadtjubiläums seine Berlin-Strategie grundsätzlich darlegte.[39] Darin schilderte er die einzigartige Position der Stadt und wies zugleich auf ein aktuelles Risiko hin: „Das notwendige westliche Festhalten am Status quo für West-Berlin bei gleichzeitiger westlicher pragmatischer und beweglicher Politik gegenüber Ost-Berlin bringt für West-Berlin die Gefahr eines Status-quo-Minus. Dieser könnte darin bestehen, daß Ost-Berlin sich außenpolitisch mehr und mehr in der Hauptstadtrolle verdeutlicht, während deutschlandpolitisch der Anschein eines reduzierten Drei-Mächte-Status mit allen Folgen eingeschränkter Handlungsmöglichkeiten West-Berlins verstärkt wird."[40] Um dieser Gefahr zu begegnen, entwickelte Diepgen eine großangelegte Strategie. Vor allem müsse West-Berlin „wie kein anderer Ort der Platz sein, wo entscheidende Fragen der Zukunft gestellt werden, wo der Seismograph der freien Gesellschaft steht. Mit der Anhäufung verlängerter Werkbänke und substanzlosen Solidaritätsbekundungen würde die Freiheit Berlins schließlich verkümmern. Berlin hätte als Museum der zwanziger Jahre und der Nachkriegsentwicklung keine Zukunft".[41] West-Berlin brauche zwar zum Ausgleich seiner Standortnachteile eine besondere Hilfe. „Aber darüber hinaus besinnen wir uns auf unsere eigenen Kräfte, auf das wissenschaftliche Potential der Stadt, auf die Eigensubstanz der kulturell kreativen Menschen, auf die vielen einmaligen Standortvorteile Berlins."[42] In diesem Zusammenhang nannte Diepgen die bevorstehende Gründung der AWB. Sie war als wissenschaftspolitische Dominante des Jubiläumsjahres in West-Berlin vorgesehen und stellte nach den Intentionen des Senats einen entscheidender Baustein für die angestrebte Zukunftsorientierung der Stadt dar. Dies alles wurde in deutschlandpolitische Erwägungen eingebettet: Die Hauptsorge vor der Verabschiedung des Grundlagenvertrages, er würde zum Auseinanderleben der Nation führen, habe sich als nicht berechtigt erwiesen, die Menschen in beiden deutschen Staaten empfänden sich 25 Jahre nach dem Mauerbau wieder mehr als Deutsche. Diepgen forderte die Bereitschaft zum Dialog mit der anderen Seite und verwies auf zahlreiche Probleme unterhalb der Ebene der Macht- und Systemfragen, die für einen solchen Dialog geeignet seien. Es liege auch im westlichen Interesse, daß durch wirtschaftliche und technologische Zusammenarbeit die objektiven Interessen der DDR auf Kooperation mit dem Westen gerichtet blieben.

Die künftige AWB hatte in ihrem politischen Umfeld also grünes Licht für die Öffnung nach Ost-Berlin, entsprechende Initiativen wurden nicht nur toleriert, sondern ausdrücklich politisch gefordert. Das verdient festgehalten zu werden, weil sie schon bald in eine Si-

[39] AAW Berlin, VA 16318: „Berlin im Kräftefeld der Ost-West-Beziehungen. Perspektiven für eine geteilte Stadt". Rede-Dokumentation des Regierenden Bürgermeisters Eberhard Diepgen vor der Deutschen Gesellschaft für Auswärtige Politik in Bonn am 8. Januar 1987.

[40] Ebd.

[41] Ebd.

[42] Ebd.

tuation geriet, in der ihr der politische Rückhalt für die mühsam aufgebauten Arbeitskontakte zur AdW wieder abhanden kam. 1987 aber hatte sie in Parlamentsmehrheit und Senat in West-Berlin jede nur gewünschte Unterstützung. Uwe Schlicht leitete eine im Januar veröffentlichte Betrachtung zum Akademieprojekt mit der Bemerkung ein, daß sich in Berlin künftig zwei Akademien auf Leibniz berufen würden: „Aber für beide Akademien ist Leibniz wohl eher ein Name, mit dem man sich gerne schmückt, als eine die Konzeption der Akademie bestimmende Größe."[43] Turner griff wenig später das Motiv des Vergleiches der beiden sich auf Leibniz berufenden Akademien auf: „Zwei Akademien, zwei Konzepte, die jedoch gleichermaßen mit herkömmlichen Akademiestrukturen brechen".[44] Im Unterschiedlichen fand man immer wieder Gemeinsames – die AWB und die AdW, so unterschiedlich sie auch angelegt waren, begegneten sich in der Devianz vom herkömmlichen Akademiemodell.

Bei der zweiten Lesung des Akademiegesetzes im Abgeordnetenhaus am 12. März 1987 erklärte Turner, „daß die Akademie eine völlige Neugründung darstellt, die zwar in der Tradition der im Jahre 1700 gegründeten Preußischen Akademie der Wissenschaften steht, jedoch keinerlei Anspruch auf deren Rechtsnachfolge erhebt. [...] Die Akademie wird offen sein für deutsch-deutsche Zusammenarbeit auch unter dem Dach des deutsch-deutschen Kulturabkommens".[45] Das nächste Gespräch zwischen Turner und Scheler kam erst nach einigen Verzögerungen zustande. Scheler sagte mehrere bereits vereinbarte Termine ab. Man kann vermuten, daß die DDR-Führung vor dem Honecker-Besuch in der Bundesrepublik bindende Festlegungen vermeiden wollte. Am 30. Juni 1987 schrieb Turner an Scheler; er unterrichtete ihn von der Konstituierung der AdW und der Wahl von Horst Albach zu deren Präsidenten und fügte die Liste der Gründungsmitglieder sowie den Text des Akademiegesetzes bei.[46] Unmittelbar vor der Abreise Honeckers nach Bonn war in der Führung der SED offenbar über das Verhältnis zu West-Berlin beraten worden. Scheler wurde am 27. August durch Außenminister Fischer von der Entscheidung der Arbeitsgruppe des Politbüros zum beabsichtigten Gespräch mit Turner unterrichtet.[47]

Das am 8. September in Bonn in Anwesenheit Erich Honeckers und Helmut Kohls unterzeichnete *Abkommen zwischen der Regierung der Bundesrepublik Deutschland und der Regierung der Deutschen Demokratischen Republik über die Zusammenarbeit auf den Gebieten der Wissenschaft und Technik* enthielt im Artikel 7 – analog zum bereits gültigen Kulturabkommen – eine Klausel, die die Geltung des vereinbarten Textes auf Berlin (West) ausdehnte.[48] Damit konnten sich die Akademiekontakte auf zwei deutsch-deutsche Regierungsabkommen stützen. Die Reden des Festaktes, mit dem am 10. Oktober 1987 in Anwesenheit

[43] Uwe Schlicht, „Eine Arbeitsakademie ist gefragt. Der Plan für eine Akademie der Wissenschaften in West-Berlin ist umstritten", in: *Der Tagesspiegel* vom 18. Januar 1987, Sonntagsbeilage.

[44] Turner, „Der Großrat", S. 177.

[45] Abgeordnetenhaus, 48. Sitzung, 12. März 1987, in: *Jb. der AWB 1988*, S. 432f.

[46] AAW Berlin, VA 10554: Turner an Scheler, 30. Juni 1987.

[47] Der Text dieses Schreibens konnte in den Akten noch nicht nachgewiesen werden.

[48] „Abkommen", S. 1348f.

des Bundespräsidenten die AWB im Reichstag feierlich eröffnet wurde,[49] enthielten deutliche Avancen an die Adresse der AdW. Diepgen bemerkte in seiner Ansprache, er hoffe, „daß sich mittelfristig auch die Kooperation mit der Akademie der Wissenschaften im anderen Teil der Stadt ergeben wird. [...] Die Fragen, denen sich die Akademie der Wissenschaften zu Berlin widmen wird, sind system- und grenzüberschreitend."[50] Präsident Albach gab ein ironisches Signal: Er flocht ein Zitat ein, das sich auf Friedrich Wilhelm I. und dessen Entscheidung bezog, den königlichen Spaßmacher David Fassmann zum Akademiepräsidenten zu bestellen.[51] Ein selbstbewußter Präsident mochte wohl mit dem Gedanken spielen, daß sich unter der Narrenkappe Wahrheiten sagen lassen, die andernfalls übel vermerkt würden, doch die eigentliche Brisanz der Passage bestand darin, daß das vor West-Berliner Prominenz ausgesprochene Zitat aus einer gerade auf den Markt gekommenen Ost-Berliner Publikation stammte, die von Wissenschaftshistorikern der AdW aus Anlaß des Berlin-Jubiläums verfaßt worden war.[52]

Das lange verschobene Gespräch mit Turner, das nach der Direktive seitens der DDR-Vertreter bloßen Informationscharakter tragen sollte,[53] kam schließlich am 21. Oktober in den Diensträumen Schelers zustande. Von Ost-Berliner Seite nahmen daran noch Grote und Kirmse, von West-Berliner Seite Senatsrat Elstermann teil. Turner betonte, daß Albach an einem direkten Gespräch mit Scheler interessiert sei, und bekundete seine Ansicht, „daß die Entwicklung von Beziehungen zwischen beiden Akademien deren beider Angelegenheit sei und der Mitwirkung des Senats von Berlin (W) nicht bedürfe". Er lud Scheler zu einem Gegenbesuch ein; dabei wolle er ihn mit Albach bekannt machen.[54]

Schon wenig später ergab sich ein interakademischer Kontakt unterhalb der Präsidentenebene. Günter Kröber suchte am 27. Oktober die AWB auf und führte dort ein Gespräch mit Helmut Meier, der inzwischen die Leitung des Wissenschaftlichen Stabes der Akademie übernommen hatte. Dabei warf Meier die Frage auf, „wie man am besten verfahren solle, um der DDR eine Mitarbeit von DDR-Wissenschaftlern an Projekten der Akademie anzutragen und ob bei einem möglichen Treffen Albach–Scheler oder Turner–Scheler Aussicht bestände, diese Frage aufzuwerfen, ohne einen negativen Bescheid zu erhalten".[55]

[49] Scheler mußte die vom Regierenden Bürgermeister Diepgen an ihn gerichtete Einladung ausschlagen. Vgl. AAW Berlin, VA 10554: Notiz für den Präsidenten, 21. September 1987.

[50] Diepgen, „Wissenschaft und Politik", S. 134.

[51] Albach, „Akademie", S. 136.

[52] Das Zitat lautet: „Nahmen es einzelne kluge Männer auf sich, auch im wohlverstandenen Eigeninteresse der Wissenschaft die Narrenkappe zu tragen, weil diesem König kaum anders als in solcher Verfremdung und Verkleidung die Wahrheit gesagt werden konnte?" (Zit. nach Laitko, *Wissenschaft*, S. 57.)

[53] AAW Berlin, VA 16318: Direktive für ein Gespräch des Präsidenten der Akademie der Wissenschaften der DDR, Gen. Prof. Dr. Werner Scheler, mit dem Senator für Wissenschaft und Technik von Berlin (West), Prof. Dr. George Turner.

[54] AAW Berlin, VA 16318: Informationsgespräch des Präsidenten der Akademie der Wissenschaften der DDR, Gen. Prof. Dr. sc. med. Werner Scheler, mit dem Senator für Wissenschaft und Forschung von Berlin (West), Prof. Dr. George Turner, 21. Oktober 1987.

[55] AAW Berlin, VA 10554: Kröber, Sofortbericht, 29. Oktober 1987.

Eine weitere Begegnung zwischen beiden fand bei Gelegenheit des XVI. Erlanger Werkstattgespräches vom 5. bis 8. November 1987 statt. Meier bekräftigte den Wunsch Albachs nach einer Zusammenkunft mit Scheler und erörterte mit Kröber die Punkte, die Gegenstand einer solchen Zusammenkunft sein könnten.[56] Damit war nach ausgedehnten Präliminarien der Boden für direkte Verhandlungen zwischen beiden Akademien bereitet. Am 13. November wandte sich Albach mit dem Vorschlag eines Gespräches an Scheler.[57]

4. Das Jahr 1988: Interakademischer Dialog

Nachdem die AWB konstituiert war, durfte die AdW damit rechnen, in ihr eine Partnerinstitution für Vereinbarungen auf lange Sicht zu finden. Da sich der bisherige Gang der Meinungsbildung fast ausschließlich auf die Frage der allgemeinen politischen Opportunität einer eventuellen Kooperation beschränkt hatte, mußte die AdW nun zu einem Urteil darüber gelangen, was von der neuen Institution wissenschaftlich zu erwarten war und worin ihre spezifisch wissenschaftspolitische Bedeutung bestand. Im Auftrag der Akademieleitung verfaßte Klaus-Dieter Wüstneck, Mitarbeiter des ITW, im Winter 1987/88 eine umfangreiche Studie unter dem Titel „Zur Gründung der Akademie der Wissenschaften in Westberlin – erste Analyse, Wertung und Schlußfolgerungen aus wissenschaftspolitischer und wissenschaftsorganisatorischer Sicht".[58] Dabei stützte er sich ausschließlich auf publiziertes Material, wobei er mit hoher Vollständigkeit die westliche Pressediskussion um die Akademiefrage erfaßte. Die Studie sollte das erreichbare Wissen über die AWB und das Umfeld ihrer Entstehung und Tätigkeit so umfassend wie möglich darstellen. Sie trägt daher über weite Strecken berichtenden Charakter, enthält aber zugleich kreative Wertungen und Hypothesen. Alle wesentlichen Argumente, die in der Westberliner Debatte gegen die Akademiegründung vorgebracht wurden, werden darin kritisch erörtert. Mit dem Forschungshintergrund des ITW ausgestattet, vermochte Wüstneck die innovativen Züge des Westberliner Akademiekonzepts auf Anhieb zu erkennen. Wesen und Funktion der Akademie seien nicht in erster Linie aus der besonderen Situation West-Berlins zu erklären. Sie sei eine Reaktion auf neuartige gesellschaftliche Erfordernisse, vor denen die sozialistischen Staaten ebenso wie die westlichen Länder ständen. Zugleich existiere dieses Problemfeld „auch in gewissem Maße als systemübergreifend, d. h. als global zu lösender Aufgabenkomplex, als Herausforderung für die Weltzivilisation". Albachs Einschätzung, die neue Akademie wäre eine Innovation in der Wissenschaftslandschaft, sei „zwar anspruchsvoll, erweist sich aber bei näherer Betrachtung als durchaus zutreffend. Es handelt sich also um

[56] AAW Berlin, VA 10554: Kröber, Notiz für den Präsidenten der Akademie der Wissenschaften der DDR, Gen. Prof. Dr. Werner Scheler, 16. November 1987.

[57] AAW Berlin, VA 10554: Albach an Scheler, 13. November 1987.

[58] AAW Berlin, VA 10554: Wüstneck, Zur Gründung der Akademie der Wissenschaften in Westberlin – erste Analyse, Wertung und Schlußfolgerungen aus wissenschaftspolitischer und wissenschaftsorganisatorischer Sicht (maschr. Ms.).

einen nicht nur wissenschaftspolitisch interessanten, sondern auch wissenschaftsorganisatorisch innovativen und damit auch für die marxistische Wissenschaftsforschung relevanten Vorgang".[59] Die Funktion der neuen Akademie sah Wüstneck in erster Linie in hochklassiger Politikberatung. Dazu müsse sie mit dem Forschungsprozeß der Gesamtwissenschaft verbunden sein, zugleich aber wegen ihrer besonderen Arbeitsweise und Projektorientierung eigenständig operieren können. Eine solche „Beratungsakademie" sei eine wirkliche Neuerung. In ihrer politischen und funktionellen Ausrichtung sah Wüstneck keinerlei Hindernis für eine gedeihliche Kooperation. Wenn die westliche Seite die intersystemare Kooperation als Mittel für einen „Wandel durch Annäherung" in der DDR betrachte,[60] so müsse die DDR umgekehrt eine ähnliche Strategie verfolgen. Für die DDR sei eine Mitarbeit zweckmäßig, weil ihr Wissenschaftssystem „vor der Aufgabe der Erforschung und Projektbearbeitung in vieler Hinsicht gleichartiger realer gesellschaftlicher Probleme der Bewältigung des wissenschaftlich-technischen Fortschritts steht".[61]

In dieser Situation, als beide Seiten noch von einem längerfristigen Nebeneinander der Systeme ausgingen – die Vorgänge der Jahre 1989/90 waren ein nichtprognostizierbarer Trendbruch –, war die (hier nur angedeutete) detaillierte Argumentation Wüstnecks eine schlüssige Grundlage für eine mögliche Kooperationsstrategie der AdW und der DDR überhaupt. Die Vorhabenliste des WTZ-Abkommens schloß in Westberlin eine Reihe von Universitätsinstituten und von Instituten der außeruniversitären Forschung ein, auf Ost-Berliner Seite waren neben Einrichtungen der Universitäten und der Industrieforschung auch verschiedene Institute der AdW involviert.[62] Der stellvertretende Generalsekretär der AdW Peter Sydow übermittelte am 11. März an den Leiter der Abteilung Wissenschaften des ZK der SED einen in dessen Auftrag erarbeiteten Entwurf von Vorstellungen zur Entwicklung von Wissenschaftsbeziehungen mit Einrichtungen in West-Berlin.[63] In diesem Papier wurden die alten Abgrenzungsmaximen zwar noch nicht über Bord geworfen, aber doch beträchtlich gelockert. Sydow schlug vor, neue Beziehungen zu Einrichtungen in West-Berlin vorzubereiten: erstens Direktbeziehungen zur AWB durch Abschluß einer entsprechenden Vereinbarung; zweitens Projektvereinbarungen mit naturwissenschaftlichen Instituten der TU; drittens Beziehungen zu Einrichtungen der MPG mit Sitz in Berlin (West) auf der Grundlage einer Vereinbarung mit der MPG,[64] viertens Aufnahme von Beziehungen zu ausgewählten gesellschaftswissenschaftlichen Instituten der FU mit

[59] Ebd.

[60] Burrichter, „Möglichkeiten und Grenzen".

[61] AAW Berlin, VA 10554: Wüstneck, Zur Gründung der Akademie der Wissenschaften in Westberlin – erste Analyse, Wertung und Schlussfolgerungen aus wissenschaftspolitischer und wissenschaftsorganisatorischer Sicht (maschr. Ms.).

[62] Scheler, *Akademie der Wissenschaften*, S. 352f.

[63] AAW Berlin, VA 13977: Zum Stand der Wissenschaftsbeziehungen der AdW der DDR mit Einrichtungen in Berlin (West) und Möglichkeiten ihrer weiteren Entwicklung (erarbeitet im März 1988).

[64] MPG-Präsident Heinz A. Staab besuchte am 20. und 21. April 1988 die AdW, besichtigte mehrere Institute und führte Gespräche über mögliche Beziehungen zwischen beiden Institutionen.

dem Ziel, über wissenschaftlichen Austausch und gegenseitige Nutzung von Bibliotheksbeständen Voraussetzungen für spätere projektorientierte Zusammenarbeit zu schaffen. Fünftens wurde zu bedenken gegeben, ob man nicht die großen Potentiale der *Historischen Kommission zu Berlin*, des *Wissenschaftszentrums Berlin für Sozialforschung* und des *Wissenschaftskollegs*, die bislang aufgrund außenpolitischer Entscheidungen der DDR von den Wissenschaftskontakten ausgenommen waren, in Zukunft ebenfalls nutzen könnte, „zumal andere sozialistische Staaten dies bereits in wachsendem Umfang tun".[65]

Wenige Tage nach der Vorlage dieses Arbeitspapiers schrieb Albach am 16. März an Scheler und regte unter Bezugnahme auf das im Haus der DFG in Bonn geführte Gespräch[66] ein baldiges Treffen an[67]; zwei Tage später folgte ein Brief von Senator Turner.[68] Die politische Situation war inzwischen komplizierter geworden. Das konzentrierte Auftreten von Bürgerrechts-Aktivisten bei der Liebknecht-Luxemburg-Demonstration in Ost-Berlin im Januar 1988 hatte der DDR-Führung signalisiert, daß ihre Macht erschüttert und die politische Opposition in der eigenen Bevölkerung im Wachsen war, mit der Verhaftung von über 100 Demonstranten, einer schlecht überlegten Panikreaktion, bekundete sie ihre extreme Verunsicherung. Um so dringlicher erschien es ihr, durch Arrangements mit der Bundesrepublik Deutschland und insbesondere auch mit West-Berlin die eigene Position zu stabilisieren. Einige Wochen nach der Demonstration verhandelten Honecker und Diepgen im Schloß Niederschönhausen. Am 3. Juni nahm am Landesparteitag der SPD auch eine Delegation der SED unter dem Abteilungsleiter des ZK, Gunter Rettner, teil. In dieser Atmosphäre ging Scheler in die nächste Verhandlungsrunde. In Begleitung von Grote und Kirmse suchte er am 5. Juli Turner in dessen Amtssitz auf; von West-Berliner Seite nahmen auch Turners persönlicher Referent Dieter A. Wortmann sowie Senatsrat Elstermann teil. Scheler bekundete die Bereitschaft seiner Institution, direkte Beziehungen zwischen Einrichtungen der AdW und West-Berliner wissenschaftlichen Institutionen (auch über die AWB hinaus) aufzunehmen und Formen einer vertraglich geregelten und projekt- oder themenbezogenen Zusammenarbeit zu entwickeln. Er übergab eine Aufstellung von vier Projekten, mit deren gemeinsamer Bearbeitung sofort begonnen werden könnte.[69] Beide Seiten

[65] AAW Berlin, VA 13977: Zum Stand der Wissenschaftsbeziehungen der AdW der DDR mit Einrichtungen in Berlin (West) und Möglichkeiten ihrer weiteren Entwicklung (erarbeitet im März 1988).

[66] Am 1. Dezember 1987 fand im Haus der DFG in Bonn ein Empfang des Präsidenten Hubert Markl für eine von Scheler geleitete Delegation der AdW statt, an dem auch Albach teilnahm. AAW Berlin, VA 13977: Bericht über den Arbeitsbesuch des Präsidenten der Akademie der Wissenschaften der DDR, Gen. Prof. Dr. sc. med. Werner Scheler, in der BRD in der Zeit vom 29. November bis 4. Dezember 1987.

[67] AAW Berlin, VA 13977: Albach an Scheler, 16. März 1988.

[68] AAW Berlin, VA 13977: Turner an Scheler, 18. März 1988.

[69] Es handelte sich um die Themen: Optoelektronische Untersuchungen von III-V-Verbindungen; Farbstofflaserspektroskopie an Seltenen Erden in II-VI-Halbleitern; Untersuchungen zur Bedeutung der Z-Strukturen für die Genexpression insbesondere bei Hefe-Procaryoten; Entwicklung und Charakterisierung flüssigkristalliner Polymere. Als Partnereinrichtungen in West-Berlin wurden genannt: Institut für Festkörperphysik der TU Berlin; Institut für Technische Chemie der TU Berlin; Institut für Molekularbiologie und Biochemie der FU Berlin.

Besuch der Leitung der AWB in der AdW am 7. Juli 1988; Präsident der AdW Werner Scheler (sitzend, 2. v. l.), gegenüber v. l. n. r.: Helmut Meier, Leiter des Wissenschaftlichen Stabes der AWB, Horst Albach, Präsident der AWB, und Klaus Hierholzer, Mitglied des Vorstandes der AWB

vereinbarten die Benennung von Beauftragten für die Koordinierung der Direktbeziehungen; mit dieser Aufgabe wurden Kirmse und Wortmann betraut.[70] In einer der Gesprächsnotiz beigefügten Liste von Maßnahmen heißt es, daß unter Verantwortung des Generalsekretärs die Aufnahme einer projektgebundenen Zusammenarbeit mit Instituten der Universitäten in Berlin (West) eingeleitet werden sollte und daß auf der Grundlage der dabei gewonnenen Erfahrungen eine Zusammenarbeit zu weiteren Themen möglich sei.[71] Damit hatten sich die Verhandlungen zwischen Scheler und Turner inhaltlich von den Akademiekontakten emanzipiert.

Am 7. Juli suchte Albach in Begleitung von Klaus Hierholzer, Vorstandsmitglied der AWB, und Meier vereinbarungsgemäß Scheler in dessen Amtssitz auf. Scheler sollte laut

[70] AAW Berlin, VA 16318: Information über das Gespräch des Präsidenten der Akademie der Wissenschaften der DDR, Gen. Prof. Dr. sc. med. W. Scheler, mit dem Senator für Wissenschaft und Forschung von Berlin (West), Prof. Dr. George Turner, 5. Juli 1988.

[71] AAW Berlin, VA 16318: Schlußfolgerungen/Maßnahmen, 6. Juli 1988.

Gesprächsdirektive[72] Albachs Informationen und eventuelle Vorschläge entgegennehmen, eine Verständigung über konkrete Formen und Themen der Zusammenarbeit jedoch erst auf einem zweiten Präsidententreffen erfolgen. Auch hier wurde vereinbart, auf beiden Seiten Beauftragte zu benennen, die künftig den laufenden Kontakt zwischen den zwei Einrichtungen aufrechterhalten sollten; diese Aufgabe wurde Kirmse und Meier übertragen.[73]

Nunmehr begann in der AdW die Arbeit zur Abstimmung möglicher Themen und Teilnehmer an Kooperationsvorhaben mit der AWB. Inzwischen vereinbarten im Rahmen des WTZ-Abkommens die Staatssekretäre Gebhard Ziller vom Bundesministerium für Forschung und Technologie (BMFT) der Bundesrepublik und Klaus Stubenrauch vom Ministerium für Wissenschaft und Technik (MWT) der DDR am 22. August in Ost-Berlin den Start der ersten vier gemeinsamen Forschungsvorhaben.[74] Zwei Monate später übersandte Grote den Forschungsbereichsleitern und weiteren führenden Wissenschaftlern der AdW eine Übersicht über die Arbeitsgruppen der AWB und deren Projekte mit der Bitte, ihm kurzfristig ihre „konkreten Vorstellungen über eine mögliche Beteiligung an einzelnen Arbeitsprojekten zu übermitteln".[75] Das Ergebnis der Abstimmungen lag erst Mitte Februar 1989 vor. Während es vorbereitet wurde, unterzeichneten Scheler und DFG-Präsident Markl am 22. Dezember 1988 in Ost-Berlin eine Vereinbarung über die wissenschaftliche Zusammenarbeit zwischen der AdW und der Deutschen Forschungsgemeinschaft.

5. Das Jahr 1989: Vereinbarungen und Irritationen

1989 war ein historisches Jahr, auch wenn es sich keineswegs so ankündigte. In der AdW herrschte der übliche wissenschaftliche Alltag, im Januar oder Februar konnte niemand annehmen, daß noch im gleichen Jahr ihr gesamtes Leitungs- und Organisationsgefüge, auf dem unter anderem auch das Netz ihrer Arbeitsbeziehungen mit der West-Berliner Akademie ruhte, grundsätzlich in Frage gestellt werden würde. Nach der im Herbst des Vorjahres begonnenen Abstimmungsrunde wurde am 3. Februar ein Arbeitspapier für die

[72] AAW Berlin, VA 10554: Direktive für ein Gespräch des Präsidenten der AdW der DDR, Gen. Prof. Dr. sc. med. W. Scheler, mit dem Präsidenten der Westberliner Akademie der Wissenschaften, Prof. Dr. H. Albach, an der AdW der DDR (Entwurf), undatiert.

[73] AAW Berlin, VA 10554: Information über ein Gespräch des Präsidenten der Akademie der Wissenschaften der DDR, Gen. Prof. Dr. sc. med. Werner Scheler, mit dem Präsidenten der Westberliner Akademie der Wissenschaften, Prof. Dr. Horst Albach, 7. Juli 1988.

[74] Im Rahmen des WTZ-Abkommens war 1988 ein erhebliches Maß an Bewegung zu verzeichnen. Bis Ende des Jahres traten 13 Kooperationsverträge in Kraft. Der vereinbarte devisenlose Modus erleichterte für die DDR-Seite die Nutzung der Möglichkeiten des Vertrages wesentlich. Das BMFT nutzte die Möglichkeit, die Organisation der Zusammenarbeit mit der Heranziehung von Kompetenz auf dem Gebiet der Wissenschaftsforschung zu verbinden, indem es zu seiner Unterstützung im IGW in Erlangen ein Büro für zwischenstaatliche Beziehungen (BzB) einrichtete. Dazu näher: Lauterbach, „Zusammenarbeit".

[75] AAW Berlin, VA 10554: Grote an die Forschungsbereichsleiter und weitere führende Wissenschaftler der AdW der DDR, 20. Oktober 1988.

weiteren Verhandlungen mit Albach vorgelegt.[76] Darin wurden von den Themen der AWB die beiden Komplexe „Automatisierung, Arbeitswelt und künftige Gesellschaft" und „Erfolgsbedingungen von technischen Innovationen in Industrieländern" für die Kooperation favorisiert, und es wurden Forschungsbereiche und Institute benannt, die daran teilnehmen sollten. Die weiteren Klärungen sollten auf Expertenebene erfolgen; als Experten waren für den ersten Komplex Hans Fuchs (Direktor des Akademieinstituts für Automatisierung), Gerhard Merkel (Direktor des Akademieinstituts für Informatik und Rechentechnik) und Toni Hahn (Bereichsleiterin im Akademieinstitut für Soziologie und Sozialpolitik) vorgesehen, für den zweiten Komplex wiederum Gerhard Merkel sowie Manfred Wölfling (Bereichsleiter im ITW).

Inzwischen hatten in Westberlin Wahlen stattgefunden, die eine Koalition aus SPD und AL an die Regierung brachten. Die grundsätzlichen Einwände, die die West-Berliner AL gegen die Gründung der AdW hatte, waren bekannt; sie hatte sie 1986 mit großem Nachdruck öffentlich vorgetragen, und im Frühjahr 1989 publizierte sie eine weitere Streitschrift.[77] Allerdings konnte man – zumindest in Ost-Berlin, wo man für die Rivalitäten der West-Berliner Politik nur ein begrenztes Verständnis hatte – vielleicht vermuten, daß die neue Koalition die Existenz der gerade erst gegründeten Akademie hinnehmen und eher die politischen Vorgaben verändern würde, unter denen sie tätig war. Indes war der AL die Rücknahme einer gegen ihren Protest zustande gekommenen Entwicklung so wichtig, daß sie die Wiederauflösung der AWB zur Bedingung für ihren Eintritt in die Koalition machte. Die AdW war so mit der in keinem der einschlägigen Papiere auch nur als Gedankenspiel erwogenen Möglichkeit konfrontiert, daß ihr in dem Moment, als die lange vorbereiteten Kooperationen Wirklichkeit zu werden begannen, der ihr institutionell am ehesten entsprechende Partner in West-Berlin abhanden kommen würde. Ungeachtet aller Möglichkeiten, auch mit anderen Institutionen zusammenzuarbeiten, hatten Beziehungen von Akademie zu Akademie im Verständnis der DDR eine exponierte Bedeutung.[78]

Am 10. März wollte Helmut Meier die AdW zu einem der laufenden Arbeitsgespräche besuchen. Einen Tag vorher informierte jedoch Albach auf einer Pressekonferenz die Öffentlichkeit umfassend über den Auflösungsbeschluß der neuen Koalition, und der vereinbarte Besuch unterblieb.[79] Für die DDR-Führung war diese Situation offenkundig sehr schwierig. Auf der einen Seite war ihr an einem zügigen Ausbau der Wissenschaftsbeziehungen zur Bundesrepublik gelegen; entsprechende Verhandlungen fanden sowohl auf Mi-

[76] AAW Berlin, VA 10554: Position zu möglichen Formen und Feldern einer Zusammenarbeit der AdW der DDR mit der Westberliner AdW.

[77] Dubiel, *Streitschrift* und *Abgesang*.

[78] In den Außenbeziehungen der DDR herrschte ein eigentümlicher institutioneller Formalismus: Universitäten sollten mit Universitäten kooperieren, Akademien mit Akademien usw. Darauf machte der finnische Wissenschaftler Jaakko Honko, der auf Ersuchen der AWB ein Fazit seiner umfangreichen Erfahrungen in der Ost-West-Kooperation verfaßte, ausdrücklich aufmerksam. Vgl. Honko, „Konzeption zum Ausbau", S. 202.

[79] AAW Berlin, VA 10554: Notiz von Kirmse, 6. März 1989.

nister- als auch auf Staatssekretärsebene statt. Die weitere Pflege von Kontakten zur West-Berliner Akademie hätte in dieses Bild gepaßt. Auf der anderen Seite hatte die SED ein starkes Interesse an einer zunehmenden Normalität der Parteibeziehungen zur SPD; das von Gremien beider Parteien vereinbarte Papier „Der Streit der Ideologien und die gemeinsame Sicherheit" war in diesem Prozeß als ein Durchbruch verstanden worden. Der politische Sieg der SPD in West-Berlin galt als ein Ereignis, das diesen Trend unterstützen würde. Als am 13. April 1989 der Regierende Bürgermeister Walter Momper vor dem Abgeordnetenhaus seine Regierungserklärung abgab, nahm der Abteilungsleiter des SED-Zentralkomitees Gunter Rettner als Gast an der Sitzung teil und wurde bei dieser Gelegenheit von Momper zu einem Gespräch empfangen; am 19. Juni trafen sich Momper und Honecker in Niederschönhausen. Nach den Konditionen ihres Koalitionsvertrages hatte aber die regierende SPD nun die Auflösung der AWB zu vertreten und durchzusetzen. Entsprechend knüpfte die neue Wissenschaftssenatorin Barbara Riedmüller-Seel auch nicht unmittelbar an die Kontakte an, die ihr Amtsvorgänger Turner zu Scheler unterhalten hatte. Wenn nun die DDR-Seite – unter Berufung darauf, daß Albach das Daseinsrecht seiner Akademie mit allen juristischen Mitteln verteidigen wollte – wie bisher auf Arbeitsbeziehungen zur AWB gesetzt hätte, dann hätte das seitens der regierenden SPD in West-Berlin als ein unfreundlicher Akt gedeutet werden können. Ein Echo der dadurch ausgelösten Irritationen ist auch in den AdW-Akten spürbar.

Es scheint (direkte Belege dafür haben sich bisher nicht ergeben), daß sich die DDR-Seite auf ein pragmatisches und dilatorisches Vorgehen festlegte: keine demonstrativen Kontakte, aber stillschweigende Fortsetzung der Arbeitsbeziehungen. Die an Scheler und Grote ergangene Einladung zur Jahresversammlung der AWB am 16. Juni 1989 wurde höflich abgelehnt.[80] Scheler ließ seine Grüße per Eilboten so zustellen, daß sie direkt zur Jahresversammlung eintrafen und Albach in seiner Rede für dieses „Zeichen der Verbundenheit" danken konnte.[81] Drei Tage später wurde bei einer Begegnung zwischen Momper und Honecker auch die Entwicklung der wissenschaftlichen Zusammenarbeit verhandelt,[82] aber von der AWB dürfte in diesem Gespräch nicht mehr die Rede gewesen sein.

Mit dem SPD-AL-Antrag im Abgeordnetenhaus hatte im Mai der parlamentarische Prozeß eingesetzt, der zur Auflösung der Akademie führen sollte. Im Wissenschaftsausschuß erwähnte Albach die auch für andere West-Berliner und westdeutsche Einrichtungen vorteilhaften Ostbeziehungen, die seine Akademie aufgebaut hatte: „Daß Menschen, die wissen, wie langfristig der Aufbau solcher Beziehungen angelegt werden muß, und wie wichtig es ist, mit Geduld Vertrauen aufzubauen, für die Schließung der Akademie kein Verständnis aufbringen, kann nicht verwundern. Mit einer Politik des ‚Rin in die Kartoffeln – raus aus die Kartoffeln' kann man keine Ost-West-Beziehungen pflegen."[83] Inzwi-

[80] AAW Berlin, VA 10554: Grote an Albach, 13. Juni 1989.

[81] Albach, „Hätte Akademos geahnt", S. 7.

[82] Winters, „Die Deutschlandpolitik", S. 1229.

[83] Albach, „Stellungnahme", S. 86.

schen hatten auch weitere Arbeitsgruppen der AWB Kontakte nach Ost-Berlin hergestellt.[84] Im August 1989 fand mit großem Erfolg als Pilotveranstaltung der Nachwuchsakademie bei der AWB ein zehntägiges Seminar zum Thema *Innovation – A Cross Cultural Perspective* statt, an dem junge Wissenschaftler aus Berlin, der Bundesrepublik Deutschland, der DDR, den USA, Japan, der Sowjetunion, Polen, Ungarn und Finnland teilnahmen.[85] Als die Zeichen der Auflösung des bisherigen politischen Systems in der DDR schon unübersehbar waren, wurde der erste DDR-Wissenschaftler regulär in eine Arbeitsgruppe der AWB berufen. Am 13. Oktober 1989 übermittelte Albach an Prof. Dr. Werner Müller vom Karl-Weierstraß-Institut der AdW das Berufungsschreiben zum Experten in die Arbeitsgruppe *Geometrie und Physik*; der Rat der AWB hatte Müller einstimmig gewählt.[86]

6. Disharmonischer Ausklang: Das Verschwinden der Akteure

Der Vorgang, von dem dieser Beitrag handelt, hat kein richtiges Finale, das eine effektvolle Komposition der historischen Erzählung erlauben würde. Eher erinnert sein Ende an jenes der Abschiedssinfonie, nur ist es bei weitem nicht so kunstvoll gebaut wie Haydns Werk. Die Akteure verlassen die Bühne, einer nach dem anderen, bis sie leer ist und ein ganz anderes Stück aufgeführt werden kann. Ihr Abgang erfolgt nicht freiwillig, sondern kraft gründlich veränderter Umstände. Ihre Intentionen, eben noch aussichtsreich und zukunftsträchtig, passen plötzlich nicht mehr in die Zeit, zumindest nach der wirkmächtigen Ansicht jener, die nun die Regie übernommen haben.

Die Öffnung der Mauer erfüllte die AWB mit neuer Hoffnung. Ihre genuine Ost-West-Brückenfunktion, die sie bislang nur sehr dosiert erfüllen konnte, schien plötzlich massiv gefragt zu sein. Ganz in diesem Sinne äußerte sich Vorstandsmitglied Günter Spur – ebenso wie Friedrich Hirzebruch zugleich Mitglied der AdW – am 4. Dezember 1989 vor dem Wissenschaftsausschuß des Abgeordnetenhauses: „In Ost-Berlin sind hervorragende Institute der Akademie der Wissenschaften. Es bestehen Kooperationsabkommen aufgrund des Abkommens mit der Bundesrepublik, die bereits wirksam sind. All die Wissenschaftler, die ich in der DDR gesprochen habe, sind über dieses Werkzeug Akademie sehr glücklich, das nun zusätzlich als Drehscheibe wirkt, Wissenschaftler der Bundesrepublik nach West-Berlin zu befördern [...], um sich dann auf sehr einfache Weise mit diesen Wissenschaftlern zusammenzutun und gemeinsame Projekte zu entwickeln."[87] Der Vorstand der AWB schien überzeugt zu sein, daß man in der grundlegend veränderten Situation das Eisen schmieden müßte. Am 20. Dezember gab die Akademie eine Pressemitteilung heraus, der zufolge sich Albach anläßlich seiner Auszeichnung mit dem Karl-Heinz-Beckurts-Preis in

[84] Pfab, „Die Integration".
[85] Winter, „Internationales Sommerseminar".
[86] AAW Berlin, VA 10554: Albach an Müller, 13. Oktober 1989.
[87] „Anhörung", S. 97.

München für die Einrichtung einer Gemeinsamen Kommission beider Akademien ausgesprochen habe.[88] Die Offerte des Bundeslandes Hessen, die AWB aufzunehmen, erschien nach der Öffnung der Mauer kaum noch opportun. Henning Ritter schrieb am 23. November 1989 in der *F.A.Z.*, der Standort Berlin hätte „durch die jüngsten Möglichkeiten Unschätzbares hinzugewonnen [...]. Daß die Beziehungen zur Ost-Berliner Akademie hier besonderes Gewicht haben, versteht sich von selbst."[89] Am 16. Dezember erklärte Wolf Lepenies, der Rektor des Wissenschaftskollegs, gegenüber dem *Tagesspiegel*, die Akademie mit ihrer übergreifenden Aufgabe müsse jetzt in Berlin bleiben und könne ihre Funktion als Brücke zur DDR und zu Osteuropa weniger denn je als Regionalakademie in einem Bundesland erfüllen.[90] Unter Bezugnahme auf Albachs Vorschlag zur Einrichtung einer Gemeinsamen Kommission der beiden Akademien forderte der hochschulpolitische Sprecher der CDU im Abgeordnetenhaus Senatorin Riedmüller auf, sich für eine Fortführung der Akademie in öffentlicher Verantwortung auszusprechen.[91]

Der Tod Helmut Meiers, der jedes Detail der Akademiekontakte genau kannte, hat in einer Lage, in der jeden Tag eine neue Konstellation eintreten konnte, die praktischen Möglichkeiten gemeinsamer Aktionen beider Akademien zweifellos beeinträchtigt. Dr. Juliane Besters, die interimistisch die Leitung des *Wissenschaftlichen Stabes* der AWB übernommen hatte, meldete sich am 16. Januar 1990 telefonisch bei Dr. Eva Buddrus, der Stellvertreterin Kirmses. Sie teilte das Ableben Meiers mit, äußerte ihren Wunsch, selbst Verbindung zur AdW aufzunehmen, und „flocht noch ein, daß jetzt Hoch-Zeit für Zusammenarbeit sei".[92] Kurz darauf forderten die Bonner Koalitionsfraktionen der CDU/CSU und der FDP das Berliner Abgeordnetenhaus auf, die Pläne zur Auflösung der AWB zu stoppen. In einer von der FDP beantragten Aktuellen Stunde im Bundestag erklärten Redner dieser Fraktionen, gerade angesichts der jüngsten Entwicklung in der DDR müsse die Akademie als wichtiges Bindeglied im Wissenschaftsaustausch zwischen Ost und West erhalten bleiben, und sagten weitere Bonner Finanzhilfe zu.

Am 25. Januar, als das *Handelsblatt* in einer kurzen Meldung über diese Aktuelle Stunde berichtete,[93] fand wieder ein Arbeitsgespräch der beiden Akademien statt. Es war auf der Ebene der Beauftragten vereinbart, doch überraschend kam Präsident Albach selbst nach Ost-Berlin, begleitet von Frau Besters. Von Ost-Berliner Seite nahmen Kirmse und Frau Buddrus teil.[94] Wie es in der Gesprächsnotiz heißt, wurde das Gespräch von Albach „mit bemerkenswerter Aktivität und Ausführlichkeit (2½ Stunden) geführt". Es könne davon ausgegangen werden, daß sein deutlich geäußertes Interesse an der weiteren Entwicklung

[88] AAW Berlin, VA 10554: Pressemitteilung, 20. Dezember 1989.

[89] *Jb. der AdW 1989*, S. 383.

[90] *Jb. der AdW 1989*, S. 389.

[91] „CDU fordert zu neuer Einstellung in Akademie-Frage auf", in: *Der Tagesspiegel* vom 21. Dezember 1989.

[92] AAW Berlin, VA 10554: Notiz von Buddrus, 16. Januar 1990.

[93] *Jb. der AdW 1989*, S. 395.

[94] AAW Berlin, VA 10554: Gesprächsnotiz, 26. Januar 1990.

und Vertiefung der Zusammenarbeit „sich nicht vordergründig aus konjunkturellen Erwägungen im Zusammenhang mit der gegenwärtigen politischen Situation ergibt".[95] In einem Überblick über die laufenden Arbeiten seiner Akademie präsentierte Albach eine eindrucksvolle Liste zahlreicher Themen und Themengruppen, die für viele Institute der AdW Einstiegsmöglichkeiten geboten hätten. Wie er weiter erklärte, wolle er „jegliche spektakulären Maßnahmen vermeiden, die ihn und die Akademie in den Ruf bringen könnten, daß sie überall in der Welt nach Verbündeten suchten, um den Senat unter Druck zu setzen. Diese Haltung sollte von der AdW der DDR respektiert werden [...]. Ebenfalls unter diesem Gesichtspunkt sollte die Pressemitteilung (*Tagesspiegel* vom 21. 12. 1989) mit Zurückhaltung aufgenommen werden, wonach Präsident Albach sich für die Einrichtung einer Gemeinsamen Kommission der Akademie der Wissenschaften zu Berlin und der AdW der DDR ausgesprochen habe. Der Präsident machte darauf aufmerksam, daß seine Aussage tendenziös wiedergegeben worden sei und daß die drohende Auflösung seiner Akademie einem solchen Vorhaben entgegenstünde."[96]

Diesem Gespräch sollte baldigst eine Begegnung auf Präsidentenebene folgen. Sie sollte laut Absprache mit dem Büro von Albach am 26. Februar 1990 in Form eines Abendessens stattfinden, und Scheler sollte von den Professoren Bernd Wilhelmi, Wolfgang Mundt und Sydow sowie von Kirmse begleitet werden.[97] Mit der diesbezüglichen Notiz Kirmses endet die chronologische Folge der durchgesehenen Akten und damit auch die Aufgabe dieses Beitrages. Der AdW half ihre mittlerweile in Gang gesetzte basisdemokratische Erneuerung nichts. Sie wurde nicht umgestaltet, sondern liquidiert. Der Komplex ihrer Institute unterlag der Abwicklung. Die AWB hatte nichts davon, daß die CDU in Berlin wieder an die Macht kam; der Auflösungsbeschluß blieb in Kraft, sie mußte die Bildfläche verlassen. Die *Berlin-Brandenburgische Akademie der Wissenschaften* (BBAW) wurde neu konstituiert, in ihrem Selbstverständnis in unmittelbarer Rechtsnachfolge zur PAW.

Über die Hintergründe dieser dürren Fakten wird sich noch lange rätseln lassen. Fest steht, daß der aufwendige Prozeß der Herstellung von Kontakten, Arbeitsbeziehungen und gegenseitigem Vertrauen durch den realen Gang der Dinge vollkommen entwertet worden ist. Wäre die deutsche Vereinigung nach einem Modell vollzogen worden, das von der Parität der Seiten ausgeht, dann hätte die Beziehung der beiden Akademien den natürlichen Nukleus einer künftigen Berliner Akademielösung bilden können. Das tatsächlich gewählte Beitrittsmodell, das die Dominanz der westlichenSeite zur Grundlage nahm und auf einen rigorosen Elitenwechsel im Osten setzte, hatte für Fusionsideen aller Art[98] keine Verwendung und mußte alle in der Zeit der deutschen Zweistaatlichkeit auf politischer Ebene oder durch politische Vermittlung erreichten deutsch-deutschen Annäherungen als unerwünschten Ballast beiseite schieben.

[95] Ebd.

[96] Ebd.

[97] AAW Berlin, VA 10554: Kirmse, Gesprächsnotiz für Scheler, 9. Februar 1990.

[98] Burrichter/Förtsch, *Fusion der Wissenschaftssysteme.*

In unserem Fall hielt die Geschichte, die stets hintersinniger ist als selbst die phantasievollsten ihrer Akteure, noch eine bemerkenswerte Pointe bereit. Die Väter der AWB hatten, wie weiter oben ausgeführt wurde, das Postulat einer Rechtsnachfolge zur PAW als für ihre Zwecke hinderlich beiseite gelassen und die Institution des *Notvertreters* allenfalls als ein peripheres Relikt der Nachkriegsentwicklung betrachtet. Das Rechtsgutachten von Werner Thieme (Hamburg), auf das sich der Rechtsnachfolgeanspruch der neukonstituierten BBAW stützte, kam indes 1991 zu dem zentralen Resultat, daß die PAW als Körperschaft des öffentlichen Rechts ohne Mitglieder fortbestehe und daß die AdW der (ehemaligen) DDR nicht identisch mit der PAW sei.[99] Das von Bodo Pieroth (Marburg) und Bernhard Schlink (Bonn/Frankfurt a. M.) im gleichen Jahr erstattete Gutachten gelangte hingegen zu dem Ergebnis, daß die AdW der DDR mit der DAW und diese mit der PAW identisch war und daß heute die Gelehrtensozietät der AdW der (ehemaligen) DDR mit der PAW identisch sei.[100] Der Umstand, daß angesehene Juristen – alle aus der Rechtskultur der Bundesrepublik Deutschland herkommend – in dieser Frage zu konträren Schlußfolgerungen gelangten, hätte einen tiefgreifenden Klärungsprozeß in Gang setzen müssen. Dem Berliner Senat genügte hingegen dasjenige unter den vorliegenden Gutachten, das seinen Intentionen am besten entsprach. So ist es nicht ausgeschlossen, daß die AWB erhalten geblieben und zum Ausgangspunkt aller weiteren Entwicklungen geworden wäre, wenn sie in ihrer Gründungsphase ihre Rechtsnachfolge zur PAW behauptet und damit gerade das getan hätte, worauf sie bewußt verzichtet hatte (und wohl verzichten mußte, wenn sie nicht die Gegnerschaft der Ostseite provozieren wollte). Die sich politisch durchsetzende Rechtsauffassung Thiemes lief nun darauf hinaus, daß die PAW nicht etwa dort fortlebte, wo ihre Mitglieder unter dem von ihnen gewählten Präsidenten Stroux und nachfolgenden Präsidenten wissenschaftliche Arbeit geleistet und ihren Bestand, wie es in Akademien üblich ist, durch Zuwahlen ergänzt haben, sondern vielmehr fern von der Arena wissenschaftlicher Debatten in einer Anwaltskanzlei in Berlin-Charlottenburg, in der Institution des *Notvertreters*. Unter den Wundern, an denen es im deutschen Vereinigungsprozeß nicht mangelt, ist dies gewiß nicht das kleinste.

[99] Thieme, *Fortbestand und Erneuerung*, S. 77.

[100] Klinkmann/Wöltge, *1992 – Das verdrängte Jahr*, Dok. Nr. 55, S. 207f.

Literatur

Abgeordnetenhaus von Berlin, 10. Wahlperiode, 48. Sitzung vom 12. März 1987: „II. Lesung der Vorlage zur Beschlußfassung – über Gesetz über die Akademie der Wissenschaften zu Berlin, Drucksache 10/1014", in: *Jb. der AWB 1987*, S. 415–425.

„Abkommen zwischen der Regierung der Bundesrepublik Deutschland und der Regierung der Deutschen Demokratischen Republik über die Zusammenarbeit auf den Gebieten der Wissenschaft und Technik", in: *Deutschland Archiv* 20 (1987) 12, S. 1348f.

Abgesang auf die Akademie der Wissenschaften zu Berlin. Warum die Akademie zum Nutzen der Wissenschaft aufgelöst werden muß, hrsg. von einer *Ad-hoc-Gruppe* in der Redaktion von Wieland Elfferding und Hilde Schramm, Berlin 1989.

Albach, Horst: „Die Akademie der Wissenschaften zu Berlin – ein Experte fürs Allgemeine", in: *Jb. der AWB 1987*, S. 135–145.

Albach, Horst: „Stellungnahme zu dem Antrag der Fraktionen von SPD und AL vom 16. Mai 1989 auf Auflösung der Akademie der Wissenschaften zu Berlin", in: *Jb. der AWB 1988*, S. 72–91.

Albach, Horst: „Hätte Akademos geahnt ...", in: *Jb. der AWB 1988*, S. 3–24.

Albach, Horst: „Verfassungswidrigkeit, Solidarität und Teamgeist", in: *Jb. der AWB 1989*, S. 4–23.

„Anhörung vor dem Ausschuß für Wissenschaft und Forschung des Abgeordnetenhauses, 10. Sitzung, 4. 12. 1989", in: *Jb. AWB 1989*, S. 89–101.

Burrichter, Clemens: „Möglichkeiten und Grenzen deutsch-deutscher Wissenschaftskooperation", in: *IGW-Report* 1 (1987), S. 7–13.

Burrichter, Clemens/Eckart Förtsch (Hrsg.): *Fusion der Wissenschaftssysteme.* Erfahrungen, Ergebnisse, Perspektiven. XIX. Erlanger Werkstattgespräch Bonn, 7.–9. 11. 1990 (= abg 2/1991), Erlangen 1991.

Diepgen, Eberhard: „Perspektiven statt Illusionen. Berliner Anmerkungen zur Politik in Deutschland", in: *Deutschland Archiv* 19 (1986), 3, S. 268–278.

Diepgen, Eberhard: „Wissenschaft und Politik – Politik braucht Beratung", in: *Jb. AWB 1987*, S. 131–134.

„Dokumentation: Das zwischen Bonn und Ostberlin verabredete Kulturabkommen", in: *Deutschland Archiv* 19 (1986), 2, S. 219–221.

Dubiel, Helmut/Wilfried Elfferding/Ulf Kadritzke/Monika Oubaid/Hilde Schramm: *Streitschrift gegen die Akademie der Wissenschaften zu Berlin.* Ein Lehrstück neokonservativer Wissenschaftspolitik, hrsg. von der Fraktion Alternative Liste im Abgeordnetenhaus, Berlin 1986.

Hartkopf, Werner/Gerd Wangermann (Hrsg.): *Dokumente zur Geschichte der Berliner Akademie der Wissenschaften von 1700 bis 1990* (= Berliner Studien zur Wissenschaftsgeschichte 1), Berlin – Heidelberg – New York 1991.

Honko, Jaakko: „Konzeption zum Ausbau der Ost-West-Beziehungen der Akademie der Wissenschaften zu Berlin", in: *Jb. der AWB 1988*, S. 198–206.

Kewenig, Wilhelm A.: „Konzeption einer neuen Akademie der Wissenschaften zu Berlin", in: *Jb. der AWB 1987*, S. 185–192.

Klinkmann, Horst/Herbert Wöltge (Hrsg.): *1992 – Das verdrängte Jahr.* Dokumente und Kommentare zur Geschichte der Gelehrtensozietät der Akademie der Wissenschaften für das Jahr 1992 (= Abhandlungen der Leibniz-Sozietät 2), Berlin 1999.

Kotowski, Georg: „Vom Vorposten der westlichen Demokratie zur Stadt des Viermächte-Abkommens 1963 – 1985", in: Otto Büsch/Wolfgang Haus/Georg Kotowski/Hans J. Reichhardt, *Berliner Demokratie 1919–1985*, Bd. 2, Berlin – New York 1987, S. 207–313.

Kreibich, Rolf: *Die Wissenschaftsgesellschaft.* Von Galilei zur High-Tech-Revolution, Frankfurt/M. 1986.

Kuppe, Johannes: „Forcierte Gangart", in: *Deutschland Archiv* 19 (1986), 2, S. 229–233.

Laitko, Hubert (Leiter des Autorenkollektivs): *Wissenschaft in Berlin.* Von den Anfängen bis zum Neubeginn nach 1945, Berlin 1987.

Lauterbach, Günter: „Zusammenarbeit in Wissenschaft und Technik zwischen Bonn und Ostberlin", in: *Deutschland Archiv* 22 (1989), 4, S. 434–437.

„Nachruf auf Prof. Dr. phil. Helmut G. Meier", in: *Jb. der AWB 1989*, S. 314–317.

Nötzoldt, Peter: „Wissenschaft in Berlin – Anmerkungen zum ersten Nachkriegsjahr 1945/46", in: *Dahlemer Archivgespräche* 1 (1996), S. 115–130.

Nötzoldt, Peter: *Wolfgang Steinitz und die Deutsche Akademie der Wissenschaften zu Berlin.* Zur politischen Geschichte der Institution (1945–1968), Diss., Berlin 1998.

Pfab, Reinhard: „Die Integration der Akademie in die Wissenschaftslandschaft Berlins", in: *Jb. der AWB 1988*, S. 207–218.

„Protokolle aus dem Abgeordnetenhaus von Berlin zum Gesetz über die Akademie der Wissenschaften zu Berlin, Ausschuß für Wissenschaft und Forschung, 31. Sitzung, 3. November 1986", in: *Jb. der AWB 1987*, S. 314–333.

„Protokolle aus dem Abgeordnetenhaus von Berlin zum Gesetz über die Akademie der Wissenschaften zu Berlin, Ausschuß für Wissenschaft und Forschung, 32. Sitzung, 17. November 1986", in: *Jb. der AWB 1987*, S. 335–370.

Scheler, Werner: *Von der Deutschen Akademie der Wissenschaften zu Berlin zur Akademie der Wissenschaften der DDR.* Abriss der Genese und Transformation der Akademie, Berlin 2000.

Seiffert, Wolfgang: „Zur Rolle Berlins in der politischen Strategie der SED", in: *Deutschland Archiv* 19 (1986), 12, S. 1273f.

Thieme, Werner: *Fortbestand und Erneuerung der Preußischen Akademie der Wissenschaften*, Köln – Berlin – Bonn – München 1992.

Turner, George: „Der Großrat der Spürnasen in der alten Italienischen Botschaft", in: *Jb. der AWB 1987*, S. 177–184.

Winter, Ekkehard: „Internationales Sommerseminar der Arbeitsgruppe ‚Erfolgsbedingungen von technischen Innovationen in Industrieländern'", in: *Jb. der AWB 1989*, S. 189f.

Winters, Peter Jochen: „Die Deutschlandpolitik des Berliner Senats", in: *Deutschland Archiv* 22 (1989), 11, S. 1226–1230.

Podiumsdiskussion

Vergangenheit und Zukunft der Wissenschaftsakademie – ein Blick ins 21. Jahrhundert

Jürgen Kocka:
Wir beginnen mit dem letzten Abschnitt dieses Kolloquiums, mit der Podiumsdiskussion über Vergangenheit und Zukunft der Wissenschaftsakademien, mit einem Blick ins 21. Jahrhundert. Wir stehen am Ende von drei Kolloquien, die sich mit der Geschichte der Akademien im 19. und 20. Jahrhundert beschäftigt haben. Ob man aus der Geschichte lernen kann, ist mehr als fraglich. Ein Grund, warum das so schwierig ist, liegt darin, daß aus ein und demselben historischen Befund unterschiedliche Personen unterschiedliche Konsequenzen ziehen. Dies mag eine Schwierigkeit für Prognosen sein, ist aber ein Vorteil für Podiumsdiskussionen. In dieser Diskussion soll über die künftige Gestalt und die wünschenswerte oder mögliche zukünftige Entwicklung der Akademie, insbesondere dieser Akademie, gesprochen werden.

An der Podiumsdiskussion nehmen teil: Mitchell G. Ash, Historiker, speziell Wissenschaftshistoriker an der Universität Wien und Mitglied der Arbeitsgruppe Akademiegeschichte, die dieses hier organisiert hat; Horst Klinkmann, Mediziner, 1990–1992 der letzte Präsident der Akademie der Wissenschaften der DDR, Mitglied in vielen Organisationen, auch in der Leopoldina und in der Leibniz-Sozietät; Dieter Simon, Rechtswissenschaftler, Historiker, Rechtshistoriker, Präsident der BBAW, seinerzeit Vorsitzender des Wissenschaftsrates; und Günter Spur, emeritierter Professor an der Technischen Universität Berlin, dort Ingenieurwissenschaftler und Leiter des Instituts für Werkzeugmaschinen und Fabrikbetrieb, 1991 bis 1996 Gründungsrektor der TU Cottbus, Mitglied der drei Akademien, um die es hier geht, u. a. seinerzeit aktives Mitglied in der West-Berliner Akademie.

Lassen Sie mich die an die Podiumsteilnehmer adressierte Frage kurz historisch situieren. Es geht um die Funktionen, den Funktionsverlust, auch den Funktionszugewinn der Akademien. Es geht um das Verhältnis von Akademie und anderen Wissenschaftsinstitutionen. Es geht, nach innen geblickt, um das Verhältnis von Gelehrtengesellschaft und Forschungsinstituten. Nimmt man das in den Blick, lassen sich aus meiner Sicht vier Phasen der Geschichte dieser Akademie unterscheiden:

1. Bis 1810 war sie eine kleine, ungesicherte, von der Obrigkeit abhängige, in ihrer Reputation äußerst schwankende, aber multifunktionale Institution in einer Stadt ohne Universität.

2. Im 19. Jahrhundert, nach Gründung der Berliner Universität 1810, bestanden Akademie und Universität nebeneinander. Einerseits verlor die Akademie Funktionen, etwa kleine Forschungsunternehmungen an die Universität, die schnell einen rasanten Aufstieg in Größe, Einfluß, Reputation erlebte; andererseits bestand eine enge Verflechtung, insbesondere personell. Fast alle Mitglieder der Preußischen Akademie waren auch Mitglieder der Berliner Universität. Die Akademie aber wurde reine Gelehrtengesellschaft, bald mit einigen geisteswissenschaftlichen Langzeitunternehmungen, vor allem historisch-philologischer Art, mit Betonung auf Sammlung und Edition. Die Akademie wurde vom Staat gestützt, war aber unabhängig, und zunehmend angesehen: ein Ort der Vergabe von Reputation und ein Ort der Repräsentation der Wissenschaft gegenüber Staat, Öffentlichkeit und gegenüber der Wissenschaft selbst. Es bestand eine Symbiose zwischen Universität und Akademie, beide Seiten gewannen dabei. Das Kaiserreich war wohl die beste Zeit der Akademie. Darüber ist kürzlich ein Band erschienen.[1]

3. Seit dem späten 19. Jahrhundert, die Zäsur ist nicht scharf zu ziehen, änderte sich das Wissenschaftssystem. Die Spezialisierung, die schon lange auf dem Weg war, beschleunigte sich noch einmal. Die Notwendigkeit organisierter, betriebsförmiger, kontinuierlicher Forschung entstand, besonders in den Natur- und Technikwissenschaften. Damit stieg der Bedarf an Labors und Forschungsinstituten neuer Art, und ein neues Verhältnis von Wirtschaft und Staat, auch von Wirtschaft und Wissenschaft bildete sich heraus. Der Anwendungsbezug vieler Wissenschaften trat in den Vordergrund, die Wirtschaft interessierte sich immer stärker für einige Wissenschaften, und umgekehrt entstand das Bedürfnis nach Finanzierung von Wissenschaft durch nichtstaatliche Quellen. All das sprengte unweigerlich die Organisationsform der Universität. Es entstand die Notwendigkeit außeruniversitärer Forschung, die nie ganz gefehlt hatte, aber jetzt viel stärker wurde. Die Frage stellte sich, ob die Akademie in der Lage sein würde, diesen Bedarf an außeruniversitärer Forschung zu befriedigen. Spätestens 1911, mit der Gründung der Kaiser-Wilhelm-Gesellschaft, wurde diese Frage verneint. Dahinter lagen viele, immer noch diskutierte Gründe. Ein Grund war, daß diese geisteswissenschaftlich bestimmte Gelehrtengesellschaft sich gegen die Transformation der Arbeit in der Akademie in Richtung von Forschungsinstituten sperrte. Damit setzte sich der relative Funktionsverlust der Akademie gegenüber Universitäten und anderen wissenschaftlichen Institutionen fort. Die Akademie blieb primär Gelehrtengesellschaft mit einigen Langzeitvorhaben. Sie forschte kaum selbst. Sie bezog ihr Renommee aus Forschungsleistungen, die außerhalb ihrer selbst geleistet wurden, wenngleich durch Personen, die sie zu ihren Mitgliedern zählte; sie vergab aber auch Reputation, die umgekehrt jenen, die anderenorts forschten, bei diesen Forschungen zugute kam.

Repräsentation war eine wichtige Funktion. Die Akademie repräsentierte die Wissenschaft gegenüber Öffentlichkeit, Gesellschaft und Staat. Internationale Wissenschaftspolitik kam hinzu. Dagegen blieb die Politikberatung seitens der Akademie unbedeutend.

[1] Jürgen Kocka (Hrsg.) unter Mitarbeit von Rainer Hohlfeld und Peter Th. Walther, *Die Königlich Preußische Akademie der Wissenschaften zu Berlin im Kaiserreich*, Berlin 1999.

Die Wirren der Zeit wären gesondert zu beraten: zwei Kriege und die NS-Diktatur hinterließen ihre Spuren auch in der Geschichte der Akademie. Ich lasse das jetzt beiseite, davon handelte das vorherige Kolloquium, dessen Ergebnisse vorliegen.[2]

4. Nach 1945 gab es zwei Neuansätze, die nicht unterschiedlicher hätten sein können. Auf der einen Seite entstand das Riesenunternehmen DAW/AdW, zentralisiert, stark hierarchisch, Akademie in der Diktatur, Gelehrtengesellschaft und Konzern außeruniversitärer Forschung unter einem Dach. Sie war anfangs Resultat einer institutionellen Entdifferenzierung, aber im Inneren, das sahen wir ja deutlich auf diesem Kolloquium, drifteten Gelehrtengesellschaft und Forschungsinstitute weit auseinander. Die Gelehrtengesellschaft wurde im Grunde marginalisiert. Die in der DDR und ihrem politischen System fest etablierte Akademie blieb im wesentlichen in sich disziplinär organisiert. Ohne sowjetischen Einfluß wäre die AdW der DDR nicht als umfassende Verbindung von Gelehrtengesellschaft und außeruniversitärer Forschungsinstitution großen Stils entstanden, wenn auch – 1911 gescheiterte – Ideen Harnacks indirekt (über das sowjetische Modell vermittelt) eine Rolle gespielt haben mögen. Natürlich gab es, so zeigte sich auch auf diesem Kolloquium, in der Akademie der DDR gute Forschung. Eben diese Annahme lag ja auch der Evaluation durch den Wissenschaftsrat nach 1990 zugrunde, sonst wäre keine Evaluation nötig gewesen. Aber klar ist nach diesem Kolloquium auch, daß sich die Struktur der AdW – Forschungskonzern und Gelehrtengesellschaft zugleich – nicht bewährt hat. Niemand hat auf diesem Kolloquium behauptet, daß man die Struktur – die Organisationsform – der DDR-Akademie als Modell für die Organisation der außeruniversitären Forschung oder die Organisation der Akademien im wiedervereinigten Deutschland hätte nehmen sollen. Was für die Sowjetunion nach 1920 und die osteuropäischen Länder nach dem Zweiten Weltkrieg sinnvoll gewesen sein mag, erwies sich in der hochdifferenzierten Wissenschaftsstruktur Deutschlands letztlich als importierter Fremdkörper. Zu kritisieren ist m. E. nicht, daß diese Akademie nach 1990 aufgelöst wurde. Zu kritisieren ist wohl, daß dabei mehr wissenschaftliches Potential verlorenging und mehr gute Wissenschaftler ihre Arbeitsmöglichkeit verloren, als gerechtfertigt war.

Die West-Berliner Akademie war dagegen klein, fluide, wenig hierarchisch; sie versuchte, eine Leerstelle auszufüllen, die im arbeitsteiligen Wissenschaftssystem zu bestehen schien, aber dann, wie sich zeigte, doch nicht in hinreichendem Maße bestand. Sie setzte sich nur schwer durch. Sie war in sich interdisziplinär organisiert, entwickelte ganz neue Arbeitsformen. Andere Unterschiede zwischen diesen beiden Berliner Akademien wären zu nennen.

Doch es bestanden auch einige Ähnlichkeiten. Beide Akademien wollten selbst forschen und taten es, sie wollten nicht nur Gelehrtengesellschaft sein. Beide Akademien nahmen ganz entschieden die Technikwissenschaften in sich auf, beide Akademien akzeptierten Politikbezug, Politikberatung, Praxisbezug und beide hatten so etwas wie einen

[2] Wolfram Fischer (Hrsg.) unter Mitarbeit von Rainer Hohlfeld und Peter Nötzoldt, *Die Preußische Akademie der Wissenschaften zu Berlin 1914–1945*, Berlin 2000.

nationalen, überregionalen Anspruch, explizit oder implizit, natürlich jeweils auf den eigenen Teilstaat bezogen. Beide sind gescheitert, wenn auch aus unterschiedlichen Gründen.

Es entstand die BBAW, die in einem Teil ihrer selbst Rückkehr zur alten Gelehrtengesellschaft ist, die zwar Projekte, kaum aber Strukturen der alten AdW, wohl aber einige Ansätze, Arbeitsformen, Strukturen aus der West-Berliner Akademie übernahm (wie etwa das Arbeitsgruppenprinzip). Damit ist eine Akademie besonderer Art entstanden. Und sie muß sich Gedanken machen über ihre Zukunft, die womöglich anders ist als die Gegenwart – eine Zukunft, die in die Landschaft passen muß. Man sieht am Beispiel der West-Berliner Akademie, wie entscheidend letztlich die gesellschaftlich-politische Akzeptanz für ein solches Neuunternehmen ist. Die Akademie muß ihre Funktionen neu bestimmen zwischen den herkömmlichen Funktionen einer Akademie, zu denen Repräsentation und interdisziplinärer Diskurs in der Gelehrtengesellschaft gehören, eigener begrenzter Forschung und anderen Funktionen. Zu diesen könnte Gesellschafts- und Politikberatung gehören, aber wer fragt danach? Dazu könnten vielleicht jene *Spürnasenfunktionen* kommen, die vorhin Winfried Schulze ansprach,[3] aber ist das Personal der Akademie dafür nicht zu alt? Ich erinnere auch an die vielen Funktionen, die Guy Ourisson, der Präsident der Pariser Akademie, heute morgen genannt hat.[4] Es läßt sich die These vertreten, daß sich bestimmte Aufgaben angesichts der wachsenden Unübersichtlichkeit des Wissenschaftsbetriebs, die neue Clearingfunktionen erfordert, neu stellen. Aber wie kann die Akademie sie erfüllen? Um solche Fragen sollte es m. E. gehen im Lichte dessen, was wir heute, gestern und auf den beiden vorausgehenden Kolloquien gelernt haben. Nun weiß ich, daß die Teilnehmer dieser Diskussion auch noch andere Ideen haben, als ich sie hier jetzt geschildert habe.

Mitchell G. Ash:
Ich verstehe meinen Beitrag als eine Art Pendant zu den einführenden Worten Jürgen Kockas und werde deshalb zunächst einige historische Bemerkungen machen, die sich als Hintergrund für kurze Überlegungen zur Zukunft verstehen. Zur Vorbereitung dieser Zukunft, so bin ich überzeugt, gehören schließlich klärende Bemerkungen zur Vergangenheit, auch zur jüngsten Vergangenheit. Ich nehme an, daß ich nicht der einzige bin, der eine solche Klärung hier versucht. Der zeitliche Rahmen, für den meine Bemerkungen gelten, wird allerdings etwas spezifischer als der von Jürgen Kocka sein; statt mich einer Langzeitperspektive zu befleißigen, möchte ich mich auf die politischen Umbruchzeiten unseres Jahrhunderts konzentrieren. Die Fragestellung lautet: Haben diese politischen Umbruchzeiten für die Akademie und deren Geschichte eine besondere Bedeutung gehabt? Hat man hier Innovationschancen gefunden oder ging es nur um ein *Rette sich wer kann*?

Nach 1919, nach dem Zusammenbruch zweier Großmächte, nicht nur Rußland, sondern auch Österreich-Ungarn muß hier erwähnt werden, findet eine Umgestaltung der

[3] Vgl. den Beitrag von Winfried Schulze in diesem Band.
[4] Vgl. den Beitrag von Guy Ourisson in diesem Band.

politischen Machtverhältnisse im mittleren und östlichen Europa statt. Im Hinblick auf diesen Kontext und vor allem im Hinblick auf die Bemühungen der Akademie der Wissenschaften in der Sowjetunion, sich an die neue Situation dort anzupassen, nehmen sich die Aktionen und Reaktionen der Preußischen Akademie der Wissenschaften in Berlin geradezu bescheiden aus. Schließlich bemüht man sich hier um nichts weiter als um eine Fortsetzung des Bestehenden, begünstigt dadurch, daß die deutsche Revolution bekanntlich auf halber Strecke steckengeblieben ist. Die Regierungsform änderte sich, die Staatsbürokratie hingegen nicht. Diese Staatsbürokratie erweist sich hier als Alliierte im Bemühen der Preußischen Akademie, die alten kooperativen Strukturen und Machtverteilungen im Wissenschaftsbereich wieder herzustellen. Man ist schließlich doch froh, den Etat bis 1927 wieder auf das Niveau der Vorkriegszeit gebracht zu haben. So hat die Arbeit an einer konstruierten Kontinuität Vorrang über die Begünstigung neuerer Ansätze zu jener Zeit.

Dies setzt sich in der Zeit nach 1933 fort. Es findet in dieser Zeit als unmittelbare Reaktion auf die Machtergreifung Hitlers nur weniges statt. Die scharfe Reaktion auf den Austritt Albert Einsteins ist praktisch das einzige, das im Hinblick auf die Vertreibung zahlreicher jüdischer WissenschaftlerInnen aus Deutschland aus der Akademie zu vernehmen ist. Die Proteste dagegen von Akademiemitgliedern, die es sehr wohl gibt, werden aber außerhalb des Rahmens der Akademie artikuliert. Eine Umwandlung der Strukturen findet statt, allerdings erst einige Jahre später. Und gerade die Verspätung ist bezeichnend dafür, wie die Machthaber die Akademie in ihrer Bedeutung bzw. Bedeutungslosigkeit einschätzten.

Nach 1945 entsteht ein Neuansatz – Jürgen Kocka hat darauf hingewiesen. Hier ist das Spannungsverhältnis zwischen Ressourcen-Abtransport und Erhaltung von Ressourcen vor Ort sowie der Mobilisierung dieser Ressourcen für den Wiederaufbau ganz eklatant zu sehen. Ob dieses Spannungsverhältnis sich in zwei Etappen entwickelt hat – wie Frau Timofeeva anmerkte – oder ob es sich um eine Dauerspannung der ersten Nachkriegsjahre handelte, ist noch nicht ausdiskutiert. Jedenfalls erwies sich die relative Autonomie des Wissenschaftsbereiches in dieser Zeit als Ergebnis sehr komplizierter Verhandlungen. Ich glaube, daß man hier nicht wählen muß zwischen der These von Bernhard vom Brocke, daß es sich lediglich um die verspätete Realisierung der Pläne von Adolf von Harnack handelte, und der These eines schlichten Imports aus der Sowjetunion. Es war wohl viel eher eine komplizierte und kräftige Mischung aus beidem und anderen Ansätzen aus dieser Zeit. Den Kontext dafür bildet die bewußte Entscheidung der SED, die Ressourcen bürgerlicher Wissenschaftler für den Aufbau des Sozialismus zu mobilisieren. Im Westen entsteht parallel zu alledem die Max-Planck-Gesellschaft als eine konstruierte Kontinuität zur Kaiser-Wilhelm-Gesellschaft und dann als Rivalin der neu entstehenden Akademie der Wissenschaften in der DDR. In beiden Fällen sind aber Strukturen entstanden, in denen alte Forschungsprogramme, zum Teil sehr alte Forschungsprogramme, sich haben fortsetzen lassen.

Nun komme ich zur jüngsten Vergangenheit. Der Zerfall des Kommunismus in der Sowjetunion und die deutsche Wiedervereinigung sind zwei Ereignisse, die einander mit bedingen und zu einer neuerlichen Umverteilung der Macht im mittleren und östlichen Europa führen. Die wesentlichsten Entscheidungen hinsichtlich der Akademie der Wissenschaften sind allerdings schon vor dem Zerfall der Sowjetunion getroffen worden, dennoch schufen die *Zwei-plus-Vier-Verhandlungen* einen Binnenraum. Sie ermöglichten es, weitreichende Umgestaltungen u. a. auch im Wissenschaftsbereich als alleinige Angelegenheit der neueren Bundesrepublik zu handhaben, und damit ist eine Schieflage in den Verhandlungen u. a. auch um die Zukunft der DDR-Akademie so gut wie vorprogrammiert. Es soll jedoch gleich erwähnt werden, daß in diesem Falle immerhin die Leitung, die an diesen Verhandlungen jedenfalls teilweise beteiligt war, gewählt und nicht eingesetzt worden ist. Diese Leitung sitzt an diesem Tisch, und von daher möchte ich nur eins feststellen: Das Mißtrauen, das seitens der ersten gewählten Regierung der DDR dieser Leitung entgegengebracht wurde, war auch ein Faktor in der Verhandlungssituation von damals. So schrieb beispielsweise *Der Tagesspiegel* vom 2. Juni 1990, daß die Ost-Berliner CDU „offenbar auf Distanz zur Akademie der Wissenschaften der DDR" gehe; bei einer Veranstaltung der *Interessengruppe Akademie-Reform* vom 31. Mai hatte der Vorsitzende des *Ausschusses für Wissenschaft und Technik* der Volkskammer, Dr. Weber, festgestellt, daß „keine neuen Menschen" in die neue Akademieleitung gewählt worden seien, sondern Personen, die die seit Jahrzehnten gültige Akademiepolitik repräsentiert hätten. Es wäre also verfehlt, das Ergebnis, das sich dann herausschälte und Ihnen allen bekannt ist, allein als eine Oktroyierung westlicher Entscheidungen auf den Osten zu sehen. Zum Ergebnis selbst möchte ich auch noch einiges bemerken.

Der erste Punkt ist von Renate Mayntz schon 1993 betont worden: Keiner der institutionellen Akteure im Westen Deutschlands versuchte zu jener Zeit, das einmal gefundene Muster der Arbeits- und Kompetenzverteilung für forschungspolitische Initiativen zu verändern. Es ging also auf dieser Ebene um eine Bewahrung der bestehenden westdeutschen Strukturen. Was an Innovationen damit kompatibel war, ist durchgesetzt worden, aber auch das war nur im begrenzten Maße möglich. Damit ist ein zweiter Punkt schon angesprochen: Solche Innovationen sind tatsächlich auszumachen, aber sie waren eben nur im abgesteckten Rahmen denkbar. Ich nenne als Beispiel die schlichte Tatsache, daß die geisteswissenschaftlichen Forschungszentren zwar als echte Innovationen aus dieser Zeit hervorgegangen sind, aber nur als An-Institute der Universitäten etabliert werden konnten. Nur selten gelang es, ganze Institute der DDR-Akademie in die neue Landschaft einzupassen. In der Hauptsache wurden ohnehin Individuen und nicht Gruppen oder Institute evaluiert. Hier trafen zwei sehr unterschiedliche Forschungskulturen aufeinander. Was diese Unterschiede im einzelnen gebracht haben, welche Spannungen sich dabei entluden, ist noch lange nicht erforscht. Ein letzter Punkt: Allein die Zahl der betroffenen WissenschaftlerInnen verweist darauf, daß hier Wissenschafts- und Sozialpolitik unvermeidlich vermischt werden mußten und vermischt worden sind. Dabei bediente man sich einer ökonomistischen Sprache, von Forschungspotentialen sprach man sowohl im Westen als auch im Osten. Dies ist freilich ein betrüblicher Befund, aber ich weise darauf hin, daß eine derart ökonomistische Sprache auch in früheren politischen Umbruchzeiten in Deutschland verwendet worden ist. Sie ist kein Produkt der Vereinigungszeit.

Bevor ich abschließend etwas auf die Zukunft eingehe, sei mir ein Wort zur entstehenden Akademie der Wissenschaften gestattet. In Wirklichkeit ist diese – von außen gesehen –

eine Neugründung, die mittels juristischer Fiktionen als eine Art Rechtsnachfolgerin der Preußischen Akademie, jedoch nicht als Rechtsnachfolgerin der Akademie der Wissenschaften der DDR, in die Welt gesetzt wurde. In Wirklichkeit wurde sie aus mehreren Komponenten in einer Art *Bricolage* zusammengebastelt; so gingen und gehen Langzeitvorhaben aus der DDR-Zeit bzw. aus noch früheren Zeiten und die projektgebundenen Ansätze aus der West-Berliner Akademie hier eine sehr schwierige Synthese ein.

Zur Zukunft möchte ich mich kurz, aber pointiert äußern. HistorikerInnen sind nur rückwärtsgewandte Propheten. Sie spezialisieren sich nicht für Prädiktion, zu deutsch: in Vorhersagen, sondern für Postdiktion. Aber man kann schon einiges aus alledem, was ich gesagt habe und was anderswo von anderen geschrieben worden ist, lernen. Grundsätzlich ist Wissenschaft ein offenes System, aber diese Offenheit ist nicht unbegrenzt. Die Wandlungschancen, die sich aus politischen Umbrüchen ergeben, sind kontextabhängig und somit strukturell begrenzt. Das zweite, das man lernen kann, ist, daß diese Wandlungen nicht davon zu trennen sind, wie darüber geredet wird. Eines der vielen Dilemmata, die sich jetzt bezüglich der Zukunft der neuen *Berlin-Brandenburgischen Akademie der Wissenschaften* stellen, ist eben jenes, wie darüber geredet wird, was jetzt passiert. Viele der Träger der neuen Akademie, Sie wissen es alle, gehören zu den wichtigsten Trägern der Evaluierung an der DDR-Akademie, obwohl sie nicht in allen Fällen zu den Hauptverantwortlichen für die Grundsatzentscheidungen, die zu dieser Evaluierung geführt haben, gehörten. Die ziemlich unbequeme Frage, die ich zum Abschluß stellen muß, lautet daher: Wird es möglich sein, sich vom Rechtfertigungszwang, der sich aus der Beteiligung an diesen Vorgängen der jüngsten Vergangenheit ergibt, zu befreien und sich an Innovationen, die wirklich anstehen, zu beteiligen, ohne daß diese Evaluierungen und die Beteiligungen an anderen Vorgängen der jüngeren Vergangenheit sozusagen im Hintergrund mitwirken? Dies ist eine noch offene Frage, aber sie gehört in diesem Rahmen gestellt.

Jürgen Kocka:
Herr Klinkmann, ich weiß, Sie werden auch etwas zur Geschichte, zur Vergangenheit sagen wollen, aber vielleicht auch mit Blick auf die Zukunft. Und Sie werden aus der Erfahrung mit der AdW berichten.

Horst Klinkmann:
Die Frage, was ich beitragen kann aus der Sicht der von Ihnen eben angesprochenen Vergangenheit zum Zukunftsthema *Wissenschaftsentwicklung im 21. Jahrhundert,* habe ich mir in den Tagen vor dieser Veranstaltung oft gestellt. Meine Ausgangslage ist deutlich unterschiedlich zu den anderen Herren, die hier mit am Tisch sitzen. Ich sitze hier in Vertretung einer Institution mit 300jähriger Geschichte, die abgewickelt wurde und deren weitere Existenz unterschiedlich betrachtet wird. Diese Leibnizsche Gründung war über viele Jahrhunderte das Sprachrohr der deutschen Wissenschaft und Ansprechpartner der großen nationalen Wissenschaftsvereinigungen wie der Royal Society und der Académie Francais.

Ich sitze hier also – wenn ich das einmal etwas plump formulieren darf – in Vertretung der Verlierer. Aus dieser Ausgangslage heraus ist notgedrungen manche Betrachtung in ihrer Objektivität begrenzt, und ich bitte Sie, mir bestimmte, nicht vermeidbare Subjektivitäten nachzusehen. Als Mitbeteiligter ist aber die Ausgangslage auch gegenüber dem Historiker eine ganz andere, wie es soeben Mitchell Ash so zutreffend beschrieben hat. Der Mediziner benutzt Historie in Form der Anamnese, er nutzt diese Anamnese dann aber möglichst sofort für diagnostische und therapeutische Maßnahmen, die der Gesundung des Patienten dienen sollten. Als der letzte AdW-Präsident 1990 – übrigens das erste Mal in der Geschichte der Akademie – von den 23.000 Mitarbeitern direkt gewählt wurde, habe ich gehofft, aus der gemeinsam erhobenen Anamnese diese diagnostischen und therapeutischen Konsequenzen zur Gesundung der Akademie mitgestalten zu können. Das ist, wie wir heute wissen, uns wissenschaftlich nicht verwehrt, aber politisch unmöglich gemacht worden.

Mir ist die Situation eindeutig vor Augen geführt, daß die Politik damals der Wissenschaft eine Chance verwehrt hätte, die, wenn wir sie dann hätten wahrnehmen können, manche der heutigen Probleme gegenstandslos erschienen ließe. Unter der Prämisse der Einheitlichkeit des Wissenschaftszuwachses in der Welt hätten sich sicherlich Erfahrungen aus diesen unterschiedlichen Gesellschaftsordnungen, und wären sie auch nur als Fermente in den gärenden Brei der reformgestauten Wissenschaft der alten Bundesländer eingeflossen, als nützlich erweisen können.

Aber lassen Sie es damit der sicherlich subjektiv rückwärtsgewandten Betrachtungsweise genug sein, denn wer produktiv über verpaßte Alternativen beraten will, sollte es nicht beim Klagen belassen und muß auch über eigene Fehler und Versäumnisse reden.

Zur im Raum stehenden Frage einer nationalen Akademie möchte ich, sowohl aus der Erfahrung der zurückliegenden Jahre und Jahrzehnte in internationalen wissenschaftsleitenden Funktionen als auch aus der Sicht meiner jetzigen akademischen Tätigkeit außerhalb der Grenzen Deutschlands, sagen: Ein Nachdenken über ein einheitliches akademisches Sprachrohr Deutschlands im Sinne einer nationalen Akademie sollte erlaubt sein in einer Zeit, in der in dieser Welt auch die letzten Grenzen fallen und Partikularinteressen sicherlich nicht zu den Motoren des Fortschritts zu zählen sind.

Grundsätzliche Probleme sind auch dadurch gekennzeichnet, daß sie sich mit einfachen Worten beschreiben lassen. Herr Frühwald hat uns dies sehr eindringlich mit seiner Forderung vor Augen geführt, daß wir für die besten wissenschaftlichen Ideen auch die beste Organisationsform und damit die besten Institutionen benötigen. Ich muß deshalb noch einmal auf die Jahreswende 1989/90 hinweisen. Dieter Simon in seiner Funktion als Präsident des Wissenschaftsrates hatte damals einen kleinen Kreis aus der DDR im November 1989 eingeladen zu einer nicht ganz offiziellen Zusammenkunft im Grunewald mit dem Ziel, über die deutsche Wissenschaftsentwicklung nach der voraussehbaren Änderung der politischen Strukturen zu beraten. Im Ergebnis dieser Aktivitäten sind wir zu zwölf Empfehlungen gekommen, die ja dann am 6. Juli 1990 nachträglich mit dem Segen des Wissenschaftsrates publiziert wurden, deren Zielstellung aus meiner Sicht auch heute noch einen hohen aktuellen Stellenwert hat. Sie implizierten damals, daß das Wissenschaftssystem Deutschlands in seiner Gesamtheit evaluiert werden würde, um daraus dann die neue deutsche Wissenschaftslandschaft zu formen. Daß dies dann anders verlaufen ist, wissen wir alle; es wurde betrachtet unter der politischen Simplifizierung, daß alles an Wissenschaft, was westlich der Elbe war, eine höhere Qualität aufwies als das, was östlich der Elbe bestand.

Der Zielwandel, den wir von 1989 bis 1992 auf Grund der sich dramatisch ändernden politischen Verhältnisse auch für den Wissenschaftsbereich hatten, war für uns schwer vorstellbar, und wir waren in keiner Hinsicht darauf vorbereitet.

Relativ frühzeitig hatten wir 1990 einen Konsens mit der West-Berliner Akademie, die sich ja zur damaligen Zeit auch in einem rechtsunsicheren Raum bewegte, über zukunftsträchtige gemeinsame Ideen.

Frau Riedmüller-Seel als damalige Kultussenatorin hat uns ermutigt, diesen Gedanken auch unter dem Aspekt einer vereinigten Akademie weiter zu verfolgen. In der *Union der Akademien* wurde dies sicherlich mit geteilter Meinung wahrgenommen. Herr Schadewaldt, damals Präsident der Nordrheinwestfälischen Akademie, agierte als Emissär zwischen den Akademien, und ich glaube, wir beide hatten einen Konsens in der Respektierung historischer Tatsachen und sich daraus ergebender Möglichkeiten, die auch für die Konferenz der Akademien unter dem damaligen Vorsitz von Herrn Schettler, dem Präsidenten der Heidelberger Akademie, interessierende Diskussionsgegenstände waren.

Unter der Prämisse der, in dem von mir bereits zitierten *12-Punkte-Programm* des Wissenschaftsrates, dargelegten Grundsätze stand die Akademie der Evaluierung durch den Wissenschaftsrat mehrheitlich durchaus positiv gegenüber. Der Dank an Dieter Simon und den damaligen Wissenschaftsrat dafür, daß die faire wissenschaftliche Evaluierung Zielsetzung war, eine Zielsetzung, die dann allerdings in ihrer Umsetzung durch die Einflüsse von außen nicht erreicht werden konnte, ist auch heute ungeschmälert. Die Lehre, die sich für viele von uns daraus ergeben hat, ist die, daß ein altes, reformbedürftiges System auch dadurch nicht besser wird, daß es seine Berechtigung zum unveränderten Weiterbestehen daraus ableitet, daß es ein noch veränderungsbedürftigeres System übernimmt. Auch ein etwas älterer Sauerteig kann noch etwas aufgehen, wenn ihm neue Hefe zugeführt wird.

Im Ergebnis der deutschen Spaltung und der politischen Abgrenzung wußten wir in beiden Teilen Deutschlands wenig vom System im anderen Teil unserer Nation. Nichts beschreibt so deutlich die damalige Situation der gegenseitigen Unkenntnis als die viel zitierte Meinungsäußerung des damaligen Präsidenten der Max-Planck-Gesellschaft, Herrn Zacher, die einfach als tragische Folge der deutschen Spaltung angesehen werden mußte. Herrn Zachers damals so intensiv in den Medien kolportierter Ausspruch, daß die Wissenschaftslandschaft des Ostens eine Wüste sei, forderte den Vergleich nahezu heraus, daß es keine Wüste auf der Welt gibt, in der nicht auch Oasen sind. In diesen Oasen wachsen sehr seltene Blumen, und es lohnt sich eigentlich immer, diese Blumen zu entdecken.

Daß wir dann, um bei diesem Vergleich zu bleiben, diese Blumen auch als erste zur Evaluierung präsentierten, war sicherlich eine taktische Fehlleistung, denn dies mußte Betroffenheit im Sinne des Konkurrenzdenkens bei den Wissenschaftsorganisationen der alten Bundesrepublik hervorrufen. Der letzte Versuch, das Wissenschaftspotential nach seiner Evaluierung in die Partnerschaft des neuen Deutschlands einzubringen, scheiterte dann beim Kamingespräch der beiden Wissenschaftsminister Riesenhuber und Terpe. Unser damaliger Vorschlag, den positiv evaluierten Institutionen der Forschung aus dem Osten eine eigene Organisationsform im Sinne etwa eines Leibniz-Verbundes zu geben und diesen dann gleichberechtigte Chancen bei der Vergabe von Forschungs- und Fördermitteln einzuräumen, dieser Vorschlag war zwar in der Konferenz der Akademien sehr positiv aufgenommen worden, ist aber bei den etablierten Wissenschaftsorganisationen auf einmütige Ablehnung gestoßen.

Geschichtliche Umbrüche eröffnen stets auch alternative Handlungsmöglichkeiten. Dies trifft auch auf die Wissenschaftslandschaft zu. Die Frage, ob wir diese alternativen Handlungsmöglichkeiten vor zehn Jahren in vollem Umfange genutzt haben, schwebt letztlich auch über dieser Diskussion. Und eine diese alternativen Handlungsmöglichkeiten war und ist die Formierung einer nationalen Wissenschaftsvertretung im Sinne einer nationalen Akademie. Wenn sich die deutsche Wissenschaft der Herausforderung dieses Jahrhunderts mit seinen Tendenzen der Globalisierung stellen will, sollte es zumindest erlaubt sein, laut über eine solche Frage nachzudenken und nicht allein das Nachdenken darüber schon als illegitim verdammt werden.

Jürgen Kocka:
Herr Spur, ich weiß, Sie plädieren auch bisweilen für eine nationale Akademie, und dies unter technikwissenschaftlichen Gesichtspunkten. Außerdem haben Sie die Erfahrungen in der West-Berliner Akademie hinter sich. Ich darf Sie jetzt bitten, einige Überlegungen im Bezug auf die gegenwärtige Situation und die Zukunft zu darzulegen.

Günter Spur:
Vor einhundert Jahren wurde das Promotionsrecht für Ingenieure eingeführt. Dies geschah zuerst an den preußischen Hochschulen, so 1899 an der TH Charlottenburg. Dieser Entscheidung war ein jahrzehntelanger Streit vorausgegangen. Die klassischen Universitäten bezweifelten die Wissenschaftlichkeit der Technik. Der Maschinenbau und die aufkommende Elektrotechnik hatten die Welt verändert. Dies führte zu Fragen nach dem Selbstverständnis einer sich entwickelnden neuen Technologiekultur. Eine *Königliche Akademie für technische Wissenschaften* wurde diskutiert. Slaby, Gründer des ersten Lehrstuhls für Elektrotechnik, und Riedler, damals Rektor der TH Charlottenburg, hatten 1899 eine diesbezügliche Gesetzesvorlage eingebracht. Beide waren Mitglieder des Preußischen Herrenhauses. Jedoch wurde dieser Vorschlag aus verschiedensten Gründen abgelehnt. Der erste Versuch der Ingenieure, in Deutschland eine Akademie für technische Wissenschaften zu entwickeln, war gescheitert. Die Wissenschaftskultur der Ingenieure war zu verschieden. Es wird in den Technikwissenschaften zwar vergleichbar experimentell und theoretisch gearbeitet, aber im Unterschied zu den anderen Wissenschaften wird auch konstruiert und produziert. Erfinden ist etwas anderes, als reine Wissenschaft zu betreiben. Erfinden können auch Nichtwissenschaftler, wenn sie Ideen haben und schöpferisch befähigt sind. Innovationen entwickelten sich damals überwiegend in den Fabriken. Maschinen, Schiffe und Flugzeuge wurden zunächst einmal gebaut und danach berechnet. Die Praxis ging somit der Theorie voraus.

Ein weitgreifender Fortschritt in der Entwicklung der Technikwissenschaften bestand darin, die Fabrik als Objekt wissenschaftlicher Forschung aufzugreifen. Dazu gehörte auch die Arbeit des Menschen, sie war kalkulierbar und meßbar geworden. Der Versuch, neben der Mechanischen Technologie eine Fabrikwissenschaft zu begründen, erwies sich zunächst als schwierig. Dennoch hat es die Charlottenburger Hochschule geschafft, 1904 den ersten Lehrstuhl für Fabrikwissenschaft zu institutionalisieren. Die technische Entwicklung stand zu jener Zeit stark unter dem Einfluß Amerikas. Bis Mitte des 19. Jahrhunderts war England die Werkstatt der Welt. Ein erfolgreiches Maschinenbaustudium bestand vorzugsweise darin, in England zu arbeiten, um aus der dortigen Praxis neue Erkenntnisse und Erfahrungen zu sammeln. Gegen Ende des 19. Jahrhunderts änderte sich die Wettbewerbssituation zugunsten der Deutschen und vor allem der Amerikaner. Austauschbau und Massenfertigung kamen auf. Insbesondere in der Passungsgenauigkeit der Teilefertigung zeichnete sich der amerikanische Maschinenbau aus, was Standardisierungsmaßnahmen erforderte. Heute verfügen wir weltweit über genormte Regelwerke der Technik. Das alles gehörte zur Wissenschaft vom Fabrikbetrieb ebenso wie die Psychotechnik. Die Arbeit des Menschen wurde mit wissenschaftlicher Methodik instrumentalisiert. Die Wissenschaft diente der Produktivitätssteigerung.

Die rechnerorientierte Automatisierung wandelte in der zweiten Hälfte des 20. Jahrhunderts die Produktionswirtschaft in einer anfangs nicht erkannten, aber dann doch so nachhaltigen Weise, daß wir heute von einer Digitalisierung des Fabrikbetriebs sprechen. Diese Entwicklung begann mit den numerisch gesteuerten Maschinen. In der frühen Nachkriegszeit haben wir die Wirtschaft mit Vorkriegstechnologie aufgebaut – ohne Zukunftstechnologie. Die politische Entwicklung als Folge des Krieges hatte dazu geführt, daß Deutschland auch in den technischen Wissenschaften nicht mehr vorn lag. Die wissenschaftlich begründeten technologischen Innovationen kamen überwiegend aus den USA, gefördert durch enge Kooperationen von Theorie und Praxis, auch in der American Academy of Engineering. Angemerkt sei, daß es die Schweden waren, die als erste eine Akademie für Ingenieurwissenschaften gegründet haben. Inzwischen sind vergleichbare Akademien weltweit etabliert, nur nicht in Deutschland.

Ein Hauch der sechziger Jahre ist noch spürbar. Die Zusammenarbeit von Wirtschaft und Wissenschaft war damals unerwünscht. Das Berliner Hochschulgesetz behinderte eine innovationsorientierte Forschung.

In jenen Jahren kam eine breite Automatisierungsdiskussion in Gang. Es fehlten Arbeitskräfte. Wir hatten Vollbeschäftigung. Daß die Technologie der arbeitenden Hände nicht mehr ausreichte, zeigte sich anläßlich der Ölkrise Anfang der siebziger Jahre. In kurzer Zeit hatten wir eine Million Arbeitslose. Danach kam es zu einer Konjunktur. Als Folge des Aufschwungs fanden einige Hunderttausende zwar zunächst wieder einen Arbeitsplatz, aber bei der nächsten Wirtschaftskrise Anfang der achtziger Jahre verdoppelte sich die Zahl der Arbeitslosen auf zwei Millionen. In den neunziger Jahren hatten wir vier Millionen Arbeitslose. Es herrschte die Meinung, wir hätten ein technologisch-ökonomisches Problem vor uns. Heute wissen wir, daß wir uns in einem instabilen sozio-ökologischen System bewegen. Es ist nicht mehr so wie vor 100 Jahren. Damals war die Produktivität auf bedienende Hände angewiesen. Heute brauchen wir Fachwissen und Weiterbildung. Die Maschinen arbeiten automatisch, müssen aber geplant und programmiert werden. Die rechnerintegrierte vernetzte Produktionstechnik hat die industrielle Welt innerhalb von 50 Jahren nachhaltig verändert. Die Gesellschaft hat diese Entwicklung kaum wahrgenommen, weil sie sich hinter den Mauern der Fabriken vollzog. Durch die Mächtigkeit der Informationstechnik hat sich die Wirtschaft tiefgreifend verändert. Die Wissenschaft ist als Quelle und Träger des technologischen Fortschritts herausgefordert, ein neues Selbstverständnis zu entwickeln.

Die Zukunft der Technik ist interdisziplinär orientiert. Je moderner die Welt, so Odo Marquard, desto wichtiger werden Geisteswissenschaften. Wir müssen das ökonomisch-ökologisch-technologische System gemeinsam optimieren. Die Akademie kann dazu wichtige Impulse geben.

Dieter Simon:
Als aktiver Funktionär interessiere ich mich für die Geschichte der Akademie eigentlich nicht historiographisch, sondern nur systematisch, d. h. eigentlich gar nicht. Ich möchte deswegen nicht lange bei der Geschichte verweilen, und ich hätte gar nichts dazu gesagt, wenn ich nicht ein Wort zu Horst Klinkmann sagen müßte. Da Du Dich als Verlierer definiert hast, Horst, möchte ich wenigstens sagen, daß ich mich in diesem Zusammenhang auch als Verlierer definiere, denn wir haben diese Zukunft, die wir uns damals gemeinsam angefangen haben zu erträumen im Grunewald, die haben wir ja gemeinsam verloren. Das muß schon klar sein. Wir haben sie verloren, weil wir einer Wahnidee angehangen haben, nämlich der Wahnidee, wir könnten es bewirken, daß das Wissenschaftssystem einen Sonderweg geht, einen Sonderweg, der anders ist als der Weg, den das politische und das Wirtschaftssystem gegangen sind. Das war unsere Illusion, und an der sind wir dann gemeinsam gescheitert. Also nur das, damit Du Dir nicht so allein vorkommst in Deiner Verliererposition. Ich glaube, die Zukunft einer Akademie, die Zukunft dieser Akademie muß von den Funktionen her bestimmt werden, die sie haben kann, die sie einnehmen kann. Deswegen möchte ich ganz schnell diese Funktionen praktisch nur aufrufen und dazu sagen, was ich glaube, was geschehen kann.

Erste Funktion: Gelehrtengesellschaft. Das ist eine ganz wichtige Sache. Die allgemein menschliche Sehnsucht nach Ehrung, die zwanglose Begegnung der Großen untereinander, der Großen Gleichen, in der Absicht zu erfahren, ob sie wirklich noch groß und noch gleich sind oder vielleicht doch schon etwas ungleicher, und sei es auch nur auf der Ebene des Verfalls. Das ist eine wichtige Aufgabe einer Akademie und sie muß sie wahrnehmen. Das kann eigentlich auch nur eine Akademie als Club leisten. Diese Funktion bejahe ich also unbedingt.

Zweite Funktion: Forschung. Das kann eine Akademie, jedenfalls diesen Zuschnitts, nur ganz begrenzt tun. Dafür gibt es drei Gründe. Einmal das Alter derjenigen, die in die Akademie geraten, zweitens der Umstand, daß sie ihren Forschungssitz in der Regel außerhalb der Akademie haben und nicht in der Akademie selbst, und drittens, das muß man auch einmal vor allen Dingen im Hinblick auf die immer so hoch gepriesene West-Berliner Akademie sagen: Die Motivation ist natürlich höher, wenn ich 30 Personen 2.000 DM als Tagegeld gebe, als wenn ich 120 Personen die Hand schüttele, dafür, daß sie so schön geforscht haben – also drittens die Motivation. Was gut geleistet werden kann, ist mit Sicherheit die Forschungsaufsicht. Das können die alten Damen und Herren, die sich in der Akademie versammeln, sicher sehr viel besser als jede andere Institution. Es wäre schöner, das über die Institute zu machen. Wir versuchen es im Augenblick über die sogenannten Kommissionen. Diese Konstruktion ist ein wahres Unglück, denn allzu oft besteht durchaus ein Mißverhältnis zwischen der Kompetenz derer, die die Arbeit tun und denjenigen, die sie beaufsichtigen. Aber Forschungsaufsicht ist immerhin möglich. Die Frage ist: Ist sie auch nötig? Da bin ich eher skeptisch. Ich würde denken, daß etwa diese Langzeitvorhaben von einer anderen Institution als von einer Akademie verwaltet werden können, denn im wesentlichen geht es hier um Forschungsadministration.

Dritte Funktion: *Wissenschaftsrepräsentanz*. Die Wissenschaftsrepräsentanz ist ein Desiderat, hören wir immer wieder mit verschiedenen Argumenten, je nachdem, wo sie ansetzen. Einerseits ist es für die Technikwissenschaftler natürlich ein ganz dringendes Desiderat, bei den Natur- und Geisteswissenschaftlern hingegen können DFG und MPG diese Repräsentanz im gewissen Umfang durchaus leisten. Darüber hinaus steht jedoch die Frage einer angemessenen Repräsentanz der Wissenschaften durch die Gesamtheit der Akademien zur Debatte, auch und im besonderen Maße aus internationaler Perspektive. Das föderale Prinzip verhindert, daß wir eine nationale Akademie haben oder auch einfach eine zu einer nationalen Akademie ernennen können. Die Union ist schwach organisiert und kaum handlungsfähig. Es wird also im Blick auf eine wirksame internationale Repräsentanz in der bestehenden Struktur nicht viel zu erreichen sein. Hier liegt eine echte große Aufgabe, die vielleicht dadurch bewältigt werden könnte, daß entweder eine Akademie sich an die Spitze setzt oder daß die Union entsprechend umorganisiert wird, vielleicht mit Hilfe eben dieser Akademie.

Vierte Funktion: Wissenschaftspolitik. Hier gibt es unterschiedliche Gesichtspunkte. Wissenschaftspolitik kann zum einen der Politik dienen. Das wäre die sogenannte Politikberatung. Davon halte ich nicht sehr viel. Die Vorstellung der Politik ist mir von Herrn Rüttgers, seinerzeit Zukunftsminister, noch lebhaft in Erinnerung. Der Gedanke war, der Minister ruft montags an und höre montags darauf, was es mit dem Ozonloch auf sich hat. So funktioniert weder Wissenschaft noch Wissenschaftsberatung. Meines Erachtens ist eine Akademie als Korporation überhaupt nicht in der Lage, wissenschaftliche Politikberatung zu leisten. Es ändert nichts daran, daß einzelne Mitglieder dieser Akademie natürlich in den verschiedensten Funktionen tatsächlich die Politik beraten, nicht aber im Namen oder mit dem Mandat dieser Institution als Ganzes. Zum anderen dient Wissenschaftspolitik der Wissenschaft selbst. Hier sehe ich eine große Aufgabe, eine Funktion, die von der Akademie nicht wahrgenommen wird. Eine Akademie sollte jedenfalls im richtigen Verständnis des Wortes – für die Hygiene in der Wissenschaft zuständig sein. Sie sollte, so wie Ourisson es uns vorgemacht hat, für zentrale transdisziplinäre Fragen zuständig sein, sie sollte sich der Elitenförderung in einem ganz anderen Maße, als das bisher geschehen ist widmen. Unsere Akademie hat mit ihrer *Jungen Akademie* hier erst einen kleinen Anfang gemacht. Sie sollte die wissenschaftliche Selbstkritik, die sonst an keiner anderen Stelle so gut artikuliert werden kann wie in einer Akademie, formulieren. Hier liegt also auch eine Aufgabe, von der ich glaube, daß sie sehr zukunftsträchtig sein könnte, denn diese Funktion wird von der DFG allenfalls am Rande wahrgenommen. Der Wissenschaftsrat kann und will vielleicht auch in dieser Hinsicht nicht tätig werden. Ich war selber lange genug sein Vorsitzender und weiß, daß die Möglichkeit der unabhängigen – und das ist der Vorteil der Akademie –, der wirklich politikfernen souveränen Formulierung kritischer Gedanken dort im Feilen der Texte und im Feilschen der beiden Partner Politik und Wissenschaft zugrunde geht.

Schließlich noch als *Letztes: Wissenschaftspolitik für die Gesellschaft*. Die Interpretation der Wissenschaft, ihre Verständlichmachung an der Schnittstelle zwischen Öffentlichkeit und Wissenschaft und die Artikulation von großen, einer wissenschaftsbasierten Gesellschaft angemessenen Fragen, ob sie nun das Alter, die Krankheit, die Zukunft oder anderes betreffen, also die Interpretation und die Artikulation der großen Fragen auf einem vermittelnden Forum zwischen Öffentlichkeit und Wissenschaft – das wäre wichtig. Das ist auch eine Aufgabe, die nicht hinreichend wahrgenommen wird und von der ich glaube, daß sie einer Akademie würdig und bei ihr gut aufgehoben wäre. Das ist mit kurzen Worten das, was ich mir von einer Akademie in der Zukunft erwarte. Ich bin mit diesen Erwartungen – die meisten von Ihnen kennen sie, sie sind keineswegs neu – mit diesen Erwartungen hier angetreten als Präsident. Ich sehe selbst, daß es erst in kleinen Schrittchen, in wirklich winzigen Schrittchen gelungen ist, auf diesem Wege voranzukommen. Aber ich sage auch offen, ich bin nicht entmutigt. Ich habe diesen Kongreß nicht veranstaltet, sondern durfte ihm aufgrund der freundlichen Einladung unserer Arbeitsgruppe beiwohnen. Ich habe den Eindruck, daß mich diese Verhandlungen hier ermutigt haben, diesen Weg fortzuführen.

Jürgen Kocka:
Herr Simon, Sie haben ein Programm entworfen, das Sie auch an anderen Stellen vertreten. Zu diesem Programm gehören zwei Ideen, von denen ich den Eindruck habe, daß sie auch im Licht der historischen Erfahrungen, die wir hier diskutiert haben, von vielen geteilt werden – aber vielleicht auch nicht.

Zum einen ist die Idee, daß die Akademie selbst eine Trägerin von organisierter Forschung größeren Ausmaßes sein könnte, ad acta gelegt. Dies war die Frage, um die es zwischen Harnack und Althoff zu Beginn des 20. Jahrhunderts bei der Entstehung der Kaiser-Wilhelm-Gesellschaft ging. Das war die Frage, um die es in der DDR ging, und dort hat man sie bejaht. Das war die Frage, um die es dann 1990 noch einmal ging, als die Auflösung der AdW als *Forschungsholding* das Resultat war. Ich weiß, daß ganz besonders Bernhard vom Brocke, der hier historisch argumentiert, immer wieder diese Variante ins Spiel bringt und dafür plädiert, doch noch einmal zu prüfen, ob die Akademie nicht dadurch an Bedeutung gewinnen kann, daß sie selbst forscht in Form von Institutionen, die sie trägt.

Zweitens aber besteht weitgehend Übereinstimmung darin, jedenfalls hier in diesem Kreis, daß die Akademie andererseits nicht nur Gelehrtengesellschaft in einem herkömmlichen Sinne sein kann. Es sollte in ihr nicht nur um den Austausch von wissenschaftlichen

Erfahrungen im interdisziplinären Diskurs gehen und dabei um die Verteilung und Bestimmung von Ansehen, obwohl das sehr wichtig ist, denn Ansehensverteilung hat auch Wirkungen auf das, was in der Forschung, in der Wissenschaft, in der Gesellschaft überhaupt vor sich geht. Vielmehr wird versucht, zwar einerseits die Akademie nicht wieder zu einer Forschungsorganisation zu machen, andererseits aber auch nicht bei dem älteren *Club-Prinzip* zu bleiben. Zwischen diesen beiden Polen wird gesucht.

Deutlich ist auch: es gibt neue Funktionen im Wissenschaftssystem wahrzunehmen. Es gibt für die Akademie nicht nur Prozesse des Funktionsverlustes über die Jahrhunderte zu konstatieren, sondern auch Möglichkeiten zum Funktionsgewinn. Die Unübersichtlichkeit im höchst ausdifferenzierten, sich schnell verändernden Wissenschaftssystems hat zugenommen. Der Bedarf an neuen *Clearing-Funktionen* nach der Herstellung neuer Transparenz ist groß. Ob das die Akademie leisten kann, etwa durch Wissenschaftskritik und Interpretation der Wissenschaft für die Gesellschaft? Vielleicht wollen die Diskutanten auf dem Podium noch einmal zu diesem Problem der gegenwärtigen und zukünftigen Funktionsbestimmung der Akademie Stellung nehmen, vielleicht liegen dazu aus dem Plenum Wortmeldungen vor.

Mitchell G. Ash:
Nur ein Wort möchte ich sagen: Zu den Dilemmata, die Herr Simon in den Raum gestellt hat und die ich zum Teil im Rahmen meiner Bemerkungen schon erwähnt habe, gehört unter anderem auch das Verhältnis der *Gelehrtengesellschaft* zur *Forschungsakademie*. Die Entstehungsbedingungen der jetzigen Akademie haben es mit sich gebracht, daß diese beiden eine nicht immer ganz angenehme Synthese eingegangen sind, ein Nebeneinander ist eigentlich meist eher der angemessene Begriff. Herr Simon hat jetzt ein klares Wort gesagt, das er schon vor langem ausgesprochen hat, nämlich, daß die Langzeitvorhaben genausogut anderswo verwaltet werden können. Damit wäre allerdings ein großes Stück Tradition verlorengegangen; und das ist eben die Frage, worin die Rolle von Tradition in einer solchen Institution besteht. Kann eine Akademie auf Tradition verzichten, ohne die Legitimität, die sie zur Beteiligung an der wissenschaftspolitischen Diskussion der Gegenwart berechtigt, einzubüßen?

Klaus Pinkau:
Herr Simon hatte auf die Bezahlung der Akademie der Wissenschaften zu Berlin (West), der Mitglieder in den Arbeitsgruppen Bezug genommen. Das ist völlig richtig. Nur, wenn man auf diese Weise Leistung bringt, warum denn nicht?

Dieter Simon:
Herr Pinkau, ich habe gar nichts dagegen. Ich ärgere mich nur, daß ich nichts kriege und die anderen auch nicht. Das ist kein Vorwurf. Das wird ganz falsch verstanden. Ich möchte die Motivation ja gerne durch Geld haben, aber ich habe kein Geld.

Klaus Pinkau:
Ja, dann beschaffen Sie es sich doch!

Samuel Mitja Rapoport:
Ich glaube, diese Art Diskussion hätte vielleicht noch besser an den Anfang des Symposiums gepaßt. Ich will das auch begründen. Die Diskussion über die möglichen Funktionen der Akademie verweist ganz tief auf unsere Vergangenheit und in eine sehr unsichere Zukunft. Ich glaube, die Akademie gewinnt ihre Autorität in erster Linie durch die Repräsentation. Die neu gebildete *Berlin-Brandenburgische Akademie der Wissenschaften* ist trotz ihres Versuchs, Kontinuität zu repräsentieren, doch im Grunde vergangenheitslos, denn alle früheren Mitglieder der Akademie der Wissenschaften sind ausgegrenzt. Das, was Herr Simon vorschlägt – sowohl die Autorität als auch die Kommunikation der Wissenschaft mit der Gesellschaft und die ethischen Fragen der Wissenschaft –, geht das ohne die Alten? Hörte das vor zehn Jahren auf? Ich glaube, daraus ergibt sich ein Handlungsanspruch. Ich möchte diesen als altes Akademiemitglied neu erheben. Die Berlin-Brandenburgische Akademie täte sehr gut daran, mit der Leibniz-Sozietät offen und offiziell zu kooperieren. Ich möchte noch etwas zur Evaluierung sagen. Ich habe mir die Evaluierung ein wenig angesehen. Ich habe sie selbst nicht bzw. nur indirekt erlebt. Ich kann nur sagen: eine Evaluierung eines gesamten Wissenschaftssystems, auch in einem relativ kleinen Land wie der DDR, erfordert eine ungeheure Mobilisierung der Evaluierer. Das kann doch nicht durch ein so begrenztes Gremium wie den Wissenschaftsrat und die wenigen Personen, die in Westdeutschland mobilisiert werden konnten, geschehen. Es hätte eines Appells an einen großen Teil der Wissenschaftler in der Bundesrepublik bedurft, um adäquat – sozusagen spiegelbildlich – die Prüfer zu finden, die denen in der DDR entsprochen hätten. Nur allzu oft war es so, daß der Evaluator an der Institution, an der er dann selbst tätig wurde, insbesondere an solchen, die technisch orientiert waren, eigentlich auf verlorenem Posten oder in einem für ihn fremden Milieu stand. Ich ziehe daraus eine Schlußfolgerung. Das geht etwas weiter als das, was Herr Simon gesagt hat. Die Akademie wird meiner Ansicht nach nur dann den Status erreichen, den sie verdient, wenn sie in der Lage sein wird, die Wissenschaftler zu mobilisieren. Ich denke an weitreichende und prinzipielle Aussagen. Solche Prognosen den Politikern zu überlassen, die alle paar Jahre gewählt werden und die immer mit dem Blick auf die nächste Wahl agieren müssen, das wird sicher nicht gehen. Es nur den aktiven Forschern zu überlassen, ohne einen Appell an ihr Gewissen, an ihre Zukunftsverantwortung für das 21. Jahrhundert und darüber hinaus, das geht auch nicht. Das, was einige große Konzerne machen und vor allem die Militärs, die ihre Ideen für eine *Über-NATO* sammeln, das müßte in der Wissenschaft passieren. Ich glaube, die Verantwortung von den Alten ist es auch, die Jungen weg vom reinen Egoismus, weg vom Labortisch oder vom Archiv zu einer Gemeinsamkeit, zu einer Einheit von Wissenschaft und Humanismus zu führen.

Rudolf Vierhaus:
In ihrer langen traditionsreichen und traditionsbelasteten Geschichte hat sich die Institution Akademie der Wissenschaften als relativ reformresistent erwiesen und vor allem an ihrem überlieferten Aufgaben- und Funktionsverständnis festgehalten; dieses hat organisatorische und Satzungsänderungen weitgehend überdauert. Politischen und ideologischen Zumutungen und Eingriffen war sie, aufs Ganze gesehen, weniger ausgesetzt als andere wissenschaftliche Einrichtungen. Sie ist jedoch der Gefahr nicht immer entgangen, hinter dem sozialen und kulturellen Wandel im System der Wissenschaften zurückzubleiben – so dem Prozeß der disziplinären Differenzierung, der Veränderungen des Wissenschafts- und Forschungsbegriffs, der gesteigerten Anwendungsorientierung der Forschung.

Die Verantwortung dafür, oder anders: die Verantwortung für die wissenschaftliche Lebendigkeit und Dynamik der Akademie tragen die Akademien selbst. Es sind die Mitglieder der Akademien, die weitere und neue Mitglieder zu Wahl vorschlagen und wählen; von ihnen hängt es ab, ob und wann Vertreter anderer oder neuer Disziplinen und Fachrichtungen als Mitglieder berufen werden: solche – vor allem auch jüngere –, die neue Wege der Forschung eingeschlagen und sich dabei hervorgetan haben. Öffentliche, also vor allem staatliche Förderung ist nötig; öffentliche Erwartungen und Anforderungen an die Akademien können förderlich sein und werden steigen. Aber es hängt von den Akademien selbst ab, welche Bedeutung sie im künftigen System der Wissenschaft haben werden.

Joachim Sauer:
Herr Klinkmann hat in seinen Worten öfter von *Wir* gesprochen. Das *Wir* muß qualifiziert werden. Es ist durchaus nicht so, daß all die 23.000, die zum Schluß der Akademie angehörten, und natürlich auch die nicht, die aus verschiedenen Gründen nicht in der Akademie beschäftigt waren noch die Chance hatten, jemals Akademiemitglied zu werden, sich mit diesem *Wir* identifizieren würden. Es ist deshalb nicht richtig, daß es sich hier primär um einen Ost-West-Konflikt handelt, sondern es ist ein Ost-Ost-Konflikt. Es ist auch nicht so, daß man die Struktur der DDR-Akademie mit der Einheit von Gelehrtengesellschaft und Forschungsinstituten ganz unpolitisch als ein Modell dafür diskutieren kann, wie Wissenschaft im großen Rahmen zu betreiben sei, sondern man muß diese als eine Struktur verstehen, mit der die gesamte Wissenschaft diszipliniert werden sollte. Daß das bis zur Karikatur ging, haben wir von Herrn Parthier gehört. Die Leopoldina sollte mit den Briefmarkensammlern und Taubenzüchtern in einen Kreisverband des Kulturbundes eingeordnet werden. Es ging bei der Struktur der Akademie der Wissenschaften darum, alles was irgendwo im Land geschah, dem Machtanspruch der Partei unterzuordnen. Das schließt nicht aus, daß an verschiedenen Stellen eindrucksvolle Forschungsergebnisse erzielt wurden. Das schließt aber auch ein, daß die besten Wissenschaftler, wenn sie keine Parteimitglieder waren, sich entscheiden mußten, ob sie sich ihre Unabhängigkeit bewahren wollten und nicht in führende Positionen gelangten oder ob sie Parteimitglied werden wollten, um auf dem Karriereweg weiterzugehen. Es gab hochqualifizierte Wissenschaftler, die im unterschiedlichen Grade des Bewußtseins mit geholfen haben, das System Wissenschaft und die Freiheit des einzelnen Wissenschaftlers dem Zugriff der Partei auszusetzen. Es ist eine systematische

Aushöhlung des Leistungsprinzips erfolgt. Es war eben nicht so, daß die Besten ohne weitere Randbedingungen gefördert wurden. Es konnten nicht die besten Ideen umgesetzt werden, und es konnten eben nicht die, die das meiste zu sagen hatten, zu Kongressen fahren. Wer das geduldet hat, hat natürlich auch eine gewisse Glaubwürdigkeit verspielt. Es ist deswegen auch gar keine Überraschung, daß Versuche dieses Personenkreises, das zentralistische Akademiemodell der DDR als eine Zukunftsoption zu verkaufen, nicht auf ungeteilte Zustimmung stießen.

Hans Schadewaldt:
Ich möchte als Außenstehender noch zwei Worte zur Auflösung der Akademie sagen. In Berlin wurden zwei Akademien aufgelöst und eine dritte gegründet, freilich mit dem Anspruch der alten Traditionen. In Leipzig hingegen herrschten völlig andere Bedingungen. Dort passierte folgendes. Ich war wieder einmal Emissär, wie das Herr Kollege Klinkmann nannte, und rief den neuen sächsischen Wissenschaftsminister Meyer an. Dieser war gerade zwei Tage im Amt und ging gleich selbst ans Telefon. Das war schon ungewöhnlich. Noch ungewöhnlicher war, was dann passierte. Ich sagte ihm: Wenn er schnell ein entsprechendes Gesetz vorbereiten würde, dann könne die Sächsische Akademie weiter existieren. Sie könnte noch in die Union – die damals noch *Konferenz der Akademien* hieß – eintreten, und wir hätten auf diese Weise wenigstens eine Ostakademie. Er hat zugestimmt und ist zu Biedenkopf gegangen, den wir vom Landtag in Düsseldorf her kannten. Daraufhin ist ganz schnell ein Gesetz erlassen worden in Sachsen, ein ganz kleines mit nur wenigen Paragraphen für die erste Zeit. Es wurde allen Akademiemitgliedern vorgelegt. In einem Begleitbrief des Präsidenten hieß es, wenn Sie nicht einverstanden sind, nehmen wir an, daß Sie in den Ruhestand treten wollen. So blieb die Akademie in Sachsen ohne großes Brimborium weiter bestehen. Zehn Kollegen haben sich zurückgezogen. Die waren vielleicht politisch belastet. Es gab also keine wesentlichen Auseinandersetzungen. Was *Poggendorff* betrifft, das ging alles wunderbar. Hier in Berlin jedoch gab es ganz große Diskussionen, weil hier die politische Großwetterlage eine andere war. Ich glaube nicht, daß man sagen kann, Ost-Akademien und West-Akademien wurden unterschiedlich behandelt, sondern das war individuell sehr unterschiedlich. Ich könnte mir vorstellen, daß Präsident Simon vielleicht gar nicht unglücklich gewesen wäre, wenn er in irgendeiner Form diese alte Akademie übernommen hätte, die er ja jetzt doch übernommen hat, da ja sowohl das Wappen als auch die anderen Symbole weiter verwendet werden. Ich bin darüber sehr glücklich als Medizinhistoriker, der dafür viel Verständnis hat. Noch eine letzte Frage oder eine Beratung. Wir haben den wunderbaren, für meine Auffassung sehr eindrucksvollen Vortrag unseres französischen Kollegen gehört. Uns fehlt ein Napoleon. Der hätte ein *Institut de France* oder *Institut d'Allemagne* gegründet und schon hätten wir alle Akademien unter diesem Obertitel, und der würde logischerweise in der Hauptstadt angesiedelt sein. Aber wir haben keinen Napoleon. Und wir haben leider kein Institut, das in dieser Form alle wissenschaftlichen Organisationen in sich vereinigt. Als allerletztes eine kleine Berichtigung. Die ersten Techniker oder Ingenieure sind in der Tat in der vorher erwähnten Arbeitsgemeinschaft für Forschung in Nordrhein-Westfalen von dem unvergessenen Staatssekretär Leo Brandt ein-

geführt worden. Der hat als erster gesehen, daß die Technischen Hochschulen – Aachen und natürlich Berlin – in den alten Akademien nicht vertreten waren. Er hat das Manko erkannt, daß die alten Akademien diese Ingenieure nicht haben wollten. Bald darauf entstand die Idee einer *Arbeitsgemeinschaft*, einen Begriff, den man nicht ins Englische und Französische übersetzen kann. Also machten wir daraus eine Akademie. Kurze Zeit später bemerkte man, daß die Geisteswissenschaften fehlen. Es war genau umgekehrt, wie bei den anderen Akademien, also wurde schnell eine geisteswissenschaftliche Klasse gegründet. Dort gab es keinen Ausschluß von Theologen oder anderen Berufen. Ich weiß, daß es bei uns immer noch ein Problem ist, einen Politiker in eine Akademie aufzunehmen. Falls er doch aufgenommen wird, dann nie als Politiker, sondern wegen eines anderen Verdienstes oder einer anderen Funktion. Natürlich darf man auf keinen Fall einen akademischen Beruf ausschließen. Das ist eine wichtige Frage für die Zukunft. Die Akademien sollten daran denken, daß es vielleicht weiße Flecken gibt und daß Berufsgruppen, die aus historischen Gründen nicht in der Akademie sind, früher oder später unbedingt in der Akademie Aufnahme finden sollten.

Günter Albrecht:
Ich war Vorsitzender der Klasse Technische Wissenschaften in der Akademie der Wissenschaften der DDR. Die Gründung dieser Klasse ist sehr spät erfolgt, gegen große Widerstände, aber Gott sei Dank noch vor dem Ende dieser Akademie. Ich möchte hier Herrn Spur sehr beipflichten, wenn er den technischen Wissenschaften die Probleme mit der steigenden Arbeitslosigkeit vorwirft, insbesondere dem Einsatz rechnergesteuerter Maschinen. Aber das ist natürlich nicht nur eine Sache der technischen Wissenschaften, denn viele Pfeile wurden eben auch von anderen Disziplinen, z. B. der Physik – aus der ich komme – gespitzt. Man denke an den Aufschwung der Halbleitertechnik und ihre physikalischen Grundlagen, an die Lasertechniken, die aus der Physik heraus gewachsen sind, oder an die Lichtleitertechnik, die es ohne moderne Reinststoffchemie nicht gäbe. Die Reihe ließe sich beliebig fortsetzen.

Ich meine, daß wir in der Wissenschaft in ihrer Gesamtheit graduell unterschiedlich große Verantwortlichkeiten für diese zunehmend steigende Arbeitslosigkeit haben. Das hängt mit der Steigerung der Arbeitsproduktivität zusammen, ganz besonders in den hochentwickelten Ländern. Die Frage ist, was man dagegen zukünftig mit den Mitteln der gesamten Wissenschaft, unter Einschluß der Geisteswissenschaftler, machen kann. Ich glaube, daß da ein weites Feld besteht, worüber bisher zu wenig nachgedacht worden ist.

Manfred Bierwisch:
In dieser Diskussion geht es eigentlich um die Zukunft der Akademien. Aber es liegt wohl in der Natur der Sache, daß die Erörterung der Zukunft zu einem großen Teil als Extrapolation aus der Vergangenheit geschieht. In diesem Sinn will ich zwei Punkte aufgreifen.

Zum einen möchte ich nachdrücklich bekräftigen, was Herr Sauer eben gesagt hat. Man muß sich immer wieder vor Augen halten, daß es zwar anstrengend, aber unbedingt nötig ist, sich gegen die nostalgische Verklärung der Bedingungen in der Akademie der DDR zu wehren. Die Akademie hatte aufgrund politisch verursachter Einschränkungen de facto Arbeitsbedingungen, die verhindert haben, daß in der DDR ein Modellfall für die Art, in der außeruniversitäre Forschung in einer Akademie organisiert werden kann, entstehen konnte. Ich habe das schon einmal für den geisteswissenschaftlichen Bereich darzustellen versucht. Vielleicht war das nicht deutlich genug. Es scheint mir aber ein ganz wichtiger Punkt zu sein, daß man die DDR-Akademie nicht in einen brauchbaren Modellfall und einige davon zu trennende politische Mißlichkeiten aufteilen kann. Die Art, in der der Modellfall eingerichtet und betrieben worden ist, ist von der Ursache der Behinderungen und Deformationen nicht zu trennen.

Darüber hinaus, und das ist mein zweiter Punkt, ist gestern auch ganz deutlich geworden, daß die nach sowjetischem Vorbild ausgebaute DDR-Akademie noch aus einem ganz anderen Grund kaum als Modell für die Organisation akademiegeleiteter außeruniversitärer Forschung in Frage kommt. Herr Kocka hat in der Einleitung zu dieser Diskussion noch einmal darauf hingewiesen, daß der Ausbau der sowjetischen Akademie der Wissenschaften eher dem in den Kaiser-Wilhelm-Instituten verwirklichten *Harnack-Prinzip* verpflichtet war als dem Leibnizschen Akademie-Konzept, das ja am Beginn auch der Russischen Akademie der Wissenschaften stand. Was demnach in der DDR nach sowjetischem Vorbild realisiert wurde, war in anderer Form noch einmal die Zurücksetzung der Akademie zugunsten eigenständiger Forschungsinstitute, der Sieg der Kaiser-Wilhelm-Gesellschaft über die Gelehrtensozietät. Von Herrn Nötzoldt haben wir bereits gehört, wie die *Gelehrtengesellschaft* der Akademie der DDR einerseits und die *Arbeitsgemeinschaft* der Naturwissenschaften und die *Forschungsgemeinschaft* der Gesellschaftswissenschaften andererseits auseinandergefallen sind.[5] Dabei haben die Institutsgemeinschaften de facto genau das dargestellt, was in anderen Ländern die außeruniversitären Großforschungseinrichtungen waren, also in der Bundesrepublik die Max-Planck-Gesellschaft und die Großforschungsinstitute. Nicht umsonst hat die Max-Planck-Gesellschaft in den späten 1980er Jahren, als es um ein Wissenschaftsabkommen zwischen der DDR und der Bundesrepublik ging, die Akademie als ihren natürlichen Partner angesehen. Die Idee, daß die DDR-Akademie der Wissenschaften nach dem Vorbild der Ungarischen, Polnischen oder Tschechischen Akademie noch einmal zum Modell für die außeruniversitäre Forschung unter der Verantwortung der Gelehrtengemeinschaft hätte werden können, muß man für die Zukunftsüberlegungen der Akademie wohl ad acta legen.

Die Akademien der Länder Mittel-Ost-Europas nehmen vor allem die Funktion der Forschungsinstitute wahr, die ja anders nicht besetzt ist, mit entsprechenden Unklarheiten über die Rolle der Gelehrtensozietäten bis hin zu terminologischen Problemen.

Eine Bemerkung noch zu den Einwendungen von Herrn Rapoport über die Evaluierung der Akademieinstitute durch den Wissenschaftsrat. Eigentlich gibt es Berufenere hier im Raum, die diese Behauptungen richtigstellen können, aber als Betroffener des Vorgangs weiß ich gut genug Bescheid. Die Unterstellung, daß es lediglich die auf welche Weise

[5] Vgl. den Beitrag von Peter Nötzoldt in diesem Band.

auch immer berufenen Mitglieder des Wissenschaftsrates waren, die diese Evaluierung vorgenommen haben, ist eine vollkommen irreführende Illusion. An diesem enormen Kraftakt, der ja auch Empfehlungen für die Neustrukturierung der Universitäten umfaßte, waren große Teile der bundesdeutschen wissenschaftlichen *community* beteiligt – und nicht nur der bundesdeutschen. Natürlich sind dabei auch Fehler unterlaufen, aber insgesamt haben sich die Evaluierten durchaus fair beurteilt gefühlt. Irreführend ist es auch, den Eindruck zu erwecken, als sei die Evaluierung eine Schikane gegen Einrichtungen der DDR gewesen, der andere Institutionen nicht unterzogen wurden. Zwar sind die Einrichtungen der alten Bundesländer – übrigens aus gutem Grund – nicht mit gleichem zeitlichen Druck evaluiert worden wie die der untergegangenen DDR, aber die Evaluierung der wissenschaftlichen Einrichtungen der Bundesrepublik ist im Gang. Es ist nicht so, daß nach der Beurteilung der Akademieinstitute nichts mehr geschieht, was nicht heißt, daß man mit dem weiteren Verlauf zufrieden sein muß.

Horst Klinkmann:
Ich wurde direkt angesprochen, und ich darf vielleicht in der gebotenen Kürze darauf direkt antworten. Ich wurde gebeten, das *Wir* zu qualifizieren. Ich habe dieses *Wir* nicht bezogen auf die alte AdW, sondern ich habe das *Wir* bezogen auf die Zeit der Diskussion 1989/90. Und in dieses *Wir* eingeschlossen sind viele Leute, die nicht zur Akademie gehörten, die hier teilweise heute mit am Tisch und im Saal sitzen.

Lassen Sie mich jedoch antworten mit einem Zitat eines unserer Akademiemitglieder, Johann Wolfgang von Goethe: „Wir alle leben vom Vergangenen und gehen am Vergangenen zugrunde." Ich glaube, daß wir hier und heute gefordert waren, Gedanken zu reflektieren oder einzubringen, die – unabhängig, zu welchem politischen System wir gehörten oder gehören – auch heutzutage zumindest noch die Berechtigung haben, ausgesprochen zu werden. Sicherlich teile ich die Meinung mit vielen hier im Saal, daß die Vorträge unserer auswärtigen Gäste aus Paris und Budapest über den Umgang mit der Vergangenheit, mit der Deutschland sich sehr schwer tut, auch eine Lektion für uns gewesen sind. Und ich möchte diese kurze Zwischenbemerkung schließen mit einem weiteren bekannten Zitat eines unserer Mitglieder, Albert Einstein: „Es ist leichter, ein Atom zu spalten, als ein Vorurteil."

Jürgen Kocka:
Was das Verhältnis von Vergangenheit, Gegenwart und Zukunft angeht, so kann man es unterschiedlich behandeln. Häufig reden wir über die Vergangenheit und bleiben bei ihr, wenn auch aus heutiger Perspektive. Oft ist sie ja auch eine Last und fast immer gewichtig genug, um sie per se zu behandeln. Auf der anderen Seite kann man über die Vergangenheit historisch handeln, indem man sie ausdrücklich unter Gesichtspunkten der Gegenwart und im Blick auf die Zukunft thematisiert, etwa mit der Absicht, sich den Kopf freizumachen, Möglichkeitsbewußtsein zu verbessern und Optionen zu erkennen. Ich finde, wir haben in dieser Abschlußdiskussion beides versucht. Ob die Klärung der Vergangenheit zur klügeren Gestaltung der Zukunft beiträgt, wird sich zeigen. Mit der Hoffnung, daß dies so sei, verbinde ich den Dank an Diskussionsteilnehmer und Publikum.

Resümee

A. Institutionsgeschichtlicher Abriß

I. Weichenstellungen 1945–1949

II. Die Praxis der Kohabitation zwischen den *bürgerlichen Gelehrten* und der *neuen Intelligenz* in den 1950er und 1960er Jahren

III. Umstrukturierung nach 1961 und Ausblick bis 1989

B. Zentrale Problemfelder der Geschichte der DAW/AdW

I. Von der Gelehrtengesellschaft zum Forschungskombinat
1. Der Wandel der Gelehrtengesellschaft
2. Die Forschungseinrichtungen der Akademie
3. Das Zusammenwirken von Gelehrtengesellschaft und Forschungseinrichtungen

II. Politik und Wissenschaft in der Akademie
1. Die SED an der Akademie
2. Zur Tätigkeit des Ministeriums für Staatssicherheit an der Akademie
3. Das Leitungssystem der Akademie und die Einflußmöglichkeiten von Partei und Staat

III. Die Stellung der Akademie im Wissenschaftsgefüge der DDR
1. Die Akademie als *höchste wissenschaftliche Institution* und ihre Konkurrenten
2. Das Verhältnis zwischen der Akademie und den Universitäten und Hochschulen
3. Die Beziehungen zu anderen Akademien

IV. Die Akademie im System der deutsch-deutschen Spannungen und Kooperation
1. Die gesamtdeutsche Akademie
2. Die Beziehungen zum Kartell der deutschsprachigen Akademien der Wissenschaften
3. Die Kontakte zur Max-Planck-Gesellschaft und zur Deutschen Forschungsgemeinschaft

V. Die internationalen Beziehungen der Akademie
1. Die ausländischen Mitglieder
2. Verbindungen zu ausländischen Akademien und weiteren Forschungseinrichtungen
3. Mitgliedschaft in internationalen wissenschaftlichen Organisationen

C. Die West-Berliner Akademie der 1980er Jahre: Neuansatz und Alternative

D. Quintessenz

Jürgen Kocka / Peter Nötzoldt / Peter Th. Walther

Die Berliner Akademien 1945–1990

Von 1945 bis 1987 existierte nur eine Akademie der Wissenschaften in der Stadt: die im Ostteil Berlins gelegene *Deutsche Akademie der Wissenschaften zu Berlin* (DAW), die 1972 in *Akademie der Wissenschaften der Deutschen Demokratischen Republik* (AdW) umbenannt wurde. Sie setzte die *Preußische Akademie der Wissenschaften* (PAW) fort und überführte sie allmählich in eine Organisation neuer Art, einen umfassenden Forschungskonzern mit zahlreichen Instituten und vielen Funktionen, wie es für die ost- und ostmitteleuropäischen Länder des sowjetischen Machtbereichs typisch war.

1987 entstand im Westteil der Stadt die *Akademie der Wissenschaften zu Berlin* (AWB). Sie stellte einen originellen Neuansatz dar, der sich sowohl von der langen Tradition deutscher Akademien wie vom Ost-Berliner Akademiemodell grundlegend unterschied.

Beide überlebten die Wiedervereinigung nicht. Während die kurze Existenz der AWB durch Beschluß des Berliner Abgeordnetenhauses mit dem Jahr 1990 zu Ende ging, zog sich der Auflösungsprozeß der AdW von 1989 bis 1992 hin. Die ihr angehörenden ca. 50 Forschungsinstitute wurden nach Evaluation durch den Wissenschaftsrat zum größten Teil aufgelöst und das in ihnen beschäftigte Personal partiell in andere, zum Teil neu geschaffene Institutionen überführt.

Den Mitgliedern der Gelehrtensozietät der AdW wurde 1992 vom Berliner Senator für Wissenschaft mitgeteilt, daß mit der Neukonstituierung der *Berlin-Brandenburgischen Akademie der Wissenschaften (vormals Preußische Akademie der Wissenschaften)* (BBAW) die Gelehrtengesellschaft der AdW zu existieren aufgehört habe. Die 1993 ins Leben tretende BBAW stellt eine Akademie neuer Art dar. Sie nahm jedoch Forschungslinien, Bestände und Strukturmerkmale der alten Preußischen Akademie, der Ost-Berliner AdW und der West-Berliner AWB in sich auf.

Das folgende Schlußkapitel faßt wichtige Ergebnisse der voranstehenden Beiträge zusammen und ergänzt sie auf der Grundlage zusätzlicher Forschung. Das Ziel ist nicht, eine umfassende Akademiegeschichte des Zeitraums vorzulegen, aber doch, ihr den Boden zu bereiten und ihre Grundlinien deutlich zu machen. Durchweg geht es um Akademiegeschichte im Rahmen der allgemeinen Geschichte. Für die leitenden Fragestellungen sei, wie in den Resümees der beiden vorangehenden Bände, auf die Einleitung zum ersten Band hingewiesen, der unter dem Titel „Die Preußische Akademie der Wissenschaften zu Berlin im Kaiserreich" 1999 erschien.[1]

Teil A des folgenden Schlußkapitels gibt einen knappen chronologischen Überblick über die Geschichte der Ost-Berliner Akademie. Teil B behandelt ausgewählte Fragen aus ihrer Geschichte systematisch: den Wandel von der Gelehrtengesellschaft zum Forschungskombinat, das Verhältnis von Wissenschaft und Politik sowie die Stellung der Akademie im Wissenschaftsgefüge der DDR, im System der deutsch-deutschen Beziehungen und im Feld der internationalen Wissenschaftsorganisation. Teil C behandelt die Vorgeschichte, Gründung und Eigenart der kurzlebigen West-Berliner Akademie. Teil D zieht ein Fazit, das die Existenz und das Scheitern beider Akademien in größere Zusammenhänge einordnet.[2]

A. Institutionsgeschichtlicher Abriß

I. Weichenstellungen 1945–1949

Nach den Vereinbarungen der Alliierten war Berlin 1945 in vier Sektoren eingeteilt, wurde aber zugleich von einem deutschen Magistrat verwaltet, der direkt der Alliierten Kommandantur unterstand. Die noch bestehenden Einrichtungen des Reichs sollten von den Ländern bzw. Provinzen ihres jeweiligen Standortes übernommen, verwaltet und finanziert werden. Das betraf in Berlin die Universität und die Technische Hochschule ebenso wie die Preußische Akademie der Wissenschaften.

Das durch Bombenangriffe und Straßenkämpfe weitgehend zerstörte und durch sowjetische Demontagepolitik zusätzlich gebeutelte Berlin war mit dieser Aufgabe allerdings überfordert. Dazu kamen Bestrebungen seitens der sowjetischen Besatzungsmacht und ihrer deutschen Verbündeten – im ersten, 1945 ernannten Magistrat dominierte die KPD die Kernbereiche Inneres und Volksbildung – in Richtung einer grundlegenden politischen und gesellschaftlichen Umgestaltung, die eine bloße Rückkehr zur Zeit vor 1933 ausschließen sollte. Der Umstand, daß sich sowohl die Universität als auch die Akademie im sowjetischen, die Technische Hochschule im britischen und die – allerdings bis auf das Kaiser-Wilhelm-Institut für Physikalische und Elektrochemie ausgelagerten – Kaiser-Wilhelm-Institute überwiegend im amerikanischen Sektor befanden, sollte sich für die weitere Entwicklung als entscheidend erweisen. Am 12. September 1945 unterstellte die *Sowjetische Militäradministration in Deutschland* (SMAD) die Universität[3] der *Deutschen Zentralverwaltung für Volksbildung* (DZVV), deren Zuständigkeit sich eigentlich nur auf die fünf Länder bzw. Provinzen der sowjetischen Zone, jedoch nicht auf Berlin erstrecken sollte. Die

[1] Vgl. Kocka, „Einleitung", S. X–XIII.

[2] Die Autoren danken Hubert Laitko und Martin Sabrow für Kritik und weiterführende Vorschläge.

[3] Die Universität trug damals ihren alten Namen – Friedrich-Wilhelms-Universität zu Berlin – nicht mehr, benutzte aber noch die alten Briefköpfe; *Universität Berlin* war die neue Bezeichnung, die allerdings bereits in den Vorlesungsverzeichnissen seit den 1920er Jahren üblich wurde.

westlichen Alliierten – insbesondere die Amerikaner – protestierten, mußten die Unterstellung unter die Zonenverwaltung aber hinnehmen, da sie im sowjetischen Sektor nicht eingreifen konnten.[4] Damit hatte die sowjetische Besatzungsmacht einen Präzedenzfall geschaffen. Im Mai 1946 beschloß die Alliierte Kommandantur, die Technische Universität Berlin aus dem Haushalt der Stadt Berlin herauszunehmen und künftig durch den britischen Zonenhaushalt finanzieren zu lassen.[5] Die SMAD billigte im Juli 1946 die Wiedereröffnung der Ost-Berliner Akademie als *Deutsche Akademie der Wissenschaften zu Berlin*, und zwar mit dem ausdrücklichen Hinweis auf ihre Verankerung in der vormaligen Preußischen Akademie der Wissenschaften.[6] Die Akademie wurde der *Zentralverwaltung für Volksbildung für die Sowjetisch Besetzte Zone Deutschlands* unterstellt. Die amerikanische Militärverwaltung faßte im Winter 1946/47 die Reste der Dahlemer Kaiser-Wilhelm-Institute zu einer zonenfinanzierten Forschungshochschule für Graduierte zusammen.[7]

Die Akademie war also wieder und weiterhin eine quasi-staatliche Institution. Der kommunalen Oberhoheit der Stadt Berlin entkommen, unterstand sie bis 1949 der Ost-Berliner Zentralverwaltung für Volksbildung, dann für kurze Zeit dem Ministerium für Volksbildung und danach dem Ministerrat der DDR. Das letzte Wort behielt sich die SMAD bzw. deren Nachfolgeorganisation, die *Sowjetische Kontrollkommission* (SKK) vor, die sich allerdings 1950 von ihrer Aufsicht über die Akademie zurückzog. Damit konnte ab 1952 die *Abteilung Wissenschaften* des ZK der SED (zunächst *Abteilung Wissenschaft und Hochschulen*, dann *Abteilung Wissenschaft und Propaganda*) allmählich die Federführung übernehmen. Die Akademie erfreute sich in ihren ersten Jahren der besonderen Förderung der Deutschen Zentralverwaltung für Volksbildung, auch wenn es mit deren Präsidenten Paul Wandel immer wieder zu atmosphärischen Irritationen kam.

Zwei wesentliche strukturelle Veränderungen bestimmten das neue Selbstverständnis der Akademie. Die Satzung von 1946 konzipierte sie *erstens* als nationale Akademie mit gesamtdeutschem Anspruch und sprach ihr *zweitens* das Recht zu, eigene Forschungsinstitute zu unterhalten. Der gesamtdeutsche Anspruch hatte zur Folge, daß Ordentliche Mitglieder nicht mehr in Berlin und Umgebung wohnen mußten. Das stellte ein Novum dar. Bis 1935 hatte sich die Akademie mit der Kategorie *Auswärtiger Mitglieder* beholfen: diese konnten sich, sofern sie sich in Berlin aufhielten, an der Arbeit der Akademie mit allen Rechten eines Ordentlichen Mitglieds beteiligen.

[4] Als Gegenmaßnahme unterstellte die amerikanische Militärverwaltung den Botanischen Garten, der seit 1810 zur Universität gehörte, aber im Westteil der Stadt lag, der allgemeinen städtischen Verwaltung.

[5] Die TU Berlin war juristisch eine Neugründung aus dem Fundus der Technischen Hochschule Berlin-Charlottenburg.

[6] Vgl. Hartkopf/Wangermann, *Dokumente,* S. 467–472: Befehl Nr. 187 vom 1. Juli 1946 (mit Faksimiles des russischen Originals und der deutschen Übersetzung). Die deutsche Übersetzung des sowjetischen Befehls in dieser Ausgabe war gründlich mißglückt, aber als SMAD-Text in der DDR offenbar derart sakrosankt, daß er öffentlich nicht korrigiert wurde; erst 1990 hat Conrad Grau eine der deutschen Syntax folgende Übersetzung veröffentlicht. Vgl. Grau, „Akademiegedanke“. Archivbenutzer konnten allerdings jederzeit das russische Original einsehen.

[7] Vgl. Tent, *Freie Universität,* S. 83–86.

Akademiemitglied am Rande einer Sitzung im Dezember 1946

1935 war es der Akademie nach langem Drängen gelungen, sechs neue Stellen für *auswärtige Ordentliche Mitglieder* zu schaffen, um so „auch auswärtige Gelehrte zur Betätigung innerhalb des engeren Arbeitskreises heranzuziehen“.[8]

Durch den kriegsbedingten Umzug vieler Ordentlicher Mitglieder in andere Teile Deutschlands war die Akademie faktisch schon seit 1943 zu einer gesamtdeutschen Akademie geworden. Doch diese Entwicklung spiegelte sich lediglich in ihren Mitgliederlisten wider, aber nicht in ihrer praktischen Arbeit. Denn angesichts der herrschenden Verkehrsbedingungen und Reisebestimmungen konnte sich in der Regel nur ein relativ kleiner *Berliner Kern* der wenigen zurückgebliebenen oder in die Hauptstadt zurückgekehrten Mitglieder zu Sitzungen treffen.[9] Der gesamtdeutsche Anspruch der Akademie stieß allerdings nach 1945/46 bald an seine Grenzen. Zum einen beharrten die anderen Akademien in Göttin-

[8] Max Planck, „Ansprache auf der Öffentlichen Sitzung zur Feier des Jahrestages König Friedrichs II, 28. Januar 1937“, in: *Sb. der PAW 1937*, S. XXV. Diese auswärtigen Ordentlichen Mitglieder waren lediglich zu einem Vortrag pro Jahr verpflichtet und konnten für bis zu vier weiteren Sitzungen der Klasse, des Plenums oder einer Kommission Reisegeld und Diäten erhalten. Nach der neuen Satzung von 1939 waren pro Klasse zwölf auswärtige Ordentliche Mitglieder vorgesehen, eine Option, von der die Akademie bis 1945 jedoch nur sehr sparsamen Gebrauch machte.

[9] Entgegen den Satzungen von 1881 und 1939 sind die Ordentlichen Mitglieder, die ihren Wohnsitz 1944 bis 1946 aus Berlin und Umgebung verlegt hatte, weiterhin als Ordentliche Mitglieder und nicht als auswärtige Ordentliche Mitglieder geführt worden.

gen, München und Heidelberg auf dem Prinzip, daß für eine Ordentliche Mitgliedschaft in ihren Gelehrtengesellschaften nach wie vor das Ausschließlichkeitsprinzip galt und damit eine gleichzeitige Ordentliche Mitgliedschaft in Berlin und andernorts nicht statthaft sei. Zum anderen entstand 1949 mit der Gründung der Akademie der Wissenschaften und Literatur in Mainz eine Institution, die das Regionalprinzip verwarf, sich als gesamtdeutsche Akademie verstand und zudem Funktion und Tradition der PAW für sich beanspruchte – ein Anspruch, den die Bundesregierung in Bonn zeitweilig akzeptierte.[10] Und zum dritten reduzierte sich das Einzugsgebiet der Ost-Berliner Akademie im Verlauf der Teilung Deutschlands, der Verfestigung der staatlichen Strukturen und den Abgrenzungen der beiden deutschen Staaten zunehmend auf die DDR und auf Ost-Berlin.

Die zweite und folgenreichere Veränderung in den Akademiestrukturen betraf den Aufbau akademieeigener Forschungsinstitute. Ähnliche Vorstellungen und Konzeptionen waren seit der Jahrhundertwende um 1900 mehrfach diskutiert, aber nie durchgesetzt worden. Die Alliierten hatten die bisherigen außeruniversitären Forschungsinstitute der *Kaiser-Wilhelm-Gesellschaft* (KWG), deren Generalverwaltung nach Göttingen ausgewichen war, wegen ihrer maßgeblichen Beteiligung an kriegsrelevanten Forschungen unter Kuratel gestellt. Damit war das Überleben der KWG grundsätzlich gefährdet. In der SBZ und in Ost-Berlin nutzte die Akademie die Chance, die durch die faktische Handlungsunfähigkeit der KWG entstanden war. Aus der bisherigen Gelehrtengesellschaft entstand damit eine neue Organisationsform der Akademie, in der Gelehrtensozietät und Forschungsinstitute neben- oder miteinander existierten. Ein vergleichbares Modell bestand bereits in Stockholm, wo die neu gegründeten *Nobel-Institute* nach 1900 der Schwedischen Akademie der Wissenschaften zugeordnet worden waren.[11] Eine ähnliche Entwicklung hatte sich Mitte der 1920er Jahre auch in der Sowjetunion vollzogen. Für die aus dem sowjetischen Exil zurückkehrenden Politiker der KPD/SED, wie Paul Wandel, war das Moskauer Akademiemodell maßstabsetzend. Ebenso wichtig war jedoch, daß sich dieses Modell im Kern mit den Vorstellungen der meisten in Berlin anwesenden Akademiemitglieder deckte.[12] Schon im Herbst 1945 hatte sich die Akademie vom Magistrat damit beauftragen lassen, sämtliche *herrenlosen* historischen Institute in der Stadt unter ihre Kontrolle zu nehmen. Ähnliche Aufträge ergaben sich in den folgenden Monaten, beispielsweise die Übernahme des Archäologischen Instituts des Deutschen Reiches. Es ist nicht zu übersehen: einige Akademiemitglieder nutzten die Gunst der Stunde, um wissenschaftliche Ressourcen dauerhaft an

[10] Vgl. dazu auch unten, S. 440–447.

[11] Die Übertragung des Stockholmer Modells nach Berlin scheiterte damals am Widerspruch der Akademie, siehe dazu vom Brocke, „Verschenkte Optionen", S. 139.

[12] An dieser Stelle sei daran erinnert, daß die russische Akademie der Wissenschaften stets über Institute, Laboratorien und Museen verfügte und immer eine forschende Akademie blieb. Sie entsprach in diesem Sinn konsequenter dem Konzept von Leibniz, das in Berlin mit der Gründung der Humboldtschen Forschungsuniversität modifiziert worden war. Der Ausbau der sowjetischen Akademie nach 1925/34 fand auf dieser Grundlage statt und erweiterte die Akademie um Institute, die die Strukturen der Kaiser-Wilhelm-Institute, wenn auch modifiziert, sowie der Notgemeinschaft, der späteren DFG, zum Vorbild hatten.

die Akademie zu binden. Mit diesem Forschungspotential im Hintergrund stärkten sie ihren wissenschaftlich-organisatorischen Einfluß gegenüber den Kollegen an den Universitäten und Hochschulen, die zudem unter strengerer alliierter Aufsicht standen und deren Forschung stärker reglementiert wurde.[13]

Die Kombination von Gelehrtengesellschaft und Forschungsinstituten ähnelte zumindest äußerlich stark der Moskauer Akademiestruktur.[14] Sie stellte eine institutionelle Lösung dar, die den prestigeträchtigen und privilegierten Status des Akademiemitglieds in vielen Fällen mit der zum Teil sehr einflußreichen Hausmacht eines Institutsleiters verband. Die flexible Effizienz der KWG und – unausgesprochen – ihrer Nachfolgerin, der *Max-Planck-Gesellschaft* (MPG), blieb in der Folgezeit die Richtschnur für die Institute und Arbeitsstellen der Akademie. So hieß es Ende der 1950er Jahre auf einer internen Besprechung führender Naturwissenschaftler der DAW – in Anspielung auf die international maßstabsetzende wissenschaftliche Infrastruktur der Kaiser-Wilhelm-Institute –, daß der zur Akademie gehörende neue Wissenschaftsstandort Berlin-Adlershof das Vorbild Dahlem „in den Schatten stellen" werde.[15]

Angesichts der nahezu vollständigen finanziellen Abhängigkeit der Akademie vom Staat war ihr Spielraum jedoch sehr begrenzt. Im entstehenden ostdeutschen Staat mit seiner ausgeprägten Abneigung gegen autonome Körperschaften büßte sie ihre relative Eigenständigkeit in der Folgezeit weiter ein. Schrittweise vollzog sich ihre Einbindung in die politischen Zielsetzungen der SED.

Nach einer Anfangsphase in der SBZ, in der Privilegierung und Diskriminierung der *bürgerlichen Intelligenz* durch Partei und Behörden unvorhersehbar und unberechenbar blieben, konsolidierte sich die Wissenschaftspolitik der SBZ/DDR Ende der 1940er Jahre. Die Politik der DDR war offiziell eine öffentliche Verbeugung vor dem sowjetischen Organisationsmodell in den Wissenschaften, praktisch jedoch häufig auch ein Reflex auf die Entwicklung im Westen, auf die Konsolidierung, die Flexibilität und die Attraktivität des dortigen Wissenschaftssystems. 1948/49 kam es angesichts der stetigen Abwanderung von Wissenschaftlern – auch angesichts eines erwarteten Mißerfolgs der neu gegründeten Freien Universität Berlin und angesichts der Polarisierung zwischen den beiden sich in

[13] Vgl. z. B. das Wirken des Dekans der Philosophischen Fakultät an der Berliner Universität und Sekretars der philosophisch-historischen Klasse der Akademie: Walther, „Fritz Hartung". Vgl. zu dieser Problematik ausführlich weiter unten, S. 383–400.

[14] Daß die Nachahmung der sowjetischen Akademiestrukturen selbst seitens der Partei- und Staatsführung zumindest hinterfragt wurde, zeigt eine Aktennotiz Walter Ulbrichts an Kurt Hager aus dem Jahre 1954. Dort heißt es: „Wir können nicht die Struktur der Akademie aus der Sowjetunion [...] übernehmen, da wir einige Einrichtungen haben, und wir noch nicht die große Anzahl wissenschaftlicher Kräfte besitzen, um in mehreren Forschungsinstituten die gleichen Fragen zu bearbeiten." Vgl. SAPMO, ZPA, IV, 2/9.04, Bd. 375, Bl. 28: Walter Ulbricht an Kurt Hager vom 1. Juli 1954 (Hausmitteilung).

[15] SAPMO, ZPA, IV, 2/9.04, Bd. 374, Bl. 63–66, hier Bl. 63: „Perspektive der DAdW Adlershof, Beratung bei Gen. Grosse am 8. 1. 1959", Protokoll vom 10. Januar 1959 (in Anwesenheit u. a. von Peter Adolf Thiessen).

Deutschland bildenden halbsouveränen Staaten – zu einem deutlichen Schwenk in der Kultur- und Wissenschaftspolitik der SBZ/DDR. Das schlug sich in der *Kulturverordnung* vom 31. März 1949 und in den Planungen der SMAD zur Reorganisation der Akademie nieder, die der Akademieleitung am 23. März 1949 in Berlin-Karlshorst unterbreitet wurden. Zwar glich die Karlshorster Zusammenkunft nach den Worten des Historikers Fritz Hartung, einem der Sekretare der Akademie, eher einem „Befehlsempfang", doch für andere, wie den Astrophysiker Hans Kienle, erfüllten sich nun die seit 1945/46 gehegten Erwartungen in bezug auf eine Neuorganisation der Akademie.[16]

An Stelle des seit 1835 eingeübten Zwei-Klassen-Modells wurde die Akademie nunmehr in sechs Klassen eingeteilt:

Klasse für Mathematik und allgemeine Naturwissenschaften
Klasse für medizinische Wissenschaften
Klasse für landwirtschaftliche Wissenschaften
Klasse für technische Wissenschaften
Klasse für Sprachen Literatur und Kunst
Klasse für Gesellschaftswissenschaften.

Damit wurde die Parität zwischen den Geistes- und Naturwissenschaften aufgegeben, was einerseits eine Anpassung an die allgemeine wissenschaftliche Entwicklung darstellte; andererseits aber als Beginn der Marginalisierung der geistes- und sozialwissenschaftlichen Klassen interpretiert werden kann. Vorerst wichtiger war jedoch die Verdoppelung der Stellenzahl der Ordentlichen Mitglieder auf 120. Im Unterschied zu der geringen Zahl nomineller und der noch geringeren Zahl aktiver Mitglieder ergab sich nun die Möglichkeit, durch zahlreiche Zuwahlen das Profil der Akademie weiter und neu zu entwickeln.

Die *Kulturverordnung* von 1949 verschaffte der Akademie, ihren Mitgliedern und Mitarbeitern erhebliche Vergünstigungen. Die Akademie erhielt den Gebäudekomplex in der Jägerstraße am Gendarmenmarkt, die vormalige Preußische Staatsbank (Seehandlung), daneben das Gelände der ehemaligen Deutschen Versuchsanstalt für Luftfahrt in Berlin-Adlershof und die beiden Güter Paulinenaue bei Nauen im Lande Brandenburg und Gatersleben bei Halle/Saale, das vormalige Kaiser-Wilhelm-Institut für Kulturpflanzenforschung; dazu beträchtliche Geldmittel für Bauvorhaben und Anschaffungen, insgesamt 3.000.000 DM (Ost) aus dem Staatshaushalt. Die steuerfreie Zuwendung für Ordentliche Mitglieder wurde von 6.000 auf 12.000 DM (Ost) jährlich verdoppelt; führende Mitarbeiter der Akademie, wie die Institutsdirektoren, bekamen, falls sie Inhaber einer zweiten Plan-

[16] SBB, NL Fr. Hartung, 36, 1: Tagebuchähnliche Notizen vom 24. März 1949 sowie AAW Berlin, AKL, Akademie (allg.), Grundsätzliches, 662: Josef Naas, Aktenvermerk über Besprechung bei Botschafter Semjonow am 23. März 1949 sowie Besprechung bei Herrn Botschafter Semjonow, Aufzeichnung vom 24. März 1949, und ebd.: Bemerkung von Johannes Kienle im Bericht von Josef Naas über die außerordentliche Plenumssitzung am 26. März 1948. Hartung und Kienle sind als *bürgerliche Wissenschaftler* insofern repräsentative Zeugen, als sie im Westteil der Stadt wohnen blieben und die unterschiedlichen Kompromisse zwischen den Beteiligten beobachteten und nutzten, aber letztendlich nicht von diesen Arrangements an der Akademie abhängig waren.

stelle waren, noch einmal bis zu 50 Prozent dieses Betrages ausgezahlt. Darüber hinaus standen den Akademiemitgliedern fortan günstige Kredite und Bauzuschüsse zur Verfügung. Ziel der Verordnung war es, Wissenschaftler und Künstler stärker an die DDR zu binden.[17] Mit Akademiemitgliedern – in und bisweilen auch außerhalb der DDR – abgeschlossene Einzelverträge, die den Betroffenen nach Meinung Fritz Hartungs insgesamt oft „ein unsinnig hohes Gehalt" sicherten, dienten dem gleichen Zweck. Bei einem Vizepräsidenten konnten das Anfang der 1960er Jahre monatlich bis zu 10.000 DM (Ost) sein.

Eine neue Stufe der Kompromißpraxis wurde mit den Zuwahlen vom Sommer 1949 erreicht, bei denen sich die Akademieleitung und Paul Wandel direkt absprachen. Wandel zeigte sich bei der Beratung der Vorschläge der Klassen erstaunlich konziliant. Nur in einigen Fällen bat er – die Begründungen dafür waren verschiedener Art (Gefahr der Überalterung, zu starke Vertretung einer Disziplin, Abwarten bis zur Besetzung eines Berliner Lehrstuhls, gesamtdeutsche Bedenken, fehlende Unterlagen über einen Kandidaten) – um eine Verschiebung der Wahl. Doch er setzte auch politische Maßgaben durch. So sollte die Akademie ihre Beziehungen zu solchen Ordentlichen Mitgliedern abbrechen, die „bei der Dahlemer Universitätsgründung" mitgewirkt oder einen Ruf an die Freie Universität angenommen hatten. Lediglich ihre formale Mitgliedschaft in der Akademie blieb bestehen.[18] Aus Ost-Berlin an die Freie Universität Berlin berufene Wissenschaftler wie der Slawist Max Vasmer und der Romanist Fritz Neubert konnten zeitlebens Mitglieder der Akademie bleiben, ohne sich nach 1949/50 je an der Arbeit der Akademie oder ihren Sitzungen zu beteiligen.

Wahlen und Personalentscheidungen blieben sensible Punkte. Das zeigen zwei in sich widersprüchliche Entscheidungen der *Gesellschaftswissenschaftlichen Klasse* vom März und Mai 1950, in denen das nicht austarierte Kräfteverhältnis innerhalb der Akademie deutlich zu Tage trat. Einerseits wurde der Antrag des aus dem Schweizer Exil zurückgekehrten Juristen Arthur Baumgarten, Karl Polak, der seinerseits aus der sowjetischen Emigration kam und stalinistische Prinzipien in das Rechtssystems der DDR mit einführen wollte, als Abteilungsleiter beim Institut für Rechtsphilosophie einzustellen, angenommen. Andererseits beschloß die Klasse aber auch, nur solche Vorschläge für Zuwahlen vorzubringen, die „nicht von vornherein auf entschiedenen Widerstand stoßen" würden.[19] Dazu schlossen die verschiedenen Parteiungen in der Gesellschaftswissenschaftlichen Klasse sogar ein förmliches Stillhalteabkommen: „Herr Rörig teilt mit, daß er mit den HH. Baumgarten und Hartung in eingehender Beratung zu der Überzeugung gelangt sei, es könnten unter

[17] Die „Verordnung über die Erhaltung und Entwicklung der deutschen Wissenschaft und Kultur, die weitere Verbesserung der Lage der Intelligenz in der Produktion und im öffentlichen Leben" vom 31. März 1949 ist veröffentlicht in: *Zentralverordnungsblatt*, Teil I, Nr. 28, 21. April 1949, S. 227–232.

[18] AAW Berlin, AKL, Akad. (allg.): Grundsätzliches, 662: Aktenvermerk über die Besprechung zwischen dem Akademiepräsidium und Paul Wandel vom 15. Juni 1949. Vgl. dazu auch den Beitrag von Peter Th. Walther in diesem Band.

[19] AAW Berlin, P 1/3: Sitzungsprotokoll der Gesellschaftswissenschaftlichen Klasse vom 11. Mai 1950, S. 245–247.

den gegenwärtigen Umständen keine ausreichend begründeten Anträge für Zuwahlen auf dem Gebiet der Gesellschaftswissenschaften eingebracht werden.“[20]

II. Die Praxis der Kohabitation zwischen den *bürgerlichen Gelehrten* und der *neuen Intelligenz* in den 1950er und 1960er Jahren

Nach dem Scheitern des Projektes *Nationalakademie* in den Frontstellungen des Kalten Krieges ging es nun darum, die wissenschaftliche Kompetenz und das wissenschaftsorganisatorische Potential der Akademie für die DDR in Anspruch zu nehmen. Konkret hieß das, die Einflußmöglichkeiten der SED bei der Lenkung der Akademie auszubauen und zu stabilisieren. Die Akademieleitung sollte mit Wissenschaftlern besetzt werden, die aus der Perspektive der Partei- und Staatsleitung nicht nur loyal, sondern auch vertrauenswürdig waren. Zudem galt es, Institutions- und Organisationsformen zu finden, die den Transfer wissenschaftlicher Leistungen ins Wirtschaftssystem ermöglichten. Diesem Ziel wurde die Personalpolitik der Akademie seit 1949/50 mehr und mehr untergeordnet.

Die Amtszeiten von Präsident Johannes Stroux und Vizepräsident Hans Stille endeten am 1. August 1950. Stroux und Stille blieben jedoch auf Druck Paul Wandels, des nunmehrigen Volksbildungsministers, geschäftsführend im Amt.[21] Auf der Gesamtsitzung der Akademie am 27. Juli kündigte Stroux zudem die Einsetzung einer Statutenkommission an, deren Zusammensetzung eine außerordentliche Staats- und Parteinähe erkennen ließ. Insbesondere der Mathematiker Erhard Schmidt und der Historiker Fritz Hartung hatten gegen Stroux und für eine andere Zusammensetzung der Statutenkommission plädiert. Der Entwurf für ein neues Statut, der im Oktober vorgelegt wurde, war dennoch „ganz auf die Diktatur des Direktors zugeschnitten“, wie Hartung notierte.[22] Die im Entwurf vorgesehene Stärkung der Position des Direktors der Akademie[23] sollte den Einfluß der SED auf

[20] AAW Berlin, P 1/3: Sitzungsprotokoll der Phil.-hist. Klasse vom 2. Juni 1949, S. 163f. Am 2. Juli vereinbarten Baumgarten, Hartung, Rörig und Unverzagt in Rörigs Wohnung, keinen Antrag für Meusel zu stellen und erst später, nach besserer Vorbereitung, die Erweiterung der Klasse zu versuchen. Vgl. SBB, NL Hartung, 36, 1: Tagebuchähnliche Notizen vom 2. Juli 1949. Diese Hinhaltetaktik war jedoch nur kurzfristig erfolgreich, denn bereits im Herbst 1950 wurde Meusel, Direktor des Museums für Deutsche Geschichte im Berliner Zeughaus, Mitglied des ZK der SED und Koordinator des Aufbaus einer marxistisch-leninistischen Geschichtswissenschaft in der DDR, zum Ordentlichen Mitglied gewählt. Bezeichnend für die ausgedünnte Personaldecke der Akademie ist der Umstand, daß das Dreiertreffen als Klassensitzung galt.

[21] AAW Berlin, P 1/2: Protokoll der Sitzung der Gesamt-Akademie, 27. Juli 1950.

[22] SBB, NL Hartung 36, 1: Notiz von Fritz Hartung, 19. Oktober 1950.

[23] Die Stelle des Direktors wurde bereits mit der Satzung von 1939 eingeführt und beibehalten. Das Aufgabenspektrum verdeutlicht seine Machtposition (Satzung vom 31. 10. 1946, § 13): Er bearbeitet die Geschäfte der Akademie und unterhält die für die Verwaltung erforderlichen Verbindungen mit den übrigen Akademien und sonstigen Stellen. Er bearbeitet die Vorlagen zur Beschlußfassung des Plenums und der Klassen sowie die Tagesordnung der Sitzungen des Plenums und der Klassen in Übereinstimmung mit dem Präsidium vor. Er führt die Beschlüsse des Plenums und der Klassen nach den Weisungen des Präsidenten

Wissenschaftler beim Staatspräsidenten Wilhelm Pieck, 26. November 1952; stehend v. l. n. r.: Theodor Frings, Reporter Karl Eduard von Schnitzler; sitzend: Wilhelm Pieck, Otto Grotewohl, Johannes Stroux

die Akademie sicherstellen, da das Plenum voraussichtlich wieder einen *bürgerlichen* Wissenschaftler zu ihrem neuen Präsidenten wählen würde. Ob dieser ebenso eng mit den politischen Instanzen der DDR und SED kooperieren würde wie Stroux, blieb aus Sicht der SED ein Unsicherheitsfaktor. In der Person des damaligen Direktors, des Mathematikers Josef Naas, hatte die SED deshalb vorsorglich eine verläßliche Stütze ihrer Politik installiert.[24] Am 8. Januar 1951 einigten sich das Akademiepräsidium und Wandel darauf, daß Neuwahlen zum Präsidenten und Vizepräsidenten auch vor der Verabschiedung eines neuen Statuts stattfinden könnten und daß die Zuwahl neuer Ordentlicher Mitglieder bis dahin unterbleiben solle.

In dieser Situation befaßte sich die Parteiführung ausführlich mit der Zukunft der Akademie. Am 22. Februar 1951 teilte Ulbricht den für Akademieangelegenheiten zuständigen SED-Funktionären Paul Wandel, Fred Oelßner und Kurt Hager mit, daß „die Akademie der Wissenschaften direkt der Regierung unterstellt wird, um sie in ihrer Bedeutung mehr hervorzuheben. Außerdem wird vorgeschlagen, daß besonders fortschrittliche Wissenschaftler zu Mitgliedern der Akademie ernannt [sic!] werden sollen. Unterbreitet bitte

durch. Er leitet die Vermögens- und Finanzverwaltung der Akademie. 1951 wurden dem Direktor dann auch noch die Institute der Akademie unterstellt. Vgl. zum letzteren: Josef Naas, „Bericht über die Arbeit der Akademie in den Jahren 1950–1951", in: *Jb. der AdW 1950–1951*, S. 72.

[24] Josef Naas wurde allerdings 1952/53 nach einer persönlichen Konfrontation mit Walter Ulbricht abberufen.

Leibniztag 1964: Hermann Grapow und Fred Oelßner

dem Politbüro einen Entwurf für einen Regierungsbeschluß darüber, daß die Akademie der Wissenschaften direkt dem Ministerrat unterstellt wird".[25]

Dieser Beschluß bedeutete nichts weniger, als daß künftig alle Zuwahlen, unabhängig von den Initiativen der Akademiemitglieder, durch Kurt Hager, sein Büro und später die Abteilung Wissenschaften des ZK – wenn auch in Abstimmung mit dem Akademiepräsidium und ab 1960/62 mit der Akademieparteileitung – vorbereitet, begleitet und gebilligt werden mußten. Die Zuwahlen im Januar 1953 waren die ersten, die diesem neuen Modell folgten. Damals kam es zu einem veritablen Pairsschub von 28 neuen Mitgliedern, der penibel vorbereitet war: Jeder Kandidat hatte die ausdrückliche Billigung der Akademieleitung und der zuständigen Parteiinstanzen gefunden. Es gab jedoch eine auf den ersten Blick unerwartete Wendung, als dennoch zwei eng der Partei verbundene Kandidaten durchfielen: Jürgen Kuczynski und Leo Stern. Eine Erklärung dafür wurde nie geliefert; die Akademie als Institution hüllte sich naturgemäß in Schweigen, aber auch alle Beteiligten mieden später das Thema weitgehend. Lediglich Kuczynski verwies in seinen Memoiren in diesem Zusammenhang auf nicht näher beschriebene politische Differenzen.[26] Wahrscheinlicher dürfte es allerdings sein, daß die Akademie angesichts der Vorbereitung des Moskauer Ärzteprozesses, die der Logik einer antisemitischen Verschwörungstheorie folg-

[25] SAPMO, ZPA, IV 2/9.04, Bd. 372. Der Parteiapparat lieferte also die Vorlage für den Regierungsbeschluß.

[26] Vgl. Kuczynski, *Linientreuer Dissident*, S. 164. Vgl. dazu auch den Beitrag von Peter Th. Walther in diesem Band.

te, keine neuen Mitglieder jüdischer Herkunft zuwählen wollte. Gewählt wurde dagegen Fred Oelßner, dessen politisches Gewicht als Chefideologe der SED eine größere Rolle spielte als seine nebenamtliche Lehrtätigkeit für Politische Ökonomie am Institut für Gesellschaftswissenschaften beim ZK der SED (1951) und eine von ihm verfaßte Biographie über Rosa Luxemburg (1952).

Da der Einfluß der Parteimitglieder auch im Plenum und in den Klassen zunahm, vereinfachte sich das Zuwahlprozedere im Laufe der Jahre weiter.[27] Das bis in die 1950er Jahre praktizierte Nebeneinander von relativ eigenständigen Vorstellungen der Akademiemitglieder, zu denen *bürgerliche* Wissenschaftler gehörten, und den von der Partei initiierten Vorschlägen wurde nach und nach zugunsten eines eher integrierten Verfahrens und einer stärkeren *Kooperation* zwischen der Akademieparteileitung und der zuständigen ZK-Abteilung aufgegeben. Aus dem komplizierten Kräftespiel zwischen der Abteilung Wissenschaft des Zentralkomitees, der Akademieverwaltung – die ja von Anfang an dank der Direktoren und später der Generalsekretäre sicher in den Händen der SED war – und der Akademieleitung – die erst im Verlauf der 1950er Jahre mit SED-Mitgliedern besetzt wurde – entwikkelte sich schließlich eine geradezu symbiotische Zusammenarbeit zwischen politischer Leitung und Akademie. Differenzen wurden innerhalb der Parteigremien vorgetragen, diskutiert und in der Regel gelöst. Konfrontationen zwischen der Akademie und der Partei fanden bald nur noch in Ausnahmefällen statt; fortbestehende Widersprüche und Widerstände verlagerten sich in die Parteiorganisationen der Akademie. An dem Ritual eines Wahlverfahrens wurde allerdings weiter festgehalten.

Der 1951 gewählte neue Präsident der Akademie, Walter Friedrich, Ordinarius für medizinische Physik, Leiter der in Berlin-Buch gelegenen Akademieinstitute und von 1949 bis 1951 Rektor der Humboldt-Universität, war ein hochgeachteter Wissenschaftler und ein Gelehrter alten Stils, so wie auch die meisten Sekretare seiner Amtszeit. Friedrich saß wie sein Vorgänger Stroux in der Volkskammer und war zudem Präsident des *Deutschen Friedensrates*. Wie Stroux galt er als „loyal“, ja sogar als „fortschrittlich – sympathisierend“, ohne dadurch aber zum Sprachrohr der SED zu werden.[28] Überhaupt blieb die Loyalität der Akademie gegenüber der DDR Voraussetzung für ihre Existenz; und bei der Kandidatur für die Ordentliche Mitgliedschaft war die Erfüllung des Loyalitätskriteriums mitentscheidend.

Das Ende der Kohabitation in der Akademie wurde mit dem unerwarteten Beschluß der II. Parteikonferenz der SED im Juli 1952 über den Aufbau des Sozialismus in der DDR eingeläutet. *Bürgerliche* Wissenschaftler wurden nun nur noch für eine Übergangsphase gebraucht. Ihre Ablösung durch eine neue Generation marxistisch-leninistisch geschulter Wissenschaftler war eine Frage der Zeit, wobei diese Entwicklung je nach politischem Bedarf forciert oder verlangsamt werden konnte. Die Akademie als *höchstes wissenschaftliches*

[27] Vgl. dazu den Beitrag von Peter Th. Walther in diesem Band.

[28] SAPMO, ZPA, IV 2/9.04, 372, Bl. 49–54: [Großer] Bericht über die Tätigkeit der Akademie im letzten Jahr [1953/54], hier S. 3.

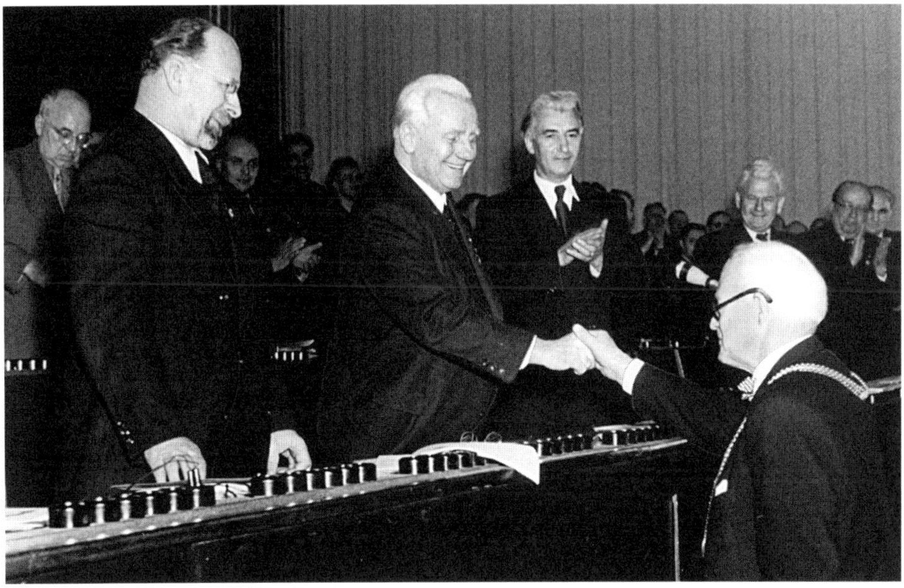

Walter Friedrich, der Präsident der DAW, begrüßt Wilhelm Pieck, den SED-Vorsitzenden. Am 3. April 1954 überbrachte eine Wissenschaftler-Delegation dem IV. Parteitag der SED die Grüße der Wissenschaftler der DDR; links im Hintergrund: Johannes R. Becher, vorne v. l. n. r.: Walter Ulbricht, Wilhelm Pieck, Paul Wandel, Hermann Matern, Friedrich Ebert und Paul Verner, vorne rechts: Walter Friedrich

Organ der DDR stand weiterhin im Zentrum der politischen Aufmerksamkeit. Im November 1952 beschloß die Gesamtakademie, daß „die Akademie die Beteiligung am Aufbau des Sozialismus fest in die eigenen Hände nehmen und die Aufgaben so wählen soll, daß einige der vor der DDR stehenden Hauptaufgaben durch die Wissenschaft und insbesondere durch die Akademie erledigt werden. [...] Das Plenum billigt den Weg des Präsidiums, die Fragen von den innerhalb der Deutschen Demokratischen Republik gültigen gesellschaftswissenschaftlichen Gesichtspunkten aus zu sehen und betrachtet das Exposé als eine Grundlage, in dieser Richtung das Wichtigste zu umreißen. Es bestand bei den Mitgliedern Klarheit darüber, daß die in dieser Weise eingeleiteten Maßnahmen einen tiefen Wandel im Leben der Akademie bedeuten werden."[29]

Nach dem 17. Juni 1953 nahmen Partei und Staat jedoch wieder Abstand von der forcierten Verdrängung der *bürgerlichen Intelligenz* in der DDR. Das Ende der Kohabitation wurde zu einem Prozeß, der eher einen biologisch bedingten Abschluß fand, als daß er politisch gelöst worden wäre; so zog er sich bis in die 1960er und sogar 1970er Jahre hin.

Immer wieder wurden in den 1950er Jahren Fragen der Effizienz und Anbindung naturwissenschaftlicher Akademieinstitute an die Industrieproduktion diskutiert. Während

[29] AAW Berlin, P 1/2: Sitzungsprotokoll der Gesamt-Akademie vom 13. November 1952, S. 78.

zunächst die zuständigen Klassen und ihre Mitglieder die Akademieinstitute steuerten, entzog der Zusammenschluß der naturwissenschaftlichen Einrichtungen in der 1957 gebildeten akademieinternen *Forschungsgemeinschaft* einen Teil dieser Institute der Aufsicht durch die Klassen.[30] Dies war Teil einer Reform, in deren Verlauf eine fachkompetente Verwaltungsstruktur aufgebaut wurde, was um so notwendiger geworden war, als sich die Lenkung der Forschung durch das Plenum und die Klassen als ineffizient erwiesen hatte. Mit dieser Umorganisation war die Errichtung des *Forschungsrates* der DDR verbunden, der die zentrale Steuerung und Koordination der naturwissenschaftlichen und technischen Fächer übernehmen sollte. Protagonisten dieser Institutionalisierung waren einige führende Naturwissenschaftler mit vorausgehenden Erfahrungen in den Forschungsinstituten der Industrie bzw. der Kaiser-Wilhelm-Gesellschaft; Unterstützung erhielten sie durch die letzten aus der Sowjetunion zurückkehrenden *Spezialisten*.[31] Im Kern sollte so ein professioneller und effizienter Entscheidungs- und Verwaltungsapparat aufgebaut werden, den – und dies konnte als versteckte Konfrontation zu den parallelen Parteistrukturen und den überkommenen Akademiestrukturen verstanden werden – die ausgewiesenen Naturwissenschaftler nach eigenem Ermessen personell gestalten konnten.[32]

Zwei wirtschafts- und wissenschaftspolitische Entscheidungen waren für die Akademie in diesem Zusammenhang von besonderer Bedeutung. 1958 beschloß die Partei- und Staatsführung, daß mit der Realisierung von Schwerpunktprogrammen volkswirtschaftliche Erfolge zu erzielen seien. Der mit dem *Chemieprogramm* verbundene Ausbau der Chemieforschung in der DDR kam auch den entsprechenden Akademieinstituten zugute. Beinahe zum gleichen Zeitpunkt erreichte der erste Schub von Hochschulabsolventen die Betriebe und Institute, deren akademische Sozialisation durch Arbeiter-und-Bauern-Fakultäten, FDJ und SED begleitet oder geprägt war, also Vertreter jener *neuen Intelligenz*, von denen sich die Partei eine höhere politische Zuverlässigkeit erhoffte. Und mit dem Latinisten Werner Hartke übernahm 1958 zum ersten Mal ein SED-Mitglied die Präsidentschaft der Akademie. Die Diskussion um die Unstimmigkeiten beim Wahlverfahren zeigte, daß die Mehrheit der anwesenden Akademiemitglieder eher an geregelten Beziehungen zu Partei und Staat interessiert war und die offensichtlichen Eingriffe in das Wahlverfahren akzeptierte.[33]

[30] Diese Organisationsform unterschied sich übrigens insofern vom sowjetischen Modell, als dort die Institute den Klassen zugeordnet blieben.

[31] Vgl. Albrecht/Heinemann-Grüder/Wellmann, *Spezialisten*.

[32] Federführend war Peter Adolf Thiessen, der bereits 1935 und 1942 Spartenleiter im *Reichsforschungsrat* war und nach 1945 in der Sowjetunion die dortige Forschungspolitik und -verwaltung kennengelernt hatte. Es ist nicht auszuschließen, daß Thiessens organisatorisches Talent durch einen Aufenthalt in den USA angeregt worden war: 1935 hatte er das *Massachusetts Institute for Technology* (MIT) besucht. MIT-Professoren hatten als Mitglieder der National Academy of Sciences 1917/18 die militärrelevante Forschung der USA koordiniert. Vgl. dazu Eibl, *Thiessen*.

[33] Ministerpräsident Grotewohl hatte – nach zwei Präsidenten aus den Naturwissenschaften – einen in oder bei (Ost-)Berlin wohnenden Wissenschaftler aus einer der beiden gesellschaftswissenschaftlichen Klassen als neuen Präsidenten vorgeschrieben. Damit waren der Leipziger Altgermanist Theodor Frings ebenso *disqualifiziert* wie der Berliner Physiker und Akademievizepräsident Hans Ertel. Siehe Nötzoldt, *Steinitz und die Akademie*, S. 157–160.

Probleme gab es auch in den Beziehungen zwischen der Akademie und den Universitäten. Ende der 50er Jahre eskalierten diese Spannungen. Ein Grund dafür waren die Privilegien der Akademiemitarbeiter, die aus Sicht der Universitäten dafür gesorgt hatten, daß Wissenschaftler zunehmend aus den Universitäten an die Akademie wechselten. In der Tat waren die materielle Ausstattung der Akademieinstitute in der Regel besser und die Gehälter von Akademiemitarbeitern oft höher als an den Universitäten. Schließlich verschaffte die wissenschaftliche Tätigkeit ohne Lehrverpflichtungen den Akademiemitarbeitern oft einen Karrierevorsprung gegenüber ihren Kollegen an den Universitäten.

Trotz dieser Vorzüge sah sich auch die Akademie mit den Themen *Republikflucht* und *Grenzgängerei* konfrontiert. Die Abwanderung in den Westen wurde von der Akademieleitung, der Akademieparteileitung – die nach einer langen Vorbereitungsphase 1958/60 installiert worden war – und der Abteilung Wissenschaften des ZK penibel registriert und ausgewertet. Die Flucht einiger Ordentlicher Mitglieder, die SED-Mitglieder oder, wie der renommierte Mineraloge Friedrich Leutwein, sogar ZK-Mitglied gewesen waren, mag dabei besondere Enttäuschung hervorgerufen haben.[34] Es waren in der Regel politische oder karrierebehindernde, aber auch wirtschaftliche und familiäre Gründe, die zu einer Abwanderung in den Westen führten, während die direkte Abwerbung nur einen geringen Anteil ausmachte.[35] Daß die Zugeständnisse an die Akademie und die den Akademiemitarbeitern und Mitgliedern gewährten Vorteile diesen Entwicklungen Rechnung trugen, zeigte eine Diskussion, die Anfang August 1961 in der SED-Grundorganisation der Akademie zu dieser Thematik geführt wurde: „Die Intelligenzpolitik sei eine Summe von Konzessionen an die Intelligenz aus Furcht vor Republikflucht, die wegfallen könnte, wenn alle Grenzen nach dem Westen geschlossen sind.“[36] So äußerte sich dazu unmißverständlich ein Bericht der Akademieparteileitung.

Zehn Tage später wurden die Grenzen tatsächlich endgültig geschlossen. Damit war die für die Wissenschaftler gültige „Geschäftsordnung in der DDR“ hinfällig worden. Mit dem Hinweis auf die Arbeitsbedingungen und die Arbeitsplatzausstattungen im Westen ließen sich die wissenschaftlerfreundlichen Konzessionen in der DDR fortan nicht mehr begründen. Neue Formen des Arrangements zwischen Partei- und Staatsapparat einerseits und der Akademie, ihren Mitgliedern und Mitarbeitern andererseits mußten gefunden werden; Arrangements, die den neuen Machtverhältnissen Rechnung trugen.[37]

[34] Vgl. dazu Rösler, „Friedrich Leutwein“.

[35] SAPMO, ZPA IV, 2/9.04, Bd. 384, Bl. 155–161: Stichwortprotokoll der Diskussion der Kuratoriumssitzung der Forschungsgemeinschaft vom 18. Juni 1958, S. 1–7 (Tagesordnungspunkt „Zu Fragen der Republikflucht“), sowie BAB, DR 3, 6228 (Republikflucht): Leiterin der Abteilung Kader und Arbeit, Büttner, an die Kreisleitung Mitte der SED, Kreisparteikontrollkommission, z. Hd. Jäckel, vom 18. November 1960, betr. „Republikflucht im Jahre 1960 (mit einer groben Statistik über „R-Flucht-Fälle“ aus der Akademie seit 1955. Parallele Analysen zur Republikflucht aus dem Hochschulbereich finden sich in BAB, DR 3, 6228.

[36] SAPMO, ZPA, IV 2/9.04, Bd. 380, Bl. 282: DAW, Akademieparteileitung (Bembenek) an ZK der SED, Abt. Wissenschaften (Schubert) vom 4. August 1961.

[37] Vgl. zu den unterschiedlichen Entwicklungen in den Disziplinen und institutionellen Schwerpunkten in der Philosophie: Herzberg, *Abhängigkeit und Verstrickung* und ders., *Aufbruch und Abwicklung*; in der

III. Umstrukturierung nach 1961 und Ausblick bis 1989

Die Auswirkungen des Mauerbaus bekam die Akademie unmittelbar zu spüren. Der Philosoph Ernst Bloch, der an der Leipziger Karl-Marx-Universität zunehmend isoliert worden war, hatte sich nach dem 13. August 1961 entschlossen, von seinem Sommerurlaub im Westen Deutschlands nicht mehr in die DDR zurückzukehren. In Rundfunkinterviews äußerte er seine ablehnende Haltung gegenüber der Politik der SED. Die Akademieleitung manipulierte die Blochschen Stellungnahmen so, daß der Eindruck entstehen konnte, Bloch distanziere sich auch von der Akademie. Das wiederum rief unter den meisten Akademiemitgliedern heftige Empörung hervor. So stieß die Absicht der Abteilung Wissenschaften des ZK, Bloch aus der Akademie auszuschließen, bei vielen Mitgliedern auf Zustimmung.[38]

Fünf Jahre später wurde der Photochemiker Robert Havemann aus der Mitgliederliste der Akademie gestrichen. Havemann, der 1943 als Mitglied einer Widerstandsgruppe zum Tode verurteilt und nur dank der Intervention seines Lehrers Wolfgang Heubner und unter Verweis auf seine dringend benötigte Mitarbeit an kriegswichtigen Arbeiten von der Hinrichtung verschont geblieben war, hatte sich nach dem XX. Parteitag der KPdSU von einem rabiaten Stalinisten zu einem reformorientierten Sozialisten gewandelt. Deshalb wurde er zur Zielscheibe des Parteiapparats: 1963 verlor er sein Volkskammermandat, 1964 wurde er aus der SED ausgeschlossen und von der Humboldt-Universität entlassen, 1965 schließlich seines Amtes als Leiter der Arbeitsstelle für Photochemie der Akademie enthoben. Akademiepräsidium und Akademieparteileitung betrieben nun auch den Ausschluß Havemanns aus der Akademie. Als die statutengemäße Abstimmung jedoch nicht die erforderliche Stimmenmehrheit ergab – eine Stimme fehlte für einen gültigen Ausschluß –, beschloß das Präsidium nach einem Tag allgemeiner Sprachlosigkeit, Havemann satzungswidrig aus der Mitgliederliste zu streichen.[39] Nach dem Ausschluß Blochs hatte es diesmal keinen Geisteswissenschaftler, sondern einen prominenten Repräsentanten der naturwissenschaftlichen Disziplinen getroffen. Die politische Führung hatte ihre Machtmittel nicht nur gezeigt, sondern auch eingesetzt. Beide Male hatte sich die Akademie gefügt.

Die Konsolidierung der DDR auf der Grundlage der Abschottung vom Westen, die mühsame Einbindung in die Raster und Regularien des Rates für gegenseitige Wirtschaftshilfe und die allgemeine Ressourcenknappheit erzwangen auch in der Akademie die Setzung neuer Prioritäten. War die Akademie bislang Repräsentantin einer ehrwürdigen Tradition und ein üppig ausgestattetes wissenschaftliches *Schaufenster des Ostens*, so wurden die

Hochschullehrerschaft: Jessen, *Akademische Elite* und ders. „Professoren im Sozialismus"; bei den Medizinern: Ernst, *Prophylaxe* sowie bei die Historikern: Sabrow, *Diktatur des Konsenses* und ders./Walther, *Historische Forschung*.

[38] Vgl. Ernst/Klinger, „Wille zum Skandal".

[39] Vgl. dazu ausführlich Müller/Florath, *Entlassung* sowie Hoffmann, „Havemann". Den deutlichsten Protest gegen die Behandlung Havemanns formulierte der römische Archäologe Ranuccio Bianchi Bandinelli, führendes Mitglied der Kommunistischen Partei Italiens.

Tätigkeiten der Akademie nun zunehmend nach Kriterien volkswirtschaftlicher Verwertbarkeit geplant. Nach einer reformorientierten kurzen Periode der *Neuen Ökonomischen Politik*, die politisch nicht mehr kalkulierbar schien und vor allem deshalb abgewürgt wurde,[40] dominierten ab Ende der 1960er Jahre wieder starrere Mechanismen der Planung und Kontrolle. Damit verband sich das Schicksal der Akademie *à la longue* mit dem Wirtschaftspotential der DDR.[41]

Analog zu der 1957 gebildeten *Forschungsgemeinschaft* für die naturwissenschaftlichen Institute der Akademie wurde 1964 die *Arbeitsgemeinschaft* für die geistes- und sozialwissenschaftlichen Institute und Arbeitsstellen der Akademie gegründet. Damit sollten, wo immer es möglich und opportun erschien, die Sozial- und Geisteswissenschaften enger an das politische System und dessen Deutungshoheit herangeführt werden. Die Akademieparteileitung übernahm allmählich die Aufgaben des Präsidiums, und mit der Forschungsgemeinschaft und der Arbeitsgemeinschaft waren effektive Verwaltungen für die weitere Arbeit geschaffen worden. Gleichzeitig blieben die Institute weiterhin auf ihre Direktoren zugeschnitten und in die diversen Planungsabsprachen für Volkswirtschaft und Wissenschaft einbezogen.

Kaum waren die Neuregelungen von 1964 verwaltungstechnisch durchgesetzt und praktisch umgesetzt, kündigten sich neue tiefgreifende strukturelle Änderungen an. Im Kontext der Schulreform Anfang der 1960er Jahre und der Dritten Hochschulreform 1967 sollte auch die Akademie umstrukturiert werden. Die Akademiereform führte zur Errichtung neuer Institute und Zentralinstitute, die Monopolfunktionen für die gesamte DDR besaßen. Dabei wurden kleinere Einheiten aufgelöst und zu größeren Institutionen – insgesamt etwa 50 – zusammengefaßt. Durch die Bildung der disziplinbezogenen Institute wurde zum ersten Mal in der jüngeren Akademiegeschichte eine neue Übersichtlichkeit hergestellt, die die gewachsene Vielfalt ablöste, die teils auch aus persönlichen Rücksichten auf einzelne Institutsdirektoren in den letzten 25 Jahren entstanden war. Die naturwissenschaftliche Grundlagenforschung mußten die Leiter der Forschungsbereiche der Akademieinstitute fortan mit dem Ministerium für Wissenschaft und Technik abstimmen. In den Geistes- und Sozialwissenschaften wurden *Leitinstitute* mit nachgeordneten Instituten festgelegt, doch hatten sie ihre Machtstellung mit Parteiinstituten wie dem Institut für Marxismus-Leninismus zu teilen.

Hand in Hand mit der Neuprofilierung der Institute und der Einführung der neuen übersichtlichen Organisation, die bis 1989 nahezu unverändert blieb, kam es seit den 1970er Jahren zu einem weitreichenden Generationswechsel in den Führungsetagen der Akademie und ihrer Institute. Neben die Institutsdirektoren traten jetzt Institutssekretäre der SED, neben den Akademiepräsidenten die Kreisleitung der SED, woraus sich unterschiedliche Formen der Zusammenarbeit entwickelten.

[40] Vgl. dazu Laitko, „Reformpaket".

[41] Vgl. dazu unten, S. 411–423.

Die traditionellen, nach Disziplingruppen zusammengesetzten Klassen waren ab 1969 zugunsten *problemgebundener Klassen* umstrukturiert und als interdisziplinäre, wissenschaftliche Querschnittprobleme behandelnde Gruppen konstituiert worden. Diese innovative Konstellation gab die Akademie schon 1973 wieder auf. Fortan blieben die Disziplinen, wie schon zuvor, die sicheren Orientierungspunkte. Ab 1973 bestand in der AdW folgende Klassenstruktur, die sich bis 1989 nur wenig veränderte:[42]

Klasse Mathematik
Klasse Physik
Klasse Chemie
Klasse Biowissenschaften
Klasse Medizin
Klasse Werkstofforschung (seit 1981 Werkstoffwissenschaften)
Klasse Umweltschutz und Umweltgestaltung (1984 aufgelöst)
Klasse Philosophie, Ökonomie, Geschichte, Staats- und Rechtswissenschaften
Klasse Literatur, Sprach-, Geschichts- und Kunstwissenschaften
Klasse Geo- und Kosmoswissenschaften (seit 1981)
Klasse Informatik, Kybernetik und Automatisierung (seit 1984)
Klasse Technische Wissenschaften (seit 1989).

Der problemgebundene Ansatz hatte sich nicht so einfach auf die Arbeit der Institute übertragen lassen; vielleicht war den Beteiligten auch nur die alte Form der Kollegialität vertrauter als die neue Mischung der Disziplinen.[43]

Das neue Statut von 1984 brachte keine nennenswerten Änderungen. Erst 1988/89 setzte man zur Entmachtung der Leiter der sieben Forschungsbereiche an, die die Forschungsprogramme und Personalpolitik der disziplinär zusammenhängenden Institute koordinierten und kontrollierten. Damit hatten die Institutsdirektoren, die nur noch dem Akademiepräsidenten unterstellt waren, kurz vor dem Ende der DDR ein beträchtliches Maß an institutioneller Autonomie gewonnen.[44]

Selbst der Name der Akademie trug den inzwischen eingetretenen Veränderungen Rechnung. Angesichts der endgültigen Orientierung der DDR-Politik auf eine strikte Zweistaatlichkeit und dem damit verbundenen Verzicht auf die letzten symbolischen Zugeständnisse an eine gemeinsame *deutsche Nation* war die Umbenennung der *Deutschen Akademie der Wissenschaften* in *Akademie der Wissenschaften der DDR* im Jahre 1972 nur konsequent. Nach der internationalen Anerkennung der DDR durch das westliche Ausland und der Herstellung eines *modus vivendi* mit der Bundesrepublik unter Einbeziehung

[42] Zur Entwicklung der Klassenstrukturen vgl. Hartkopf, *Berliner Akademie*, S. 416–420, zur Institutslandschaft siehe die entsprechenden Angaben in: *Jb. der AdW/KAI-AdW 1990/91*, S. 123–151, sowie Scheler, *Akademie der Wissenschaften*, S. 391–456.

[43] Die Zusammensetzung und die Arbeitsweise der *problemgebundenen Klassen* der DAW/AdW ähnelten den Strukturen der *Interdisziplinären Arbeitsgruppen* der späteren West-Berliner AWB.

[44] Vgl. dazu der Beitrag von Günter Pasternak in diesem Band. Angesichts der dramatischen politischen Entwicklung in der DDR läßt sich über die praktischen Auswirkungen dieser Neustrukturierung nichts aussagen.

West-Berlins war es nur eine Frage der Zeit, bis auch auf wissenschaftlicher Ebene Formen des Austausches und der Zusammenarbeit gefunden wurden. Es dauerte allerdings ein gutes Jahrzehnt, bis 1985 das *Abkommen über wissenschaftlich-technische Zusammenarbeit* zwischen der Bundesrepublik und der DDR unterzeichnet werden konnte. Über die beabsichtigte Gründung einer Akademie der Wissenschaften in West-Berlin wurde die Leitung der AdW seit 1984 unterrichtet.[45] Die AdW nahm das West-Berliner Gründungskonzept zum Anlaß, eigene Strukturdefizite zu thematisieren.[46] Daß die AdW zwischen 1986 und 1989 sechs Westdeutsche, darunter sogar einen West-Berliner, zu Auswärtigen Mitgliedern wählte, war ein Indiz für das zunehmend geregelte Nebeneinander. Die Beziehungen zwischen der AdW und den großen Wissenschaftsorganisationen der Bundesrepublik wurden schließlich durch Abkommen geregelt, so 1988 mit der DFG. Im Herbst 1989 lag schließlich ein Abkommen mit der Max-Planck-Gesellschaft unterschriftsreif vor.

B. Zentrale Problemfelder der Geschichte der DAW/AdW

I. Von der Gelehrtengesellschaft zum Forschungskombinat

Renommee und Einfluß der Akademie waren seit Beginn des 20. Jahrhunderts gesunken. Die geringe Anzahl der auf Lebenszeit gewählten Ordentlichen Mitglieder (OM) und die Unterrepräsentanz der rasch an Bedeutung gewinnenden angewandten Wissenschaften (Technik, Medizin, Jura u. a.) in der Gelehrtengesellschaft beschränkten ihr Wirkungsfeld immer empfindlicher. Die regionale Begrenzung der Ordentlichen Mitglieder auf den Berliner Raum stand immer häufiger gegen das Ziel, die besten Vertreter jeder Disziplin aufzunehmen, zumal Berlin spätestens nach dem Ersten Weltkrieg nicht mehr als eindeutig vorzuziehende *Endstation* einer geglückten wissenschaftlichen Karriere galt. Von nationalsozialistischer Einflußnahme war die Gelehrtengesellschaft nicht verschont geblieben. Forschungsarbeiten in eigener Verantwortung hatte die Akademie zwar weitergeführt, insbesondere ihre traditionellen Langzeitvorhaben in den Geisteswissenschaften gepflegt, alle anderen Forschungsgebiete aber anderen Institutionen überlassen oder überlassen müssen. Diese Entwicklung wird in den Beiträgen der ersten beiden Bände zur Geschichte der Berliner Akademie ausführlich nachgezeichnet.[47] Im vorliegenden Band behandeln verschiedenen Autoren die drastischen Veränderungen in der Akademie nach 1945, die dazu führten, daß bereits 1967 ein künftiger Akademiepräsident in ihr ein *Forschungskombinat* der DDR sah.[48] Einige Ergebnisse der Beiträge dieses dritten Bandes werden hier unter folgen-

[45] Vgl. dazu unten, S. 440–447.

[46] Vgl. dazu den Beitrag von Hubert Laitko in diesem Band.

[47] Vgl. Kocka, *Königlich Preußische Akademie* und Fischer, *Preußische Akademie.*

[48] AAW Berlin, FG, A 3922: Hermann Klare, Entwurf eines Schreibens an den Vorsitzenden des Ministerrates, Willi Stoph, vom November 1967. Zit. nach Stange, *Genese*, S. 190.

den Fragestellungen zusammengefaßt und ergänzt: Wie veränderte sich das Forschungspotential der Akademie? Welche Rolle spielte die Gelehrtengesellschaft bei dieser Entwicklung, und welche Funktion blieb ihr?

1. Der Wandel der Gelehrtengesellschaft

Der Gelehrtengesellschaft gehörten zum Ende des Zweiten Weltkrieges noch 69 Ordentliche Mitglieder, ca. 120 Korrespondierende Mitglieder und vier Ehrenmitglieder[49] an. Davon wurden 15 Ordentliche Mitglieder und ein Ehrenmitglied nach dem Kriegsende wegen ihrer nationalsozialistischen Vergangenheit von der Mitgliederliste gestrichen.[50] Ab 1946 ergänzte die Akademie ihren Mitgliederbestand durch die Aufnahme einiger bereits gewählter, aber von der NS-Regierung nicht bestätigter Mitglieder und durch Neuwahlen:

Mitglieder der Akademie 1949–1989

	1949	1954	1968	1970	1989
Ordentliche Mitglieder	95	104	141	135	157
Korrespondierende Mitglieder	101	114	119	29	99
Ehrenmitglieder	2	4	0	–	–
Auswärtige Mitglieder	–	–	–	125	146
Gesamt	198	222	260	289	402

Die quantitativen Veränderungen erscheinen angesichts des allgemeinen Bedeutungszuwachses der Wissenschaft in dieser Zeit und der Vielfalt von zusätzlichen Aufgaben, die die Akademie übernahm oder übertragen bekam, eher gering. Einige Veränderungen in der

[49] Ehrenmitglieder (EM): Friedrich Schmidt-Ott (1914), Albert Schweitzer (1929), Valentin von Hòman (1939) und Philipp Lenard (1942). In der Folgezeit wurden nur noch zwei EM zugewählt: Cécilie und Oskar Voigt 1950.

[50] Ausgeschlossen durch Beschluß der Akademie im Juli 1945 wurden zunächst Theodor Vahlen und Friedrich Stieve, die man – im Falle Vahlens allerdings fälschlich – für verstorben hielt, sowie Ludwig Bieberbach, Konrad Meyer, Peter Adolf Thiessen (1956 wieder aufgenommen), Carl August Emge, Franz Koch und Theodor Mayer. Vgl. dazu BAB, R-2 1388. Weitere sieben Mitglieder sind in der Folgezeit nach einem bisher nicht eindeutig rekonstruierbaren Verfahren von der Mitgliederliste gestrichen worden: Eugen Fischer, Ernest Anton Kraft, Friedrich Seewald, Abraham Esau, Otmar Frhr. von Verschuer, Wilhelm Eitel und Ernst Gamillscheg. Vgl. dazu AAW Berlin, Akademieleitung, Nr. 669 und 671. Von den Ehrenmitgliedern wurde Valentin von Hòman, Historiker und zeitweilig Kultusminister Ungarns, gestrichen. Der ehemalige bulgarische Ministerpräsident und Präsident der dortigen Akademie der Wissenschaften Bogdan Filow (EM 1943) war schon im Februar 1945 wegen Kollaboration mit Deutschland hingerichtet worden. Bei Philipp Lenard, der im Mai 1947 starb, sind die Angaben unterschiedlich: Während er im Mitgliederverzeichnis der DDR-Akademie als aus der Mitgliederliste seit dem 8. Mai 1945 gestrichen geführt wurde, ist er im *Jahrbuch der DAW* von 1949 unter den zu beklagenden Todesfällen bei den Mitgliedern aufgeführt.

Zusammensetzung der Gelehrtengesellschaft, teils durch wissenschaftsorganisatorische und teils durch politische Entwicklungen bedingt, waren hingegen gravierend. Das betraf das geographische und das politische Spektrum der Mitgliedschaft ebenso wie deren disziplinäre Zusammensetzung und institutionelle Herkunft.

1945 war aus der preußischen, auf Berlin und Umgebung festgelegten Regionalakademie durch den Wegzug ihrer Mitglieder aus Berlin – etwa Dreiviertel aller Ordentlichen Mitglieder – eine Institution geworden, deren Mitglieder in ganz Deutschland wohnten. Damit schien der bereits früher von der PAW gehegte Wunsch nach einer *deutschen Nationalakademie*, einer gesamtstaatlichen Vertretung der Wissenschaft mit ihr als Mittelpunkt, für kurze Zeit realisierbar.

Allerdings fand sich in der deutschen Wissenschaft keine breite Unterstützung für eine solche Nationalakademie. Führende Gelehrte, darunter auch bedeutende Mitglieder der Akademie wie Max Planck, Otto Hahn und Werner Heisenberg, favorisierten die Beibehaltung des erfolgreichen und ausdifferenzierten außeruniversitären deutschen Wissenschaftssystems mit der KWG, der DFG und den deutschen Regionalakademien an der Spitze; Besitzstandswahrung war ein wichtiges Ziel. Insbesondere die anderen Akademien fürchteten eine Nationalakademie und beargwöhnten die Berliner Aktivitäten; Anfang der 1940er Jahre hatten sie eine *Reichsakademie* ja gerade erst verhindert. Hinzu kam die politische Entwicklung im Nachkriegsdeutschland, die sehr schnell dazu führte, daß eine Nationalakademie mit Sitz in Berlin zum Politikum wurde und von Politikern in Ost und West für ihre jeweiligen Ziele herhalten sollte.

Auch wenn das Vorhaben einer *Nationalakademie* schon Ende der 1940er Jahre gescheitert war, hielt sich zumindest das Modell einer *gesamtdeutschen Institution* bis in die 1960er Jahre und wurde von einer Mehrheit der Berliner Gelehrten zäh verteidigt. Wie wenig praktikabel die Berliner Einrichtung als Nationalakademie war, verdeutlicht die geringe Zahl erfolgreicher Zuwahlen aus den Westzonen bzw. der Bundesrepublik. Lediglich fünf *West-Wissenschaftler* wurden in den ersten beiden Nachkriegsjahrzehnten als Ordentliche Mitglieder gewählt.[51] Obwohl, neben dem immer vorhandenen Recht der Ordentlichen Mitglieder, Kandidaten zur Zuwahl zu benennen, bis 1963 die Satzungen ausdrücklich allen wissenschaftlichen Institutionen Gesamtdeutschlands ein Vorschlagsrecht einräumten, wurde davon kaum Gebrauch gemacht.[52]

Der deutliche Bruch mit der nationalen Aufgabenstellung und der Verzicht auf die gesamtdeutsche Zusammensetzung der Gelehrtengesellschaft deuteten sich mit der neuen Satzung von 1963 an. Jetzt konnten „Wissenschaftler, die nach Persönlichkeit und wissen-

[51] 1949: Karl Vossler (Romanist, München), Hermann Rein (Physiologe, Göttingen), Eilhard Wiedemann (Leiter der Forstwissenschaftlichen Versuchsanstalt Niedersachsen) und Albert Rehm (Philologe, München); 1955: Erwin Gorbandt (Chirurg, West-Berlin). Vossler und Rehm verstarben noch im Jahr der Zuwahl; Gorbandt blieb nur einen Monat Mitglied, da der West-Berliner Senat Einwände gegen die Mitgliedschaft erhob. Vgl. dazu auch weiter oben, S. 366–383, und unten, S. 424f.

[52] Vgl. BA/K, NL Spranger, 186: Fritz Hartung an Eduard Spranger vom 18. Januar 1949.

schaftlicher Leistung die Wissenschaft und die Gesellschaft maßgeblich bereichern" – gemeint war die ostdeutsche Gesellschaft –, Ordentliche Mitglieder werden. Der unübersehbare Wandel zur Gelehrtengesellschaft einer DDR-Staatsakademie wurde mit der Satzung von 1969 vollzogen. Ordentliche und auch Korrespondierende Mitglieder konnten nur noch „Persönlichkeiten der DDR mit hervorragenden Ergebnissen in Forschung, Technik und Produktion oder außergewöhnlichen Verdiensten um die Förderung der Wissenschaft oder ihrer Anwendung" werden. Die korrespondierende Mitgliedschaft wandelte sich von diesem Zeitpunkt an immer stärker zu einer Kandidatenzeit für die ordentliche Mitgliedschaft.[53] Für „hervorragende Wissenschaftler, die nicht Staatsbürger der DDR" waren, wurde der Status *Auswärtiges Mitglied* (AM) eingeführt. Das betraf auch die immerhin noch dreißig Westdeutschen und West-Berliner, die allesamt die damit verbundene Reduzierung ihrer Rechte akzeptierten. Freilich wäre die Alternative auch nur der Austritt gewesen, eine Konsequenz die zwischen 1949 und 1981 insgesamt mindestens zwanzig Mitglieder zogen. Der Status *Ehrenmitglied* wurde abgeschafft.

Damit war Anfang der 1970er Jahre der Weg zu einem neuen Typus von Gelehrtengesellschaft endgültig frei, dies um so mehr, als auch das Vorschlagsrecht für die Zuwahlen verändert wurde. Neben den Ordentlichen Mitgliedern waren nun auch die Mitglieder des Ministerrates der DDR und das Präsidium des Forschungsrates der DDR berechtigt, Vorschläge einzubringen. Wie sehr sich die Gelehrtengesellschaft in der Folgezeit mit dem DDR-Staat und der Staatspartei SED verbunden fühlte, verdeutlicht der überaus hohe Anteil der SED-Mitglieder unter den Ordentlichen Mitgliedern. Hatte er 1951 bei allen ostdeutschen Ordentlichen Mitgliedern zehn Prozent betragen, so lag er 1984 schon bei 67 Prozent.[54] Wie das ohnehin sensible Problem akademischer Wahlen unter den Bedingungen politisierter Wissenschaft in der DDR *in praxi* gehandhabt wurde, behandeln mehrere Beiträge dieses Bandes.[55]

Neben der territorialen und der politischen Zusammensetzung der Gelehrtengesellschaft veränderte sich auch die disziplinäre Zugehörigkeit der Mitglieder ganz signifikant. 1949 wurde das seit der Gründung der Akademie stets mehr oder weniger eingehaltene Prinzip strenger Parität von Mitgliedern aus den Geistes- und den Naturwissenschaften in der Gelehrtengesellschaft endgültig aufgegeben. Es war schon seit Anfang des Jahrhunderts mehrfach von einigen Mitgliedern und führenden preußischen Wissenschaftsorganisatoren in Zweifel gezogen worden. Das Festhalten daran hatte unter anderem mit bewirkt,

[53] 1984 wurden die KM auch durch eine weitere Satzungsänderung zur Mitarbeit in der Gelehrtengesellschaft verpflichtet: Sie erhielten das Stimmrecht, aber kein Wahlrecht; ihre Zahl unterhalb des Emeritierungsalters (Frauen mit 60, Männer mit 65 Jahren) wurde zunächst auf 100 und ab 1987 auf 120 begrenzt.

[54] Zahlenangabe für 1951 nach Nötzoldt, *Steinitz und die Akademie*, S. 87, und für 1984 nach Scheler, *Akademie der Wissenschaften*, S. 151. Das 2000 erschienene Buch Werner Schelers, des langjährigen Präsidenten der AdW, enthält viele Informationen, auf die im folgenden zurückgegriffen wird; es interessiert zugleich als Zeugnis eines wichtigen Akteurs im Überschneidungsfeld von Wissenschaft und Politik in der DDR. Schelers Schlußfolgerungen sind jedoch oft einseitig, seine Wertungen können nur z. T. überzeugen.

[55] Vgl. die Beiträge von Peter Th. Walther, Manfred Naumann, Manfred Bierwisch, Günter Pasternak und Joachim Sauer (im Podiumsgespräch) in diesen Band.

daß 1911 die Kaiser-Wilhelm-Institute neben und nicht an der Akademie entstanden und 1920 die Akademien nicht die Aufgaben der Notgemeinschaft der Deutschen Wissenschaft übernehmen wollten. Dieses Prinzip schien in der unmittelbaren Nachkriegszeit für eine Institution, die sich selbst als höchste Instanz im deutschen Wissenschaftsgefüge sah, nicht mehr vertretbar. Als schließlich die Akademie für Ostdeutschland in der Tat die Aufgaben der KWG und der Notgemeinschaft übernahm, blieben Veränderungen unausweichlich. Die Folge war, daß die Zahl der Ordentlichen Mitglieder geisteswissenschaftlicher Disziplinen nur bescheiden anstieg: von 27 (1948) auf 44 (1989). Die naturwissenschaftlichen und die seit den 1950er Jahren nun auch *akademiewürdigen* technischen und medizinischen Disziplinen verzeichneten hingegen einen beträchtlichen Zugewinn: von 30 (1948) auf 111 (1989). Diese Entwicklung vollzog sich allerdings nicht reibungslos, und es bedurfte schon gelegentlich der Drohung, eine eigene Fachakademie der Montan- oder der Medizinwissenschaften zu gründen, damit die Vertreter der *exakten* Naturwissenschaften und der Geisteswissenschaften ihre Zurückhaltung aufgaben. Andererseits wurden auch bereits vollzogene Erweiterungen aus wissenschaftsorganisatorischen und politischen Gründen wieder rückgängig gemacht, so bei der Gründung der Fachakademien für Landwirtschaftswissenschaften und für Bauwesen 1950/51. Nach vier Jahrzehnten repräsentierte die Gelehrtengesellschaft 1989 in den elf Klassen Fachvertreter folgender Disziplinen:

- 9 Mathematik, 15 Physik, 18 Chemie, 18 Biowissenschaften, 10 Geo- und Kosmoswissenschaften, 6 Werkstoffwissenschaften, 10 Technikwissenschaften, 5 Informatik/Kybernetik/Automatisierung und 20 Medizin;
- 25 Literatur-, Sprach-, Geschichts- und Kunstwissenschaften und 19 Philosophie, Ökonomie, Geschichte, Staats- und Rechtswissenschaften.[56]

Bedeutend ist schließlich ein dritter Wandel in der Zusammensetzung der Gelehrtengesellschaft, in bezug auf die institutionelle Herkunft ihrer Mitglieder. Bis 1945 hatte der überwiegende Teil der Ordentlichen Mitglieder seine institutionelle Heimat in der Berliner Friedrich-Wilhelms-Universität. Akademie und Universität waren dadurch aufs engste miteinander verbunden. Unter den Naturwissenschaftlern gab es nach der Gründung der KWG zunehmend Mitglieder, die in den Berliner *Kaiser-Wilhelm-Instituten* (KWI) tätig waren: 1945 immerhin ein Drittel der Ordentlichen Mitglieder. Hinzu kamen Wissenschaftler aus der Technischen Hochschule, den Berliner Museen und wissenschaftlichen Sammlungen etc. Die Akademie war somit zu einem Ort exklusiver wissenschaftlicher Kommunikation im Berliner Raum geworden; jedenfalls für jene Disziplinen, die sie für akademiewürdig hielt. Das blieb sie auch in den ersten Nachkriegsjahren, wenngleich in der ausgedünnten Berliner Wissenschaftslandschaft – vor allem die Verlagerung fast aller KWI in den Westen – eine deutliche Lücke hinterlassen hatte. Allerdings setzte mit der Gründung einer Vielzahl von Forschungsinstituten an der Akademie (dazu später ausführlicher) sehr bald ein deutlicher Trend zur Selbstrekrutierung der Ordentlichen Mitglieder aus den Instituten der Akademie ein. Die Berufung in Führungspositionen der Institute

[56] Zahlenangaben nach den jeweiligen *Jahrbüchern* der Akademie.

der Akademie ging insbesondere seit den 1960er Jahren in den meisten Fällen mit der Wahl zum Akademiemitglied einher. Waren 1953 lediglich neun Prozent der nicht emeritierten Ordentlichen Mitglieder in Forschungseinrichtungen der Akademie hauptberuflich tätig, so waren es 1972 bereits 42 Prozent und 1989 schließlich 64 Prozent.[57] Obwohl bis in die 1960er Jahre nicht wenige Direktoren von Akademieinstituten aus den Universitäten und Hochschulen kamen und dort zugleich Ordinarien blieben und auch später Institutsdirektoren dort nebenamtlich lehrten, entfremdeten sich die Einrichtungen voneinander.

2. Die Forschungseinrichtungen der Akademie

Es konnte weder das Ziel des Kolloquiums noch des vorliegenden, daraus entstandenen Bandes zur Berliner Akademiegeschichte von 1945 bis 1990 sein, Institutsgeschichten im einzelnen vorzustellen. Exemplarisch wurden jedoch Beiträge zur biomedizinischen Forschung bzw. zu den Literatur- und Sprachwissenschaften einbezogen.[58] Sie stoßen auch in das Beziehungsdreieck Gelehrtengesellschaft – Forschungseinrichtungen – Staat (bzw. Staatspartei) vor, das weitere Beiträge sehr ausführlich untersuchen, und zwar in nationaler wie internationaler Perspektive.[59] Dieses Abschlußkapitel will die Bedeutung der Forschungsinstitute als eine Säule der Akademie nachzeichnen und auf die markanten Veränderungen hinweisen, die ihre Struktur im Laufe der Jahrzehnte erfuhr.

Die Frage, ob und in welchem Umfange die Akademie Forschung selbst betreiben sollte, war in der Geschichte der Akademie immer zentral und stark an die Entwicklung des wissenschaftlichen Umfeldes gekoppelt. Bis zur Gründung der Berliner Universität 1810 bildete die Akademie, wenn auch mit wechselnder Ausstrahlung, den Mittelpunkt wissenschaftlichen Lebens in der Stadt. Sie war eine privilegierte Korporation, der Krone unterstellt und hatte ein regionales Monopol als Ort wissenschaftlicher Akkreditierung, als Schnittstelle wissenschaftlicher Kommunikation und als Regulator wissenschaftlicher Streitfälle und Publikationen. Ihre Mitglieder konnten Forschung in einigen akademieeigenen Einrichtungen betreiben. Das änderte sich durch staatliches Eingreifen 1810 drastisch. Humboldts Denkschrift über die Neuordnung wissenschaftlicher Institutionen brach bekanntlich nach der Überschrift „Über die Akademie" ab – vielleicht war Humboldt tatsächlich nicht klar, was der Akademie denn eigentlich nach Errichtung der Universität noch als Aufgabe bleiben sollte. Als die Karten schließlich neu verteilt waren, fand sich die Akademie auf der Verliererseite: die Universität erhielt 1810 alle Forschungseinrichtungen.

Die Akademie blieb lediglich als Gelehrtengesellschaft bestehen, die als Ersatz für die verlorenen Institute Kommissionen zur Bearbeitung thematisch begrenzter, in der Regel

[57] Vgl. den Beitrag von Conrad Grau in diesem Band. Für 1953 wurden nur OM mit einer Anstellung in der DDR und Ost-Berlin berücksichtigt.

[58] Vgl. die Beiträge von Günter Pasternak, Rainer Hohlfeld, Manfred Bierwisch und Eberhard Lämmert in diesem Band.

[59] Vgl. dazu die Beiträge von Wolfgang Frühwald, Conrad Grau, Peter Nötzoldt, Eckart Förtsch, Ferenc Glatz, Guy Ourisson und Karel Müller/Jan Janko in diesem Band.

geisteswissenschaftlicher Unternehmungen gründete. Daraus entstanden die als *Langzeitvorhaben* bekannten Aufgaben, die heute als klassische Akademievorhaben gelten (Editionen, Wörterbücher etc.). Sie trugen erst allmählich, kulminierend zum Ende des Jahrhunderts, zum wissenschaftlichen Ruhm der Institution bei.

Die Akademie empfand jedoch ihren Zustand, nämlich den eines gelehrten Diskussionsklubs, spätestens in den 1850er Jahren als derart unbefriedigend, daß sie beim Kultusminister Denkschriften einreichte, die die Bedrohung des Wissenschaftsstandortes Berlin vor allem durch die Attraktivität Leipzigs konstatierten und eine Aufbesserung der Berliner akademischen Bedingungen erbat. Nach jahrelangen Bemühungen erhielt sie tatsächlich eine deutlich bessere finanzielle Ausstattung, was unter anderem zu einer Ausdehnung ihrer wissenschaftlichen Unternehmungen führte. Eine Passage in der neuen Satzung von 1881 läßt sich als Option auf die Möglichkeit interpretieren, mittels des Einwerbens von Stiftungen eigene Forschungsinstitute zu gründen. Aber gerade dazu kam es nicht. Vielmehr verstand sich die Akademie am Ende des 19. Jahrhunderts zunehmend als theorie-orientierter, relativ abgeschlossener Ort der Diskussion in bewußter Abgrenzung und Ausgrenzung der Techniker, Mediziner, Juristen und vor allem der anwendungsorientierten Naturwissenschaftler. Man distanzierte sich also deutlich vom Leibnizschen Akademie-Leitspruch *theoria cum praxi*, indem man den Akzent auf Theoretisches legte und sich möglichen Anwendungsverknüpfungen verstellte. Das schien der kleinste gemeinsame Nenner, auf den sich die beiden einander argwöhnisch beobachtenden Klassen der Akademie, die Physikalisch-mathematische und die Philosophisch-historische, einigen konnten.

Weil sich auch zu Beginn des 20. Jahrhunderts keine Mehrheit in der Akademie fand, das wissenschaftliche Selbstverständnis der Institution zu *modernisieren*, d. h. eine Beteiligung und einen Einfluß der Privatwirtschaft auf die Orientierung und Prioritätensetzung in der experimentellen Forschung als zeitgemäß und unausweichlich zu akzeptieren, entstand 1911 die Kaiser-Wilhelm-Gesellschaft neben und nicht an der Akademie.[60] Sie avancierte nach ihrer Gründung ohne Zweifel in kurzer Zeit zum unumstrittenen Leistungsträger naturwissenschaftlicher Forschung in Deutschland und im internationalen Vergleich und lief der Forschung an Universitäten und Akademien allmählich den Rang ab.

Erst Ende der 1920er Jahre wurde einer Mehrheit in der Akademie offenbar bewußt, wie sehr sich die Institution an den Rand der Wissenschaftslandschaft manövriert hatte. Nun zeigte sie sich, allerdings nicht ohne Druck des Preußischen Kultusministeriums, bereit, auch neue Aufgaben zu übernehmen. So wünschte sie sich beispielsweise die Gründung eigener Forschungsinstitute, und zwar vorwiegend „auf dem Gebiete der Geisteswissenschaften“. Bei den Naturwissenschaften hatte sie offensichtlich schon resigniert: Es sei „nicht als glücklich“ zu bezeichnen, daß der „Akademie keine naturwissenschaftlichen Forschungs-

[60] Diese Option hatten die führenden Wissenschaftspolitiker dieser Zeit in Preußen, insbesondere Adolf von Harnack, durchaus erwogen. Zumindest sollte die Spaltung jedoch nicht von ewiger Dauer sein, so versprach es jedenfalls Harnack 1912 in einem „vertraulichen“ und „sekreten“ Beschwichtigungsbrief an den damaligen Sekretar der Philosophisch-historischen Klasse, Hermann Diels. Abgedruckt in: Kocka, *Königlich Preußische Akademie*, S. 460–463.

einrichtungen zur Verfügung stehen", monierte 1930 der Akademiesekretar Heinrich Lüders, zumal sie es durch „eigene Schuld versäumt" habe, mit den Instituten der KWG in „stärkere Verbindung" zu treten.[61] Allerdings konnte die Akademie keinerlei verlorenes Terrain zurückgewinnen.

Erst nach Kriegsende 1945 stellte sich die Frage nach Forschungsinstituten an der Akademie überraschend erneut und nun sehr konkret. Dafür gab es zwei Hauptgründe. Zum einen war die Berliner Forschungslandschaft weitgehend zerstört. Durch Aus- und Verlagerungen hatte sich nahezu das gesamte außeruniversitäre Forschungspotential in den drei Westzonen versammelt und dort neu begonnen. Lediglich die Berliner Akademie war, wie die Universität, als regionale Institution faktisch immobil. Sie wurde damit zum ganz natürlichen und auch einzigen Kristallisationspunkt für den Neuanfang. Zum anderen war die bisher zuständige deutsche staatliche Wissenschaftsbehörde – konkret das Reichserziehungsministerium und seine Reste – nicht mehr handlungsfähig. Neue politische Instanzen übernahmen das Ruder, und eine Akademie mit Forschungsinstituten entsprach genau dem Modell außeruniversitärer Forschungsorganisation, das der sowjetischen Besatzungsmacht vertraut war. Als im Sommer 1946 die Akademie offiziell wiedereröffnet wurde, erhielt sie deshalb von der sowjetischen Besatzungsmacht nicht nur die Genehmigung, ihre bisherigen Unternehmungen weiterzuführen, sondern zugleich die Möglichkeit, neue Institute zu gründen oder bestehende zu übernehmen, was den Vorstellungen der in Berlin anwesenden Ordentlichen Mitglieder sehr entgegenkam.[62]

Von den 38 im Jahrbuch von 1942 aufgeführten wissenschaftlichen Kommissionen, löste die Akademie fünf im Herbst 1945 auf, darunter jene für die *Geschichte des Deutschtums im Ostraum* und für die *Erforschung Weißafrikas*. Fünf weitere konnten zunächst nicht weitergeführt werden, weil die zuständigen Mitarbeiter nicht erreichbar waren.[63] Die Kommissionen wurden in der Folgezeit neu geordnet und teilweise neu zusammengefaßt. Die meisten führte die Akademie selbst weiter, u. a. die *Deutsche Kommission*, die *Kommission für griechisch-römische Altertumskunde*, die *Leibniz-Kommission*, die *Kommission für spätantike Religionsgeschichte*, die *Historische Kommission*, die *Ausgabe der Werke Kants* und die *Deutsche Literaturzeitung*. Einige wurden gemeinsam mit den Wissenschaftsakademien im Westen weitergeführt, die z. T. die Federführung übernahmen, da sich die entsprechenden Mitarbeiter dort niedergelassen hatten, das betraf z. B. die *Monumenta Germaniae Histo-*

[61] Heinrich Lüders, Friedrichsrede am 23. Januar 1930, in: *Sb. der PAW 1930*, S. XXV.

[62] Vgl. Satzung von 31. Oktober 1946, § 1 und oben, S. 366–383.

[63] Aufgelöst wurden weiterhin die *Schleiermacher-Kommission* und die *Kommission für die Herausgabe der Werke Wilhelm von Humboldts*, deren Tätigkeit als beendet galt, sowie die *Kommission für die Sammlung von Lichtbildern mittelalterlicher orientalischer Handschriften mathematischen und naturwissenschaftlichen Inhalts*, die die Berliner Staatsbibliothek weiterführen sollte. Nicht erreichbar waren die Mitarbeiter folgender Kommissionen: *Sammlung der deutschen Inschriften des Mittelalters und der Neuzeit, Wörterbuch der deutschen Rechtssprache, Savigny-Kommission, Ozeanographische Forschungen* und *Ernst Solvay-Forschungsstelle*. Vgl. Johannes Stroux, Schreiben des Präsidenten an den Magistrat der Stadt Berlin, Abteilung Volksbildung, 15. Oktober 1945, abgedruckt in: Hartkopf/Wangermann, *Dokumente*, S. 459f.

rica (Bayerische Akademie München) und das *Wörterbuch der deutschen Rechtssprache* (Heidelberger Akademie). An der Berliner Akademie entstanden aus einigen Kommissionen Forschungsinstitute; so aus der *Deutschen Kommission* 1952 das *Institut für deutsche Sprache und Literatur* und aus der *Kommission für griechisch-römische Altertumskunde* 1955 das gleichnamige Institut. Die anderen Kommissionen wurden nach und nach in neue Akademieinstitute eingegliedert; ein Prozeß der bis Ende der 1960er Jahre andauerte.

Resümierend läßt sich feststellen, daß die von den Kommissionen betreuten Editionen, Wörterbücher und anderen Vorhaben aus dem Erbe der PAW nahezu komplett weitergeführt wurden. Hier blieben auch die Zusammenarbeit mit anderen deutschen Akademien und der Kontakt zu den internationalen, also auch westlichen, *scientific communities* am ehesten erhalten. Ihre Arbeit hat ganz wesentlich zum Ansehen der Akademie beigetragen, zumal sie auch in der Regel vom allgemeinen Wachstum des Forschungspotentials an der Akademie profitierten, also breiter forschen konnten. Wenn diese ehemaligen Kommissionen ihre Aufgabenstellung nicht bis 1990 bereits abgeschlossen hatten, wurden sie überwiegend in der seit 1993 bestehenden *Berlin-Brandenburgischen Akademie der Wissenschaften* fortgeführt.[64]

Neben dem eigenen Erbe trat die Akademie auch das Erbe anderer ehemals in Berlin bzw. in der nunmehrigen Sowjetischen Besatzungszone beheimateter außeruniversitärer wissenschaftlichen Institutionen an. Einige Leiter von Instituten der Kaiser-Wilhelm-Gesellschaft und Staatsinstitute Preußens bzw. des Deutschen Reiches drängten teilweise selber unter das Dach der Akademie, teils wurden sie der Akademie von der sowjetischen Besatzungsmacht zugeordnet. Bereits im Herbst 1946 kamen so fünf astrophysikalische und geowissenschaftliche Einrichtungen zur Akademie, die z. T. auch schon 1930 auf der Wunschliste der Akademie gestanden hatten.[65] Fast zeitgleich wurde der Bitte des *Heinrich-Hertz-Instituts für Schwingungsforschung Berlin* auf Angliederung entsprochen.[66] 1947 wurden der Akademie u. a. das *Institut für Festkörperforschung* in Berlin-Buch und das ebenfalls dort ansässige *Institut für Medizin und Biologie* angeschlossen. Beide waren aus dem ehemaligen Bucher KWI für Hirnforschung hervorgegangen und hatten nach Kriegsende direkt der Besatzungsmacht unterstanden. 1948 folgten schließlich zwei landwirtschaftliche Institute, das ehemalige KWI für Kulturpflanzenforschung, das von Wien nach Gatersleben verlagert worden war, und das für den emeritierten Königsberger Ordinarius Eilhard Mitscherlich gegründete *Institut zur Steigerung der Pflanzenerträge*, das aus dem zur Versorgung der Besatzungsmacht herangezogenen Gut Paulinenaue hervorgegangenen war. Ähnliche An-

[64] Vgl. *Jb. der BBAW 1992/93.*

[65] Sternwarte Babelsberg, Astronomisches Observatorium Potsdam, Astronomisches Recheninstitut Babelsberg, Geodätisches Institut Potsdam, Institut für Erdbebenforschung Jena, Astronomisches Observatorium Sonneberg (Thüringen). Vgl. Befehl Nr. 309 des Chefs der SMA und Oberkommandierenden der Gruppe der Sowjetischen Besatzungstruppen in Deutschland, betreffend den Übertritt von Instituten allgemeinwissenschaftlichen Charakters in die Verwaltung der Deutschen Akademie der Wissenschaften vom 18. Oktober 1946, abgedruckt in: Hartkopf/Wangermann, *Dokumente*, S. 477.

[66] Vgl. WITEGA, *Heinrich-Hertz-Institut.*

gliederungswellen gab es auch in späteren Jahren, so wurden 1958 sechs Forschungsinstitute der Akademie angegliedert, die bis dahin Industrieministerien unterstanden hatten.[67]

Neben der Fortführung traditioneller Forschungsvorhaben und der eher zufälligen Zuordnung von Forschungseinrichtungen prägten aber in der Folgezeit vor allem neu gegründete Institute das Forschungsprofil der Akademie ganz entscheidend. Sie entstanden in Einzelfällen nach dem in der KWG gepflegten sogenannten *Harnack-Prinzip*, also der personenzentrierten Institutsbildung für bedeutende Gelehrte, was gelegentlich auch dazu diente, den Weggang nach dem Westen zu verhindern. Solche Institute entstanden z. B. um den Altphilologen und ersten Nachkriegspräsidenten der Akademie Johannes Stroux (*Institut für Hellenistisch-Römische Philosophie* 1947), den Geologen, Vizepräsidenten der Akademie und Senator der KWG Hans Stille (*Geotektonisches Institut* 1946), den Mathematiker Erhard Schmidt (*Institut für Mathematik* 1946), den Meteorologen und Geophysiker, Vizepräsidenten der Akademie Hans Ertel (*Institut für physikalische Hydrographie* 1948) und den Germanisten, Präsidenten der Sächsischen Akademie und Klassensekretar der Berliner Akademie Theodor Frings (*Institut für deutsche Sprache und Literatur* 1952). Dieses Verfahren gab es auch noch in späteren Jahren, z. B. bei der Rückkehr von *Spezialisten* aus der Sowjetunion Mitte der 1950er Jahre für den Physikochemiker Peter Adolf Thiessen und den Physiker Max Steenbeck.

Bedeutsamer und investitionsintensiver wurden aber immer mehr jene Neugründungen von Instituten, die die Akademie aus wirklichen, vermeintlichen und gelegentlich auch aus vom Staat aufoktroyierten Bedürfnissen der ostdeutschen Gesellschaft verwirklichte. Bereits 1949 unterbreiteten Akademiemitglieder einen „Vorschlag zur Neugestaltung und Entwicklung der chemischen Forschung in der Ostzone", der in den Folgejahren zur Gründung mehrerer chemischer und physikochemischer Institute am Akademiestandort Berlin-Adlershof führte. Anfang der 1950er Jahre bezeichneten die Physiker in einem Memorandum an den Akademiepräsidenten die Aufwendungen der Akademie für die Physik „als zu bescheiden und nicht der Wichtigkeit des Gebiets entsprechend". Sie forderten, „die bis jetzt vorhandenen Schwierigkeiten zu beseitigen und der Physik den ihr gebührenden Platz zu sichern".[68] Es folgte ein solcher Aufschwung dieses Gebietes, der freilich auch mit der internationalen Entwicklung übereinstimmte, daß bereits wenige Jahre später andere Akademiemitglieder klagten, es werde „hauptsächliches Augenmerk auf die Ent-

[67] Aus der Zuständigkeit des Ministeriums für chemische Industrie die Institute für organische Grundstoffchemie, für Chemie und Technologie der Plaste, für angewandte Radioaktivität, für physikalische Stofftrennung und vom Ministerium für Berg- und Hüttenwesen die Forschungsinstitute für metallische Spezialwerkstoffe und für Aufbereitung. Vgl. *Gesetzblatt der DDR*, Teil I, Nr. 13 vom 1. März 1958, S. 155f.

[68] Das genaue Datum der Denkschrift der Physiker Rudolf Seeliger, Otto Hachenberg, Friedrich Möglich und Robert Rompe ist nicht bekannt. Sehr wahrscheinlich wurde sie zwischen Frühjahr und Herbst 1952 beim Präsidenten der Akademie eingereicht und gleichzeitig an Staats- und Parteistellen weitergereicht. Sie ist in verschiedenen Aktenbeständen zu finden und als Abschrift von 1964 abgedruckt in: WITEGA, *Geschichte der Forschungsgemeinschaft*, S. 12–21.

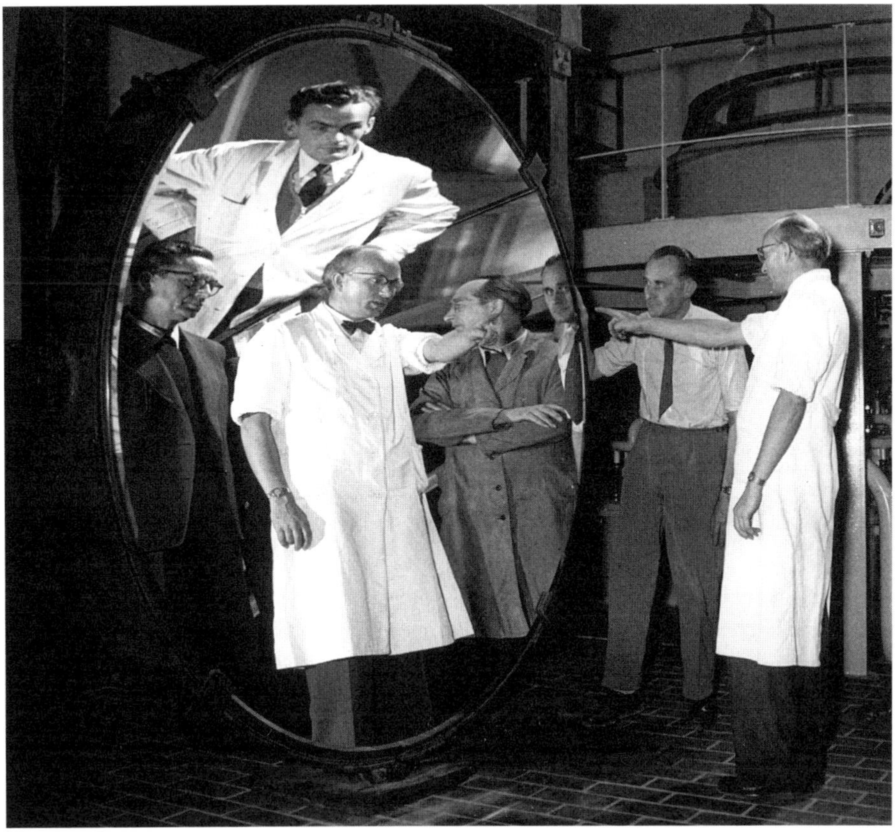

Erste Begutachtung des damals weltweit einzigartigen 2-m-Spiegels am 4. September 1959 im Karl-Schwarzschild-Observatorium, Tautenburg bei Jena

wicklung der Physik gelegt, was eine Vernachlässigung der anderen Gebiete der Wissenschaft zur Folge hat".[69]

Auch andere Fächer setzten ihre Interessen durch und erhielten eine institutionelle Basis an der Akademie, wenn ihre gesellschaftliche Notwendigkeit anerkannt war, d. h., sie vor allem für den Aufbau der ostdeutschen Wirtschaft bedeutsam schienen. Das betraf neben den erwähnten Fächern vor allem die metallurgischen Prozesse, die Verbesserung der Energie- und der Rohstoffbasis, die Entwicklung und die Verbesserung von Verfahren der Verarbeitungsindustrie, später dann die Felder Kommunikationstechniken und Mikroelektronik. Sehr beachtliche Kapazitäten wurden auch auf die für das Gesundheitswesen wichtigen Gebiete medizinisch-biowissenschaftlicher und ernährungswissenschaftlicher Forschung geschaffen.

[69] SAPMO, ZPA, IV 2/9.04/380, Bl. 34–35: Niederschrift der Diskussion aus dem Seminar der leitenden Genossen der Akademie der Wissenschaften zu Berlin am 13. Januar 1956.

So entstanden an der Akademie Forschungs- und Arbeitsstellen, Institute und Zentralinstitute für ein breites Disziplinen- und Aufgabenspektrum. Die von ihr herausgegebenen Jahrbücher und Tätigkeitsberichte dokumentieren diese Entwicklung und geben, zumindest für die ersten beiden Jahrzehnte, auch einen Überblick über die Aufgabenprofile und Forschungsergebnisse.[70] Der Personalbestand stieg kontinuierlich, besonders hohe Zuwachsraten gab es in den Jahren bis 1960:[71]

Personal der Akademie 1946–1989

	1946	1949	1952	1960	1970	1980	1989
Wissenschaftler	91	311	499	2.063	3.484	6.350	8.371
wiss.-techn. Personal	41	621	1.259	5.135	6.140	9.495	11.073
sonstiges Personal*			352	2.547	3.504	3.768	4.231
gesamt	131	932	2.110	9.745	13.128	19.613	23.675

* Verwaltung, Wissenschaftsverwaltung, Betriebspersonal, Sozialeinrichtungen

Die disziplinäre Entwicklung des Forschungspotentials läßt sich nicht mit wenigen Sätzen darstellen. Hier müßten mehrfache Veränderungen bei der Zuordnung und bei der Umbildung von Forschungseinrichtungen berücksichtigt werden.[72] Einen Eindruck vom inneren Wandel der Akademie ergibt der Blick auf das Zahlenverhältnis zwischen den geisteswissenschaftlichen Disziplinen einerseits, den naturwissenschaftlichen, technischen und medizinischen Disziplinen andererseits. Zwischen beiden Kategorien herrschte 1949 noch nahezu Parität bei der Zahl der Wissenschaftler, 1968 ein Verhältnis von 22 Prozent zu 78 Prozent und 1989 schließlich von 16 Prozent zu 84 Prozent. Ohne den Vergleich mit der internationalen Entwicklung und ohne Berücksichtigung des geisteswissenschaftlichen Forschungspotentials in Parteiinstituten der SED sagen diese Zahlen jedoch wenig

[70] Eine Vielzahl von detaillierten Übersichten findet sich auch in: Scheler, *Akademie der Wissenschaften*, S. 183ff.

[71] Angaben aus *Deutsche Akademie der Wissenschaften zu Berlin*, Berlin 1956, S. 58; *Jb. der DAW 1960*, S. 199; *Jahresbericht 1989 der AdW der DDR*, Teil II, Statistischer Jahresbericht mit Angaben ab 1970, S. 4 (Angaben in Vollbeschäftigten-Einheiten [VBE] im Jahresdurchschnitt). Diese Angaben sind *ca.-Werte*, da verschiedene Quellen durchaus unterschiedliche Angaben machen. Der direkt für die Forschung tätige Anteil der Mitarbeiter dürfte eher geringer gewesen sein, wie folgende Auflistung aus der ersten Jahreshälfte 1990 verdeutlicht: Von allen Mitarbeitern waren danach 4.400 in Dienstleistungen und zentralen Gerätebau, 1.000 in den zwei Verlagen und den fünf Druckereien, 2.400 in der Verwaltung und 250 in der Isotopenproduktion tätig; das sind immerhin bereits 8.050 Personen. Vgl. AdW, *Kurzcharakteristik*, S. 11.

[72] So wurden z. B. die Technikwissenschaften teils eigenständig zusammengefaßt und teils bei den Naturwissenschaften angegliedert. Diese Institute wechselten dann auch noch gelegentlich zwischen den Disziplinen, firmierten also mal unter Physik, mal unter Chemie oder anderen Kombinationen. Häufig gab es Umbildungen von Instituten, wobei Konzentration oder Aufteilung wiederum zu unterschiedlicher Zuordnung führte. Und das gilt nicht nur für die Technik. Eine *bereinigte* Übersicht für die Zeit von 1945 bis 1968 gibt Nötzoldt, *Steinitz und die Akademie*, S. 262f.

Disziplinäre Aufteilung des Forschungspotential der Akademie 1989

	Wissenschaftler		Kosten-anteil
Mathematik/Informatik/Automatisierung/Mechanik	957	12,2 %	10,2 %
Physik/physikalische Technologien/Materialforschung	2.034	26,0 %	36,2 %
Chemie	1.275	16,3 %	13,9 %
Biowissenschaften/Medizin	1.598	20,4 %	24,6 %
Geo-/Kosmoswissenschaften	723	9,2 %	10,5 %
Geistes-/Sozialwissenschaften	1.246	15,9 %	4,6 %

aus. Wir beschränken uns auf die Wiedergabe der im Jahre 1989 festgestellten Verteilung:[73] In Berlin waren 1989 mehr als 51 Prozent des Forschungspotentials konzentriert, in den heutigen Bundesländern Sachsen (Leipzig, Dresden, Karl-Marx-Stadt/Chemnitz, Freiberg, Bautzen, Rossendorf) 23 Prozent, Brandenburg (Frankfurt/Oder, Potsdam, Teltow, Zeuthen) 13 Prozent, Thüringen (Jena) 7 Prozent, Sachsen-Anhalt (Magdeburg, Halle/Saale, Gatersleben) 5 Prozent und Mecklenburg/Vorpommern (Greifswald, Rostock-Warnemünde, Kühlungsborn) knapp 1 Prozent.[74]

Die Finanzierung der Forschungseinrichtungen der Akademie erfolgte aus dem Staatshaushalt der DDR. Zusätzliche Mittel konnten durch verschiedene Varianten von Vertragsforschung mit der Industrie, einzelnen Ministerien usw. eingeworben werden. Auf diesem Wege waren einzelne Institute z. B. auch in die Militärforschung der DDR eingebunden, über die wegen fehlender bzw. nicht zugänglicher Quellen gegenwärtig keine Aussagen möglich sind. Die zusätzlichen Mittel veränderten allerdings die Gesamtbilanz kaum, da die Einnahmen bis auf geringe Anteile ohnehin wieder an den Staatshaushalt abgeführt werden mußten. Die verfügbaren Zahlen belegen einerseits einen gewaltigen Zuwachs an Mitteln für die Forschung: 1946 standen knapp 2 Millionen zur Verfügung, 1960 etwa 128 Millionen und 1989 fast 1.380 Millionen Mark.[75] Andererseits sind sie problematisch, da Vergleichsangaben fehlen und es sich um *unbereinigte* Angaben handelt, die weder Lohnsteigerungen[76] noch Preiserhöhungen berücksichtigen. Wie problematisch die reinen Gesamtangaben sind, zeigt sich, wenn man zwischen Personal- und sonstigen Ausgaben differenziert. Dann deutet sich ein grundsätzliches Problem der Forschung inner-

[73] Angaben für 1949 und 1968 aus: Nötzoldt, *Steinitz und die Akademie*, S. 262f.; für 1989 aus: AdW, *Kurzcharakteristik*, S. 6.

[74] Angaben aus: AdW, *Kurzcharakteristik*, S. 44.

[75] Angaben hierzu enthalten bis 1966 die *Jahrbücher der DAW*, von 1973 bis 1989 die *Statistischen Jahresberichte der AdW*.

[76] Der Durchschnittsjahreslohn der Mitarbeiter lag 1972 bei etwa 11.000 Mark und 1989 bei etwa 17.000 Mark. Vgl. *Jahresbericht 1989 der AdW*, Teil 2: Statischer Jahresbericht, dort aufgeschlüsselt nach Instituten, S. 89ff.

halb der Akademie an. Offensichtlich sollte die Effizienz des Gesamtpotentials vorwiegend durch seine ständige personelle Vergrößerung gesteigert werden, denn die Sachausgaben pro Mitarbeiter für die Forschung stiegen, entgegen dem internationalen Trend, nur recht bescheiden an; temporär fielen sie sogar. In der ersten Hälfte der 1950er Jahre, die zugleich eine erste Hochphase des Ausbaus der Akademie war, ist ein Rückgang von ca. 7.000 Mark auf ca. 5.500 Mark zu verzeichnen. Danach scheint es – die Angaben sind lückenhaft – bis Anfang der 1970er Jahre einen kontinuierlichen Anstieg auf etwa 13.000 Mark gegeben zu haben. Die dann zweimal auftretenden sprunghaften Steigerungen auf jeweils für einige Jahre geltende neue Niveauebenen – ab 1974 auf durchschnittlich 23.000 Mark und ab 1986 auf durchschnittlich 40.000 Mark – sind zu einem ganz erheblichen Teil auf parallele Preissprünge zurückzuführen. Zwischen 1985 und 1987 stiegen die Gesamtausgaben der Akademie schließlich um ca. 45 Prozent, obwohl der Zuwachs an Mitarbeitern nur bei 3,4 Prozent lag.[77]

Trotz dieser relativierenden Fakten bleibt unbestritten, daß aus der Akademie innerhalb weniger Jahrzehnte eine Großorganisation der Forschung mit einer Vielzahl von wissenschaftlichen Einrichtungen, Akademiewerkstätten für den Forschungsbedarf, einem eigenen Akademie-Verlag etc. wurde. Die ständige Vergrößerung des Personals ging einher mit einer fortwährenden Verbreiterung des Forschungsprofils. Das blieb auch so, nachdem Ende der 1960er Jahre die bis dahin entstandenen ca. 120 wissenschaftlichen Einrichtungen – Institute, Forschungs- bzw. Arbeitsstellen, Laboratorien, wissenschaftliche Kommissionen mit den zugehörigen Unternehmungen, deren Genese und Wandel die Jahrbücher der Akademie gut dokumentieren – in nun 25 Zentralinstituten, 13 Instituten und drei Forschungs- bzw. Arbeitsstellen zusammengefaßt wurden.

Da kompatible Schnittstellen für eine Nutzung der wissenschaftlichen Erkenntnisse in der Industrie der DDR selten waren und trotz gegenteiliger Beteuerungen sogar noch abgebaut wurden, übernahmen die Forschungseinrichtungen zunehmend Aufgaben in der Kette Grundlagenforschung – Angewandte Forschung – Entwicklung – Produktion, für die in einer wissenschaftlichen Institution eigentlich die Voraussetzungen fehlten. Das wiederum führte nicht nur zum weiteren Aufblähen der gesamten Akademie, sondern auch zu einer größeren Unschärfe des wissenschaftlichen Profils ihrer Forschungsinstitute.

Die Akademie geriet so in einen Teufelskreis. Zum einen war sie eine so gewaltige Wissenschaftsorganisation geworden, weil sie immer wieder damit geworben hatte, wie sehr ihre wissenschaftlichen Leistungen zum gesellschaftlichen Wohlstand beitrügen – sie konnte sich also nicht nur auf Grundlagenforschung zurückziehen und anderen die Verwertung ihrer Ergebnisse überlassen, was ohnehin viel zu selten geschah. Zum anderen war damit das Einfallstor für immer weiterreichendere Forderungen und größeren Druck der

[77] Zum Beispiel stiegen bei nur geringen Zuwächsen von Mitarbeitern von 1983 auf 1984 die Kosten für Energie um ca. 55 Prozent, von 1983 bis 1987 für Material um ca. 115 Prozent, für Fremdleistungen zwischen 1983 und 1986 um ca. 140 Prozent. Bei Investitionen, den Erwerb von Ausrüstungen u. ä. waren die Steigerungen teils noch drastischer, wobei allerdings zu berücksichtigen ist, daß es sich dabei weniger um kontinuierlich anfallende Kosten handelt. Ebd., S. 54f.

Politik geöffnet. Die naturwissenschaftlich-technischen Institute der *Forschungsakademie* – so der offizielle Name seit Ende der 1960er Jahr – wurden nun dem „Ministerium für Wissenschaft und Technik als zentrale[r] Planungsinstanz" unterstellt.[78]

Diese Akademie hatte insgesamt eine Vielzahl von Funktionen wahrzunehmen, die in der Bundesrepublik auf unterschiedliche Wissenschaftsorganisationen verteilt waren. Aber zweifellos entstanden unter ihrem Dach zahlreiche Forschungen, die im Land wie international stark anerkannt wurden. An der Arbeit der einzelnen Akademieinstitute wäre dies, differenziert nach den Disziplinen, im einzelnen zu untersuchen.[79]

3. Das Zusammenwirken von Gelehrtengesellschaft und Forschungseinrichtungen

Die Akademie war nach 1945 immer wieder mit dem Anspruch aufgetreten, daß durch die Verknüpfung von Gelehrtengesellschaft und Forschungsinstituten ihre Effizienz ganz entscheidend verbessert würde. Sie könne nun endlich Leibniz' Forderung, „nicht nur Curiosa, sondern auch Utilia ins Werk zu richten"[80] und Harnacks Vorstellung, die Akademie doch noch eines Tages mit der Kaiser-Wilhelm-Gesellschaft zu „verschmelzen", verwirklichen.[81] Das Zusammenwirken von Gelehrtengesellschaft und Forschungseinrichtungen muß deshalb genauer betrachtet werden. In diesem Zusammenhang sind auch einige Bemerkungen über die Aufgaben und Arbeitsformen der Gelehrtengesellschaft erforderlich.

Die Gelehrtengesellschaft stellte sich in den Satzungen traditionelle Akademieaufgaben, die sie vermutlich ähnlich gut oder schlecht erfüllte, wie vorherige oder andere Gelehrtengesellschaften, zumal politische Einschränkungen in der Geschichte der Akademie kein Novum darstellten. Es wurde fleißig vorgetragen und umfassend publiziert, Denkschriften wurden erstellt und wissenschaftliche Gutachten abgegeben, wissenschaftliche und andere Veranstaltungen abgehalten.[82] Neu hatte sich allerdings die Gelehrtengesellschaft in ihre Satzung geschrieben, daß sie nun „als höchste wissenschaftliche Instanz" für eigene Forschungsinstitute verantwortlich war.[83] Von 1946 bis 1951 wurde deshalb gene-

[78] AAW Berlin, FG, A 3922: Hermann Klare, Entwurf eines Schreibens an den Vorsitzenden des Ministerrates Willi Stoph vom November 1967. Zit. nach Stange, *Genese*, S. 190. Vgl. hierzu ausführlich der Beitrag von Peter Nötzoldt in diesem Band.

[79] Vgl. etwa Bielka, *Beiträge*; Kehl, „Etablierung der Volkskunde"; Stange, *Genese*; WITEGA, *Band 1–7*; Sabrow, *Diktat des Konsenses*; Brosin, *Meeresforschung*; Liewers, *Kernforschung*; Hein-Weingarten, *Kosmosforschung*; Ketz, *Institut für Ernährung*; Wolf, *Organisationsschicksale*; Umweltforschungszentrum Leipzig-Halle, *Leipzig Permoserstraße* sowie die Beiträge in Kocka/Mayntz, *Wissenschaft und Wiedervereinigung*. Zu früheren Wertungen vgl. beispielsweise Landrock, *Deutsche Akademie der Wissenschaften*.

[80] Gottfried Wilhelm Leibniz, „Denkschrift in Bezug auf die Einrichtung einer Societas Scientiarium et Artium in Berlin vom 26. März 1700, bestimmt für den Kurfürsten", in: Harnack, *Geschichte der Akademie*, Bd. II, S. 79.

[81] Vgl. Kocka, *Königlich Preußische Akademie*, S. 460–463.

[82] Diese Tätigkeit ist zum wesentlichen Teil in den Sitzungsberichten und den Abhandlungen der Akademie erfaßt, die vom Akademie-Verlag herausgegeben wurden. Eine umfangreiche Auflistung weiterer Aufgaben findet man in: Scheler, *Akademie der Wissenschaften*, S. 164ff. und 380ff.

[83] Vgl. Satzung vom 31. Oktober 1946, §§ 1, 6 und 22.

rell und dann bis 1953 teilweise in den Gesamtsitzungen der Akademie, also im Plenum, über Forschungsvorhaben und Institutionsgründungen entschieden.[84] Das geschah während der sogenannten *Geschäfte,* die auf den wissenschaftlichen Teil der Gesamtsitzungen folgten. Dort waren nur die Ordentlichen Mitglieder zugelassen, und dort wurden auch alle anderen grundsätzlichen Probleme entschieden, so die Mitgliederfragen (Wahlen und Ausschluß), die Wahl des Präsidiums mit dem Präsidenten an der Spitze und die Veränderungen der Satzung.[85] Dieses Verfahren ließ sich aber in der nur ehrenamtlich tätigen Gelehrtengesellschaft nicht lange durchhalten. Zum einen ließ sich der Berg der anstehenden Entscheidungen schon bald kaum mehr abarbeiten. Zum anderen waren die Interessen und vor allem die Beteiligung zu heterogen. So konnte sich beispielsweise die Physik in den frühen Geschäftssitzungen kaum vertreten fühlen, weil sich fast alle Mitglieder in den Westzonen niedergelassen hatten. Bereits seit Beginn der 1950er Jahre beschränkte sich die Tätigkeit des Plenums in Hinsicht auf das Forschungspotential wieder auf die traditionelle Beratungsfunktion, wofür zeitweilige Kommissionen bzw. Räte gebildet wurden.[86] Die Verantwortung für die Forschungstätigkeit ging mit der neuen Satzung von 1954 auch offiziell auf die Klassen der Akademie über.[87]

In den Sitzungen der Klassen erledigten die Mitglieder prinzipiell die gleichen Aufgaben wie im Plenum. Auch die Möglichkeiten zur Mitarbeit waren analog geregelt, nur die Ordentlichen Mitglieder entschieden über die Geschäfte. Die Klassen wurden bis 1969 von Sekretaren und danach von Vorsitzenden geleitet, die bis 1969 und wieder ab 1984 *ex officio* dem Präsidium der Akademie angehörten. Sie unterbreiteten dem Plenum Vorschläge zur Wahl von Mitgliedern. Neu war eben, daß seit Beginn der 1950er Jahre die Klassen über die Forschungsvorhaben der Institute und weitere institutionelle Gründungen entschieden. Verändert hatte sich zu dieser Zeit aber auch bereits die Klassenstruktur der Akademie. Ab 1949 gliederte sich die Gelehrtengesellschaft nicht mehr in zwei Klassen, sondern bis 1969 in sechs bzw. für einige Zeit in fünf, danach gar in elf bzw. zwölf Klassen.[88]

Jedoch erwies sich auch die 1949 eingeführte Gliederung der Klassen als noch zu grob. Von 1951 bis 1969 existierten an der Akademie zusätzlich *Sektionen.* Sie wurden schrittweise als Arbeitsgremien der Klassen gegründet und erlaubten deren weitere Feinstruktu-

[84] Zwischen 1963 und 1969 konnte die Gelehrtengesellschaft nochmals eigenständig einige spezielle kleinere Forschungsvorhaben in eigene Regie nehmen, um in solchen eine theoretisch ja noch mögliche Mitarbeit der OM aus der Bundesrepublik bei Forschungsvorhaben zumindest prinzipiell zu gewährleisten. Vgl. Statut von 1963, § 11.

[85] Die aufgeführten grundsätzlichen Entscheidungen bedurften immer, also seit 1700, der Bestätigung durch eine vorgesetzte staatliche Instanz.

[86] Die Arbeitsform Kommission nutzte die Akademie seit Beginn des 19. Jahrhunderts auf zwei Ebenen: Kommissionen existierten für die wissenschaftlichen Unternehmungen in der Regel für sehr lange Zeiträume; sie wurden ebenso für kurzfristig zu lösende Aufgaben eingesetzt (Statuten-, Beratungskommissionen u. ä.). Hier sind z. B. gemeint: *Kommission zur Gestaltung des Schulunterrichts* (1945), *Kommission für kernphysikalische Forschung* (1955), *Rat für Grundlagen der Umweltgestaltung und des Umweltschutzes* (1986).

[87] Vgl. Satzung vom 17. Juni 1954, § 22.

[88] Eine genaue Übersicht über die jeweilige Klassenstruktur gibt: Hartkopf, *Berliner Akademie,* S. 417–420.

rierung nach Fachgebieten. Da sie entsprechend dem Anspruch der Gelehrtengesellschaft, *höchste wissenschaftliche Instanz* zu sein, für das jeweilige Gebiet nicht nur die Forschung an der Akademie, sondern in der gesamten DDR koordinieren sollten, rekrutierten sie ihre Mitglieder nicht nur aus der Gelehrtengesellschaft, sondern auch aus Universitäten, den Akademieinstituten, anderen Forschungseinrichtungen, der Industrie und den Ministerien. *De jure* besaßen die Sektionen immer nur Beratungsfunktion; *de facto* konnten sie durchaus die Forschung eines Fachgebiets über ihre Empfehlungen zur Ressourcenverteilung steuern. Dabei muß allerdings berücksichtigt werden, daß die insgesamt 39 Sektionen sehr unterschiedliche Aktivitäten entfalteten.

Aber auch die Zuordnung des Forschungspotentials der Akademie zu den Klassen hatte nicht lange Bestand. Bereits in der zweiten Hälfte der 1950er Jahre eskalierten die Spannungen beim Streit um Ressourcen zwischen den Klassen so, daß zunächst die *Klasse für Mathematik, Physik und Technik* die Gründung einer neuen eigenständigen Forschungsorganisation ausdrücklich nach dem Vorbild der ehemaligen KWG vorschlug.[89] Eine solche wurde 1957 dann auch unter dem Namen *Forschungsgemeinschaft der naturwissenschaftlichen, technischen und medizinischen Institute der Deutschen Akademie der Wissenschaften zu Berlin* gegründet. Zwar suggerierte der Name nach wie vor eine enge Verbindung mit der Akademie, in Wirklichkeit bedeutete dies aber eine völlige Abspaltung von den ehemals zuständigen vier Klassen der Gelehrtengesellschaft. Das Forschungspotential wurde schrittweise dem ebenfalls 1957 gegründeten *Beirat für naturwissenschaftlich-technische Forschung und Entwicklung beim Ministerrat der DDR,* besser bekannt als *Forschungsrat der DDR,* unterstellt. Letztendlich wurde daraus ein Forschungsverbund, der durch ein Ministerium gesteuert werden sollte.

Ein ähnliches Schicksal hatten die Sektionen. Sie verblieben zwar noch einige Jahre bei den Klassen, ihre Zuständigkeit wurde aber auf die Koordinierung der Grundlagenforschung beschränkt. In den 1960er Jahren übernahm sie dann der Forschungsrat. Diese Entwicklung hatte, wie alle vorherigen, natürlich auch politische Gründe. Es ist aber erstaunlich, daß offensichtlich eine Mehrheit der Akademiemitglieder der betreffenden Fachgebiete diese Entwicklung weiteren Experimenten mit der Gelehrtengesellschaft der Akademie vorzog. Die Initiative für diese Entwicklung ging nämlich von den Naturwissenschaftlern aus, und die Politik konnte nur noch auf den fahrenden Zug aufspringen, um dann freilich fleißig mitzusteuern.

Bei den geistes- und sozialwissenschaftlichen Forschungseinrichtungen der Akademie war die Situation eine andere. Hier war die Begehrlichkeit der Politik eher noch größer. Aber einerseits akzeptierte die Politik ohnehin hier die Akademie nie generell als *höchste*

[89] SAPMO, ZPA, IV 2/9.04/372, Bl. 118–120: Hans Wittbrodt, vertraulich, an die Abteilung Wissenschaften des ZK der SED Anfang Dezember 1956: Gedanken zur weiteren Entwicklung der naturwissenschaftlich-technischen Institute der Deutschen Akademie der Wissenschaften. Beraten wurden die Vorschläge auf der Klassensitzung vom 15. November 1956. Zu den verschiedenen Varianten der Neustrukturierung der naturwissenschaftlichen Forschungen siehe auch die abgedruckten Dokumente in: WITEGA, *Geschichte der Forschungsgemeinschaft*, S. 10–39.

wissenschaftliche Instanz – das war man selbst und dazu hatte die SED eigene Partei-Institute geschaffen –, und andererseits hatte die Mehrheit der Gelehrten in den beiden geistes- und sozialwissenschaftlichen Klassen der Akademie keinerlei Interesse an einer Veränderung des Status quo. Sie verfügten auch nach internationalen Maßstäben über ein quantitativ beachtliches Forschungspotential und der Schutz der Gelehrtengesellschaft bot die Möglichkeit zu nahezu ungestörter wissenschaftlicher Arbeit. Aber auch dies war nicht von Dauer. 1964 wurden die geistes- und sozialwissenschaftlichen Forschungseinrichtungen von den Klassen getrennt und – analog zur *Forschungsgemeinschaft* von 1957 – in einer *Arbeitsgemeinschaft der gesellschaftswissenschaftlichen Institute und Einrichtungen der Deutschen Akademie der Wissenschaften zu Berlin* zusammengefaßt. Auch sie war vollständig von der Gelehrtengesellschaft getrennt. Die Zuständigkeiten für dieses Forschungspotential beanspruchten schließlich zunehmend die Gremien der SED direkt.

Die Gelehrtengesellschaft der Akademie konnte also seit den 1960er Jahren über *ihre* Institute nur noch beraten, aber nicht mehr beschließen. In der *Forschungsakademie* wurde sie eigentlich kaum noch gebraucht. In ihr reduzierte sich die Funktion der Gelehrtengesellschaft auf drei Punkte. *Erstens* garantierte sie für die Institution einen würdigen Namen, denn ohne eine Gelehrtengesellschaft hätte kaum von einer Forschungsakademie gesprochen werden können. *Zweitens* ließen sich über die Gelehrtengesellschaft über das Loyalitätsprinzip auch indirekt Ziele zum Nutzen der Forschungseinrichtungen durchsetzten, denn viele ihrer Mitglieder waren zugleich in den neuen Steuerungsgremien der Wissenschaft in führenden Positionen.[90] *Drittens* ermöglichte es die Gelehrtengesellschaft, Formen wissenschaftlicher interdisziplinärer Zusammenarbeit zu erproben. Eine sehr interessante Neuerung war z. B die Einführung von elf *problemgebundenen Klassen,* anstelle der disziplinorientierten, zwischen 1969 und 1972, z. B. die Klasse *Optimale Gestaltung der Umweltbedingungen* oder die Klasse *Kybernetische Aspekte des Arbeitsprozesses, biologischer und gesellschaftlicher Kommunikationsprozesse.* Diese Klassen sollten fortan nur für eine begrenzte Zeit bestehen und der Dynamik der Wissenschaftsentwicklung angepaßt werden. Sie sollten Akademiemitglieder verschiedener Disziplinen zusammenbringen und auch Nicht-Akademiemitglieder zur Mitarbeit heranziehen können. Dieser innovative Versuch wurde allerdings von den Mitgliedern nicht angenommen und bereits nach drei Jahren abgebrochen.[91] Ab 1973 wurden wieder ausschließlich Klassen aus benachbarten Disziplinen gebildet.

[90] Für das Jahr 1972 macht z. B. Werner Scheler folgende Angaben (in: Scheler, *Akademie der Wissenschaften,* S. 150): 60 Akademiemitglieder in wissenschaftlichen Institutionen (außer Akademie) als Präsidenten von Fachakademien, Rektoren, Institutsdirektoren; 44 im Forschungsrat der DDR (von 73 Mitgliedern), davon 14 im Vorstand (von 26 Mitgliedern), sieben als Leiter von Gruppen (von 13); 24 als Vorsitzende von wissenschaftlichen Gesellschaften, wissenschaftlichen Nationalkomitees und weiteren Gesellschaften.

[91] Das Organisationsprinzip *problemgebundener Klassen,* das in der DDR-Akademie nicht funktionierte, wurde als *Interdisziplinäre Arbeitsgruppe* eine wichtige Arbeitsform in der West-Berliner Akademie.

II. Politik und Wissenschaft in der Akademie

1. Die SED an der Akademie

Zu den Spezifika der Akademie in der DDR gehörte, daß in ihr neben den beiden Säulen Gelehrtengesellschaft und Forschungseinrichtungen mit den Parteigremien der SED noch eine dritte institutionalisierte Säule stand, die wegen ihres machtpolitischen Anspruchs und wegen der ihr zu attestierenden Wirkung berücksichtigt werden muß. Immerhin beschloß die Gelehrtengesellschaft 1968, die Akademie „arbeitet auf der Grundlage der Beschlüsse der Sozialistischen Einheitspartei Deutschlands". Ab 1969 existierte eine eigenständige hauptamtliche SED-Kreisleitung an der Akademie, deren 1. Sekretär *ex officio* Mitglied des Akademiepräsidiums war. Bereits seit Gründung einer *Zentralen Akademieparteileitung* 1960 war es üblich gewesen, daß die wichtigsten Entscheidungsträger des Akademiepräsidiums gleichzeitig dem Sekretariat der SED-Kreisleitung angehörten. Zu den Auswirkungen dieser schrittweisen Fusion von Leitungsebenen sei mit Werner Scheler ein Mann zitiert, der ab 1971 als Direktor eines Zentralinstituts und dann von 1979 bis 1990 als Präsident der Akademie und gleichzeitiges Mitglied des Zentralkomitees der SED diesen Prozeß maßgeblich mitgestaltete: „Insgesamt entstand objektiv, wie im Staat so auch in der Akademie, eine *redundante Doppelleitung*, welche die Eigenständigkeit des Präsidiums in sachlichen, organisatorischen und personellen Fragen der Akademie und der Forschung einschränkte, wobei aber der Akademieleitung die juristische Zuständigkeit und rechtliche Verantwortung voll auferlegt war. Mit diesen parteipolitischen Regelungen sollten die Befugnisse der Akademieleitung im wesentlichen auf *exekutive* Funktionen gelenkt werden."[92] Daß die SED-Gremien hierbei eine Mitbestimmung bis in den eigentlichen Forschungsprozeß hinein beanspruchten, verdeutlichen mehrere Beiträge dieses Bandes,[93] ebenso die Entscheidung, an der Akademie eine SED-Kreisleitung einzurichten, in der ein „Parteisekretär für Wissenschaft und Forschung" tätig war. Diese Einflußnahme blieb nach Scheler nicht auf die zentrale Ebene beschränkt. Wie dort „entwickelten auch die Parteileitungen der SED in den Instituten und Einrichtungen *bestimmende* Aktivitäten gegenüber den Institutsdirektoren bzw. Leitern ihrer Einrichtungen". Und er fügt hinzu: „Interessenkonflikte zwischen Partei- und staatlicher Leitung blieben indessen die Ausnahme, da die SED Wert darauf legte, möglichst hochqualifizierte Wissenschaftler, die auch mit den Gegebenheiten des Instituts vertraut waren, als Parteisekretäre zu gewinnen. Zudem waren in den letzten Jahrzehnten die Institutsdirektoren in ihrer überwiegenden Mehrzahl Mitglieder der SED."[94] Auch wer der durchaus bezweifelbaren These folgt, daß die wissenschaftliche Qualifikation bei der Auswahl der Leitungskader mit SED-Parteibuch Priorität hatte, wird nicht übersehen können, daß auf diese Weise nicht der SED angehörende Wissenschaftler und Wissenschaftlerinnen – darunter zweifellos viele sehr gut qualifizierte Personen – von den Leitungsfunktionen ausgeschlossen und von der vollen Teilnahme fern-

[92] Scheler, *Akademie der Wissenschaften*, S. 90.

[93] Vgl. die Beiträge von Peter Nötzoldt, Manfred Bierwisch und Günter Pasternak in diesem Band.

[94] Scheler, *Akademie der Wissenschaften*, S. 92.

gehalten wurden. Das mag mit erklären, warum mancher Konflikt in der Akademie gar nicht erst in Erscheinung trat. Die wissenschaftliche Leistungsfähigkeit der Akademie hat darunter zweifellos gelitten.

Der Einfluß der SED nahm sukzessive zu.[95] Er war in den verschiedenen Akademiebereichen und -instituten unterschiedlich stark. Der zunehmende Anteil von SED-Mitgliedern in verschiedenen Personalkategorien und in den verschiedenen Instituten der Akademie bietet dafür einen Anhaltspunkt.[96]

	1951	1953	1960	1967/68	1970	1984
Gelehrtengesellschaft:						
Ordentl. Mitglieder	10 %	23 %	25 %	32 %	48 %	67 %
Forschungseinrichtungen:						
Mitarbeiter gesamt	7 %	8 %	13 %	14 %	?	19 %
Wissenschaftler	?	12 %	21 %	25 %	?	34 %

Das Bild ist eindeutig, aber grob. Es bedarf der weiteren Differenzierung, wie z. B. der sehr unterschiedlich hohe SED-Anteil an den Mitgliedschaften der verschiedenen Klassen der Gelehrtengesellschaft 1968 verdeutlicht:[97]

Klasse für Mathematik, Physik und Technik	24 %
Klasse für Chemie, Geologie und Biologie	16 %
Klasse für Bergbau, Hüttenwesen und Montangeologie	14 %
Klasse für Medizin	22 %
Klasse für Sprachen, Literatur und Kunst	50 %
Klasse für Philosophie, Geschichte, Staats-, Rechts- u. Wirtschaftswissenschaften	78 %

Andererseits sind hohe Prozentzahlen von SED-Mitgliedschaften für sich allein nur begrenzt aussagekräftig, wie sich am Beispiel des *Instituts für Wirtschaftswissenschaften* zeigt. Trotz eines hohen SED-Anteils von etwa 70 Prozent bei den Wissenschaftlern, zählte das Institut in den 1960er Jahren zu den größten *Sorgenkindern* der SED-Führung. Es galt spätestens seit dem XX. Parteitag der KPdSU als ein *Hort der Aufsässigkeit.*[98] Insbesondere den in diesem Institut tätigen Akademiemitgliedern Fritz Behrens und Jürgen Kuczynski

[95] Zur SED an der Akademie bis 1968 ausführlich Nötzoldt, *Steinitz und die Akademie.*

[96] Bei den OM sind bis 1968 nur solche mit Wohnsitz oder Tätigkeit in der DDR berücksichtigt; danach konnten ohnehin nur Bürger der DDR Ordentliche Mitglieder sein. Angaben für 1951 bis 1968 aus Nötzoldt, *Steinitz und die Akademie*; für 1970 und 1984 aus Scheler, *Akademie der Wissenschaften*, S. 151.

[97] Auflistung der Ordentlichen Mitglieder in: *Jb. der DAW 1968*, S. 3–13; SED-Zugehörigkeit aus: Übersicht über Spenden von Akademiemitgliedern vom 10. Oktober 1968, AAW Berlin, NL Rompe, Nr. 123.

[98] Vgl. SAPMO, ZPA, IV A2/9.04/297: Einschätzung der ZK-Abteilung Wissenschaft vom 8. Juni 1956.

wurde die Förderung „revisionistischer" Meinungen vorgeworfen. Im übrigen gilt: Auch SED-Mitglieder an der Akademie waren – bis auf die wenigen hauptamtlichen Funktionäre – vom Grundsatz her Mitarbeiter wie andere auch. Arbeiteten sie als Wissenschaftler, verstanden sie sich in der Regel als solche und vertraten sie selbst auch Wissenschaftlerperspektiven. Von Fall zu Fall dürfte die Vermittlung zwischen den politischen Vorgaben der SED und den Wissenschaftlerinteressen und -pflichten unterschiedlich ausgefallen sein; allerdings bestand oft kein Gegensatz zwischen beiden. In den Leitungsgremien der Akademie und den Instituten – und hier fanden sich SED-Mitglieder besonders häufig – waren Politbezug und politische Abhängigkeit überdies ausgeprägter als bei den Wissenschaftlern auf den unteren Rängen der Hierarchie.

Sicher waren die Mitgliederanteile an den Beschäftigungszahlen aus diesen Gründen nicht so bedeutsam, wie im Parteiapparat geglaubt und zu Propagandazwecken betont wurde. Trotzdem läßt die folgende Übersicht, die zugleich einen Überblick über die Gliederung der Akademie nach Fachrichtungen vermitteln soll, zumindest den potentiellen Einfluß der SED an der Akademie erahnen.

Die Institute der Akademie, Mitarbeiterzahl und SED-Anteil im Jahre 1968[99]

Institute und Einrichtungen	sämtliche Mitarbeiter	SED-Anteil	davon Wissenschaftler	SED-Anteil
Akademiezentrale	485	35 %	45	78 %
Hauptbibliothek-Zentralarchiv	63	11 %	12	25 %
Akademieunternehmen	29	24 %	15	40 %
Forschungsbereich Gesellschaftswissenschaften				
Leitung des Forschungsbereichs	36	53 %	14	100 %
Inst. f. deutsche Sprache u. Literatur	200	23 %	146	30 %
Inst. f. Geschichte	155	62 %	105	80 %
Inst. f. Wirtschaftswissenschaften	118	58 %	86	71 %
Inst. f. griech.-römische. Alterskunde	70	4 %	57	5 %
Inst. f. Philosophie	58	59 %	43	77 %
Inst. f. Slawistik	55	35 %	42	41 %
Inst. f. Ur- u. Frühgeschichte	52	15 %	23	35 %
Inst. f. Wirtschaftsgeschichte	43	58 %	31	81 %
Inst. f. Orientforschung	51	33 %	44	39 %
Inst. f. sorbische Volksforschung	39	31 %	22	41 %
Inst. f. romanische Sprache u. Kultur	36	58 %	30	37 %
Inst. f. deutsche Volkskunde	41	15 %	23	26 %
Arbeitsstelle f. Kunstgeschichte	21	10 %	16	13 %
Arbeitsstelle f. angew. Linguistik	16	25 %	12	33 %

[99] Übersicht aus: Nötzoldt, *Steinitz und die Akademie*, S. 250–252.

Institute und Einrichtungen	sämtliche Mitarbeiter	SED-Anteil	davon Wissenschaftler	SED-Anteil
Arbeitsstelle f. strukturelle Grammatik	11	55 %	9	67 %
Arbeitsst. Erziehungs- u. Schulgeschichte	7	57 %	5	80 %
Arbeitsstelle für Literaturtheorie	6	67 %	3	100 %
Arbeitsstelle f. Rechtswissenschaften	4	75 %	3	100 %
Arbeitsstelle f. Heimatforschung	3	0 %	2	0 %
Sprachwissenschaftliche Dokumentation	3	0 %	3	0 %
Arbeitsstelle f. Völkerrecht	2	0 %	1	0 %
Arbeitsstelle f. Anglistik	3	0 %	3	0 %
Forschungsbereich Kosmische Physik				
Heinrich-Hertz-Institut	261	13 %	63	25 %
Arbeitsgruppe Geräte Potsdam	18	17 %	1	0 %
Karl-Schwarzschild-Observatorium	21	14 %	4	0 %
Sternwarte Babelsberg	58	14 %	19	32 %
Inst. f. Sternphysik	96	15 %	25	20 %
Geodätisches Institut	83	12 %	31	23 %
Geomagnetisches Institut	79	8 %	22	0 %
Inst. f. Geodynamik	68	15 %	17	18 %
Geotektonisches Institut	28	4 %	14	0 %
Inst. f. physikalische Hydrographie	18	0 %	7	0 %
Inst. f. Meereskunde	130	25 %	23	22 %
Forschungsbereich Mathematik und Physik				
Physikalisch-Technisches Institut	472	9 %	142	11 %
Inst. f. Gasentladungsphysik	33	15 %	10	40 %
Inst. f. Magnetohydrodynamik	24	0 %	12	0 %
II. Physikalisch-Technisches Institut	121	21 %	37	27 %
Inst. f. Optik und Spektroskopie	174	9 %	54	9 %
Inst. f. spez. Probleme der theor. Physik	10	20 %	8	25 %
Inst. f. Messtechnik u. Automatisierung	17	18 %	4	0 %
Inst. f. Regelungs- u. Steuerungstechnik	27	15 %	30	3 %
Inst. f. angew. Mathematik u. Mechanik	145	9 %	69	13 %
Inst. f. reine Mathematik	57	5 %	39	5 %
Arbeitsstelle. f. statistische Physik	12	17 %	11	18 %
Inst. f. Hochenergiephysik	184	10 %	36	33 %
Inst. f. Länderkunde	41	17 %	8	13 %
Akademie-Werkstätten	545	8 %	51	12 %

Institute und Einrichtungen	sämtliche Mitarbeiter	SED-Anteil	davon Wissenschaftler	SED-Anteil
Forschungsbereich Werkstoffwissenschaften				
Inst. f. Metallphysik u. Reinstmetalle	329	14 %	78	19 %
Inst. f. metallische Spezialwerkstoffe	279	12 %	59	17 %
Inst. f. Tieftemperaturphysik	37	5 %	12	17 %
Inst. f. Festkörperphysik u. Elektronenmikroskopie	39	0 %	10	0 %
Inst. f. magnetische Werkstoffe	63	3 %	34	6 %
Inst. f. Aufbereitung	264	11 %	30	27 %
III. Physikalisch-Technisches Institut	143	33 %	15	40 %
Forschungsbereich Kern- und Isotopentechnik				
Zentralinstitut f. Kernforschung	963	25 %	220	41 %
Inst. f. angew. Radioaktivität	102	23 %	44	34 %
Inst. f. stabile Isotope	142	14 %	50	16 %
Inst. f. angewandte Isotopenforschung	69	4 %	12	17 %
Forschungsbereich Chemie				
Zentralinstitut f. physikalische Chemie	425	13 %	151	22 %
Inst. f. organische Chemie	125	3 %	30	10 %
Inst. f. Fettchemie	100	7 %	25	16 %
Inst. f. organische Katalyseforschung	51	14 %	17	18 %
Inst. f. organische Hochpolymere	278	9 %	91	15 %
Inst. f. Verfahrenstechnik d. org. Chemie	173	21 %	83	31 %
Inst. f. Faserstoff-Forschung	360	11 %	65	15 %
Inst. f. Technologie der Fasern	136	15 %	26	15 %
Inst. f. Silikatforschung	86	4 %	18	6 %
Inst. f. anorganische Chemie	82	2 %	23	0 %
Wiss. Redaktion der chem. Zentralblätter	319	8 %	116	12 %
Forschungsstelle f. Komplexchemie	9	11 %	3	33 %
Forschungsbereich Biologie und Medizin				
Experimenteller Bereich Krebsforschung	74	3 %	17	12 %
Klinischer Bereich Krebsforschung	412	5 %	65	17 %
Inst. f. Zellphysiologie	55	6 %	18	11 %
Inst. f. Biochemie	47	0 %	14	0 %
Inst. f. kortiko-viszerale Pathologie etc.	194	8 %	54	20 %
Inst. f. Pharmakologie	50	12 %	17	24 %
Inst. f. Kreislaufforschung	37	14 %	14	36 %
Arbeitsstelle. f. Infektionskrankheiten	35	6 %	8	13 %

Inst. f. Biophysik	142	18 %	46	35 %
Inst. f. Ernährung	443	8 %	88	11 %
Inst. f. vergleichende Pathologie	70	1 %	16	6 %
Zoologische FS im Berliner Tierpark	9	11 %	3	33 %
Inst. f. Biochemie der Pflanzen	120	5 %	28	7 %
Inst. f. Kulturpflanzenforschung	569	7 %	61	13 %
Inst. f. Mikrobiologie u. exp. Therapie	724	6 %	154	5 %
Forschungsstelle f. Limnologie	19	5 %	12	8 %
	sonstige Einrichtungen			
Wiss. Gesellschaften etc. bei der DAW	58	22 %	12	75 %
AG Die Frau in der sozialist. Gesellschaft	20	65 %	14	79 %
Dienstleistungseinrichtungen	1224	14 %	4	25 %

Zu den weiteren Indikatoren für das Vordringen der SED an der Akademie zählt sicher ihre Repräsentanz in deren Entscheidungsgremien. In allen wichtigen läßt sich bereits ab 1957/58 eine SED-Dominanz feststellen: im Präsidium der Akademie, im Vorstand der *Forschungsgemeinschaft der naturwissenschaftlichen, technischen und medizinischen Institute*, an der Spitze der geistes- und sozialwissenschaftlichen Klassen, die 1963 ihre Kompetenz über die Forschungseinrichtungen an den Vorstand der *Arbeitsgemeinschaft der gesellschaftswissenschaftlichen Institute und Einrichtungen* abgeben mußten. Als 1968 wieder alle Kompetenzen auf ein neues Präsidium der nunmehrigen *Forschungsakademie* übergingen, betrug der SED-Anteil dort bereits 80 Prozent; 1989 waren schließlich 100 Prozent erreicht.[100]

Entscheidend sicherte die SED ihren wachsenden Einfluß in der Akademie, indem sie in ihr Parteistrukturen einbaute. Das gelang ihr zunächst in den 1950er Jahren nur sehr begrenzt.[101] Die im Dezember 1952 gegründete und für die Akademie zuständige Abteilung Wissenschaft und Hochschulen des ZK der SED unter Kurt Hager sprach sich zunächst gegen eine zentrale Parteiorganisation an der Akademie aus.[102] Die *führende Rolle der Partei* sollte vorrangig durch eine enge Zusammenarbeit auf höchster Ebene durchgesetzt werden – zwischen der *SED-Spitze* und *führenden Wissenschaftlern der Akademie*, was auch die *führenden Genossen Wissenschaftler* einschließen sollte. Dies funktionierte schlecht, weil die meisten *führenden Genossen Wissenschaftler*, wie auch ihre parteilosen Kollegen, selbst Anspruch auf eine führende Rolle in der Wissenschaftspolitik erhoben und dadurch mehr oder weniger in Konflikt mit den Parteiinstanzen gerieten.[103] Sie verwahrten sich ge-

[100] Vgl. hierzu und zum folgenden Nötzoldt, *Steinitz und die Akademie* und den Beitrag von Peter Nötzoldt in diesem Band sowie Scheler, *Akademie der Wissenschaften*, S. 92 und 83ff.

[101] Vgl. den Beitrag von Manfred Naumann in diesem Band.

[102] SAPMO, ZPA, IV 2/9.04/377: Beratung am 6. November 1953, Protokoll.

[103] Das trifft besonders auf Wolfgang Steinitz, Jürgen Kuczynski, Friedrich Leutwein u. a. *abweichlerische Genossen* zu, wurde aber auch Robert Rompe und Hans Frühauf vorgehalten.

gen die „Vermischung von wissenschaftlicher Tätigkeit und parteipolitischer Einwirkung", wie die Wissenschaftsabteilung des ZK beklagte, die sich ohnehin bei dieser Konstellation an den Rand gedrängt fühlte.[104] Nun favorisierte die ZK-Abteilung den Aufbau von *kompatiblen* Strukturen an der Akademie. Zunächst wurden 1957 jeweils zentrale Parteiorganisationen für die abgespaltene *Forschungsgemeinschaft der naturwissenschaftlichen, technischen und medizinischen Institute* und für die bei den Klassen verbliebenen geisteswissenschaftlichen Institute mit entsprechenden Parteileitungen geschaffen. 1960 kam es dann zur Bildung einer *Zentralen Parteileitung* für die Gesamtakademie. Auch wenn ihr offizieller Status noch *ehrenamtlich* war, wurde sie bereits immer stärker zum eigentlichen zentralen Entscheidungsgremium der Akademie. Alle grundsätzlichen Fragen (Statut, Mitgliederwahlen, Konzeptionen) wurden hier vorentschieden und erst dann den offiziellen Akademiegremien vorgelegt. 1969 entstand daraus eine hauptamtlich geführte *SED-Kreisorganisation* an der Akademie, die ihren Machtanspruch nun auch ganz sichtbar demonstrierte. Damit wurde jener am Kapitelanfang beschriebene Zustand erreicht, der in den folgenden Jahren weiter perfektioniert wurde. Der entscheidende Unterschied dieser Konstellation gegenüber jener von Anfang der 1950er Jahre war, daß nun Apparate unter eindeutigen hierarchischen Bedingungen kooperierten und ihre Machtansprüche koordinierten. Damit wurden die Entscheidungsebenen nach unten verlagert. Die früheren Kompetenzstreitigkeiten mit den *führenden Genossen Wissenschaftlern*, die eben wegen ihrer wissenschaftlichen Kompetenz das letzte Wort bei Entscheidungen beanspruchten, entfielen. Eine solche Konstellation mußte zwar nicht prinzipiell, aber faktisch doch häufig, zu fachlich weniger qualifizierten Entscheidungen und auch zu wissenschaftspolitischen Willkürentscheidungen führen.

Da für die SED-Kreisleitung an der Akademie die territoriale Unterordnung unter die zuständige SED-Bezirksleitung von Berlin nur eingeschränkt galt, konnte sie in allen akademiespezifischen Belangen auch Einfluß auf jene knappe Hälfte der Institute nehmen, die über die gesamte DDR verstreut waren.

2. Zur Tätigkeit des Ministeriums für Staatssicherheit an der Akademie

Daß auch das *Schild und Schwert der SED*, das *Ministerium für Staatssicherheit* (MfS), an der Akademie tätig war und dort über eine Außenstelle verfügte, kann nach dem Gesagten kaum verwundern. Eine zusammenfassende Einschätzung der Wirksamkeit ist allerdings bei der gegenwärtigen Quellenlage nicht möglich. Keinesfalls beschränkten sich die Aktivitäten jedoch auf die von Scheler angedeutete Tätigkeit der in den 1960er Jahren etablierten *Hauptabteilung Auswertung und Kontrolle*, deren als Mitarbeiter der Akademie getarnte Angehörige in allen Leitungsgremien der Akademie vertreten und bei allen Verhandlungen mit Partnern im In- und Ausland zugegen waren. Scheler konstatiert, daß diese Abteilung schließlich über ein dichtes „Informationsnetz innerhalb der Akademie [verfügte], so daß

[104] SAPMO, ZPA, IV 2/9.04/372: Rudi Model, Über die Lage und über offene Fragen im Bereich der DAW einschließlich der Forschungsgemeinschaft, 27. Dezember 1957.

Plenarsitzung der DAW am 24. September 1964, im Präsidium v. l. n. r.: Heinrich Grell, Günther Rienäcker, Werner Hartke (stehend), Walter Friedrich, Gustav Hertz, Hans Gummel. Robert Havemann ist auf allen veröffentlichten Reproduktionen dieser Aufnahme wegretuschiert worden.

sie über die Lage in der Akademie, über Probleme, Vorkommnisse und weitere Aktivitäten permanent zu unterrichten vermochte", daß sie ferner Einfluß auf die Auswahl der Reisekader an der Akademie nahm und „bei der Beschaffung von speziellen wissenschaftlichen Informationen oder von besonderen Geräten, Ausrüstungen und Forschungshilfsmitteln" half.[105]

Es gab zahlreiche weitere direkte Einflußmöglichkeiten des Ministeriums für Staatssicherheit auf die Akademie und ihre Institute. Wie Isolde Stark zeigt, befanden sich während der *Wendezeit* vom November 1989 bis zum Mai 1990 ironischerweise in den entscheidenden alten und neuen Führungspositionen nicht wenige Verbindungsleute des MfS. Offensichtlich war das Netz, welches das MfS über die Akademie geworfen hatte, ziemlich dicht.[106] Wie es sich im Detail entwickelt hatte, ist bisher nur an einigen Beispielen untersucht worden. Thomas Stange kommt bei seiner Untersuchung des *Instituts für Hochenergiephysik* der Akademie in Zeuthen zu dem Schluß, daß „die Aktivitäten in und um das Institut sehr intensiv waren". Bereits die Durchsicht „von relativ wenigen Akten" der ca. 180 Mitarbeiter des Instituts – allerdings wohl der Akten der Entscheidungsträger und zudem

[105] Vgl. Scheler, *Akademie der Wissenschaften*, S. 92ff.

[106] Vgl. Stark, „Runder Tisch der Akademie".

Plenarsaal der AdW am 16. November 1989. Das Plenum der Akademie der Wissenschaften der DDR beschließt, die Streichung der Mitgliedschaft des Philosophen Ernst Bloch (1885–1977) und des Physikochemikers Robert Havemann (1910–1982) aus der Mitgliederliste der Gelehrtengesellschaft rückgängig zu machen; vorn rechts: Jürgen Kuczynski

eines Instituts, das sich bis in die 1960er Jahre mit dem international hochsensiblen Gebiet der Kernphysik beschäftigte – erbrachte Hinweise „auf ca. 30 Mitarbeiter des Instituts, die zwischen 1955 und 1975 über geheimdienstliche Kontakte verfügten, was neben dem MfS das KGB sowie westliche Geheimdienste einschließt". Nach der Aktenlage ist Stange überzeugt, das z. B. alle längerfristig in den Westen delegierten Wissenschaftler vom MfS zunächst abgeklärt und dann zur Mitarbeit aufgefordert wurden. Er fand aber keine Hinweise darauf, daß „die Delegierten durch oder mit Hilfe des MfS ausgesucht wurden, noch darauf, daß ihre Zusage zur Mitarbeit entscheidend für die Erlaubnis der Delegierung war". Unbeantwortet blieb auch für den konkreten Fall dieses Instituts die „entscheidende Frage [...], welchen Einfluß die Machenschaften des MfS auf die Entscheidungsprozesse der verschiedenen Ebenen in Partei und Staat hatten". Wer wann welche Informationen erhielt und wie diese sich auswirkten, ließ sich nicht rekonstruierten.[107] Weder in dieser Studie über ein konkretes Institut noch bei den Recherchen für diesen Band ließ sich klären, wie sich die Tätigkeit des MfS auf den Forschungsbetrieb und seine Lenkung im einzelnen auswirkte; welchen Umfang von Repressionen sie auslöste, wie viele Karrieren sie zerstörte; und wie oft sie zu Verurteilungen und Haft führte. In einigen wenigen prominenten Fällen, z. B. für

[107] Vgl. Stange, *Genese*, S. 235–241, hier S. 241.

Robert Havemann, ist dies ausführlich untersucht und publiziert worden.[108] Klare Anzeichen für eine zunehmende Verselbständigung des MfS in diesem Bereich fehlen, insgesamt fungierte es als Ausführungsorgan der SED.[109]

3. Das Leitungssystem der Akademie und die Einflußmöglichkeiten von Partei und Staat

Das Zusammenspiel der drei die Akademie prägenden Bereiche Gelehrtengesellschaft, Forschungseinrichtungen und SED-Parteigremien läßt sich an den Leitungsstrukturen der Akademie verdeutlichen. Dabei ist eine grobe Periodisierung mit teils fließenden Übergängen möglich:[110]

- Bis 1957 dominierte ein *Plenarsystem.* Die Leitung der Akademie lag in den Händen von Plenum und Klassen der Gelehrtengesellschaft. Alle wichtigen Entscheidungen bedurften eines breiten Konsenses, der vom Präsidenten bzw. von den Klassensekretaren hergestellt werden mußte. Der Einfluß der SED an der Akademie war gering; die Machtposition von angesehenen *bürgerlichen* Gelehrten hingegen noch beträchtlich. Übereinkünfte zwischen Akademie, Staat und Staatspartei SED mußten auf höchster Ebene – zwischen den *führenden Wissenschaftlern* und der SED-Spitze – ausgehandelt werden. Autonome Entscheidungen der Akademie blieben so möglich.
- Zwischen 1957 und 1968 setzte sich ein *Kollegialsystem* durch. Die Akademie wurde von *Vorständen* geleitet. In den neu gegründeten und von der Gelehrtengesellschaft unabhängigen Institutsgemeinschaften, der *Forschungsgemeinschaft der naturwissenschaftlichen, technischen und medizinischen Institute der Akademie* (1957) und der *Arbeitsgemeinschaft der gesellschaftswissenschaftlichen Institute und Einrichtungen der Akademie* (1964) hießen sie direkt so. In der Gelehrtengesellschaft selbst übernahmen verschiedene Varianten von Präsidien (normale, geschäftsführende, erweiterte) diese Aufgabe. Der Einfluß der SED stieg durch sichere Mehrheiten in diesen Vorständen bzw. Präsidien beträchtlich; 1958 wurde erstmals mit Werner Hartke ein SED-Mitglied Präsident der Akademie. Absprachen zwischen diesen Gremien der Akademie, Staat und Partei wurden nun auf der Ebene *führender Genossen-Wissenschaftler* und einiger weniger zuverlässiger *Nicht-Genossen-Wissenschaftler* einerseits und den *Apparaten* für Wissenschaft und Wirtschaft des ZK der SED andererseits getroffen. Gleichzeitig erfolgte zur Unterstützung und Kontrolle der Prozesse eine deutliche Institutionalisierung der SED an der Akademie – bis hin zu einer eigenständigen SED-Kreisorganisation der Partei. Autonome Entscheidungen waren immer seltener möglich, da das Dialogprinzip mehr und mehr durch Anweisungen ersetzt wurde.

[108] Müller/Florath, *Entlassung*; Hoffmann, „Havemann".

[109] So auch Stange, *Genese*, S. 237. Zuletzt zum Themenkomplex: Buthmann, *Hochtechnologien und Staatssicherheit.*

[110] Vgl. ausführlich zu den Leitungsstrukturen Scheler, *Akademie der Wissenschaften*, S. 134ff. Scheler stellt die Zustände allerdings lediglich so dar, wie sie nach der jeweils gültigen Satzung sein sollten. Die Praxis war jedoch eine andere, wenn man den tatsächlichen Einfluß der SED in der Akademie berücksichtigt.

– Von 1969 bis 1989 herrschte offiziell ein *Präsidialsystem* nach dem Prinzip der *Einzelleitung*. Alle Entscheidungsgewalt lag formal beim Akademiepräsidenten, der, wie in der Satzung ausdrücklich formuliert, die Akademie „auf der Grundlage der Beschlüsse der Sozialistischen Einheitspartei und der Rechtsvorschriften" der DDR zu leiten hatte.[111] In praxi – und nach der Satzung von 1984 auch offiziell[112] – war dies allerdings eher ein *zentrales Kollegialsystem* für einen in verschiedene Forschungsbereiche gegliederten Forschungsverbund, der sich auch eine marginalisierte Gelehrtengesellschaft leistete und sich deshalb *Forschungsakademie* nannte. Der SED gelang es, daß schließlich alle drei Säulen der Akademie der Wissenschaften der DDR, Gelehrtengesellschaft, Forschungseinrichtungen und SED-Parteiorganisation nur noch auf dem Papier getrennt existierten und gesteuert wurden. Im *Fusionsorgan* Präsidium waren 1989 alle 23 Mitglieder auch Mitglieder der SED; von Parteiinteressen unabhängige Entscheidungen gab es nicht mehr.

III. Die Stellung der Akademie im Wissenschaftsgefüge der DDR

1. Die Akademie als *höchste wissenschaftliche Institution* und ihre Konkurrenten

Die Satzung von 1946 bezeichnete die Akademie als „höchste wissenschaftliche Institution". Vier Hauptaufgaben wurden in diesem Zusammenhang formuliert: Sie diente der Pflege der Wissenschaft und ihrer Mehrung auf dem Wege der freien Forschung, sie förderte die Verbreitung neuer Fragen und Ergebnisse der Forschung, sie pflegte den wissenschaftlichen Austausch zwischen den Nationen. „Zur Verwirklichung dieser Ziele plant, übernimmt und leitet die Akademie wissenschaftliche Arbeiten."[113] Auch die Satzung von 1954 übernahm die Formulierung „höchste wissenschaftliche Institution" und die daraus abgeleitete Aufgabenstellung. Hinzu kam die Forderung nach wissenschaftlicher Beratung durch Denkschriften und Gutachten.[114] In welchem Rahmen die Akademie die *höchste wissenschaftliche Institution* sein sollte, ließen beide Satzungen offen, was wohl auf die zunächst gesamtdeutschen Ambitionen zurückzuführen war. In der Satzung von 1963 war der Passus über die *höchste wissenschaftliche Institution* verschwunden. Die Akademie verpflichtete sich nun bei der Erfüllung ihrer Aufgaben zur engen Zusammenarbeit „mit Vertretern der Praxis und mit den zuständigen staatlichen Organen der Deutschen Demokratischen Republik". Sie war für die „Planung vor allem grundlegender, in der Deutschen Demokratischen Republik zu fördernder Forschung" zuständig. Hinzu kam die ausdrückliche Betonung einer Verantwortung für die Fortbildung des wissenschaftlichen Nachwuchses. Sie erhielt abweichend von der deutschen Akademietradition das Recht zur Verleihung akademischer Grade. Sie verpflichtete sich zugleich zur deutsch-deutschen Zusammenarbeit,

[111] Satzung vom 20. Mai 1969, § 8.
[112] Die Satzung vom 4. Juli 1984, § 26, betonte die Einzelleitung bei kollektiver Beratung.
[113] Satzung vom 31. Oktober 1946, § 1.
[114] Satzung vom 17. Juni 1954, §§ 1–3.

um „damit die Lösung der nationalen Frage zu fördern".[115] Die unter der Losung *Akademiereform* ab 1968 durchgesetzten Veränderungen sollten die Weichen endgültig stellen. Das Plenum beschoß am 25. Juli 1968 eine Grundkonzeption für die Akademie, in der es hieß: „Die DAW arbeitet auf der Grundlage der Beschlüsse der Sozialistischen Einheitspartei Deutschlands und der Regierung der DDR. [...] Der Perspektivplan für die Entwicklung der Volkswirtschaft bestimmt Ziel und Inhalt der Forschungstätigkeit in der DAW sowie die Profilierung und Konzentration ihres Forschungspotentials auf strukturbestimmende Aufgaben."[116] Die neue Satzung von 1969 formulierte dann auch klar: Die Akademie ist „eine wissenschaftliche Institution der Deutschen Demokratischen Republik. [...] Als Forschungsakademie konzentriert sie ihr Forschungspotential auf prognostisch abgeleitete, strukturbestimmende Gebiete der Natur- und Gesellschaftswissenschaften. Sie formt und fördert die Entwicklung des wissenschaftlichen Lebens in der Deutschen Demokratischen Republik, das sie im Rahmen ihrer Aufgaben vertritt."[117]

Nach dem deutschlandpolitischen Kurswechsel der Partei erfolgte die Umbenennung der Akademie in *Akademie der Wissenschaften der DDR* mit Wirkung vom 7. Oktober 1972.[118]

Wie vollzog sich die Umwandlung von der höchsten wissenschaftlichen Institution zum Ausführungsorgan einer Staatspartei? Was läßt sich auf den Machthunger und Kontrollanspruch der SED zurückführen, und welche Ursachen lagen in der überforderten Institution Akademie selbst begründet? Wie gestalteten sich dabei die Beziehungen der Akademie zu den anderen wissenschaftlichen Einrichtungen und zur Wirtschaft?

Im Grunde genommen blieb der Anspruch, „höchste wissenschaftliche Institution" zu sein, von Anfang an eine Fiktion. Zum einen stand die Akademie der universitären Ausbildung fern. Zum anderen konnte und wollte sie auch nach 1945 nicht das gesamte Forschungsspektrum abdecken. Neuen Disziplinen öffnete sie sich nur sehr zögerlich und oft erst nach Druck aus der Politik oder von den betroffenen Wissenschaftlern.[119] Alles andere als reine Grundlagenforschung lehnte sie jedenfalls anfangs ab. Für die „Verwertbarkeit und Anwendung der Ergebnisse der theoretischen Arbeit" waren ihrer Auffassung nach allein staatliche Stellen zuständig.[120] Hinzu kam das prinzipielle Mißtrauen der neuen

[115] Satzung vom 2. Mai 1963, Präambel, §§ 2, 11, 22, 33. Das Promotionsrecht erhielt sie offiziell 1964, das Recht zur Habilitation 1969. Zur Ausführung *besonderer wissenschaftlicher Arbeiten* konnte das Plenum der Akademie seit 1946 *hervorragende Gelehrte* zu *Professoren bei der Deutschen Akademie der Wissenschaften zu Berlin* wählen und von den zuständigen Behörden bestätigen lassen (§ 21 der Satzung von 1946).

[116] Vgl. Grundkonzeption und Struktur der Deutschen Akademie der Wissenschaften zu Berlin, in: Hartkopf/Wangermann, *Dokumente*, S. 544.

[117] Satzung vom 20. Mai 1969, § 1.

[118] Verordnung des Ministerrates der DDR über die Akademie der Wissenschaften der DDR vom 26. September 1972, abgedruckt in: Hartkopf/Wangermann, *Dokumente*, S. 570f.

[119] So erhielten z. B. die Montanwissenschaften 1957 eine eigene Klasse für Bergbau, Hüttenwesen und Montangelogie an der DAW, nachdem ihre Vertreter die Gründung einer eigenen Fachakademie betrieben hatten. Hierzu ausführlich: Walther, „Two to Tango".

[120] Das sei Aufgabe der *Deutschen Wirtschaftskommission für die Sowjetische Besatzungszone*, betonte der Direktor der Akademie Josef Naas im Sommer 1948. Vgl. AAW Berlin, Akademieleitung, Nr. 606.

Machthaber gegenüber den *bürgerlichen* Gelehrten. Im Parteivorstand der SED hieß es unmißverständlich: „Wir müssen [...] dieses Problem der bürgerlichen Intelligenz so ansehen, daß wir die große Masse der bürgerlichen Intellektuellen neutralisieren sollen, daß wir uns auf einige wenige Gruppen konzentrieren müssen, die wir brauchen können, die wir verdauen können [...] und die zu gewinnen auch wirklich in unseren Kräften steht."[121] Die überkommene Gelehrtengesellschaft war aus Sicht der politischen Machthaber alsbald ein Auslaufmodell. Doch in welchen Zeiträumen neue *Kader* Einfluß gewinnen würden, blieb für sie schwer einzuschätzen. Aus all diesen Gründen waren von Anfang an nicht nur Spannungen mit den Universitäten und den potentiellen Nutzern von Forschungsergebnissen vorprogrammiert, sondern es entstanden bereits seit Ende der 1940er Jahre eine Reihe anderer forschender Einrichtungen sowie forschungssteuernde Konkurrenzunternehmen.

Bei den Natur- und Technikwissenschaften hieß der Hauptkonkurrent der Akademie *Zentralamt für Forschung und Technik* (ZFT) bei der Staatlichen Plankommission der DDR. Gegründet worden war diese staatliche Einrichtung bereits 1949 als eine Abteilung der *Deutschen Wirtschaftskommission in der SBZ*. Aus letzterer ging nach der Gründung der DDR ein *Ministerium für Planung* hervor, daraus 1951 die Staatliche Plankommission mit dem ZFT. Das Amt und seine Vorgänger sollten eine zentrale Lenkung der naturwissenschaftlich-technischen Forschung in der Industrie, der Akademie, den Universitäten und den Hochschulen ermöglichen. Seine personelle Besetzung garantierte den unmittelbaren Einfluß der SED. Als Beratungsorgan war ein *Zentralrat für Wissenschaft und Technik* vorgesehen. Schon 1949 sollten in ihn 120 Mitglieder berufen werden, die „besten Wissenschaftler, Ingenieure und Aktivisten der Werktätigen".[122] Seine Gründung erfolgte schließlich 1951. Zwischen der Akademie und dem ZFT kam es sofort zu Kompetenzstreitigkeiten, die so stark eskalierten, daß die Akademieführung Ende 1951 den Ministerpräsidenten um Schlichtung bat.[123] Grund zur Besorgnis gab es genug, denn bereits Anfang des Jahres waren ohne Konsultation der Akademie zwei neue Fachakademien gegründet worden.[124] Den

[121] SAPMO, ZPA, IV 2/1/40, Bl. 215: Robert Rompe, Protokoll der 7. (21.) Tagung des Parteivorstandes der SED am 11. und 12. Februar 1948, zit. in: Kowalczuk, „Volkserhebung", S. 13.

[122] Folgende Ausschüsse beim Zentralrat waren vorgesehen: Bergbau und Metallurgie, Maschinenbau, Elektromaschinenbau und Energie, Chemie, Fernmeldetechnik, Feinwerktechnik und Optik, Leichtindustrie, Bauwesen, Land- und Forstwirtschaft, Nahrung und Genußmittel. Vgl. BA/B, DR 2, 1041.

[123] Vgl. Besprechung des Ministerpräsidenten Otto Grotewohl mit der Akademiespitze und Vertretern des ZFT am 28. November 1951, in: Manfred Heinemann, Quellenzusammenstellung für die Konferenz Hochschul- und Wissenschaftspolitik der SMAD in Gosen 1992, Bl. 201–210, und AAW Berlin, Akademieleitung, Nr. 665: Festlegungen von Grotewohl, abgedruckt in: Hartkopf/Wangermann, *Dokumente*, S. 492f.

[124] *Deutsche Bauakademie* im Dezember 1950, *Deutsche Akademie der Landwirtschaftswissenschaften* im Januar 1951. Zwar dürfte für die SED-Führung der Blick auf das sowjetische Modell ausschlaggebend gewesen sein, aber bei der Bauakademie folgte man auch preußischen Traditionen. Die 1799 gegründete Bauakademie existierte bis 1945 als Gutachtergremium. In der Sowjetunion gab es Fachakademien für Landwirtschaft, Medizin und Pädagogik.

damit gegebenen Abzug von Forschungspotential hatte sie nur zum Teil verhindern können. Die nun vom ZFT gewünschte Verlagerung von Kompetenzen und Forschungseinrichtungen des naturwissenschaftlich-technischen Bereichs weg von der Akademie mußte ernst genommen werden. Anfang der 1950er Jahre gelang es der Akademie noch, ihre führende Position zu behaupten, zumal sie nach dem Beschluß der II. Parteikonferenz der SED vom Sommer 1952 zum Aufbau des Sozialismus in der DDR auf einer Gesamtsitzung entschied, daß „die Akademie die Beteiligung am Aufbau des Sozialismus fest in die eigenen Hände nehmen und die Aufgaben so wählen soll, daß einige vor der DDR stehende Hauptaufgaben durch die Wissenschaft und insbesondere durch die Akademie erledigt werden".[125] Obwohl es gerade in der Folgezeit ständig Kritik an der Tätigkeit der Akademie gab und der Ministerrat 1955 deutliche „Empfehlungen zur weiteren Entwicklung und Verbesserung" ihrer Arbeit aussprach,[126] konnte das ZFT seine Position nicht stärken. Das ZFT war insbesondere wegen des Wirrwarrs und der Bürokratie bei der Wissenschaftsplanung – die die Wissenschaftler nicht liebten und deshalb nach Kräften sabotierten – leicht angreifbar. Dies nutzte die Akademie aus.

Erst als Wissenschaftler aus dem naturwissenschaftlich-technischen Bereich der Akademie bessere Chancen für die Förderung ihrer Disziplinen außerhalb der Zuständigkeit der Gelehrtengesellschaft sahen, veränderte sich die Situation. Wie bereits ausgeführt, entstanden 1957 die *Forschungsgemeinschaft* und der *Forschungsrat.* Letzterer übernahm nicht nur den Status der höchsten wissenschaftlichen Institution für diese Gebiete, sondern schrittweise auch die Zuständigkeit für die Forschungseinrichtungen.[127] Das ZFT wurde unter leicht verändertem Namen zunächst zum nachgeordneten Arbeitsorgan des Forschungsrates. In den ersten Jahren konnten die hochrangigen Wissenschaftler des Forschungsrates, darunter zahlreiche Akademiemitglieder,[128] weitgehend autonom die künftigen Entwicklungslinien der Forschung bestimmen. Das änderte sich aber in dem Maße sehr schnell, wie die Politik die Wissenschaft als Produktivkraft entdeckte und favorisierte. Nun kehrten sich die Verhältnisse endgültig um, es gab „zunehmend Tendenzen zu einer ‚Kommandierung' [...] der Forschung und der wissenschaftlich-technischen Arbeit".[129] Das ehemalige

[125] AAW Berlin, P 1/2: Protokoll der Sitzung des Plenums vom 13. November 1952, S. 78.

[126] Die Empfehlungen vom 18. Mai 1955 sind abgedruckt in: Hartkopf/Wangermann, *Dokumente*, S. 497–510.

[127] Die medizinische Forschung wurde gemeinsam mit dem 1959 beim Ministerium für Gesundheitswesen geschaffenen *Rat für Planung und Koordinierung der medizinischen Wissenschaft* betreut. Anfang der 1970er Jahre ging die Koordinierung der medizinischen Forschung endgültig an das Ministerium über. Vgl. den Beitrag von Günter Pasternak in diesem Band.

[128] 1957: 23 (von 44 Mitgliedern) laut Gründungsbeschluß des Ministerrates vom 6. Juni 1957 und Liste der Mitglieder des Forschungsrates veröffentlicht in: *Neue Wege*, S. 7 und 60f. und 1972: 44 Akademiemitglieder im Forschungsrat (von 73 Mitgliedern), davon 14 im Vorstand (von 26 Mitgliedern), sieben als Leiter von Gruppen (von 13). Zum Forschungsrat ausführlich auch: Tandler, *Geplante Zukunft* und Eibl, *Thiessen.*

[129] Scheler, *Akademie der Wissenschaften*, S. 49f.

ZFT wurde 1961 zu einem *Staatssekretariat für Forschung und Technik* aufgewertet, 1967 entstand daraus das *Ministerium für Wissenschaft und Technik* (MWT) der DDR. Die funktionellen Zuständigkeiten wandelten sich grundlegend. Das ursprüngliche Arbeitsorgan des Forschungsrates beanspruchte die Dominanz bei der Forschungssteuerung zunehmend selbst. Der Forschungsrat wurde zum Beratungsgremium des Ministers herabgestuft. 1982 übernahm schließlich der Minister auch den Vorsitz des Forschungsrates.

Diese Entwicklung resultierte aus der Wissenschaftspolitik der SED, die in den 1960er Jahren auf die Ökonomisierung der Wissenschaft zielte. Der Blick auf die Beziehungen zwischen der Akademie und der Wirtschaft der DDR ist damit unerläßlich. Das Ziel, das umfangreiche naturwissenschaftlich-technische Forschungspotential der Akademie mit der Wirtschaft zu verknüpfen, stand im Mittelpunkt der Reorganisationen im Inneren und im Umfeld der Akademie seit den 1950er Jahren. Dieses generell schwierige Problem wurde immer mehr zum neuralgischen Punkt jeder Bewertung der Tätigkeit der Akademie.[130] Es ließ sich nicht oder nur sehr unbefriedigend lösen, denn die „Innovationsprobleme der Industrie wurden in erster Linie durch das Wirtschaftssystem selbst verursacht, das den Betrieben zu wenig Entscheidungsspielraum beließ und zu wenig Kapazitäten für Investitionen bereitstellte". Die Strategien, mit denen die Politik die Innovationsprobleme lösen wollte, setzten aber nie an diesem eigentlichen Schwachpunkt an, sondern beinhalteten Versuche einer besseren Anpassung der Forschung (als Innovationsquelle) an die Wirtschaft. Für die Akademie hatte dies fatale Folgen, denn „die Grundlage dieser Fehlleistungen des politischen Systems war die unvollständige Ausdifferenzierung von Wirtschafts- und Wissenschaftspolitik, bei der letztere den politisch prioritären wirtschaftlichen Interessen nachgeordnet wurde".[131] Das führte nicht nur zu den oben beschriebenen Veränderungen der Stellung der Akademie im Wissenschaftsgefüge der DDR, sondern auch zu einem beträchtlichen Strukturwandel in ihrem Innern. Da die Akademie immer wieder den Mangel an Kooperationspartnern beklagte, muß das beträchtliche Forschungs- und Entwicklungspotential der Wirtschaft, das bis Ende der 1980er Jahre auf fast 100.000 Personen angewachsen war und damit etwa 70 Prozent des gesamten Forschungspotentials auf den Gebieten Natur-, Ingenieur- und Agrarwissenschaften der DDR umfaßte,[132] wohl zu einem ganz erheblichen Teil mit Arbeiten minderer Qualifikationsanforderungen beschäftigt gewesen sein. Mangels entsprechender Partner übernahm die Akademie seit den 1960er Jahren zunehmend industriespezifische Forschung selbst – und zwar von der anwendungsorientierten Grundlagenforschung bis zur Entwicklung von Produkten und Technologien; in einigen Fällen auch bis hin zur Produktion in kleinen Stückzahlen. Das geschah entweder direkt in technologisch orientierten Arbeitsgruppen von Instituten und später in speziellen Technika; 1989 existierten immerhin 37 dieser Technika oder wurden noch aufgebaut.[133] Oder es erfolgte auf der Grundlage von Kooperationsvereinbarungen mit der

[130] Vgl. hierzu die Beiträge von Renate Mayntz und Peter Nötzoldt in diesem Band.

[131] Gläser/Meske, *Anwendungsorientierung*, S. 135.

[132] Zu diesen Zahlen vgl. Scheler, *Akademie der Wissenschaften*, S. 255.

[133] Eine Übersicht der Technika gibt Scheler, *Akademie der Wissenschaften*, S. 229.

Industrie, die entweder selbst abgeschlossenen wurden oder Bestandteil von Vorgaben des MWT sein konnten. Ende der 1980er Jahre waren über fünfzig Prozent des naturwissenschaftlich-technischen Forschungspotentials der Akademie durch Vereinbarungen mit der Wirtschaft gebunden; jedoch sehr unterschiedlich in den einzelnen Instituten, so zu 80 Prozent im Institut für chemische Technologie und nur zu 10 Prozent im Zentralinstitut für Genetik und Kulturpflanzenforschung.[134]

Diese Entwicklung hat ganz erheblich zu jenem nach 1989 immer wieder kritisch konstatierten Aufblähen der Akademie beigetragen. In welcher Größenordnung eher wissenschaftsferne Aufgaben das Forschungspotential der DDR belasteten, läßt der grobe Vergleich mit der Bundesrepublik erahnen. In den in staatlich finanzierten außeruniversitären Forschungseinrichtungen der Natur-, Technik-, Agrar- und Medizinwissenschaften der DDR waren 1989 insgesamt etwa 32.500 Personen beschäftigt (davon mehr als 18.000 in den entsprechenden Akademieinstituten), während es in vergleichbaren Institutionen der viermal bevölkerungsreicheren Bundesrepublik nur etwa 47.000 waren.[135] Der Vergleich hinkt allerdings, denn er bezieht das umfangreiche Forschungspotential der privaten Wirtschaft in der Bundesrepublik nicht mit ein, zu dem es in der DDR kein wirkliches Pendant gab. Doch es wird klar, daß der vom späteren Präsidenten Hermann Klare bereits 1967 geprägte Begriff vom *Forschungskombinat* Berechtigung hatte (obwohl ein solcher mehr innere Abstimmung zwischen den Teilen unterstellt, als in der AdW je stattfand).

Welche Aufgaben verblieben unter diesen Bedingungen für die Steuerung der naturwissenschaftlich-technischen Forschung bei der ursprünglich *höchsten wissenschaftlichen Institution Akademie*? Die Gelehrtengesellschaft verlor, wie bereits erwähnt, jeden direkten Einfluß auf das bei der Akademie entstehende Forschungspotential. Allerdings sollten die neu errichteten Sektionen der Akademie im Auftrag des Forschungsrates weiterhin die gesamte Grundlagenforschung in der DDR koordinieren. Doch die Sektionen gerieten bald in ein Kompetenzgerangel mit dem Forschungsrat, zumal sich bereits die Abgrenzung von Grundlagenforschung als schwierig erwies. Schließlich ging 1967 auch diese Aufgabe an den Forschungsrat und damit das MWT über. Vier Jahre später wurde die Regelung aber wieder rückgängig gemacht – allerdings nur teilweise, weil nun die Akademie und das Ministerium für Hoch- und Fachschulwesen arbeitsteilig für die Grundlagenforschung der DDR verantwortlich waren.[136] Im Verwaltungsapparat der Akademie entstand eine von einem Vizepräsidenten geleitete große Abteilung für Forschungsplanung, doch muß man diese wohl eher als eine Außenstelle des MWT unter dem Dach einer renommierten Wissenschaftsinstitution sehen.

[134] Angaben aus: Scheler, *Akademie der Wissenschaften*, S. 307 und 319; dort auch die Tabelle zur Industriebindung der Institute.

[135] Nach Scheler, *Akademie der Wissenschaften*, S. 254. Er macht folgende Angaben: DDR: AdW = 18.285, Bauakademie = 3.334, Landwirtschaftsakademie = 8.782, andere = 2.085; BRD: Großforschungseinrichtungen = 20.461, MPG = 7.620, Fraunhofer-Gesellschaft = 3.192, Staatsinstitute = 11.606; andere = 3.388.

[136] Vgl. den Beitrag von Peter Nötzoldt in diesem Band.

Auch im Bereich der Geistes- und Sozialwissenschaften bekam die Akademie bereits seit Beginn der 1950er Jahre mächtige Konkurrenten, da die SED selbst ein quantitativ beachtliches Forschungspotential in einigen *Kernbereichen* der Gesellschaftswissenschaften aufgebaut hatte. Dieser *parteiinterne Wissenschaftsbereich* war weit größer, als es für den parteipolitischen Bedarf erforderlich gewesen wäre. Es war so dimensioniert, „daß es ausreichte, um die gesellschaftswissenschaftliche Forschung in der DDR in den politik- und ideologierelevanten Bereichen thematisch zu steuern".[137] Als die zentrale Forschungs- und Ausbildungsinstitution der Staatspartei fungierte die *Akademie für Gesellschaftswissenschaften beim ZK der SED.* Im Dezember 1951 als *Institut für Gesellschaftswissenschaften beim ZK* gegründet und als solches bereits 1953 mit dem Promotions- und Habilitationsrecht ausgestattet, 1976 in Akademie umbenannt, verfügte sie in den 1980er Jahre über acht Forschungsinstitute mit ca. 1.000 Mitarbeitern.[138] Daneben existierten, jeweils mit dem Zusatz *beim ZK der SED*, bereits seit 1949 das *Institut für Marxismus-Leninismus*[139], seit 1965 das *Zentralinstitut für sozialistische Wirtschaftsführung*[140] und von 1964 bis 1968 das *Institut für Meinungsforschung*[141]. Berücksichtigt man noch die stärker ausbildungsorientierten SED-Institute (z. B. die Parteihochschule „Karl Marx"), so umfaßten diese Einrichtungen Ende der 1980er Jahre zusammen etwa 40 Prozent des personellen Forschungspotentials auf dem Gebiet der Geistes- und Sozialwissenschaften der DDR. Bei der Akademie hingegen waren nur 17 bis 18 Prozent angesiedelt; der Rest gehörte zum größten Teil zu den Universitäten und Hochschulen.[142] Die Akademie war also in den Geistes- und Sozialwissenschaften nur ein Akteur unter anderen, und dabei sicherlich nicht der mächtigste.

Höchste wissenschaftliche Institution konnte die Akademie also von vornherein bestenfalls für ihr eigenes Forschungspotential und für das an den Universitäten sein, letzteres auch nur über ihre Sektionen, z. B. für Gebiete wie die Völkerkunde, die deutsche Volkskunde oder die Altertumswissenschaften. Anders als im naturwissenschaftlich-technischen Bereich wurde diese Position von den Gelehrten der Akademie hier zäh verteidigt. Es gab keinerlei Bestrebungen, das Dach der Akademie zu verlassen. Im Gegenteil: Neugründungen wurden ausdrücklich an der Akademie plaziert, um von deren Renommee profitieren zu können: jedenfalls aus der Sicht der Wissenschaftler, teilweise auch der Politiker. So entstand z. B. 1956 das *Institut für Geschichte* an der Akademie. Dieses Institut ging aus den Forschungsstäben des Museums für Deutsche Geschichte, einem parteinahen Projekt, hervor.[143]

Allerdings verzichtete die SED-Führung und ihr Parteiapparat auch bei den Akademieinstituten nie auf den eigenen Führungsanspruch – Ausnahmen bildeten lediglich Gebiete

[137] Laitko, „Wissenschaftspolitik", S. 419f.

[138] Vgl. *Akademie für Gesellschaftswissenschaften.*

[139] Vgl. *Vierzig Jahre Institut für Marxismus-Leninismus.*

[140] Vgl. Pirker, *Plan als Befehl und Fiktion*, S. 255ff., sowie Fischer/Zschaler, „Wirtschafts- und Sozialgeschichte", S. 361ff.

[141] Vgl. Niemann, *Meinungsforschung.*

[142] Zahlenangaben aus: Scheler, *Akademie der Wissenschaften*, S. 253.

[143] Vgl. dazu Sabrow, *Diktat des Konsenses.*

wie die klassischen Altertumswissenschaften oder einige traditionelle Akademievorhaben. Selbst prominente SED-Genossen unter den Akademiemitgliedern, wie der Wirtschaftshistoriker Jürgen Kuczynski oder der Linguist und Ethnograph Wolfgang Steinitz, die zunächst glaubten, daß sich die politischen Führer von ihnen wenigstens auf ihren Fachgebieten führen lassen würden, mußten früh erkennen, daß sie sich irrten. Anfang der 1960er Jahren machte die SED-Führung unmißverständlich klar, daß die „Hauptorientierung" bei den Geistes- und Sozialwissenschaften künftig von der Partei kommen würde. Der Forschungsplanung der Institute müßten „die bestätigten Pläne der Parteiführung" zugrunde gelegt werden.[144] Um dies durchsetzen zu können, wurden 1964 auch hier den Klassen die Zuständigkeit für die Forschungseinrichtungen entzogen und die bereits erwähnte *Arbeitsgemeinschaft der gesellschaftswissenschaftlichen Institute und Einrichtungen der DAW* gegründet, die allerdings wenig Wirkung entfaltete. Ab Oktober 1968 wurden schließlich die vom Politbüro der SED beschlossenen *Zentralen Forschungspläne der Gesellschaftswissenschaften der DDR* zur verbindlichen Arbeitsgrundlage für die Forschung erklärt. Wie bei den Natur- und Technikwissenschaften mußte nun auch hier ein Auftraggeber für die einzelnen Forschungsvorhaben existieren. 1969 fungierten als solche zu 64 Prozent die Institute beim ZK der SED und zu 10 Prozent zentrale staatliche Organe.[145]

Die Akademie verlor also auf dem Gebiet der Forschungsförderung und -koordinierung zumindest teilweise bis zum Ende der 1960er Jahre die von ihr ursprünglich angestrebte Monopolstellung an mehrere Staats- und Parteiinstanzen.

2. Das Verhältnis zwischen der Akademie und den Universitäten und Hochschulen[146]

Verbindliche Beziehungen hatte es zwischen der Preußischen Akademie und den Berliner Hochschuleinrichtungen bis 1945 nur in einer Frage gegeben: Die Ordentlichen Mitglieder der Akademie besaßen das verbriefte Recht, an der Friedrich-Wilhelms-Universität und an der Technischen Hochschule als *Lesende Akademiemitglieder* Vorlesungen zu halten, ein Recht, das die Akademiemitglieder, sofern sie nicht ohnehin Hochschulangehörige waren, auch sporadisch nutzten. Bereits die Satzung von 1946 enthielt diesen Passus jedoch nicht mehr.[147] Akademiemitglieder waren seit diesem Zeitpunkt nur noch dann mit den Hochschulen verbunden, wenn sie dort ohnehin eine Professur innehatten. Das war zunächst die Regel und galt noch 1953 für über 90 Prozent der Ordentlichen Mitglieder. Auch die neuen Forschungseinrichtungen der Akademie wurden zunächst überwiegend

[144] SAPMO ZPA, IV 2/9.04/372: Kurt Hager, Diskussion über den Entwurf des Beschlusses „Die Rolle, die Aufgaben und die weitere Entwicklung der Deutschen Akademie der Wissenschaften zu Berlin in der DDR" am 22. Juni 1962, hier Bl. 395, 398 und 403–404.

[145] Eine Übersicht über die Schwerpunktthemen der Zentralen Forschungspläne bis 1990 gibt Scheler, *Akademie der Wissenschaften*, S. 193–203, Zahlenangaben S. 306.

[146] Vgl. hierzu den Beitrag von Ralph Jessen in diesem Band.

[147] Vgl. Satzung vom 8. Juni 1939, § 13, in: *Jb. der PAW 1939*, S. 12. Allerdings hielt man damit 1946 alliiertes Besatzungsrecht ein, das einen solchen Automatismus nicht gestattete.

von Universitätsprofessoren in Personalunion geleitet. Dies änderte sich in dem Maße, in dem die Akademieinstitute die einzige Arbeitsstätte ihrer Direktoren wurden. Das traf 1953 für neun Prozent, 1972 für 42 Prozent und 1989 für 64 Prozent der Ordentlichen Mitglieder zu.[148] Universität und Gelehrtengesellschaft der Akademie entwickelten sich also immer weiter auseinander. Gleichwohl bestand zwischen den Forschungsinstituten der Akademie und den Hochschulen immer auch Kooperation in Lehre und Forschung. In der Regel übernahmen Wissenschaftler der Akademie Lehraufgaben an den Hochschulen und Universitäten, und Studenten konnten für ihre Graduierungsarbeiten in Akademieinstituten forschen. Wie weit diese Kooperation tatsächlich reichte, läßt sich gegenwärtig nicht ausreichend quantifizieren.[149]

Die Forschungseinrichtungen der Akademie boten vor allem den Absolventen der Hochschulen gute Arbeitsmöglichkeiten. Der meist große Andrang erlaubte es den Direktoren von Akademieinstituten, in der Regel unter den besten Kandidaten auswählen zu können. Die politischen Restriktionen für die Auswahl waren an der Akademie meist deutlich geringer als an den Hochschulen, wo neben der Ausbildung auch die *sozialistische Erziehung* der Studenten erfolgen sollte. Dies wiederum bewirkte, daß der SED-Anteil unter den Akademiemitarbeitern nur ungefähr halb so groß war wie an den Hochschulen.[150] Das ermöglichte die in mehreren Beiträgen dieses Bandes ausdrücklich hervorgehobene *Nischenfunktion* der Akademie. Kurzum, die Akademieinstitute boten für Hochschulabsolventen die besten Arbeitsbedingungen in der DDR und waren entsprechend beliebt.

Die besseren Forschungsmöglichkeiten, die reichere Ausstattung und der geringere politische Druck innerhalb der Akademie trübten jedoch das Verhältnis zwischen der Akademie und den Hochschulen zunehmend. Bereits Anfang der 1960er Jahre mußte Akademiepräsident Hartke von einer „erheblichen Eifersucht seitens der Universitätsangehörigen gegenüber den Wissenschaftlern der Akademie" sprechen. Der „Neid auf die phantastische Ausstattung der DAW-Institute, auf die besseren Tarife, auf die Bevorzugung bei Auslandsreisen" war in den Hochschulen weit verbreitet. Wer konnte, wechselte zur Akademie; wer

[148] Vgl. den Beitrag von Conrad Grau in diesem Band. Für 1953 wurden nur OM mit einer Anstellung in der DDR und Ost-Berlin berücksichtigt.

[149] Zahlen existieren für die Forschungsgemeinschaft der naturwissenschaftlichen, technischen und medizinischen Institute der Akademie im Jahr 1964: ca. 10 Prozent ihrer Wissenschaftler waren zusätzlich in der Lehre tätig, 178 Studenten forschten für ihre Diplomarbeit in den Instituten. Angaben aus: AAW Berlin, VA 13673: Die wichtigsten wissenschaftlichen Leistungen und die volkswirtschaftliche Wirksamkeit der Forschungsgemeinschaft 1957–1964, S. 3.

[150] Ein Vergleich mit Zahlenangaben von Ralph Jessen für das Hochschulwesen ist nur eingeschränkt möglich, da die Zuordnungsbasis zu unterschiedlich ist. Vergleicht man aber z. B. den gesamten geisteswissenschaftlichen Bereich der Akademie mit Jessens Angaben für „Philosophische Fakultät/WiWi/Jur./Gewi/ML" und verzichtet auf die an der Akademie nicht existierende Pädagogik, so ergibt sich ein SED-Anteil von 62,5 % (1954 für die Hochschulen) – 30,5 % (1957 für die Akademie) – 38,5 % (1962 für die Akademie) – 76,1 % (1965 für die Hochschulen) – 45,2 % (1967 für die Akademie). Angaben zu den Hochschulen aus: Jessen, „Professoren im Sozialismus", S. 225–228 und 241f. Angaben zur Akademie: SAPMO ZPA, IV 2/9.04/372, Bl. 159 und IV 2/9.04/380, Bl. 406.

genug Einfluß besaß, versuchte ein Akademieinstitut zu gründen. „Pfründe, die man sich bei der Akademie schaffen muß", spornten zur Kreativität an und bewirkten Gegenmaßnahmen bei den Hochschulen, die nicht auf der „Lehre sitzen" bleiben und „damit zur Klippschule entarten" wollten. In Leipzig beschloß die naturwissenschaftliche Fakultät, „daß die DAW-Institute keine Diplomanden [mehr] erhalten" sollten. An der Berliner Charité stand die Drohung im Raum, keine Promotions- und Habilitationsgesuche aus Akademieinstituten mehr anzunehmen – das Promotionsrecht erhielt die Akademie erst später.[151] Die Eskalation dieser Spannungen führte schließlich zu einer vertraglichen Regelung der Beziehungen. Am 13. Juli 1962 kam es erstmals zum Abschluß einer Vereinbarung über die Zusammenarbeit zwischen der Forschungsgemeinschaft der Akademie und dem Staatssekretariat für das Hoch- und Fachschulwesen. Sie wurde in der Folgezeit mehrfach konkretisiert und durch Einzelabkommen mit Hochschulen ergänzt.[152] Daß die Spannungen jedoch nie behoben werden konnten, verdeutlicht ihr explosives Ausbrechen in den Wendejahren 1989/90. Sie scheinen aber in den letzten Jahrzehnten der DDR weniger thematisiert worden zu sein, wofür sich folgende Gründe anführen lassen: *Erstens* erzwangen die politisch forcierte Ökonomisierung der Forschung seit den 1960er Jahren und die damit verbundene Durchsetzung der zentralen staatlichen Planung und Leitung eine Kooperation zwischen der Akademie und den Hochschulen. *Zweitens* erledigte sich der Streit um die bessere apparative Ausstattung z. T. so, wie es Akademiepräsident Hartke bereits 1961 befürchtet hatte, nämlich, daß „mit dem rasanten technischen Fortschritt bei uns in beiden Bereichen nicht mehr mitgehalten" werden konnte.[153] *Drittens* verloren die Hochschulen ihr wichtigstes Druckmittel gegenüber der Akademie, da diese 1964 das Promotionsrecht und 1969 eine Art Habilitationsrecht erhielt.[154] *Viertens* konnte sich seit den 1970er Jahren auch an den Hochschulen wieder verstärkt Forschung etablieren. Dies wurde zwar in den Wendejahren 1989/90 oft anders dargestellt, ist aber heute unumstritten.[155] Vergleichsangaben zu den Beschäftigten in beiden Bereichen sind zwar problematisch, da sie die enormen Unterschiede in der Lehrbelastung nicht berücksichtigen, doch nicht ohne Aussagekraft: 1989 waren im Bereich der Natur- und Technikwissenschaften etwa gleich viele

[151] AAW Berlin, NL Rompe, Nr. 52: Alfred Büchner, Einige Bemerkungen zum Verhältnis zwischen Universitäts- und Akademieinstituten des naturwissenschaftlichen Bereichs, für den Klassenvorsitzenden am 19. Januar 1961 und AAW Berlin, NL Rompe, Nr. 27: Werner Hartke, Das Verhältnis der Akademie zu den Hochschulen, streng vertraulich, vom 24. April 1961.

[152] Vertragspartner seitens der Akademie war allerdings nur die Forschungsgemeinschaft der naturwissenschaftlichen, technischen und medizinischen Institute. Vgl. Scheler, *Akademie der Wissenschaften*, S. 284f.

[153] AAW Berlin, NL Rompe, Nr. 27: Werner Hartke, Das Verhältnis der Akademie zu den Hochschulen, streng vertraulich, vom 24. April 1961, S. 8.

[154] Vgl. Beschlüsse und Mitteilungen der DAW, Jg. 6 (1965), Heft 1, S. 1. Die „Promotion B" in der DDR war allerdings nicht nur eine semantische Neubildung, sondern auch sachlich etwas anderes als die Habilitation, da sie nur die Forschungsleistung bescheinigte, nicht aber die Lehrbefähigung; die venia legendi mußte gesondert erworben werden.

[155] Vgl. ausführlich Kocka/Mayntz, *Wissenschaft und Wiedervereinigung*.

Wissenschaftler in den Instituten der Akademie wie in den Hoch- und Fachschulen tätig, jeweils ca. 7.800. Bei den Geistes- und Sozialwissenschaften verfügten die Hoch- und Fachschulen fast über die doppelte Zahl von Mitarbeitern, nämlich ca. 2.600, im Vergleich zu ca. 1.450 in den Akademieinstituten.[156]

3. Die Beziehungen zu anderen Akademien

In der DDR existierten neben der Berliner Akademie noch zwei weitere Akademien mit einer langen Tradition: die bereits 1652 gegründete und damit älteste der deutschen Akademien, die *Deutsche Akademie der Naturforscher Leopoldina*, die in Halle/Saale residierte und die 1846 entstandene *Sächsische Akademie der Wissenschaften zu Leipzig*. Nach der Gründung der DDR kamen, teils nach sowjetischem Vorbild, Fachakademien für Bau (1950), für Landwirtschaft (1951) und für Pädagogik (1970) hinzu. Die Bauakademie und die Landwirtschaftsakademie entstanden z. T. unmittelbar aus der Akademie heraus. Zwischen diesen Einrichtungen gab es nicht nur mehr oder weniger konkrete Beziehungen, sondern auch eine politisch gewollte Aufgabenteilung.

Vertragliche Beziehungen oder gar eine verwaltungsmäßige Angliederung zwischen der Leopoldina und der Berliner Akademie gab es nie. Beide Institutionen waren allerdings durch viele gemeinsame Mitglieder verbunden. Nach der offiziellen Wiedereröffnung der Leopoldina zum 300. Jahrestag ihrer Gründung 1952 gehörten z. B. von den vier Präsidenten bis zum Ende der deutschen Teilung drei zugleich auch als Mitglieder und Institutsdirektoren der Berliner Akademie an. Ohne Zweifel ist es ihnen ganz wesentlich zu verdanken, daß die Leopoldina, anders als die Akademie in Berlin, an ihrer Tradition festhalten und den Versuchen einer Umgestaltung in Richtung einer parteiabhängigen Einrichtung widerstehen konnte.[157] Es gab allerdings auch einige weitere objektive Faktoren, die die Leopoldina resistenter machten als die Akademie: *Erstens* funktionierte ihr Schutzschild wesentlich besser. Die Leopoldina war schon immer eine internationale Gelehrtengesellschaft gewesen, deren Einzugsgebiet den gesamten deutschsprachigen Raum umfaßte. Auch während der Zeit der deutschen Teilung kamen von den knapp 1000 Mitgliedern gut 600 aus der Bundesrepublik. Sie beteiligten sich aktiv am Akademieleben (Jahrestagungen) und stellten stets den Vizepräsidenten. Die westdeutschen Mitglieder wären auch bereit gewesen, der Leopoldina notfalls eine Heimstatt am Gründungsort, dem fränkischen Schweinfurt, zu bieten – worauf gelegentlich dezent hingewiesen wurde. *Zweitens* war eine Umgestaltung der Leopoldina für die Politiker der DDR von geringem Interesse. Sie war weder mit der Ausbildung von Studenten betraut, noch verfügte sie über Forschungsinstitute. Sie fungierte in erster Linie als Informationsbörse und schien daher sogar entbehrlich, wie bisweilen erwogene Vorschläge zu ihrer Auflösung zeigten.[158] *Drittens* ließ sich die Leopoldina durchaus ins Wissenschaftskonzept der SED einpassen. Sie konnte in den 1950er Jah-

[156] Zahlenangaben aus Scheler, *Akademie der Wissenschaften*, S. 252, Tabelle 5.18 und S. 253, Abb. 5.6.

[157] Vgl. den Beitrag von Benno Parthier und Sybille Gerstengarbe in diesem Band sowie Macrakis, „Einheit der Wissenschaft".

[158] Vgl. Macrakis, „Einheit der Wissenschaft", S. 152.

ren propagandistisch als Beleg für die Fürsorge der Partei für Wissenschaft und Technik und den Einsatz der DDR für die deutsche Einheit dienen.[159] Nachdem die SED seit den 1960er Jahren zur Zwei-Staaten-Theorie übergegangen war, versuchten Kurt Hager und sein Stab allerdings vergeblich, die Leopoldina als eine internationale wissenschaftliche Gesellschaft mit Sitz in der DDR zu profilieren, also bewußt von dem Typus der Gelehrtengesellschaft mit Mitgliedern aus vorrangig deutschsprachigen Ländern abzurücken.[160]

Auch die Sächsische Akademie der Wissenschaften, eine Gelehrtenvereinigung, die einige wenige Langzeitprojekte betrieb, paßte eigentlich schlecht in das Konzept einer zentralen Wissenschaftssteuerung. Mehrere Gründe sprachen jedoch für ihren Erhalt. Sie konnte auf mehr als 100 Jahre Tradition verweisen und sich insbesondere auf die Professorenschaft der Universität Leipzig stützen, die bis in die 1960er Jahre die attraktivste Universität in der DDR blieb. Sie bündelte die intellektuelle Kompetenz der Südbezirke der DDR und diente schließlich als sächsische Traditionslinie neben dem preußischen Berlin. All das festigte die Stellung der Sächsischen Akademie. Zudem war sie, anders als die Leopoldina, Mitglied im Kartell der deutschsprachigen Akademien. Ihre Stimme hatte dort Gewicht, zumal ihr rühriger Präsident, der Altgermanist Theodor Frings (1886–1968), in beiden deutschen Staaten ein hohes Ansehen genoß. Die beiden Akademien in der DDR konnten außerdem leichter einen der beiden für *Deutschland* reservierten Sitze in der internationalen Vereinigung der Akademien der Wissenschaften beanspruchen: Berlin und Leipzig zählten zusammen mehr gegen Göttingen, München, Heidelberg und Mainz als Berlin allein. So blieb die Sächsische Akademie eine traditionelle Gelehrtengesellschaft, die einige geisteswissenschaftliche Unternehmungen allein oder gemeinsam mit anderen Akademien betrieb. Verwaltungsmäßig wurde sie jedoch Anfang der 1980er Jahre der Berliner Akademie zugeordnet. Ihr Präsident war dort qua Statut einer der vier oder fünf Vizepräsidenten, um die Interessen der Sächsischen Akademie zu vertreten.

Die Fachakademien für Landwirtschaft, Bau und Pädagogik unterstanden den entsprechenden Fachministerien. Die *Bauakademie* wurde im Dezember 1950 gegründet und erhielt als Forschungsbasis das 1947 gegründete *Institut für Bauwesen* der Akademie. Diese Trennung verlief problemlos; in Preußen existierten bereits seit 1799 Vorläufer der Bauakademie. Außerdem gab es in der Akademie kein für Architektur oder Bauwesen zuständiges Ordentliches Mitglied, dessen Interessen möglicherweise hätten verletzt werden können.

Anders verhielt es sich mit der *Akademie der Landwirtschaftswissenschaften*, die im Januar 1951 gegründet worden war, obwohl Walter Ulbricht noch im Sommer 1950 der Akademie die Gründung eines Instituts für Landwirtschaftswissenschaften zugesagt hatte. Die Akademie protestierte heftig gegen die Neugründung, mußte sich aber mit einem Teilerfolg begnügen: Ihre erst 1949 gegründete Klasse für landwirtschaftliche Wissenschaften wurde aufgelöst, ihre Mitglieder auf die anderen naturwissenschaftlichen Klassen verteilt. Die beiden bereits existierenden landwirtschaftlichen Forschungsinstitute verblieben je-

[159] Glückwunschschreiben des Ministerpräsidenten zur 300-Jahrfeier der Leopoldina, in: *Neues Deutschland* vom 16. Februar 1952.

[160] Vgl. Macrakis, „Einheit der Wissenschaft", S. 158ff.

doch bei der Akademie: das *Institut für Kulturpflanzenforschung* in Gatersleben, ein seit 1944 von Hans Stubbe geleitetes ehemaliges Kaiser-Wilhelm-Institut, behielt bis zur Auflösung der DDR-Akademie den Status eines Akademieinstituts, während das *Institut zur Steigerung der Pflanzenerträge* in Paulinenaue 1957 nach dem Tod seines Direktors Eilhard Mitscherlich der Landwirtschaftsakademie übergeben wurde.

Die seit den 1950er Jahren mehrfach thematisierte Gründung zweier weiterer Fachakademien für Montanwissenschaften und für Medizin konnte die Akademie erfolgreich verhindern.[161]

Ohne Zutun der Akademie entstand schließlich 1970 die *Akademie der Pädagogischen Wissenschaften.*

Während die Bauakademie eine preußische Tradition aufnahm, entsprach die Gründung der Akademie für Landwirtschaftswissenschaften wohl am deutlichsten dem sowjetischen Vorbild, der *Allunions-Akademie für Landwirtschaftswissenschaften „W. I. Lenin"*. Dagegen stand der Verzicht auf die mehrmals angekündigte Gründung einer Akademie für medizinische Wissenschaften nach sowjetischem Vorbild; seit 1934 existierte in Moskau eine derartige Akademie mit Forschungsabteilungen.

Mit allen drei bestehenden Fachakademien war die Akademie durch gemeinsame Mitglieder verknüpft. Kooperationsvereinbarungen zur Forschung existierten nur mit der Landwirtschafts- und der Bauakademie. Welches Potential die drei Fachakademien im Vergleich zur Akademie bündelten, verdeutlicht die Anzahl der Beschäftigten in den Forschungseinrichtungen. Ende der 1980er Jahre verfügte die Bauakademie über 3554 Mitarbeiter (ca. 18 Prozent des Potentials der Akademie), die Landwirtschaftsakademie über 9126 Mitarbeiter (46 Prozent) und die Akademie der Pädagogischen Wissenschaften über 279 Mitarbeiter (1,4 Prozent).[162]

IV. Die Akademie im System der deutsch-deutschen Spannungen und Kooperation

Für die Akademie war dieses Spannungsfeld in dreierlei Hinsicht von Bedeutung. *Erstens* verstand sie sich bis 1969 als eine gesamtdeutsche Institution, weil bis dahin Gelehrte aus ganz Deutschland in ihr Ordentliche Mitglieder sein konnten. *Zweitens* wurde die traditionelle Zusammenarbeit der deutschsprachigen Wissenschaftsakademien in Berlin, Göttingen, Heidelberg, Leipzig, München und Wien, dann auch Mainz und Düsseldorf, fortgeführt und vor allem in den 1950er Jahren intensiviert; es gab gemeinsame Forschungsvorhaben und die deutschen Akademien vertraten auch gemeinsam *Deutschland* in den internationalen Gremien. *Drittens* bediente die Berliner Akademie in der DDR auch jenes Spektrum von Aufgaben, das in der Bundesrepublik in die Zuständigkeit der *Max-Planck-Gesellschaft*

[161] Vgl. zu den Montanwissenschaften: Walther, „Two to Tango", und zur Medizin den Beitrag von Günter Pasternak in diesem Band.

[162] Zahlenangaben aus: Scheler, *Akademie der Wissenschaften*, S. 252 und 254.

(MPG) und der *Deutschen Forschungsgemeinschaft* (DFG) fiel, was gelegentlich zu Konflikten führte, aber auch Zusammenarbeit möglich machte.

1. Die gesamtdeutsche Akademie

Als *gesamtdeutsch* galt die Akademie, weil sich die Wohnsitze ihrer Ordentlichen Mitglieder nach 1945 in allen vier Besatzungszonen Deutschlands und in den vier Sektoren Berlins befanden. Hinzu kam, daß einige ihrer traditionellen wissenschaftlichen Unternehmungen auch in einem gesamtdeutschen Rahmen fortgeführt wurden. Beides hatte nicht etwa konzeptionelle Gründe, sondern war das Ergebnis von Migrationsströmen. Schon bis Kriegsende 1945 hatten etwa Dreiviertel der 69 Ordentliche Mitglieder Berlin den Rücken gekehrt; lediglich neun kamen zurück. In den ersten beiden Nachkriegsjahrzehnten verließen mindesten 33 weitere Ordentliche Mitglieder den Osten Deutschlands. Im gleichen Zeitraum wurden aber nur fünf Wissenschaftler aus dem Westen zugewählt.[163] Trotzdem blieb der Anteil der Ordentlichen Mitglieder aus der Bundesrepublik und West-Berlin recht beträchtlich: 1951 lebte etwa die Hälfte aller Ordentlichen Mitglieder dort und 1968 immerhin noch etwa 15 Prozent. Auch wenn *in praxi* sich nur wenige dieser Mitglieder am Akademieleben beteiligten – also an Sitzungen teilnahmen oder in Forschungsvorhaben mitwirkten – war der gesamtdeutsche Status für das Renommee und den Schutz der Akademie sowie für den Zugang zur *scientific community* außerhalb der DDR von großer Bedeutung. Für die Politik hatte er allerdings nur solange eine Berechtigung, wie er ins deutschlandpolitische Konzept der sowjetischen Besatzungsmacht und dann der SED paßte. Vor allem die Besatzungsmacht versuchte die entstandene Konstellation zu nutzen, um die *gesamtdeutsche Akademie* in den ersten Nachkriegsjahren zu einer *Deutschen Nationalakademie* auszubauen. Die Reaktion der Akademiemitglieder war zwiespältig. Einerseits wurden solche Ansprüche offiziell dementiert. Andererseits war der Berliner Akademie schon immer die Rolle des *primus inter pares* von den deutschen Akademien zugestanden worden, und spätestens 1929 hatte sie auch ihre Ausdehnung auf das gesamte Reich anvisiert. Trotz aller Dementis aus Berlin befürchteten die anderen Akademien der Wissenschaften und wohl auch die KWG zu Recht, daß die in Berlin wirkenden Akademiemitglieder nicht nur aus edler Verantwortung handelten. Sie beabsichtigten vielmehr auch, die Gunst der Stunde zu nutzen, um die Position der Akademie zu stärken, indem sie ganz offiziell Anspruch auf die Funktion zweier bisher auf der Ebene des Reiches tätigen Institutionen erhoben – der Notgemeinschaft und der KWG. Das Scheitern des Vorhabens *Nationalakademie* wurde oben ausführlich behandelt.

Mit den Resten ihrer gesamtdeutschen Verankerung blieb die Akademie nicht nur für die Wissenschaftler, sondern auch für die Politik nützlich, sogar noch nach dem Mauerbau 1961. Zum Beispiel traf das Ansinnen von Akademiepräsident Hartke im Herbst 1961, die Akademie zur *Nationalakademie der DDR* umzugestalten und nur deren Bürger zur Mitarbeit zuzulassen, auf Ulbrichts Widerspruch. Gerade jetzt schien es ihm wichtig, daß die

[163] Vgl. S. 385, Anm. 51 sowie die Angaben in den einzelnen *Jahrbüchern* der Akademie.

Akademie weiterhin eine gewisse Offenheit in Richtung Westen signalisierte. Erst das Statut von 1969 bestimmte, daß zu Ordentlichen und Korrespondierenden Mitgliedern „nur Staatsbürger der DDR“ gewählt werden konnten.[164] In peinlicher Analogie zum Statut von 1939, das erstmals die stimmberechtigte ordentliche Mitgliedschaft auf „Reichsbürger“ beschränkte,[165] war damit die Möglichkeit geschaffen, die bis dato 30 westdeutschen und West-Berliner Ordentlichen Mitglieder zu Auswärtigen Mitgliedern ohne Stimmrecht zu erklären und die Idee einer *gesamtdeutschen* Akademie endgültig *ad acta* zu legen.[166]

2. Die Beziehungen zum Kartell der deutschsprachigen Akademien der Wissenschaften[167]

Wegen der Berliner Ambitionen in Richtung *Nationalakademie* und des damit gekoppelten Ausbaus war das Verhältnis zu den Akademien in Göttingen, Heidelberg und München in den ersten Nachkriegsjahren äußerst gespannt, zumal diese permanent von finanziellen Sorgen geplagt wurden. Daran konnten auch die ab Herbst 1946 wieder stattfindenden Besprechungen der Akademiepräsidenten wenig ändern. Zudem blieb der einsetzende Kalte Krieg nicht ohne Wirkung. 1950 eskalierten die Spannungen. Anläßlich ihres 250jährigen Jubiläums beabsichtigte die Berliner Akademie, ihre neue – durchaus auch mit Zugeständnissen an die Politik erworbene – Leistungsfähigkeit zu präsentieren. Die *West-Akademien* hielten den Preis der politischen Zugeständnisse für zu hoch. Sie machten ihr Kommen davon abhängig, daß wenigstens bei möglichen „politischen Kundgebungen nicht auch im Namen der anwesenden Vertreter der westdeutschen Akademien gesprochen wird“. Die mit der Berliner Akademieführung daraufhin getroffenen Absprachen schienen immerhin so tragfähig, daß die drei West-Akademien die Forderung der Bundesregierung, nicht nach Ost-Berlin zu reisen, noch drei Wochen vor dem Jubiläum ganz entschieden ablehnten. Erschienen ist gleichwohl niemand.[168] Offensichtlich hielten sich die Akademien nun doch

[164] Verordnung über das Statut der Deutschen Akademie der Wissenschaften zu Berlin vom 20. Mai 1969, § 16, in: Hartkopf/Wangermann, *Dokumente*, S. 185.

[165] Satzung vom 8. Juni 1939, § 5, „*Ordentliche Mitglieder* können angesehene Gelehrte werden, die Reichsbürger sind, oder die innerhalb des Reiches wohnen und die Voraussetzungen für den Erwerb des Reichsbürgerrechts nach deutschem Recht erfüllen.“ Reichsbürger konnten zugleich nur *arische* Staatsbürger sein. Vgl. Hartkopf/Wangermann, *Dokumente*, S. 146.

[166] Vgl. die Beiträge von Peter Nötzoldt und Peter Th. Walther in diesem Band.

[167] Im Kartell arbeiteten folgende Akademien zusammen: Preußische (ab 1946 Deutsche) Akademie der Wissenschaften zu Berlin (gegründet 1700), Akademie der Wissenschaften zu Göttingen (1751), Sächsische Akademie der Wissenschaften zu Leipzig (1846), Bayerische Akademie der Wissenschaften, München (1759), Österreichische Akademie der Wissenschaften, Wien (1847), Heidelberger Akademie der Wissenschaften (1909), Akademie der Wissenschaften und der Literatur, Mainz (1949), Nordrhein-Westfälische Akademie der Wissenschaften, Düsseldorf (1970). Nach 1945 wurde zunehmend der Begriff *Konferenz der Akademien* verwendet.

[168] Vgl. Nötzoldt, *Steinitz und die Akademie*, S. 52–55, Zitat aus: AAW Heidelberg, Nr. 611/6: Wolfgang Kunkel, Präsident der Heidelberger AdW, an Kurt Latte, Präsident der Göttinger AdW, vom 23. Februar 1950.

an einen Beschluß der *Westdeutschen Rektorenkonferenz*, das Jubiläum zu boykottieren.[169] Dagegen kamen Vertreter aus der Sowjetunion, den Volksdemokratien und aus dem neutralen Ausland, so auch eine umfangreiche Akademiedelegation aus Wien; aus Westeuropa reisten lediglich einzelne Wissenschaftler an, die, wie der britische Physiker John Desmond Bernal, oft den jeweiligen nationalen kommunistischen Parteien nahe standen.

Schon im Vorfeld der Feierlichkeiten waren einige Mitglieder, die im Westen wohnten, medienwirksam aus der Akademie ausgetreten. Drei Ordinarien der Freien Universität Berlin (FU) gaben wenige Tage vor dem Jubiläum ihren Austritt aus der Akademie öffentlich bekannt, darunter Friedrich Meinecke, Akademiemitglied seit 1914 und 1948/49 Gründungsrektor der FU. Dieser öffentlich stark beachtete Austritt zog weitere Austritte nach sich; darunter den von Benedetto Croce, Korrespondierendes Mitglied seit 1926, und James Franck, Korrespondierendes Mitglied seit 1929 (mit Unterbrechung 1942–1946 wegen Ausschlusses aus „rassischen Gründen"). Die Austretenden beriefen sich u. a. auf ein Telegramm des Akademiepräsidenten Johannes Stroux zu Stalins Geburtstag im Dezember 1949: Stroux hatte über die *Sowjetische Kontrollkommission* in Berlin einen Text nach Moskau übermitteln lassen, der sich der damals im sowjetischen und kommunistischen Einflußbereich üblichen lobpreisenden Rhetorik bediente. Bis 1952 hatten auch alle an der Technischen Universität Berlin (TU) lehrenden Akademiemitglieder ihre Mitgliedschaft in der Akademie niedergelegt, mit einer Ausnahme: der Chemiker Heinrich Franck blieb Akademiemitglied, wechselte aber von der West-Berliner TU an die Humboldt-Universität in Ost-Berlin.

Über die beabsichtigte politische Wirkung hinaus zeigen diese Vorgänge zweierlei: zum einen, daß der Gedanke einer deutschen Nationalakademie im Grunde *ad acta* gelegt werden mußte und zum anderen, daß die Austritte der „angesehenen Gelehrten [...] die Position derjenigen, die noch an der alten Tradition festhalten wollen", nachhaltig schwächten, wie es der in West-Berlin wohnende Fritz Hartung formulierte.[170]

Zwar kühlten die Beziehungen zum westdeutschen Wissenschaftsbetrieb ab, sie wurden aber nicht unterbrochen. Zum einen bemühten sich alle Akademien, die wissenschaftlichen Beziehungen aufrechtzuerhalten: „Eine Reihe wichtiger wissenschaftlicher Unternehmungen werden von den deutschen Akademien gemeinsam betrieben und würden angesichts der unzulänglichen Finanzierung der westlichen Akademien zum Erliegen kommen, wenn nicht die Ostakademien mit ihren reicheren Mitten sie unterstützen würden."[171] Zum anderen versuchte die Sächsische Akademie bereits ein Jahr später, alle Akademien wieder an einen Tisch zu bringen.[172] Alle Akademien waren bestrebt, Konflikte zu vermeiden oder zu umgehen: So boykottierte Berlin das Göttinger Akademiejubiläum

[169] Vgl. AAW Mainz, 1/06/200: Fritz Neubert an Helmuth Scheel vom 4. April 1950.

[170] SBB, NL Hartung, 37, 1: Fritz Hartung an Ludwig Dehio, 14. Juli 1950.

[171] AAW Göttingen, Akademien (Berlin, Leipzig, Wien) bis 1967: Heinrich Mitteis an den Minister für gesamtdeutsche Fragen vom 28. März 1952.

[172] Vgl. AAW Göttingen, Akademien (Berlin, Leipzig, Wien) bis 1967: Theodor Frings an Werner Heisenberg vom 18. Juni 1951 und Heinrich Mitteis an Werner Heisenberg am 14. Juni 1951.

1951 nicht. Göttingen ließ den West-Berliner Finanzsenator nach Anfrage wissen: „Rechtsnachfolgerin der Preußischen Akademie der Wissenschaften ist zweifellos die Deutsche Akademie der Wissenschaften zu Berlin".[173] München und Göttingen bescheinigten Berlin gegenüber dem Bundesminister für innerdeutsche Fragen, daß die „wissenschaftlichen Publikationen [...] bisher einwandfrei" seien.[174] 1955 hatten die drei Präsidenten von Heidelberg, München und Göttingen bereits beschlossen, die *Arbeitsgemeinschaft der westdeutschen Akademien* auf Berlin und Leipzig auszudehnen. Dieser erste Schritt zur Wiederherstellung des von 1893 bis 1945 bestehenden Akademiekartells wurde zwar nicht getan, weil Göttingen sich in letzter Minute noch gegen eine Aufnahme aussprach, aber im Mai 1956 kam es dann doch nach langer Pause wieder zu einer „informellen Arbeitsbesprechung der Präsidenten der deutschen Akademien der Wissenschaften" in Wien, das sich ein Jahr nach dem Abzug der vier Alliierten und der Neutralisierung Österreichs als Tagungsort geradezu anbot. Gastgeber für das Zusammentreffen der fünf Präsidenten – vier von ihnen gleichzeitig Ordentliche Mitglieder der Berliner Akademie – war die Österreichische Akademie der Wissenschaften, die als ehemaliges Kartellmitglied „mit beratender Stimme [...] beigezogen" und deren Präsident um die Leitung der Zusammenkunft ersucht wurde.[175] Die 1949 gegründete Akademie der Wissenschaften und der Literatur in Mainz erhielt jedoch keine Einladung. Göttingen, München und Heidelberg machten die Aufnahme der Mainzer Akademie in die *Arbeitsgemeinschaft der westdeutschen Akademien* nicht nur davon abhängig, daß diese „jeden Anspruch einer Nachfolgerschaft Berlins" aufgab, sondern sie forderten sogar: „Die Zustimmung von Berlin und Leipzig muß vor der Aufnahme feststehen".[176] Berlin und Leipzig wiederum verweigerten diese Zustimmung nicht.[177]

Die Akademiepräsidenten trafen sich nun bis 1961 regelmäßig und meist mehrmals pro Jahr an den jeweiligen Sitzorten der Akademien – ab 1958 unter Beteiligung der Mainzer Akademie. Dabei wurde über die gemeinsamen wissenschaftlichen Vorhaben, über die gemeinsame Vertretung in der für die Geisteswissenschaften zuständigen *Union Académique Internationale* (UAI) und auch prinzipiell über die Stellung der Akademien im Wissenschaftsgefüge beraten.

[173] AAW Göttingen, Akademien (Berlin, Leipzig, Wien) bis 1967: Theodor Frings an Werner Heisenberg vom 2. März 1951.

[174] AAW Göttingen, Akademien (Berlin, Leipzig, Wien) bis 1967: Kurt Latte bzw. Heinrich Mitteis an den Minister für gesamtdeutsche Fragen vom 9. April bzw. 28. März 1952.

[175] Vgl. AAW Göttingen, Akademien (Berlin, Leipzig, Wien) bis 1967: Protokoll der Sitzung am 16. Mai 1956.

[176] Vgl. AAW München, Bestand westdeutsche Akademien 1946–1960, 04/0-20, Mainz: Fünf Bedingungen zur Aufnahme der Mainzer Akademie, Joseph Klein (Göttingen) an Friedrich Baethgen (München) am 24. Juni 1956 sowie Antwort Eduard Justis (Mainz) an Friedrich Baethgen am 2. Mai 1957.

[177] Theodor Frings (Leipzig) bestätigte dies auch für die Berliner Akademie am 17. März 1959. Vgl. AAW Göttingen, Akademien (Mainz) bis 1967: Theodor Frings an Joseph Klein (Göttingen) vom 17. März 1959.

Die *Tauwetterperiode* dauerte allerdings nicht lange. Die ostdeutsche Politik favorisierte schon bald eine deutsche Zweistaatlichkeit und zementierte die deutsche Teilung durch den Bau der Mauer 1961. Die zwei deutschen Staaten sollten auch zwei eigenständige Wissenschaftssysteme besitzen – die bis dahin gebremste Spaltung der deutschen Wissenschaft war die Folge. Die westdeutsche Politik setzte dem forciert ihren Anspruch auf gemeinsame *gesamtdeutsche Vertretungen* in internationalen Organisationen entgegen, was *in praxi* nicht selten Alleinvertretung bedeutete.[178] Wollten ostdeutsche Wissenschaftler in westliche Länder reisen, mußten sie einerseits ihre Loyalität gegenüber der DDR bekunden, indem sie die Reisedokumente als *Staatsbürger der DDR* beantragten. Andererseits erhielten sie vom *Allied Travel Office* in West-Berlin nur dann ein Visum, wenn sie als *Presumed Germans* zu reisen bereit waren und eben nicht auf eine Anerkennung als DDR-Bürger beharrten. Je nach Interessenlage ließen sich diese Restriktionen von beiden Seiten beliebig unnachgiebig anwenden. Mit anderen Worten: Selbst wenn die Behörden der DDR der West-Reise eines Wissenschaftlers oder Künstlers zugestimmt hatten, bedurfte es noch der Zustimmung des *Allied Travel Office*, offiziell einer Agentur der *Komendatura*, faktisch eine Einrichtung der drei Westalliierten mit Vetorecht Bonns, das in den ersten Jahren nach dem Mauerbau offensichtlich ausgiebig genutzt wurde. So wurde Frings die Reise nach Belgien verweigert, wo er zwei Ehrenpromotionen entgegennehmen sollte, und eine von amerikanischen Universitäten und Forschungsinstituten finanzierte und arrangierte Reise Stubbes kam nie zustande.[179] Andererseits gab es hier auch andere Lösungen: ein Gastspiel der *Komischen Oper* in Paris, sicherlich als Visitenkarte für die Kulturpolitik der DDR publikumswirksamer als jede Wissenschaftlerreise, konnte problemlos stattfinden. Ob Bonn keinen Einspruch erhob, oder Paris ein Bonner Veto zu ignorieren vorzog, ließ sich bislang nicht klären.

Für die Beziehungen zwischen den deutschen Akademien blieben die Veränderungen in der politischen Großwetterlage nicht ohne Folgen. Als 1959 München im Namen aller Akademien Heidelberg zum 50jährigen Jubiläum gratulieren wollte, beharrte Berlin auf einer selbständigen Grußadresse. Aus der SED-Zentrale war die Order gekommen, „es gibt zwei deutsche Staaten, [folgerichtig müßten] Österreich und wir selbständig auftreten". Selbständigkeit tolerierte die baden-württembergische Staatsregierung allerdings nicht und lud die DDR-Vertreter prompt nicht zum Empfang ein. Ein Jahr später bemühte sich die Berliner Akademie für ihren dominanten naturwissenschaftlichen Bereich um die Aufnahme in den *International Council of Scientific Unions* (ICSU). Daraufhin bat der Präsident der *Deutschen Forschungsgemeinschaft* (DFG) den Präsidenten der ICSU, die Aufnahme einer „selbständigen Vertretung aus der sogenannten DDR" abzulehnen und „der Akademie und der Deutschen Forschungsgemeinschaft aufzutragen, eine gemeinsame

[178] Vgl. AAW München, Bestand Arbeitsgemeinschaft, 04/0-20: Stellungnahme des Auswärtigen Amtes zur Frage „Die internationalen nichtstaatlichen Organisationen und die SBZ", 21. Januar 1961.

[179] NAS Archives, Washington, DC: Frings, Personalakte DAW; Stubbe: Korrespondenz National Academy of Sciences, Washington – Royal Society, London, 1963.

[180] Vgl. zu beiden Beispielen: Scheler, *Akademie der Wissenschaften*, S. 335f.

Vertretung zu bilden". Dies geschah nicht; das Büro des ICSU stimmte dem Berliner Aufnahmeantrag zu.[180] Das Auswärtige Amt und die DFG berieten nach dieser Entscheidung über das künftige Vorgehen: Anfang 1961 forderte der Präsident der DFG auch die Akademien auf, ihm sofort zu berichten, wenn „Vertreter der ‚DDR' die Initiative zu einer eigenen unabhängigen Vertretung in internationalen Gesellschaften ergreifen".[181] Ende 1961 griff der Berliner Akademiepräsident die Bundesrepublik im offiziellen Mitarbeiterblatt der Akademie scharf an, worauf der Münchner Präsident wegen dieser „Beschimpfungen" Berlin und Leipzig nicht zu der für Dezember geplanten Präsidentenbesprechung einlud. Der Göttinger Präsident sprach nun von der *sogenannten Deutschen Akademie der Wissenschaften zu Berlin*, der Mainzer von der *früheren Preußischen Akademie*.[182] Im Mai 1962 trafen sich alle Akademiepräsidenten erneut in Wien. Es wurde die letzte offizielle Zusammenkunft: Die aufgebrochenen Gräben ließen sich nicht mehr zuschütten, und die Wiener gaben ihre „bisherige vermittelnde Rolle" auf. Bei den gemeinsamen wissenschaftlichen Unternehmungen hingegen kam es zwar zu erheblichen Einschränkungen, die meisten wurden aber doch weitergeführt.[183]

Im Verlauf der 1960er Jahre verfolgte die SED immer stärker eine Politik der konsequenten Eigenstaatlichkeit der DDR und damit einer strikten Abgrenzung von der BRD. Am 5. April 1967 beschloß die SED-Führung „Richtlinien für die Gestaltung der Arbeit im Bereich der Wissenschaft und Kultur der DDR nach Westdeutschland sowie nach Westberlin". Danach war es „nicht zulässig, daß wissenschaftliche Einrichtungen der DDR Forschungsvorhaben mit westdeutschen Einrichtungen abstimmen".[184] Einen Tag später verkündete der Berliner Akademiepräsident Hartke vor der Hauptversammlung seiner Akademie: „Von einer deutschen, gesamtdeutschen Wissenschaft oder der Einheit der deutschen Wissenschaft zu reden, schafft und verstärkt illusionäre Vorstellungen, die nur vom Gegner, der solche Begriffe mit raffinierter Methode in Gebrauch bringt, ausgenutzt werden. Durch solche Schlagworte sollen unsere Wissenschaftler davon abgehalten werden, ihre Arbeit zum Nutzen der DDR zu verrichten. Sie sollen gehindert werden, sich eigene internationale Vertretungen zu schaffen, es soll möglichst das Bewußtsein geschaffen werden, daß die DDR ein Provisorium sei." Die weitere Zusammenarbeit mit westdeut-

[181] Vgl. AAW München, Bestand Arbeitsgemeinschaft, 04/0-20: Brief des Vorsitzenden der Deutschen Forschungsgemeinschaft an den Vorsitzenden der Arbeitsgemeinschaft der westdeutschen Akademien, Peter Rassow, vom 27. März 1961.

[182] Vgl. AAW München, Bestand westdeutsche Akademien 1961–1965, 04/0-20: Protokoll der Präsidentenbesprechung am 2. Dezember 1961, Brief von Otto Glemser (Göttingen) an die anderen westdeutschen Akademiepräsidenten vom 8. März 1962 und Brief von Joseph Vogt (Mainz) an Friedrich Baethgen (München) vom 30. April 1962.

[183] Siehe Scheler, *Akademie der Wissenschaften*, S. 338ff.

[184] SAPMO, ZPA, J IV 2/3A/1439: Beschluß des Sekretariats des ZK der SED vom 5. April 1967.

[185] Werner Hartke, Rede auf der Hauptversammlung der Akademie am 6. April 1967, in: *Jb. der DAW 1967*, S. 117ff.

schen Wissenschaftlern wurde von geregelten zwischenstaatlichen Beziehungen und vom effektiven Nutzen für „unsere Wissenschaft und für die DDR" abhängig gemacht.[185]

Durch den Abschluß des *Grundlagenvertrages* zwischen der Bundesrepublik und der DDR 1972 und der internationalen Anerkennung der deutschen Zweistaatlichkeit durch die Aufnahme beider Staaten als gleichberechtigte Mitglieder in die *Organisation der Vereinten Nationen* (UNO) ein Jahr später ergaben sich wieder günstigere Bedingungen für eine Zusammenarbeit. Sie sollten nun aber über zwischenstaatliche Abkommen geregelt werden. Für die Verhandlungen setzte die SED-Führung jedoch sofort klare Grenzen: „Allen Versuchen, innerdeutsche Sonderbeziehungen auf den Gebieten von Wissenschaft und Technik zu konstruieren, ist entschieden entgegenzutreten. [...] Eine Wiederbelebung gesamtdeutscher Unternehmungen, wissenschaftlicher Gesellschaften, Fachzeitschriften oder anderer Projekte auf naturwissenschaftlich-technischem Gebiet ist auszuschließen."[186] Das betraf große Teile der Akademie direkt, u. a. bei den Zeitschriften, ließ aber immerhin die Hoffnung zu, daß die nie ganz abgebrochene Zusammenarbeit bei einigen geisteswissenschaftlichen Unternehmungen fortgeführt werden könne. Insgesamt waren die Hoffnungen auf eine bessere Zusammenarbeit jedoch recht trügerisch. Zum einen zogen sich die Verhandlungen über den Abschluß entsprechender Abkommen lange hin – fast vierzehn Jahre bis zum Kulturabkommen vom 6. Mai 1986 und fast fünfzehn Jahre bis zum Abkommen über die wissenschaftlich-technische Zusammenarbeit vom 8. September 1987. Vorherige Versuche einer direkten Zusammenarbeit duldete die SED-Führung nicht.[187] Zum anderen definierten restriktive staatliche Verordnungen seit den 1970er Jahren noch stärker, wer an der wissenschaftlichen Zusammenarbeit teilhaben konnte und wer nicht, indem sie die Wissenschaftler in *Reisekader* und *Nichtreisekader* unterteilten. Zusätzlich zu politischen Beschränkungen wirkten wirtschaftliche Probleme. Wie der chronische Devisenmangel der DDR die Situation verschärfte, läßt sich daran ermessen, daß 1971 der jährliche Devisenfonds der Akademie halbiert wurde, und er 1989 immer noch niedriger war als 1971, obwohl sich gleichzeitig die Zahl der Wissenschaftler mehr als verdoppelt hatte.[188]

3. Die Kontakte zur Max-Planck-Gesellschaft und zur Deutschen Forschungsgemeinschaft

Wegen der sich deutlich außerhalb der deutschen Akademietradition vollziehenden Entwicklung der Berliner Akademie zu einer dominant naturwissenschaftlich-technische Forschung betreibenden Großinstitution, können nicht nur die Verbindungen zwischen den deutschen Wissenschaftsakademien betrachtet werden, es muß auch nach den Beziehun-

[186] SAPMO, ZPA, J IV 2/2A/1730: Verhandlungen zum Abschluß eines Abkommens auf den Gebieten von Wissenschaft und Technik mit der BRD, Beschluß des Politbüros des ZK der SED vom 20. November 1973.

[187] Eine Dokumentation solcher Vorgänge aus ostdeutscher Sicht, ebenso eine Auflistung der die Akademie betreffenden Punkte des Wissenschaftsabkommens und der Kontakte mit Einrichtungen der Bundesrepublik, findet sich in: Scheler, *Akademie der Wissenschaften*, S. 349–356.

[188] Zahlenangaben nach: Scheler, *Akademie der Wissenschaften*, S. 247 und 346.

gen zu anderen Säulen des Wissenschaftssystems der Bundesrepublik gefragt werden, zumal sich die Akademie seit ihrer Wiedereröffnung 1946 selbst als legitime Nachfolgeinstitution der Kaiser-Wilhelm-Gesellschaft und der Notgemeinschaft der Deutschen Wissenschaft verstand.[189]

Als 1949 in Köln die *Notgemeinschaft der Deutschen Wissenschaft* wiedergegründet wurde, war bereits klar, daß sie ihre Tätigkeit auf die Westzonen beschränken würde. Das blieb auch so, nachdem sie 1951 mit dem Forschungsrat der Bundesrepublik zur DFG fusionierte.[190] In der Ostzone hingegen herrschte schon Anfang 1946 Einigkeit zwischen der Akademieführung und den Politikern, daß künftig die Akademie die Aufgaben der früheren Notgemeinschaft mit übernehmen sollte. Zwar ist die Akademie nie zu einer mit der DFG vergleichbaren Selbstverwaltungsinstitution der Wissenschaft geworden, zweifellos hatte sie aber bei der Verteilung von Forschungsmitteln eine gewichtige Stimme. Innerhalb Deutschlands existierte damit eine klare territoriale Abgrenzung. Die DFG war die „zentrale Instanz für Fragen der Forschungsförderung" der Bundesrepublik. Dort sah sie sich durchaus in Konkurrenz zu den dortigen Wissenschaftsakademien, und das Verhältnis war bisweilen gespannt.[191] Die Berliner Akademie war keine klassische Akademie, sondern in den Augen der DFG die „eigentliche Forschungsorganisation der DDR"[192]. Zunächst gab es keine prinzipielle Notwendigkeit für eine Zusammenarbeit. Zu Konkurrenten konnte man bestenfalls auf dem internationalen Parkett werden, wenn die DFG eine gesamtdeutsche, und damit schon wegen der Größe der Bundesrepublik von ihr dominierte Außenwissenschaftspolitik, und die DDR-Akademie entsprechend der SED-Politik eine eigenständige Vertretung der ostdeutschen Wissenschaft beanspruchte. Dies wurde bereits ausgeführt. Nach dem Abschluß des Grundlagenvertrages 1972 entfiel dieses Konfliktpotential. Beide sahen sich nun als Partner für eine Zusammenarbeit – sie übernahmen sogar eine Vorreiterrolle in den deutsch-deutschen Wissenschaftsbeziehungen. Der Präsident der DFG nahm 1975 eine Einladung nach Berlin zum 275jährigen Akademiejubiläum an. 1984 kam aus der Bundesrepublik der Vorschlag, eine Vereinbarung über die wissenschaftliche Zusammenarbeit zwischen der DFG und der Akademie abzuschließen. Die SED-Führung blockierte dies jedoch bis zum Abschluß des zwischenstaatlichen Wissenschaftsabkommens 1987. Nach einjährigen Verhandlungen wurde schließlich am 22. Dezember 1988 die Zusammenarbeit offiziell besiegelt.[193]

[189] Vgl. den Beitrag von Peter Nötzoldt in diesem Band.

[190] Am 11. Januar 1949 wurde zunächst die Notgemeinschaft der Deutschen Wissenschaft in Köln wiedergegründet. Sie fusionierte am 15. August 1951 mit dem am 10. März 1949 als *Konkurrenzunternehmen* gegründeten Forschungsrat der Bundesrepublik zur Deutschen Forschungsgemeinschaft.

[191] Vgl. Zierold, *Forschungsförderung*, S. 490ff.

[192] Brenner, „Organisation und Aufbau der Akademien der Wissenschaften", S. 21, und Zierold, *Forschungsförderung*, S. 492.

[193] Vgl. AAW Berlin, VA 15312: Abkommen AdW – Deutsche Forschungsgemeinschaft der BRD vom 22. Dezember 1988 sowie aus ostdeutscher Perspektive die Darstellung von Scheler, *Akademie der Wissenschaften*, S. 349ff.

In ganz ähnlichen Etappen entwickelten sich die Beziehungen zum Nachfolger der Kaiser-Wilhelm-Gesellschaft, der *Max-Planck-Gesellschaft* (MPG). Sie waren belastet, nicht nur weil sich die in Berlin anwesenden Akademiemitglieder nach Kriegsende nicht für den Fortbestand der Kaiser-Wilhelm-Gesellschaft eingesetzt hatten, sondern auch aus grundsätzlichen politischen Gründen. Anläßlich der Ereignisse um das Akademiejubiläum 1950 fror die MPG die gerade geknüpften Beziehungen zu Berlin ein. Der Präsident der Gesellschaft, Otto Hahn, selbst Ordentliches Mitglied der Berliner Akademie, ließ diese wissen: „Aus dem Programm ist zu entnehmen, daß die Feier nicht ganz ohne politische Einflußnahme erfolgen wird. Da nun die Max-Planck-Gesellschaft sich prinzipiell von jeder politischen Betätigung oder Beeinflussung fernhalten muß, sieht sie sich nicht in der Lage, den ursprünglich als ihren Vertreter in Aussicht genommenen Professor Dr. Max von Laue zu den Feierlichkeiten nach Berlin zu entsenden."[194] Bis zum nächsten Akademiejubiläum blieben die Beziehungen nun eher inoffiziell. Selbst an den Max-Planck-Feiern anläßlich des 100. Geburtstages des bedeutenden Akademiemitgliedes und Namensgebers der MPG im April 1958 in Berlin beteiligte sich die Gesellschaft nicht offiziell, obwohl die gesamte Führung erschien.[195]

Erst im Januar 1973 – der Grundlagenvertrag zwischen der DDR und der Bundesrepublik war gerade zwei Wochen unterzeichnet – gab es Zeichen von Kommunikationsbereitschaft. Der Präsident der MPG dankte für die Mitteilung, daß sich die Akademie in *Akademie der Wissenschaften der DDR* umbenannt hatte, wünschte wissenschaftliche Erfolge und verband dies mit der Hoffnung, daß „sich hierbei die Beziehungen auch zu den in den Max-Planck-Instituten tätigen Wissenschaftlern fruchtbar entwickeln".[196] Was sich heute ganz selbstverständlich anhört, war damals immerhin eine Mitteilung an die DDR-Regierung wert.[197] Das Ende der *Eiszeit* wurde auch öffentlich sichtbar, als schließlich der Präsident der MPG 1975 zum 275jährigen Akademiejubiläum nach Berlin kam. Zwar war die Akademie ganz ohne Zweifel nun weit mehr politisiert als 1950, aber seit dem Grundlagenvertrag hatten sich auch die politischen Rahmenbedingungen grundlegend geändert. Zu einer nun von beiden Wissenschaftsinstitutionen gewünschten raschen offiziellen Vereinbarung über eine fruchtbare Zusammenarbeit kam es trotzdem nicht. Auch hier bestand die SED-Führung auf dem vorherigen Abschluß des zwischenstaatlichen Wissenschaftsabkommens. Verhandlungen zwischen der Akademie und der MPG wurden erst im Oktober 1989 aufgenommen und waren durch die dann eintretende Entwicklung schon bald gegenstandslos.

[194] MPGA, III./50/2344, Bl. 7–8: Otto Hahn, Brief vom 29. Juni 1950.

[195] Siehe hierzu Hoffmann, „Wider der geistigen Trennung".

[196] AAW Berlin, VA 11434: Schreiben von Reimar Lüst vom 5. Januar 1972.

[197] Vgl. AAW Berlin, VA 11434: Hermann Klare, Mitteilung an den Stellvertreter des Vorsitzenden des Ministerrates der DDR vom 24. Mai 1973.

Max-Planck-Feier 1958 der DAW
v. l. n. r.: Abram F. Joffe, Hans Frühauf, Otto Hahn

Tagung der Physikalischen Gesellschaft der DDR im Anschluß an die Berliner Max-Planck-Feierlichkeiten, 26.–30. April 1958 in Leipzig; v. l. n. r.: Abram F. Joffe und Max von Laue

V. Die internationalen Beziehungen der Akademie

Die internationalen Wissenschaftsbeziehungen, für die sich traditionell die Akademien in Deutschland zuständig gefühlten hatten,[198] waren durch die Politik des nationalsozialistischen Deutschlands und den Zweiten Weltkrieg schwer beschädigt worden und ihre Erneuerung nach dem Krieg deshalb mit vielen Ressentiments und Problemen behaftet. Hinzu kam die unterschiedliche Interessenlage der vier Siegermächte und zunehmend die damit zusammenhängende Konkurrenz der beiden deutschen Teilstaaten. Die Berliner Akademie versuchte, an ihrer traditionellen Verantwortung auch nach 1945 festzuhalten. Zu den in der Satzung genannten Zielen gehörte, „den wissenschaftlichen Austausch zwischen den Nationen" zu pflegen.[199] Das geschah auf verschiedenen Ebenen.

1. Die ausländischen Mitglieder

Ausländische Gelehrte konnten nach den Bestimmungen der Satzung von 1946 *Korrespondierende Mitglieder* der Akademie werden; ein Status, den die Satzung auch für deutsche Wissenschaftler neben der dort möglichen ordentlichen Mitgliedschaft vorsah. Ab 1969 wurden sie *Auswärtige Mitglieder* und zwar gemeinsam mit allen Ordentlichen und Korrespondierenden Mitgliedern aus der Bundesrepublik, die nun ebenfalls als „Ausländer" galten. Nach dem Zweiten Weltkrieg gab es bis zum Akademiejubiläum 1950 nur drei Zuwahlen von nicht in Deutschland lebenden Wissenschaftlern.[200] Bemerkenswert in doppelter Hinsicht war dabei, daß 1949 die Österreicherin Lise Meitner, die 1938 wegen ihrer jüdischen Herkunft Berlin verlassen mußte und nach Stockholm emigrierte, auf Vorschlag Max von Laues zum Korrespondierenden Mitglied gewählt wurde. Das konnte als ein Zeichen von Wiedergutmachung verstanden werden und war gleichzeitig ein Novum, weil erstmals in der nahezu 250jährigen Geschichte eine Wissenschaftlerin Akademiemitglied wurde.[201] Fünf Jahre nach Kriegsende sollte anläßlich des Jubiläums dann deutlicher die internationale Bereitschaft zur Mitarbeit in der Akademie getestet werden. Es wurden 28 Wissenschaftler aus zwölf Ländern zu Korrespondierenden Mitgliedern gewählt, wobei der Ostblock, im Gegensatz zu Wahlen in späteren Jahren, lediglich mit drei sowjetischen und einem polnischen Gelehrten Berücksichtigung fand. Von ihnen nahmen 26 die Wahl an, darunter aus Großbritannien die beiden Nobelpreisträger für Physik Patrick Blackett und William Lawrence Bragg und aus Frankreich die beiden Nobelpreisträger für Chemie Irène und Frédéric Joliot-Curie.[202] Zwei Wissenschaftler aus den USA lehnten ab: Richard von Mises und Joh(an)n von Neumann, beide 1933 aus Berlin emigriert. Neumann

[198] Vgl. Grau, „Akademie und Wiederanknüpfung".

[199] Satzung vom 26. November 1946, § 1.

[200] Insgesamt wurden bis zum Jubiläum 21 Korrespondenten zugewählt, davon drei aus der Ostzone, 15 aus den Westzonen und eben drei im Ausland lebende Wissenschaftler.

[201] Die drei Frauen, die vorher der Akademie angehörten, waren keine Wissenschaftler: Katharina II. (EM 1767, AM 1768), Herzogin Juliane Giovane (AM 1794) und Marie Elisabeth Wentzel (EM 1900).

[202] Namentliche Auflistung aller Korrespondierenden Mitglieder in: *Jb. der DAW 1950–1951*, S. 59–61.

Max-Planck-Feier am 22. April 1958 in der Deutschen Staatsoper, Berlin; sitzend: Walter Friedrich und Lise Meitner, dahinter stehend: Wolfgang und Inge Steinitz

lehnte mit der Begründung ab, daß „meine Annahme dieser Auszeichnung ein politischer Akt wäre".[203]

Die folgende Übersicht zeigt, wie sich durch die Auswahl der ausländischen Mitglieder die Gelehrtengesellschaft als Ort der Repräsentation veränderte; über ihre Wirksamkeit in der Akademie lassen sich hingegen keine generellen Aussagen machen. Anzumerken ist, daß in dieser Tabelle die Mitglieder aus der Bundesrepublik, die nach 1969 als Auswärtige Mitglieder der Akademie galten, nicht aufgeführt sind. Es handelte sich 1970 insgesamt um 30 Ordentliche und 15 Korrespondierende Mitglieder.[204] Im Jahrbuch von 1975, das erstmals die Auswärtigen Mitglieder aufführte, sind 33 Wissenschaftler aus der Bundesrepublik benannt, darunter der Biochemiker Adolf Butenandt, der Psychologe Kurt Gottschaldt, der Mathematiker Helmut Hasse, der Physiker Werner Heisenberg, der Chemiker Artur Lüttinghaus, der Mineraloge Paul Ramdohr und der Philologe Bruno Snell. Im Jahrbuch von 1990/91 sind schließlich noch 21 aufgeführt, wovon sechs zwischen 1986 und 1989 zugewählt worden waren, darunter als Neugewählte die Physiker Werner Buckel und Hans-Peter Dürr, die Mathematiker Friedrich Hirzebruch und Günter Hotz, der Biochemiker Gerhard Uhlenbruck und als erster West-Berliner der Ingenieurwissenschaftler Günter Spur.

[203] Vgl. AAW Berlin, Akademieleitung, Personalia, Nr. 334.

Ausländische Mitglieder der Akademie 1949–1989

	1949	1950	1968	1989
UdSSR	–	3	30	44
Polen	–	1	2	7
ČSR/ČSSR	1	1	7	10
Ungarn	1	1	7	7
weitere sozialistische Länder	2	2	8	11
zusammen		(10 %)	(64 %)	(63 %)
Großbritannien	8	12	4	3
Frankreich	–	3	7	5
Italien	11	11	1	1
Österreich	8	8	5	10
skandinavische Länder	18	23	8	9
weitere europäische Länder	6	12	4	5
USA	5	4	–	6
Japan	–	–	–	5
Mexiko	–	–	1	–
Ägypten	–	–	1	–
Indien	–	–	–	2
zusammen		(90 %)	(36 %)	(37 %)
insgesamt	62	81	85	125

2. Verbindungen zu ausländischen Akademien und weiteren Forschungseinrichtungen

Es ist naheliegend, daß die Akademie versuchte, in der Nachkriegszeit gerade mit diesen Institutionen wieder Beziehungen aufzubauen. Auch wird es kaum verwundern, daß dabei von Anfang an die Akademie der Wissenschaften der UdSSR im Mittelpunkt stand, zumal sie in der dortigen Wissenschaftsorganisation eine herausgehobene und mächtige Position einnahm und der DAW von einigen SED-Politikern geradezu als Vorbild aufgenötigt wurde. In der Tat reisten alle Akademiepräsidenten regelmäßig zu *Studienzwecken* in die Sowjetunion. Mehrfach wurden auch große Wissenschaftlerdelegationen ausgetauscht. Die Zusammenarbeit zwischen den Akademien erwies sich allerdings, zumindest auf der offiziellen Ebene, als äußerst kompliziert. Ein Abkommen über wissenschaftlich-technische Zusammenarbeit mit der sowjetischen Akademie kam erst 1958 zustande, nachdem solche Abkommen bereits mit den Akademien in der ČSSR, Polen, China, Ungarn und Bulgarien abgeschlossen worden waren und auch die Zusammenarbeit mit der Österreichischen Akademie gut funktionierte. Noch 1961 mußte der Akademiepräsident Hartke feststellen, daß die sowjetische Akademie nicht an einer echten Zusammenarbeit interessiert sei. Sie würde die Akademie nur dann auf dem internationalen Parkett, etwa bei der Aufnahme in Verbände, unterstützen, wenn ihr selbst dadurch keine Schwierigkeiten in den kapitalistischen Ländern erwüchsen.[205] Auch Physiker beschwerten sich über die „unverständliche Haltung der sowjetischen Akademie". Während Einladungen zu wissenschaftlichen Tagungen in die DDR „meist nicht einmal einer Antwort gewürdigt werden [und] wir zu Tagungen in der SU überhaupt nicht eingeladen" werden, reagiere die sowjetische Akademie gegenüber Westdeutschland ganz anders: „Der Uneingeweihte müßte daraus schließen, daß es wohl freundschaftliche Beziehungen zwischen der SU und Westdeutschland gibt nicht aber zwischen der SU und der DDR", schrieb der Sekretär der Physikalischen Gesellschaft 1961 an den zuständigen Klassensekretar der Akademie, Robert Rompe.[206]

Das Problem der unbefriedigenden Zusammenarbeit galt aber nicht nur für die Sowjetunion, sondern für den gesamten Ostblock. Diese Zustände betrafen nicht nur die rein wissenschaftlichen Kontakte, sondern auch volkswirtschaftliche Projekte. „Unsere Wissenschaftler haben mit Eifer und Hingabe bestimmte wissenschaftlich hochwertige Ergebnisse erzielt. Durch administrative Maßnahmen sind bei uns in der letzten Zeit einige dieser Entwicklungen und Produktionen eingestellt und nach anderen sozialistischen Ländern verlagert worden", beschwerte sich der Akademiepräsident Hartke im Juli 1961 beim Politbüro der SED. So müsse man z. B. das an der Akademie fehlende und dringend benötigte Atropin, dessen Herstellungsverfahren man selbst entwickelt habe und dann nach Ungarn abgeben mußte, gegen „Westmark" kaufen, weil Ungarn das Atropin nicht in die DDR, wohl aber nach Westdeutschland liefere: „Die Wissenschaftler sind über solche sich mehrende Erscheinungen und dieses Schicksal ihrer Bemühungen enttäuscht und verbittert."[207]

Eine schnelle Änderung der Situation war jedoch nicht zu erwarten, denn auch nachdem der Ministerpräsident der DDR den sowjetischen Botschafter auf diese Problematik in den Wissenschaftsbeziehungen zwischen den Akademien aufmerksam gemacht hatte, blieb zunächst alles beim alten. „Die Zusammenarbeit mit der Akademie der UdSSR ist noch keinen Schritt weitergekommen", meldete der Akademiepräsident dem Ministerpräsidenten im Herbst 1961.[208]

Zumindest quantitativ sind für die folgenden drei Jahrzehnte deutliche Veränderungen festzustellen. Ende der 1980er Jahre dürfte die Zahl bilateral bearbeiteter Themen der Akademien der sozialistischen Länder in der Größenordnung von 500 gelegen haben. Hinzu kamen Abkommen über die multilaterale Zusammenarbeit dieser Akademien auf 27 Ge-

[204] Vgl. AAW Berlin, VA 11343: Werner Hartke, Memorandum zum Verfahren gegenüber früher in der DDR wohnhaft gewesenen Mitgliedern deutscher Nationalität (Sprachzugehörigkeit), Anhang: Liste der Mitglieder mit Wohnsitz BRD und Westberlin.

[205] Vgl. SAPMO, ZPA, IV 2/9.04/370, Bl. 83–84: Bericht von Werner Hartke, 1961.

[206] Vgl. AAW Berlin, NL Rompe, Nr. 52: Alfred Büchner (Sekretär der Physikalischen Gesellschaft in der DDR) an Robert Rompe vom 27. Oktober 1961.

[207] Vgl. AAW Berlin, NL Rompe, Nr. 27: Werner Hartke an das Politbüro der SED vom 11. Juli 1961.

[208] Vgl. SAPMO, ZPA, IV 2/9.04/370, Bl. 125: Vermerk über ein Gespräch zwischen Willi Stoph, Werner Hartke und Hermann Klare am 3. November 1961.

bieten. Außerdem beteiligte sich die Akademie an Forschungsvorhaben im Rahmen von Regierungsabkommen der DDR mit sozialistischen Staaten – etwa 80 Vorhaben im *Komplexprogramm des wissenschaftlich-technischen Fortschritts der Mitgliedsländer des RGW* und weitere in 34 bilateralen und mehrseitigen Abkommen. Nach der Internationalen Anerkennung der DDR in den 1970er Jahren begann auch eine durch direkte Vereinbarungen geregelte Zusammenarbeit mit Akademien und nationalen Wissenschaftsinstitutionen *westlicher* Länder (13 Abkommen) und solchen der *Dritten Welt* (fünf Abkommen). Die Akademie war weiterhin in 29 Regierungsabkommen über die kulturelle und über die wissenschaftlich-technische Zusammenarbeit der DDR mit solchen Ländern involviert. Ende der 1980er Jahre unterhielt die Akademie weltweit mit rund 35 Partnerinstitutionen direkte vertragliche Beziehungen. Darüber hinaus gab es eine Vielzahl indirekter Verknüpfungen.

Welche Ergebnisse die zahlreichen Vereinbarungen und Pläne der Zusammenarbeit mit den Akademien der sozialistischen Länder und die beträchtliche Anzahl von Vereinbarungen mit Einrichtungen weiterer Länder wirklich hervorbrachten, könnten nur Einzelstudien zeigen. Oft dürften die Abkommen nur auf dem Papier gestanden haben. Selbst eine grobe Zusammenfassung verbietet sich angesichts der Tatsache, daß sich allein für die Jahre 1986 bis 1990 über 300 Themen der Zusammenarbeit mit der Sowjetunion auflisten lassen und mindestens 29 Themen, die für die Zusammenarbeit mit Wissenschaftlern aus skandinavischen Ländern seit den 1980er Jahren vorgesehen waren.[209] Untersuchungen zu einzelnen Instituten, wie sie z. B. von Thomas Stange für das Institut für Hochenergiephysik der Akademie durchgeführt wurden, zeigen, daß es jedenfalls punktuell eine recht erfolgreiche Zusammenarbeit gab; hier vor allem mit dem Vereinigten Institut für Kernforschung in Dubna bei Moskau, dem Centre Européen pour la Recherche Nucléaire (CERN) in Genf und dem Deutschen Elektronen-Synchrotron (DESY) in Hamburg. Sie verdeutlichen aber auch die stark eingeschränkten Reisemöglichkeiten der Akademiewissenschaftler, insbesondere in das westliche Ausland. Hier diente die Reiseerlaubnis „zur Auszeichnung zuverlässiger und folgsamer Wissenschaftler sowie zur Gewinnung und Festigung von Loyalität" gegenüber Staat, Partei und – oft genug – MfS.[210]

3. Mitgliedschaft in internationalen wissenschaftlichen Organisationen

Als internationale wissenschaftliche Dachorganisationen für die Zusammenarbeit der Akademien bzw. der Nationalen Forschungsräte gelten die *Union Académique Internationale* (UAI) für die Geisteswissenschaften und der *International Council of Scientific Unions* (ICSU) für die Naturwissenschaften.[211] Die Berliner Akademie war Mitglied beider Organisationen.

[209] Alle Zahlenangaben zusammengefaßt aus Scheler, *Akademie der Wissenschaften*, S. 360ff.

[210] Vgl. Stange, *Institut für Hochenergiephysik.*

[211] Zur Geschichte dieser Gremien siehe Grau, „Akademie und Wiederanknüpfung".

In die UAI entsandten die sechs deutschen Wissenschaftsakademien bis 1966 gemeinsame Vertreter, über die sie sich bei den Präsidentenbesprechungen einigten. Dabei wurde stillschweigend Parität zwischen Ost und West eingehalten.[212] Ab 1966 bestanden die beiden ostdeutschen Akademien auf einer offiziellen Vereinbarung, daß zwei der vier Vertreter aus der DDR sein sollten, daß getrennt abgestimmt werden konnte und man sich nicht gegenseitig vertreten durfte.[213] Zunächst akzeptierten dies die westdeutschen Akademien wohl nur eingeschränkt, denn sie beharrten zumindest für ihre Vertreter auf einem Stimmrecht für Gesamtdeutschland.[214] Inwieweit in der Folgezeit ein Weg für ein geregeltes Mit- oder Nebeneinander gefunden wurde, bedarf weiterer Untersuchungen.

Um eine Aufnahme in den ICSU bemühte sich die Akademie seit 1960. Wie erwähnt, versuchte hier die DFG zunächst gemäß dem Prinzip, daß es nur *eine* Vertretung der deutschen Wissenschaft in den internationalen Organisationen geben solle und eine „selbständige Vertretung aus der sogenannten DDR" verhindert werden müsse, eine gemeinsame Repräsentanz der Forschungsgemeinschaft und der Akademie durchzusetzen. Das gelang nicht; die DDR-Akademie wurde auf der Generalversammlung des ICSU im September 1961 aufgenommen. Die vorangegangene Auseinandersetzung hatte dies zu einem „Ereignis erster Ordnung" werden lassen, das zum Sieg für die „Vertretung der Deutschen Demokratischen Republik" auf der internationalen Bühne hochstilisiert werden konnte.[215]

Ende der 1980er Jahre gehörte die Akademie schließlich insgesamt mehr als 50 internationalen und fünf europäischen Wissenschaftsorganisationen an. Diese große Zahl erklärt sich in erster Linie daraus, das seit den 1960er Jahren ein Großteil der wissenschaftlichen Gesellschaften der DDR mit der Akademie verknüpft war und eigentlich diese auch selbständige Mitglieder in den Internationalen Organisationen hätten sein können.[216] Der Akademie wurde also so etwas wie eine Monopolfunktion bei der Pflege und Kontrolle der Beziehungen zur internationalen Wissenschaft zugewiesen. An der Akademie existierten für 23 Fachgebiete Nationalkomitees der DDR, die über die Durchführung von internationalen Tagungen in der DDR und über die Beteiligung von Wissenschaftlern aus der DDR an internationalen Kongressen usw. zu befinden hatten. Die Mitglieder dieser Komitees kamen zwar nicht nur aus der Akademie, sondern auch aus Universitäten und Hochschulen sowie anderen wissenschaftlichen Einrichtungen. Das Recht zur Berufung lag aber beim Generalsekretär der Akademie.

[212] Das Statut der UAI von 1959 führt unter *Allemagne* auf: 1. Arbeitsgemeinschaft der Westdeutschen Akademien, 2. Deutsche Akademie Berlin, 3. Sächsische Akademie Leipzig. Diese konnten zwei Delegierte und einen (ab 1962 zwei) *Délégué(s) adjoint(s)* entsenden.

[213] Vgl. Scheler, *Akademie der Wissenschaften*, S. 339.

[214] Vgl. AAW München, 04/0-20, Westdeutsche Akademien, Präsidentenbesprechungen, 1966–1975: Protokoll über die Besprechung der Präsidenten der westdeutschen Akademien der Wissenschaften am 2. Dezember 1966 in München.

[215] Günther Rienäcker, Die Entwicklung der Deutschen Akademie der Wissenschaften zu Berlin im Jahre 1961. Bericht des Generalsekretärs, in: *Jb. der DAW 1961*, S. 46.

[216] Die Organisationen sind aufgelistet in: Scheler, *Akademie der Wissenschaften*, S. 375.

C. Die West-Berliner Akademie der 1980er Jahre: Neuansatz und Alternative

Die Gründung der *Akademie der Wissenschaften zu Berlin* im Westteil der Stadt 1987 hat eine lange Vorgeschichte. Bereits kurz nach der Teilung der Stadt im Jahre 1948 hatte sich der Magistrat, später der Senat von Berlin (West) mit der Frage befaßt, wie die im Ostsektor gelegene Akademie der Wissenschaften in den Westen verbracht werden könne – sei es physisch, juristisch oder symbolisch.[217]

Unmittelbar nach Kriegsende waren die westlichen Besatzungsmächte an der Fortführung der *Preußischen Akademie der Wissenschaften* offenbar nicht interessiert. Mit sowjetischer Unterstützung wurde sie – als *Deutsche Akademie der Wissenschaften* – im Ostteil der Stadt wiedereröffnet. Nach der Spaltung der Stadt befand sich die Westberliner Verwaltung folglich in der Akademiefrage in keiner starken Position. Doch anläßlich der 250-Jahresfeier der Ost-Berliner Akademie im Sommer 1950 nahm die West-Berliner Stadtverwaltung zum ersten Mal in dieser Frage Stellung: auf ihren Anstoß hin rief das Bundeskanzleramt zum Boykott des Jubiläums durch die westdeutschen wissenschaftlichen Institutionen auf, mit durchschlagendem Erfolg. Außer einer Handvoll Wissenschaftler, die als Einzelpersonen, aber nicht als Repräsentanten ihrer Institutionen nach Ost-Berlin gefahren waren, erschien kein westdeutscher Gast.[218]

Die Akademiefrage hatte für die West-Berliner Behörden jedoch keine wissenschaftspolitische Priorität: der Ausbau der Technischen und der Aufbau der Freien Universität waren wichtiger. Zwar hieß es 1952 in den Sitzungsprotokollen der Philosophischen Fakultät der Freien Universität, daß die Akademieangelegenheit demnächst im West-Berliner Sinn geregelt werden würde und daß die in der Akademie verbliebenen Professoren der FU keinerlei Schritte unternehmen sollten.[219] Neben einigen West-Berliner Akademiemitgliedern, die ihren Arbeitsplatz an der Akademie, der Humboldt-Universität oder an den Staatlichen Museen auf der Museumsinsel in Ost-Berlin hatten, waren einige FU-Professoren 1950 nicht aus der Akademie ausgetreten und nach wie vor, wenn auch nur formell, Akademiemitglieder geblieben.[220] Diese West-Berliner Initiative verlief jedoch im Sande. So kam es, daß die nächste Initiative nicht von West-Berlin, sondern von Mainz ausging.

In Mainz hatte Helmuth Scheel, von 1938/39 bis 1946 Verwaltungsleiter der Berliner Akademie, 1949 die *Akademie der Wissenschaften und Literatur* gegründet. Diese Akademie

[217] Wir folgen hier einer ca. 1980 vom späteren Generalsekretär der AWB angefertigten Zusammenstellung zur Akademiefrage in Berlin: Helmut G. Meier, *Akademie der Wissenschaften – Zur Geschichte der Preußischen Akademie der Wissenschaften zu Berlin*. Über Begriff, Aufgaben, Organisation von Wissenschaftsakademien. Über Konzeption, Organisation einer Akademie der Wissenschaften in [West-]Berlin (Kopie im Privatbesitz von Peter Th. Walther).

[218] Zum erfolgreichen Boykott der 250-Jahr-Feier der Akademie vgl. auch oben, S. 425–430; zu den Anfängen nach 1945 vgl. auch den Beitrag von Hubert Laitko in diesem Band.

[219] FU, Universitätsarchiv: Protokolle der Philosophischen Fakultät, Februar 1952.

[220] Vgl. oben, S. 366–383.

war zwar juristisch eine Einrichtung des Landes Rheinland-Pfalz, gerierte sich aber wie eine *Nachfolge-Akademie* der Preußischen Akademie der Wissenschaften und der Sektion Dichtkunst der Preußischen Akademie der Künste. Scheel war 1938 vom Reichserziehungsminister als Direktor bei der Akademie ernannt, und im folgenden Jahr vom Plenum der Akademie in diesem Amt bestätigt worden. An seiner administrativen Kompetenz bestand keinerlei Zweifel, zudem wurde er 1941 zum Honorarprofessor für Islamwissenschaften an der Friedrich-Wilhelms-Universität zu Berlin ernannt. Über seine Mitgliedschaft in der NSDAP kursierten verschiedene Versionen: er selbst vertrat seit 1945 die Auffassung, auf Drängen eines Kollegen Anwärter der NSDAP geworden zu sein, andere behaupteten, er sei Pg. gewesen. Dies traf zu, doch angesichts der damaligen Quellenlage ließ sich seine Behauptung nicht widerlegen. Allerdings schien schon damals die Mitgliedschaft Scheels in der NSDAP wahrscheinlicher, so daß er 1945 zwar formell Mitarbeiter der Akademie bleiben durfte, aber von nahezu allen Aufgaben seines Amtes suspendiert wurde. Da Scheels Kompetenz jedoch unentbehrlich schien und zudem die Akademieleitung die strikten Entnazifizierungsrichtlinien relativ autonom, d. h. großzügig, zu handhaben verstand, wurde Scheel seit dem Januar 1946 Schritt für Schritt rehabilitiert. Dennoch wurde er im Herbst 1946 aus seinem Amt als *Direktor bei der Akademie* verdrängt: Einerseits versuchte die SED nach ihrer dramatischen Niederlage in den Wahlen zur Stadtverordnetenversammlung von Berlin einen Großteil ihrer Leute aus den Magistratsverwaltungen abzuziehen und außerhalb der Reichweite von Stadtverordnetenversammlung und Magistrat, also beispielsweise in der Akademie, unterzubringen. Zum anderen hatten sich Akademiepräsident Johannes Stroux und Scheel, bis 1945 durch gemeinsame wissenschaftspolitische Aktivitäten verbunden, offensichtlich überworfen. Jedenfalls wählte im Herbst das Plenum 1946 Josef Naas, der zuvor beim Ausschuß für Wissenschaftsleitung beim Magistrat gearbeitet hatte und Leiter der Kulturabteilung des ZK der SED gewesen war, zum neuen *Direktor bei der Akademie*, ohne Scheel zu entpflichten. Scheel hatte etwa zeitgleich einen Ruf an die *wiedereröffnete* Universität in Mainz angenommen.[221]

Da nach den beiden Währungsreformen die Akademieverwaltung in Ost-Berlin nicht über ausreichend Valuta verfügte, um den in den Westzonen bzw. in der BRD lebenden Mitarbeitern ihr Gehalt zu zahlen, sprang Scheel in den folgenden Jahren in mehreren Fällen ein. So band er bisherige Mitarbeiter der DAW an die Mainzer Akademie und konnte auch einige Berliner Akademieprojekte nach Mainz transferieren. Zu den Gründungsmitgliedern der Mainzer Akademie zählten neben regional verankerten Wissenschaftlern auch etliche 1945/46 als aktive Nationalsozialisten aus der Berliner Akademie ausgeschlossene Gelehrte, aber auch der ehemalige Ordinarius für Physik an der Technischen Hochschule Berlin und Präsident des Telegraphentechnischen Reichsamtes Karl Willy Wagner, der in Berlin Mitglied blieb und in Mainz Mitglied wurde.

[221] Die Universität Mainz war 1797 untergegangen, insofern war die *Wiedereröffnung* 1946 durch die französischen Besatzungsbehörden eine mutige Interpretation der Ereignisse.

1954 ging Scheel einen Schritt weiter: unter Berufung auf alliierte Bestimmungen, die vorschrieben, das Vermögen von Organisationen und Institutionen der NSDAP unter Kuratel zu stellen, beantragte er bei der in West-Berlin ansässigen Stelle für Treuhandvermögen, das Vermögen der PAW einem Treuhänder zu unterstellen. Angesichts der politischen Situation konnte er damit nur den kleinen Teil des DAW-Vermögens meinen, der in West-Berlin und in Westdeutschland lokalisiert gewesen und verblieben war. Denn daß über das Vermögen der PAW bzw. der daraus hervorgegangenen DAW in Ost-Berlin und der DDR nicht verfügt werden konnte, war offensichtlich. Schließlich sah sich die DAW als Rechtsnachfolgerin der PAW, was in Ost-Berlin und der DDR auch nicht angezweifelt wurde. Scheel behauptete also, die PAW habe quasi als NS-Organisation zu gelten, um so zu erreichen, daß der DAW der Zugriff auf das Vermögen der PAW im Westen Deutschlands und Berlins verwehrt werde. Das NS-Argument ist insofern irritierend, da es ja Scheel selbst war, unter dessen administrativer Leitung die Nazifizierung der Akademie betrieben worden war. Zudem beharrte er auf seiner Nicht-Parteimitgliedschaft, obwohl – wie wir unterdessen wissen – der von ihm selbst ausgefüllte Parteifragebogen keinen Zweifel an seinem Eintritt in die NSDAP zuläßt.[222]

Damit geriet nun die West-Berliner Politik in Zugzwang. Offensichtlich war die Akademiefrage in West-Berlin nicht weiter vorangetrieben worden, jedenfalls hatte der Senat kein Konzept parat. Der Volksbildungssenator Joachim Tiburtius bestellte jedoch 1955 einen *Notvertreter* für das in Berlin (West) und in der BRD gelegene Vermögen der PAW. Das bedeutete faktisch, daß die DAW nicht mehr – wie bisher unangefochten üblich – über mehrere bei West-Berliner Banken geführte Konten verfügen konnte. Aus dieser Situation entstand allerdings keine West-Berliner Akademieinitiative. Zwar äußerten westliche Rechtswissenschaftler den Verdacht, die DAW sei nicht die Rechtsnachfolgerin der PAW, doch hielt Scheel ebenso still wie die West-Berliner Verwaltung. Über technische Fragen, wie etwa die Weiterbearbeitung vormals Berliner Akademieprojekte in Mainz, konnten sich Vertreter des Bundes, des Senats von Berlin (West) und Scheel auf zwei gemeinsamen Sitzungen in Bad Godesberg einigen, allerdings ohne sich auf eine gemeinsame Interpretation der juristischen Situation zu verständigen. Scheel beanspruchte weiterhin, als Vertreter der PAW Repräsentant einer – mangels eines handlungsfähigen Reiches – dem Bund unterstehenden *Nationalakademie* zu sein; eine Interpretation, die darauf basierte, daß die PAW seit 1934 dem Reichserziehungsministerium unterstanden hatte und seit 1944 als Titel im Reichshaushalt geführt wurde. Scheels Argumentation traf in Bonn einige Jahre auf Verständnis, ohne daß daraus Taten folgten. Berlin (West) wiederum verzichtete zwar nicht ausdrücklich auf den Anspruch, das eigentliche Sitzland der Akademie – die politischen Institutionen der DDR und Ost-Berlins galten ja als illegitim – und in der Nachfolge Preußens zuständig zu sein, die mit der Frage PAW zusammenhängenden Probleme zu regeln. Pragmatisch einigte man sich aber darauf, daß Scheel seine Jahresberichte über die *preußi-*

[222] BA/B, BDC: Parteistatistische Erhebung 1939, Personalbogen Dr. Scheel, Helmuth. Danach ist Scheel der NSDAP am 1. Mai 1937 beigetreten. Seine Mitgliedsnummer lautete 5.377.132.

schen Projekte der Mainzer Akademie sowohl nach Bad Godesberg als auch nach Berlin (West) senden würde, ohne daß damit rechtliche Zuständigkeiten präjudiziert würden. Schließlich war es ganz offensichtlich, daß die DAW sich nicht ohne Grundlage als Nachfolgerin der PAW verstand, nicht nur aufgrund der Kontinuität der Mitglieder, der akademischen Arbeitsvorhaben und des Großteils der übernommenen Bestände, sondern auch aufgrund der Anordnung der SMAD über die Wiedereröffnung der PAW als DAW. Bezeichnend für die politische Situation war allerdings auch, daß die DAW darauf verzichtete, gegen die Einsetzung des *Notvertreters* durch den Senat von Berlin (West) vor West-Berliner Gerichten Klage zu erheben. Unterdessen waren sowohl in Ost- wie West-Berlin je eine *Akademie der Künste* neugegründet worden, die sich beide irgendwie auf die Preußische Akademie der Künste beriefen.[223]

Als Mitte der 1950er Jahre das Kartell deutschsprachiger Akademien institutionell wiederbelebt wurde, mußte die Mainzer Akademie, um in das Kartell aufgenommen zu werden, jedem Anspruch auf eine Nachfolge der PAW abschwören.[224] Sie tat dies 1957. Das hinderte Scheel jedoch nicht, weiterhin als *Direktor bei der Preußischen Akademie der Wissenschaften* aufzutreten – zumal er 1946 ausreichend Briefbögen und ein Siegel der PAW mit nach Mainz genommen hatte. Nach dem Bau der Mauer wollte Scheel in die Offensive gehen: er plante offensichtlich, die bis Ende 1944 gewählten Mitglieder der PAW zusammenzurufen. Scheels Formulierung, daß es bei dieser Tagung um seine Entpflichtung als Direktor bei der Akademie gehe, dürfte nicht ernst zu nehmen sein: Wenn eine derartige Tagung zustande gekommen wäre, hätte sich daraus leicht die konstituierende Sitzung einer *eigentlichen* PAW entwickeln können. Doch lag es damals offenbar im Interesse des Bundes, West-Berlins und im Hintergrund auch der drei westlichen Alliierten, an der Akademiefrage nicht zu rühren, um die delikate Situation in und um West-Berlin herum nicht weiter zu strapazieren und keine zusätzlichen Statusfragen heraufzubeschwören. So starb Scheel 1967 über seinem Plan, die Ordentlichen Mitglieder der PAW nach Göttingen zu laden. Ob er dazu auch die im Sommer 1945 als politisch untragbar ausgeschlossenen Mitglieder eingeladen hätte, ist unbekannt.

Scheels Initiative blieb ein langfristig folgenloses Zwischenspiel. So fehlte es in West-Berlin an jeder Strategie, an die PAW oder Teile davon institutionell anzuknüpfen, wenngleich der Rechtsanspruch auf deren Fortführung offiziell nie widerrufen wurde und in der Existenz eines wenig bedeutsamen Notvertreters für die PAW in Berlin-Charlottenburg ein gewisses Unterpfand hatte. Soweit die PAW weiterlebte, lebte sie in der Ost-Berliner AdW fort, unbeschadet der Tatsache, daß einige ihrer älteren Forschungsvorhaben von Akademien in der Bundesrepublik weiterbetrieben oder mitbetrieben wurden.

[223] Dies dokumentieren die anläßlich des 300jährigen Jubiläums der Gründung der *Academie der Mahl-, Bild und Baukunst* von der Stiftung Archiv der Akademie der Künste Berlin 1997 herausgegebenen Bände *Vergangenheit am Tisch* und *Zwischen Diskussion und Disziplin*. Die beiden Akademien der Künste wurden 1993 fusioniert.

[224] Vgl. oben, S. 436–438.

Als man Anfang der 1980er Jahre in West-Berlin begann, sich mit Plänen zur Errichtung einer eigenen Akademie zu befassen, geschah dies gerade nicht in Anknüpfung an die Tradition der PAW – weder rechtlich noch institutionell oder der wissenschaftlichen Zielsetzung nach. Vielmehr stand dieser Plan im Kontext neu aufgenommener, energischer Bemühungen, durch den gezielten Ausbau vorhandener Standortvorteile, so auch im wissenschaftlichen Bereich, Kompensationen für den unübersehbaren politischen und wirtschaftlichen Statusverlust der exponierten, umklammerten und isolierten Halb-Stadt zu entwickeln. Darüber hinaus sollten dem an innerer Blockierung und bisweilen sogar Zerrüttung leidenden Berliner Universitätssystem unkonventionelle Anstöße durch neue Institutionen gegeben werden. Daraus entwickelten sich drei erfolgreiche Initiativen, die Institutsformen unterschiedlichen Zuschnitts hervorbrachten: das *Wissenschaftszentrum Berlin* (später *Wissenschaftszentrum Berlin für Sozialforschung*), die *Berliner Wissenschaftliche Gesellschaft* und das *Wissenschaftskolleg zu Berlin – Institute for Advanced Study*.

Dieser wissenschaftspolitische Neuansatz brachte auch die Frage einer West-Berliner Wissenschaftsakademie in die politische Diskussion zurück, und zwar in Form eines ausführlichen Gutachtens in der Senatsverwaltung aus dem Jahr 1980/81.[225] Nach einem Rückblick auf die Entwicklung der außeruniversitären Institutionen in West-Berlin, ihre Erfolge und Mißerfolge, wurden darin Sinn und Zweck einer möglichen Akademieneugründung erörtert. Die juristische Klippe der PAW und ihrer Rechtsnachfolge sollte – als politisch und juristisch inopportunes Thema – umschifft werden und die neue West-Berliner Akademie gegebenenfalls ohne jeden Rechtsbezug zur 1700 etablierten *Brandenburgischen Sozietät der Wissenschaften* gegründet werden.

An dieser Linie hielt Wilhelm Kewenig, ab 1981 Senator für Wissenschaft und kulturelle Angelegenheiten (ab 1983 für Wissenschaft und Forschung) fest, als er mit Unterstützung des Regierenden Bürgermeisters Eberhard Diepgen das Projekt einer West-Berliner Akademiegründung 1984 entscheidend voranbrachte: Unter in West-Berlin und im weiteren Bundesgebiet angesprochenen Wissenschaftlern fand seine *Gedankenskizze* zur Akademiegründung[226] Zustimmung, so daß ein Gründungsausschuß eingerichtet wurde.[227] Noch vor der Einberufung des Gründungsausschusses informierte Kewenig das Präsidium der Ost-Berliner AdW über die West-Berliner Pläne. In den nächsten Jahren wurde die Errichtung der West-Berliner Akademie der Wissenschaften vorangetrieben, begleitet von sich intensivierenden Kontakten zwischen der West-Berliner und der Ost-Berliner Wissenschaftspolitik, teilweise auf höchster Ebene. Diese meist diskreten Kontakte waren ein bemerkenswertes Beispiel für die Zunahme der wissenschaftlichen West-Ost-Verständigung

[225] Helmut G. Meier, *Akademie der Wissenschaften – Zur Geschichte der Preußischen Akademie der Wissenschaften zu Berlin*. Über Begriff, Aufgaben, Organisation von Wissenschaftsakademien. Über Konzeption, Organisation einer Akademie der Wissenschaften in [West-]Berlin, Manuskript, 1980.

[226] Kewenig, „Gedankenskizze".

[227] Vgl. den Beitrag von Klaus Pinkau in diesem Band. Klaus Pinkau war Vorsitzender des Gründungsausschusses der AWB und beschreibt die Gründung der Akademie aus der Sicht des mithandelnden Zeitzeugen.

im Rahmen des sich leicht entspannenden Verhältnisses von Bundesrepublik (mit West-Berlin) und DDR in den 80er Jahren. So war man in Ost-Berlin mit den West-Berliner Vorgängen vertraut: man tolerierte sie und zeigte sich schließlich zur partiellen Zusammenarbeit mit der 1987 gegründeten AWB bereit. Dieser Schritt war nur möglich, weil auf die Erörterung prinzipieller Rechts- und Statusfragen als Voraussetzung von Kooperationsangeboten verzichtet wurde. Dies bedeutete für die westliche Seite, die Neugründung ausdrücklich nicht in die Tradition der PAW zu stellen, und damit das strittige, aber schlummernde Problem der Rechtsnachfolge der PAW gar nicht erst aufzuwerfen; und für die östliche Seite, die Abberufung des *Notvertreters* und die Übertragung des geringen Vermögens der PAW in West-Berlin auf die AdW nicht zu forcieren.[228]

In der Tat war die *Akademie der Wissenschaften zu Berlin* (AWB), die 1987 in Anwesenheit des Bundespräsidenten feierlich eröffnet wurde und vorerst in Berlin-Grunewald residierte, keine Fortsetzung des Akademietypus, den die PAW repräsentiert hatte, aber selbstredend auch keine Adaption der Strukturen der AdW. Vielmehr stellte sie einen entschiedenen Neuansatz, ja Bruch mit den im Westen Deutschlands gepflegten Akademietraditionen dar. Während die Ost-Berliner AdW die Organisationsraster einer *Gelehrtengesellschaft* und einer *Quasi-Kaiser-Wilhelm-Gesellschaft* institutionell zu vereinen suchte und sich zudem auf das sowjetische Vorbild berief, versuchte sich die West-Berliner Gründung eher am Beispiel der *National Academy of Sciences* in Washington, DC zu orientieren.[229] Ausdrücklich wollte man sich den drängenden Fragen der Gegenwart stellen und ihre wissenschaftliche Bearbeitung vorantreiben, auch mit dem Ziel der Beratung von Gesellschaft und Politik. Zu den ersten Themen gehörten: die Nutzung der Sonnenenergie, Automation, Erfolgsbedingungen technischer Innovation in verschiedenen Zivilisationen, das Altern und die gesellschaftliche Entwicklung, das Problem der Einheit der Wissenschaften und der Exodus der Wissenschaftler aus Deutschland nach 1933.

Man brach mit dem ehrwürdigen Klassenprinzip und konstituierte *Interdisziplinäre Arbeitsgruppen* auf Zeit, in denen nicht nur Akademiemitglieder ergebnisorientiert zusammenarbeiteten, sondern in die auch Experten von außerhalb, auch aus nicht-akademischen Bereichen, sowie Nachwuchswissenschaftler einbezogen wurden. Natur- und Technikwissenschaftler arbeiteten so mit Sozial- und Geisteswissenschaftlern zusammen. Die Arbeitsgruppen organisierten zum Teil höchst komplexe Untersuchungsprojekte über mehrere Jahre, veröffentlichten, neben Sammelbänden über die eigenen Forschungsergebnisse, mitunter auch Forschungsberichte und Stellungnahmen zu Problemen, die auf der politischen Agenda standen. Es standen großzügige Mittel zur Verfügung, um eine vorerst kleine Anzahl höchst aktiver Wissenschaftler und Wissenschaftlerinnen – die AWB hatte gut 30 Mitglieder – mit einem erheblichen Teil ihrer Zeit zu engagieren. Ihre Aktiv-Phase sollte auf zweimal fünf Jahre befristet werden. Es gab also eine allgemeine unbefristete Mitgliedschaft mit einigen traditionellen Rechten und innerhalb dieser allgemeinen Mitgliedschaft einen

[228] Vgl. den Beitrag von Hubert Laitko in diesem Band, der die Vorgänge aus den zugänglichen *Ost-Berliner* Akten darstellt.

[229] Vgl. den Beitrag von Klaus Pinkau in diesem Band.

aktiven Kern mit zusätzlichen Rechten und Pflichten auf begrenzte Zeit. Dadurch sollten die akademieinterne Dynamik befördert und die akademietypische Überalterung konterkariert werden.

Die neue Institution brach mit dem – mit Ausnahme der Mainzer Akademie – für die bundesdeutschen Akademien typischen Regionalprinzip und rekrutierte ihre Mitglieder nicht nur aus West-Berlin, sondern aus der ganzen Bundesrepublik – was auch als überregionaler Geltungsanspruch verstanden werden konnte und wurde. Die AWB wurde anders als die westdeutschen Akademien von einem hauptberuflichen Präsidenten geleitet, der für die Dynamik und Koordination entscheidende Verantwortung trug. Der Wirtschaftswissenschaftler Horst Albach füllte diese Rolle aus. In den wenigen Jahren ihrer Existenz legte die Akademie reichhaltige Ergebnisse vor, die von ihrer besonderen Leistungskraft zeugen.[230]

Die AWB wurde jedoch in einer ihr wenig gewogenen wissenschaftlichen und wissenschaftspolitischen Umwelt oft wie ein Fremdkörper wahrgenommen. Sie ignorierte die Fraktionszwänge in den Gruppengremien der von internen Konflikten zerfurchten, mit ihrer inneren Befindlichkeit beschäftigten Hochschullandschaft West-Berlins; als Konkurrenz von außen, als neue Institution verstörte sie nicht nur die Hochschulen, sondern auch andere Forschungsinstitutionen. Entsprechend hart war der Widerstand, der sich gegen die als elitär geltende, überdurchschnittlich ausgestattete und gewissermaßen von oben politisch durchgesetzte Institution innerhalb West-Berlins formierte und vor allem auf der politischen Linken Ausdruck fand. Die AWB konfrontierte das traditionsorientierte westdeutsche Akademienkartell mit einem unkonventionellen, leistungsorientierten und letztendlich Überlegenheit beanspruchenden Akademiemodell neuer Art. Die westdeutschen Akademien blieben skeptisch bis mißtrauisch, und die AWB, sich der Inkompatibilität der Strukturen bewußt, stellte erst gar keinen Antrag auf Aufnahme in das westdeutsche Akademien-Kartell. So sehr es den Gründern der AWB gelungen war, die Gegnerschaft Ost-Berlins zu umschiffen, so wenig erfolgreich waren sie auf dem politischen Parkett West-Berlins. Es gelang ihnen nicht, den weit verbreiteten Eindruck zu erschüttern, sie sei vor allem eine wissenschaftspolitische Unternehmung der CDU. Anhörungen im Wissenschaftsausschuß des Abgeordnetenhauses polarisierten eher, als daß sie die Skeptiker überzeugten. Unter Federführung von Vertretern der *Alternativen Liste* (AL) – dem West-Berliner Landesverband der Grünen – bildete sich eine Gruppierung von Gründungsgegnern, die vor und nach der Etablierung der Akademie deren Überflüssigkeit konstatierten und ihre Abschaffung befürworteten.[231]

[230] Die Veröffentlichung erfolgte z. T. erst nach der formellen Schließung der Akademie 1990. Zu Arbeitsweisen und Arbeitsergebnissen der AWB vgl. den Beitrag von Wolfram Fischer in diesem Band.

[231] Vgl. die von Helmut Dubiel 1986 verfaßte und von der AL-Fraktion im Berliner Abgeordnetenhaus herausgegebene *Streitschrift* sowie den von einer *Ad-hoc-Gruppe* ähnlicher Provenienz 1989 herausgegebenen *Abgesang auf die Akademie der Wissenschaften zu Berlin* sowie die Materialsammlung im *Jb. der AWB 1990–1992* und den Beitrag von Wolfram Fischer in diesem Band.

So war nach einer längeren Vorgeschichte, im Kern als Reaktion auf wissenschaftspolitische Entwicklungsstränge der deutschen Teilungsgeschichte, im abgemilderten, aber nach wie vor virulenten und Konkurrenz befördernden Ost-West-Konflikt für kurze Zeit ein interessantes Gegenmodell zum traditionellen, in Göttingen und München wie in Leipzig fortbestehenden Typus der Gelehrtengesellschaft entstanden. Entstehungsort war die immer noch abgeschottete, quasi belagerte, aber als Schaufenster des Westens aufgrund der weitreichenden Unterstützung durch den Bund ungemein ressourcenreiche Halb-Stadt West-Berlin: die neue Akademie war innovativ, produktiv und lebendig, ohne das Prestige, ohne die Traditionslast und ohne den Schutz etablierter Akademien. Gerade die Gegnerschaft großer Teile des etablierten und routinierten Wissenschaftsbetriebes innerhalb und außerhalb Berlins scheint die Energie der kleinen Gruppe aktiver Neu-Akademiker zusätzlich motiviert zu haben, so lange diese Gegnerschaft nicht stark genug war, ihre institutionelle Existenz zu gefährden.

Ob dieses erfolgreiche Experiment auf Dauer hätte existieren können, also auch über die Sondersituation seiner Entstehung hinaus, muß offen bleiben. Denn nach den Wahlen zum West-Berliner Abgeordnetenhaus im Frühjahr 1989 einigten sich die Sieger, die künftigen Koalitionäre aus SPD und AL, auf ein Programm, das die Auflösung der AWB vorsah. Der Protest in der Öffentlichkeit blieb schwach, die Loyalität der anderen wissenschaftlichen Institutionen erwies sich als begrenzt. Die AWB klagte vor dem Verwaltungsgericht Berlin und legte beim Bundesverfassungsgericht in Karlsruhe Verfassungsbeschwerde ein, um die Nichtigkeit des Auflösungsgesetzes feststellen zu lassen. Beide Strategien blieben erfolglos. Im Dezember 1990 lud dann die Senatorin für Wissenschaft und Forschung ein knappes Dutzend Wissenschaftler ein, darunter auch mehrere aus der AWB, und forderte sie auf, einen Vorschlag für eine neue Akademie in der Tradition der Preußischen Akademie zu unterbreiten.[232] Das Angebot der hessischen Landesregierung, die AWB nach Wiesbaden zu verlagern, d. h. als hessische Institution neu zu gründen, wurde unter diesen Umständen nicht weiter verfolgt. Die dann durchgesetzte Lösung, die 1993 eingerichtete *Berlin-Brandenburgische Akademie der Wissenschaften*, nahm zwar wichtige Strukturelemente und die meisten Mitglieder der AWB in sich auf, doch setzte sie die AWB weder strukturell noch personell einfach fort, wie sie umgekehrt auch keine Fortsetzung der AdW darstellte.[233] Die AWB überlebte die besondere historische Konstellation ihrer Entstehung ebensowenig wie die AdW die ihrige.

[232] Vgl. auch *Jb. der AWB 1990–1992.*

[233] Aus der AdW wurden nur wenige Mitglieder in die BBAW berufen. Von den ursprünglich 50 Gründungsmitgliedern der BBAW hatten acht der AdW angehört, unter ihnen auch der West-Berliner Günter Spur (der zugleich Mitglied der AWB gewesen war). 1993 schlossen sich etwa 100 der 279 Mitglieder der Gelehrtengesellschaft der AdW zur Leibniz-Sozietät e.V. zusammen, die sich seitdem durch Zuwahlen auf ca. 200 Mitglieder ergänzt hat. Ihre Arbeit dokumentieren vor allem die seit 1994 erscheinenden Sitzungsberichte sowie die seit 1999 publizierten Abhandlungen.

D. Quintessenz

Sowohl die Ost-Berliner wie die kurzlebige West-Berliner Akademie entfernten sich mit ihren Zielen, Strukturen und Verfahren weit vom Muster der deutschen Akademien, wie es sich im 19. und 20. Jahrhundert herausgebildet hat und in den deutschen Regionalakademien auch in der zweiten Hälfte des 20. Jahrhunderts im wesentlichen überlebte. Man erkennt Verdienste und Grenzen, Elemente des Erfolgs und die Ursachen des Scheiterns beider Berliner Akademien klarer, wenn man sie im Zusammenhang der langen historischen Prozesse sieht. Auch die Frage nach der Zukunft der Akademien wird durch den historischen Rückblick zumindest präzisiert.

1. Bis 1810 war die Preußische Akademie der Wissenschaften eine kleine, ungesicherte, von der Obrigkeit abhängige, in ihrer Reputation äußerst schwankende, aber multifunktionale Institution in einer Stadt ohne Universität. Sie beherbergte den interdisziplinären Diskurs der Gelehrten, sie evaluierte und veröffentlichte die Forschungsergebnisse ihrer Mitglieder und anderer Wissenschaftler, sie betrieb Forschung selbst (wenngleich in bescheidenem Umfang), beriet die ihr vorgesetzten Regierungen, sie repräsentierte, verteilte Reputation und war ein Knotenpunkt des internationalen wissenschaftlichen Austausches. Diese Multifunktionalität reflektierte den Mangel an spezialisierten Forschungsinstitutionen um sie herum.

2. Durch die Errichtung der Berliner Universität zu Beginn des 19. Jahrhunderts und die sich damit durchsetzende Verknüpfung von Lehre und Forschung in der modernen Universität änderte sich die Konstellation. Ab sofort bestanden Akademie und Universität nebeneinander. Einerseits verlor die Akademie Funktionen und die eigenen Forschungsunternehmungen an die Universität, die schnell einen rasanten Aufstieg in Größe, Einfluß und Ansehen erlebte; andererseits bestand eine enge Verflechtung, besonders personell. Fast alle Mitglieder der Preußischen Akademie waren auch Mitglieder der Berliner Universität. Für Mitglieder der Universität war es eine Auszeichnung, ein Zuwachs an wissenschaftlichen Handlungs- und Einflußmöglichkeiten und ein pekuniärer Vorteil, gleichzeitig der Akademie anzugehören. Diese wurde zur reinen Gelehrtengesellschaft, bald mit einigen geisteswissenschaftlichen Langzeitunternehmen wie der Sammlung der griechischen und der lateinischen Inschriften, der Ausgabe der Werke von Leibniz, Kant, Weierstrass, Wieland u. a. oder der Herstellung des Grimmschen Wörterbuchs.[234] Trotz aller Staatsnähe besaß die Akademie Selbständigkeit gegenüber dem Staat. Ihr Ansehen wuchs, sie vergab Reputation und repräsentierte die Wissenschaft gegenüber Staat, Öffentlichkeit und den Wissenschaftlern. Aus der Symbiose zwischen Universität und Akademie gewannen beide Seiten. Der allgemeine Bedeutungszuwachs der Wissenschaften in nationaler, wirtschaftlicher und kultureller Hinsicht kam auch der Stellung der Akademie und ihrer Mitglieder zugute. Das Kaiserreich war wohl ihre beste Zeit.[235]

[234] Vgl. den Überblick in Brocke, „Verschenkte Optionen", S. 127.

[235] Vgl. die Beiträge in Kocka, *Königlich Preußische Akademie.*

3. Seit dem späten 19. Jahrhundert änderte sich das Wissenschaftssystem. Die Spezialisierung, die schon lange auf dem Weg war, beschleunigte sich noch einmal. Die Notwendigkeit organisierter, betriebsförmiger Forschung entstand, besonders in den Natur- und Technikwissenschaften. Damit stieg der Bedarf an Labors und Forschungsinstituten neuer Art, und ein neues Verhältnis von Wirtschaft und Staat, auch von Wirtschaft und Wissenschaft bildete sich heraus. Der Anwendungsbezug der Wissenschaften trat in den Vordergrund. Die Wirtschaft interessierte sich immer stärker für einige Wissenschaften, und umgekehrt entstand das Bedürfnis der Finanzierung von Wissenschaft aus nichtstaatlichen Quellen. All das sprengte die Organisationsform der Universität. Die Notwendigkeit außeruniversitärer Forschung wurde unabweisbar. Die Frage stellte sich, ob die Akademie in der Lage sein würde, diesen Bedarf an außeruniversitärer Forschung zu befriedigen. Akademiemitglieder wie Harnack drängten zunächst in diese Richtung. Doch spätestens 1911, mit der Gründung der Kaiser-Wilhelm-Gesellschaft, wurde die Weiche anders gestellt, und große Teile der modernen Forschung suchten sich neue Organisationsformen außerhalb von Universität und Akademie. Dem lag vieles zugrunde, was immer noch diskutiert wird. Ein Grund bestand darin, daß diese paritätisch zusammengesetzte und daher den Geisteswissenschaften ein Vetorecht einräumende Gelehrtengesellschaft sich gegen die Transformation ihrer Arbeit in Richtung von betriebsförmigen Forschungsinstituten sperrte. Das tief verwurzelte Mißtrauen gegen primär angewandte Forschung und damit gegen manche Natur- und die meisten Technikwissenschaften kam hinzu. „Wenn die deutschen Akademien aufgepaßt (und das heißt doch wohl: sich rechtzeitig umstrukturiert) hätten, soll Werner Heisenberg gesagt haben, wäre die Kaiser-Wilhelm-Gesellschaft nicht gegründet worden."[236] So aber setzte sich der relative Funktionsverlust der Akademie gegenüber Universitäten und anderen wissenschaftlichen Institutionen fort. Die Akademie blieb primär *Gelehrtengesellschaft*, mit einigen Langzeit-Forschungsvorhaben, vor allem im geisteswissenschaftlichen Bereich. Darüber hinaus forschte sie selbst nicht. Sie bezog ihr Renommee aus Forschungsleistungen, die außerhalb ihrer selbst geleistet wurden, wenngleich durch Personen, die sie zu ihren Mitgliedern zählte und denen sie zusätzliche Reputation verlieh, welche ihnen bei ihrer Forschung zugute kam. Repräsentation blieb eine wichtige Funktion. Aufgaben der internationalen Wissenschaftspolitik kamen hinzu. Dagegen blieb ihr Beitrag zur Politikberatung unbedeutend. Die Wirren der Zeit hinterließen ihre Spuren auch in der Geschichte der Akademie. Im Wechsel der politischen Systeme betonte die Akademie ihre Kontinuität. Doch in Krieg und Diktatur verlor sie an Autonomie. Mangelnde Widerständigkeit gegenüber nationalsozialistischen Eingriffen und Instrumentalisierungen beschädigte ihr Ansehen langfristig.[237]

4. Nach 1945 gab es zwei Neuansätze, die nicht unterschiedlicher hätten sein können. Auf der einen Seite entstand das Riesenunternehmen DAW/AdW: zentralisiert, sehr hierarchisch, politisch durchdrungen von Regierung und Staatspartei der DDR, *Gelehrten-*

[236] Vgl. den Beitrag von Wolfgang Frühwald in diesem Band.

[237] Vgl. Fischer, *Preußische Akademie*.

gesellschaft und Konzern außeruniversitärer Forschung (*Forschungskombinat*) unter einem Dach, Trägerin vieler Funktionen. Sie war Resultat einer institutionellen Entdifferenzierung, aber im Inneren drifteten Gelehrtengesellschaft und Forschungsinstitute weit auseinander. Die Gelehrtengesellschaft wurde marginalisiert. Die in das politische System der DDR fest eingebundene Akademie blieb im wesentlichen in sich disziplinär organisiert. Ohne sowjetischen Einfluß und ohne die Ausdünnung der Berliner Wissenschaftslandschaft in Kriegs- und unmittelbarer Nachkriegszeit wäre die AdW der DDR nicht als umfassende Verbindung von Gelehrtengesellschaft und außeruniversitärer Forschungsinstitution großen Stils entstanden, wobei auch – 1911 gescheiterte – Ideen Harnacks indirekt (über die Kaiser-Wilhelm-Gesellschaft und das sowjetische Modell vermittelt) eine Rolle gespielt haben dürften. Natürlich gab es in der Akademie der DDR gute Forschung in vielen einzelnen Bereichen. Eben diese Annahme lag ja auch der Evaluation durch den Wissenschaftsrat nach 1990 zugrunde, sonst wäre keine Evaluation nötig gewesen.[238] Aber klar ist auch, daß sich die Struktur der AdW – Forschungskonzern und Gelehrtengesellschaft zugleich – nicht bewährt hat, und die enge Einbindung der Akademie in das politische System der SED-dominierten DDR nicht nur ihre Leistungsfähigkeit limitierte, sondern auch ihre Gestalt wie ihre Zusammensetzung langfristig belastete – was zur Beurteilung ihres Schicksals nach 1989 nicht unwesentlich ist. Niemand hat auf dem diesem Buch vorangegangenen Kolloquium behauptet, daß man die Struktur – die Organisationsform – der DDR-Akademie als Modell für die Organisation der außeruniversitären Forschung oder die Organisation der Akademien im wiedervereinigten Deutschland hätte nehmen sollen. Was für die Sowjetunion nach 1920 und die osteuropäischen Länder nach dem Zweiten Weltkrieg sinnvoll gewesen sein mag und auch andernorts im Ansatz besteht (z. B. in Schweden, Belgien und Österreich), erwies sich in der hochdifferenzierten Wissenschaftsstruktur Deutschlands letztlich als importierter Fremdkörper. Zu kritisieren ist mithin nicht, daß diese Akademie nach 1990 aufgelöst wurde. Zu kritisieren ist wohl, daß dabei mehr wissenschaftliches Potential verlorenging und mehr gute Wissenschaftler und Wissenschaftlerinnen ihre Arbeitsmöglichkeit verloren als gerechtfertigt war. Kritisiert werden kann auch, daß das DDR-spezifische Muster mit der AdW als Kern schlicht durch das bundesrepublikanische Muster ersetzt wurde, statt auf einen Aushandlungsprozeß zu setzen, der auch das westdeutsche Modell im Prozeß seiner Übertragung auf ostdeutsche Verhältnisse modifiziert und vielleicht verbessert oder doch in sich weiter pluralisiert hätte.

Die West-Berliner Akademie war dagegen klein, fluide und wenig hierarchisch. Sie versuchte, eine Leerstelle auszufüllen, die im arbeitsteiligen Wissenschaftssystem zu bestehen schien, aber dann, wie sich zeigte, doch nicht in hinreichendem Maße bestand. Sie war in sich interdisziplinär organisiert, sie entwickelte neue, zukunftsweisende Arbeitsformen. Sie war sehr produktiv.

Doch es bestanden auch Ähnlichkeiten zwischen den beiden Institutionen. Beide Akademien wollten selbst forschen und taten es auch, sie wollten nicht nur Gelehrtenge-

[238] Vgl. zur Geschichte einzelner Disziplinen in der DDR-Akademie und im Umbruch ab 1989 die Beiträge in Kocka/Mayntz, *Wissenschaft und Wiedervereinigung*.

sellschaften sein. Beide Akademien nahmen entschieden die Technikwissenschaften in sich auf, beide Akademien akzeptierten Politikbezug, Politikberatung und Praxisbezug. Beide hatten so etwas wie einen nationalen, überregionalen Anspruch, explizit oder implizit, natürlich jeweils auf den eigenen Teilstaat bezogen. Beide sind gescheitert, wenn auch aus unterschiedlichen Gründen.

Die Geschichte der Auflösung beider Akademien war ebensowenig Gegenstand des Kolloquiums wie die Geschichte der Neugründung der BBAW. Die Erinnerung an beide Auflösungen ist noch frisch, weiterhin kontrovers oder doch Anlaß zur Bitterkeit, wie die obigen Beiträge zur West-Berliner Akademie und die Podiumsdiskussion zeigen.[239]

Die West-Berliner Akademie war nur unter Schwierigkeiten gegen ein eher mehrheitlich unfreundlich gesonnenes akademisches Milieu mit knappen politischen Mehrheiten durchsetzbar gewesen, eine Verschiebung der politischen Kräfteverhältnisse führte zu ihrem Aus. Der West-Berliner Akademie fehlte vieles von dem, was Akademien herkömmlich auszeichnet und stärkt: die Verbindung zu großen, traditionellen Forschungsunternehmen wie den geisteswissenschaftlichen Langzeitvorhaben, deren Pflege zu den vornehmen Pflichten von Akademien gehört, ihnen Ansehen verleiht und ihre Unersetzbarkeit mitbegründet;[240] die durch akzeptierte Rekrutierungsverfahren, Zurückhaltung und Tradition abgesicherte Akzeptanz in den wissenschaftlichen *communities*; die durch rituelle Formen der Repräsentation unterstützte Geltung in der breiten Öffentlichkeit. Als es hart auf hart ging, blieb die Unterstützung seitens der wissenschaftlichen Milieus und der gebildeten Öffentlichkeit weitgehend aus. Im Rückblick erscheint die West-Berliner Akademie mit ihrem radikalen, die deutsche Akademietradition resolut überspringenden Neuansatz sehr stark als eine Errungenschaft, die ihre besonderen Chancen der Sondersituation des belagerten, förderungsbedürftigen und zu ungewöhnlichen Unterstützungsleistungen fähigen West-Berlin verdankte. Mit dieser West-Berliner Sondersituation endete auch die Konstellation, die diese Neugründung trug. Doch der Zweifel am Sinn ihrer Auflösung bleibt, und es ist sinnvoll, daß die BBAW viele ihrer Strukturprinzipien übernahm, wenn sie sie auch in andere – ältere – einbettete, und obgleich manche davon unter den *Normalbedingungen* des wiedervereinigten Deutschlands – zudem in einer sehr großen Akademie mit herkömmlichen Rekrutierungsmechanismen – nur schwer zu realisieren sind.[241]

[239] Vgl. die Beiträge von Mitchell Ash, Horst Klinkmann, Dieter Simon, Samuel Mitja Rapoport, Joachim Sauer und Manfred Bierwisch zur Podiumsdiskussion sowie die Beiträge von Klaus Pinkau und Wolfram Fischer in diesem Band.

[240] Es bleibt zu hoffen, daß auch der Präsident der BBAW diese Überzeugung zunehmend teilt. Zu seiner skeptischen Sicht der sogenannten Langzeitvorhaben vgl. die Podiumsdiskussion, S. 353, sowie die Antwort von M. Ash, S. 355.

[241] Vgl. als Illustration den kurzen Austausch zwischen Dieter Simon und Klaus Pinkau zur hohen Honorierung, die die West-Berliner Akademie, nicht aber die BBAW ihren forschungsaktiven Mitgliedern zahlen konnte bzw. kann, während der abschließenden Podiumsdiskussion des Kolloquiums in diesem Band.

Die AdW ging mit dem Gesellschaftssystem zugrunde, dem sie ihre Existenz als Akademie neuer Art verdankte, und dem sie in ihrer Grundstruktur – zentralistisch, multifunktional, politiknah – durchaus entsprach. Wolfgang Frühwald zeigt in seinem Eröffnungsbeitrag zu diesem Band, wie unterschiedlich die öffentliche Forschung außerhalb der Hochschulen in den europäischen Ländern geordnet ist.[242] In den industrialisierten und postindustriellen Gesellschaften der zweiten Hälfte des 20. Jahrhunderts gewannen die Wissenschaften überall an Bedeutung. Man hat von *big science*, *wissenschaftlich-technischer Revolution* und später vom Übergang in die *Wissensgesellschaft* gesprochen. Auf den Wandel im Verhältnis von Wissenschaft und Gesellschaft reagierte man in den verschiedenen Ländern mit unterschiedlichen institutionellen Lösungen. Aber das zentralistische, multifunktionale Akademiemodell existierte und existiert nur im sowjetischen Machtbereich und – sich langsam verändernd – in den Ländern, die um 1990 daraus hervorgingen. Ansonsten finden sich funktional ausdifferenzierte und mehr oder weniger dezentralisierte Arrangements. Funktionale Differenzierung der wissenschaftlichen bzw. wissenschaftsorganisatorischen Institutionen und Dezentralisierung der wissenschaftlichen Forschung sind ausgesprochen kennzeichnend für das bundesrepublikanische Wissenschaftssystem; dies entspricht auch älteren deutschen Traditionen und markiert graduelle Unterschiede zu anderen europäischen Ländern. Letztlich liegt darin eine Stärke des deutschen Wissenschaftssystems mit seiner starken Selbstverwaltungstradition, wenngleich man sich bisweilen effektivere Koordinierungsmechanismen wünscht und Veränderungen auf dem Weg sind.[243] Eine Institution, die wie die AdW die Funktionen von DFG, MPG, FhG, AGF und Akademien verknüpfte und teilweise auch die Aufgaben eines Wissenschaftsrats wahrnahm – all dies mit zentralistischem Anspruch –, war mit dem bundesrepublikanischen System nicht kompatibel und in der Konkurrenz mit dezentralisierteren, ausdifferenzierten Systemen unterlegen. Überdies prägten die durchpolitisierten Bedingungen, unter denen die AdW ihre Gestalt gewonnen und ihr Personal rekrutiert hatte, ihren Inhalt, ihre Zusammensetzung und ihren Geist in vielfältiger, keineswegs rasch zu verändernder Weise. Ihre Auflösung oder radikale Veränderung – schon in der unmittelbaren Zeit der „Wende“ von Wissenschaftlern der AdW selbst eingeleitet – war insofern eine Notwendigkeit, so bestreitbar und umstritten bleibt, ob sie in Form einer schlichten Ersetzung durch das bundesrepublikanische Modell erfolgen mußte, ob nicht intelligentere Lösungen möglich gewesen wären und ob nicht die Verluste wissenschaftlicher und lebensgeschichtlicher Art durch eine andere Politik hätten geringer gehalten werden können.

Wie der internationale Vergleich ergibt, besitzen die Wissenschaftsakademien in Europa – und auch außerhalb des ehemals sowjetisch bestimmten Bereichs – je nach Land sehr verschiedene Funktionen und unterschiedliches Gewicht.[244] Es gibt nicht *den* Normalweg der europäischen Akademiegeschichte, und die Zukunft muß nicht die bloße Fortsetzung

[242] Vgl. den Beitrag von Wolfgang Frühwald in diesem Band.

[243] Vgl. ebd.

[244] Vgl. die Beiträge von Guy Ourisson zu Frankreich, Wolfgang Frühwald zur Bundesrepublik, Ferenc Glatz zu Ungarn und Karel Müller/Jan Janko zu Tschechien in diesem Band.

der Vergangenheit sein. Es gibt Platz für Entwürfe und Reformen. Doch Akademien sind auf breite Anerkennung angewiesen, sonst funktionieren sie nicht. Überall haben sie die Konstellation zu berücksichtigen, die sich im Wissenschaftssystem ihres Landes über lange Zeit herausgebildet hat und ihren Spielraum definiert. Dies gilt auch für Deutschland mit seinen regionalen Akademien und seinen wohletablierten und funktional spezialisierten Wissenschaftsorganisationen à la MPG, DFG etc. Überspringen oder sprengen läßt sich diese Konstellation nicht, wie das Ende der beiden in Berlin residierenden Akademien 1989/90 zeigt, vielleicht aber schrittweise verbessern.

Die 1993 gegründete BBAW nahm aus ihren beiden Berliner Vorgänger-Institutionen wertvolle Bestandteile auf: aus der PAW/AdW das Klassenprinzip und die prestigereichen Langzeit-Forschungsunternehmen von der Sammlung antiker Inschriften bis zum Grimmschen Wörterbuch und zur Leibniz-Edition; aus der AWB das interdisziplinäre Arbeitsgruppenprinzip und die Bereitschaft zur Bearbeitung großer gesellschaftlicher Gegenwartsfragen, aus beiden die Gelehrtengesellschaft, die überregionale Rekrutierung und den hauptberuflichen Präsidenten. Zugleich entwickelte sie vielfach Neues und gestaltete sich gemäß der Hypothese, daß der säkulare Funktionsverlust der Akademien, der historisch zu konstatieren ist, nicht umgekehrt, wohl aber von der Erschließung neuer Tätigkeitsgebiete konterkariert werden kann. Denn zum einen haben Fragmentierung und Unübersichtlichkeit im stark ausgeweiteten, höchst differenzierten und rasch sich verändernden Wissenschaftssystem erheblich zugenommen. Es bedarf neuer Clearing-Stellen, Kristallisationskerne und Verknüpfungsversuche über die jeweilige Spezialisierung hinaus, mit neuen Ideen und Verfahren. Die Akademie ist der richtige Ort, an dem die Wissenschaften über ihr Verhältnis zueinander und damit über sich selbst und ihre Zukunft nachdenken, mit Folgen für ihre Fragestellungen und ihre Arbeitsweise. Zum andern ändert sich das Verhältnis von Wissenschaft und Öffentlichkeit. Die Ansprüche der Öffentlichkeit nehmen zu, ihre Kritik an der Wissenschaft auch, und umgekehrt wird die wissenschaftliche Beratung der Gesellschaft eher noch dringender. Durch die öffentliche Diskussion großer Fragen der Gegenwart kann die Akademie ein Forum zur neuartigen Vermittlung von Wissenschaft und Öffentlichkeit werden. Schließlich erreicht die internationale Vernetzung der Wissenschaften in diesem Jahrzehnt der Digitalisierung und Globalisierung eine neue Qualität. Neue Chancen und Aufgaben ergeben sich daraus, auch für die BBAW.[245]

Sie hat es mit einem klar erweiterten Aufgabenspektrum zu tun, das aus verschiedenen Traditionen und neuartigen Herausforderungen stammt. Ob sie dem gewachsen sein kann, wird sich zeigen. Klar aber ist, daß sie nur durch Erschließung neuer Aufgabenfelder der traditionalistischen Beschränkung entgehen kann, wie sie umgekehrt ihre neuen Aufgaben nur dann erfüllen kann, wenn sie ihre herkömmlichen nicht marginalisiert. Erst aus der Verflechtung der Funktionen bezieht sie die Legitimität und die Kraft zur Erfüllung jeder einzelnen.

[245] Vgl. zum Zusammenhang zwischen Aufschwung der Pariser Akademie in der zweiten Hälfte des 20. Jahrhunderts und ihrer Wahrnehmung internationaler Aufgaben den Beitrag von Guy Ourisson in diesem Band.

Literatur

Abgesang auf die Akademie der Wissenschaften zu Berlin. Warum die Akademie zum Nutzen der Wissenschaft aufgelöst werden muß, hrsg. von einer Ad-hoc-Gruppe in der Redaktion von Wilfried Elfferding und Hilde Schramm, Berlin 1989.

Akademie der Wissenschaften der DDR (Hrsg.): *Kurzcharakteristik der Institute und Einrichtungen sowie konzeptionelle Vorstellungen für deren Entwicklung und Zuordnung,* Teil I, Berlin 1990.

Akademie für Gesellschaftswissenschaften beim ZK der SED 1951–1981, Berlin 1981.

Albrecht, Ulrich/Andreas Heinemann-Grüder/Arend Wellmann: *Die Spezialisten.* Deutsche Naturwissenschaftler und Techniker in der Sowjetunion nach 1945, Berlin 1992.

Bielka, Heinz: *Beiträge zur Geschichte der Medizinisch-Biologischen Institute Berlin-Buch 1930–1995,* Berlin 1995.

Brenner, Günter: „Organisation und Aufbau der Akademien der Wissenschaften", in: *Deutsche Universitätszeitung* 22 (1968), Heft 2.

Brocke, Bernhard vom: „Verschenkte Optionen. Die Herausforderung der Preußischen Akademie durch neue Organisationsformen der Forschung um 1900", in: Kocka, *Königlich Preußische Akademie,* S. 119 bis 147.

Brosin, Hans Jürgen: *Zur Geschichte der Meeresforschung in der DDR,* Institut für Ostseeforschung Warnemünde 1996.

Buthmann, Reinhard: *Hochtechnologien und Staatssicherheit.* Die strukturelle Verankerung des MfS in Wissenschaft und Forschung der DDR (= Schriften BStU, Reihe B: Analysen und Berichte, Nr. 1/2000), Berlin 2000.

Dubiel, Helmut/Wilfried Elfferding/Ulf Kadritzke/Monika Oubaid/Hilde Schramm: *Streitschrift gegen die Akademie der Wissenschaften.* Ein Lehrstück neokonservativer Wissenschaftspolitik, hrsg. von der Alternativen Liste, Fraktion des Abgeordnetenhauses Berlin, Berlin 1986.

Eibl, Christina: *Der Physikochemiker Peter Adolf Thiessen als Wissenschaftsorganisator (1899–1990).* Eine biographische Studie, Diss., Stuttgart 1998.

Ernst, Anna Sabine: *Die beste Prophylaxe ist der Sozialismus.* Ärzte und medizinische Hochschullehrer in der SBZ/DDR 1945–1961, Münster 1997.

Ernst, Anna Sabine/Gerwin Klinger: „Der Wille zum Skandal. Der Ausschluß Ernst Blochs aus der Deutschen Akademie der Wissenschaften", in: *Deutschland Archiv* 28 (1995), S. 1253–1263.

Fischer, Wolfram (Hrsg.) unter Mitarbeit von Rainer Hohlfeld und Peter Nötzoldt: *Die Preußische Akademie der Wissenschaften zu Berlin 1914–1945* (= Forschungsberichte Interdisziplinären Arbeitsgruppen der Berlin-Brandenburgischen Akademie der Wissenschaften 8), Berlin 2000.

Fischer, Wolfram/Frank Zschaler: „Wirtschafts- und Sozialgeschichte", in: Kocka/Mayntz, *Wissenschaft und Wiedervereinigung,* S. 361–434.

Gläser, Jochen/Werner Meske: *Anwendungsorientierung von Grundlagenforschung?* Erfahrungen der Akademie der Wissenschaften der DDR, Frankfurt/M. – New York 1996.

Grau, Conrad: „Die Preußische Akademie und die Wiederanknüpfung internationaler Wissenschaftskontakte nach 1918", in: Fischer, *Preußische Akademie,* S. 279–315.

Grau, Conrad: „Der Akademiegedanke in Berlin nach 1945 aus wissenschaftshistorischer Sicht", in: *Zeitschrift für Geschichtswissenschaft* 40 (1992), S. 131–149.

Harnack, Adolf von: *Geschichte der Königlich Preußischen Akademie der Wissenschaften zu Berlin,* 3 Bde., Berlin 1900.

Hartkopf, Werner: *Die Berliner Akademie der Wissenschaften.* Ihre Mitglieder und Preisträger 1700–1990, Berlin 1992.

Hartkopf, Werner/Gert Wangermann (Hrsg.): *Dokumente zur Geschichte der Berliner Akademie der Wissenschaften von 1700 bis 1990* (= Berliner Studien zur Wissenschaftsgeschichte 1), Heidelberg – Berlin – New York 1991.

Hein-Weingarten, Katharina: *Das Institut für Kosmosforschung der Akademie der Wissenschaften der DDR.* Ein Beitrag zur Erforschung der Wissenschaftspolitik der DDR am Beispiel der Weltraumforschung von 1957–1991, Berlin 2000.

Herzberg, Guntolf: *Abhängigkeit und Verstrickung.* Studien zur DDR-Philosophie, Berlin 1996.

Herzberg, Guntolf: *Aufbruch und Abwicklung.* Neue Studien zur Philosophie in der DDR, Berlin 2000.

Hoffmann, Dieter: „Wider der geistigen Trennung. Die Max-Planck-Feier(n) in Berlin", in: *Deutschland Archiv* 29 (1996) 4, S. 525–534.

Hoffmann, Dieter: „Der Physikochemiker Robert Havemann (1910–1982) – eine deutsche Biographie", in: Hoffmann/Macrakis, *Naturwissenschaft und Technik*, S. 319–336.

Hoffmann, Dieter/Kristie Macrakis (Hrsg.): *Naturwissenschaft und Technik in der DDR*, Berlin 1997.

Jessen, Ralph: *Akademische Elite und kommunistische Diktatur.* Die ostdeutsche Hochschullehrerschaft in der Ulbricht-Ära, Göttingen 1999.

Jessen, Ralph: „Professoren im Sozialismus. Aspekte des Strukturwandels der Hochschullehrerschaft in der Ulbricht-Ära", in: Hartmut Kaelble/Jürgen Kocka/Hartmut Zwahr (Hrsg.), *Sozialgeschichte der DDR*, Stuttgart 1994, S. 217–252.

Kehl, Matthias: „Zur Etablierung der marxistisch-leninistischen Volkskunde am Zentralinstitut für Geschichte", in: Sabrow/Walther, *Historische Forschung*, S. 244–265.

Ketz, Hans-Albrecht: „Forschungen und Forschungsergebnisse des Instituts für Ernährung in Potsdam-Rehbrücke. Eine historische Betrachtung", in: *Ernährungsforschung* 4 (1995), S. 205–242.

Kewenig, Wilhelm A.: „Gedankenskizze zur Gründung einer Akademie der Wissenschaften in Berlin, in: *Jb. der AWB 1987*, S. 271–280.

Kocka, Jürgen/Renate Mayntz (Hrsg.): *Wissenschaft und Wiedervereinigung.* Disziplinen im Umbruch (= Forschungsberichte der Interdisziplinären Arbeitsgruppen der Berlin-Brandenburgischen Akademie der Wissenschaften 6), Berlin 1998.

Kocka, Jürgen: „Einleitung", in: Kocka, *Königlich Preußische Akademie,* S. IX–XVIII.

Kocka, Jürgen (Hrsg.) unter Mitarbeit von Rainer Hohlfeld und Peter Th. Walther: *Die Königlich Preußische Akademie der Wissenschaften zu Berlin im Kaiserreich* (= Forschungsberichte der Interdisziplinären Arbeitsgruppen der Berlin-Brandenburgischen Akademie der Wissenschaften 7), Berlin 1999.

Kowalczuk, Ilko-Sascha: „Volkserhebung ohne ‚Geistesarbeiter'"?, in: ders./Armin Mitter/Stefan Wolle (Hrsg.), *Der Tag X – 17. Juni 1953.* Die ‚Innere Staatsgründung' der DDR als Ergebnis der Krise 1952/54, Berlin 1995, S. 129–169.

Kuczynski, Jürgen: *„Ein linientreuer Dissident".* Memoiren 1945–1989, Berlin – Weimar 1992.

Laitko, Hubert: „Das Reformpaket der sechziger Jahre – wissenschaftspolitisches Finale der Ulbricht-Ära", in: Hoffmann/Macrakis, *Naturwissenschaft und Technik*, S. 35–57.

Landrock, Rudolf: *Die Deutsche Akademie der Wissenschaften zu Berlin 1945–1971 – ihre Umwandlung zur sozialistischen Forschungsakademie.* Eine Studie zur Wissenschaftspolitik der DDR, 3 Bde. (= Analysen und Berichte aus Gesellschaft und Wissenschaft), Erlangen – Nürnberg 1977.

Leibniz, Gottfried Wilhelm: „Denkschrift in Bezug auf die Einrichtung einer Societas Scientiarium et Artium in Berlin vom 26. März 1700, bestimmt für den Kurfürsten", in: Harnack, *Geschichte der Akademie*, Bd. II, S. 79.

Liewers, Peter (Hrsg.): *Zur Geschichte der Kernenergie in der DDR*, Frankfurt/M. – New York 2000.

Macrakis, Kristie: „Einheit der Wissenschaft versus deutsche Teilung: Die Leopoldina und das Machtdreieck in Ostdeutschland", in: Hoffmann/Macrakis, *Naturwissenschaft und Technik*, S. 147–169.

Müller, Silvia/Bernd Florath (Hrsg.): *Die Entlassung.* Robert Havemann und die Akademie der Wissenschaften 1965/66 (= Schriftenreihe des Robert-Havemann-Archivs 1), Berlin 1996.

Niemann, Heinz: *Meinungsforschung in der DDR.* Die geheimen Berichte des Instituts für Meinungsforschung an das Politbüro der SED, Köln 1993.

Neue Wege der wissenschaftlich-technischen Forschung, Wissenschaft und Fortschritt, Berlin 1957.

Nötzoldt, Peter: *Wolfgang Steinitz und die Deutsche Akademie der Wissenschaften zu Berlin.* Zur politischen Geschichte der Institution (1945–1968), Diss., Berlin 1998.

Pirker, Theo et al.: *Der Plan als Befehl und Fiktion.* Wirtschaftsführung in der DDR, Opladen 1995.

Rösler, Hans Jürgen: *Das Leben und das wissenschaftliche Werk von Friedrich Leutwein.* Eine Reminiszenz zu seinem 80. Geburtstag (= Sitzungsberichte der SAW, Mathematisch-naturwissenschaftliche Klasse, Bd. 123 [1992], Heft 5), Berlin 1992.

Sabrow, Martin: *Das Diktat des Konsenses.* Geschichtswissenschaft in der DDR, 1949–1969, München 2001.

Sabrow, Martin/Peter Th. Walther (Hrsg.): *Historische Forschung und sozialistische Diktatur.* Beiträge zur Geschichtswissenschaft der DDR (= Beiträge zur Universalgeschichte und vergleichenden Gesellschaftsforschung 13), Leipzig 1995.

Scheler, Werner: *Von der Deutschen Akademie der Wissenschaften zu Berlin zur Akademie der Wissenschaften der DDR.* Abriss der Genese und Transformation der Akademie, Berlin 2000.

Stange, Thomas: „Die Genese des Instituts für Hochenergiephysik der Deutschen Akademie der Wissenschaften zu Berlin 1940–1970" (= DESY-THESIS 019), Hamburg 1998.

Stark, Isolde: „Der Runde Tisch der Akademie und die Reform der Akademie der Wissenschaften der DDR nach der Herbstrevolution 1989: Ein gescheiterter Versuch der Selbsterneuerung", in: *Geschichte und Gesellschaft* 23 (1997), S. 423–445.

Storost, Jürgen: *300 Jahre romanische Sprachen und Literaturen an der Berliner Akademie der Wissenschaften* (= Berliner Beiträge zur Wissenschaftsgeschichte 4), 2 Bde., Frankfurt/M. – New York 2001.

Tandler, Agnes Charlotte: *Geplante Zukunft.* Wissenschaftler und Wissenschaftspolitik in der DDR 1955 bis 1971, Diss., Florenz 1997.

Tent, James F.: *Freie Universität Berlin 1948–1988.* Eine deutsche Hochschule im Zeitgeschehen, Berlin 1988.

Umweltforschungszentrum Leipzig-Halle (Hrsg.): *Leipzig Permoserstraße.* Zur Geschichte eines Industrie- und Wissenschaftsstandorts, Leipzig 2001.

„*... und die Vergangenheit sitzt immer am Tisch*". Dokumentation zur Geschichte der Akademie der Künste (West), 1945/50–1993, zusammengestellt und kommentiert von Christine Fischer-Defoy, Berlin 1997.

Vierzig Jahre Institut für Marxismus-Leninismus beim ZK der SED 1949–1989, Berlin 1989.

Walther, Peter Th.: „It Takes Two to Tango". Interessenvertretungen an der Deutschen Akademie der Wissenschaften zu Berlin in den fünfziger Jahren, in: *Berliner Debatte Initial* 6 (1995), 4/5, S. 68–78.

Walther, Peter Th.: „Fritz Hartung und die Umgestaltung der historischen Forschung an der Deutschen Akademie der Wissenschaften zu Berlin", in: Sabrow/Walther, *Historische Forschung,* S. 59–73.

WITEGA e.V. (Hrsg.): *Zur Geschichte von chemischen Forschungsstätten der Akademie der Wissenschaften* (= Wissenschaftshistorische Adlershofer Splitter 1), Berlin 1996.

WITEGA e.V. (Hrsg.): *Das Heinrich-Hertz-Institut in Berlin Adlershof.* Beiträge zur Entwicklung einer traditionsreichen Forschungseinrichtung im Wissenschaftsstandort Berlin-Adlershof in den Jahren 1950 bis 1991 (= Wissenschaftshistorische Adlershofer Splitter 2), Berlin 1997.

WITEGA e.V. (Hrsg.): *Zur Geschichte der Forschungsgemeinschaft der naturwissenschaftlichen, technischen und medizinischen Einrichtungen der Deutschen Akademie der Wissenschaften zu Berlin* (= Wissenschaftshistorische Adlershofer Splitter 3), Berlin 1997.

WITEGA e.V. (Hrsg.): *Zur Geschichte physikalischer, technischer und mathematischer Forschungsstätten der Deutschen Akademie der Wissenschaften zu Berlin in Berlin-Adlershof bis zum Ende der 1960er Jahre* (= Wissenschaftshistorische Adlershofer Splitter 4), Berlin 1998.

WITEGA e.V. (Hrsg.): *Zur Geschichte der chemischen Großforschungsinstitute der Akademie der Wissenschaften der DDR in Berlin-Adlershof von Ende der 60er bis Anfang der 90er Jahre* (= Wissenschaftshistorische Adlershofer Splitter 5), Berlin 1999.

WITEGA e.V. (Hrsg.): *Vom optimistischen Laboratorium in Berlin-Karow bis zum Zentralinstitut für Optik und Spektroskopie in den Jahren 1946–1991*. Zur Vorgeschichte und Geschichte des Instituts für Optik und Spektroskopie am Forschungsstandort Berlin-Adlershof (= Wissenschaftshistorische Adlershofer Splitter 6), Berlin 2000.

WITEGA e.V. (Hrsg.): *Zur Geschichte physikalischer, technischer und mathematischer Forschungsstätten der Akademie der Wissenschaften der DDR in Berlin-Adlershof in den 70er und 80er Jahren* (= Wissenschaftshistorische Adlershofer Splitter 7), Berlin 2001.

Wolf, Hans-Georg: *Organisationsschicksale im deutschen Vereinigungsprozeß*. Die Entwicklungswege der Institute der Akademie der Wissenschaften der DDR = Schriften des Max-Planck-Instituts für Gesellschaftsforschung in Köln 27), Frankfurt/M. – New York 1996.

Zierold, Kurt: *Forschungsförderung in drei Epochen*. Deutsche Forschungsgemeinschaft. Geschichte – Arbeitsweise – Kommentar, Wiesbaden 1968.

Zwischen Diskussion und Disziplin. Dokumentation zur Geschichte der Akademie der Künste (Ost), 1945/50–1993, unter Mitarbeit von Inge Jens zusammengestellt und kommentiert von Ulrich Dietzel und Gudrun Geißler, Berlin 1997.

Anhang

Abkürzungsverzeichnis

AAW Berlin	Archiv der Berlin-Brandenburgischen Akademie der Wissenschaften
AAW Moskau	Archiv der Rußländischen Akademie der Wissenschaften
AdW	Akademie der Wissenschaften der DDR
AGF	Arbeitsgemeinschaft der Großforschungseinrichtungen
AiF	Arbeitsgemeinschaft industrieller Forschungsvereinigungen „Otto von Guericke" e.V.
AKL	Akademieleitung
AL	Alternative Liste (Berlin [West])
ALLEA	Alliance Européenne des Académies
APL	Akademie-Parteileitung der SED
AIP	American Institute of Physics
AM	Auswärtiges Mitglied
AV ČR	Akademie Věd České Republiky (Akademie der Wissenschaften der Tschechischen Republik)
AWB	Akademie der Wissenschaften zu Berlin [West]
AWP RF	Archif vnešnej politik Rossiskoj federacii (Archiv für Außenpolitik der Rußländischen Föderation)
BA/B	Bundesarchiv Berlin
BA/K	Bundesarchiv Koblenz
BAAS	British Association for the Advancement of Science
BAW	Bayerische Akademie der Wissenschaften
BBAW	Berlin-Brandenburgische Akademie der Wissenschaften
BDC	Berlin Document Center im Bundesarchiv
BMFT	Bundesministerium für Forschung und Technik
BRD	Bundesrepublik Deutschland
BStU	Die Bundesbeauftragte für die Unterlagen des Staatssicherheitsdienstes der ehemaligen Deutschen Demokratischen Republik
BV	Bezirksverwaltung des MfS
BzB	Büro für zwischenstaatliche Beziehungen
CADAS	Comité des Applications de l'Académie des Sciences
CAETS	Council of Academies of Engeneering and Technological Sciences
ČAVU	Česká Akademie Věd a Umění (Tschechische Akademie der Wissenschaften und Künste)
CDU	Christlich-Demokratische Union
CERN	Centre Européen de Recherche Nucléaire / Organisation Européenne pour la Recherche Nucléaire
CNR	Consiglio Nazionale delle Ricerche
CNRS	Centre National de la Recherche Scientifique
ČR	Česká Republika (Tschechische Republik)
ČSAV	Československá Akademie Věd (Tschechoslowakische Akademie der Wissenschaften)
ČSR	Československá Republika (Tschechoslowakische Republik)

ČSSR	Československá Socialisticeská Republika (Tschechoslowakische Sozialistische Republik)
CSU	Christlich-Soziale Union
DAL	Deutsche Akademie der Landwirtschaftswissenschaften zu Berlin
DAW	Deutsche Akademie der Wissenschaften zu Berlin
DDR	Deutsche Demokratische Republik
DESY	Deutsches Elektronen-Synchrotron in der Helmholtz-Gemeinschaft
DFG	Deutsche Forschungsgemeinschaft
DGRST	Direction Générale de la Recherche Scientifique et Technique
DLR	Deutsches Zentrum für Luft- und Raumfahrt in der Helmholtz-Gemeinschaft
DM	Deutsche Mark
DSIR	Department of Scientific and Industrial Research
DWK	Deutsche Wirtschaftskommission
DZVV	Deutsche Zentralverwaltung für Volksbildung
EM	Ehrenmitglied
EMAU	Ernst-Moritz-Arndt-Universität Greifswald
ESA	European Space Agency
EU	Europäische Union
FASST	Fault-Tolerant Architecture with Stable Storage Technology
FB	Forschungsbereich
FB B/M	Forschungsbereich Biowissenschaften/Medizin
FDJ	Freie Deutsche Jugend
FDP	Freie Demokratische Partei
FhG	Fraunhofer-Gesellschaft zur Förderung der angewandten Forschung
FnAK	Fondation nationale Alfred Kastler de l'Académie des Sciences
FS	Forschungsstelle
FSU	Friedrich-Schiller-Universität Jena
FZMM	Forschungszentrum für Molekularbiologie und Medizin
Gen.	Genosse der SED
Gewi	Gesellschaftswissenschaften
GMD	Gesellschaft für Mathematische Datenverarbeitung
HA	Hauptabteilung
HAAK	Hauptabteilung Auswertung und Kontrolle des MfS
HAL	Historisches Archiv der Leopoldina
HFR	Hauptforschungsrichtung
HGF	Helmholtz-Gemeinschaft deutscher Forschungszentren
HJ	Hitler-Jugend
HORC	(European Union Research Organization) Heads of Research Councils
HUB	Humboldt-Universität zu Berlin
IAA	International Association of Academies
IAP	Interacademic Panel
ICSU	International Council of Scientific Unions
IGW	Institut für Gesellschaft und Wissenschaft, Erlangen
IM	Inoffizieller Mitarbeiter des MfS
INSERM	Institut national de la Santé et de la Recherche Médicale
IRC	International Research Council
ITW	Institut für Theorie, Geschichte und Organisation der Wissenschaft
IZV UK	Institut základů vzdělanosti Univerzity Karlovy
Jb.	Jahrbuch
JSPS	Japan Society of the Promotion of Science
KAI	Koordinierungs- und Abwicklungsstelle für die Institute und Einrichtungen der ehemaligen Akademie der Wissenschaften der DDR / Koordinierungs- und Aufbau-Initiative für die Forschung in den Ländern Berlin, Brandenburg, Mecklenburg-Vorpommern, Sachsen, Sachsen-Anhalt und Thüringen e.V.

KČSN	Královská Česká Společnost Nauk (Königlich Böhmische Gesellschaft der Wissenschaften)
KFAB	Komplexe Forschungsaufgabe Biotechnologie
KM	Korrespondierendes Mitglied
KPD	Kommunistische Partei Deutschlands
KPdSU	Kommunistische Partei der Sowjetunion
KSČ	Komunistická Strana Československá (Kommunistische Partei der Tschechoslowakei)
KWG	Kaiser-Wilhelm-Gesellschaft
KWI	Kaiser-Wilhelm-Institut
MAP	Masarykova Akademie Práce (Masaryk-Akademie der Arbeit)
MfAA	Ministerium für Auswärtige Angelegenheiten der DDR
MfS	Ministerium für Staatssicherheit der DDR
MGH	Monumenta Germaniae Historica
MHF	Ministerium für Hoch- und Fachschulwesen der DDR
MIT	Massachusetts Institute for Technology
ML	Marxismus/Leninismus
MLU	Martin-Luther-Universität Halle-Wittenberg
MOGEVUS	Molekulare Grundlagen der Entwicklungs-, Vererbungs- und Steuerungsprozesse (Kooperationsverband)
MPG	Max-Planck-Gesellschaft
MPGA	Archiv zur Geschichte der Max-Planck-Gesellschaft
MSZMP	Magyar Szocialista Munkáspárt (Ungarische Sozialistische Arbeiterpartei)
MWT	Ministerium für Wissenschaft und Technik der DDR
NAS	National Academy of Science
NDB	Neue Deutsche Biographie
NIH	National Inistitutes of Health
NL	Nachlaß
N. N.	nicht nachweisbar
NÖSPL	Neues Ökonomisches System der Planung und Leitung
NRC	National Research Council
NSW	Nichtsozialistisches Wirtschaftsgebiet
NSDAP	Nationalsozialistische Deutsche Arbeiterpartei
NS	Nationalsozialismus, nationalsozialistisch
NSF	National Science Foundation
NSFC	National Natural Science Foudation of China
NSL/IO	Abteilung Nichtsozialistische Länder/Internationale Organisationen
NSWO	Nederlandse Organisatie voor Wetenschappelijk Onderzoek
OECD	Organization for Economic Cooperation and Development
OM	Ordentliches Mitglied
OV	Operativer Vorgang des MfS
PAW	Preußische Akademie der Wissenschaften
Pg.	Parteigenosse der NSDAP
PNAS	Proceedings of the National Academy of Sciences
REM	Reichsministerium für Wissenschaft, Erziehung und Volksbildung
RFR	Reichsforschungsrat
RGW	Rat für Gegenseitige Wirtschaftshilfe
RM	Reichsmark
RMW	Rat für Medizinische Wissenschaft der DDR
RST	Rapports sur la Science et la Technologie
SAPMO	Stiftung Archiv der Parteien und Massenorganisationen der DDR im Bundesarchiv
Sb.	Sitzungsbericht
SBB	Staatsbibliothek zu Berlin – Preußischer Kulturbesitz
SED	Sozialistische Einheitspartei Deutschlands
SEK	Staatliche Erziehungs-Kommission in China

SHF	Staatssekretariat für Hoch- und Fachschulwesen der DDR
SKK	Sowjetische Kontrollkommission
SMAD	Sowjetische Militäradministration in Deutschland
SPD	Sozialdemokratische Partei Deutschlands
StEG	Strafrechtsergänzungsgesetz der DDR
SU	Sowjetunion
TH	Technische Hochschule
TU	Technische Universität
UAW	Ungarische Akademie der Wissenschaften (Magyar Tudományos Akadémia)
UAI	Union Académique Internationale
UdSSR	Union der Sozialistischen Sowjetrepubliken
UNO	United Nations Organization
USA	United States of America
VBE	Vollbeschäftigten-Einheit
VD	Vertrauliche Dienstsache
VDE	Verwaltungs- und Dienstleistungseinrichtungen
VVS	Vertrauliche Verschlußsache
WAO	Wissenschaftliche Arbeitsorganisation
WHO	World Health Organization
WGL	Wissenschaftsgemeinschaft „Gottfried Wilhelm Leibniz"
WITEGA	Wissenschaftlich-technische Gesellschaft Berlin-Adlershof e.V.
WTZ	Abkommen über die Wissenschaftlich-technische Zusammenarbeit
ZFT	Zentralamt für Forschung und Technik
ZIHK	Zentralinstitut für Herz-Kreislaufforschung
ZIK	Zentralinstitut für Krebsforschung
ZIL	Zentralinstitut für Literaturwissenschaft
ZIM	Zentralinstitut für Molekularbiologie
ZIS	Zentralinstitut für Sprachwissenschaft
ZK	Zentralkomitee
ZMW	Zentrum für Medizinische Wissenschaft
ZPA	Zentrales Parteiarchiv der SED im SAPMO
ZWG	Zentrum für Wissenschaftlichen Gerätebau

Abbildungsverzeichnis

Abbildungen, wenn nicht anders ausgewiesen, aus der Bildersammlung des Akademiearchivs der Berlin-Brandenburgischen Akademie der Wissenschaften.

Autorenverzeichnis

Mitchell G. Ash, geb. 1948 in New York. Ordentlicher Professor für Geschichte der Neuzeit an der Universität Wien, vorher an der University of Iowa, 1982 Ph. D. Seit 1999 Vizepräsident, ab 2002 Präsident der Gesellschaft für Wissenschaftsgeschichte. Mitglied der Berlin-Brandenburgischen Akademie der Wissenschaften. Forschungen und Veröffentlichungen zur Sozial- und Kulturgeschichte der Wissenschaften in der Neuzeit, u. a.: Gestalt-Psychologie in German Culture 1890–1967 (1995); (mit A. Söllner Hrsg.) Forced Migration an Scientific Change: Emigre German-Speaking Scientists an Scholars after 1933 (1996); (als Hrsg.) Mythos Humboldt. Vergangenheit und Zukunft der deutschen Universitäten (1999); (mit Christian Stifter Hrsg.) Wissenschaft, Politik und Öffentlichkeit. Von der „Wiener Moderne" bis heute (2002).

Manfred Bierwisch, geb. 1930 in Halle/Saale. Studium der Germanistik und Philosophie in Leipzig, 1961 Promotion. 1957–1962 Assistent am Institut für deutsche Sprache und Literatur an der Deutschen Akademie der Wissenschaften zu Berlin, 1962–1980 wissenschaftlicher Mitarbeiter, 1980–1991 Leiter der Forschungsgruppe Kognitive Linguistik an der Akademie der Wissenschaften der DDR. 1985 Ernennung zum Professor für Linguistik an der Akademie der Wissenschaften der DDR und zum Auswärtigen Mitglied der Max-Planck-Gesellschaft. 1992–1996 Leiter der Max-Planck-Arbeitsgruppe Strukturelle Grammatik an der Humboldt-Universität zu Berlin. Mitglied und 1993–1998 Vizepräsident der Berlin-Brandenburgischen Akademie der Wissenschaften. Zahlreiche Veröffentlichungen zur Sprachwissenschaft.

Rüdiger vom Bruch, geb. 1944. Studium der Geschichte, Germanistik und Politischen Wissenschaft an der Freien Universität Berlin und in Münster, 1978 Promotion, 1987 Habilitation für Neuere Geschichte an der Universität München. Seit 1993 Professor für Wissenschaftsgeschichte am Institut für Geschichtswissenschaften der Humboldt-Universität zu Berlin, 1996/97 Inhaber des Konrad-Adenauer-Lehrstuhls an der Georgetown University Washington D.C. Zahlreiche Veröffentlichungen zur Wissenschafts- und Kulturgeschichte, u. a.: Weltpolitik als Kulturmission (1992); (mit Brigitte Kaderas Hrsg.) Wissenschaften und Wissenschaftspolitik (2002). Herausgeber des Jahrbuchs für Universitätsgeschichte und der Schriftenreihe „Pallas Athene".

Wolfram Fischer, geb. 1928 in Tannenberg/Schlesien. 1947–1951 Studium der Geschichte, Germanistik und Philosophie in Heidelberg und Tübingen, 1951 Promotion zum Dr. phil., 1951–1954 Studium der Wirtschafts- und Sozialwissenschaften in Tübingen, Göttingen, London und Berlin, 1954 Promotion zum Dr. rer. pol., 1960 Habilitation. Seit 1964 Ordentlicher Professor der Wirtschafts- und Sozialgeschichte an der Freien Universität Berlin, 1996 emeritiert, mehrfache Gastprofessuren in den USA, Großbritannien, Kanada und Israel, Mitglied der Berlin-Brandenburgischen Akademie der Wissenschaften, der Academia Europæa in London und anderer internationaler Wissenschaftsorganisationen. 1997–2000 Stellvertretender Sprecher der Arbeitsgruppe „Berliner Akademiegeschichte im 19. und 20. Jahrhundert" der Berlin-Brandenburgischen Akademie der Wissenschaften. Zahlreiche Veröffentlichungen zur Wirtschafts-, Sozial- und Wissenschaftsgeschichte.

Eckart Förtsch, Studium der Geschichte und Politikwissenschaft, 1964 Promotion. Bis 1991 wissenschaftlicher Mitarbeiter am Institut für Gesellschaft und Wissenschaft an der Universität Erlangen-Nürnberg und bis 1995 im Bundesministerium für Technologie, Außenstelle Berlin. Veröffentlichungen zur Forschungspolitik, zur DDR-Geschichte und zu Problemen internationaler Wissenschaftsbeziehungen, u. a.: Forschung und Entwicklung in den neuen Bundesländern (1991).

Wolfgang Frühwald, geb. 1935 in Augsburg. 1954–1958 Studium der Germanistik, Geschichte, Geographie und Philosophie, 1961 Promotion, 1969 Habilitation. Professor für Neuere Deutsche Literaturgeschichte an der Universität München. 1992–1997 Präsident der Deutschen Forschungsgemeinschaft, seit 1999 Präsident der Alexander von Humboldt-Stiftung. Mitglied der Berlin-Brandenburgischen Akademie der Wissenschaften, der Academia Europæa in London sowie anderer internationaler Wissenschaftsorganisationen und Akademien.

Sybille Gerstengarbe, geb. 1950 in Halle/Saale. Studium der Biologie an der Martin-Luther-Universität Halle-Wittenberg. 1981 Promotion. 1985–1991 wissenschaftliche Mitarbeiterin am Institut für Biochemie der Pflanzen der Akademie der Wissenschaften der DDR in Halle. Seit 1992 wissenschaftshistorische Forschungen und Veröffentlichungen zur Geschichte der Leopoldina im Dritten Reich und in der DDR.

Ferenc Glatz, geb. 1941. Studium der Geschichte in Budapest. Seit 1965 wissenschaftlicher Mitarbeiter der Ungarischen Akademie der Wissenschaften, 1988–1996 und seit 2002 Direktor des Instituts für Geschichte und Vorsitzender des Forschungszentrums Gesellschaftswissenschaften der Ungarischen Akademie der Wissenschaften. 1996–2002 Präsident der Ungarischen Akademie der Wissenschaften; seit 1990 Direktor des Europa-Instituts Budapest. 1989/90 ungarischer Minister für Kultur und Bildung. Zahlreiche Veröffentlichungen zur Historiographiegeschichte, historischen Methodik der Moderne und ungarischen Kultur- und Gesellschaftsgeschichte des 19. und 20. Jahrhunderts.

Conrad Grau, geb. 1932 in Magdeburg, gest. 2000 in Bad Freienwalde. Studium der Geschichte an der Humboldt-Universität zu Berlin, 1957–1997 wissenschaftlicher Mitarbeiter der Deutschen Akademie der Wissenschaften zu Berlin, der Akademie der Wissenschaften der DDR und der Berlin-Brandenburgischen Akademie der Wissenschaften. Seit 1982 als Professor Leiter der Arbeitsstelle für Akademiegeschichte, seit 1994 Mitglied der Leibniz-Sozietät e.V. Berlin. Veröffentlichte u. a.: Die Berliner Akademie der Wissenschaften in der Zeit des Imperialismus. Teil I: 1900–1917 (1975); Die Preußische Akademie der Wissenschaften zu Berlin (1993); Berühmte Wissenschaftsakademien (1998).

Rainer Hohlfeld, geb. 1942. 1961–1969 Studium der Biologie in Berlin, Freiburg/Breisgau und Tübingen, 1973 Promotion. 1974–1980 wissenschaftlicher Mitarbeiter am Max-Planck-Institut zur Erforschung der Lebensbedingungen der wissenschaftlich-technischen Welt, 1981–1991 am Institut für Gesellschaft und Wissenschaft an der Universität Erlangen-Nürnberg, seit 1995 an der Berlin-Brandenburgischen Akademie der Wissenschaften, 1997–2000 bei der dortigen Arbeitsgruppe „Berliner Akademiegeschichte im 19. und 20. Jahrhundert". Seit 2001 Moderator der BMBF-Förderinitiative „Science Policy Studies". Arbeitsschwerpunkte: wissenschaftstheoretische, -soziologische und -historische Analysen molekularbiologischer und biomedizinischer Forschung. Veröffentlichte u. a.: (zusammen mit Wolfgang Bonß und Regine Kollek) Wissenschaft als Kontext – Kontexte der Wissenschaft (1993); Die Differenzierung der Naturwissenschaften und ihre Repräsentation in der Akademie 1914–1945, in: Wolfram Fischer, Die Preußische Akademie der Wissenschaften zu Berlin 1914–1945 (2000).

Jan Janko, geb. 1943 in Prag. 1960–1965 Studium der Geobotanik an der Karlsuniversität Prag, 1977 Promotion, 2000 Habilitation für Philosophie und Geschichte der Naturwissenschaften an der Karlsuniversität Prag. Seit 1985 Leiter der Abteilung für Geschichte der Naturwissenschaften und Technik am Institut für Geschichte der Tschechoslowakischen Akademie bzw. seit 1990 am Institut für Theorie und Geschichte der Wissenschaft der Tschechischen Akademie der Wissenschaften. Seit 2000 Leiter der Abteilung für Institutionengeschichte im Archiv der Tschechischen Akademie der Wissenschaften. Veröffentlichte u. a.: Vědy o životě v českých zemích 1750–1950 (Lebenswissenschaften in den böhmischen Ländern, 1997).

Ralph Jessen, geb. 1956. Studium der Geschichte in Münster und Bielefeld, 1989 Promotion. Professor für Neuere Geschichte an der Universität zu Köln. Forschungen zur Sozial- und Politikgeschichte des 19. und 20. Jahrhunderts und zum Hochschulsystem in der DDR. Zahlreiche Veröffentlichungen, u. a.: Polizei im Industrierevier. Modernisierung und Herrschaftspraxis im westfälischen Ruhrgebiet 1848–1914 (1991); (mit Richard Bessel Hrsg.) Die Grenzen der Diktatur. Staat und Gesellschaft in der DDR (1996); Akademische Elite und kommunistische Diktatur. Die ostdeutsche Hochschullehrerschaft in der Ulbricht-Ära (1999).

Horst Klinkmann, geb. 1935 in Teterow. Studium der Humanmedizin, 1971–1990 Lehrstuhlinhaber für Innere Medizin und Direktor der Universitätsklinik für Innere Medizin in Rostock, seit 1992 Dekan der Internationalen Fakultät für Künstliche Organe an der Universität Bologna. 1982–1990 Präsident des Rates für Medizinische Wissenschaften der DDR. 1990–1992 Präsident der Akademie der Wissenschaften in Berlin. Mitglied der Leopoldina, der Leibniz-Sozietät e.V., der Internationalen Akademie der Medizinischen Wissenschaft und weiterer internationaler Akademien und Wissenschaftsorganisationen.

Jürgen Kocka, geb. 1941 in Haindorf/Böhmen. Studium der Geschichte und der Politischen Wissenschaft in Marburg, Wien, Berlin und Chapel Hill, NC. 1968 Promotion an der Freien Universität Berlin, 1972 Habilitation für Neuere und Neueste Geschichte in Münster. Seit 1988 Professor für die Geschichte der industriellen Welt an der Freien Universität Berlin, 1991–2000 Ständiges Wissenschaftliches Mitglied am Wissenschaftskolleg zu Berlin. Mitglied und 1997–2000 Sprecher der Arbeitsgruppe „Berliner Akademiegeschichte im 19. und 20. Jahrhundert" der Berlin-Brandenburgischen Akademie der Wissenschaften. Seit 2000 Präsident der internationalen Historikerorganisation, ab 2001 Präsident des Wissenschaftszentrums Berlin für Sozialforschung. Leibniz-Preis 1992. Zahlreiche Veröffentlichungen zur deutschen, europäischen und nordamerikanischen Geschichte des 19. und 20. Jahrhunderts.

Hubert Laitko, geb. 1935 in Spremberg/Niederlausitz. 1953–1959 Studium der Journalistik und Philosophie in Leipzig und 1960–1963 (postgradual) an der Humboldt-Universität zu Berlin. Seit 1969 wissenschaftlicher Mitarbeiter, 1980–1991 Professor und Bereichsleiter am Institut für Wissenschaftsgeschichte und -organisation (später Institut für Theorie, Geschichte und Organisation der Wissenschaft) an der Deutschen Akademie der Wissenschaften zu Berlin bzw. der Akademie der Wissenschaften der DDR. Mitglied der Leibniz-Sozietät e.V. Veröffentlichungen zur Wissenschaftsgeschichte, u. a.: (zusammen mit einem Autorenkollektiv) Wissenschaft in Berlin. Von den Anfängen bis zum Neubeginn nach 1945 (1987); (zusammen mit Bernhard vom Brocke) Die Kaiser-Wilhelm-/Max-Planck-Gesellschaft und ihre Institute. Studien zu ihrer Geschichte: das Harnack-Prinzip (1996).

Eberhard Lämmert, geb. 1924 in Bonn. Emeritierter Professor für Allgemeine und Vergleichende Literaturwissenschaft an der Freien Universität Berlin, vorher in Bonn und Heidelberg. Seit 1992 Leiter des Forschungsschwerpunktes Literaturwissenschaft an der FU Berlin, ab 1996 Direktor des Zentrums für Literaturforschung und bis 1999 Vorstandsvorsitzender der Geisteswissenschaftlichen Zentren Berlin. 1976–1983 Präsident der Freien Universität Berlin. Zahlreiche Veröffentlichungen, u. a.: Das überdachte Labyrinth. Ortsbestimmung der Literaturwissenschaft 1960 bis 1990 (1991); Der lange Anlauf. Von der Evaluierung zur Chancengleichheit der Wissenschaftler in Ost und West (1993); Ist die Germanistik noch eine deutsche Wissenschaft? (1998).

Renate Mayntz, geb. 1929 in Berlin. Studium am Wellesley College und an der Freien Universität Berlin, 1953 Promotion, 1957 Habilitation. 1965 Ordinarius für Soziologie an der FU Berlin, 1971 an der Hochschule für Verwaltungswissenschaften Speyer, 1973 an der Universität Köln. 1985 Gründerin und Direktorin des Max-Planck-Instituts für Gesellschaftsforschung in Köln. 1997 emeritiert. Mitglied der Berlin-Brandenburgischen Akademie der Wissenschaften. Forschungen und Veröffentlichungen zur sozialwissenschaftlichen Makrotheorie, vergleichenden Gesellschafts- und Politikforschung, Organisations- und Verwaltungstätigkeit und Techniksoziologie, u. a.: Deutsche Forschung im Einigungsprozeß. Die Transformation der Akademie der Wissenschaften der DDR 1989–1992 (1995); (mit Uwe Schimank und Peter Weingart Hrsg.) Transformation mittel- und osteuropäischer Wissenschaftssysteme (1995); (mit Jürgen Kocka Hrsg.) Wissenschaft und Wiedervereinigung. Disziplinen im Umbruch (1998).

Karel Müller, Ingenieurstudium in Prag, Promotion, Habilitation. Wissenschaftlicher Mitarbeiter der Tschechischen Akademie der Wissenschaften und Dozent an der Karlsuniversität Prag. Forschungen und Veröffentlichungen zur sozialen Dimension von Wirtschaft, Wissenschaft und Technik.

Manfred Naumann, geb. 1925 in Chemnitz. Studium der Romanistik, Promotion und Habilitation an der Universität Leipzig. 1957 Professor an der Friedrich-Schiller-Universität Jena, 1959–1961 Berufsverbot wegen Verbindungen zu „staatsfeindlichen Gruppen“, 1962–1965 und 1966–1968 Professor an der Universität Rostock bzw. an der Humboldt-Universität zu Berlin. Seit 1969 wissenschaftlicher Mitarbeiter, ab 1981 Direktor des Zentralinstituts für Literaturgeschichte an der Akademie der Wissenschaften der DDR. 1978 Ordentliches Mitglied der Akademie der Wissenschaften der DDR, 1994 Außerordentliches Mitglied der Berlin-Brandenburgischen Akademie der Wissenschaften, seit 1989 Mitglied der Academia Europæa London. Zahlreiche Veröffentlichungen zur Literaturgeschichte, vor allem zur Geschichte der französischen Literatur im 18. und 19. Jahrhundert.

Peter Nötzoldt, geb. 1949 in Eibenstock/Erzgebirge. Studium der Physik und Mathematik an der Technischen Hochschule Karl-Marx-Stadt (heute Chemnitz), 1998 Promotion zur Wissenschaftsgeschichte. 1976–1991 wissenschaftlicher Mitarbeiter an der Akademie der Wissenschaften der DDR, 1997–2000 der Arbeitsgruppe „Berliner Akademiegeschichte im 19. und 20. Jahrhundert“ der Berlin-Brandenburgischen Akademie der Wissenschaften, seit 2001 der Forschergruppe zur Geschichte der Deutschen Forschungsgemeinschaft. Veröffentlichungen zur Physik-, Wissenschafts- und Akademiegeschichte, u. a.: Wolfgang Steinitz und die Deutsche Akademie der Wissenschaften zu Berlin. Zur politischen Geschichte der Institution (1998); Strategien der deutschen Wissenschaftsakademien gegen Bedeutungsverlust und Funktionsverarmung, in: Wolfram Fischer, Die Preußische Akademie der Wissenschaften zu Berlin 1914–1945 (2000).

Guy Ourisson, geb. 1926 in Boulogne-Billancourt. Studium der Chemie an der Ecole Normale Supérieure Paris und an der Harvard University, 1958–1995 Professor an der Universität Strasbourg, 1971–1976 Gründungspräsident der Université Louis Pasteur, 1999–2001 Präsident der Académie des Sciences. Mitglied der Leopoldina und zahlreicher internationaler Wissenschaftsorganisationen. Forschungen und Veröffentlichungen u. a. zur Organischen Geochemie, Naturstoffchemie und Membranevolution.

Benno Parthier, geb. 1932 in Holleben/Saalkreis. 1952–1957 Studium der Biologie an der Martin-Luther-Universität Halle-Wittenberg, 1961 Promotion, 1967 Habilitation. 1966–1990 Abteilungsleiter, seit 1990 Direktor des Instituts für Biochemie der Pflanzen der Deutschen Akademie der Wissenschaften bzw. der Akademie der Wissenschaften der DDR in Halle. 1975 Professor für Molekularbiologie an der Akademie, seit 1997 für Zellbiochemie an der Martin-Luther-Universität Halle-Wittenberg. 1992 bis 1997 Gründungsdirektor und Geschäftsführender Direktor des Instituts für Pflanzenbiochemie Halle. Seit 1974 Mitglied, seit 1987 Vizepräsident und ab 1990 Präsident der Leopoldina. 1991–1997 Mitglied des Wissenschaftsrates. Mitglied der Berlin-Brandenburgischen Akademie der Wissenschaften. Zahlreiche Veröffentlichungen, seit 1990 auch zur Wissenschaftsgeschichte.

Günter Pasternak, geb. 1932 in Berlin. 1952–1957 Studium der Humanmedizin, 1959 Promotion, 1966 Habilitation an der Humboldt-Universität zu Berlin. Seit 1959 wissenschaftlicher Mitarbeiter der Deutschen Akademie der Wissenschaften zu Berlin bzw. der Akademie der Wissenschaften der DDR. 1979–1984 Direktor des Forschungszentrums für Molekularbiologie und Medizin, 1984–1991 Direktor des Zentralinstituts für Molekularbiolgie an der Akademie. 1980–1990 Vizepräsident des Rates für Medizinische Wissenschaft und seit 1982 Mitglied des Forschungsrates der DDR. Seit 1975 Mitglied der Akademie der Wissenschaften der DDR. Seit 1988 Vizepräsident der „European Association of Cancer Reserach". 1992–1994 am Max-Delbrück-Zentrum für Molekulare Medizin, 1995–1999 in der III. Medizinischen Klinik der Universität Heidelberg in Mannheim tätig. Zahlreiche Veröffentlichungen und Beiträge in Hand- und Lehrbüchern.

Klaus Pinkau, geb. 1931 in Leipzig. Studium der Physik, 1958 Ph. D. an der University of Bristol, 1963 Habilitation an der Universität Kiel, 1969 Professor an der Technischen Hochschule München, Stellvertretender, von 1972–1977 Geschäftsführender Direktor des Max-Planck-Instituts für extraterrestrische Physik, 1981–1999 Wissenschaftlicher Direktor des Max-Planck-Instituts für Plasmaphysik. 1984–1987 Vorsitzender des Gründungsausschusses für die Akademie der Wissenschaften zu Berlin, 1987–1991 deren Mitglied, Mitglied der Berlin-Brandenburgischen Akademie der Wissenschaften. Mitgliedschaft und Vorsitz in zahlreichen internationalen Wissenschaftsorganisationen.

Winfried Schulze, geb. 1942 in Bergisch Gladbach. Studium der Mittleren und Neueren Geschichte und der Politischen Wissenschaften in Köln und an der Freien Universität Berlin, 1970 Promotion, 1975 Habilitation. Seit 1978 Professor für Europäische Geschichte der Frühen Neuzeit an der Ruhr-Universität Bochum, seit 1993 Professur an der Ludwig-Maximilians-Universität München. Ordentliches Mitglied der Bayerischen Akademie der Wissenschaften und Seketär der Historischen Kommission bei der Bayerischen Akademie der Wissenschaften. 1998–2001 Vorsitzender des Wissenschaftsrates. Zahlreiche Veröffentlichungen zur Historiographiegeschichte und zur deutschen Geschichte der frühen Neuzeit.

Dieter Simon, geb. 1935 in Ludwigshafen. Studium der Jurisprudenz, Geschichte und Philosophie in Heidelberg und München, 1962 Promotion, 1967 Habilitation. 1968 bis 1991 Lehrstuhl für Zivilrecht und Römisches Recht in Frankfurt/M. Begründer und Herausgeber der „Forschungen zur byzantinischen Rechtsgeschichte" und des „Rechtshistorischen Journals". Seit 1980 Direktor am Max-Planck-Institut für europäische Rechtsgeschichte, 1989–1992 Vorsitzender des Wissenschaftsrates, Korrespondierendes Mitglied der Académie des Sciences et des Belles Lettres Paris und weiterer internationaler Wissenschaftsorganisationen. Mitglied und seit 1995 Präsident der Berlin-Brandenburgischen Akademie der Wissenschaften.

Günter Spur, geb. 1928 in Braunschweig. 1948–1954 Studium des Maschinenbaus an der Technischen Hochschule in Braunschweig, 1960 Promotion. 1965 Professor und Leiter des Instituts für Werkzeugmaschinenbau und Fertigungstechnik der Technischen Universität Berlin sowie des Fraunhofer-Instituts für Produktionsanlagen und Konstruktionstechnik. 1991–1996 Gründungsrektor der Brandenburgischen Technischen Universität Cottbus. Forschungen und Veröffentlichungen zur Produktionswissenschaft, vor allem auf den Gebieten der Werkzeugmaschinen, der Fertigungstechnik, des Fabrikbetriebes und der rechnerintegrierten Produktion. 1987 Gründungsmitglied der Akademie der Wissenschaften zu Berlin, 1993 Gründungsmitglied der Berlin-Brandenburgischen Akademie derWissenschaften, 1993 Mitglied der Academia Europæa London und weiterer internationaler Wissenschaftsakademien.

Natalja P. Timofeeva, geb. 1953 in Voronesh, 1970–1976 Studium der Geschichte in Voronesh und Halle/Saale, 1985 Promotion. Dozentin für Allgemeine Geschichte an der Pädagogischen Universität in Voronesh. Forschungen und Veröffentlichungen u. a. zum sowjetischen Einfluß in der SBZ und der DDR.

Peter Th. Walther, geb. 1952, Studium der Germanistik und Geschichte an der Freien Universität Berlin und der State University of New York at Buffalo. 1989 Ph. D. 1997–2000 wissenschaftlicher Mitarbeiter der Arbeitsgruppe „Berliner Akademiegeschichte im 19. und 20. Jahrhundert" der Berlin-Brandenburgischen Akademie der Wissenschaften, seit 2001 der Arbeitsgruppe „Universitätsjubiläum 1810–2010" an der Humboldt-

Universität zu Berlin. Veröffentlichungen zur Exilforschung, Wissenschafts- und Historiographiegeschichte, u. a.: (zusammen mit Martin Sabrow) Historische Forschung und sozialistische Diktatur. Beiträge zur Geschichtswissenschaft der DDR (1995); Honoratiorenklub oder Forschungsstätte. Die Statutendebatte der Akademie 1874 bis 1881, in: Jürgen Kocka, Die Königlich Preußische Akademie der Wissenschaften zu Berlin im Kaiserreich (1999); „Arisierung", Nazifizierung und Militarisierung. Die Akademie im „Dritten Reich", in: Wolfram Fischer, Die Preußische Akademie der Wissenschaften zu Berlin 1914–1945 (2000).

Namenverzeichnis